SECOND EDITION

# Mundo 21

**Fabián A. Samaniego**
University of California, Davis *Emeritus*

**Nelson Rojas**
University of Nevada, Reno

**Maricarmen Ohara**
Ventura College

**Francisco X. Alarcón**
University of California, Davis

**Houghton Mifflin Company**   Boston   New York

*Director, World Languages: New Media and*
   *Modern Language Publishing:* Beth Kramer
*Senior Development Editor:* Pedro Urbina
*Editorial Associate:* Melissa Foley
*Senior Project Editor:* Julie Lane
*Editorial Assistant:* Jennifer O'Neill
*Senior Production/Design Coordinator:* Jennifer Waddell
*Senior Manufacturing Coordinator:* Sally Culler
*Associate Marketing Manager:* Tina Crowley-Desprez
*Marketing Assistant:* Claudia Martínez

*Cover Design:* Rebecca Fagan
*Cover Illustration:* Clem Bedwell

Printed in the U.S.A.

Library of Congress Catalog Card Number: 99-71926

ISBN: 0-395-96465-2

6789-VH-04  03  02

# Contenido

**UNIDAD 4** Cuba, la República Dominicana y Puerto Rico: en el ojo del huracán 137

## UNIDAD 5   Nicaragua, Honduras y Costa Rica: entre el conflicto y la paz   183

### LECCIÓN 1   Nicaragua   184

### LECCIÓN 2   Honduras   200

**UNIDAD 6 Colombia, Panamá y Venezuela: la modernidad en desafío 231**

**LECCIÓN 1 Colombia 232**

**LECCIÓN 2 Panamá 248**

## LECCIÓN 3 Bolivia 312

## UNIDAD 8 Argentina, Uruguay, Paraguay y Chile: aspiraciones y contrastes 329

## LECCIÓN 1 Argentina 330

## LECCIÓN 2 Uruguay y Paraguay 345

**LECCIÓN 3 Chile   368**

# ¡Bienvenidos a Mundo 21!

**M**undo 21 is the only intermediate Spanish program specially designed for both non-native and heritage Spanish speakers. It offers a wide range of exciting features for the intermediate college Spanish course.

## Content-based approach

*Mundo 21*'s content-based approach provides students with a wealth of opportunities to interact with authentic materials. The text provides multiple levels of authentic comprehensible input through culturally rich readings and a fully integrated text-specific video that features authentic footage from various regions of the Hispanic world.

## Content equals culture

The acquisition of cultural competency is a major goal that informs every section of *Mundo 21.* To broaden students' knowledge of the twenty-one countries* that comprise the Spanish-speaking world, units are geographically organized and text lessons focus on individual countries. People and events are described in the context of the historical past as well as in light of new developments of the twentieth and twenty-first centuries. Students not only gain insight into Hispanic cultures and civilizations, but also achieve a more global understanding of the issues and challenges faced by the Spanish-speaking world in this century and the next.

## Skill development

As a bridge between first-year language courses and third-year literature classes, *Mundo 21* makes a special effort to develop further student reading skills while continuing to emphasize communication, pair and group work, learning in context, and the use of critical thinking skills. Students acquire listening skills by using the text-specific video and audio cassettes/CDs that accompany the Workbook/Laboratory Manual. The process-writing approach is incorporated through a variety of writing tasks.

## Heritage learners

For heritage learners, a special all-Spanish version of *Mundo 21,* entitled *Mundo 21: Edición alternativa,* is available. This text includes the same material as *Mundo 21,*

---

* This number includes the United States, now the fifth-largest Spanish-speaking country in the world.

including the end-of-textbook grammar manual plus additional material created specifically for heritage learners. Given the wealth of historical and cultural material included in *Mundo 21* and the richness of natural language used throughout both versions, this program has much to offer heritage learners, specifically those who already speak, read, and write the language but need additional practice to develop their fluency further through vocabulary building, reading, and writing.

*Mundo 21: Edición alternativa* allows heritage speakers to delve into their roots, regardless of their ancestries. They also have the opportunity to step outside of their own communities and expand their global awareness as they visit and get to know the history and culture of all twenty-one Spanish-speaking countries of the world. For example, Mexican and Guatemalan students will find many similarities in their indigenous history, while Cubans, Puerto Ricans, and Dominicans will learn that they share many cultural traits common to the Caribbean basin. This cross-cultural approach is carried throughout the various geographical regions covered in *Mundo 21.* (See page xviii for a complete list of components for heritage learners.)

## New to the Second Edition

■ *The new edition features a new approach to vocabulary and vocabulary development.* **Mejoremos la comunicación,** the new interactive vocabulary section, presents active vocabulary in a thematic format and expands on the topics of the cultural sections, such as shopping, theater, the arts, and world economics. A new vocabulary enrichment section, **Palabras claves,** teaches students how to derive new words and understand the meaning of key words taken from **Mejoremos la comunicación.**

■ *Literature and literary analysis are highlighted in the second edition.* The **Y ahora, ¡a leer!** sections include literary readings by authors representing each of the twenty-one Spanish-speaking countries. They comprise a wide variety of genres, including short stories, fragments from novels, poetry, legends, and essays. A new section, **Introducción al análisis literario,** introduces students to various literary techniques and styles and then allows them to apply that information to the literature they read.

■ *The second edition's overall cultural content has been updated and expanded.* New celebrities and an extra list of personalities per lesson have been added to the **Gente del Mundo 21** section. The **Del pasado al presente** sections have been updated through the end of the twentieth century and now include new questions that address both comprehension and analysis. New and exciting cultural information has been added to the **Ventana al Mundo 21** sections, along with a greater focus on women in the Spanish-speaking world. Finally, the **Cultura en vivo** sections have been completely rewritten with an emphasis on topics of special interest to college students. In addition, these sections now help introduce the lesson's new active vocabulary.

■ *The video footage now covers a greater number of countries and includes many new segments.* The **¡Luz! ¡Cámara! ¡Acción!** sections now contain extra footage from sixteen different Spanish-speaking countries.

■ *Students have easy access to the Internet.* The **Exploremos el ciberespacio** sections allow students to use Internet via the *Mundo 21* web site, which also provides web-related activities and lesson-based self-tests.

■ *Escribamos ahora,* the process-writing sections, now come at the end of Lec-ción 2. This new location allows students and instructors to focus on and de-velop writing skills long before exam time.

# Organization

*Mundo 21* is composed of eight units of three lessons each, as well as a grammar manual located at the end of the textook. Each lesson is designed to develop and reinforce specific language skills and accommodate various student learning styles. Each unit begins with a one-page unit opener and each lesson contains nine major sections:

> **Gente del Mundo 21**
> **Del pasado al presente**
> **Ventana al Mundo 21**
> **Y ahora, ¡a leer!**
> **Introducción al análisis literario**
> **Cultura en vivo**
> **Mejoremos la comunicación**
> **Palabras claves**
> **Exploremos el ciberespacio**

In addition, the first and third lessons in every unit also have a text-specific video section called **¡Luz! ¡Cámara! ¡Acción!** The second lesson also has an extensive process-writing activity entitled **Escribamos ahora.**

Unit opener   The captivating one-page opener sets the stage for the main topics presented in the unit by having students use critical thinking skills as they antici-pate what they will learn.

Gente del Mundo 21   This section profiles three noteworthy Hispanic personali-ties in the arts, literature, sports, or the entertainment industry of the country fea-tured in that lesson. A list of additional noteworthy figures from the country of focus is also provided. After reading about these celebrities, students are asked to share any prior knowledge they may have about these individuals and to answer several critical thinking questions concerning what they read.

Del pasado al presente   These readings provide a brief historical and cultural overview of the country featured in the lesson. The accompanying **¡A ver si com-prendiste!** activities check students' understanding of key facts and events and pose questions that require critical thinking and analysis of some of the historical events presented.

Ventana al Mundo 21   To further heighten students' cultural awareness, every les-son features one thematically related cultural vignette that highlights important individuals, traditions, places, or events. The brief comprehension activity that follows the reading encourages the use of critical thinking and inferential skills.

Y ahora, ¡a leer!   This section contains the lesson's principal literary reading. Great care has been taken to select topics that are accessible and of particular in-terest to college-age students. Additionally, the literary selections were chosen to provide a good overview of the Hispanic world of letters. A conscious effort has also been made to include a wide representation of contemporary writers, both male and female. An extensive pre-reading section, **Anticipando la lectura,** provides activities that foreshadow key content and vocabulary, while **Conozcamos al autor** presents background information on the author. Both these features help prepare students for a successful reading experience. The post-reading section, **¿Comprendiste la lectura?,** checks basic comprehension and encourages students to analyze and to discuss salient points about the readings' plot, characters, themes, and style.

Introducción al análisis literario  This section introduces the basic concepts of literary analysis in order to facilitate students' discussion and understanding of various genres: narratives, short stories, poetry, legends, and essays. The activities that follow apply these concepts to the literary work students just read in **Y ahora, ¡a leer!**

Cultura en vivo  These sections explore interesting facets of Hispanic culture and allow students to discover and manipulate cultural material through thought-provoking activities. The **Cultura en vivo** sections also help introduce the active vocabulary presented in the **Mejoremos la comunicación** sections.

Mejoremos la comunicación  These mini-dialogues introduce in context the active vocabulary of the lesson. The dialogue topics are drawn from the **Cultura en vivo** cultural reading. The activities that follow provide students with ample vocabulary building practice through a variety of interactive discussions, role-plays, debates, and more.

Palabras claves  These sections focus on a key word from **Mejoremos la comunicación** and engage students in understanding its different meanings in various contexts or in related words.

¡Luz! ¡Cámara! ¡Acción!  To improve their listening comprehension skills, students need to be exposed to real language. The *Mundo 21* video provides natural contexts for students to see and hear native speakers in real-life situations. Correlated to the modules of the video, the **¡Luz! ¡Cámara! ¡Acción!** sections in *Lección 1* and *Lección 3* of each unit are pedagogically designed to exploit fully this authentic video footage. Pre-viewing activities (**Antes de empezar el video**) and post-viewing activities (**¡A ver si comprendiste!**) give students the support they need to comprehend natural speech.

Escribamos ahora  Located at the end of *Lección 2* in each unit, this section provides an innovative process-oriented approach to developing writing skills and organizational techniques. Each of these sections focuses on a specific type of writing, such as description and point of view, contrast and analogy, direct discourse, expressing and supporting opinions, and hypothesizing. This section takes students step by step through pre-writing activities such as brainstorming, clustering and outlining, writing a rough draft, rewriting, and doing peer review. The end result is a well-developed composition on a topic that relates thematically to the lesson. For evaluation purposes, only the final draft is submitted for grading.

Exploremos el ciberespacio  Students are referred to the Houghton Mifflin home page, where the *Mundo 21* web site is located. Both students and instructors will find numerous resource materials, activities, and links to Spanish-speaking countries.

Manual de gramática   For greater flexibility in meeting individual class needs, a **Manual de gramática** appears at the end of the textbook. Its sections are cross-referenced to the textbook lessons. Instructors may choose to work with grammar explanations in class, varying the amount of time devoted to the presentation and review of grammar according to students' preparation. The **Ahora, ¡a practicar!** exercises following each grammar point reinforce the vocabulary and cultural content in the lesson readings so that students practice new structures in a meaningful context. The activities may be assigned as oral or written work for individuals or pairs.

## Components of the *Mundo 21* Program

The following components are available to students and instructors.

Cuaderno de actividades   For each textbook lesson, there is a corresponding lesson in this accompanying Workbook/Laboratory Manual. Every lesson in the **Cuaderno de actividades** has two sections: **¡A escuchar!** and **¡A explorar!** An answer key to all written exercises is provided so that students can monitor their progress throughout the program.

Audio Program   Coordinated with the **¡A escuchar!** section of the **Cuaderno de actividades,** the *Audio Program* emphasizes the development of listening comprehension skills and further understanding of the relationship between spoken and written Spanish. The audio cassettes/CDs provide approximately sixty minutes of material for each unit and feature over twenty native-speaker voices from different areas of the Hispanic world. A transcript of the *Audio Program* is available in the *Instructor's Resource Manual.*

**Mundo 21** Video Program   Specifically designed for use with *Lección 1* and *Lección 3* of each textbook unit, the **Mundo 21** video presents a rich and exciting opportunity to develop listening skills and cultural awareness. It gives students comprehensible input through footage on Mexico, Spain, Puerto Rico, Cuba, El Salvador, Nicaragua, Costa Rica, Colombia, Venezuela, Peru, Bolivia, Argentina, and Chile, as well as footage from Spanish-language television programs from the U.S. and Spain. A videoscript of the entire video is available in the *Instructor's Resource Manual.*

The topics included on the video are as follows:

**Unidad 1**   **Lección 1   La joven poesía**
A segment of the popular talk show *Cristina* featuring a young Hispanic poet

**Lección 3   *¡Hoy es posible!:* Jon Secada**
A Spanish talk show highlighting Jon Secada and his music

**Unidad 2**   **Lección 1   *El "Cantar de Mío Cid":* realidad y fantasía**
A dramatic reenactment of the Cid's successful defense of Valencia

**Lección 3   Juan Carlos I: un rey para el siglo XX**
Several days in the life of the king of Spain

Testing Program    The *Testing Program* includes sixteen **Pruebas,** two for each of the eight units, and two comprehensive exams. In addition, there is a *Testing Program* cassette that contains the listening comprehension sections and an answer key (with integrated audioscript) for all exams. The complete *Testing Program* is found in the *Instructor's Resource Manual.*

Instructor's Resource Manual    Designed specifically for instructors of **Mundo 21,** this resouce manual contains extensive tips—lesson by lesson—for teaching non-native and heritage learners. Also included are answers to all **Vocabulario activo** sections and to the complete **Manual de gramática.** Additionally, this manual contains the videoscript for the **Mundo 21** video, and the audioscript for the **¡A escuchar!** sections of the **Cuaderno de actividades** (including the version for heritage learners). The complete *Testing Program* (including the version for heritage learners) can also be found within this resource manual.

The following components have been specially designed for heritage learners.

Cuaderno de actividades para hispanohablantes    To meet the needs of heritage learners, a special version of the **Cuaderno de actividades** has been prepared. It follows the same basic format as the one for non-native speakers. Every lesson has two parts: **¡A escuchar!** and **¡A explorar!** Within those two main headings, several sections have been added to address the specific needs of heritage learners, including:

**Sonidos y deletreo problemático**
**Acentuación y ortografía**
**Repaso básico de la gramática**
**Lengua en uso** (colloquial and regional variations, the oral tradition, false cognates, etc.)
**Dictado**
**Práctica de correspondencia**

An answer key to all written exercises is provided so that students can monitor their progress throughout the program.

Audio Program for Heritage Learners    Coordinated with the **¡A escuchar!** section of the **Cuaderno de actividades para hispanohablantes**, the *Audio Program for Heritage Learners* emphasizes the development of listening comprehension skills and a further understanding of the relationship between spoken and written Spanish. The audio cassettes/CDs have approximately sixty minutes of material for each unit and feature over twenty native-speaker voices from different areas of the Hispanic world. A transcript of the *Audio Program* is available in the *Instructor's Resource Manual.*

Testing Program for Heritage Learners    Like the regular *Testing Program*, the *Testing Program for Heritage Learners* includes sixteen **Pruebas,** two for each of the eight units, and two comprehensive exams. In addition, there is an answer key (with integrated audioscript) for all exams. The complete *Testing Program* is found in the *Instructor's Resource Manual.*

# Acknowledgments

The authors wish to express their sincere appreciation to all those who supported us in preparing the first edition of *Mundo 21,* specifically Sylvia Madrigal and Roger Coulombe. Thanks as well to the many users who provided much of the feedback that helped shape this second edition.

We would like to acknowledge those instructors who reviewed the second edition manuscript. Their insightful comments and constructive criticism were indispensable in its preparation:

**Duane F. Bunker**
Palm Beach Atlantic College

**Lynn L. Carbón**
University of Arizona

**Lee Durbin-Fletcher**
University of Arizona

**Anneliese Foerster**
Appalachain State University

**María Dolores Gonzales Velázquez**
University of New Mexico

**Ronald Leow**
Georgetown University

**James Maloney**
University of Texas—Pan American

**Frances MeCartty**
University of Denver

**Niurka Medina-Valin**
Cerritos College

**Mary B. Menéndez**
University of Toledo

**Miguel Novak**
Pepperdine University

**Anne Porter**
Ohio University

**Gregory Shepherd**
St. Joseph's University

**James Taylor**
Brigham Young University

**César J. Vallejo**
Pasadena City College

**Marla Williams**
Indiana University

A special word of gratitude in the preparation of the second edition to Professor Zheyla Henriksen for her encouragement and help in putting us in contact with key people in South America.

We also acknowledge the contributions of the complete Houghton Mifflin *Mundo 21* team; without their input this project would not have been possible. For their guidance, patience, and encouragement, we especially acknowledge the efforts of our developmental editors, Sharon Alexander and Pedro Urbina. We also wish to thank our project editor, Julie Lane, and her colleagues, who diligently and tirelessly saw our manuscript through to final production.

Finally, we wish to express heartfelt thanks to Tom Wetterstrom, Barry Punzal, Dorei Ohara, Cris Mendoza, Javier Pinzón, and Sheila Rojas, who through their patience and encouragement supported us throughout this project.

F.A.S.
N.R.
M.O.
F.X.A.

# El mundo

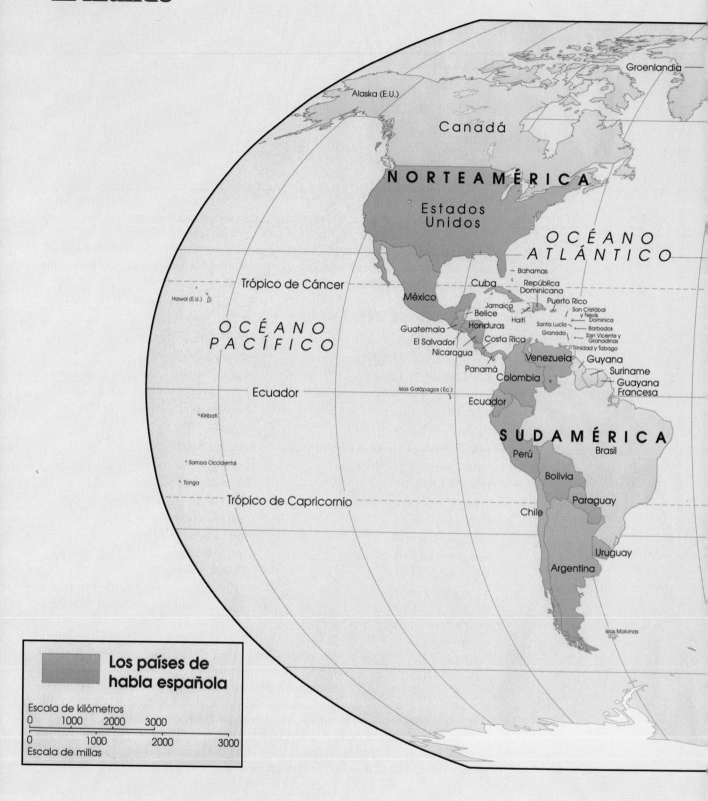

Groenlandia

Alaska (E.U.)

Canadá

**NORTEAMÉRICA**

Estados Unidos

**OCÉANO ATLÁNTICO**

Trópico de Cáncer

Hawai (E.U.)

México

Bahamas
Cuba
República Dominicana
Puerto Rico

Jamaica
Belice
Haití
San Cristóbal y Nevis
Dominica

Guatemala
Honduras
Santa Lucía
Barbados
Granada
San Vicente y Granadinas

El Salvador
Costa Rica
Nicaragua
Trinidad y Tobago

**OCÉANO PACÍFICO**

Panamá
Venezuela
Guyana
Colombia
Suriname
Guayana Francesa

Ecuador

Islas Galápagos (Ec.)

Ecuador

Kiribati

**SUDAMÉRICA**

Perú
Brasil

Samoa Occidental

Bolivia

Tonga

Paraguay

Trópico de Capricornio

Chile

Uruguay

Argentina

Islas Malvinas

---

**Los países de habla española**

Escala de kilómetros
0   1000   2000   3000

0   1000   2000   3000
Escala de millas

OCÉANO
ÁRTICO

Islandia

Noruega

Suecia    Finlandia

Dinamarca    Estonia
Holanda    Letonia
Lituania

Reino
Irlanda Unido    Polonia    Belarús

Bélgica    Alemania

EUROPA    Ucrania

Francia    Suiza    Rumania    Moldova

Andorra    Italia    Bulgaria

España    Cerdeña    Grecia    Turquía

Portugal

① Checoslovaquia
② Austria
③ Hungría
④ Eslovenia
⑤ Croacia
⑥ Bosnia & Herzgovina
⑦ Yugoslavia
⑧ Albania
⑨ (República de) Macedonia

Rusia

ASIA

Kazajstán

Georgia    Uzbekistán    Kirguistán
Azerbaiyán    Tayiskistán
Turkmenistán

Mongolia

Corea del
Norte    Japón
Corea
del Sur

Marruecos

Túnez    Malta

Chipre    Líbano    Siria
Israel

Armenia
Jordania    Iraq    Irán    Afganistán

China

Taiwán

Argelia    Libia    Egipto    Kuwait
Bahréin    Qatar    Pakistán

Arabia
Saudita

Nepal    Bhután

India    Bangladesh    Myanmar
Lao

OCÉANO
PACÍFICO

Mauritania    Malí    Níger

ÁFRICA    Sudán

Emira*os
Árabes
Unidos    Omán

Yemen

Tailandia
Viet Nam
Cambodia

Filipinas

Gambia    Burkina
Faso    Benin

Eritrea

Brunei

Costa
de    Nigeria    Chad    República
Centroafricana    Djibouti

Etiopía

Malasia

Marfil    Togo    Camerún

Singapur

Indonesia

Liberia    Ghana    Guinea
Ecuatorial    Congo

Gabón    Zaire    Uganda

Rwanda    Kenya

Burundi

Somalia

Maldivas

Seychelles

OCÉANO
ÍNDICO

Papua-Nueva
Guinea

Nauru

Islas
Salomón

Tanzanía

Vanuatu

Angola    Zambia    Malawi

Comoras

Sri Lanka

Mozámbique

Namibia    Zimbabwe    Madagascar

Botswana

Mauricio

AUSTRALIA

Swazilandia

Sudáfrica    Lesotho

Nueva Zelándia

ANTÁRTIDA

El español también se habla extensivamente en las Filipinas y
es el idioma oficial de Guinea Ecuatorial.

# Estados Unidos

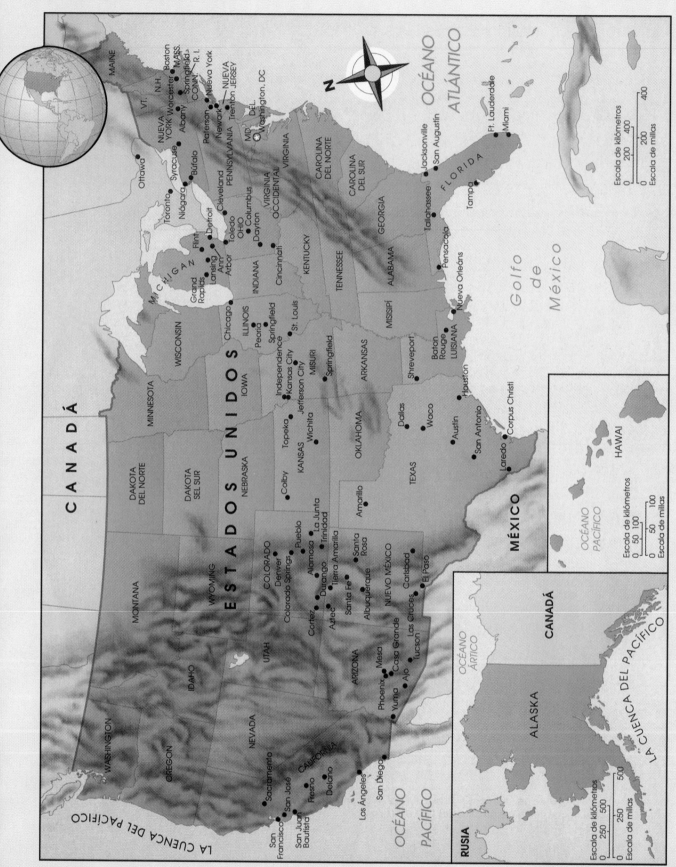

# España

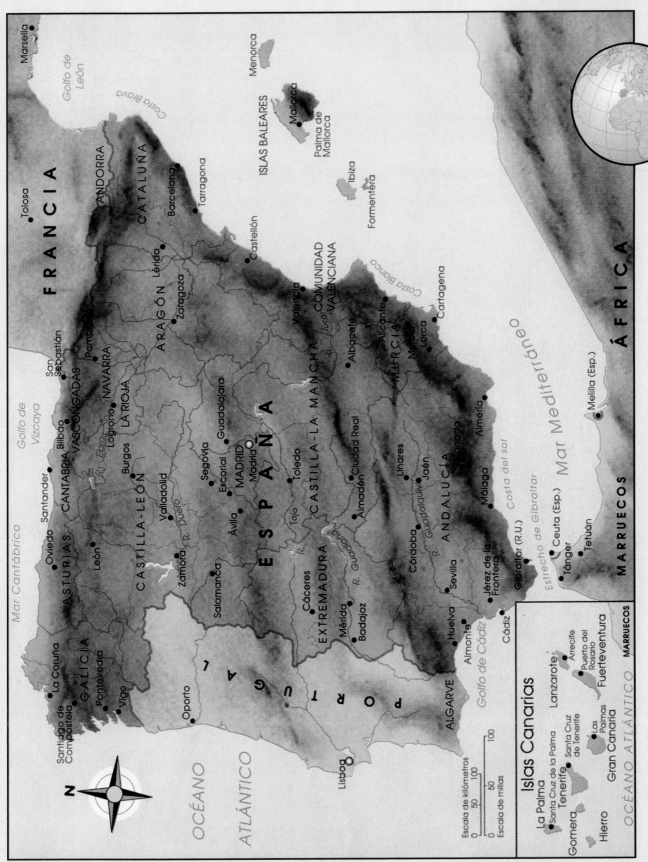

FRANCIA

Marsella

Golfo de León

Costa Brava

Menorca

ISLAS BALEARES

Mallorca

Palma de Mallorca

Ibiza

Formentera

ÁFRICA

ANDORRA

CATALUÑA

Tolosa

Barcelona

Tarragona

Castellón

Costa Blanca

ARAGÓN

Lérida

Zaragoza

COMUNIDAD VALENCIANA

Valencia

Júcar

Cartagena

San Sebastián

VASCONGADAS

NAVARRA

Pamplona

R. Ebro

LA RIOJA

Logroño

Mar Mediterráneo

Alicante

MURCIA

Lorca

Golfo de Vizcaya

Bilbao

CANTABRIA

Burgos

MADRID

Guadalajara

Segovia

ESPAÑA

Albacete

Almería

Melilla (Esp.)

Santander

Oviedo

ASTURIAS

León

CASTILLA-LEÓN

Valladolid

Escorial

Madrid

R. Duero

CASTILLA-LA MANCHA

Toledo

Tajo

Ciudad Real

Almadén

Linares

Jaén

ANDALUCÍA

Granada

Málaga

Costa del sol

Estrecho de Gibraltar

Ceuta (Esp.)

Tánger

Tetuán

MARRUECOS

Mar Cantábrico

La Coruña

GALICIA

Pontevedra

Vigo

Santiago de Compostela

Ávila

Zamora

Salamanca

Cáceres

EXTREMADURA

Mérida

Badajoz

R. Guadiana

Córdoba

R. Guadalquivir

Sevilla

Jérez de la Frontera

Gibraltar (R.U.)

PORTUGAL

Oporto

Huelva

Almonte

Cádiz

Golfo de Cádiz

ALGARVE

Lisboa

OCÉANO ATLÁNTICO

N

Escala de kilómetros
0    50    100
0    50    100
Escala de millas

## Islas Canarias

La Palma

Santa Cruz de la Palma

Tenerife

Santa Cruz de Tenerife

Lanzarote

Arrecife

Puerto del Rosario

Fuerteventura

MARRUECOS

Gomera

Hierro

Las Palmas

Gran Canaria

OCÉANO ATLÁNTICO

# México y Guatemala

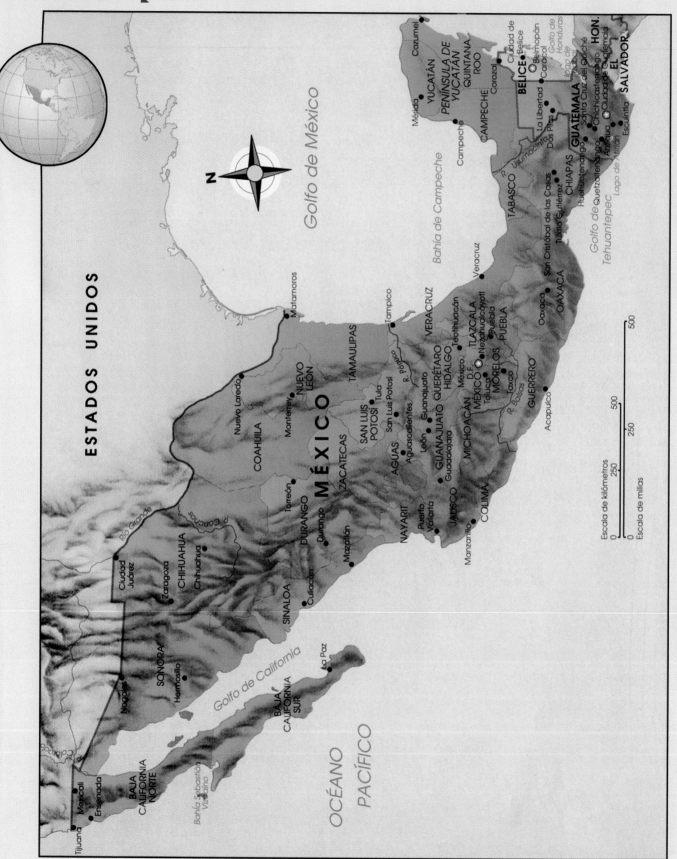

ESTADOS UNIDOS

Golfo de México

Bahía de Campeche

OCÉANO PACÍFICO

Golfo de California

Bahía Sebastián Vizcaíno

**BAJA CALIFORNIA NORTE**
Tijuana
Mexicali
Ensenada

**SONORA**
Nogales
Hermosillo

**BAJA CALIFORNIA SUR**
La Paz

**CHIHUAHUA**
Ciudad Juárez
Zaragoza
Chihuahua

**SINALOA**
Culiacán
Mazatlán

**DURANGO**
Torreón
Durango

**COAHUILA**

**NUEVO LEÓN**
Nuevo Laredo
Monterrey

**TAMAULIPAS**
Matamoros
Tampico

**ZACATECAS**

**SAN LUIS POTOSÍ**
San Luis Potosí

**AGUAS**
Aguascalientes

**NAYARIT**
Puerto Vallarta

**JALISCO**
Guadalajara

**COLIMA**
Manzanillo

**GUANAJUATO**
León
Guanajuato

**QUERÉTARO**

**HIDALGO**
Tula

**MICHOACÁN**

**MÉXICO**
México, D.F.
Toluca

**MORELOS**
Taxco

**GUERRERO**
Acapulco

**TLAXCALA**
Teotihuacán
Nezahualcóyotl

**PUEBLA**
Puebla

**VERACRUZ**
Veracruz

**OAXACA**
Oaxaca

**TABASCO**

**CHIAPAS**
San Cristóbal de las Casas
Tuxtla Gutiérrez

**CAMPECHE**
Campeche

**YUCATÁN**
Mérida

**PENÍNSULA DE YUCATÁN**

**QUINTANA ROO**
Cozumel
Corozal

Golfo de México

**BELICE**
Ciudad de Belice
Caracol
Belmopán

Golfo de Honduras

**GUATEMALA**
La Libertad
Dos Pilas
Huehuetenango
Quetzaltenango
Santa Cruz del Quiché
Chichicastenango
Antigua
Ciudad de Guatemala
Escuintla

Lago de Atitlán

**HON.**

**EL SALVADOR**

R. Usumacinta
R. Pánuco
R. Conchos
Río Grande
Colorado
R. Balsas

Golfo de Tehuantepec

Escala de kilómetros
0    250    500
Escala de millas
0    250    500

xxiv

# Cuba, la República Dominicana y Puerto Rico

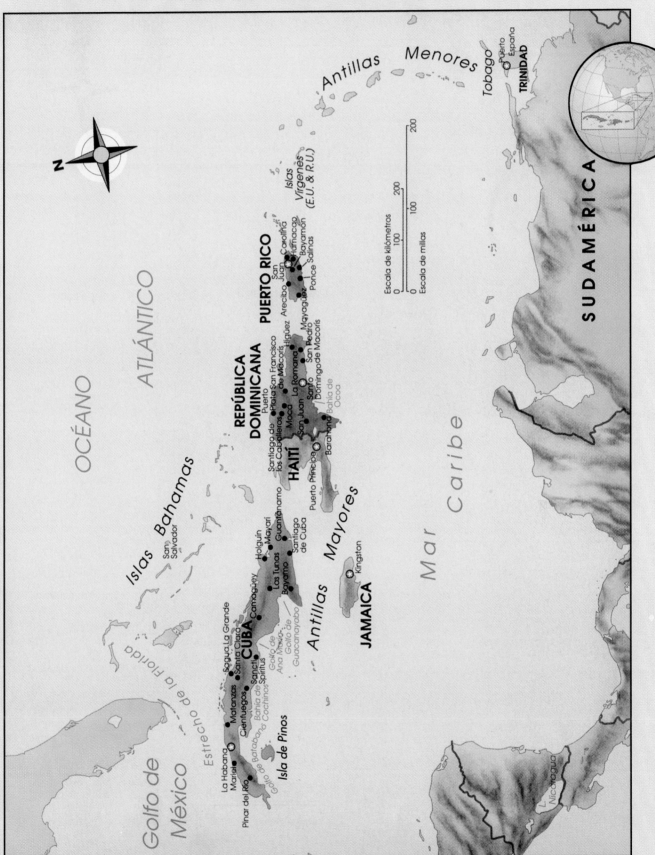

# El Salvador, Honduras, Nicaragua y Costa Rica

MÉXICO

BELICE

N

GUATEMALA

Mar Caribe

ISLAS DE LA BAHÍA

Laguna de Ibans

La Ceiba

CORDILLERA NOMBRE DE DIOS

San Pedro Sula

Jocón

San Francisco de la Paz

Dulce Nombre de Culmí

Cabo Gracias a Dios

Copán

HONDURAS

Siguatepeque

Tegucigalpa

Juticalpa

Bocay

Puerto Cabezas

Yuscarán

Ahuachapán    Santa Ana

San Salvador

Sonsonate

EL SALVADOR

Estelí

NICARAGUA

Zacatecoluca    San Miguel

Golfo de Fonseca

Matiguas

BARRA DE MOSQUITOS

Barra de Río Grande

Chinandega

León

Lago de Managua (Xolotlán)

Managua

Masaya

Granada

Lago de Nicaragua

Bahía de Punta Gorda

San Juan del Norte

OCÉANO

Golfo de Papagayo

COSTA RICA

Puerto Viejo

VOLCÁN POÁS

San Ramón

San José

Limón

PACÍFICO

Alajuela

Cartago    Paraíso

Golfo de Nicoya

San Isidro

Bahía de Coronado

PANAMÁ

Escala de kilómetros
0    50    100

0    50    100
Escala de millas

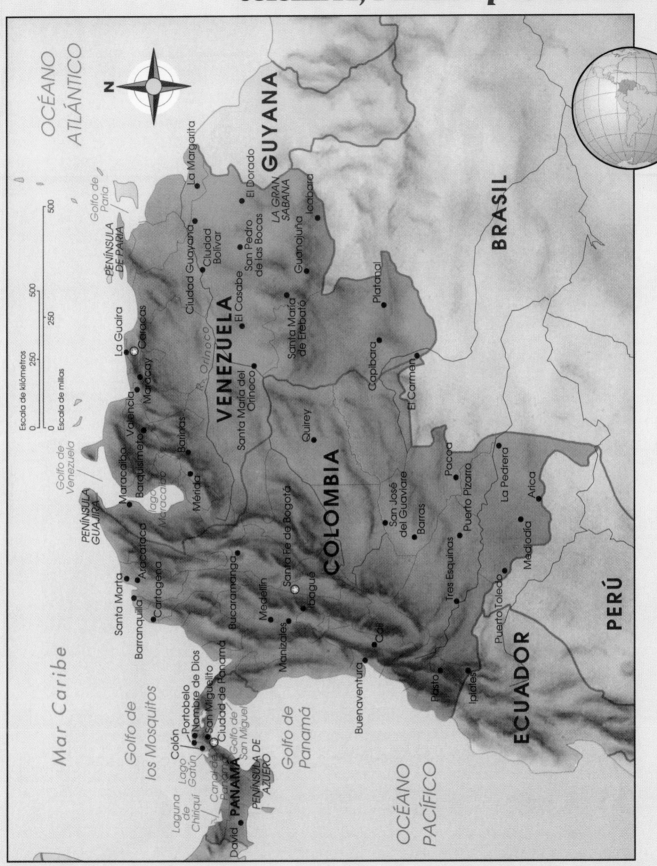

OCÉANO ATLÁNTICO

N

GUYANA

BRASIL

Golfo de Paria

La Margarita

PENÍNSULA DE PARIA

El Dorado

LA GRAN SABANA

Icabara

Escala de kilómetros

500

500

Ciudad Guayana

Ciudad Bolívar

San Pedro de las Bocas

Guanajuña

250

250

La Guaira

Caracas

VENEZUELA

El Casabe

Santa María de Erebató

Plataal

Escala de millas

0

250

Maracay

R. Orinoco

Santa María del Orinoco

Capibara

500

Valencia

0

Maracaibo

Barquisimeto

Barinas

El Carmen

Golfo de Venezuela

PENÍNSULA GUAJIRA

Lago Maracaibo

Mérida

Quirey

Pacoa

PENÍNSULA GUAJIRA

COLOMBIA

San José del Guaviare

Puerto Pizarro

La Pedrera

Arica

Santa Marta

Aracataca

Barras

Tres Esquinas

Medellín

Santa Fe de Bogotá

La Predera

Barranquilla

Cartagena

Bucaramanga

PerÚ

Manizales

Ibagué

PuertoToledo

Medellín

Mediodía

Mar Caribe

Golfo de los Mosquitos

Buenaventura

Cali

ECUADOR

Colón

Portobelo

Nombre de Dios

Ciudad de Panamá

San Miguelito

Pasto

Ipiales

Laguna de Chiriquí

Lago de Gatún

San Miguel

Golfo de San Miguel

Golfo de Panamá

David

PANAMÁ

PENÍNSULA DE AZUERO

Canal de Panamá

OCÉANO PACÍFICO

# Perú, Ecuador y Bolivia

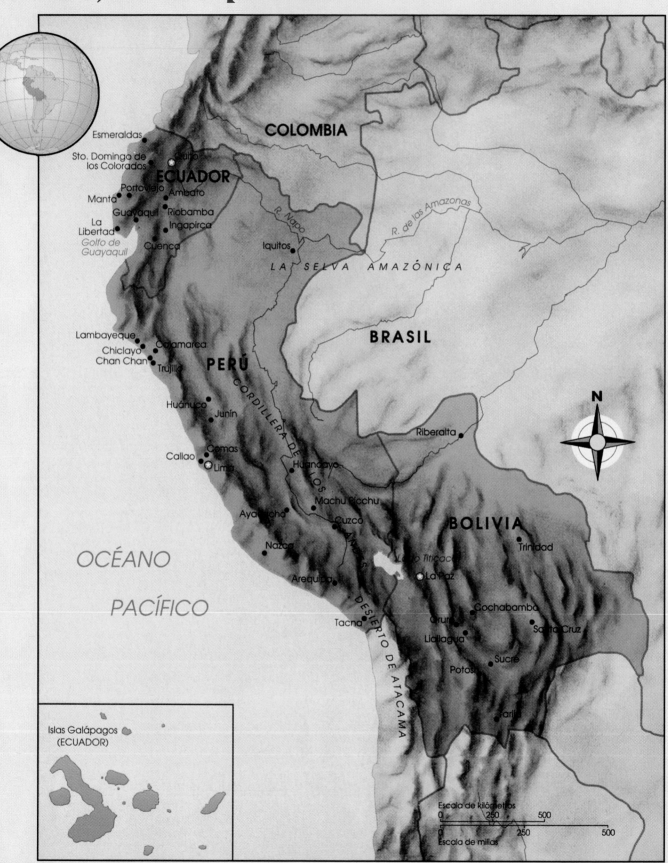

COLOMBIA

ECUADOR

Esmeraldas
Sto. Domingo de los Colorados
Quito
Portoviejo
Ambato
Manta
Guayaquil
Riobamba
La Libertad
Ingapirca
*Golfo de Guayaquil*
Cuenca

R. Napo

R. de las Amazonas

Iquitos

LA SELVA AMAZÓNICA

BRASIL

Lambayeque
Cajamarca
Chiclayo
Chan Chan
Trujillo

PERÚ

Huánuco
Junín

CORDILLERA DE LOS

Callao
Comas
Lima

Huancayo

Riberalta

Machu Picchu

Ayacucho
Cuzco

Nazca

BOLIVIA
Trinidad

Arequipa

*Lago Titicaca*
La Paz

OCÉANO

PACÍFICO

DESIERTO DE ATACAMA

Tacna

Cochabamba
Oruro
Llallagua
Santa Cruz
Sucre
Potosí

N

Farloa

Islas Galápagos
(ECUADOR)

Escala de kilómetros
0          250          500
0                    250          500
Escala de millas

xxviii

# Argentina, Uruguay, Paraguay y Chile

PARAGUAY

Arica
Iquique

CORDILLERA DE LOS ANDES

Antofagasta

San Miguel de Tucumán

GRAN CHACO

R. Pilcomayo

R. Paraguay

Concepción

Asunción   Ciudad del Este
             Itaipú
San          Iguazú
Lorenzo

La Rioja

R. Paraná

CHILE

ARGENTINA

La Serena

Córdoba
Mendoza

PAMPAS

R. Uruguay

URUGUAY

Tascuarembó

Viña del Mar
Valparaíso

Santiago de Chile
Mercedes

R. Salado

Salto
Paysandú      Paso de los Toros

Durazno       Treinta y tres

Rosario       Las Piedras

Buenos Aires   Punta del Este
                Montevideo
La Plata

Talcahuano
Concepción

Parral

R. Colorado

Bahía Blanca    Mar del Plata

R. de la Plata

Valdivia
Osorno        Puerto Varas
Puerto Montt

Lago
Llanquihue

San Carlos
de Bariloche

Golfo San
Matías

OCÉANO
ATLÁNTICO

PATAGONIA

Golfo San
Jorge

Islas
Malvinas

Estrecho de
Magallanes

Punta Arenas   TIERRA DEL
               FUEGO

CABO DE
HORNOS

Escala de kilómetros
0      250      500

0      250      500
Escala de millas

N

# Los hispanos en Estados Unidos: crisol de sueños

*Im Perfection* 1987 Salvador Vega

## ¡Bienvenidos al Mundo 21!

¿Qué representa este mural para ti? ¿Qué elementos hispanos o latinos ves en este mural? ¿Cómo explicas el título del mural? Explica el significado del subtítulo de esta unidad: "crisol de sueños". En tu opinión, ¿hay alguna relación entre el subtítulo y el mural? ¿Por qué?

# Los chicanos

**Nombres comunes:**
*chicanos, méxicoamericanos, mexicanos, latinos, hispanos*

**Población:**
*18.700.000 (est.)*

**Concentración:**
*California, Texas, Nuevo México, Illinois, Arizona, Colorado y Nevada*

# Gente
## del Mundo 21

## César Chávez

(1927–1993), carismático líder chicano y organizador sindical, nació en un pequeño rancho cerca de Yuma, Arizona. Su familia emigró a California, donde César trabajó como campesino migratorio. En 1962 fundó el sindicato "United Farm Workers" con la meta de mejorar las condiciones de trabajo de los campesinos. En 1965 organizó con éxito una huelga para lograr contratos para trabajadores del campo en California. Su dedicación a los derechos civiles y a la no violencia lo convirtió en uno de los líderes chicanos más respetados. Murió el 22 de abril de 1993 en una localidad de Arizona, cerca de donde había nacido. "Hemos perdido quizás al californiano más grande del siglo XX", dijo el presidente del Senado de California al saber de su muerte.

**Sandra Cisneros,** poeta, novelista y cuentista, nació en 1954 en Chicago. Asistió al Taller de Escritores de la Universidad de Iowa. Esta escritora chicana, que escribe en un inglés que incorpora muchas frases en español, ha sido invitada a leer su obra en México, Alemania y Suecia. Su libro *The House on Mango Street*, publicado en 1984, ha recibido muchos premios literarios, como el "American Book Award" de 1985. Fue traducido al español en 1994 por la reconocida autora mexicana Elena Poniatowska. Su colección de cuentos, *Woman Hollering Creek and Other Stories* (1991), también ha sido traducida al español y a otras lenguas. En 1994 publicó *Loose Women*, una colección de poesía que da libre expresión a su alma méxicoamericana con poemas como "You Bring Out the Mexican in Me" y "The tequila lágrimas on Saturday". Tanto sus cuentos como su poesía son recreaciones llenas de humor de la realidad de ambos lados de la frontera. Actualmente reside en San Antonio, Texas.

**Edward James Olmos** es uno de los actores hispanos de más fama tanto en el teatro y el cine como en la televisión. Nació en 1947 en el Este de Los Ángeles, California, donde vivió toda su juventud. Fue nominado para un premio "Tony" por su extraordinaria actuación como "El Pachuco" en la obra teatral *Zoot Suit* de Luis Valdez. En 1985 ganó un premio "Emmy" por su actuación como el teniente Castillo en la popular serie de la televisión *Miami Vice*. Algunas de las películas en que ha participado son *Blade Runner, The Ballad of Gregorio Cortez, Stand and Deliver* y *Selena*. Fue nominado para un premio "Óscar" por su actuación en *Stand and Deliver* en 1989. También hace una valiosa labor en favor de la comunidad latina, especialmente de los jóvenes. Ha sido premiado por varias organizaciones humanitarias inclusive el "NAACP" ("National Association for the Advancement of Colored People") y el "Hispanic Children's Foundation of America".

## Otros chicanos sobresalientes

**Rodolfo Anaya:** novelista y escritor de libros de niños

**Vickie Carr:** cantante

**Ana Castillo:** novelista y poeta

**Giselle Fernández:** comentarista de noticias

**Óscar de la Hoya:** boxeador de Los Ángeles

**Dolores Huerta:** activista, organizadora y líder de trabajadores del campo

**Carmen Lomas Garza:** artista y autora de libros para niños

**Gloria Molina:** Supervisora del Condado de Los Ángeles

**Federico Peña:** político y ex-Secretario de Transportación y de Energía

**Selena (1971–1995):** cantante

**Luis Valdez:** actor, director, dramaturgo y cineasta

## *Personalidades* del Mundo 21

Contesta estas preguntas. Luego, comparte tus respuestas con dos o tres compañeros(as) de clase.

1. ¿Qué te impresiona más de cada una de estas tres personalidades?
2. ¿A cuál de las tres personas te gustaría conocer? ¿Por qué? ¿De qué te gustaría hablar con esta persona?
3. ¿Sabes algo más que no se mencionó en las biografías sobre estas personalidades? Si no, pregúntales a tus amigos o a tus parientes si ellos saben algo de estos personajes.

# Del pasado al presente

## Los chicanos: tres siglos de presencia continua

### Los orígenes

Los españoles exploraron y poblaron grandes extensiones de tierras en el sur y el oeste de EE.UU. a partir del siglo XVII. Cuando México se independizó de España en 1821, estas extensiones pasaron a formar parte del territorio mexicano. Por eso, desde hace más de tres siglos, han existido comunidades establecidas en estas tierras por personas venidas de México. En realidad, miles de mexicanos ya vivían en el área que actualmente es el suroeste de EE.UU. cuando en el siglo XIX llegaron ahí los angloamericanos.

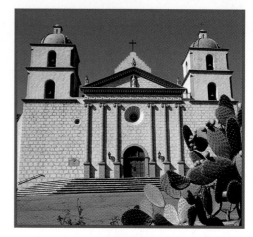

**Misión de Santa Bárbara**

En 1846, después de admitir a Texas como estado, EE.UU. declaró la guerra contra México. El conflicto terminó con el Tratado de Guadalupe Hidalgo en 1848, en el cual México perdió casi la mitad de su territorio, o sea lo que hoy es California, Nevada, Utah, la mayor parte de Arizona, y partes de Nuevo México, Colorado y Wyoming. EE.UU. dio a los 175.000 mexicanos que vivían en esas tierras el derecho de mantener sus costumbres y conservar sus tierras. Sin embargo, en muchos casos estas garantías no fueron respetadas. Cinco años más tarde, con la Compra de Gadsden, EE.UU. adquirió por diez millones de dólares otra porción de tierra en el sur de Arizona y Nuevo México porque le ofrecía al ferrocarril transcontinental una buena ruta de salida al océano Pacífico.

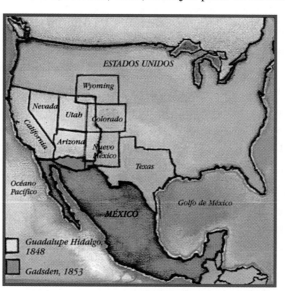

### Principios del siglo XX

A finales del siglo XIX y a principios del XX, México pasaba por una gran crisis política y económica. Se calcula que más de un millón de mexicanos llegaron a EE.UU. en las dos décadas posteriores a la violenta Revolución Mexicana de 1910. Esta inmigración aumentó la presencia mexicana en la mayoría de las ciudades del área. Durante esta época se hicieron populares la música, la comida, la arquitectura y el estilo "del suroeste" que reflejan el modo de vida de los mexicanos y sus descendientes.

**Braceros en el campo**

## El programa de braceros

Durante la gran depresión económica de EE.UU., entre 1929 y 1935, más de 400.000 mexicanos —muchos con familiares nacidos aquí— fueron repatriados a México. Este movimiento hacia el sur cambió de dirección en 1942, durante la Segunda Guerra Mundial, cuando EE.UU. negoció el primer acuerdo con México para atraer a trabajadores agrícolas temporales llamados "braceros" (porque trabajan con los brazos). En EE.UU. había mucha necesidad de trabajadores agrícolas porque muchos norteamericanos trabajaban en la industria de armamentos o estaban en las fuerzas armadas. Al no renovarse este programa en 1964, el movimiento de trabajadores indocumentados de México a EE.UU. aumentó y sigue hasta hoy día.

## El Movimiento Chicano

En los años 60, motivados por el movimiento de los derechos civiles dirigido por Martin Luther King, los méxicoamericanos empezaron a organizarse para mejorar su condición. Empezaron a llamarse "chicanos" o miembros de "la Raza"; esto porque querían enfatizar una identidad étnica basada más en el pasado indígena que en la tradición "colonizadora" española.

Así, por ejemplo, una de las teorías más aceptadas del origen del nombre "chicano" afirma que se deriva de la palabra "mexica" (pronunciada "meshica") que era como se llamaban los aztecas a sí mismos. A su vez "aztecas" significa "originarios de Aztlán", territorio que muchos sitúan en el suroeste de EE.UU. En muchas escuelas secundarias y universidades se han establecido grupos estudiantiles con el nombre de M.E.Ch.A., que significa "Movimiento Estudiantil Chicano de Aztlán".

El Movimiento Chicano, conocido también como "La Causa", intenta transformar la realidad y la conciencia de la población de origen mexicano en EE.UU. En 1965, Luis Valdez fundó El Teatro Campesino como arma de lucha del sindicato de trabajadores agrícolas conocido como "United Farm Workers". Este sindicato, bajo la dirección de César Chávez, inició una huelga con gran éxito contra los productores de uva en Delano, California, ese mismo año.

## El presente

Desde la década de los 70 existe una verdadera efervescencia de la cultura chicana. Se establecen centros culturales en muchas comunidades chicanas y centros de estudios chicanos en las más importantes universidades del suroeste de EE.UU. En las paredes de viviendas, escuelas, parques y edificios públicos se pintan murales de gran colorido que proclaman un renovado orgullo étnico. Las obras de muchos artistas chicanos comienzan a formar parte de colecciones permanentes de museos y se exhiben con mucho éxito en galerías por todo el país.

Igualmente durante este período existe un florecimiento de la literatura chicana. Se fundan nuevas revistas literarias y editoriales con el propósito de dar a conocer a autores chicanos. También surgen varias publicaciones nacionales dirigidas especialmente al mercado hispano; entre las más populares están *Hispanic, Latina, Hispanic Business* y *People en español*. Sin duda la población de origen mexicano ha mejorado mucho su condición en los últimos treinta años, pero aún queda mucho por hacer, especialmente en la educación, los ingresos y la salud.

**Celebración en Chicago del Día de Independencia de México**

# ¡A ver si comprendiste!

**A. Hechos y acontecimientos.** ¿Recuerdas los datos más importantes de la lectura? Para asegurarte, contesta estas preguntas.

1. ¿Cuánto tiempo hace que los méxicoamericanos viven en lo que ahora es EE.UU.? ¿Cómo se compara este período de tiempo con el número de años que EE.UU. existe como nación?
2. ¿Qué obtuvo EE.UU. por el Tratado de Guadalupe Hidalgo? ¿Qué perdió México?
3. ¿A qué se debe que más de un millón de mexicanos llegaron a EE.UU. entre 1910 y 1930?
4. ¿Qué fue el programa de braceros y por cuánto tiempo duró?
5. ¿De qué palabra azteca se deriva el nombre "chicano" según una teoría?
6. ¿Qué es Aztlán?
7. ¿Qué significa M.E.Ch.A.?
8. ¿Quién fundó el Teatro Campesino? ¿Cuál era su propósito?
9. ¿Cuáles son algunos ejemplos de la efervescencia de la cultura chicana?

**B. A pensar y a analizar.** En grupos de cuatro, prepárense para un debate sobre el siguiente tema: ¿Debe disculparse el gobierno federal de EE.UU. por la manera como fueron tratados los ciudadanos de descendencia mexicana después de firmarse el Tratado de Guadalupe Hidalgo en 1848? Dos deben discutir a favor y dos en contra.

# Ventana al Mundo 21

## Los mexicanos de Chicago

Para escapar los terrores de la Revolución Mexicana de 1910 muchísimos ciudadanos mexicanos inmigraron a EE.UU. Al cruzar la frontera, muchos fueron enviados a Chicago con la promesa de encontrar empleo en la ganadería y los mataderos. Ahora los hispanos participan en todas las fases de negocio en Chicago y los alrededores. Según el censo de 1990, en Chicago el 19,6 por ciento es de origen hispano. El mayor grupo hispano es de origen mexicano (352.560), seguido por los puertorriqueños (119.866). Se calcula que para el año 2000 uno de cada cuatro habitantes de Chicago será hispano. La población mexicana se concentra principalmente en las comunidades de Pilsen y La Villita que han crecido de una manera acelerada desde los años 50.

La primera semana de agosto de cada año se celebra la "Fiesta del Sol" en el barrio mexicano de Pilsen. Esta fiesta conmemora la formación en 1973 de la primera escuela en un barrio hispano, la Escuela Secundaria Benito Juárez.

En 1982, se fundó el "Mexican Fine Arts Center Museum" para promover la apreciación y la producción de arte en la comunidad mexicana de Chicago. Para lograr esta meta, el museo patrocina exhibiciones de artistas chicanos y mexicanos locales.

**Los mexicanos de Chicago.** Corrige estas oraciones según la lectura.

1. Más del treinta por ciento de la población de Chicago es de origen hispano.
2. Las personas de origen mexicano representan la mitad de los hispanos de Chicago.
3. La "Fiesta del Sol" tiene su origen en antiguas ceremonias aztecas.
4. La Escuela Secundaria Benito Juárez demuestra la importancia que tiene la Revolución Mexicana de 1910 para los hispanos de Chicago.
5. El "Mexican Fine Arts Center Museum" se fundó para llevar el arte de los grandes artistas y muralistas de México a Chicago.

**"Canto a los cuatro vientos", mural en la Escuela Secundaria Benito Juárez**

# ᘯᐧᑯ *Y ahora, ¡a leer!*

## Anticipando la lectura

Completa estas actividades con un(a) compañero(a).

1. Mira el dibujo de la página 8. ¿Cómo es el pueblo Tierra Amarilla? ¿Dónde está localizado? Descríbelo, según como te lo imaginas.
2. ¿Qué te dice el título del cuento? ¿Quién será Adolfo Miller? ¿Será hispano o anglo? ¿Qué relación habrá entre Adolfo y Tierra Amarilla?
3. Escribe tres temas que crees que este cuento va a tratar, basándote sólo en el título y el dibujo. Vuelve a tus temas después de leer el cuento para ver si acertaste o no.

## Conozcamos al autor

**Sabine R. Ulibarrí** es uno de los escritores chicanos más distinguidos de EE.UU. Nació en 1919 en Tierra Amarilla, un pueblito localizado entre las montañas del norte de Nuevo México. Muchos de sus cuentos, escritos originalmente en español, están inspirados en las leyendas y las tradiciones familiares; tienen el sabor de la herencia hispana establecida en el suroeste de EE.UU. por más de tres siglos. Sus principales obras son *Tierra Amarilla: Stories of New Mexico/Cuentos de Nuevo México* (1971), *Mi abuela fumaba puros/My Grandma Smoked Cigars* (1977), *Primeros encuentros/First Encounters* (1982), *Governor Glu Glu and Other Stories* (1988), *El cóndor* (1989) and *Sueños/Dreams* (1994). "Adolfo Miller" es la historia de un joven angloamericano que logra ser aceptado como miembro del pueblo de Tierra Amarilla, en el norte de Nuevo México.

### L E C T U R A

**Tierra Amarilla, Nuevo México**

# Adolfo Miller

D on Anselmo y doña Francisquita tuvieron sólo una hija. La hija se
llamaba Francisquita también. A su debido° tiempo y por debidas razones esa hija se casó con mi tío Víctor. A través de° este parentesco°
conozco la historia que voy a contar.

5     En la vida apacible° de Tierra Amarilla apareció un día un rubio gringuito
mostrenco.° Nadie sabía de dónde venía, si tenía familia o qué quería. Lo
único que se supo es que allí estaba. Dijo que se llamaba Adolfo Miller.
    Dormía quién sabe dónde, comía quién sabe qué. Su ropa era vieja y rota.
El pobre no tenía en qué ni dónde caer muerto.

10     El chico era listo.° Era amable. Tenía una sonrisa° que deshacía los corazones. Poco a poco se fue ganando las simpatías de todos. Hablaba español
macarrón.° Dondequiera que iba dejaba risas y sonrisas. Él se reía más que
nadie.
    Se acercó a la tienda de don Anselmo a pedir trabajo. Don Anselmo lo

15 empleó. Le dio pequeñas tareas: barrer el piso, alzar° cosas, hacer entregas.°
Adolfo se echó cuerpo y alma° en su trabajo. Pronto se ganó la buena voluntad y la confianza de don Anselmo.
    Después de poco tiempo se lo llevó a casa y le dio más quehaceres;° asistir
los animales, ordeñar° las vacas, limpiar las caballerizas. Adolfo ahora se

20 pasaba el tiempo correteando entre la tienda y la casa. Se le arregló un dormi-
torio bien cómodo en la caballeriza. Comía con la familia.
    Entretanto° Adolfo se hacía más hispano cada día. Casi podía decirse que
era más hispano que los hispanos. Ahora hablaba un español perfecto. Su
manera de ser era la nuestra. La gente lo tomaba ya como hijo de don

25 Anselmo.
    Adolfo era guapo. Francisquita era linda. Pudo haber nacido entre los
dos algo. Él lo quiso. Ella también lo quiso. Hubo miradas entre ellos que lo
decían todo. Hubo instancias en que él le guiñó el ojo° y ella le correspondió.
Hubo ocasiones cuando él entró con un cubo de agua a la cocina. Se encon-

30 traron solos. Un momento. Nada. La vigilia de doña Francisquita y el recio°

---

*(glosas al margen)*

apropiado

**A...** Por medio de / relación
familiar

tranquila

persona que no tiene dónde
vivir

inteligente / *smile*

no bien hablado

poner en su lugar / **hacer...**
llevar compras a los com-
pradores / espíritu

responsabilidades
sacar la leche de las vacas

Mientras tanto

**guiñó...** cerró un ojo

fuerte

carácter de don Anselmo siempre estaban entre medio. Nunca pudo pasar
nada. Los nietos de don Anselmo pudieron haber sido Millers pero no fue así.

Adolfo ahora se ocupaba de los más serios problemas de don Anselmo.
Él se encargaba de ir a Chama todos los días a hacer depósitos en el banco.
35 Administraba el rancho en la Ensenada. Apartaba el ganado° para vender.
Contrataba y despedía peones para la casa y para el rancho. Don Anselmo
tenía el hijo que siempre había querido. Adolfo quizás había encontrado el
padre que había perdido.

**Apartaba...** Separaba las vacas de los novillos

Pero Adolfo tenía otras facetas. Era el macho más pendenciero,° el más
40 atrevido,° en los bailes los sábados por la noche. En muchas ocasiones don
Anselmo tuvo que ir a sacar a Adolfo de la cárcel.° No creo que esto molestara
al viejo. Creo que acaso° Adolfo estaba haciendo lo que el viejo quiso hacer y
nunca hizo. Parecía que don Anselmo se sentía orgulloso° de su protegido.

peleador
*daring*
*jail*
probablemente
*proud*

Así andaban las cosas cuando volvió mi tío Víctor de la universidad. Vino
45 elegante, culto y arrogante. En las reuniones sociales pronto se dio cuenta de
Francisquita. Era ella la más bella, la más atractiva en todo sentido, de todo
de ese valle. Se quisieron, se enamoraron, se casaron. Mi tío Víctor le cambió
el nombre a Frances.

Las cosas cambiaron. Don Anselmo le pasó al nuevo yerno° la adminis-
50 tración de sus negocios. El yerno era orgulloso, galán° y acaso vanidoso.
Adolfo, por fuerza, tuvo que pasar a segundo lugar.

esposo de su hija
hombre bien parecido

Adolfo ya no tenía quince años. Se había acostumbrado a ser el hijo
predilecto,° casi el dueño, casi el señor. Ahora de pronto valía menos. Un
señorito salido de la universidad viene con las manos limpias a tomar el lugar
55 que él se ganó con sacrificio y dedicación. Viene a quitarle la mujer que él se
merece, y que le quiere como él la quiere a ella.

favorito

Adolfo se aguantó.° Se calló. No dijo nada. Siguió las instrucciones que su
nuevo jefe le dio. Sereno, callado y serio seguía haciendo sus quehaceres
como antes. Excepto que ya no era el mismo. La sonrisa, la risa, la amabilidad
60 desaparecieron. Las peleas° y las borracheras° los sábados por la noche también desaparecieron. Adolfo era Adolfo, pero ya no era el mismo. Allí detrás
del ombligo° llevaba un hondo y violento resentimiento.

**se...** toleró

luchas / el tomar demasiado alcohol
*navel*

Por muchos años don Anselmo se había encargado de la venta de becerros°
de toda la familia. En muchos casos se aceptaban becerros de la familia. Se
65 llevaba el ganado a Chama, se alquilaban el número indicado de carros de
ferrocarril, con arreglos para pastura° en determinadas paradas del tren.
Cuando la embarcadura° llegaba a Denver se vendía el ganado a subasta.°
Este procedimiento era mucho más práctico y más económico. Los ganaderos
ganaban más si vendían directamente. De otra manera el comprador se
70 llevaba la ganancia.

toros de menos de un año

hierba que come el ganado
*live cargo* / venta pública

Ya por varios años Adolfo había hecho este viaje y esta aventura. De
pronto, Víctor es el encargado. Adolfo es el asistente.

Llegan a Denver. Venden el ganado. Serían mil cabezas. Se van al Brown
Palace, el hotel más elegante de Denver. Allí están. Víctor, el nuevo dueño.
75 El nuevo esposo. Adolfo, el viejo jefe. El nuevo soltero. El trabajo ha sido
pesado.° Están cansados.

difícil

Víctor dice, "Voy a darme un baño". Adolfo dice, "Voy por cigarrillos y
una botella de whiskey". Víctor se baña. Adolfo se va. Se va para siempre. Y
nunca vuelve. Y se lleva los $30.000.

80 Ya todos los participantes de este drama han muerto. Pero todo el mundo
se acuerda. Don Anselmo tuvo que pagar de su propia cuenta la parte que le

tocaba a cada quien. Adolfo Miller desapareció para siempre. ¿Quién puede saber el por qué de todo esto? Uno se pregunta, ¿Por qué lo hizo? ¿Es que don Adolfo se tragó° su propia saliva cuando Víctor le quitó a Francisquita, *swallowed*

85 y le cambió el nombre a Frances? Nadie sabía cuánto le pagaba don Anselmo a Adolfo. Quizás no mucho. ¿Y es que don Adolfo estaba cobrando lo que honradamente se le debía? ¿Es que era un gringo fregado° y aprovechado° *scoundrel* / oportunista que esperó y buscó su oportunidad? ¿Es que fueron unos nuevomexicanos fregados que supieron aprovecharse de un noble, gentil y hermoso gringo?

90 ¿O es que, como dijeron muchos, que uno cría cuervos° para que le saquen los ojos? **cría...** *raises ravens (i.e., a dog bites the hand that feeds it)*

Yo no sé, pero me pregunto. Me supongo que mi tía Francisquita recordó y lloró° en silencio un gran amor que pudo ser y nunca fue. Creo también que *cried* don Anselmo recordó siempre el hijo que nunca tuvo, y un día perdió para

95 siempre. No tengo la menor idea qué pensó o qué creyó mi tío Víctor. Él no dijo nada nunca.

"Adolfo Miller" de *Primeros encuentros/First Encounters*, Bilingual Press.

# ¿Comprendiste la lectura?

**A. Hechos y acontecimientos.** Selecciona las palabras o frases que mejor completen cada oración según la lectura. Siempre hay dos respuestas correctas.

1. Don Anselmo y doña Francisquita vivían en...
   a. Texas.
   b. Tierra Amarilla.
   c. Denver.
   d. Nuevo México.

2. Adolfo Miller era...
   a. chicano.
   b. anglosajón.
   c. inteligente.
   d. perezoso.

3. Francisquita era...
   a. bonita.
   b. hija de don Anselmo.
   c. hermana de Adolfo Miller.
   d. coqueta.

4. Adolfo se encargaba de...
   a. administrar el rancho de don Anselmo.
   b. hacer depósitos en el banco.
   c. encontrarle un esposo a Francisquita.
   d. preparar la comida de la familia de don Anselmo.

5. Víctor era...
   a. el tío de Francisquita.
   b. el yerno de don Anselmo.
   c. un estudiante universitario.
   d. el enamorado de la hija de don Anselmo.

6. Víctor y Adolfo fueron a Denver donde...
   a. compraron ganado.
   b. vendieron ganado.
   c. se encontraron con Francisquita.
   d. se quedaron en un hotel elegante.

7. En el Brown Palace, mientras Víctor se bañaba, Adolfo...
   a. robó un banco.
   b. robó $30.000 dólares.
   c. desapareció.
   d. se escapó con Francisquita.

**B. A pensar y a analizar.** Contesten estas preguntas en parejas.

1. Compara a Adolfo con Víctor. ¿Qué cualidades tenían en común? ¿En qué diferían?
2. ¿Crees que Francisquita era una mujer liberada e independiente? ¿Por qué?
3. ¿Qué crees que Adolfo pensaba de Víctor y qué pensaba Víctor de Adolfo? Prepara dos listas, con tus ideas.
4. ¿Cómo crees que reaccionó don Anselmo cuando supo del robo y de la desaparición de Adolfo? ¿Crees que consideró a Adolfo culpable o que se culpó a sí mismo? Explica tu respuesta.

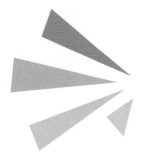

# Introducción al análisis literario

## Personajes y narradores

- **Personaje:** Una persona que aparece en un cuento, novela, drama o poema.

- **Protagonista:** El personaje principal de una obra literaria. Toda la acción de la obra se desarrolla alrededor de este personaje.

- **Narrador(a):** La persona que cuenta la historia en la obra.

- **Voz narrativa:** La voz o perspectiva que el(la) narrador(a) usa para narrar la historia. La voz narrativa está en **primera persona** cuando un "yo" relata lo sucedido, en **segunda persona** cuando se narra lo sucedido a través de un "tú" o en **tercera persona** cuando un "él" o "ella" cuenta lo que les sucede a los personajes.

**Personajes y narradores.** Contesta estas preguntas.

1. ¿Cuántos personajes hay en "Adolfo Miller"? ¿Quiénes son?
2. ¿Cuántos protagonistas hay? ¿Quiénes son?
3. Usando como ejemplo el primer párrafo de este cuento, ¿en qué voz narrativa se relata este cuento? ¿Quién es el narrador? ¿Cómo lo sabes?
4. ¿Qué se debe cambiar en el primer párrafo para que esté la voz narrativa en otra persona?
5. ¿En qué voz narrativa está escrito el último párrafo del cuento? ¿Cómo lo sabes? ¿Es la misma que la voz narrativa del primer párrafo? Explica.

# Cultura ¡en vivo!

## Cine chicano

Los primeros actores hispanos como Cantinflas, Ramón Novarro, Dolores del Río, Ricardo Montalbán y Anthony Quinn tuvieron que luchar muy duramente para poder abrirse camino en el mundo del cine y de la televisión. Un caso muy conocido es el del célebre Anthony Quinn, que durante su larga y exitosa carrera tuvo que hacer frecuentemente el papel del "malo", representando con frecuencia estereotipos hispanos negativos. Algo similar le ocurrió a la bellísima Dolores del Río, que hizo el papel de "mala" indígena, brasileña, portuguesa, española y otras. Sin embargo, estos talentosos actores no se dieron por vencidos y es en parte gracias a ellos que, por ejemplo, Jennifer López, Edward James Olmos, Martin Sheen y Cheech Marin han podido pasar a ser estrellas de gran éxito taquillero, conocidos no solamente en EE.UU. sino en todo el planeta.

No sólo han alcanzado gran éxito numerosos actores hispanos, sino también varios cineastas o directores de cine hispanos. Basta con considerar a tres. Luis Valdez empezó su labor con El Teatro Campesino y triunfó con la película *Zoot Suit*. Otras obras suyas son *La Bamba; Frieda y Diego; Bandido, Bandido* y *The Cisco Kid*. Gregory

**Jennifer López hace el papel de Selena en la película del mismo nombre**

Nava ha hecho varias películas en inglés, pero las tres obras que lo han inmortalizado definitivamente son en español: *El Norte, Mi familia* y *Selena*. Roberto Rodríguez hizo *El Mariachi* con un mínimo presupuesto y una simple cámara montada en un carrito de compras de supermercado. La película tuvo tanto éxito que Hollywood le dio millones para hacer la continuación, esta vez con el famoso artista español Antonio Banderas. Además, ha dirigido a George Clooney en *From Dusk to Dawn*.

**Cine chicano.** Contesta estas preguntas.

1. ¿Por qué fue necesario "abrir camino" en Hollywood para los actores méxicoamericanos? ¿En qué consistió ese proceso?
2. ¿Qué evidencia hay que "el camino está abierto" hoy en día?
3. ¿Cuáles son otros grupos minoritarios que han tenido problemas similares en Hollywood?

# *Mejoremos la comunicación*

## Para hablar del cine

### Al hablar del cine

la taquilla
(la boletería)

el taquillero
(la taquillera)

la entrada
(el boleto)

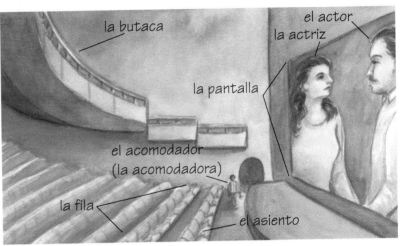

la butaca

el actor
la actriz

la pantalla

el acomodador
(la acomodadora)

la fila

el asiento

### Al hablar de tus gustos en películas

— ¿Te gustan las películas de acción?
*Do you like adventure movies?*

**películas cómicas** *comedy movies*
**...de ciencia ficción** *science fiction movies*
**...de dibujos animados** *animated films*
**...de guerra** *war movies*
**...de misterio** *suspense thrillers*

**...de vaqueros** *westerns*
**...documentales** *documentaries*

**...de terror (horror)** *horror movies*
**...musicales** *musicals*
**...policíacas** *detective movies*
**...románticas** *romance movies*

— Me encantan.
— Me fascinan.
— No me gustan del todo.
— Las detesto.
— Las odio.

*I love them.*
*They fascinate me.*
*I don't like them at all.*
*I detest them.*
*I hate them.*

### Al describir películas

— ¿Qué opinas de la película de anoche?
— Fue formidable.

*What do you think of last night's movie?*
*It was terrific.*

**aburrido(a)** *boring*
**conmovedor(a)** *moving, touching*
**creativo(a)** *creative*
**emocionante** *exciting*
**entretenido(a)** *entertaining*
**espantoso(a)** *frightening*

**estupendo(a)** *stupendous*
**imaginativo(a)** *imaginative*
**impresionante** *impressive*
**pésimo(a)** *very bad, terrible*
**sorprendente** *surprising*
**trágico(a)** *tragic*

### Al invitar a una persona al cine

— ¿Quieres ir a ver una película esta noche?

— ¿Deseas ver la nueva película el viernes?

— ¿Te gustaría ir al cine conmigo el sábado por la tarde?

*Do you want to go see a movie tonight?*
*Do you want to see the new movie on Friday?*
*Would you like to go to the movies with me on Saturday afternoon?*

### Al aceptar una invitación

— ¡Cómo no! ¿A qué hora?

— ¡Claro que sí! ¿Sabes a qué hora empieza la película?

— Me encantaría. ¿A qué hora me pasas a buscar?

*Of course! At what time?*
*Of course! Do you know what time the movie starts?*
*I'd love to. At what time will you come by for me?*

### Al rechazar una invitación

— Lo siento, pero tengo otros planes.
— Muchas gracias, pero no puedo.
— Me encantaría, pero...
— Quizás la próxima vez.

*I'm sorry, but I have other plans.*
*Thank you, but I can't.*
*I'd love to, but . . .*
*Maybe next time.*

# ¡A conversar!

**A. La última vez.** Pregúntale a un(a) compañero(a) de clase sobre la última vez que fue al cine. Luego contesta las preguntas de tu compañero(a). ¿Con quién fue? ¿Qué tipo de película vio? ¿Cuál fue el título? ¿Dónde se sentó? ¿Qué opina de la película?

**B. Dramatización.** Tú y un(a) amigo(a) están tomando un café en la cafetería de la universidad cuando otro(a) amigo(a) se acerca y los invita al cine esa noche. Dramatiza la situación con dos compañeros(as) de clase. Mencionen qué película pasan, a qué sesión prefieren ir, quién va a comprar las entradas, dónde prefieren sentarse, etc.

# Palabras claves: pantalla

Para conversar es necesario tener un buen vocabulario. Dos maneras de ampliar tu vocabulario son reconocer distintos usos de la misma palabra y aprender a derivar palabras nuevas de una palabra clave. Por ejemplo, ve cuántas de las palabras de la primera columna que expresan distintos usos de **pantalla** puedes combinar con las definiciones de la segunda columna.

____ 1. estrellas de pantalla
____ 2. servir de pantalla
____ 3. pantalla acústica
____ 4. llevar a la pantalla
____ 5. pantalla táctil

a. ponerse delante de otra persona para ocultarla
b. elemento de equipo estereofónico
c. filmar
d. superficie que se toca
e. actores de cine

## ¡Luz! ¡Cámara! ¡Acción!

# La joven poesía

El programa de *Cristina,* con sus temas fuertes y hasta controvertidos, llega diariamente a casi dos millones de hogares hispanos en EE.UU. Es dirigido por Cristina Saralegui, la rubia cubanoamericana que algunos críticos han llamado la voz intelectual del pueblo. Esta selección del video se toma de un programa sobre "La joven poesía", es decir, la poesía escrita en español en EE.UU. por jóvenes hispanos.

En el programa, Manuel Colón, un joven poeta de veintiún años, lee un poema titulado "Autobiografía". En su poema trata de explicar el conflicto de identidad que él sufrió, algo que les ocurre a muchos jóvenes hispanos en este país. En particular, Manuel Colón explica el conflicto que sintió cuando trató de decidir quién era realmente: ¿mexicano? ¿méxicoamericano? ¿chicano? La poesía lo ayudó a encontrar una respuesta.

## Antes de empezar el video

Contesten estas preguntas en parejas.

1. En EE.UU. hay muchos programas de entrevistas en la televisión hoy día, como el de Oprah Winfrey. ¿Cuáles son otros de los más populares? ¿Cuál es el contenido de estos programas? ¿Qué temas tratan?
2. Con frecuencia, estos programas enfocan en los conflictos de identidad de los jóvenes. ¿Cuáles son algunos ejemplos de conflictos de identidad? En tu opinión, ¿cuál es la mejor manera de resolver los conflictos de identidad?

## ¡A ver si comprendiste!

**A. La joven poesía.** Contesta estas preguntas con un(a) compañero(a) de clase.

1. ¿Cuál es el problema principal de Manuel Colón? ¿Cómo lo resuelve?
2. ¿Cuáles son algunos ejemplos del conflicto de identidad que menciona en su poema "Autobiografía"?
3. ¿Qué piensa el poeta de su identidad ahora? Explica.

**B. A pensar e interpretar.** Contesta estas preguntas.

1. ¿Crees que es importante tener una identidad étnica? ¿Por qué?
2. Manuel Colón nombró tres posibles identidades y decidió seleccionar "chicano". ¿Crees que el identificarse con un grupo étnico te prohíbe pertenecer a otro? ¿Hay momentos en que es más apropiado destacar ser miembro de cierto grupo étnico en lugar de otro? Explica.
3. ¿Cuáles son las ventajas y desventajas de ser miembro de un grupo étnico?

# Exploremos el ciberespacio

Explora distintos aspectos de los chicanos en EE.UU. en las actividades de la red *(Internet)* que corresponden a esta lección. Ve primero a **http://college.hmco.com** y de ahí a la página de *Mundo 21.*

**Nombres comunes:**
*puertorriqueños, boricuas, Neoyorquinos*

**Población:**
*3.150.000 (est.)*

**Concentración:**
*Nueva York, Nueva Jersey, Illinois, Florida y Massachusetts*

# Gente
## del Mundo 21

**Rita Moreno,** actriz, cantante y bailarina nació en 1931 en Humacao, Puerto Rico. Es la única persona que ha ganado los cuatro premios más prestigiosos del mundo del entretenimiento: el "Óscar" (1962) por su interpretación de Anita en la película musical *West Side Story*; el "Grammy" (1972) por su participación en la grabación de *The Electric Company*; y el "Tony" (1975) por su actuación en la comedia *The Ritz*. También ganó dos premios "Emmy" por su actuación en *The Muppet Show* (1977) y *The Rockford Files* (1978). En 1982 fue nominada otra vez para el premio "Grammy" por su actuación en la comedia *Nine to Five*. Ha aparecido en la televisión en la serie *B. L. Stryker* y en *Cosby Mysteries*. En Broadway actuó en *The Odd Couple* (1985) y en *Two Ladies of Broadway* (1992).

**Tito Puente (1923–2000),** el legendario salsero puertorriqueño, nació en Nueva York. Su gran talento musical fue reconocido por su madre, quien lo hizo estudiar piano y baile. Para fines de la década de los 40, ya había llegado a ser el artista favorito del Copacabana, el famoso club nocturno neoyorquino, y del Palladium de Hollywood. Su estilo único fue una mezcla pulsante y sabrosa de jazz latino y música caribeña. Su larga carrera musical, que incluye más de cien discos y 400 composiciones, le trajo galardones impresionantes: un premio "EUBIE" del National Academy of Recording Arts and Sciences, cuatro "Grammys", el título de "Embajador de la Música Latinoamericana", las llaves de la Ciudad de Nueva York y muchos más. Sus composiciones incluyen música para las películas *Los Reyes del Mambo*, *Dick Tracy*, *Radio Days* y otras. Tito personificó la sabrosura y alegría rítmica de la música y también la generosidad hispana. Para el año 2000, su Fundación Tito Puente había distribuido más de cincuenta becas a jóvenes hispanos talentosos.

**Rosie Pérez,** actriz de origen puertorriqueño, nació y se crió en el barrio puertorriqueño de Bushwick en Brooklyn, Nueva York. Proviene de una familia de limitados recursos en que había doce hijos. "Vivíamos en un barrio pobre y económicamente deprimente", dice la joven actriz, "pero siempre supimos cómo divertirnos". Se mudó a Los Ángeles para estudiar biología marina en la universidad. Pronto empezó a coreografear videos musicales con gran éxito para importantes artistas como Diana Ross y los raperos Al B. Sure, L.L. Cool J., Heavy D y los Boyz. Se inició en el cine en la película *Do the Right Thing,* pero fue la película *White Men Can't Jump* que aceleró su carrera artística. Recientemente apareció en *Untamed Heart, Night on Earth* y *It Could Happen to You.* En 1994 apareció en *Fearless,* por la cual fue nominada para un "Óscar". No cabe duda que Rosie Pérez es una mujer muy dedicada a su profesión.

## Otros puertorriqueños sobresalientes

**Sandy Alomar Sr., Roberto Alomar y Sandy Alomar Jr.:** beisbolistas

**María Teresa Babín:** catedrática, cuentista y editora de antologías

**Michael DeLorenzo:** actor

**Gigi Fernández:** tenista

**Raúl Julia (1940-1994):** actor

**Jennifer López,** actriz y cantante

**Ricky Martin:** cantante

**Esai Morales:** actor

**Chita Rivera:** actriz y bailarina

**Jimmy Smits:** actor

**Pedro Juan Soto:** cuentista, novelista y dramaturgo

**Piri Thomas:** novelista y guionista

**Nydia Velázquez:** política

**Bob Vila:** presentador de televisión

## *Personalidades* del Mundo 21

Contesta estas preguntas. Luego, comparte tus respuestas con dos o tres compañeros(as) de clase.

1. ¿Quién fue la primera persona en ganar los cuatro premios más prestigiosos del mundo del entretenimiento? ¿Cuáles son? ¿Qué puedes inferir de una persona hispana que ha ganado estos cuatro premios? Prepara una lista de todas las cualidades que crees que esta persona debe tener.

2. ¿Para qué películas escribió música Tito Puente? ¿Por qué es tan famoso? ¿Qué galardones ha ganado? ¿Quiénes son otros artistas que, como Tito Puente, han mantenido su popularidad por décadas?

3. ¿En qué películas ha actuado Rosie Pérez? ¿Cuáles has visto? ¿Cuál te gusta más? ¿Por qué? ¿Cómo se explica que una joven de Brooklyn de recursos limitados acabe estudiando biología en Los Ángeles y luego actuando en Hollywood?

# Del pasado al presente

## Los puertorriqueños en EE.UU.: Borinquen continental

### Los orígenes

En 1898, como resultado de la guerra entre EE.UU. y España, la isla de Puerto Rico pasó a ser territorio estadounidense. En 1917 los puertorriqueños recibieron la ciudadanía estadounidense. Desde la Segunda Guerra Mundial, más de dos millones de puertorriqueños han emigrado de la isla a EE.UU. en busca de una vida mejor. En la ciudad de Nueva York residen más puertorriqueños que en San Juan, la capital de Puerto Rico. El Este de Harlem, un distrito de la ciudad, se conoce como "El Barrio" o "Spanish Harlem" y es, en su mayor parte, una vibrante comunidad puertorriqueña. Año tras año Nueva York se convierte en una ciudad cada vez más latina. Más de una docena de periódicos, dos canales de televisión y numerosas estaciones de radio existen en lengua española. Además, por todas partes se escucha gente hablando en español.

**El barrio en Nueva York**

### Ciudadanos estadounidenses

A diferencia de otros grupos hispanos, los puertorriqueños son ciudadanos estadounidenses y pueden entrar y salir de EE.UU. sin pasaporte o visa. También gozan de todos los derechos, excepto que los puertorriqueños que viven en la isla no pueden votar en las elecciones presidenciales, pero tampoco pagan impuestos federales.

Como ciudadanos, los puertorriqueños también tienen las mismas responsabilidades de cualquier estadounidense. Pueden ser reclutados para servir en el ejército estadounidense. Miles de puertorriqueños han servido en las fuerzas armadas de EE.UU. como reclutas o voluntarios. Por ejemplo, durante el conflicto de Corea, el Regimiento de Infantería 65, compuesto de puertorriqueños, participó en nueve

**El Regimiento de Infantería 65**

campañas y fue uno de los regimientos más condecorados del conflicto. Más recientemente un buen número de puertorriqueños fueron condecorados por su participación en la guerra del Golfo Pérsico.

## Una población joven

Los puertorriqueños en EE.UU. forman una de las poblaciones más jóvenes de todos los otros grupos étnicos. Esto constituye

**Rita Moreno en *West Side Story***

un gran desafío a las instituciones educativas estadounidenses. Aunque cada vez más estudiantes puertorriqueños ingresan a las universidades de EE.UU., todavía existe una gran necesidad de profesionales bilingües en la comunidad puertorriqueña.

La problemática que enfrentan los jóvenes puertorriqueños en adaptarse a la vida de los barrios de EE.UU. fue llevada con mucho éxito primero a un escenario teatral de Broadway. Después fue adaptada al cine con el título *West Side Story,* la cual ganó varios premios "Óscar", entre ellos el de la mejor película de 1961. La actuación en esta película de la actriz puertorriqueña Rita Moreno, la hizo merecedora de un premio "Óscar". Por supuesto, muchos de los estereotipos que allí se presentan ya han sido superados.

## La situación actual

En las últimas dos décadas ha habido un cambio en la emigración puertorriqueña a EE.UU. Desde 1980, un importante número de abogados, médicos, profesores universitarios, gente de negocios e investigadores científicos se han instalado en EE.UU. La necesidad

de profesionales bilingües ofrece oportunidades para los puertorriqueños que vienen a este país.

La situación de los boricuas en EE.UU. ha mejorado en los últimos treinta años. Los programas bilingües que toman en cuenta la lengua y la cultura de los puertorriqueños se han multiplicado y han traído esperanzas de un futuro mejor. También se han creado centros artísticos y culturales, como el Museo del Barrio, inaugurado en 1969, o el actual Teatro Rodante Puertorriqueño que mantiene viva la herencia cultural boricua que proviene de los taínos, los africanos y los españoles.

Los avances de la comunidad puertorriqueña en EE.UU. son significativos. La elección en 1992 de la congresista Nydia Velázquez ha demostrado la voluntad política de la comunidad puertorriqueña de Nueva York. El éxito alcanzado por puertorriqueños ilustres como el percusionista Tito Puente, la actriz Rita Moreno, el actor Raúl Julia, la bailarina Chita Rivera y el escritor Piri Thomas ha enriquecido la vida cultural de EE.UU.

**Nydia Velázquez**

# ¡A ver si comprendiste!

**A. Hechos y acontecimientos.** ¿Recuerdas los datos más importantes de la lectura? Para asegurarte, contesta estas preguntas, y luego compara tus respuestas con las de un(a) compañero(a).

1. ¿Cuántos puertorriqueños han emigrado de la isla a EE.UU. desde la Segunda Guerra Mundial? ¿Por qué crees que han emigrado tantos?
2. ¿En qué ciudad de EE.UU. residen más puertorriqueños? ¿Cuál es, crees tú, la atracción de esta ciudad?

3. ¿Por qué los puertorriqueños pueden entrar y salir de EE.UU. sin necesidad de pasaporte? Si tú decides viajar a Puerto Rico, ¿necesitas conseguir pasaporte?

4. ¿Cuándo recibieron los puertorriqueños la ciudadanía estadounidense? ¿Tienen todos los derechos que tienes tú como ciudadano?

5. ¿Cómo se llama la película que trata sobre la realidad de los jóvenes puertorriqueños en Nueva York y que ganó el premio "Óscar" como la mejor película en 1961? ¿Conoces la trama de esta película? Explícala.

6. ¿Quiénes son algunos puertorriqueños contemporáneos que se han destacado en las artes en EE.UU.?

7. ¿A cuántos de estos puertorriqueños has visto actuar en el cine o en la televisión? ¿En qué películas o programas los has visto?

| | | |
|---|---|---|
| Rita Moreno | Héctor Elizondo | Chita Rivera |
| Esai Morales | Rosie Pérez | Jimmy Smits |
| Michael DeLorenzo | Raúl Julia | Jennifer López |

**B. A pensar y a analizar.** ¿Es justo que los puertorriqueños tengan que servir en el ejército estadounidense cuando no tienen el derecho de votar por el presidente de EE.UU., el jefe supremo del ejército? En grupos de cuatro, tengan un debate sobre esta pregunta. Dos deben discutir a favor, dos en contra.

# Ventana al Mundo 21

## El Desfile Puertorriqueño

Todos los veranos, en el mes de junio, casi siempre el segundo domingo de ese mes, se celebra el Desfile Puertorriqueño de Nueva York. El primero de estos desfiles tuvo lugar en 1957. Hoy día es el evento cultural anual más grande de los hispanos en EE.UU.

En 1998, más de cien mil personas marcharon en el desfile y hubo tres millones de espectadores. Los participantes marchan a todo lo largo y ancho de la Quinta Avenida de Nueva York. Por dondequiera ondean banderas puertorriqueñas y se escuchan comparsas, o grupos musicales tradicionales.

Cada año se elige un Gran Mariscal neoyorquino. Casi siempre es una personalidad puertorriqueña nacida en Nueva York y puede ser un músico, un artista o un líder político. También se elige un Gran Mariscal puertorriqueño, que sirve como representante oficial de la isla.

Durante el gran Desfile Puertorriqueño toda Nueva York parece decir: "¡Qué viva Puerto Rico!"

**El Desfile Puertorriqueño.** Contesta estas preguntas con un(a) compañero(a).

1. ¿Por qué crees que este evento tiene lugar en la ciudad de Nueva York? Explica.
2. ¿Por qué crees que hay un Gran Mariscal neoyorquino y otro Gran Mariscal puertorriqueño?
3. En EE.UU. hay varios desfiles grandes cada año. Nombra algunos y explica dónde tienen lugar y cuál es su significado.
4. ¿Has participado tú en un desfile? ¿En qué ocasión? ¿Dónde fue? ¿Qué edad tenías? ¿Qué papel hiciste?

# Y ahora, ¡a leer!

## Anticipando la lectura

Contesta estas preguntas con un(a) compañero(a).

1. La mayoría de los inmigrantes a EE.UU. tienen que aprender inglés para sobrevivir en este país. ¿Crees que deben dejar de hablar su idioma materno para concentrarse totalmente en el inglés? ¿Por qué? ¿Crees que los inmigrantes a EE.UU. deben seguir estudiando su propia lengua materna? Explica.
2. Lee ahora el primer párrafo de *Cuando era puertorriqueña* en la página 22. ¿En qué voz narrativa está escrito? ¿Quién es el(la) narrador(a)? Mira ahora el título de la lectura y di cuál será el tema de la obra.
3. ¿Qué expresiones coloquiales o idiomáticas existen en inglés que probablemente son difíciles de traducir a otra lengua? Da algunos ejemplos.

### Conozcamos a la autora

**Esmeralda Santiago** nació en una zona rural de Puerto Rico, donde sus padres y hermanos vivían una vida agitada pero llena de amor y ternura. De niña, Esmeralda se crió en la isla, sumergida en la cultura puertorriqueña. Cuando tenía trece años, se mudó con su familia a Brooklyn donde la cultura y el idioma eran muy diferentes. Allí, la madre y Esmeralda, siendo la hija mayor, tuvieron que criar a sus diez hermanos a solas. A los quince años fue aceptada en la Performing Arts High School en Nueva York. Después de graduarse, ella trabajó a tiempo completo por ocho años para poder ayudar a su madre mientras asistía a la universidad. En 1976 se graduó magna cum laude de la Universidad de Harvard. También tiene una maestría de bellas artes como escritora de ficción de Sarah Lawrence College. Es la autora de una autobiografía, *Cuando era puertorriqueña* (1994), y de una novela, *El sueño de América* (1996). Las dos obras, escritas primero en inglés y luego en español, tratan de los problemas de la mujer puertorriqueña que se encuentra entre la cultura hispana y la angloamericana. También ha publicado ensayos sobre la cultura puertorriqueña.

En este fragmento de la introducción a *Cuando era puertorriqueña*, la autora habla de los problemas que tuvo al escribir en inglés las memorias de su niñez, que en su mente todavía se dan en español.

## LECTURA

# Cuando era puertorriqueña

### INTRODUCCIÓN

La vida relatada en este libro fue vivida en español, pero fue inicialmente escrita en inglés. Muchas veces, al escribir, me sorprendí al oírme hablar en español mientras mis dedos tecleaban° la misma frase en inglés. Entonces se me trababa la lengua° y perdía el sentido de lo que estaba diciendo y
5 escribiendo, como si el observar que estaba traduciendo de un idioma al otro me hiciera perder los dos.

Me gustaría decir que esta situación sólo ocurre cuando estoy escribiendo, pero la verdad es que muchas veces, al conversar con amigos o familiares, me encuentro en el limbo entre el español e inglés, queriendo decir algo que no
10 me sale, envuelta en una tiniebla° idiomática frustrante. Para salir de ella, tengo que decidir en cuál idioma voy a formular mis palabras y confiar en° que ellas, ya sean en español o en inglés, tendrán sentido y en que la persona con quien estoy hablando me comprenderá.

El idioma que más hablo es el inglés. Yo vivo en los Estados Unidos,
15 rodeada° de personas que sólo hablan en inglés, así que soy yo la que tengo que hacerme entender. En mi función como madre me comunico con maestros, médicos, chóferes de guaguas° escolares, las madres de los amiguitos de mis niños. Como esposa, me esfuerzo en° hacerme entender por mi marido,°

escribían a máquina
**se...** tenía dificultad en expresarme

confusión
**confiar...** estar segura

*surrounded*

autobuses
**me...** intento / esposo

quien no habla español, sus familiares, sus amigos, sus colegas de trabajo.
20  Como profesional, mis ensayos, cuentos y ficciones son todos escritos en inglés para un público, ya sea latino o norteamericano, a quien es más cómodo leer en ese idioma.

Pero de noche, cuando estoy a punto de quedarme dormida,° los pensamientos° que llenan mi mente son en español. Las canciones que me susurran° al
25  sueño son en español. Mis sueños son una mezcla de español e inglés que todos entienden, que expresa lo que quiero decir, quién soy, lo que siento. En ese mundo oscuro, el idioma no importa.° Lo que importa es que tengo algo que decir y puedo hacerlo sin tener que redactarlo° para mis oyentes.°

Pero claro, eso es en los sueños. La vida diaria es otra cosa.
30  Cuando la editora Merloyd Lawrence me ofreció la oportunidad de escribir mis memorias, nunca me imaginé que el proceso me haría confrontar no sólo a mi pasado monolingüístico, sino también a mi presente bilingüe. Al escribir las escenas de mi niñez, tuve que encontrar palabras norteamericanas para expresar una experiencia puertorriqueña. ¿Cómo, por ejemplo, se dice
35  "cohitre"° en inglés? ¿o "alcapurrias"°? ¿o "pitirre"°? ¿Cómo puedo explicar lo que es un jíbaro°? ¿Cuál palabra norteamericana tiene el mismo sentido que nuestro puertorriqueñismo, "cocotazo".°

A veces encontraba una palabra en inglés que se aproximaba a la hispana. Pero otras veces me tuve que conformar con usar la palabra en español, y tuve
40  que incluir un glosario en el libro para aquellas personas que necesitaran más información de la que encontraban en el texto.

Cuando la editora Robin Desser me ofreció la oportunidad de traducir mis memorias al español para esta edición, nunca me imaginé que el proceso me haría confrontar cuánto español se me había olvidado. [ ... ]
45  El título de este libro está en el tiempo pasado: cuando era puertorriqueña. No quiere decir que he dejado de serlo, sino que el libro describe esa etapa° de mi vida definida por la cultura del campo puertorriqueño. Cuando "brincamos el charco"° para llegar a los Estados Unidos, cambié. Dejé de ser, superficialmente, una jíbara puertorriqueña para convertirme en una híbrida
50  entre un mundo y otro: una puertorriqueña que vive en los Estados Unidos, habla inglés casi todo el día, se desenvuelve en la cultura norteamericana día y noche. [ ... ]

Pero muchas veces siento el dolor de haber dejado a mi islita, mi gente, mi idioma. Y a veces ese dolor se convierte en rabia,° resentimiento, porque yo
55  no seleccioné venir a los Estados Unidos. A mí me trajeron. Pero esa rabia infantil es la que alimenta° a mis cuentos. La que me hace enfrentar° a una página vacía° y llenarla de palabras que tratan de entender y explicarles a otros lo que es vivir en dos mundos, uno norteamericano y otro puertorriqueño. [ ... ] Cuando niña yo quise ser una jíbara, y cuando adolescente
60  quise ser norteamericana.

Ya mujer, soy las dos cosas, una jíbara norteamericana, y llevo mi mancha de plátano° con orgullo y dignidad.

"Introducción" de *Cuando era puertorriqueña.*

---

**a...** por dormirme
ideas y opiniones / hablan en voz muy baja

es importante
escribirlo / público

planta con flores blancas o azules / *meat turnovers* / un tipo de pájaro pequeño / persona del campo / *hitting your head with your knuckles*

fase, período

**brincamos...** cruzamos el mar

furor

sostiene, nutre / ponerme frente / que no contiene nada

**mi...** my Puerto Rican heritage

# ¿Comprendiste la lectura?

**A. Hechos y acontecimientos.** Contesta las siguientes preguntas.

1. ¿Por qué dice Esmeralda Santiago que la "vida relatada en este libro fue vivida en español, pero fue inicialmente escrita en inglés"?
2. ¿Qué idioma habla más en la actualidad?
3. ¿Por qué ciertas palabras como "alcapurrias" o "pitirre" son muy difíciles o imposibles de traducir del español al inglés?
4. Según Esmeralda, ¿qué actividades hace en inglés y qué actividades hace en español?
5. ¿Quién le sugirió a la autora que tradujera su libro al español?
6. ¿Qué quiere decir la autora cuando dice, "Cuando niña yo quise ser una jíbara, y cuando adolescente quise ser norteamericana"?

**B. A pensar y a analizar.** ¿Cómo interpretas el final cuando la autora afirma, "Ya mujer, soy las dos cosas, una jíbara norteamericana"? Explica tu respuesta. ¿Tienes tú más de una identidad? Si así es, ¿cómo se manifiestan tus identidades?

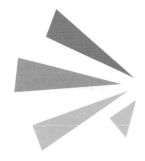

# Introducción al análisis literario
## Biografía y autobiografía

- **Biografía:** Una obra que narra la vida de una persona, normalmente de una persona famosa. Casi siempre se escribe utilizando la voz narrativa en tercera persona.

- **Autobiografía:** Una obra que narra la vida del escritor y, por lo tanto, que se escribe utilizando la voz narrativa en primera persona.

**A. ¿Biografía o autobiografía?** ¿Es *Cuando era puertorriqueña* una biografía o una autobiografía? ¿Qué evidencia puedes encontrar en el texto para apoyar tu decisión? Nombra una biografía y una autobiografía que has leído o que quieres leer.

**B. Autobiografía.** Imagínate que eres una persona famosa —político(a), abogado(a), hombre o mujer de negocios, profesor(a), ingeniero(a), cantante, actor o actriz muy reconocido(a)— y que acabas de firmar un contrato para escribir tu autobiografía. Inventa un título original y escribe los primeros dos o tres párrafos de este libro.

# Cultura ¡en vivo!

## Escritores puertorriqueños en EE.UU.

La obra de la escritora Esmeralda Santiago es parte de la tradición literaria puertorriqueña que incluye a muchos autores que escriben sobre sus experiencias personales en EE.UU. Piri Thomas es otro escritor que pertenece a este grupo. Nació en Nueva York y, aunque es de padre cubano, se identifica como puertorriqueño, igual que su madre. Su primer libro titulado *Down These Mean Streets* es una narración autobiográfica sobre las experiencias de un joven puertorriqueño que vive en el barrio y luego pasa siete años en la cárcel. Otro ejemplo es Víctor Hernández Cruz, un reconocido poeta que nació en Puerto Rico. De niño se vino con su familia a Nueva York donde se crió y se educó. El tema de muchos de sus poemas es precisamente el bilingüismo y el biculturalismo de la experiencia puertorriqueña en EE.UU. Actualmente el poeta vive en Puerto Rico. Allí prepara una novela sobre un puertorriqueño que, después de vivir largos años en el continente, regresa a la isla donde nació.

**Café de escritores puertorriqueños en Nueva York**

**Escritores puertorriqueños en EE.UU.**  Completa estas actividades con un(a) compañero(a).

1. ¿Por qué crees que tantos escritores puertorriqueños, como Esmeralda Santiago, Piri Thomas y Víctor Hernández Cruz, acaban por escribir sobre sus experiencias en EE.UU.? ¿Qué hay de interés en este tema para los puertorriqueños?
2. Aunque ahora está en la isla, Víctor Hernández Cruz está por escribir una novela que sigue la temática preferida de muchos escritores puertorriqueños en EE.UU. Piensa en las posibilidades para tal novela y prepara un esquema de lo que crees que va a escribir con respecto al tema, sus experiencias y sus conclusiones.

# Mejoremos la comunicación

## Para hablar de la literatura

### Al hablar de la literatura

— ¿Qué te parece la última obra de...?

*What do you think of the last work by . . . ?*

— ¿Has leído la nueva novela de...?

*Have you read the new novel by . . . ?*

— ¿Te gusta leer ensayos literarios?

*Do you like to read literary essays?*

— ¿Prefieres leer cuentos, novelas o poesía?

*Do you prefer to read short stories, novels, or poetry?*

— Cuando vas al teatro, ¿qué prefieres, drama o comedia?

*When you go to the theater, which do you prefer, drama or comedy?*

— ¿Cuál es tu obra de teatro favorita? ¿tu poema favorito?

*What is your favorite play? your favorite poem?*

— ¿Quién es tu escritor(a) favorito(a)?

*Who is your favorite writer?*

**dramaturgo(a)** *playwright*
**novelista** *m./f. novelist*

**poeta** *m./f. poet*

### Al expresar opiniones

— Es una obra de teatro encantadora.

*It's a delightful play.*

**aburridísimo(a)** *extremely boring*
**corto(a)** *short*
**destacado(a)** *outstanding*
**dificilísimo(a)** *extremely difficult*
**divertido(a)** *entertaining*
**excelente** *excellent*
**excepcional** *exceptional*

**fantástico(a)** *fantastic*
**fascinante** *fascinating*
**incomprensible** *incomprehensible*
**largo(a)** *long*
**maravilloso(a)** *marvelous*
**sencillo(a)** *simple, easy*
**terrible** *terrible*

— No me gustó la trama de esa obra.

*I didn't like the plot of that work.*

**argumento** *plot*
**escena** *scene*
**final** *m. ending*
**guión** *m. script*

**narrador(a)** *narrator*
**personaje** *(m.)* **principal** *main character*
**protagonista** *m./f. protagonist*

— Me agradó muchísimo.
— Me pareció un poco largo.
— Nos divirtió bastante.

*It pleased me very much.*
*It seemed a little long to me.*
*It entertained us quite a bit.*

# ¡A conversar!

**A. Encuesta.** Completa este formulario primero, y luego hazles las mismas preguntas a dos compañeros(as) de clase. Informen a la clase quién en su grupo lee más y qué le gusta leer.

1. ¿Te gusta leer?   ☐ Sí   ☐ No
2. ¿Lees para divertirte o para cumplir los requisitos de una clase?
   ☐ Para divertirme   ☐ Para una clase   ☐ Ambos
3. ¿Con qué frecuencia lees...?
   Novelas: _____
   Libros de poesía: _____
   Obras de teatro: _____
4. ¿Cuál es el título de la última obra que leíste?
   Novela: _____
   Libro de poesía: _____
   Drama: _____
5. ¿Quién es tu autor(a) / poeta / dramaturgo(a) favorito(a)?
   Autor(a): _____
   Poeta: _____
   Dramaturgo(a): _____
6. Para ti, ¿es importante leer? ¿Por qué?
   _____
   _____
   _____

**B. ¿Lo recomiendas?** Descríbeles brevemente la trama del último libro que leíste a dos o tres compañeros. Luego diles si recomiendas que ellos lo lean o no, y por qué.

## Palabras claves: escribir

Para ampliar tu vocabulario combina las palabras de la primera columna con las definiciones de la segunda columna. Luego escribe una oración original con cada palabra. Compara tus oraciones con las de dos compañeros(as) de clase.

____ 1. escribano
____ 2. escritor(a)
____ 3. escritorio
____ 4. escritura
____ 5. escrito

a. acción y efecto de escribir
b. mueble que sirve para escribir en él
c. notario o funcionario público que certifica escrituras
d. carta o cualquier papel manuscrito
e. autor(a)

# Escribamos ahora

**A** **A generar ideas: la descripción.** La descripción hace visible a una persona, un objeto o una idea. Ya que cada persona percibe la realidad de distinto modo, cada descripción es diferente. Por ejemplo, probablemente la descripción que tú hagas de tu mamá resultará diferente a aquella hecha por tu tía o por su médico.

1. **Punto de vista.** Lee ahora la siguiente descripción de Adolfo Miller. Luego contesten las siguientes preguntas con un(a) compañero(a) de clase.

   Sereno, callado y serio, seguía haciendo sus quehaceres como antes. Excepto que ya no era el mismo. La sonrisa, la risa, la amabilidad desaparecieron. Las peleas y las borracheras los sábados por la noche también desaparecieron. Adolfo era Adolfo, pero ya no era el mismo. Allí detrás del ombligo llevaba un hondo y violento resentimiento.

   a. ¿Quién es el narrador? ¿De qué punto de vista se está describiendo a Adolfo Miller?
   b. ¿Cuáles son las palabras descriptivas que usa el autor?
   c. ¿Cómo cambiaría la descripción de Adolfo si Frances la hiciera? ¿si Víctor la hiciera?

2. **Personajes pintorescos.** Dentro de cualquier familia hay todo tipo de personajes pintorescos. Trabajando en grupos de tres, vean cuántos tipos pintorescos más podrán añadir al primer diagrama araña. Luego identifiquen más características apropiadas de los personajes pintorescos.

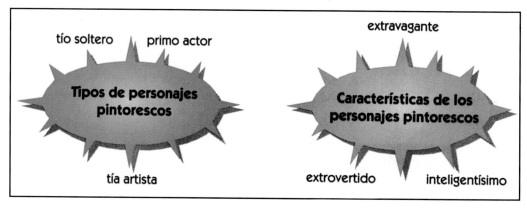

tío soltero   primo actor

**Tipos de personajes pintorescos**

tía artista

extravagante

**Características de los personajes pintorescos**

extrovertido   inteligentísimo

3. **Recoger y organizar información.** Piensa ahora en un personaje pintoresco dentro de tu familia o de tus amistades y pon su nombre en el centro de un círculo. Luego, en un diagrama araña, escribe varias características físicas de su personalidad y anota varios incidentes interesantes que relacionas con este personaje. Luego haz un segundo diagrama araña de la misma persona, pero vista no como tú la ves sino como la ve otra persona, quizás su madre, su esposo(a) o su novio(a). Recuerda que sólo estás generando ideas. No hace falta describir los incidentes; basta con anotar unas tres o cuatro palabras que te hagan recordar lo que pasó.

**B** **Primer borrador.**    Usa la información que recogiste en la sección anterior para escribir unos dos párrafos sobre tu pariente o amigo(a) pintoresco(a). Escribe sobre el tema por unos diez minutos sin preocuparte por los errores. Lo importante es incluir todas las ideas que tú consideras importantes.

Después de escribir por unos diez minutos, saca una segunda hoja de papel y escribe una segunda descripción del mismo personaje, pero esta vez desde el punto de vista de su madre o de su padre. Otra vez, permítete unos diez minutos para escribir sin preocuparte por los errores.

**C** **Primera revisión.**    Intercambia tus dos descripciones de un(a) pariente o amigo(a) pintoresco(a) con las de dos compañeros. Revisa las descripciones de tus compañeros, considerando lo siguiente: ¿Escribe con claridad? ¿Evita transiciones inesperadas de una oración a otra o de un párrafo a otro? ¿Quedan claras las imágenes que pinta de la persona que describe? ¿Da bastantes detalles físicos y de personalidad? ¿Es la descripción adecuada para cada punto de vista que toma?

1. Primero indícales a tus compañeros lo que más te gusta de sus composiciones. Luego, dales tus comentarios y escucha los suyos.

2. Haz una lista de palabras o expresiones que Sabine Ulibarrí usa para describir a a) Adolfo Miller el joven, b) Adolfo Miller el hombre, c) Frances y d) Víctor. Agrega a tus descripciones algunas de estas expresiones si son apropiadas para los puntos de vista que tú has tomado.

**D** **Segundo borrador.**    Corrige tu descripción, tomando en cuenta las sugerencias de tus compañeros(as) y las que se te ocurran a ti.

**E** **A revisar.**    Intercambia tu descripción con la de otro(a) compañero(a) y haz lo siguiente, prestando atención a la concordancia:

1. Subraya cada verbo y asegúrate de que concuerda con el sujeto correspondiente.

2. Subraya cada adjetivo y asegúrate de que su forma concuerda con el sustantivo que describe.

**F** **Versión final.**    Considera las correcciones que tus compañeros te han indicado y revisa tus descripciones por última vez. Como tarea, escribe las copias finales en la computadora. Antes de entregarlas, dales un último vistazo a la acentuación y puntuación tanto como a la concordancia.

**G** **Reacciones.**    Léele una de las descripciones que escribiste a un(a) compañero(a) de clase mientras él(ella) dibuja a la persona que describes. Luego tú dibujas mientras tu compañero(a) lee una de sus descripciones. Finalmente, en grupos de cuatro, lean sus descripciones una vez más y decidan qué dibujo representa mejor la descripción. Léanle esa descripción a la clase y muestren el dibujo.

## *Exploremos el ciberespacio*

Explora distintos aspectos de los puertorriqueños en EE.UU. en las actividades de la red que corresponden a esta lección. Ve primero a **http://college.hmco.com** en la red, y de ahí a la página de *Mundo 21.*

# Los cubanoamericanos

**Nombres comunes:**
*cubanoamericanos, cubanos*

**Población:**
*1.250.000 (est.)*

**Concentración:**
*Florida, Nueva Jersey
y California*

# Gente
### del Mundo 21

**Gloria Estefan** "Mis canciones son como una fotografía de mis emociones", dice esta cubanoamericana de Miami que ha llegado a ser una de las cantantes más populares de EE.UU. La movediza cantante, que se inició en el grupo *Miami Sound Machine,* escribe canciones en inglés y en español, y muchas de sus composiciones, como *"Anything for You",* tienen versiones en los dos idiomas. Estefan dice que le encanta ser bilingüe porque abre horizontes más amplios a su experiencia. En 1993 salió el álbum *Gloria Estefan's Greatest Hits* en inglés. Ese mismo año grabó en español *Mi tierra,* un homenaje musical a Cuba, tierra de la que salió a los dieciséis meses. En 1995 ganó un "Grammy" con el disco *Abriendo puertas.* En 1996 sacó *Destiny* y en 1998, el álbum *Gloria!.*

**Andy García,** guapo actor cubanoamericano de pelo negro y mirada penetrante, ha mostrado su talento y su capacidad interpretativa en más de veinte películas que incluyen *The Untouchables* (1987), *Stand and Deliver* (1988), *The Godfather, Part III* (1990), *When a Man Loves a Woman* (1994), *Night Falls on Manhattan* (1997) y *Desperate Measures* (1998). Le ofende la sugerencia de que el no querer ser llamado "actor hispano" signifique que se está alejando de sus raíces y afirma: "Nadie es más cubano que yo, y si no, que se lo pregunten a cualquiera de mis amigos. Mi cultura es la base de mis fuerzas; yo no sería nadie sin mi cultura".

**Cristina Saralegui,** popular animadora de la televisión hispana en EE.UU., nació en La Habana, Cuba, pero en 1960, junto con sus padres, se mudó a Miami. Su padre fue el dueño de la revista *Vanidades* en Cuba y la persona que le enseñó a nunca darse por vencida. Cristina fue una de las primeras reporteras bilingües de la revista *Cosmopolitan* en español, de la que llegó a ser editora en jefe en 1979. Ahora tiene su propia publicación, *Cristina la revista,* la cual llega a más de 150.000 lectores cada mes. *El show de Cristina* de la televisión se inició en 1989 y actualmente llega a más de cien millones de televidentes en diecisiete países. En 1991 *El show de Cristina* ganó un premio "Emmy". Ahora vive en Miami junto con su esposo, Marcos Ávila, y sus hijos, Stephanie y Jon Marcos.

## Otros cubanoamericanos sobresalientes

**Fernando Bujones:** bailarín

**Celia Cruz:** cantante

**Roberto G. Fernández:** cuentista

**Horacio Gutiérrez:** pianista

**Óscar Hijuelos:** novelista

**Tania León:** compositora

**Elías Miguel Muñoz:** poeta, dramaturgo y crítico literario

**Heberto Padilla:** periodista, poeta y novelista

**Dolores Prida:** dramaturga

**Iliana Ros-Lehtinen:** política

**Paul Sierra:** artista

## *Personalidades* del Mundo 21

Contesta estas preguntas con dos o tres compañeros(as) de clase.

1. ¿Cómo puede el ser bilingüe abrir horizontes más amplios? Da varios ejemplos.
2. ¿Qué quiere decir Andy García cuando dice:"Mi cultura es la base de mis fuerzas; yo no sería nadie sin mi cultura"?
3. En tu opinión, ¿cuáles son algunos ejemplos en la vida de Cristina Saralegui cuando ella probablemente tuvo que defender sus ideas y "no darse por vencida" como le aconsejó su padre?

# Del pasado al presente

# Los cubanoamericanos: éxito en el exilio

### Los primeros refugiados cubanos

Los primeros refugiados cubanos en EE.UU. llegaron cuando Cuba luchaba por su independencia de España. En 1878, después de diez años de conflicto, España consolidó de nuevo su control sobre la isla y un gran número de revolucionarios cubanos salieron al exilio. Algunos llegaron a EE.UU. y se establecieron allí, mientras otros, como el poeta y líder del movimiento independentista José Martí, regresaron a defender su querida isla cuando en 1895 estalló de nuevo la guerra por la independencia de Cuba.

### Los refugiados cubanos a mediados del siglo XX

El primer grupo de refugiados cubanos del siglo XX empezó a llegar a Miami en 1960. Optaron por el exilio en vez de vivir bajo el régimen comunista de Fidel

**Monumento a José Martí, Cienfuegos, Cuba**

Castro, quien controla la isla desde 1959. La mayoría eran profesionales de clase media que decidieron emigrar a EE.UU. cuando Castro empezó a quitarles sus propiedades al imponer un sistema comunista en la isla.

Desde un principio, la actitud del gobierno de EE.UU. fue facilitar la adaptación de estos refugiados cubanos a la vida norteamericana. Por ejemplo, el gobierno estadounidense estableció un Centro de Emergencia para Refugiados Cubanos en Miami que dio ayuda al setenta y siete por ciento de los que llegaron de Cuba entre 1960 y 1963. Además de vivienda temporal, este centro proporcionaba a los refugiados ayuda e incentivos para establecerse y encontrar trabajo en varias regiones de EE.UU.

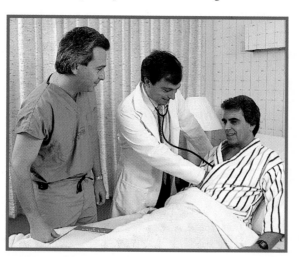

**Médicos cubanoamericanos**

En relativamente poco tiempo, muchos refugiados cubanos establecieron negocios en EE.UU. similares a los que tenían antiguamente en Cuba. Así se crearon muchas fuentes de trabajo para miles de refugiados cubanos que eran empleados por otros cubanoamericanos. En l965 el presidente Lyndon Johnson llegó a un acuerdo con Fidel Castro, permitiendo salir de la isla a los cubanos que tenían familiares en EE.UU. Se calcula que entre 1965 y 1973 salieron de Cuba a EE.UU. 260.000 refugiados cubanos.

**Los marielitos**

## Los marielitos

En 1980 llegaron unas 125.000 personas que, como salieron del puerto cubano de Mariel, son conocidos como los marielitos. A este tercer grupo de inmigrantes cubanos le costó más la adaptación.

Existe una gran diferencia entre los inmigrantes cubanos de los años 60 y 70, que en su mayoría eran de clase media, y los que se embarcaron en Mariel, que en su mayoría eran de las clases menos acomodadas. Pero como resultado del apoyo prestado por los cubanos ya establecidos en EE.UU., se han ido adaptando lentamente a la vida en este país.

## El éxito cubano

El éxito de la comunidad cubana de Miami se explica también porque esta ciudad ha servido como el puerto principal para el comercio y las transacciones financieras entre EE.UU. y muchos países latinoamericanos. Muchos industriales de esos países prefieren hacer tratos con banqueros bilingües de Miami en vez de usar las instituciones financieras más lejanas de Nueva York.

Aunque los primeros inmigrantes se oponían fervientemente al régimen comunista de Fidel Castro, esa actitud vehemente no es compartida por los más jóvenes. Muchos de los que nacieron en EE.UU. y los que vinieron de pequeños se sienten ante todo ciudadanos de este país. Por lo tanto, el régimen político de Cuba no constituye una gran preocupación para la segunda generación. Entre esta generación se encuentran muchos de los artistas hispanos más famosos de EE.UU., como Gloria Estefan, Jon Secada y Andy García.

**La calle Ocho en la Pequeña Habana, Miami**

# ¡A ver si comprendiste!

**A. Hechos y acontecimientos.** ¿Recuerdas los datos más importantes de la lectura? Para asegurarte, haz las siguientes actividades.

1. ¿Cuándo y por qué vinieron los primeros refugiados cubanos a EE.UU.?
2. Prepara un diagrama Venn como el siguiente y haz una comparación de los cubanos refugiados que llegaron a EE.UU. en los años 60 y 70 con los que llegaron en los años 80. Indica las semejanzas en el centro del diagrama y las diferencias en los dos extremos.

**Los cubanos refugiados en EE.UU.**

**Años 60 y 70**

1.
2.
3.
...

1.
2.
3.
...

**Años 80**

1.
2.
3.
...

3. Explica por qué, de todos los hispanos que viven en EE.UU., los cubanoamericanos son los que han tenido mayor prosperidad económica.
4. ¿Cuál fue la actitud del gobierno federal de EE.UU. hacia los refugiados cubanos? ¿Se ha visto la misma actitud hacia otros grupos de refugiados latinoamericanos? Explica tu respuesta.

**B. A pensar y a analizar.** Prepara un diagrama Venn como el de la actividad anterior y haz una comparación entre los chicanos y los cubanoamericanos. Refiérete a cuándo llegaron a EE.UU., dónde se establecieron, la actitud del gobierno federal hacia ellos y la ayuda que recibieron. Compara tu diagrama con el de un(a) compañero(a).

# Ventana *al Mundo 21*

## Jon Secada: irresistible en inglés y en español

Este cantante cubanoamericano que nació en 1962 en La Habana y se crió en Miami, ha logrado conquistar el mercado musical tanto en inglés como en español en un tiempo récord. Su primer disco, *Jon Secada*, fue grabado en inglés. La versión en español se titula *Otro día más sin verte*, y ganó un premio "Grammy" (1992) por ser el mejor álbum latino de música pop. También en su primer año como solista, el baladista bilingüe, producto de la compañía *Miami Sound Machine*, recibió dos nominaciones para el "Grammy": como mejor artista popular nuevo del año y como mejor artista latino. En 1995 sacó el álbum *Amor* y en 1997 —el sexto álbum

que tiene en solitario— *Secada*. Éste, según Jon, es su álbum más personal. Además de cantante, Jon Secada es un compositor y arreglista consumado que completó una maestría en música de la Universidad de Miami. La mayoría de sus discos tienen dos versiones, una en inglés y otra en español, y han logrado ventas en los millones de copias en ambas lenguas.

**Jon Secada.** Decide si son ciertas o falsas estas oraciones. Luego, corrige las falsas y compara tus respuestas con un(a) compañero(a).

1. Jon Secada nació en EE.UU. de padres cubanoamericanos.
2. Jon canta tanto en inglés como en español, pero su primer disco fue grabado sólo en inglés.
3. Jon Secada fue parte del grupo *Miami Sound Machine* antes de empezar a cantar como solista.
4. Jon Secada recibió un "Grammy" por su primer disco en inglés, *Jon Secada*.

# ꩜ *Y ahora, ¡a leer!*

## Anticipando la lectura

Completa estas actividades.

1. A base del dibujo que está al comienzo de la lectura, ¿de qué crees que se va a tratar este cuento?

2. Lee ahora las primeras seis a ocho líneas del cuento e identifica la voz narrativa del cuento y los dos personajes principales.

3. ¿Qué es el arte *punk*? Describe una obra de arte *punk*. ¿Qué opinas del arte *punk*?

4. ¿Cómo reaccionarías si tu madre te pidiera que pintaras un mural en el restaurante de un pariente? ¿Lo harías? ¿Por qué?

5. ¿Alguna vez has pintado o dibujado algo escandaloso sólo para ver la reacción de tus padres o profesores? Describe el escenario.

6. En grupos de dos o tres, prepara una lista de todo lo que un(a) artista necesita para pintar un cuadro. Si necesitan ayuda con el vocabulario, pueden referirse a la página 71.

## *Conozcamos a la autora*

**Cristina García** nació en La Habana, Cuba, en 1958, pero se crió en Nueva York. Asistió a Barnard College y a la Universidad de Johns Hopkins. Empezó su carrera como corresponsal para la revista *Time* en San Francisco. Luego trabajó en Miami y más recientemente en Los Ángeles, donde actualmente vive.

*Soñar en cubano* fue su primera novela. Se publicó originalmente en inglés en 1992, pero fue traducida al español por Marisol Palés Castro en 1993. Su segunda novela, *The Agüero Sisters,* se publicó en 1997.

En *Soñar en cubano* Cristina García trata la temática de la familia cubana que se encuentra dividida por la geografía y la política. En este fragmento se destaca la distancia política y cultural entre la madre, nacida en Cuba y ganándose una buena vida ahora en Miami, y la hija, nacida y criada en EE.UU.

# LECTURA

# Soñar en cubano

M amá ha decidido que quiere que le pinte un mural para su segunda pastelería Yankee Doodle.

—Quiero una pintura grande, como las que hacen los mexicanos, pero
5  pro-americana —especifica.

—¿Quieres encargarme a *mí* que te pinte algo para *ti*?

—Sí, Pilar. ¿No eres una pintora? ¡Pues pinta!

—Te estás quedando° conmigo.                                             **Te...** *You are fooling*

—Una pintura es una pintura, ¿no?

10  —Oye, Mamá, creo que no has entendido. No me *especializo* en pastelerías.

—¿Te resulta embarazoso? ¿Es que mi pastelería no te parece suficientemente buena para ti?

—No es eso.

—Esta pastelería paga tus clases de pintura.

15  —Tampoco tiene nada que ver con eso.

—Si Miguel Ángel[1] viviera todavía, se sentiría muy orgulloso de realizarlo°        hacerlo
él mismo.

—Créeme, Mamá, Miguel Ángel *no* estaría pintando pastelerías.

—No estés tan segura. La mayoría de los artistas son unos muertos de
20  hambre. No tienen las ventajas° que tienes tú. Se meten° heroína para olvidar.     beneficios / **Se...** Se inyectan con

—¡Díos mío!

—Pilar, esto podría ser una buena oportunidad para ti. En mi tienda entra
mucha gente importante. Jueces° y abogados del Tribunal, ejecutivos de Unión     Personas que juzgan y sentencian a los criminales
de Gas de Brooklyn. Ellos verían tus pinturas. Te harías famosa.

25  [ ... ]

—Mira, Pilar. Te lo pido como un favor. Puedes pintar algo simple, algo
elegante. Algo así como la Estatua de la Libertad. ¿Es que te pido demasiado?

—Vale, vale, pintaré algo —le digo a posta,° dispuesta° a jugarme la última    **a...** *on purpose, intentionally* / determinada, preparada
carta—. Pero con una sola condición. No podrás verlo hasta el día en que se
30  descubra.

---

[1]Miguel Ángel fue un pintor, escultor, arquitecto y poeta italiano. Pintó la capilla Sixtina en
 el Vaticano.

Pienso que esto la hará recapacitar.° Nunca aceptará semejante condición, ni en un millón de años. Siempre tiene que tener la sartén bien agarrada por el mango.° Es la reina del control.

—Me parece bien.

35 —¿Qué?

—He dicho que me parece bien, Pilar.

Debo haberme quedado inmóvil con la boca abierta, porque de pronto noto que me mete dentro un dulce almendrado° al tiempo que zarandea° la cabeza diciendo: «¿Ves cómo siempre me has subestimado°?» Pero eso no es

40 cierto. La había sobreestimado. La experiencia me lo ha enseñado. Mamá es arbitraria e inconsistente pero, a la vez, siempre cree que está en lo correcto. Es una combinación bastante irritante.

[ ... ]

Esa misma noche me pongo a trabajar. Decido que en lugar de un mural

45 haré un cuadro. Extiendo un lienzo° de cuatro metros por dos y medio y le pongo una capa de aguada° iridiscente de color azul, el mismo azul que lleva la túnica de la Virgen María en esas pinturas chillonas° que ponen en las iglesias. Quiero que el fondo brille,° que quede radiante como el estallido° de una bomba nuclear. Me toma un rato conseguir ese mismo efecto.

50 Cuando la pintura se seca, la emprendo° con Libertad propiamente dicha.° En el centro del lienzo, tirando° un poquillo a la izquierda, hago una réplica perfecta de ella cambiándole tan sólo dos detalles:° primero, pongo la antorcha° flotando en el aire, algo más allá del alcance de su mano;° y segundo, le pinto la mano derecha doblada hacia arriba, cubriéndose el pecho° izquierdo,

55 como si estuviese recitando el himno nacional o alguna consigna° patriótica cualquiera.

Al día siguiente me parece que el fondo todavía está algo soso° para mi gusto, así que cojo un pincel mediano° y pinto unas figuras negras alargadas que vibran° en el aire alrededor de Libertad, una especie de cicatrices° es-

60 pinosas° que parecen alambre de púas.° Quiero llevar esto hasta sus últimas consecuencias, quiero dejar de perder el tiempo en estupideces y hacer lo que quiero hacer. Así que decido escribir en la base de la estatua la expresión de burla° que más me gusta de los *punks*: «SOY UNA PORQUERÍA°». Y luego pinto cuidadosamente, muy cuidadosamente, un imperdible° atravesando° la

65 nariz de Libertad.

En mi opinión, es el broche de oro° perfecto. *SL-76*. Ése será mi título.

[ ... ]

Cuando esa noche regreso a casa, Mamá me enseña el anuncio a toda plana° que había mandado insertar en el *Brooklyn Express*:

70

LA PASTELERIA YANKEE DOODLE
invita
A NUESTROS AMIGOS Y VECINOS
a la
75 GRAN INAUGURACIÓN
de
NUESTRA SEGUNDA TIENDA
y a la
DEVELACIÓN
80 de una
IMPORTANTE OBRA DE ARTE
en honor del

---

**Glosses (right margin):**

pensar de nuevo

**tener...** *to have a good grasp on the frying pan handle: to be in control*

*of almond paste* / mueve
estimado muy poco

tela que se usa para pintar
pintura
brillantes, fuertes
sea brillante / explosión

comienzo / **propiamente...**
misma / *leaning*
*details*
luz que sirve de guía / **más...**
más lejos de donde llega su mano / *breast* / *slogan*

aburrido, poco interesante
**cojo...** *I take a medium-sized brush* / se mueven, tiemblan / marcas de heridas curadas / *thorny* / **alambre...** *barbed wire*

ridiculez, broma / basura, cosa de muy poco valor / *safety pin* / cruzando

**broche...** *finishing flourish, crowning glory*

**toda...** página completa

BICENTENARIO DE AMÉRICA
DOMINGO, 12 DE LA MAÑANA

85 (refrigerio gratuito)°           **refrigerio...** *free snacks*

¡Bebida y comida gratis! La cosa parece más seria de lo que yo había pensado. Mamá nunca regala nada si puede evitarlo.

[ ... ]

90 A la mañana siguiente, la pastelería amanece° adornada con banderas y    empieza el día
serpentinas° y un grupo de Dixieland toca *When the Saints Go Marching In.*    cintas de papel

Mamá lleva puesto su nuevo conjunto rojo, blanco y azul, y un bolso a juego° de mango rígido que cuelga de su codo. Distribuye entre la gente    **a...** bien coordinado
tartaletas de manzana y bizcochitos° de chocolate y les sirve una taza de café    *cookies*
95 tras otra.

[ ... ]

A mediodía, Mamá se sube sobre un escaloncillo° e intenta cautelosa-    escalera pequeña
mente° mantener equilibrio sobre sus pies diminutos del número 34. El    sútilmente
tambor suena incesantemente al tiempo que ella va levantando la sábana. El
100 silencio es absoluto cuando Libertad, toda una belleza *punk*, deslumbra° a la    *dazzles*
audiencia. Por un breve instante, imagino el sonido de los aplausos, los gritos
de la gente aclamando mi nombre. Pero mis pensamientos cesan cuando
comienzo a escuchar odiosos° murmullos. [ ... ] La sangre se ha escurrido de    repugnantes
la cara° de mi madre y sus labios se mueven, como si quisieran decir algo    **La...** Está pálida
105 pero sintiéndose incapaces de articular palabra alguna. Se queda allí, de pie,
inmóvil, agarrando° la sábana contra su camisa de seda, cuando alguien grita    *grasping*
en un brooklyniano estridente: ‹‹¡Basssura! ¡Qué pedazo de basura!›› Un
necio° se carga a Libertad con una navaja,° repitiendo sus palabras con un    idiota, bobo / cuchillo
grito de guerra. Antes de que nadie pueda reaccionar, Mamá hace oscilar° su    fluctuar, moverse
110 bolso nuevo y aporrea° al hombre hasta dejarlo inconsciente casi a los pies    *she hits*
del cuadro. Luego, como a cámara lenta, se deja caer hacia delante, en una
aplastante avalancha de patriotismo y maternidad, y sepulta a tres espectadores y una mesa repleta de tarta de manzana.

Y yo, en ese momento, quise° a mi madre un montón.°    amé/**un...** muchísimo

Fragmento de *Soñar en cubano*

# ¿Comprendiste la lectura?

**A. Hechos y acontecimientos.** Completa estas oraciones según la lectura. Luego comparen sus respuestas en grupos de dos o tres.

1. La madre es dueña de dos...
2. El nuevo lugar de negocios de la madre se llama...
3. La madre le pide a su hija que pinte un...
4. La relación entre la madre y la hija es...
5. La hija acepta hacerlo bajo la condición de que...
6. La hija pinta una réplica de...
7. La reacción del público a la nueva obra de arte es...
8. La reacción de la madre es...
9. Al final, la relación entre la madre y la hija...

**B. A pensar y a analizar.** Completa las siguientes actividades.

1. Compara a la hija y a su madre. Prepara una lista de las características de cada una. ¿Cuál de las dos es más fuerte, más independiente? ¿Por qué crees eso?
2. Dibuja el cuadro que la hija pintó. Compara tu dibujo con el de cuatro amigos(as) en la clase. Decidan quién tiene el mejor dibujo y muéstrenselo a la clase.
3. En tu opinión, ¿le gustó el dibujo de la Libertad a la madre? ¿Por qué crees eso? ¿Por qué se puso tan violenta al final?
4. ¿Por qué dijo la hija: «...en ese momento, quise a mi madre un montón»?

# Introducción al análisis literario
## El diálogo

Un diálogo es la conversación entre dos o más personajes. Al usar diálogo, los escritores le dan vida a la narración, haciéndola más dinámica e interesante. También hace que la acción sea más realista ya que le permite al lector escuchar directamente las palabras de los personajes. Por medio del diálogo los escritores pueden revelar ciertas características y motivos de los personajes en vez de tener que depender de la perspectiva de otro personaje o del narrador.

A diferencia del inglés, en que las comillas (" ") indican el diálogo, en español se utiliza el guión largo (—) para marcar el diálogo en cuentos y novelas.

—Pilar, quiero que me pintes un cuadro —me dijo mi madre un día.
—¿Un cuadro? —le pregunté yo sorprendida.
—Sí, un cuadro que incluya a la Estatua de la Libertad.
—Lo haré con la condición de tener absoluta libertad.

Nota que el guión sólo se usa al inicio del diálogo y para indicar otros detalles o explicaciones que acompañan el diálogo. En español no se usa el guión al final del diálogo.

Las comillas en español (« ») se usan para citar diálogo indirecto o para hacer una cita aislada.

Me puedo imaginar lo que está diciendo el guía turístico: «...a su izquierda está la antigua casa de los *Dodgers*.»
Escribí la expresión de burla que más me gusta de los *punks:* «SOY UNA PORQUERÍA».

**A. Carácter de la narradora.** Con un(a) compañero(a), prepara una lista de diez a quince frases u oraciones sacadas del diálogo de *Soñar en cubano* que revelan el carácter de la narradora.

**B. Diálogo original.** Escribe junto con un(a) compañero(a) de clase un diálogo breve entre la madre y la hija que continúa la acción del cuento después del episodio final.

# Cultura *¡en vivo!*

## Cantantes cubanos en EE.UU.

En EE.UU., una de las áreas en que los cubano-americanos se han distinguido más es en la música. En la década de los años 50, uno de los primeros programas de la televisión con gran popularidad incluía como personajes a Lucille Ball y a su esposo Desi Arnaz, un talentoso músico cubanoamericano que introdujo ritmos tropicales al público norteamericano. Siguiendo en esa tradición, actualmente, Miami se ha convertido en un verdadero puente intercultural donde muchos cantantes y músicos cubanos se lanzan al gran mercado norteamericano, cantando en inglés y en español. Cantantes cubanoamericanas como La Lupe, Celia Cruz y Gloria Estefan han convertido a generaciones enteras en amantes de la música cubana. Esta última, junto con su esposo Emilio Estefan y el conjunto musical *Miami Sound Machine,* ha producido álbumes musicales de varios artistas como la propia Gloria Estefan, Jon Secada y otros cantantes latinos que han vendido millones de copias tanto en su versión en inglés como en español.

**Celia Cruz y Tito Puente**

**Cantantes cubanos.** Contesta estas preguntas con un(a) compañero(a).

1. ¿A cuántos de los cantantes cubanos mencionados aquí conoces? ¿Cuáles de sus discos te gustan más?
2. ¿Conoces la música de *Miami Sound Machine?* ¿Cómo es? Descríbela.
3. ¿Por qué crees que son tan populares los cantantes cubanos en EE.UU. y en el resto del mundo hispanohablante?

# *Mejoremos la comunicación*

## Para hablar de la música

### Al hablar de cantantes y músicos

— ¿Quién es tu cantante favorito(a)?  *Who is your favorite singer?*

**barítono**  *baritone*
**cantor(a)**  *singer*
**solista**  *m./f. soloist*

**soprano(a)**  *m./f. soprano*
**tenor**  *m. tenor*

— ¿Cuántos músicos hay en el conjunto?
— Hay dos guitarristas, un(a)...

*How many musicians are there in the band?*
*There are two guitar players, a . . .*

**clarinetista**  *m./f. clarinet player*
**flautista**  *m./f. flautist*
**pianista**  *m./f. pianist*

**saxofonista**  *m./f. saxophonist*
**tamborista**  *m./f. drummer*
**trompetista**  *m./f. trumpet player*

### Al describir a los cantantes

— ¿Qué te gusta de ese(a) cantante?
— Es muy talentoso(a) y sensual.

*What do you like about that singer?*
*He(She) is very talented and sensual.*

— Tiene una voz muy poderosa.
— Canta con mucha pasión.
— Tiene una voz muy fina.

*He(She) has a very powerful voice.*
*He(She) sings with a lot of passion.*
*He(She) has a very pure voice.*

### Al hablar de conjuntos e instrumentos musicales

— ¿Cuál es tu conjunto favorito?

*What is your favorite band (musical group)?*

**banda**  *band*
**grupo**  *group*

**orquesta**  *orchestra*

— Me encanta la trompeta.
— Yo prefiero la batería.

*I love the trumpet.*
*I prefer the drums.*

**clarinete**  *m. clarinet*
**flauta**  *flute*
**guitarra**  *guitar*

**piano**  *piano*
**saxofón**  *m.,* **saxófono**  *saxophone*
**tambor**  *m. drum*

### Al hablar de distintos tipos de música

— ¿Qué tipo de música toca esa banda?
— Toca música romántica.

*What type of music does that band play?*
*It plays romantic music.*

**...de protesta**  *protest*
**...de jazz**  *m. jazz*
**...de ópera**  *opera*
**...pop**  *pop*

**...popular**  *popular*
**...rock**  *m. rock*
**...salsa**  *salsa*
**...tejana**  *country western*

— ¿Te gusta la música tropical?

*Do you like tropical music?*

**apasionado(a)** *passionate*
**fuerte** *loud (music)*

**rítmico(a)** *rhythmic*
**suave** *soft*

### Al hablar de conciertos y grabaciones

— ¿Cuándo va a dar un concierto?
— Va a hacer una gira por el Japón en el verano.
— ¿Cuándo sacaron ese disco?
— Acaban de grabar un CD nuevo.

*When is he(she) giving a concert?*
*He(She) is going to tour Japan in the summer.*
*When did they release that record?*
*They just recorded a new CD.*

# ¡A conversar!

**A. Gustos musicales.** Hazle estas preguntas a un(a) compañero(a) de clase. Luego tu compañero(a) te va a hacer las mismas a ti. ¿Quién es tu cantante y tu conjunto favorito? ¿Cuántos discos compactos han sacado? ¿Cuál es tu favorito? ¿Tienes una canción favorita? ¿Cuál es? ¿Por qué te gusta?

**B. Dramatización.** Acabas de conseguir dos entradas a un concierto de tu cantante favorito(a). Decides invitar a tu mejor amigo(a) a que te acompañe. Tu amigo(a) necesita saber quién es tu cantante favorito(a), si va a cantar solo(a) o si trae su propio conjunto, dónde va a tener lugar el concierto y cómo es su música. Dramatiza esta situación.

## Palabras claves: cantar

Con un(a) compañero(a), define estas palabras relacionadas con la palabra **cantar.**

1. cantable
2. cantata
3. canto
4. cantor(a)
5. cantante

# ¡Hoy es posible!: Jon Secada

*¡Hoy es posible!* es un programa de la televisión española parecido al de *Cristina* o al de *Oprah* en EE.UU. En este programa, el invitado es el cantante cubano-americano, Jon Secada. Basta sólo ver la emoción y el entusiasmo que muestra la locutora del programa, para comprender la gran admiración que los españoles sienten por este carismático artista.

En la segunda parte del programa, Jon Secada canta varias canciones para entretener a los televidentes españoles y, por supuesto, a Uds.

## Antes de empezar el video

Contesten estas preguntas en parejas.

1. ¿Cuáles son algunos cantantes hispanos que cantan en inglés y en español? ¿Cuál es tu favorito? ¿Por qué te gusta?
2. ¿Crees que los cantantes latinoamericanos son bien recibidos en EE.UU.? ¿Crees que son bien recibidos en España? ¿Por qué? Explica.

## ¡A ver si comprendiste!

**A. *¡Hoy es posible!*: Jon Secada.** Contesta estas preguntas con un(a) compañero(a) de clase.

1. Nieves Herrero, la locutora del programa *Hoy es posible,* dice que va a ponerle el broche de oro a su programa. ¿A qué se refiere? Explica.
2. ¿Dónde se produce el programa *Hoy es posible*? ¿Qué le pide la locutora a Jon Secada que haga en ese programa?

**B. A pensar e interpretar.** Contesta estas preguntas.

1. ¿Fue bien recibido Jon Secada en España? ¿Qué prueba tienes de eso?
2. ¿A qué se debe la popularidad de este cantante cubanoamericano?
3. ¿Qué opinas del "par de cositas" que cantó? ¿Te gustaron las canciones? ¿Por qué?

## Exploremos el ciberespacio

Explora distintos aspectos de los cubanoamericanos en EE.UU. en las actividades de la red que corresponden a esta lección. Ve primero a **http://college.hmco.com** y de ahí a la página de *Mundo 21*.

# España: puente al futuro

**La catedral de Segovia y el Alcázar**

## ¡Bienvenidos a España!

¿Quién crees que construyó este edificio y quién crees que vivió allí? Se dice que el Alcázar de Segovia sirvió de modelo para el palacio de la "Tierra de fantasía" en Disneylandia. ¿Por qué crees que Disney seleccionó este lugar y no otro? ¿Qué asocias tú con palacios como éste?

# España: los orígenes

**Nombre oficial:**
*Reino de España*

**Población:**
*39.133.996 (est.)*

**Principales ciudades:**
*Madrid (capital), Barcelona, Valencia, Sevilla*

**Moneda:**
*Peseta (Pta.)*
*Euro*

# Gente
## del Mundo 21

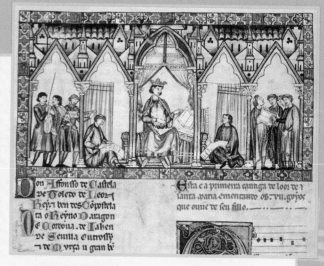

**El Cid Campeador** (¿1043?–1099) es considerado el prototipo del héroe épico y protagonista del primer gran poema compuesto en español en el siglo XII, "Cantar de Mío Cid". Descendiente de una antigua familia castellana, su nombre real era Rodrigo Díaz de Vivar y nació en Vivar, Burgos. Se hizo famoso por sus campañas militares contra los musulmanes, aunque en alguna ocasión estuvo al servicio de los reyes moros de Zaragoza. El título de Cid viene del árabe *sayyid,* que significa "señor".

**Alfonso X el Sabio** (1221–1284), rey de Castilla y de León, subió al trono en 1252, y su mayor impacto tuvo lugar en la cultura. Reunía en su palacio a brillantes grupos de sabios judíos, árabes y cristianos especializados en traducción, historia, leyes y literatura. Inició las traducciones a la lengua castellana de antiguos textos clásicos. Fue autor de la *Crónica general de España* y la *Grande y general historia,* la primera sobre la historia de España y la segunda sobre la historia universal. Bajo su dirección se recopilaron las leyes de Castilla bajo el título de las *Siete partidas* y se redactaron varios tratados de astronomía y de otras ciencias.

Don fernando y doña ysabel Reyes de castilla y de aragón.

## Los Reyes Católicos

En 1469, Isabel (1451–1504), reina de Castilla, se casó con Fernando (1452–1516), futuro rey de Aragón. Ese matrimonio resultó en la unión de los reinos de Castilla y de Aragón, creando así, por primera vez en la historia de la península, la unidad territorial de España. Bajo el reinado de los Reyes Católicos se terminó la Reconquista en 1492, al tomar Granada, el último reino musulmán en España. Ese mismo año, con el objeto de conseguir la unidad religiosa, se expulsó a los judíos que rehusaban convertirse al cristianismo. También, con el apoyo de la reina Isabel la Católica, Cristóbal Colón llegó a América el 12 de octubre de 1492.

## *Personalidades* del Mundo 21

Con un(a) compañero(a), completa las oraciones de la primera columna con la información en la segunda columna y decide a quién se describe en cada oración.

1. Invitaba a famosos escritores, cronistas y
2. Bajo su dirección, todos los judíos que rehusaban convertirse
3. Es famoso por sus batallas militares contra los moros,
4. A causa de su derrota,
5. Bajo su dirección, se escribió la primera
6. Es descendiente de una gran familia de Burgos y

a. pero también a veces estuvo al servicio de reyes moros.
b. historia de España y una historia universal.
c. al cristianismo fueron expulsados de España.
d. el protagonista del primer gran poema escrito en español.
e. hombres literatos a trabajar en su palacio.
f. el último rey moro tuvo que salir de Granada.

## Otros peninsulares sobresalientes

**Lucio Anneo Séneca (¿4?–65):** filósofo, dramaturgo y poeta

**Marco Anneo Lucano (39–65):** poeta

**San Isidoro (¿560?–636):** arzobispo de Sevilla, educador, escritor y filósofo

**Don Pelayo (¿ ?–¿737?):** primer rey de Asturias

**Abderramán III (Abd al-Rahman III) (912–961):** fundador del califato de Córdoba

**Maimónides (Moisés Ben Maimón) (1135–1204):** filósofo, escritor y médico

**Don Juan Manuel (1282–1348):** político, guerrero, cuentista y poeta

**Juan Ruiz, Arcipreste de Hita (¿1283–1350?):** poeta

**Fray Bartolomé de Las Casas (1474–1566):** misionero y cronista

**Hernán Cortés (1485–1547):** soldado y cronista

**Garcilaso de la Vega (1501–1536):** soldado y poeta

# Del pasado al presente

# España: continente en miniatura

### Los primeros pobladores

Los primeros pobladores de la Península Ibérica datan de tiempos prehistóricos. Éstos dejaron extraordinarias pinturas en las rocas de la cueva de Altamira, en Santander, y en otras cuevas de la península. Al gran número de pueblos y tribus que vivían en la península cuando llegaron los primeros invasores se les llamó iberos. Las primeras civilizaciones que habitaron partes de la península fueron el resultado de una constante serie de invasiones. Los fenicios trajeron el alfabeto y su conocimiento de la navegación a la zona mediterránea. Los griegos fundaron varias ciudades en la costa mediterránea. Los celtas introdujeron el uso del bronce y otros metales a la península, y los romanos, con su predominio, dejaron una influencia profunda sobre la civilización y cultura de la península.

**Bisonte**

**El acueducto de Segovia**

### La Hispania romana

En el año 218 a.C. la Península Ibérica pasó a ser parte del Imperio Romano. Los romanos impusieron en seguida su lengua, su cultura y su gobierno. Construyeron grandes ciudades, carreteras, excelentes puentes e impresionantes acueductos. Hispania, nombre con que designaron los romanos a la Península Ibérica, se convirtió en uno de los territorios más prósperos del imperio. Como en otras provincias romanas, el cristianismo empezó a extenderse poco a poco, y en el siglo IV d.C. se convirtió en la religión de la mayoría.

### Invasión de pueblos bárbaros

La crisis del Imperio Romano facilitó la invasión de España, a partir del año 409 d.C., por varios pueblos "bárbaros" germánicos (los griegos y los romanos llamaban "bárbaros" a los extranjeros) como los vándalos y los visigodos. En el año 587, el rey visigodo Recaredo se convirtió al catolicismo romano y con él, todo su pueblo.

**La mezquita de Córdoba**

## La España musulmana

En el año 711, los musulmanes procedentes del norte de África invadieron Hispania, y cinco años más tarde lograron conquistar la mayor parte de la península. Establecieron su capital en Córdoba, la cual se convirtió en uno de los grandes centros intelectuales de la cultura islámica. Fue en Córdoba, durante esta época, que se hicieron grandes avances en las ciencias, las letras, la artesanía, la agricultura, la arquitectura y el urbanismo. Mientras tanto, el resto de Europa mantenía una actitud anti-intelectual, quemando libros bajo la insistencia de un cristianismo fanático. En cambio, los musulmanes mantuvieron una tolerancia étnica y religiosa hacia los cristianos y los judíos durante los ocho siglos que ocuparon la Península Ibérica.

## La Reconquista

Sólo siete años después de la invasión musulmana se inició en el norte de España la Reconquista, la cual no terminó hasta casi ochocientos años más tarde, en 1492. Ese año en Granada, cayó el último reino musulmán ante las tropas de los Reyes Católicos.

El año 1492 acabó por ser un momento único en la historia del mundo. Ese año se vio salir de España al último rey moro, y se logró así la unidad política y territorial a lo largo de la España actual. Ese mismo año, los Reyes Católicos también intentaron conseguir la unidad religiosa de su reino, al ordenar la expulsión de los judíos que rehusaban convertirse al cristianismo. Miles de judíos españoles, conocidos como sefarditas, salieron de España, llevándose consigo el idioma castellano y estableciendo comunidades por todo el Mediterráneo. Finalmente, la llegada en 1492 de Cristóbal Colón a las tierras que él nombró "Las Indias" y que más tarde se llamarían América, significó no sólo para los Reyes Católicos sino para el mundo entero, la apertura de nuevas fronteras de un Nuevo Mundo.

## España como potencia mundial

Por medio de una eficaz política matrimonial, los Reyes Católicos reunieron una gran herencia territorial para su nieto Carlos de Habsburgo. En 1516, él fue declarado rey de España como Carlos I, y en 1519, fue nombrado emperador del Sacro Imperio Romano germánico con el nombre de Carlos V. Su imperio era tan extenso que en sus dominios "nunca se ponía el sol". Controlaba gran parte de los Países Bajos, de Italia, de Alemania, de Austria, partes de Francia, y del norte de África, además de los territorios de América.

El Imperio de Carlos V 1519-1556

España comenzó así una época de enriquecimiento que resultó en un poder militar sobresaliente. Sin embargo, mantener tal poder significó un gran costo económico. En lugar de usar el oro y la plata procedentes de América para impulsar el desarrollo de su economía, España los usaba para pagar a los ejércitos que combatían en las continuas guerras europeas y para comprar productos importados.

El emperador, cansado de las guerras y de la lucha contra el protestantismo, abdicó en 1556 y se retiró a un monasterio. Dividió sus territorios entre su hijo Felipe II y su hermano Fernando.

# ¡A ver si comprendiste!

**A. Hechos y acontecimientos.** ¿Recuerdas los datos más importantes de la lectura? Para asegurarte, completa estas oraciones.

1. Los primeros pobladores de la Península Ibérica fueron los...
2. Algunos invasores de la Península Ibérica fueron los...
3. La Península Ibérica llegó a ser parte del Imperio Romano en el año...

4. En el siglo V la Península Ibérica fue invadida por los...
5. Los musulmanes invadieron España en el año...
6. Los musulmanes estuvieron en la Península Ibérica...
7. Los musulmanes establecieron su capital en...
8. Los sefarditas eran...
9. Cuando los sefarditas salieron de España se fueron a...
10. El año 1492 es muy importante en la historia de España y del mundo porque...
11. Se puede decir que "el sol nunca se ponía" en el imperio de Carlos V porque...

**B. A pensar y a analizar.** En grupos de tres o cuatro, discutan los siguientes temas.

1. Tanto los romanos como los musulmanes controlaron la Península Ibérica por casi ochocientos años. Discutan cómo estas dos grandes civilizaciones influyeron la cultura y vida de la península. Mencionen la lengua, la arquitectura, el gobierno y el estilo de vida entre otras cosas. Luego, comparen las respuestas de su grupo con las de otros grupos de la clase.
2. ¿Por qué creen que los Reyes Católicos decidieron echar de España a todos los moros y judíos que rehusaron convertirse al cristianismo? ¿Qué impacto creen que tuvo esa decisión en la política, economía y vida social de España? ¿Creen que fue justo echar del país a todo un grupo étnico a pesar de que muchos habían vivido toda su vida allí? ¿Qué otros casos conocen en que los líderes de un país han tomado una decisión parecida? Expliquen.

# Ventana *al Mundo 21*

## Maravillas del arte islámico

**La Alhambra de Granada.** En una colina que domina la ciudad de Granada se encuentra la joya más fascinante de la arquitectura árabe en España, la Alhambra. Este precioso palacio-fortaleza de los reyes moros de Granada, que se comenzó a construir en 1238, debe su nombre al color de sus muros (*Al-Hamra* en árabe significa "La Roja"). La Alhambra incluía palacios reales y viviendas, mezquitas, baños y edificios públicos. Es donde se combina el placer por las elegantes y delicadas formas decorativas y el contacto íntimo con la naturaleza a través de jardines y fuentes de agua.

**La Giralda de Sevilla.** Esta hermosa torre perteneció a la gran mezquita de Sevilla que se construyó en el siglo XII, en el estilo almohade. En el siglo XVI fue convertida en campanario de la catedral cristiana de Sevilla. En su visita a España en 1992, el papa Juan Pablo II usó un balcón de la Giralda para saludar al pueblo de Sevilla.

**La mezquita de Córdoba.** Sobre una iglesia visigótica se empezó a construir a mediados del siglo VIII lo que sería el templo musulmán más hermoso del Islam. En varias ocasiones fue ampliada y embellecida hasta que fue terminada en el siglo X. Las numerosas columnas de mármol y jaspe forman como un denso bosque. Una infinidad de arcos dirige a los fieles al *mihrab,* que consiste en una maravillosa cúpula que mueve a la oración. Como sorpresa para los visitantes, enclavada en el corazón de la mezquita se halla una iglesia cristiana que comenzó a construirse durante el reinado de Carlos V en 1523.

**La Alhambra de Granada**

**Joyas musulmanas.** Decide a cuál de estas maravillas musulmanas describe cada oración: la Alhambra, la Giralda o la mezquita de Córdoba. Luego compara tus respuestas con las de un(a) compañero(a) de clase.

1. Ahora hay una iglesia cristiana en el centro de este lugar religioso musulmán.
2. Es una torre.
3. Es un bosque de columnas de mármol y arcos exóticos.
4. Tiene hermosos jardines y fuentes.
5. Es un palacio rojo.
6. Es el más antiguo de los tres lugares.

# Y ahora, ¡a leer!

## Anticipando la lectura

Completa estas actividades con un(a) compañero(a).

1. Aunque EE.UU. no tiene y nunca ha tenido monarcas, varios países sí los tienen. Nombra unos cinco reyes y reinas de gran importancia histórica. ¿Cuáles son las responsabilidades más importantes del rey y de la reina de un país? ¿Qué pasa cuando el rey o la reina no cumple sus obligaciones?
2. Los romances españoles tienen muchas semejanzas con el género de las baladas anglosajonas. ¿Conoces algunas baladas en inglés? Nómbralas.
3. El romance que vas a leer narra la expulsión del último rey moro de la Alhambra de Granada. Los reyes moros habían ocupado ese palacio por más de doscientos años. ¿Qué emociones crees que sentía el rey moro al verse forzado a entregarles ese lugar, conocido por muchos como "el palacio de Dios", a los Reyes Católicos?
4. Los romances moriscos son romances compuestos por cristianos pero desde el punto de vista moro. ¿Por qué crees que había cristianos interesados en escribir romances desde ese punto de vista?

## Conozcamos el romance

Uno de los géneros más importantes de la literatura española son los romances, poemas narrativos relativamente breves, de tono épico-lírico. Estos poemas tienen sus raíces en la tradición oral, ya que fueron originalmente composiciones musicales o viejas canciones que se derivaron de los poemas épicos o que se inspiraron en las historias contadas en la poesía épica. Muchos de los romances medievales son anónimos, es decir, no se sabe quién fue el autor, y tienden a narrar historias de una manera concisa y directa. Las primeras colecciones de romances castellanos escritos se publicaron en la primera mitad del siglo XVI. Actualmente, los romances han tomado la forma de baladas, tangos y corridos mexicanos.

El romance que sigue tiene como tema el sentimiento que el último rey moro de Granada tuvo al despedirse de esa ciudad que había sido conquistada por los Reyes Católicos en 1492.

## LECTURA

**El rey moro abandona Granada**

# ¡Granada, por don Fernando![1]

Año de noventa y dos,
por enero de este año,
en el Alhambra, en Granada,
pendones° han levantado,                    banderas antiguas
5   de ellos del rey de Castilla,
de ellos que son de Santiago.[2]
De encima dan grandes voces
que se oyen en el campo,

[1]Aquí se refiere a Fernando de Castilla, el Rey Católico.
[2]Aquí se refiere a la orden de Santiago, la principal orden militar y religiosa española que fue fundada en el siglo XII.

las cuales dicen: "¡Granada,
10  Granada por don Fernando!"
El rey moro, congojoso°                                              triste, angustiado
desde que la hubo entregado,
dos actos de gran tristeza
este día hubo mostrado:
15  uno, pasando el Genil[3]
cabalgando° en su caballo,                                          montando
yendo a recibir al rey
para besarle la mano,
no permitió que los suyos,
20  de quien iba rodeado,
le cubriesen los estribos,°                                          *stirrups*
porque no fuesen mojados,°                                           bañados en agua
porque de esta ceremonia
siempre el rey había usado.
25  Otro, despúes de venido
y en una posada apeado,°                          **en...** bajado de su caballo en
                                                             un hostal o fonda
subiendo por la escalera,
las alpargatas° dejó abajo,                                          tipo de sandalias
y subiéndolas consigo
30  el moro más señalado°                                            notable, famoso
no permitió que ninguno
de ellos tomase cuidado.
Partido a las Alpujarras,[4]
como estaba concertado,°                                             decidido, arreglado
35  ya de Granada salido,
pasando un cerro muy alto,
mirando estaba a Granada,
muy agriamente° llorando,                                            *bitterly*
viendo cómo ya dejaba
40  la ciudad donde había reinado,
sus riquezas y frescuras,°                                           cosas agradables
publicando con gran llanto
cómo ya no esperaba
poder alcanzar su estado,
45  ni ver aquella ciudad
adonde se había criado,
y cómo de rey se veía
muy pobre y desheredado.
Los caballeros del rey
50  de quien iba acompañado,
visto su gran sentimiento,
todos estaban llorando,
su pérdida y desventura
cada cual de ellos contando.
55  En estas contemplaciones,

[3]El Genil es el río que cruza Granada.
[4]Aquí se refiere a la región montañosa entre las provincias de Granada y Almería. Fue el último refugio de los moros granadinos.

habiendo mucho tardado,
la reina, que iba delante
viéndolos estar parados,
preguntada la ocasión,
60 y le fue dicho y declarado
el sentimiento que el rey
por Granada había mostrado,
que al despedirse y verla
muy de recio° había llorado.

**de...** intensamente, vigorosamente

irritado, furioso

65 La reina les respondía
con aspecto muy airado:°
"Justo es que como mujeres
lloren y estén acuitados°
los que como caballeros

tristes, molestos

70 no defendieron su estado:
que más ganara en ser muerto
en Granada peleando,°
que no salir vivo de ella
tan pobre y desheredado."

combatiendo

*Adaptado del* Romancero.

# ¿Comprendiste la lectura?

**A. Hechos y acontecimientos.** Selecciona las palabras o frases que mejor completen cada oración.

1. Este romance comienza con una referencia al "Año de noventa y dos" que corresponde a...
   a. 1392.    b. 1492.    c. 1592.
2. La Alhambra es un palacio árabe localizado en...
   a. Sevilla.    b. Toledo.    c. Granada.
3. Cuando el rey moro va a recibir al rey Fernando "para besarle la mano", esto significa que el rey moro...
   a. se subordina después de ser vencido por el rey de Castilla.
   b. muestra sólo su afecto por el rey de Castilla.
   c. acepta la subordinación del rey de Castilla a quien ha vencido.
4. El rey moro al abandonar la ciudad de Granada llora...
   a. de alegría por haberla defendido de sus enemigos.
   b. porque ese día se ve muy bella la ciudad a lo lejos.
   c. porque sabe que ya nunca más puede ser rey de Granada.
5. Los caballeros árabes que acompañan al rey...
   a. se callan.    b. también lloran.    c. se sorprenden.
6. La reina al darse cuenta de lo que pasa...
   a. también comienza a llorar.
   b. no dice nada.
   c. les reprocha por no haber sabido defender a su reino.

**B. A pensar y a analizar.** Completa estas actividades con dos o tres compañeros(as). Luego comparen sus respuestas con las del resto de la clase.

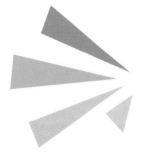

1. Explica la reacción del rey moro al tener que abandonar el palacio de la Alhambra en Granada. ¿Por qué crees que lloraba tanto? ¿Qué estaría pensando en ese momento?
2. Explica la reacción de la reina. En tu opinión, ¿fue cruel su reacción? ¿Por qué? Explica.
3. La reina implica que sólo las mujeres deben llorar. ¿Estás de acuerdo? ¿Crees que los hombres nunca deben llorar? Si no, ¿cuándo es aceptable que lloren los hombres?

# Introducción al análisis literario
## Versos y rima

- **Verso:** Una línea de un poema.

- **Rima:** La repetición de los mismos sonidos al final de dos o más versos. La rima puede ser asonante o consonante.

Los romances por lo general están escritos con versos de ocho sílabas y suelen ir en grupos de cuatro. Los versos impares (1, 3, 5,...) son libres, no tienen rima, mientras que los versos pares (2, 4, 6,...) tienen una rima asonante.

- **Rima asonante:** Se dice que la rima es asonante cuando los versos terminan en vocales iguales a partir de la vocal acentuada, como en las palabras **año, levantado** y **Santiago** de los primeros versos pares de este romance.

> Año de noventa y dos,
> por enero de este **año,**
> en el Alhambra, en Granada,
> pendones han levant**ado,**
> de ellos del rey de Castilla,
> de ellos que son de Santi**ago.**

- **Rima consonante:** Se dice que la rima es consonante cuando hay igualdad de vocales y consonantes a partir de la vocal acentuada, por ejemplo, las palabras **mar, alumbrar, rimar** y **tomar** en estos versos del *Libro de buen amor* de Juan Ruiz, Arcipreste de Hita.

> El Creador del cielo, de la tierra y del m**ar,**
> Él me dé la su gracia y me quiera alumb**rar,**
> que pueda de cantares un librete rim**ar,**
> que aquéllos que lo oyeren puedan solaz tom**ar.**

**A. Voz narrativa y rima.** Los romances también tienen un narrador o voz narrativa. ¿Quién es el narrador de "¡Granada, por don Fernando!"? ¿Narra en primera, segunda o tercera persona? Hay varios casos donde la rima de los versos pares parece cambiar a rima consonante. ¿Cuáles son algunos de esos casos y cuáles son las vocales y las consonantes que riman?

**B. Mi propio romance.** Escribe el comienzo de tu propio romance o balada. Primero, decide en el tema de tu poema y luego usa como modelo los primeros seis versos del romance "¡Granada, por don Fernando!". Menciona el año, el mes, el lugar y algunos acontecimientos que ocurrieron antes del incidente que tu romance va a describir.

# Cultura ¡en vivo!

## España: destino de millones

El gran crecimiento económico que España experimenta en la segunda mitad del siglo XX se debe en parte a su desarrollo como uno de los destinos favoritos de millones de turistas. Aunque el turismo ha aumentado por toda España, sin duda, la costa mediterránea y el sur del país son las zonas más populares, las de más renombre internacional.

Actualmente una de las atracciones principales en el país de las vacaciones es el establecimiento de una vasta red de paradores nacionales. Desde los años 50, muchos viejos castillos, monasterios históricos y casonas familiares se han convertido en paradores u hoteles. A través de toda España se han renovado estas antiguas edificaciones que, en vez de servir a soldados o a religiosos, ahora abren las puertas a turistas de todas partes del mundo. Muchos de estos paradores tienen modernas instalaciones como piscinas y restaurantes de lujo. El sistema de paradores que hoy día incluye

**El Convento de San Francisco construido en 1495 dentro del palacio de la Alhambra en Granada**

a más de cien hoteles se inició cuando, en 1926, se abrió el primer parador en la Sierra Gredos al oeste de Madrid. Muchos paradores en la actualidad son edificios modernos situados en las mejores playas de España.

**España.** Completa estas oraciones y luego compara tus respuestas con las de dos compañeros(as).

1. Un factor en el crecimiento económico de España es...
2. Las zonas turísticas más populares de España son...
3 Un parador es...
4. En muchos de los paradores hay...
5. El sistema de paradores consiste en...
6. Muchos de los paradores originalmente fueron...

# *Mejoremos la comunicación*

## Para hablar de viajes al extranjero

### Al indicar el modo de transporte

— ¿Cómo viajaron Uds.?     *How did you travel?*
— Por avión.     *By plane.*
— ¿Viajaron en tren?     *Did you travel by train?*
— No, fuimos en autobús.     *No, we went by bus.*

**a pie** *on foot*
**auto / carro** *car/auto*
**barco** *ship*
**bicicleta** *bicycle*
**bote** *m. boat*

**bus** *m. bus*
**camioneta** *light truck*
**coche** *m. car; coach*
**metro / tren subterráneo** *m. subway*
**taxi** *m. taxi*

### Al hablar del alojamiento

— ¿Dónde se alojaron?     *Where did you stay?*
— Nos quedamos en un albergue juvenil, pero Felipe y Marta se hospedaron en una pensión.     *We stayed in a youth hostel, but Felipe and Marta stayed in a boarding house.*

**fonda** *inn*
**hotel** *m. hotel*

**parador** *m. inn, state-owned hotel*
**posada** *inn, boarding house*

### Al indicar distintos sitios de interés

— ¿Cómo pasaron el tiempo en Madrid?     *How did you spend your time in Madrid?*
— Visitamos una cantidad de lugares interesantes.     *We visited a number of interesting places.*
— ¿Fueron a una catedral?     *Did you go to a cathedral?*

**balneario** *seaside resort; spa*
**centro comercial** *shopping center*
**cine** *m. movie theater*
**discoteca** *discotheque*
**estadio** *stadium*
**iglesia** *church*
**jardín botánico** *m. botanical garden*
**librería** *bookstore*
**monumento** *monument*
**museo** *museum*

**ópera** *opera*
**parque** *m. park*
**parque de atracciones** *m. amusement park*
**parque zoológico** *m. zoo*
**plaza** *plaza, square*
**plaza de toros** *bullring*
**ruinas romanas** *Roman ruins*
**teatro** *theater*

### Al mencionar lugares para comer

— ¿Dónde comieron anoche?     *Where did you eat last night?*
— Fuimos a un café cerca del hotel.     *We went to a café near the hotel.*

**cafetería** *cafeteria*
**lonchería** *lunchonette*

**mesón** *m. inn, tavern*
**restaurante** *m. restaurant*

**Al ir de compras**

— ¿Hiciste muchas compras hoy?
— Sí, fui al almacén y al mercado, y encontré excelentes regalitos.

— ¿Dónde los encontraste, en el mercado?
— No, en el almacén.

*Did you do a lot of shopping today?*
*Yes, I went to the department store and the market, and I found excellent little gifts.*
*Where did you find them, in the market?*
*No, in the department store.*

**joyería** *jewelry store*
**papelería** *stationery store*
**relojería** *watchmaker's shop; jeweler's*

**tabaquería** *tabacco shop*
**tienda de música** *music store*

# ¡A conversar!

**A. Encuesta.** Entrevista a cinco compañeros de clase para saber cómo pasaron sus últimas vacaciones. Luego decide en cuál de las siguientes categorías pondrías las vacaciones de cada uno y explica por qué. Compara tu lista con la de dos compañeros(as).

1. las vacaciones más interesantes
2. las vacaciones más aburridas
3. las vacaciones más divertidas
4. las vacaciones más caras o más baratas

**B. Dramatización.** Dos amigos(as) están hablándote de sus últimas vacaciones. Te dicen adónde fueron, dónde se quedaron, qué lugares visitaron y qué hicieron allí. Lo interesante es que los dos tienen opiniones totalmente opuestas acerca de lo que vieron y lo que hicieron. Dramatiza esta situación con dos compañeros(as) de clase.

# Palabras claves: el sufijo -ería

En España, como en toda Europa y en Latinoamérica, hay tiendas especializadas que venden principalmente un producto, y los nombres de las tiendas reflejan ese producto. En estos casos, se añade el sufijo **-ería,** que tiene el significado de *shop* o *store,* al nombre del producto. Con un(a) compañero(a) decide cuál es la especialización de los siguientes lugares y qué producto venden. Luego hagan una lista de otras tiendas especializadas que conocen.

1. librería
2. joyería
3. panadería
4. frutería
5. mueblería

6. papelería
7. carnicería
8. tabaquería
9. relojería
10. lechería

# El "Cantar de Mío Cid": realidad y fantasía

El "Cantar de Mío Cid" es la obra cumbre de la poesía épica española. El poema fue conservado en un manuscrito del siglo XIV. El original fue escrito hacia el año 1140. El poema caracteriza al Cid como un hombre corriente, una figura democrática que trata a sus soldados como iguales y se opone a las injusticias. Hasta se muestra como el esposo y padre ideal.

Esta versión, de una película narrada del poema, enfoca en la defensa de Valencia en el año 1094. Con una banda de cuatro mil hombres, el Cid sorprende y se sobrepone al ejército moro o árabe de más de cincuenta mil.

## Antes de empezar el video

Contesten estas preguntas en parejas.

1. La distancia entre la realidad y la fantasía en la historia universal con frecuencia es muy estrecha. ¿Cuáles son algunos hechos verdaderos y otros tal vez imaginarios relacionados con Cleopatra, Napoleón, Juana de Arco y George Washington?
2. Hollywood también tiende a exagerar la realidad para que la vida de ciertos individuos parezca más interesante. ¿Cuáles son algunas películas que tú has visto en que esto ha ocurrido? Explica la exageración.

## ¡A ver si comprendiste!

**A. El "Cantar de Mío Cid": realidad y fantasía.** Contesta estas preguntas con un(a) compañero(a) de clase.

1. ¿Cuántos hombres tenía el ejercito de Yúsuf, según el poema?
2. ¿Qué ciudad protegía el Cid? ¿Cómo logró el Cid conquistar al gran número de soldados de Yúsuf?
3. ¿Cuántos soldados de Yúsuf sobrevivieron la batalla?

**B. A pensar y a interpretar.** Contesta estas preguntas.

1. ¿Serán exactas o exageradas las cifras del poema? Explica tu respuesta.
2. ¿Qué aspectos de este poema consideras realidad y cuáles serán fantasía?
3. ¿Crees que la película representó a los personajes y los tiempos con autenticidad? ¿Por qué?

# Exploremos el ciberespacio

Explora distintos aspectos del mundo español medieval en las actividades de la red que corresponden a esta lección. Ve primero a **http://college.hmco.com** y de ahí a la página de *Mundo 21*.

# Gente
## del Mundo 21

### Felipe II

(1527–1598) es uno de los reyes españoles que marca profundamente la historia de España.

Durante su reinado, España alcanzó su máximo poderío y extensión geográfica y también se inició el Siglo de Oro de la cultura española. Hijo del emperador Carlos V (I de España) y de Isabel de Portugal, nació en Valladolid. Cuando Carlos V abdicó en 1556, Felipe II heredó el ducado de Milán y los reinos de Nápoles y Sicilia en Italia, así como los Países Bajos y España y su imperio ultramarino. En 1580, se convirtió también en rey de Portugal y tomó control de todas sus posesiones en África, India y América. Algunos historiadores culpan a Felipe II de malgastar enormes recursos económicos en guerras religiosas, como su plan de invadir Inglaterra que resultó en la derrota de su Armada Invencible en 1588. Muchos historiadores señalan esa derrota como el inicio de la decadencia del imperio español.

### Diego Rodríguez de Silva y Velázquez

(1599–1660) es considerado uno de los genios de la pintura española del Siglo de Oro. En Sevilla, su ciudad natal, formó parte del taller de Francisco Pacheco donde comenzó pintando cuadros religiosos y bodegones. En 1623 Velázquez fue llamado a Madrid y nombrado poco después pintor de la Corte de Felipe IV, iniciando así una brillante carrera en la que pintó numerosos retratos de la familia real y otra gente de la corte. En muchos de sus cuadros de esta época, como El triunfo de Baco o Los borrachos, Velázquez representó con realismo vivo y genial una escena de la vida cotidiana. Una de sus pinturas, Las Meninas, se considera una obra maestra del arte universal por la técnica y compleja composición con que recrea una apariencia de realidad.

## Benito Pérez Galdós

(1843–1920) es el mayor novelista español del siglo XIX. Nació en Las Palmas de Gran Canaria en 1843 y en 1869 se graduó en derecho de la Universidad de Madrid, ciudad donde residiría la mayor parte de su vida. Fue un escritor prolífico y el máximo exponente del realismo en España. Escribió cuarenta y seis volúmenes de Episodios Nacionales, que constituyen una historia novelada de España a través del siglo XIX. Produjo también otras treinta y cuatro novelas, veinticuatro obras teatrales, quince volúmenes de artículos periodísticos y otros trabajos en prosa. Entre sus novelas más conocidas están *Doña Perfecta* (1876) y *Fortunata y Jacinta* (1886–1887).

## *Personalidades* del Mundo 21

Completa las siguientes actividades con un(a) compañero(a) de clase.

1. ¿Por qué se podía decir que "el sol nunca se pone en el imperio de Felipe II"?
2. Compara el retrato de Felipe II (página 60) con el que Velázquez pintó de Felipe IV (página 63). ¿Cómo reflejan los artistas la personalidad y el estado físico de los dos monarcas? ¿Qué revelan estas pinturas acerca de las épocas en que vivían?
3. Haz una cuenta de todos los libros que Galdós escribió. Si Galdós publicó su primera novela a los veinticinco años, ¿cuántos libros escribió al año durante el resto de su vida? ¿Conoces a otro(a) autor(a) que ha escrito tantas obras? ¿Te sorprende su gran producción literaria? ¿Por qué?

## Otros españoles sobresalientes

### Siglo de Oro

**Pedro Calderón de la Barca (1600–1681):** dramaturgo

**San Juan de la Cruz (1542–1591):** poeta místico y religioso

**Luis de Góngora y Argote (1561–1627):** poeta

**Santa Teresa de Jesús (1515–1582):** poeta mística y religiosa

**Fray Luis de León (1527–1591):** poeta místico y traductor

**Tirso de Molina (Fray Gabriel Téllez) (¿1584?–1648):** dramaturgo

**María de Zayas y Sotomayor (1590–1661):** novelista y poeta

**Bartolomé Esteban Murillo (1617–1682):** pintor

**Francisco Gómez de Quevedo y Villegas (1580–1645):** poeta y novelista

**Lope Félix de Vega Carpio (1562–1635):** dramaturgo, poeta, soldado y sacerdote

**Doménikos Theotokópoulos (El Greco) (1541–1614):** pintor

### Siglos XVIII y XIX

**Gustavo Adolfo Bécquer (1836–1870):** poeta

**Rosalía de Castro (1837–1885):** poeta

**Francisco de Goya y Lucientes (1746–1828):** pintor y grabador

**Emilia Pardo Bazán (1852–1921):** novelista y cuentista

# Del pasado al presente

# España: al encuentro de su futuro

### La España de Felipe II

Felipe II, quien recibió España, los Países Bajos y posesiones de América e Italia, convirtió a España en el centro de oposición al protestantismo y mantuvo constantes guerras religiosas. En 1561 Felipe II trasladó la capital de Toledo a Madrid. En 1557 mandó construir el palacio-convento, El Escorial. Venció a los turcos en la batalla naval de Lepanto, pero el fracaso de la Armada Invencible (1588) contra Inglaterra marcó el comienzo de la decadencia española.

**La biblioteca en El Escorial**

### El Siglo de Oro

Durante el Siglo de Oro de la cultura española, generalmente señalado de 1550 a 1650, España vio un florecimiento en el arte y la literatura. Por ejemplo, sobresalieron grandes artistas visuales como El Greco, Diego Rodríguez de Silva y Velázquez y Bartolomé Esteban Murillo. En el área literaria se destacaron los poetas místicos Santa Teresa de Jesús, Fray Luis de León y San Juan de la Cruz y grandes escritores como Miguel de Cervantes y Francisco de Quevedo. En el teatro se distinguieron grandes dramaturgos como Lope de Vega, Tirso de Molina y Pedro Calderón de la Barca.

**El Greco, *Toledo***

### La caída del imperio español

Si el fracaso de la Armada Invencible marcó el comienzo de la decadencia española, la caída definitiva tuvo lugar bajo los reinados de Felipe III (1598–1621) y Felipe IV (1621–1665), dos reyes sin voluntad ni capacidad de gobernar. Felipe III fue un monarca piadoso, como su padre, pero fue un jefe supremo débil. Felipe IV fue un monarca más interesado en el placer que en sus responsabilidades

**Velázquez,** *Felipe IV*

**Goya,** *El dos de mayo*

como gobernador del país. El colapso de la economía española y, a la vez, del imperio español se debe a varios hechos: la falta de atención del rey a negocios de estado, la reducción de plata del Nuevo Mundo, el tremendo costo de guerras para defender sus territorios, la pérdida de muchos de sus territorios europeos, el aumento de impuestos y la inflación que crecía sin control alguno.

## Los Borbones

En 1714, después de una guerra de sucesión, los Borbones tomaron posesión de la monarquía e impusieron reformas y modas francesas. Los reyes Borbones construyeron en las ciudades españolas bellos edificios neoclásicos, avenidas y jardines. También fundaron academias, bibliotecas y museos. Durante el reinado de Carlos III (1776–1788), España comenzó un proceso de más comunicación y trato con Europa y con el resto del mundo. Por ejemplo, España ayudó a los futuros EE.UU. en su lucha por la independencia (1776–1783) y liberalizó el comercio entre España y sus colonias americanas.

## Guerra de Independencia

En 1807 las tropas francesas de Napoleón invadieron España, pero el pueblo de Madrid se levantó contra ellos el 2 de mayo de 1808. Napoleón trasladó a la familia real a Francia, y nombró a su hermano, José Bonaparte, rey de España. La rebelión popular se extendió y se inició una guerra de guerrillas que duró hasta 1814, en que finalmente los franceses fueron expulsados de España. Francisco de Goya, observador excepcional de esta guerra de independencia, dejó testimonio de ella en su impresionante pintura. En medio de tanta confusión, las colonias españolas de América aprovecharon para conseguir su independencia, y en la batalla de Ayacucho (1824), España perdió la última posibilidad de control sobre América.

## La crisis del siglo XIX

A través del siglo XIX, España se vio sumergida en una constante lucha entre liberales, que intentaban establecer un régimen constitucional, y reaccionarios que rehusaban cualquier cambio. Así, en el largo reinado de la inepta Isabel II (1833–1868), se promulgaron seis constituciones diferentes y hubo quince levantamientos militares. En 1873 se proclamó la Primera República que sólo duró veintidós meses.

# ¡A ver si comprendiste!

**A. Hechos y acontecimientos.** Completa las siguientes actividades para ver si recuerdas los datos más importantes.

1. Explica la importancia de lo siguiente en la vida de Felipe II.
   a. Madrid                              c. El Escorial
   b. la batalla de Lepanto              d. la Armada Invencible
2. ¿A cuántos de los artistas, poetas y escritores del Siglo de Oro puedes nombrar? ¿Qué puedes decir de cada uno de ellos?
3. ¿Qué cambios hicieron los Borbones en España mientras controlaban la monarquía?
4. ¿Qué relación hay entre Francisco de Goya y la guerra de independencia de los franceses en España?
5. ¿Cuándo perdió España la mayoría de sus colonias en América?

**B. A pensar y a analizar.** En grupos de tres o cuatro discutan los siguientes temas.

1. Felipe II se conoce como el "Rey Prudente" por una parte y como un fanático religioso por otra. ¿Por qué? Den ejemplos en la respuesta.
2. ¿Por qué se llama al período de 1550 a 1650 "el Siglo de Oro"? ¿Ha tenido EE.UU. su propio Siglo de Oro? Si dicen que sí, ¿cuándo y cómo fue? Si dicen que no, ¿creen que lo tendrá pronto? ¿Por qué?
3. ¿Fue la caída de la Armada Invencible la causa principal de la caída del imperio español? Expliquen su respuesta.
4. ¿Por qué creen que España decidió ayudar a EE.UU. a ganar su independencia de Inglaterra pero se rehusó a dar independencia a sus propias colonias?

# **Ventana** *al Mundo 21*

## Barcelona: perla del Mediterráneo

Barcelona, la capital de la Comunidad Autónoma de Cataluña, con casi dos millones de habitantes, es la segunda ciudad más poblada de España y el centro industrial y comercial más importante del país. Fundada por los fenicios y conocida como Barcino antes de los romanos, Barcelona debe su importancia a su privilegiada localización geográfica como puerto mediterráneo en el noreste de la península. Desde la época medieval, ha sido la capital política y cultural de Cataluña. Ésta fue primero un condado, luego un reino independiente y después una región de España para convertirse, en 1977, en una comunidad autónoma.

**El Templo de la Sagrada Familia**

Aunque el régimen del Generalísimo Francisco Franco (1939–1975) intentó suprimir el uso del catalán, en los últimos años ha habido un florecimiento de esta lengua. Ahora se enseña en las escuelas, se publican varios diarios en catalán y también existen estaciones de radio y televisión que emiten su programación en catalán. Nada indica mejor el renacimiento de la ciudad que la exitosa celebración de los Juegos Olímpicos en Barcelona en 1992.

La arquitectura es una de las áreas en que sobresale Barcelona, desde el barrio gótico hasta los modernos edificios. El arquitecto Antonio Gaudí (1852–1926) imprimió un sello muy personal a la ciudad con sus obras de fantasía en el Parque Güell y el Templo de la Sagrada Familia que, aún sin terminar, ha llegado a ser el símbolo de esta magnífica ciudad.

**Barcelona.** Barcelona tiene raíces en tiempos medievales, una historia de malas relaciones con el Generalísimo Francisco Franco y una arquitectura que va de lo gótico hasta lo más moderno. Prepara una lista señalando todos los detalles que puedas sobre estos tres temas.

1. la Barcelona medieval
2. Barcelona y Franco
3. Barcelona y su arquitectura

# Y ahora, ¡a leer!

## Anticipando la lectura

Completa estas actividades con un(a) compañero(a).

1. ¿Qué es un idealista y qué es un realista? ¿Cuáles son algunas características de cada uno?
2. ¿Es tu compañero(a) idealista o realista? Para saberlo, hazle las siguientes preguntas y analiza sus respuestas. Luego, tú contestas mientras él(ella) hace las preguntas.
   a. ¿Qué regalo prefieres el día de tu cumpleaños?
      • veinte dólares
      • una tarjeta con un poema original
   b. ¿Qué te impresiona más?
      • una caja de chocolates finos
      • una sola rosa con un mensaje personal
   c. ¿Qué es más importante para ti?
      • conseguir un trabajo que pague muy bien
      • conseguir un trabajo donde puedas hacer el bien
   d. ¿Con quién te casarías?
      • con una persona millonaria
      • con una persona pobre que te ame y a quien ames mucho

## Conozcamos al autor

**Miguel de Cervantes Saavedra** (1547–1616) es considerado uno de los escritores más importantes de la literatura española. Además de ser poeta y dramaturgo, es el autor de la más famosa novela española de todos los tiempos, *El ingenioso hidalgo don Quijote de la Mancha.* Nació en Alcalá de Henares, hijo de un cirujano pobre. Fue soldado en Italia donde perdió el uso de la mano izquierda en la batalla de Lepanto. Durante su viaje de vuelta a España, fue capturado por piratas y pasó cinco años como prisionero en Argel. Fue constantemente pobre, aunque la primera parte de su novela, publicada en 1605, fue un éxito inmediato. La segunda parte de su novela apareció en 1615.

Adelantándose muchísimo a la novela moderna, Cervantes logró crear una obra que refleja un estudio profundo de la psicología humana y de la sociedad española del siglo XVI. Don Quijote es un caballero idealista y medio loco, que vive en un mundo ficticio donde trata de imitar la vida de los caballeros de los libros de aventuras de la Edad Media. Sancho Panza, su leal sirviente, es mucho más realista que su compañero don Quijote.

## LECTURA

**Don Quijote y Sancho Panza descubren los molinos de viento**

# Don Quijote de la Mancha

### AVENTURA DE LOS MOLINOS DE VIENTO°

molinos... windmills

En esto, descubrieron treinta o cuarenta molinos de viento que hay en aquel campo, y cuando don Quijote los vio, dijo a su escudero:°

squire, shield bearer

—La ventura° va guiando nuestras cosas mejor de lo que podríamos de-
5 sear; porque ves allí, amigo Sancho Panza, donde se descubren treinta, o pocos más, monstruosos gigantes, con quienes pienso hacer batalla y quitarles la vida, que ésta es buena guerra, y es gran servicio de Dios quitar tan mala semilla° de sobre la faz° de la tierra.

buena fortuna

seed / superficie

    —¿Qué gigantes? —dijo Sancho Panza.

10    —Aquellos que allí ves —respondió su amo°— de los brazos largos, que los
suelen° tener algunos de casi dos leguas.[1]

    —Mire vuestra merced° —respondió Sancho— que aquellos que allí se
parecen no son gigantes, sino molinos de viento, y lo que en ellos parecen
brazos son aspas,° que volteadas° del viento, hacen andar la piedra del

15  molino.°

    —Bien parece —respondió don Quijote— que no sabes nada de las aven-
turas: ellos son gigantes; y si tienes miedo, quítate de ahí, y ponte en oración°
que yo voy a entrar con ellos en fiera° y desigual° batalla.

    Y diciendo esto, dio de espuelas° a su caballo Rocinante,[2] sin prestar aten-

20  ción a la voz que su escudero Sancho le daba, advirtiéndole° que eran molinos
de viento y no gigantes aquellos que iba a atacar. Pero él iba tan convencido
en que eran gigantes, que ni oía la voz de su escudero Sancho, ni dejaba de
ver, aunque estaba ya bien cerca, lo que eran; diciendo en voz alta:

    —No corráis cobardes y viles criaturas;° que un solo caballero es el que os

25  ataca.

    Se levantó en esto un poco de viento, y las grandes aspas comenzaron a
moverse, lo cual visto por don Quijote, dijo:

    —Pues aunque mováis más brazos que los del gigante Briareo,[3] me lo
habéis de pagar.°

30    Y diciendo esto, y encomendándose de todo corazón° a su señora Dulcinea,[4] pidiéndole que en tal momento le ayudara, bien cubierto de su escudo,
con la lanza lista, arremetió° a todo galope de Rocinante, y atacó al primer
molino que estaba delante; y dándole una lanzada en el aspa, la volvió el

**Glosas (margen derecho):**

dueño, jefe
acostumbran
**vuestra...** fórmula de cortesía

arms (of a windmill) / movidas
**piedra...** millstone

prayer
ferocious / unequal
spurs
warning him

creatures

**me...** you'll pay for it
**encomendándose...** entrusting himself completely
he charged

---

[1]Una legua equivale a tres millas aproximadamente.

[2]*Rocinante* es el nombre del envejecido caballo de trabajo de don Quijote.

[3]*Briareo* es un gigante mitológico de cien brazos y cincuenta cabezas.

[4]*Dulcinea* era una mujer común y corriente que don Quijote idealizaba e imaginaba como una doncella hermosa y pura.

viento con tanta furia, que hizo la lanza pedazos,° llevándose al caballo y al
35  caballero, que fue rodando° muy maltrecho° por el campo. Fue Sancho a ayu-
darle, a todo el correr de su asno, y cuando llegó encontró que no se podía
mover: tal fue el golpe que dio con él Rocinante.

    —¡Válgame Dios!° —dijo Sancho—. ¿No le dije yo a vuestra merced que
mirase bien lo que hacía, que eran molinos de viento, y no lo podía ignorar
40  sino quien llevase otros tales en la cabeza?°

    —Calla, amigo Sancho —respondió don Quijote—; que las cosas de la
guerra, más que otras, están sujetas a continuo cambio. Además yo pienso
que aquel sabio Frestón[5] que me robó la casa y los libros, ha convertido estos
gigantes en molinos, por quitarme la gloria de su vencimiento:° tal es la ene-
45  mistad que me tiene; pero su magia no podrá contra mi espada.°

    —Dios lo haga como puede —respondió Sancho Panza.

    Y, ayudándole a levantar, tornó a subir sobre Rocinante, que medio des-
paldado estaba.° Y, hablando en la pasada aventura, siguieron el camino
del Puerto Lápice, porque allí decía don Quijote que no era posible dejar de
50  encontrar muchas y divertidas aventuras...

*Adaptado de* El ingenioso hidalgo don Quijote de la Mancha, *Parte primera,*
*Capítulo VIII*

**hizo...** la rompió en fragmentos
**fue...** went tumbling / herido

**¡Válgame...** ¡Dios mío!

**no...** only someone with windmills in his head could doubt
that these were windmills

defeat
sword

**que...** whose back was half
broken

# ¿Comprendiste la lectura?

**A. Hechos y acontecimientos.** Completa estas oraciones según la lectura. Luego
compara tus respuestas con las de un(a) compañero(a).

  1. Don Quijote es un caballero...
  2. Sancho Panza, el escudero de don Quijote, es...
  3. En vez de los treinta molinos de viento, don Quijote ve...
  4. Cuando Sancho Panza ve los molinos de viento, él dice que son...
  5. Don Quijote monta a... y Sancho Panza a...
  6. El nombre del caballo de don Quijote es...
  7. Cuando don Quijote atacó al primer molino...
  8. Don Quijote piensa que Festón, un enemigo, convirtió a los gigantes en
     molinos para...
  9. Don Quijote y Sancho Panza continuaron en el camino del Puerto Lápice
     en busca de...

**B. A pensar y a analizar.** Discutan estos temas en parejas.

  1. ¿Quién es el narrador de este episodio, uno de los personajes, el autor u
     otra persona? ¿Cómo revela el narrador la psicología o personalidad de
     don Quijote y Sancho?
  2. Éste es probablemente el episodio más popular de la novela de Cervantes.
     ¿Por qué será? ¿Cómo explicas tú esto?

[5]*Frestón* era un mago imaginario a quien don Quijote consideraba enemigo y causa de
todos sus problemas.

3. ¿Son don Quijote y Sancho Panza totalmente opuestos o tienen ciertas características en común? Completa este diagrama Venn, indicando las diferencias en las dos columnas a los lados y las semejanzas en la columna del medio.

**Don Quijote**

1.
2.
3.

**Don Quijote y Sancho Panza**

1.
2.
3.

**Sancho Panza**

1.
2.
3.

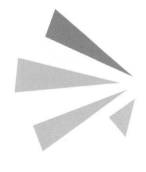

# Introducción al análisis literario

## La perspectiva

Una de las características que más se celebran de grandes obras literarias como *Don Quijote de la Mancha* es la posibilidad de ver el mundo desde la perspectiva de varios personajes que pueden presentar múltiples puntos de vista. En el fragmento "Aventura de los molinos de viento" se presentan dos puntos de vista que parecen ser irreconciliables: realidad y fantasía, discreción y locura, comedia y drama, realismo e idealismo.

**A. Distintas perspectivas.** Encuentra ejemplos de las varias perspectivas en el texto e indica si caracterizan a Sancho Panza o a don Quijote. Explica cada ejemplo.

| comedia | drama | idealismo | realidad |
|---------|-------|-----------|----------|
| discreción | fantasía | locura | realismo |

**B. La imaginación.** Piensa ahora en el mundo moderno que te rodea. Piensa en personas, animales y objetos comunes que tú, tus amigos y familiares ven cada día. Haz tres columnas en una hoja de papel. En la primera columna pon los ocho objetos en tu lista. En la segunda columna escribe lo que don Quijote se imaginaría al ver cada objeto, y en la tercera escribe una o dos características de las cosas que harían imaginarse a don Quijote lo que indicaste. Guarda esta lista para usar en **Escribamos ahora** en la página 73.

| Objetos verdaderos | Objetos que don Quijote se imaginaría | Características |
|--------------------|----------------------------------------|----------------|
| 1. avión | pájaro prehistórico | alas y el volar |
| 2. | | |
| 3. | | |

# Cultura ¡en vivo!

## Obras maestras del arte español

Localizado en el Paseo del Prado y frente al monumento erguido en honor del pintor español Diego Rodríguez de Silva y Velázquez, el Museo del Prado en Madrid es depositario de muchas de las obras maestras que el arte español ha dado al mundo desde el siglo XI hasta el siglo XVIII. Este edificio de estilo neoclásico fue construido en el siglo XVIII durante el reinado de Carlos III, uno de los reyes Borbones que más se interesó en establecer centros culturales.

Su extensa colección de pinturas incluye obras de grandes pintores europeos. Entre ellos, se destacan los pintores españoles del Siglo de Oro reconocidos como grandes maestros del arte universal: El Greco, José de Ribera, Francisco de Zurburán, Diego Rodríguez de Silva y Velázquez y Bartolomé Esteban Murillo.

El museo también dedica varios salones a los distintos períodos del gran artista Francisco de Goya y Lucientes: el período costumbrista, cuyos cuadros sirvieron de base para los famosos tapices de Madrid; el período en el que pintó escenas de la corte; el período que refleja la realidad de una época turbulenta y violenta de España; y el período de las pinturas negras que hizo cuando estaba enloqueciendo.

**En el Museo del Prado.**

**Obras maestras.** Completa estas oraciones.

1. Frente al Museo del Prado hay un monumento dedicado a...
2. La colección de obras del Prado incluye a los grandes maestros del arte español de los siglos...
3. Entre las pinturas del Siglo de Oro sobresalen las obras de los maestros...
4. Las obras de Francisco de Goya y Lucientes se exhiben en varios...
5. Los distintos períodos del arte de Goya son...

# *Mejoremos la comunicación*

## Para hablar de las bellas artes

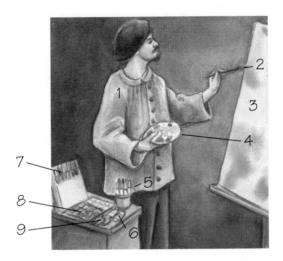

1. el artista
2. el pincel
3. el lienzo
4. la paleta
5. el rotulador
6. el tubo de óleo
7. los lápices de colores
8. la caja de acuarelas
9. la tiza

### Al hablar de artistas

— ¿Quién es tu artista favorito del Siglo de Oro?

*Who is your favorite Golden Age artist?*

**artista de retratos** *m./f. portrait artist*
**dibujante** *m./f. sketch artist*

**escultor(a)** *sculptor*
**pintor(a)** *painter*

— Mi favorito es Velázquez.
— ¿Por qué se destacan sus obras?
— Por su técnica realista y detallista.

*My favorite is Velazquez.*
*Why do his works stand out?*
*For their realistic and detailed technique.*

### Al hablar del arte

— ¿Qué tipo de arte prefieres?
— Me encanta el arte impresionista.
— A mí me fascina el arte moderno.

*What type of art do you prefer?*
*I love impressionist art.*
*Modern art fascinates me.*

**barroco(a)** *baroque*
**clásico(a)** *classic*
**gótico(a)** *gothic*
**neoclásico(a)** *neoclassic*

**religioso(a)** *religious*
**renacentista** *renaissance*
**romántico(a)** *romantic*
**surrealista** *surrealistic*

— ¿Te gusta este cuadro?
— Sí, pero prefiero aquel paisaje.

*Do you like this picture(painting)?*
*Yes, but I prefer that landscape.*

**dibujo** *drawing*
**fresco** *fresco*
**grabado** *engraving, illustration*
**lienzo** *canvas*

**mural** *m. mural*
**panorama** *m. panorama*
**pintura** *painting*
**retrato** *portrait*

— ¿Te gustan los colores oscuros?     *Do you like dark colors?*
— ¡No, prefiero los colores vivos.     *Not at all! I prefer bright colors.*

**borroso(a)** *blurred, fuzzy*     **llamativo(a)** *loud, flashy, showy*
**brillante** *brilliant, bright*     **sombrío(a)** *somber, dark*

### Al hablar de exhibiciones

— ¿Ya viste la nueva exhibición en El Prado?     *Did you already see the new exhibit in the Prado?*
— Fui el sábado. Fue maravillosa.     *I went on Saturday. It was marvelous.*
— También hay una nueva exposición de Joan Miró en el Reina Sofía.[1]     *There's also a new Joan Miró exposition in the Reina Sofía.*
— Sí, pero no empieza hasta la semana próxima.     *Yes, but it doesn't begin until next week.*
— El profesor Ávila va a hacer una presentación de su escultura en el salón de bellas artes. ¿Piensas ir?     *Professor Avila is having a presentation of his sculpture in the fine arts salon. Do you plan to go?*
— ¡Claro que voy! Me encantan sus estatuas.     *Of course I'm going! I love his statues.*

# ¡A conversar!

**A. Talento artístico.** Identifiquen a los artistas en la clase. Háganles preguntas sobre su talento artístico, por ejemplo, cuándo se dieron cuenta de que tenían talento artístico, qué tipo de arte prefieren y por qué, cómo piensan usar su talento y si pueden describir su cuadro favorito. Si no hay artistas en la clase, en parejas, describan su propio talento artístico y sus cuadros favoritos.

**B. Dramatización.** Eres un(a) artista famoso(a) y acabas de pintar un cuadro que consideras uno de tus mejores. Un(a) reportero(a) viene a entrevistarte. Dramatiza esta situación con un(a) compañero(a) de clase. El reportero debe preguntar qué tipo de arte representa el nuevo cuadro, qué te inspiró pintarlo, el tema del cuadro, por qué elegiste el título que le diste y dónde puede ver el cuadro.

---

## Palabras claves: pintar

Para ampliar tu vocabulario, combina las palabras de la primera columna con las definiciones de la segunda columna. Luego escribe una oración original con cada palabra. Compara tus oraciones con las de dos compañeros(as) de clase.

____ 1. pintoresco     a. pintar mal y sin arte
____ 2. pintura     b. tienda de pinturas
____ 3. pintor(a)     c. color con que se pinta
____ 4. pinturería     d. persona que se dedica a pintar
____ 5. pintorrear     e. agradable, lindo

---

[1]El Centro de Arte Reina Sofía es otro museo en que se exhiben obras españolas de los siglos XIX y XX, inclusive obras maestras de Pablo Picasso, Juan Ons, Salvador Dalí y Joan Miró.

# Escribamos ahora

**A**   **A generar ideas: descripción imaginativa**

1. **De lo común o familiar a lo extraño o raro.**   Gran parte del humor, pasión y emoción en la obra *El ingenioso hidalgo don Quijote de la Mancha* viene del contraste entre el mundo tal como es y tal como don Quijote se lo imagina. El mundo de la fantasía de don Quijote es fácil de entender porque, a la vez, Cervantes permite al lector ver las cosas tales como son a través de los ojos realistas de Sancho Panza. Esto nos permite ver cómo la imaginación de don Quijote convierte lo común y familiar en algo raro y extraño.

   Lee la siguiente descripción de *El ingenioso hidalgo don Quijote de la Mancha*. Decide cuál es el verdadero objeto o persona que se describe. No olvides lo que sabes de don Quijote y cómo su imaginación influye lo que ve.

   —Ésta tiene que ser la más famosa aventura que se haya visto; porque aquellos bultos *(cuerpos)* negros que allí aparecen deben de ser, y son, sin duda, algunos encantadores *(magos)* que roban alguna princesa en aquel coche, y es necesario deshacer este mal con todo mi poder.

   Dijo Sancho, —Mire, señor, que aquellos son frailes de San Benito, y el coche debe de ser de alguna gente pasajera.

2. **Ideas y organización.**   Trabajando con un(a) compañero(a), léele la lista de personas, animales y objetos que preparaste en la página 69 y pídele que te diga lo que cree que vería don Quijote y por qué.

   *a.* Anota las ideas de tu compañero(a) para que mejoren tu presentación. Puedes hacer preguntas como:
   ¿Qué se imaginaría don Quijote al ver un televisor?
   ¿Por qué crees que un televisor es como un...?

   *b.* Selecciona uno de los objetos de tu lista o de la de tu compañero(a). En una columna, escribe todas las características que se te ocurran para describir el objeto. Piensa en el tamaño, la configuración o forma, el color, cómo se mueve, qué hace, qué sonidos produce, etcétera. En una segunda columna, escribe cómo crees que don Quijote vería a la persona, animal u objeto que seleccionaste.

   *c.* Prepárate para escribir una descripción apropiada desde un punto de vista verdadero y desde el punto de vista imaginativo de don Quijote. Usa un esquema araña o cualquier otro diagrama que prefieras y organiza la información. Decide qué elementos descriptivos, características, acciones y sonidos pueden agruparse y en qué orden deben presentarse.

**B**   **El primer borrador.**   Ahora imagínate que tú has sido seleccionado para añadir un capítulo al guión cinematográfico de la futura película *Don Quijote en el Mundo 21*. Escribe un primer borrador usando los apuntes e ideas que desarrollaste en la sección anterior. No olvides que todo lo que don Quijote hace debe estar basado en lo que cree que ve, pero los resultados de lo que hace deben estar basados en la verdadera persona, animal u objeto que ve.

**C** **Primera revisión.** Intercambia tu guión para un capítulo sobre el moderno don Quijote con el de un(a) compañero(a). Al leer el guión de tu compañero(a), considera los puntos que aparecen a continuación. Cuando termines, dile a tu compañero(a) lo que más te gustó de su redacción y hazle algunas sugerencias para mejorarlo.

1. ¿Qué partes del capítulo son las más efectivas? ¿Por qué?

2. ¿Se describe a la persona, animal u objeto común clara y efectivamente desde ambos puntos de vista, el imaginario y el verdadero?

3. ¿Se describe la acción del cuento de una manera clara con secuencia lógica?

4. ¿Es creíble la interpretación de don Quijote?

**D** **Segundo borrador.** Escribe una segunda versión de tu capítulo considerando algunas de las sugerencias que tu compañero(a) te hizo y otras que se te ocurran a ti.

**E** **Segunda revisión.** Prepárate para revisar tu composición con la siguiente actividad.

1. Trabajando en parejas, cambien todos los verbos en estos párrafos del presente histórico al pretérito en el primer párrafo y al imperfecto en el segundo.

   *Pretérito:* Cuando don Quijote ve los molinos de viento se imagina unos gigantes. Su escudero Sancho Panza le explica que no, pero don Quijote rehúsa creerlo. Decide atacar los molinos y acaba por lastimarse, tanto a sí mismo como a su caballo Rocinante. Sancho Panza tiene que ayudarlos.

   *Imperfecto:* Don Quijote cree que Dulcinea es una doncella, una mujer pura y hermosa. Él la ama pero su amor por ella es muy especial. Siente gran respeto por Dulcinea y siempre habla de ella en términos muy exagerados, muy elevados. En realidad, ella no es nada especial. Trabaja en una taberna y no quiere aceptar lo que don Quijote dice. Pero esto no le importa a don Quijote. Él sigue pensando que Dulcinea es la mujer ideal.

2. Ahora dale una rápida ojeada al guión de tu compañero(a) para asegurarte de que no haya errores en la conjugación de los verbos que usó en el pretérito y en el imperfecto.

3. Subraya cada verbo en el borrador de tu compañero(a) para asegurarte que los revisaste todos.

4. Ve si hay otras correcciones necesarias, prestando atención especial a la concordancia entre sujetos y verbos y entre sustantivos y adjetivos. Menciónaselas a tu compañero(a).

**F** **Versión final.** Considera los comentarios de tus compañeros sobre el uso de verbos en el pasado y otras correcciones. ¿Has hecho todos los cambios necesarios? Si crees que no, hazlas ahora. Luego escribe la copia final en la computadora. Antes de entregarla, dale un último vistazo a la acentuación, la puntuación y la concordancia.

**G** **Publicación.** Cuando tu profesor(a) te devuelva el guión corregido, prepara una versión para publicar, incorporando todas las sugerencias que tu profesor(a) te haga. Haz una cubierta con un dibujo de don Quijote o con uno de sus "enemigos," como los que aparecen en el texto. Combinen todos los cuentos en un libro que pueden titular "El guión para: *Las nuevas aventuras de don Quijote en el Mundo 21*", o con algún otro título que la clase prefiera.

## Exploremos el ciberespacio

Explora distintos aspectos del mundo español desde el Siglo de Oro hasta el siglo XX en las actividades de la red que corresponden a esta lección. Ve primero a **http://college.hmco.com** y de ahí a la página de *Mundo 21.*

# Gente
## del Mundo 21

**Juan Carlos I de España,** nieto de Alfonso XIII e hijo de don Juan de Borbón, nació en Roma el 5 de enero de 1938. En 1969 fue designado sucesor al trono de España por el general Francisco Franco. El 22 de noviembre de 1975, dos días después de la muerte de Franco, subió al trono. A partir de entonces, Juan Carlos I ha favorecido la democracia y es una figura que simboliza la tolerancia e integridad nacional. Con su apoyo, en 1978 se aprobó una nueva constitución que reconoce la autonomía de las distintas nacionalidades y regiones del país. Cuando en enero de 1981 unos guardias civiles secuestraron las Cortes o parlamento español, la actuación del rey a favor de la constitución frustró el golpe de estado.

**Ana María Matute** es una de las novelistas y cuentistas contemporáneas españolas más prolíficas y fue la primera mujer que ingresó a la Academia Española de la Lengua. Nació en 1926 y vivió en España durante la Guerra Civil, tema que influye muchas de sus obras. Ha sido galardonada con muchos premios y varias de sus obras han sido traducidas al inglés y otros idiomas. Entre sus novelas más populares están *Los hijos muertos* (1958), *Los soldados lloran la noche* (1964) y *La trampa* (1969). Sus novelas más recientes son *El verdadero final de la bella durmiente* (1995) y *Olvidado rey Gudú* (1996). Entre sus colecciones de cuentos se encuentran *Historias de la Artámila* (1961) y *De ninguna parte y otros relatos* (1993). Una de las características más marcadas de sus obras es que muchos de sus personajes parecen estar predeterminados por un destino que los limita y no pueden escapar.

## Pedro Almodóvar

nació en 1951 y hoy en día es el director de cine español más conocido del mundo. En 1979 salió su primera película, *Pepi, Luci, Beni y otras chicas del montón*. Alcanzó fama internacional cuando su película *Mujeres al borde de un ataque de nervios* (1988) fue nominada para un premio "Óscar" en Hollywood como la mejor película en lengua extranjera. Algunas de sus otras películas son *Átame* (1990), *Tacones lejanos* (1991), *Kika* (1993), *La flor de mi secreto* (1995) y *Carne trémula* (1997). Pedro Almodóvar es, sin duda, un cineasta único, un pionero de la modernidad. Sus películas tienen la magia de ser tragedias y comedias a la vez, y se han convertido en un enorme espejo que refleja la sociedad española contemporánea en toda su complejidad.

## Otros españoles sobresalientes

**Ana Álvarez:** actriz

**Antonio Banderas:** actor

**Camilo José Cela:** novelista y cuentista

**Salvador Dalí (1904–1989):** pintor

**Federico García Lorca (1898–1936):** poeta y dramaturgo

**Julio Iglesias y Enrique Iglesias:** cantantes

**Carmen Laforet:** novelista, cuentista

**Carmen Martín Gaite:** novelista, cuentista, ensayista e historiadora

**Joan Miró (1893–1983):** pintor

**José Ortega y Gasset (1883–1955):** filósofo y ensayista

**Pablo Ruiz Picasso (1881–1973):** pintor

**Arantxa Sánchez Vicario:** tenista

**Miguel de Unamuno (1864–1936):** escritor y filósofo

## *Personalidades* del Mundo 21

Contesta estas preguntas. Luego, comparte tus respuestas con las de dos o tres compañeros(as) de clase.

1. ¿Qué edad tenía Juan Carlos I cuando subió al trono? ¿Cómo crees que reaccionó? ¿Cómo se puede caracterizar su gobierno?
2. ¿De qué son víctimas la mayoría de los personajes principales de las obras de Ana María Matute? ¿Crees tú que el destino controla la vida de una persona? ¿Está predeterminado lo que tú vas a ser en el futuro o eres tú quien lo determina? Explica.
3. ¿Cuál es el tema de la mayoría de las películas de Pedro Almodóvar? Si fueras a ver una película que reflejara la sociedad norteamericana contemporánea, ¿qué esperarías ver?

# Del pasado al presente

# España: al encuentro de su futuro

### Principios del siglo XX

En 1898, como resultado de la guerra de Cuba, España cedió sus últimas colonias de Cuba, Puerto Rico, Guam y Filipinas a EE.UU. Este acontecimiento marcó a un grupo de escritores y pensadores españoles obsesionados por la esencia nacional de España y que se conoce como la "Generación del 98". El escritor y filósofo Miguel de Unamuno (1864–1936) y el poeta Antonio Machado (1875–1939) formaron parte de esta generación.

### La Guerra Civil Española (1936–1939)

La crisis política continuó en el siglo XX. En 1931 se proclamó la Segunda República. Pero las tendencias políticas pronto se radicalizaron, y en 1936 una rebelión militar dividió España en dos grupos enemigos: por un lado, las fuerzas republicanas apoyadas por la Unión Soviética, y por el otro, las fuerzas nacionalistas que contaban con el apoyo de Alemania e Italia.

Las fuerzas nacionalistas, bajo la dirección del general Francisco Franco, lograron derrotar a los defensores de la República que se concentraban en las grandes ciudades y las regiones más pobladas e industrializadas. Una de las primeras víctimas de la guerra fue el poeta Federico García Lorca (1898–1936), que murió fusilado en Granada por los nacionalistas.

Picasso, *Guernica*

### El Franquismo

Al acabar la guerra, el Generalísimo Francisco Franco se convirtió en jefe de estado de un país devastado por la guerra, y duró en el poder casi cuarenta años. La derrota de Alemania e Italia en la Segunda Guerra Mundial, aisló internacionalmente al gobierno de Franco. La Guerra Fría mejoró la situación del gobierno español. En 1953 se firmó el pacto hispano-estadounidense que permitió el establecimiento de bases militares de EE.UU. en España.

En la década de los 60, España experimentó un intenso desarrollo económico y pasó a ser un país industrializado. El gobierno de Franco intentó controlar la vida política y social de España al prohibir todos los partidos políticos y los sindicatos no oficiales, al establecer la censura y al mantener la vigilancia estricta por medio de una Guardia Civil.

**Francisco Franco**

## El retorno a la democracia

A la muerte de Franco en 1975, le sucedió en el poder el joven príncipe Juan Carlos de Borbón. Una vez coronado rey de España como Juan Carlos I, trabajó desde el primer momento por la democracia hasta conseguir instaurarla. En 1978, se redactó y aprobó una nueva constitución, la cual refleja la diversidad de España al designarla como un Estado de Autonomías. Las autonomías, diecisiete en total, tienen sus propios parlamentos y gobiernos, y en algunos casos, como en Galicia y el País Vasco, hasta han declarado sus idiomas (gallego y catalán) los idiomas oficiales de la comunidad junto con el español.

**El Rey Juan Carlos I y la familia real**

## La España de hoy

España ha cambiado más en las tres últimas décadas que en los doscientos años anteriores. La sociedad española se ha transformado con gran rapidez. La aparición de una gran clase media es una de las consecuencias de esta transformación. Más de la mitad de la población se siente integrada a esta calificación socioeconómica, casi inexistente anteriormente. La Expo de Sevilla y los Juegos Olímpicos de Barcelona de 1992 marcaron un punto de euforia y optimismo que una crisis económica a fines del siglo XX cuestionó.

La España de hoy es sin duda un país abierto al futuro. Es un país económicamente desarrollado y con instituciones democráticas consolidadas, donde la gente goza de todas las libertades públicas y donde existe un alto nivel de tolerancia. España participa en el destino de Europa a través de la Comunidad Económica Europea, a la cual accedió como miembro con pleno derecho el primero de enero de 1986. Todo indica que el pasado se ha reconciliado con el presente y ahora extiende la mano al futuro. Desde 1986 España ha participado en la organización de la

**Los Juegos Olímpicos de Barcelona, 1992**

unidad política y económica de Europa y ahora es miembro de la Unión Europea. Según los acuerdos vigentes, pronto habrá libre comercio de bienes y trabajadores dentro de un sistema económico con una sola moneda, el euro. Esta unidad monetaria se inauguró en 1999 y sustituirá por completo a la peseta en el año 2002.

# ¡A ver si comprendiste!

**A. Hechos y acontecimientos.** ¿Recuerdas los datos importantes de la lectura? Para asegurarte, completa estas oraciones.

1. Las dos fuerzas que se enfrentaron en la Guerra Civil Española fueron...
2. De las dos fuerzas, ganó...
3. El general de las fuerzas que ganaron y que pasó a ser jefe de estado de España es...
4. Él gobernó por...
5. Una de las primeras víctimas de la guerra fue...
6. Después de la muerte de ese general, subió al poder...
7. El término "Estado de Autonomías" significa que España...
8. La moneda de España ahora es...
9. Debido a su participación en la Unión Europea, la España del futuro va a...

**B. A pensar y a analizar.** Con un(a) compañero(a), compara la España de Franco con la del rey Juan Carlos. ¿Cómo explicas las diferencias? ¿Por qué crees que el joven Juan Carlos I no continuó la política de Franco?

# Ventana *al Mundo 21*

## Los avances de las españolas

Desde 1975 se ha producido en España una verdadera revolución social que ha acelerado la participación de las españolas en la educación y en el mundo de las profesiones. Si antes era algo excepcional que una mujer cursara estudios para ejercer una profesión, hoy las españolas jóvenes se hallan entre las más educadas de Europa. La proporción de españolas que cursan estudios superiores sólo es superada por francesas y danesas en la comunidad europea. Las españolas están pasando a desempeñar ocupaciones nuevas mayormente masculinas como médicas, abogadas, juezas, economistas, directivas de empresa e ingenieras.

*Adaptado de "Mujeres: asalto al poder", El País, por Enrique Gil Calvo*

**Las españolas.** Contesta estas preguntas con un(a) compañero(a).

1. ¿Cuál fue el aumento más grande de mujeres que terminaron sus estudios en las escuelas técnicas superiores entre los años 79–80 y los años 89–90? ¿En qué carrera fue?
2. ¿Qué facultad tuvo el mayor porcentaje de mujeres que completaron sus estudios en 1990? ¿el menor?

## En la universidad

Presencia femenina en los estudios universitarios de grado superior.
Proporción de alumnas que terminan respecto a cada total.

|  | Curso 79–80 | Curso 89–90 |
| --- | --- | --- |
| Arquitectura | 12% | 25% |
| Aeronáuticos | 1% | 5% |
| Agrónomos | 9% | 23% |
| Caminos | 1% | 5% |
| Industriales | 2% | 7% |
| Montes | 10% | 33% |
| Navales | 0% | 4% |
| Telecomunicaciones | 1% | 5% |
| **Total de Escuelas Técnicas Superiores** | **5%** | **14%** |

|  | Curso 79–80 | Curso 89–90 |
| --- | --- | --- |
| Biológicas | 55% | 56% |
| Físicas | 26% | 29% |
| Matemáticas | 43% | 49% |
| Químicas | 38% | 50% |
| Económicas | 26% | 38% |
| Derecho | 33% | 50% |
| Filosofía y CC. Educación | 58% | 73% |
| Filología | 66% | 72% |
| Geografía e Historia | 58% | 63% |
| Farmacia | 67% | 69% |
| Medicina | 34% | 51% |
| Psicología | 63% | 77% |
| **Total de Facultades** | **45%** | **56%** |
| **Total de Facultades y Escuelas** | **42%** | **54%** |

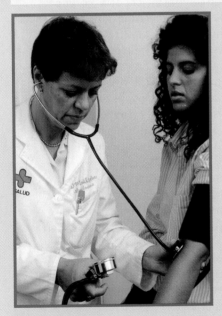

**Médica española**

## En el trabajo

Proporción de mujeres activas sobre el total de activos.

| Profesiones | 1987–88 | 1989–90 | 1991–92 |
| --- | --- | --- | --- |
| Arquitectas e Ingenieras | 5% | 6% | 9% |
| Directivas de Empresas | 6% | 8% | 9% |
| Altos Cargos Administración | 8% | 11% | 13% |
| Jefas de Servicio Admin. | 20% | 22% | 25% |
| Matemáticas e Informáticas | 20% | 24% | 28% |
| Economistas | 20% | 23% | 30% |
| Abogadas y Juristas | 20% | 26% | 30% |
| Biólogas y Agrónomas | 35% | 36% | 37% |
| Químicas, Físicas, Geólogas | 26% | 30% | 38% |
| Médicas y Farmacéuticas | 31% | 34% | 39% |
| Funcionarias del Estado | 30% | 34% | 42% |
| Administrativas de Empresa | 49% | 52% | 56% |
| Dependientas y Vendedoras | 54% | 56% | 57% |
| Profesoras de Enseñanza | 57% | 59% | 60% |

3. ¿En qué profesión aumentó más el número de mujeres activas entre 1990 y 1992? ¿Cuál fue el aumento?
4. ¿Qué cifra de mujeres en la universidad te sorprende más? ¿Por qué?
5. En tu opinión, ¿cómo se comparan estas cifras con el número de mujeres en la universidad y mujeres en el trabajo en EE.UU.? Explica tu respuesta.

# Y ahora, ¡a leer!

## Anticipando la lectura

Completa estas actividades con un(a) compañero(a).

1. ¿Cuántas personas famosas que han muerto recientemente puedes nombrar? Prepara una lista de esas personas e indica cómo murieron.
2. De las personas en tu lista, selecciona a la persona cuya muerte más te emocionó y explica cómo reaccionaste cuando supiste de su muerte. Luego explica cómo reaccionó el pueblo al saber las noticias del fallecimiento de esa persona. ¿Qué se dijo en la televisión? ¿en los periódicos?
3. Lee ahora los primeros seis versos del poema "El crimen fue en Granada". ¿A qué crimen se refiere el título? ¿A quién mataron?
4. Describe en detalle el dibujo del crimen.

## Conozcamos al autor

**Antonio Machado** (1875–1939) es reconocido como el mejor poeta del grupo de escritores e intelectuales españoles de la llamada "Generación del 98". Nació en Sevilla en 1875. A los ocho años de edad se trasladó junto con su familia a Madrid, donde recibió una formación liberal y cursó estudios universitarios en lengua y literatura francesa. Durante la época en que vivió en París, conoció a Rubén Darío, el poeta nicaragüense iniciador del modernismo.[1] Su primer libro, *Soledades* (1903), representa su interpretación personal del modernismo. En 1909 se casó con Leonor Izquierdo en Soria, donde se había trasladado como catedrático de francés. En 1912, al morir su esposa, Machado se mudó a Baeza y publicó *Campos de Castilla,* una colección de poemas llenos de su inquietud filosófica. Otros de sus libros son *Nuevas canciones* (1925) y *Poesías completas* (1925), que comparten un tono sombrío y austero. En su poesía Machado vuelve a los recuerdos de su juventud, del amor y de los paisajes de Castilla y Andalucía. Además, muestra una fascinación con el tiempo, la muerte y Dios. Machado murió en el sur de Francia en 1939, dos semanas después de haber huido de España tras la derrota de las fuerzas republicanas por Franco y los nacionalistas.

Federico García Lorca es quizás el poeta español de mayor fama del siglo XX. También se destacó como dramaturgo. Al inicio de la Guerra Civil Española, fue fusilado el 19 de agosto de 1936 en las afueras de Granada. Su amigo, el poeta Antonio Machado, le escribió el siguiente poema al saber de su trágica muerte. Se publicó en su libro de poesía *La guerra* (1938).

[1]El modernismo es un movimiento literario que floreció en Latinoamérica a fines del siglo XIX y con el tiempo fue trasladado a España. En rebelión contra el romanticismo, los modernistas trataron de renovar el lenguaje poético y crear poesía caracterizada por su musicalidad, imágenes evocativas y perfección de forma.

# LECTURA

**¡El crimen fue en Granada, en su Granada!**

# El crimen fue en Granada

## I

### El crimen

| | |
|---|---|
| Se le vio, caminando entre fusiles,° | *rifles* |
| por una calle larga, | |
| salir al campo frío, | |
| aún con estrellas, de la madrugada.° | *principio del día* |
| 5  Mataron a Federico | |
| cuando la luz asomaba.° | *aparecía* |
| El pelotón de verdugos° | *grupo de soldados que lo* |
| no osó° mirarle la cara. | *mataron /* **no...** *didn't dare* |
| Todos cerraron los ojos; | |
| 10  rezaron:° ¡ni Dios te salva! | *they prayed* |
| Muerto cayó Federico. | |
| —Sangre en la frente y plomo° en las entrañas—. | *lead* |
| ...Que fue en Granada el crimen | |
| sabed —¡pobre Granada!— en su Granada... | |

## II

### El poeta y la Muerte

| | |
|---|---|
| 15  Se le vio caminar solo con Ella,° | *La Muerte* |
| sin miedo a su guadaña.° | *scythe* |
| —Ya el sol en torre y torre; los martillos | |
| en yunque° —yunque y yunque de las fraguas.° | *anvil / forges* |
| Hablaba Federico, | |
| 20  requebrando° a la muerte. Ella escuchaba. | *flirting with* |

"Porque ayer en mi verso, compañera,
sonaba el golpe de tus secas palmas,
y diste el hielo° a mi cantar, y el filo°          coldness / edge of a knife
a mi tragedia de tu hoz° de plata,                      sickle, scythe
25  te cantaré la carne que no tienes,
los ojos que te faltan,
tus cabellos que el viento sacudía°                      movía, agitaba
los rojos labios donde te besaban...
Hoy como ayer, gitana, muerte mía,
30  qué bien contigo a solas,
por estos aires de Granada, ¡mi Granada!

III

Se le vio caminar...
                    Labrad,° amigos,              Formad, Haced
de piedra y sueño, en el Alhambra,
35  un túmulo° al poeta,                          monumento de piedra para un
sobre una fuente donde llore el agua,                              muerto
y eternamente diga:
el crimen fue en Granada, ¡en su Granada!

## ¿Comprendiste la lectura?

**A. Hechos y acontecimientos.** Contesta estas preguntas. Luego compara tus respuestas con las de un(a) compañero(a).

1. ¿A quién vieron "caminado entre los fusiles"? ¿Qué hora del día era?
2. ¿Quiénes dijeron "¡ni Dios te salva!"? ¿Por qué dijeron eso?
3. ¿Cómo murió Federico García Lorca? ¿Dónde murió?
4. ¿Quién es "Ella"? ¿Quién no le tiene miedo? ¿Quién habla con Ella?
5. Explica el significado de los versos: "y diste el hielo a mi cantar, y el filo / a mi tragedia de tu hoz de plata".
6. ¿Qué pide el poeta que construyan? ¿Quiénes quieren que lo construyan y dónde?

**B. A pensar y a analizar.** En grupos de tres o cuatro, completen estas actividades.

1. Identifiquen el tema de cada una de las tres partes del poema y la voz narrativa en cada parte.
2. En la segunda parte, Federico habla con la Muerte. Expliquen lo que le dice. ¿Cómo describirían esta conversación? ¿Es amistosa? ¿hostil? ¿dolorosa? Expliquen su respuesta.
3. ¿Qué emociones sobre la muerte de Lorca expresa el poeta? Den ejemplos.
4. ¿Creen que este poema es un elogio apropiado a la muerte de un gran hombre? ¿Por qué? ¿Qué partes del elogio les impresionan más? ¿Por qué?

# Introducción al análisis literario

## Personificación

Para crear ciertas imágenes o visiones en sus obras, algunos escritores emplean figuras retóricas como la personificación, es decir, le dan atributos, características o acciones humanas a otras criaturas, objetos o a ideas o a conceptos. En el poema "El crimen fue en Granada", por ejemplo, el poeta personifica a la muerte cuando habla de "Ella" como si fuera una mujer.

**A. Personificación de la Muerte.**  ¿Cuáles son otros ejemplos de la personificación de la Muerte en "El crimen fue en Granada"? Señala cinco por lo menos. ¿Por qué crees que Machado decidió personificar a la Muerte en este poema? ¿Cómo contribuyen estas imágenes a tu entendimiento de las emociones y visiones del poeta?

**B. ¡A personificar!** En la actividad anterior, indicaste varios ejemplos de cómo el poeta personificó a la Muerte en "El crimen fue en Granada". ¿Cuáles son algunas maneras con que tú podrías personificar los siguientes conceptos u objetos en un poema o en un cuento? Señala unos cinco ejemplos para cada objeto o concepto.

|  | Maneras de personificar |
|---|---|
| el amor | |
| la soledad | |
| la computadora | |
| el tiempo | |
| un perrito o una gatita | |

# Cultura
## ¡en vivo!

### España: nuevo modelo de familia

La familia en España ha experimentado transformaciones radicales a lo largo de este siglo como consecuencia de los cambios demográficos, pero también debido a las mutaciones en la estructura socioeconómica y laboral de la sociedad y en su sistema de valores. El cambio fundamental, al igual que en la mayoría de las naciones europeas, es la transición desde una unidad familiar extensa, representativa de las sociedades rurales agrarias, a un modelo nuclear, formado por una pareja casada y los hijos, más en consonancia con el tipo de sociedad industrial urbana.

La familia se fundaba, y todavía se funda en la mayoría de los casos, sobre la institución del matrimonio que todavía hoy se realiza de acuerdo con los ritos católicos, aunque en los últimos años se ha incrementado el número de ceremonias exclusivamente civiles. No obstante, se ha observado en los últimos años una fuerte disminución en el número de matrimonios, lo que coincide con la caída en el número de nacimientos. Esta notable disminución es similar a los datos de otros países de la Comunidad Europea. En la actualidad, en España se registra el menor número de matrimonios con la única excepción de Suecia.

**Una joven familia española**

La proporción de familias españolas uniparentales (algo menos del 10% del total en la actualidad) ha aumentado. La legislación que autoriza el divorcio es bastante reciente; el divorcio se regularizó en España en 1981. El porcentaje de divorcios es muy bajo (0,5 por mil en 1986 y 0,9 por mil en 1990) si se compara con otras sociedades europeas que prácticamente lo triplican.

Reprinted by permission of SíSpain

**Una comparación.** Contesta esta preguntas.

1. ¿Qué efecto ha tenido la disminución en el número de matrimonios en España? ¿Qué cambios ha causado en la familia típica española?
2. ¿Por qué es tan bajo el porcentaje de divorcios en España? Explica.
3. ¿Cómo se compara la familia moderna española con la familia moderna estadounidense? Explica.

# Mejoremos la comunicación

## Para hablar de la familia

### Al describir la familia

— ¿Cuántas personas hay en tu familia?

*How many people are there in your family?*

— Somos seis: mi padre, mi madre, un hermano mayor, dos hermanos menores y yo.

*There are six of us: my father, my mother, an older brother, two younger brothers, and I.*

— ¡Ah! ¿Pero no incluyes a tus abuelos, tíos u otros parientes?

*Oh! But don't you include your grandparents, aunts and uncles, or other relatives?*

— Sí, claro, y también a los primos,...

*Yes, of course, and also my cousins, . . .*

**bisabuela** *great-grandmother*
**bisabuelo** *great-grandfather*
**cuñada** *sister-in-law*
**cuñado** *brother-in-law*
**gemelos(as)** *twins*
**hija** *daughter*
**hijo** *son*
**madrina** *godmother*
**nieta** *granddaughter*
**nieto** *grandson*
**nuera** *daughter-in-law*
**padrino** *godfather*
**sobrina** *niece*
**sobrino** *nephew*

**suegra** *mother-in-law*
**suegro** *father-in-law*
**yerno** *son-in-law*
**hermanastra** *stepsister*
**hermanastro** *stepbrother*
**hijastra** *stepdaughter*
**hijastro** *stepson*
**madrastra** *stepmother*
**media hermana** *half-sister*
**medio hermano** *half-brother*
**padrastro** *stepfather*

### Al hablar de reuniones familiares

— En mi familia todos los parientes se reúnen en las bodas.

*In my family all the relatives get together at weddings.*

**aniversario** *anniversary*
**bautismo** *baptism*
**cumpleaños** *m. birthday*

**funeral** *m. funeral*
**graduación** *f. graduation*

### Al felicitar a una persona

¡Cuánto te lo mereces!
¡Enhorabuena!
¡Felicidades!
Feliz cumpleaños (aniversario).
¡Qué seas muy feliz!
Te deseo lo mejor.
Te felicito.

*You truly deserve it!*
*Congratulations!*
*Congratulations!*
*Happy birthday (anniversary).*
*May you be very happy!*
*I wish you the best.*
*I congratulate you.*

**Al expresar alegría**

| | |
|---|---|
| ¡Estupendo! | *Stupendous!* |
| ¡Fantástico! | *Fantastic!* |
| ¡Qué alegría! | *What joy!* |
| ¡Qué gusto me da! | *I'm so happy!* |
| ¡Qué maravilla! | *Marvelous!* |

**Al expresar condolencias**

| | |
|---|---|
| ¡Cuánto lo siento! | *I'm so sorry!* |
| Lo acompaño en su pesar. | *I share your sorrow.* |
| Lo siento mucho. | *I'm very sorry.* |
| Mi más sentido pésame. | *My deepest sympathies.* |

# ¡A conversar!

**A. Reunión familiar.** En grupos de tres o cuatro, describan una reunión familiar en que tuvieron que felicitar a uno o a varios parientes o en que tuvieron que expresar condolencias. ¿Cuál fue la ocasión? ¿Quiénes asistieron? ¿A quiénes tuvieron que felicitar o dar el pésame? ¿Qué es lo que más recuerdan de esa ocasión? Expliquen.

**B. Dramatización.** Hoy es un día muy especial. ¿Por qué? Porque acabas de graduarte de la universidad y toda la familia se reúne para celebrarlo. Dramatiza esta situación con tres compañeros de clase que harán el papel de tus familiares.

## Palabras claves: familia

Con un(a) compañero(a) define estas palabras relacionadas con la palabra **familia.** Luego escriban una oración original con cada palabra.

1. familiar
2. familiaridad
3. familiarizar
4. familiarmente
5. familión

## ¡Luz! ¡Cámara! ¡Acción!

# Juan Carlos I: un rey para el siglo XX

El rey Juan Carlos I llegó a gobernar España después de una dictadura que había durado casi cuarenta años. Sin embargo, al ser proclamado rey en 1975, Juan Carlos inmediatamente prometió convertir España en un país democrático, objetivo que logró cumplir. Después de más de veinticinco años en el trono, tiene la satisfacción de ver a España pasar, sin grandes problemas, de la dictadura a la democracia, y de saber que la monarquía está consolidada y la sucesión garantizada.

En esta selección del video aparece el rey en la inauguración de la Exposición Universal de 1992 en Sevilla. Luego se ve dos meses más tarde en Barcelona, sede de los Juegos Olímpicos. Más adelante Uds. lo vuelven a ver unos años después, en la boda de su hija mayor, y más recientemente en la boda de su hija menor.

## Antes de empezar el video

Contesten estas preguntas en parejas.

1. En tu opinión, ¿qué papel suele hacer un rey? ¿Cuáles son sus responsabilidades? ¿Suele tener un rey poder absoluto?
2. ¿Cuántas familias reales puedes nombrar? ¿Qué tipo de gobierno tienen en sus países respectivos? ¿Cuánto poder verdadero ejerce cada familia real?

## ¡A ver si comprendiste!

**A. Juan Carlos I: un rey para el siglo XX.** Contesta estas preguntas con un(a) compañero(a) de clase.

1. ¿Cuáles son dos eventos de importancia internacional que tuvieron lugar en España en 1992?
2. ¿Por qué dice el narrador que las infantas Elena y Cristina se casaron por amor y no por razones políticas? ¿Estás de acuerdo? ¿Por qué?
3. ¿Cuál fue el objetivo principal del rey Juan Carlos? ¿Lo logró?

**B. A pensar y a interpretar.** Contesta estas preguntas.

1. En tu opinión, ¿ha tenido una vida feliz el rey Juan Carlos? ¿Qué pruebas tienes de eso?
2. Haz una comparación entre el rey de España y la reina de Inglaterra. ¿Cuál ha llamado más la atención del público? ¿Por qué? En tu opinión, ¿cuál de las dos familias representa tu ideal de lo que debe ser una familia real? Explica.

# Exploremos el ciberespacio

Explora distintos aspectos de la España contemporánea en las actividades de la red que corresponden a esta lección. Ve primero a **http://college.hmco.com** y de ahí a la página de *Mundo 21.*

# México, Guatemala y El Salvador: raíces de la esperanza

**Chac Mool, divinidad maya-tolteca de la lluvia**

## ¡Bienvenidos a México, Guatemala y El Salvador!

¿Cómo se relaciona el subtítulo de esta unidad, "raíces de la esperanza", con estos tres países? ¿Quién crees que construyó la pirámide de la foto? En tu opinión, ¿por qué la construyó? ¿Qué pasó con la gente que vivía allí?

**Nombre oficial:**
*Estados Unidos Mexicanos*

**Población:**
*98.552.776 (est.)*

**Principales ciudades:**
*México, D.F. (Distrito Federal),
Guadalajara, Netzahualcóyotl,
Monterrey*

**Moneda:**
*Peso ($)*

# Gente
## del Mundo 21

**Elena Poniatowska,** escritora y periodista mexicana, nació en Francia en 1933, de padre francés de origen polaco y madre mexicana. Llegó a la Ciudad de México durante la Segunda Guerra Mundial. Se inició en el periodismo en 1954 y desde entonces ha publicado numerosas novelas, cuentos, crónicas y ensayos. *La noche de Tlatelolco* (1971), su obra más conocida, ofrece testimonios sobre la masacre de estudiantes por las fuerzas militares, ocurrida el 2 de octubre de 1968 en la Plaza de las Tres Culturas en Tlatelolco, unos días antes de iniciarse los Juegos Olímpicos en México. Entre sus obras más recientes se destacan *Nada, nadie: las voces del temblor* (1988), *Tinísima* (1992) y *Todo empezó el domingo* (1997).

**Octavio Paz** (1914–1998), poeta mexicano galardonado con el Premio Nobel de Literatura en 1990, nació en la Ciudad de México en 1914. Se educó en la Universidad Nacional Autónoma de México. Publicó su primer libro de poemas, *Luna silvestre,* antes de cumplir veinte años. Además de distinguirse como poeta, Octavio Paz ha escrito libros de ensayos sobre el arte, la literatura y la realidad mexicana en general. Quizás su libro de ensayos de mayor influencia sea *El laberinto de la soledad,* publicado en 1950, donde hace un análisis crítico de México y el mexicano. Entre sus obras poéticas más importantes se encuentran *Piedra de sol* (1957), *Libertad bajo palabra: obra poética 1935–1958* (1960) y *Árbol adentro* (1987). Antes de morir, ayudó a establecer la Fundación Cultural Octavio Paz que da premios y becas a escritores.

**Luis Miguel,** cantante mexicano, nació en Ve-racruz el 19 de abril de 1970. Es hijo del cantante español Luisito Rey y de la cantante italiana Marcela Bastery. Debutó como cantante siendo niño y desde 1983 ha dado conciertos fuera de México. Se ha convertido en un ídolo de la música latinoamericana. Se han vendido más de ocho millones de copias de su disco *Romance* a nivel mundial. Sus canciones de más éxito son en su mayoría boleros o canciones de estilo romántico. Ha recibido un sinnúmero de premios y honores, inclusive su propia estrella en el Paseo de la Fama de Hollywood. Con más de veinte millones de discos vendidos, sus más recientes son *Segundo romance* (1994), *Nada es igual* (1996) y *Romances* (1997).

## Otros mexicanos sobresalientes

**Miguel Alemán Velasco:** abogado, escritor, productor, cronista, hombre de negocios

**David Alfaro Siqueiros (1896–1974):** pintor muralista y escultor

**Yolanda Andrade:** actriz

**Cuauhtémoc Cárdenas:** político

**José Clemente Orozco (1883–1949):** pintor muralista

**Laura Esquivel:** novelista y guionista

**Alejandro Fernández:** cantante

**Carlos Fuentes:** novelista, cuentista, ensayista, dramaturgo y diplomático

**Julio Galán:** fotógrafo, escultor y pintor

**Salma Hayek:** actriz

**Ángeles Mastretta:** novelista, cuentista y periodista

**Carlos Monsiváis:** periodista y escritor

**Juan Rulfo (1918–1986):** cuentista y novelista

## *Personalidades* del Mundo 21

Completa estas actividades con un(a) compañero(a).

1. Haz una comparación entre Elena Poniatowska y Octavio Paz. Indica las similitudes y las diferencias. Luego compara tu trabajo con el de dos compañeros(as) de clase.
2. Luis Miguel empezó su carrera cuando tenía diez años y dice: "Era muy, muy difícil de chiquito". ¿Por qué crees que le fue tan difícil? ¿Crees que el éxito le ha traído la felicidad ahora? ¿Por qué?

# México: tierra de contrastes

### Los orígenes mesoamericanos

En México nació una de las civilizaciones más originales del mundo, la civilización mesoamericana (nombre de la región donde vivían los aztecas y los mayas). Comienza con la cultura olmeca, que prosperó hace más de tres mil años en la región costeña de los estados de Tabasco y Veracruz. Los mesoamericanos cultiva-

**Mural de Diego Rivera, Palacio Nacional**

ban plantas como el maíz, el frijol, el chile y los jitomates, que hoy forman parte de la dieta humana en general. Crearon también grandes núcleos urbanos como Teotihuacán, Tula y Tenochtitlán. Esta última ciudad fue fundada por los aztecas en 1325 en el lugar que hoy ocupa el centro histórico de la Ciudad de México.

### La conquista española

A la llegada de la expedición española comandada por Hernán Cortés en 1519, la mayor parte del sur del territorio mexicano, con excepción de Yucatán, formaba parte del imperio azteca. Cortés se informó pronto del conflicto que había entre las diferentes naciones indígenas. Supo también del mito del regreso de Quetzalcóatl, la Serpiente Emplumada; este dios de la mitología mesoamericana había prometido regresar de la región del oriente, adonde se había ido unos siglos antes. Cortés usó este mito para su beneficio, dejando creer a los indígenas que él era Quetzalcóatl. En 1521, después de un terrible sitio de meses, Tenochtitlán cayó finalmente en poder de los españoles.

### El período colonial

De 1521 a 1821 México, capital del Virreinato de la Nueva España, como fue nombrada la región por los conquistadores, fue una importante colonia del vasto imperio español. Impresionantes iglesias, palacios y monumentos coloniales dan muestra de la riqueza del nuevo territorio, riqueza basada principalmente en la producción de grandes minas de plata y oro y en la explotación general de la población indígena. Al final de este período colonial, los criollos, los españoles nacidos en América, se levantaron contra el poder de los gachupines, los españoles nacidos en España, y por fin consiguieron la independencia de México en 1821.

### México en el siglo XIX

La independencia no dio a México ni estabilidad política ni mayor desarrollo económico. Al contrario, durante la primera mitad del siglo XIX, las insurrecciones, los golpes de estado y las luchas armadas entre los diferentes bandos políticos se generalizaron. En 1836, México se vio obligado a conceder la independencia a los colonos anglosajones de Texas. Además, después de la desastrosa guerra con EE.UU. de 1846 a 1848, tuvo que ceder la mitad de su territorio a EE.UU. por el Tratado de Guadalupe-Hidalgo. Benito Juárez, político liberal de origen zapoteca, uno de los grupos indígenas mexicanos, llegó a la presidencia en 1858 y promovió reformas progresistas. Durante su gobierno, los franceses invadieron a México e intentaron establecer una monarquía. El presidente Juárez tuvo que huir de la capital para salvar la presidencia en 1862. Diez años después, los franceses fueron derrotados y Benito Juárez regresó triunfante a la Ciudad de México.

**Benito Juárez**

## El porfiriato

En 1877, el general Porfirio Díaz tomó la presidencia por la fuerza y gobernó como dictador durante más de treinta años. Esta época, conocida como el "porfiriato", fue un período de cierto desarrollo económico que vio la integración de México al mercado mundial. Fue también, sin embargo, un período en que los negociantes extranjeros recibieron grandes beneficios mientras que muchos campesinos perdieron sus tierras y fueron forzados a trabajar como peones de grandes haciendas. Por eso, el pueblo decía que México era "la madre de los extranjeros" y "la madrastra de los mexicanos". El porfiriato terminó al empezar la Revolución Mexicana en 1910.

## La Revolución Mexicana

El período violento de la Revolución Mexicana, que duró dos décadas, dejó más de un millón de muertos. Durante estos años también, casi un diez por ciento de la población cruzó la frontera y se estableció en EE.UU., revitalizando así la presencia mexicana por todo el suroeste de ese país. En 1917 se aprobó una nueva constitución, que es la que sigue en uso. Uno

**Ejército revolucionario**

de los resultados más importantes de la revolución fue la revaloración de las raíces auténticamente mexicanas. Artistas y escritores celebraron en sus obras la cultura mestiza del país.

En 1929 se fundó el partido político que hoy lleva el nombre de Partido Revolucionario Institucional (PRI), el cual se mantuvo en el poder hasta fines del siglo. Entre 1934 y 1940, la república fue gobernada por Lázaro Cárdenas, quien implementó la repartición de tierras y la nacionalización de la industria petrolera. Este presidente inauguró el período presidencial de seis años, llamado sexenio. Aunque hay elecciones regularmente, las continuas irregularidades en el voto ponen en duda la democracia del sistema político mexicano.

## México contemporáneo

Durante la década de 1960 México desarrolló y diversificó su economía a paso acelerado. De país esencialmente agrícola, pasó a ser una nación industrial. Pero en las décadas de los 70 y 80, el llamado "milagro" mexicano fue afectado por una prolongada

**Centro Bursátil, México, D.F.**

crisis económica que ha reducido el nivel de vida de los mexicanos.

En la actualidad, México es uno de los países más urbanizados del llamado Tercer Mundo. La Ciudad de México, con veintitrés millones de habitantes en la región metropolitana, es una de las ciudades más pobladas del mundo y quizás también la más contaminada. Al comenzar 1994, una rebelión de indígenas en Chiapas cuestionó la política del gobierno hacia los más pobres. En 1997 el PRI, el partido oficial que se había mantenido en poder desde 1929, perdió por primera vez las elecciones a la alcaldía de la Ciudad de México, resultando ganador Cuauhtémoc Cárdenas del partido opositor, Partido de la Revolución Democrática (PRD).

Sin duda, el México del futuro será muy diferente al México actual, pero al mismo tiempo seguirá siendo muy similar al México más antiguo: una tierra que encuentra su fuerza y su identidad en realidades muy diferentes.

# ¡A ver si comprendiste!

**A. Hechos y acontecimientos.**  ¿Recuerdas los datos más importantes de la lectura? Para asegurarte, contesta estas preguntas.

1. ¿Cuál es la importancia de Mesoamérica?
2. ¿Cómo se relacionan Tenochtitlán y la Ciudad de México?
3. ¿Qué le facilitó a Hernán Cortés la conquista de México?
4. ¿En qué se basaba la riqueza de los españoles en el Virreinato de Nueva España durante el período colonial?
5. ¿Qué territorios perdió México durante el siglo XIX? ¿Cómo los perdió?
6. ¿Quién fue Benito Juárez? ¿Por qué tuvo que huir de la capital?
7. ¿Cuánto tiempo duró el porfiriato? ¿Cuáles fueron algunas características de esa época?
8. ¿Cuánto tiempo duró la Revolución Mexicana? ¿Qué efecto tuvo en la cultura mexicana?
9. ¿Qué es el PRI? ¿Qué importancia ha tenido durante el siglo XX?
10. ¿Cómo es la economía del México contemporáneo? Descríbela.

**B. A pensar y analizar.**  ¿Por qué crees que el título de esta lectura es "México: tierra de contrastes"? ¿Cuáles son esos contrastes? Con un(a) compañero(a), prepara una lista de todos los contrastes a lo largo de la historia de México y preséntensela a la clase.

# Ventana *al Mundo 21*

## Diego Rivera y Frida Kahlo: la pareja más talentosa de México

Cuando en 1929 Diego Rivera y Frida Kahlo se casaron en Coyoacán, un suburbio de la Ciudad de México, él tenía cuarenta y tres años y ella, veintidós.

**Frida y Diego Rivera**
**(cuadro de Frida Kahlo, 1931)**

Ambos son ahora reconocidos como dos de los artistas mexicanos más importantes del siglo XX. Después de pasar muchos años en Europa, Diego Rivera regresó a México en 1921 y empezó a pintar enormes y maravillosos murales que reflejaban temas sociales y revolucionarios. Estas pinturas estimularon el renacimiento de la pintura al fresco en América Latina y EE.UU. En la década de los 30, pintó murales en San Francisco, Detroit y Nueva York. Algunos de sus murales fueron criticados por ser demasiado radicales. Por ejemplo, el mural que pintó en el Centro Rockefeller de Nueva York fue destruido cuando Rivera rehusó eliminar la imagen de Lenin, el líder comunista, que ahí aparecía. Años después, Rivera reprodujo este mural para el Palacio de Bellas Artes de México. Por su parte, Frida Kahlo se hizo famosa por sus retratos y autorretratos donde combinaba lo real con lo fantástico. A los dieciocho años, un accidente de tráfico casi le causó la muerte y en años posteriores tuvo que sufrir numerosas operaciones. Muchas de sus pinturas reflejan su dolor y su sufrimiento. Frida murió en 1954 y Diego, tres años después. La casa donde vivieron en Coyoacán es hoy el Museo Frida Kahlo, donde se puede apreciar tanto el talento de ambos artistas como el amor que se tenían a pesar de su tormentoso matrimonio.

**Rivera y Kahlo.** Lee estos comentarios e indica a quién se refieren, a Frida o a Diego.

1. Su fama viene de sus retratos y autorretratos reales y fantásticos.
2. Con frecuencia sus pinturas reflejan su dolor y sufrimiento.
3. Pasó muchos años en Europa.
4. Sufrió muchas operaciones debido a un accidente de tráfico.
5. Su arte estimuló el renacimiento de la pintura al fresco en Latinoamérica.
6. Sus murales representan temas sociales y revolucionarios.

# ꩜ *Y ahora, ¡a leer!*

## Anticipando la lectura

Completa estas actividades.

1. ¿Acostumbras leer un diario todos los días? ¿Cuál lees? ¿A qué horas acostumbras leer el periódico, por la mañana o por la tarde? Si no lo lees, ¿cómo te informas de las noticias?
2. ¿Qué secciones del periódico te gustan más? ¿Por qué? ¿Hay algunas secciones que en tu opinión deberían eliminarse del periódico? ¿Cuáles? ¿Por qué?
3. Lee el título de esta lectura y estudia el dibujo. Luego escribe lo que piensas que va a pasar en la lectura en unas tres o cuatro oraciones. Compara lo que escribiste con lo de dos compañeros(as) de clase.
4. Muchas cosas pueden pasar mientras una persona lee el periódico. Usa tu imaginación y saca una lista de todo lo raro, peligroso o fantástico que te podría pasar al leer el periódico. Compara tu lista con la de dos compañeros(as) de clase.

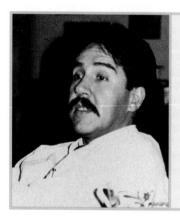

### Conozcamos al autor

**Guillermo Samperio** nació en 1948 en la Ciudad de México donde se educó y ha vivido toda su vida. La realidad urbana que se confronta todos los días en la gran metrópolis ha sido la temática de la mayoría de sus cuentos, muchos de ellos llenos de humor. Ha publicado varios libros, todos de cuentos. Tres de los que más se destacan son *Tomando vuelo y demás cuentos* (1975), con el que ganó el Premio Casa de las Américas, *Textos extraños* (1981), de donde viene el cuento "Tiempo libre", y *Anteojos para la abstracción* (1994), el más reciente.

El cuento "Tiempo libre" es una fantasía en la cual el leer el periódico, una experiencia ordinaria y rutinaria, se transforma en algo peligroso y fatal.

## LECTURA

# Tiempo libre

Todas las mañanas compro el periódico y todas las mañanas, al leerlo, me mancho° los dedos con tinta.° Nunca me ha importado ensuciármelos con tal de estar al día° en las noticias. Pero esta mañana sentí un gran malestar° apenas toqué el periódico. Creí que solamente se trataba de
5 uno de mis acostumbrados mareos.° Pagué el importe del diario y regresé a mi

ensucio / *ink*
**al...** informado
intranquilidad
*dizziness*

casa. Mi esposa había salido de compras. Me acomodé en mi sillón favorito, encendí un cigarro y me puse a leer la primera página. Luego de enterarme de que un jet se había desplomado,° volví a sentirme mal; vi mis dedos y los encontré más tiznados° que de costumbre. Con un dolor de cabeza terrible, fui al baño, me lavé las manos con toda calma y, ya tranquilo, regresé al sillón. Cuando iba a tomar mi cigarro, descubrí que una mancha negra cubría mis dedos. De inmediato retorné al baño, me tallé con zacate,° piedra pómez° y, finalmente, me lavé con blanqueador; pero el intento fue inútil, porque la mancha creció y me invadió hasta los codos.° Ahora, más preocupado que molesto,° llamé al doctor y me recomendó que lo mejor era que tomara unas vacaciones, o que durmiera. En el momento en que hablaba por teléfono, me di cuenta de° que, en realidad, no se trataba de una mancha, sino de un número infinito de letras pequeñísimas, apeñuzcadas,° como una inquieta° multitud de hormigas° negras. Después, llamé a las oficinas del periódico para elevar mi más rotunda protesta; me contestó una voz de mujer, que solamente me insultó y me trató de loco. Cuando colgué,° las letritas habían avanzado ya hasta mi cintura.° Asustado,° corrí hacia la puerta de entrada; pero, antes de poder abrirla, me flaquearon° las piernas y caí estrepitosamente.° Tirado° bocarriba descubrí que, además de la gran cantidad de letrashormiga que ahora ocupaban todo mi cuerpo, había una que otra fotografía. Así estuve durante varias horas hasta que escuché que abrían la puerta. Me costó trabajo hilar° la idea, pero al fin pensé que había llegado mi salvación. Entró mi esposa, me levantó del suelo, me cargó° bajo el brazo, se acomodó en mi sillón favorito, me hojeó despreocupadamente y se puso a leer.

*margin glosses:* caído del cielo / sucios / scrubber / **piedra...** roca volcánica / elbows / de mal humor / **me...** supe / agrupadas / intranquila / ants / I hung up / waist / Con miedo / **me...** se me doblaron / con mucho ruido / Extendido en el suelo / conectar / llevó

"Tiempo libre" de *El muro y la intemperie*

## ¿Comprendiste la lectura?

**A. Hechos y acontecimientos.** Contesta estas preguntas.

1. ¿Dónde ha vivido toda su vida Guillermo Samperio? ¿Qué importancia tiene este hecho en su obra literaria?
2. ¿Por qué se titula el cuento "Tiempo libre"? ¿Qué otro título escogerías para el cuento? ¿Por qué?
3. ¿Qué papel tiene en el cuento el periódico que el protagonista trae a su casa?
4. ¿Qué fue lo primero que pensó el protagonista al ver la mancha que le cubría los dedos?
5. ¿Por qué crees que primero llamó al doctor y después a las oficinas del periódico? ¿Cuáles fueron los resultados de las dos llamadas?
6. ¿Por qué corrió el protagonista hacia la puerta de entrada e intentó abrirla?
7. ¿Qué hizo su esposa al entrar a la casa?
8. ¿En qué se convirtió el protagonista cuando no pudo abrir la puerta de su casa?

**B. A pensar y a analizar.** En grupos de tres o cuatro, contesten estas preguntas y compartan sus respuestas con la clase.

1. ¿Les parece que este cuento tiene algo que ver con un mal sueño? ¿Por qué?

2. ¿Por qué se puede decir que es un cuento lleno de fantasía? Nombren otros casos en que la realidad podría convertirse en fantasía.
3. Describan al narrador de este cuento. ¿Se narra en primera, segunda o tercera persona?
4. ¿Qué opinan del final del cuento? ¿Les sorprendió? ¿Por qué? ¿Cómo pensaban Uds. que iba a terminar?

# Introducción al análisis literario
## La transformación

En "Tiempo libre" el autor utiliza la técnica de la **transformación** que, como una varita mágica, le permite convertir una realidad ordinaria y normal en otra fantástica. En este cuento, el narrador comienza hablando de su inocente rutina diaria que describe con muchos detalles: todas las mañanas compra el periódico, lo lee, etcétera. Luego el señor, aparentemente normal, pasa por una serie de transformaciones graduales tales como "un gran malestar" y "un dolor de cabeza terrible" que lo llevan a convertirse al final en un periódico que su esposa abre, hojea y lee.

**A. La transformación.** ¿Cuáles son otros ejemplos en el cuento "Tiempo libre" de la rutina diaria ordinaria del narrador y de las transformaciones graduales que ocurrieron? Con un(a) compañero(a), prepara dos listas: una de la rutina diaria normal y otra de las transformaciones. ¿Qué relación existe en este cuento entre la vida y la falta de actividad física?

**B. De lo real a la fantasía.** Escribe una pequeña historia de transformación de lo normal a lo fantástico. Primero, describe tu rutina diaria. Luego, sigue uno de estos escenarios.

1. Añade palabras, acciones o acontecimientos a tu cuento que indiquen cambios negativos. Al final, ya estarás convertido(a) en Drácula, Godzila o tu monstruo favorito.
2. Añade palabras, acciones o acontecimientos a tu cuento que indiquen cambios positivos. Al final, ya estarás convertido(a) en Superhombre (Supermujer) u otra persona real o imaginaria, en un animal o en un vegetal que te guste muchísimo.

# Cultura
# *¡en vivo!*

## Comida de valientes en Mesoamérica

¿Te has preguntado alguna vez de dónde sacaban su feroz energía los valientes y fuertes guerreros mayas o aztecas? ¿Deseas ser tan ágil y delgado como esos legendarios guerreros y al mismo tiempo evitar ataques al corazón? Pues, ¡sigue el régimen de los antiguos pueblos mesoamericanos! Esa dieta era riquísima en vitaminas y proteínas. También era casi libre de carnes, azúcares y grasas dañinas.

**El encuentro de Cortés con Moctezuma y sus guerreros aztecas**

Cuando el soldado y gran historiador español Bernal Díaz del Castillo (1482–1581) visitó el mercado de Tlatelolco, quedó asombrado por la increíble variedad de alimentos que nunca en su vida había visto. Entre los dorados granos del elote o maíz se encontraban chiles de todas formas y colores—largos, pequeños, grandes, rojizos, anaranjados, verdes, negros, frescos y secos. Había calabazas, chilacayotes, camotes, nopales, fruta de mezquite, corazones de maguey cocido, chayotes, jitomates y tomatillos. Abundaban muchos tipos de hongos y plantas silvestres como el epazote, semillas como la chía y muchas flores comestibles como la flor de la calabaza. Había también una gran cantidad de frutas desconocidas como chirimoyas, mameyes, guanábanas, tunas, zapotes, aguacates, guayabas y jícamas. Toda esta exótica sinfonía gastronómica debe haber sorprendido al conquistador por sus formas extrañas, sus colores brillantes y olores únicos. Y no se puede olvidar el cacao que luego se usó para preparar una bebida de chocolate tal vez aromatizado con vainilla. Tampoco se deben ignorar el frijol y el maíz que siguen siendo la base alimenticia de los pueblos mesoamericanos.

¿Y las carnes? Sí, las había, pero no llenas de grasas como las que abundan en la dieta moderna, sino saludables, como el pavo, las aves silvestres, los peces, las ranas y los camarones.

Si visitas los mercados de México y Centroamérica hoy día, todavía podrás ver las maravillosas frutas y verduras que sustentaron a guerreros valientes.

**Comida mesoamericana.** Completa estas oraciones y luego compáralas con las de dos o tres compañeros(as).

1. De las descripciones de chiles mencionadas, conozco los chiles...
2. Las verduras mencionadas son... De ésas, las que yo conozco son...
3. De las frutas mencionadas, yo he comido...
4. El cacao se usa para preparar...
5. La base de la comida mesoamericana todavía sigue siendo...
6. Los mesoamericanos comían varias carnes, por ejemplo...

# Mejoremos la comunicación

## Para ir de compras en un mercado

### Al hablar de comida vegetariana

— Buenos días, señorita. ¿A cuánto están las alcachofas?

*Good morning, miss. How much are the artichokes?*

**ajo** *garlic*
**apio** *celery*
**berenjena** *eggplant*
**brocolí** *m. broccoli*
**cebolla** *onion*

**coliflor** *m. cauliflower*
**espárragos** (pl.) *asparagus*
**jitomate** *m. tomato*
**pimiento (morrón)** *(sweet) bell pepper*

— A un peso cada uno.
— ¿No me da tres a dos cincuenta?
— Está bien, señora.
— Dígame, señorita, ¿qué es eso? Parece calabaza.
— No. Es chilacayote.

*One peso each.*
*Won't you give me three for two fifty?*
*All right, ma'am.*
*Tell me, miss, what is that?*
*It looks like a pumpkin.*
*No. It's a bottle gourd.*

**chayote** *m. chayote plant*
**chirimoya** *f. cherimoya, custard apple*
**elote** *m. corn on the cob*
**epazote** *m. pasote plant*
**guanábana** *soursop*
**guayaba** *guava*

**jícama** *name of various edible plants*
**maguey** *m. cactus*
**mamey** *m. mammee apple*
**nopal** *m. prickly pear*
**tuna** *Indian fig*
**zapote** *m. sapodilla plum*

— ¿Y a cuánto están las calabacitas?

*And how much are the zucchini?*

**champiñón** *m.*, **hongo** *mushroom*
**espinaca** *spinach*
**lechuga** *lettuce*

**pepino** *cucumber*
**rábano** *radish*
**zanahoria** *carrot*

— A tres por un peso, pero a usted le doy cinco.
— Gracias, señora.

*Three for a peso, but I'll give you five.*
*Thank you, ma'am.*

### Al regatear

— ¿Es el precio más bajo?
— ¿Es el mejor precio?
— Ay, me parece un poco caro.
— Quisiera comprarlo, pero me parece caro.
— Quisiera llevarlo, pero primero voy a comparar precios.

*Is it the lowest price?*
*Is it the best price?*
*Oh, it seems a little expensive to me.*
*I would like to buy it, but it seems expensive to me.*
*I would like to get it, but first I'm going to compare prices.*

**¡OJO!** Al viajar en países hispanos es importante reconocer que el regateo es una parte de la cultura diaria y no un juego para que se diviertan los clientes. Se debe regatear sólo cuándo se intenta comprar. El regateo siempre debe ser cortés y razonable; no es apropiado ofrecer precios absurdos. En los mercados es muy común conseguir una rebaja de diez a veinticinco por ciento. En algunos casos se puede conseguir hasta el cincuenta por ciento. Pero en todo caso, es el vendedor quien decide el precio, no el cliente. Lo mejor es simplemente mostrar interés y dejar que el vendedor baje el precio hasta que le sea aceptable al cliente.

### Verduras en el mundo hispano

| Verduras | México y Centroamérica | Cono Sur | España |
|----------|------------------------|----------|--------|
| *avocado* | aguacate | palta | aguacate |
| *bean* | frijol | poroto | judía |
| *string bean* | ejote | poroto verde | habichuela |
| *beet* | betabel | remolacha | remolacha |
| *chili pepper* | chile | ají | pimiento |
| *corn* | maíz | choclo | maíz |
| *peanut* | cacahuate | maní | cacahuete |
| *pea* | chícharo | arveja | guisante |
| *potato* | papa | patata | patata |
| *sweet potato* | camote | batata | batata |

# ¡A conversar!

**A. ¡De compras!** Tú estás de compras en un supermercado cuando te encuentras con un(a) amigo(a) que odia las verduras. Tú tratas de convencerlo(la) que coma más verduras. Dramatiza la situación con un(a) compañero(a) de clase.

**B. ¡Regateo!** Supongan que tienen que hacer las compras en el mercado para una cena vegetariana esta noche. Decidan qué es lo que van a comprar. Luego uno hace el papel del cliente, otro del vendedor y el tercero del observador que va a decirles a los otros dos si hacen sus papeles de una manera lógica y aceptable o si están actuando de una manera exagerada u ofensiva.

## Palabras claves: verde

Con un(a) compañero(a), decide el significado de **verde** en cada pregunta y luego contesta las preguntas.

1. ¿Está **verde** esta fruta?
2. ¿Cuál prefieres, chile **verde** o colorado?
3. ¿Está **verde** esta leña *(firewood)* o ya puede usarse?
4. ¿Es verdad que estuvieron contando chistes **verdes** toda la noche?
5. ¿Crees que Javier puede hacer la presentación? ¿No está demasiado **verde**?

# ¡Luz! ¡Cámara! ¡Acción!

## Carlos Fuentes y la vitalidad cultural

A fines del siglo pasado el escritor mexicano Carlos Fuentes completó una serie de cinco programas para la televisión. La serie se llamó *El espejo enterrado: Reflexiones sobre España y el Nuevo Mundo*. El video que verán viene del quinto y último programa de la serie, "Las tres hispanidades".

El fragmento presenta a Carlos Fuentes dentro del Palacio de Bellas Artes de la Ciudad de México. Allí, al levantarse el famoso telón de cristal creado por la Casa Tiffany en 1910, el cual ilustra los imponentes volcanes Popocatépetl e Iztaccíhuatl, Fuentes muestra cómo se puede experimentar y apreciar la realidad multicultural del mundo hispano —lo que ha sido y lo que es.

### Antes de empezar el video

Contesten estas preguntas en parejas.

1. ¿Qué es "cultura"? ¿Existe una cultura general? ¿Somos productos de una cultura particular? Piensa en tu propia cultura y con un(a) compañero(a) de clase trata de definir cultura en unas dos o tres oraciones.
2. ¿De qué ascendencia eres? ¿Cuántas razas o culturas distintas llevas en tu sangre? ¿Cómo lo puedes determinar? ¿Afecta esto tu modo de ver el mundo?

### ¡A ver si comprendiste!

**A. Carlos Fuentes y la vitalidad cultural.**  Contesta estas preguntas con un(a) compañero(a) de clase.

1. ¿Qué semejanza entre la Ciudad de México y Roma señala Carlos Fuentes?
2. ¿Qué continuidad encuentra Fuentes en el arte, la literatura, la música y la representación teatral?
3. Según Fuentes, ¿qué razas o gentes distintas han contribuido a la identidad de los hispanos?
4. ¿Cómo define Fuentes "cultura"? Nombra por lo menos seis distintos aspectos de la cultura que él menciona.

**B. A pensar y a interpretar.**  Contesta estas preguntas.

1. ¿Qué relación se puede establecer entre el Palacio de Bellas Artes y la realidad multicultural del mundo hispano?
2. ¿Cómo se compara la definición de "cultura" de Carlos Fuentes con la que escribieron tú y tu compañero(a) de clase? ¿En qué consistió la definición de Fuentes, en sustantivos o en verbos? ¿Y la de Uds.?
3. ¿Cómo ve el mundo Rufino Tamayo? ¿Cómo lo ve Frida Kahlo? ¿Cómo lo ves tú? Explica.

# Exploremos el ciberespacio

Explora distintos aspectos del mundo mexicano en las actividades de la red que corresponden a esta lección. Ve primero a **http://college.hmco.com** y de ahí a la página de *Mundo 21.*

**Nombre oficial:**
*República de Guatemala*

**Población:**
*12.007.580 (est.)*

**Principales ciudades:**
*Ciudad de Guatemala (capital),*
*Quezaltenango, Escuintla*

**Moneda:**
*Quetzal (Q)*

# Gente
## del Mundo 21

**Delia Quiñónez,** poeta, dramaturga, ensayista e incansable trabajadora social y cultural. Ha escrito varios ensayos sobre el feminismo y es considerada una de las líderes del movimiento feminista de Guatemala. Además de haber sido miembro fundador del grupo de poetas "Nuevos signos", se esfuerza por fomentar la publicación de obras de autores guatemaltecos; promociona festivales culturales que ayudan a preservar el rico folklore nativo y aún encuentra tiempo para escribir obras teatrales y poesía. Sobresalen sus dos poemarios titulados *Lodo hondo* (1968) y *Otros poemas* (1981).

**Miguel Ángel Asturias** (1889–1974), escritor guatemalteco, recibió el Premio Nobel de Literatura en 1967. Nació en la Ciudad de Guatemala pero pasó cuatro años de su niñez en Salamá, una ciudad de provincia. Desde allí visitaba con frecuencia la cercana hacienda de su abuelo materno. Allí tuvo el primer contacto con los ritos y creencias indígenas que tanto amó y que luego trató de evocar en su obra literaria. Publicó novelas de carácter social; entre las más conocidas está *El señor presidente* (1946), obra escrita en una lengua intensamente poética. Entre 1966 y 1970 fue embajador de Guatemala en Francia.

**Carlos Mérida** (1891–1984), pintor guatemalteco, alcanzó una gran proyección internacional. Su obra constituye una celebración de su origen maya-quiché. En sus pinturas aparecen muchos de los diseños y colores de la tradición del arte indígena. Mérida vivió durante años en Europa, EE.UU. y México. Se destacó por la creación de enormes murales en mosaico como el que hizo para el palacio municipal de la Ciudad de Guatemala en 1956 y el que completó para *Hemisfair 68* en San Antonio, Texas, en 1968.

## Otros guatemaltecos sobresalientes

**Rafael Arévalo Martínez (1884–1975):** poeta, cuentista y novelista

**Ricardo Arjona:** cantante

**César Brañas:** poeta y crítico literario

**Roberto Cabrera:** escultor

**Caly Domitila Cane'k:** poeta

**Luis González Palma:** artista fotógrafo

**Víctor Montejo:** poeta, novelista, cuentista y catedrático

**Augusto Monterroso:** cuentista y diplomático

**Jorge Moraga:** músico

**Ana María Rodas:** poeta y cuentista

**Aída Toledo:** poeta, narradora y catedrática

## Personalidades del Mundo 21

Contesta estas preguntas. Luego, comparte tus respuestas con dos o tres compañeros(as).

1. ¿De qué movimiento es líder Delia Quiñónez? ¿Por qué crees que existe este movimiento en un país como Guatemala? ¿Cuáles son las metas del movimiento feminista en EE.UU.? ¿Crees que las feministas guatemaltecas tienen las mismas metas? Explica tu respuesta.

2. ¿Qué efecto tuvo en su obra el tiempo que Miguel Ángel Asturias pasó en el campo durante su niñez? Si tú decidieras dedicarte a escribir, ¿qué experiencias de tu niñez influirían en tu obra? ¿Cómo influirían?

3. ¿Qué tipo de obras pinta Carlos Mérida? ¿Cómo son y dónde puedes ir a ver algunas de ellas? ¿Hay murales en mosaico en tu ciudad? Descríbelos.

# Del pasado al presente

# Guatemala: raíces vivas

## La civilización maya

Hace más de dos mil años los mayas construyeron pirámides y palacios majestuosos, desarrollaron el sistema de escritura más completo del continente y sobresalieron por sus avances en las matemáticas y la astronomía. Así, por ejemplo, emplearon el concepto del cero en su sis-

**Las ruinas de Tikal**

tema de numeración, y crearon un calendario más exacto que el que se usaba en la Europa de aquel tiempo.

La civilización prosperó primero en las montañas de Guatemala y después se extendió a la península de Yucatán, el sureste de México y Belice. Por mucho tiempo se pensó que los diferentes grupos mayas, que vivían organizados en ciudades-estados, eran pueblos pacíficos que raras veces tenían conflictos con otros pueblos mayas. Sin embargo, las investigaciones más recientes indican que no eran tan pacíficos como se creía y que los continuos conflictos entre los diferentes grupos mayas contribuyeron a su destrucción.

## El período colonial

La conquista española de Guatemala comenzó en 1523 con la expedición de Pedro de Alvarado, quien también había participado en la conquista de los aztecas en México. Durante la época colonial, se estableció la Capitanía General de Guatemala, que incluía las posesiones centroamericanas de España y el sureste de México. A su vez, esta capitanía general dependía del Virreinato de la Nueva España.

Como en México, los conquistadores tomaron las tierras de muchos pueblos indígenas para dividirlas entre ellos mismos. A pesar de la gran presión para asimilarse a la cultura domi-

**Antigua**

nante, la mayoría de los mayas mantuvieron sus tradiciones y hasta hoy día muchos continúan hablando sus propias lenguas mayas, que incluyen más de veinte dialectos.

## Guatemala independiente

Guatemala declaró su independencia de España en 1821, pero a lo largo de su primer siglo como país independiente sufrió continuamente de inestabilidad política. Junto con el resto de Centroamérica, Guatemala se unió a México de 1822 a 1823. Después de este breve período, Guatemala formó parte de las Provincias Unidas de Centroamérica. Esta federación se dividió en 1838 y de ella surgieron también los países de El Salvador, Honduras, Nicaragua y Costa Rica.

Durante el siglo XIX, Guatemala fue gobernada por una serie de dictadores que en general favorecían los intereses de los grandes dueños de plantaciones y de negocios de extranjeros. Aunque las compañías extranjeras contribuyeron al desarrollo económico del país, facilitando la construcción de ferrocarriles, carreteras y líneas telegráficas, los beneficios económicos no llegaron a los campesinos indígenas, quienes siguieron viviendo en la pobreza.

**Compañía *United Fruit***

## Intentos de reformas

Con la caída del dictador general Jorge Ubicos, quien gobernó Guatemala de 1931 a 1944, se inició una década de profundas transformaciones democráticas.

En 1945 fue elegido presidente Juan José Arévalo, un profesor universitario idealista que promulgó una constitución progresista que impulsó reformas sociales en favor de trabajadores y campesinos.

En 1950 el coronel Jacobo Arbenz fue elegido presidente e inició ambiciosas reformas económicas y sociales para modernizar el país. A través de la reforma agraria de 1952, distribuyó más de un millón y medio de hectáreas a más de cien mil familias campesinas. La compañía estadounidense *United Fruit* se opuso porque era propietaria de grandes extensiones de tierra que Arbenz proponía dar a los campesinos. A la vez, existía cierto miedo de que los comunistas tomaran control del país. El temor de una expansión del comunismo en Centroamérica motivó al gobierno norteamericano a actuar contra el gobierno de Arbenz.

## Rebeliones militares de 1954 a 1985

El gobierno de Arbenz fue derrocado en 1954 por un grupo de militares dirigido por el coronel Carlos Castillo Armas, quien había invadido el país desde Honduras con la ayuda de la CIA (Agencia Central de Inteligencia). Castillo Armas se proclamó presidente pero fue asesinado en julio de 1957. A partir de entonces, Guatemala pasó un largo período de inestabilidad y violencia política. Entre 1966 y 1982

**Mujeres indígenas protestan en San Jorge**

grupos paramilitares de la derecha asesinaron a más de treinta mil disidentes políticos.

En 1985 el gobierno militar le dio paso a un gobierno civil y fue elegido presidente Vinicio Cerezo. Al terminar su mandato en 1991, transfirió la presidencia a José Serrano Elías. Dos años después, Serrano Elías se vio forzado a renunciar a la presidencia ante la reprobación general. Fue sustituido por Ramiro León Carpio, jefe de la comisión de defensa de los derechos humanos.

## Situación presente

El nombramiento de Ramiro León Carpio en 1993 como presidente de Guatemala ha sido bien recibido por aquellos sectores democráticos que quieren implementar reformas en beneficio de la población indígena. En enero de 1994 se llegó a un acuerdo para empezar las negociaciones entre los guerrilleros izquierdistas y el gobierno. En enero de 1996 fue elegido presidente el candidato derechista Álvaro

Arzú Irigoyen. En diciembre del mismo año se firmó un acuerdo de paz para dar fin a la guerra civil que ya había durado treinta y seis años y había causado la muerte de miles de habitantes.

El Premio Nobel de la Paz de 1992, otorgado a la indígena quiché Rigoberta Menchú, trae esperanzas de un futuro mejor a los cinco millones y medio de indígenas guatemaltecos que han logrado conservar su cultura ancestral a pesar de tantos años de opresión. En 1997 el presidente Arzú y el líder de los guerrilleros Ricardo Ramírez recibieron el Premio de la Paz de UNESCO Houphouet-Boigny.

# ¡A ver si comprendiste!

**A. Hechos y acontecimientos.** ¿Recuerdas los datos más importantes de la lectura? Para asegurarte, completa estas oraciones.

1. Algunas de las contribuciones más importantes de la civilización maya fueron...
2. Recientes investigaciones informan que los mayas no eran tan pacíficos como se pensaba y que...
3. De la desintegración de las Provincias Unidas de Centroamérica en 1838 surgieron varios países, entre ellos...
4. La contribución principal del presidente Juan José Arévalo, elegido en 1945, fue...
5. La oposición principal a la reforma agraria del 1952 vino de...
6. El resultado de esa oposición fue...
7. La rebelión de 1954 fue dirigida por...
8. El resultado de esa rebelión fue que Guatemala entró en un largo período de...
9. La actitud de los gobiernos militares en Guatemala respecto a los derechos humanos entre 1966 y 1982 era...
10. La guerra civil en Guatemala duró...
11. Después de firmar el acuerdo de paz, el presidente guatemalteco y el líder de los guerrilleros recibieron...

**B. A pensar y a analizar.** Completa las siguientes actividades.

1. Anota tres hechos que has aprendido sobre Guatemala con respecto a los siguientes temas. Luego compara lo que tú anotaste con lo de dos compañeros(as) de clase.

   a. los mayas
   b. el período colonial
   c. el papel de los extranjeros en el país
   d. la situación actual

2. En grupos de tres o cuatro, decidan quiénes son o qué es responsable por los muchos problemas económicos que Guatemala tiene. Expliquen su respuesta.

# Ventana *al Mundo 21*

## El *Popol Vuh:* libro sagrado maya-quiché

El *Popol Vuh* es la obra más importante de la literatura maya. Es un libro mágico y poético que recoge las leyendas y los mitos del pueblo quiché. El nombre mismo de *quiché* viene de los bosques en donde vivían: *qui* significa "muchos", *che* significa "árbol", y *quiché,* "bosque". La palabra náhuatl para "bosque" es *cuauhtlamallan,* que es de donde se deriva "Guatemala". Los quichés se habían establecido en el altiplano de Guatemala. Utatlán, su capital, fue destruida por Pedro de Alvarado en 1524. Se cree que entre 1550 y 1555 un miembro del clan Kavek se puso a transcribir en alfabeto latino este libro basado en uno o varios códices jeroglíficos y en la antigua tradición oral. A principios del siglo XVIII el sacerdote español Fray Francisco Ximénez, basándose en un texto quiché hoy perdido, copió el *Popol Vuh* en quiché en una columna y su traducción en español en la otra. Este manuscrito se conserva actualmente en la Biblioteca Newberry de Chicago y es la base de las traducciones modernas.

El *Popol Vuh* se divide en tres partes. La primera, que es como el Génesis maya-quiché, describe la creación y el origen del hombre, quien después de varios intentos fue hecho finalmente de maíz, alimento básico de la civilización mesoamericana. La segunda parte trata de las aventuras fantásticas de Hunahpú e Ixbalanqué, dos jóvenes héroes que destruyen a los dioses malos de Xibalbá. La tercera parte hace un recuento de la historia de los pueblos indígenas de Guatemala. Así, en este libro, el mito, la poesía y la historia se combinan para formar una de las obras literarias más originales de la humanidad.

**El *Popol Vuh.*** Contesta las siguientes preguntas con un(a) compañero(a).

1. ¿Qué relación hay entre las palabras "quiché" y "Guatemala"?
2. ¿En qué alfabeto fue transcrito el libro original del *Popol Vuh*?
3. ¿Por qué se considera un libro sagrado el *Popol Vuh*? ¿Cuáles son las tres partes del libro?
4. ¿Por qué creen que en la mitología quiché los hombres fueron hechos de maíz? ¿Qué importancia tiene esta planta en la vida de los maya-quichés?
5. El manuscrito del padre Ximénez está ahora en la Biblioteca Newberry de Chicago. ¿Creen que debería devolverse a Guatemala? Explica tu respuesta.

# Y ahora, ¡a leer!

## Anticipando la lectura

Completa estas actividades. Luego comparte tus respuestas con dos compañeros(as).

1. ¿Cuál es la diferencia entre una biografía y una autobiografía?
2. Si tú decides escribir tu propia autobiografía, ¿qué eventos quieres incluir? Prepara una lista de esos eventos. ¿Qué papel tienen tus padres en tu autobiografía? ¿Qué importancia tiene la niñez de tus padres en tu autobiografía? ¿Por qué?
3. Lee la sección **Conozcamos a la autora** y luego lee la cita del *Popol Vuh* que Rigoberta Menchú seleccionó como introducción a su autobiografía. ¿Por qué crees que seleccionó este trozo? ¿Cómo interpretas tú la cita?

## Conozcamos a la autora

**Rigoberta Menchú Tum,** activista indígena quiché, nació en 1959 en un pueblo en el norte de Guatemala. Ganó el Premio Nobel de la Paz en 1992 por la defensa de los derechos de los indígenas de su país. Rigoberta tuvo que dejar Guatemala para huir de la violencia que dio muerte a sus padres y a un hermano. A los veinte años, como sólo hablaba quiché, decidió aprender español para poder informar a otros de la opresión que sufre su pueblo. En efecto, tres años más tarde le relató, en español, la historia de su vida a la escritora venezolana Elizabeth Burgos, quien la escribió. El libro *Me llamo Rigoberta Menchú y así me nació la conciencia,* publicado en 1983, hizo famosa a Rigoberta por todo el mundo. Con los recursos financieros que recibió del Premio Nobel, estableció la Fundación Rigoberta Menchú Tum. La misión de la fundación es recuperar y enriquecer los valores humanos para poder establecer una paz global basada en diversidad étnica, política y cultural.

El conmovedor y muy humano relato de Rigoberta Menchú representa un tipo de literatura llamado "testimonial". Es una narración muy íntima o, más precisamente, una conversación a través de la cual la persona relata hechos importantes de su vida a otra persona que transcribe la información. La escritora venezolana se esfuerza por duplicar el estilo narrativo de Rigoberta, que con frecuencia resulta ser un pensamiento tras otro, sin prestar demasiada atención ni a la gramática ni a la estilística tradicional. En el siguiente fragmento del primer capítulo de su libro, relata la juventud del padre de Rigoberta.

## LECTURA

**Indígenas maya-quiché
de Salama, Guatemala**

# Me llamo Rigoberta Menchú
# y así me nació la conciencia

*"Siempre hemos vivido aquí: es justo que
continuemos viviendo donde nos place° y donde
queremos morir. Sólo aquí podemos resucitar;
en otras partes jamás volveríamos a encontrarnos*
5    *completos y nuestro dolor sería eterno."*
            *Popol Vuh*

         gusta

Me llamo Rigoberta Menchú. Tengo veintitrés años. Quisiera dar este
testimonio vivo que no he aprendido en un libro y que tampoco he
aprendido sola ya que todo esto lo he aprendido con mi pueblo° y es
algo que yo quisiera enfocar. Me cuesta mucho° recordarme toda una vida que
10  he vivido, pues muchas veces hay tiempos muy negros y hay tiempos que, sí,
se goza° también pero lo importante es, yo creo, que quiero hacer un enfoque
que no soy la única, pues ha vivido mucha gente y es la vida de todos. La vida
de todos los guatemaltecos pobres y trataré de dar un poco mi historia. Mi
situación personal engloba° toda la realidad de un pueblo.
15     En primer lugar, a mí me cuesta mucho todavía hablar castellano° ya que
no tuve colegio, no tuve escuela. No tuve oportunidad de salir de mi mundo,
dedicarme a mí misma y hace tres años que empecé a aprender el español y a
hablarlo; es difícil cuando se aprende únicamente de memoria y no aprendiendo en un libro. Entonces, sí, me cuesta un poco. Quisiera narrar desde
20  cuando yo era niña o incluso desde cuando estaba en el seno° de mi madre,
pues, mi madre me contaba cómo nací porque nuestras costumbres nos dicen
que el niño, desde el primer día del embarazo° de la mamá ya es un niño.[ . . . ]
    Mi padre nació en Santa Rosa Chucuyub, es una aldea° del Quiché. Pero
cuando se murió su padre tenían un poco de milpa° y ese poco de milpa se
25  acabó y mi abuela se quedó con tres hijos y esos tres hijos los llevó a Uspan-
tán que es donde yo crecí ahora. Estuvieron con un señor que era el único
rico del pueblo, de los Uspantanos y mi abuelita se quedó de sirvienta del
señor y sus dos hijos se quedaron pastoreando° animales del señor, haciendo
pequeños trabajos, como ir a acarrear° leña,° acarrear agua y todo eso. Des-

**Glosses (right margin):**
- gente
- **Me...** Es muy difícil
- divierte
- reúne, contiene
- español
- pecho
- concepción
- pueblo
- *corn harvest*
- cuidando
- transportar / *firewood*

30 pués, a medida que fueron creciendo, el señor decía que no podía dar comida
a los hijos de mi abuelita ya que mi abuelita no trabajaba lo suficiente como
para ganarles la comida de sus tres hijos. Mi abuelita buscó otro señor donde
regalar a uno de sus hijos. Y el primer hijo era mi padre que tuvo que regalarle
a otro señor. Ahí fue donde mi papá creció. Ya hacía grandes trabajos, pues

35 hacía su leña, trabajaba ya en el campo. Pero no ganaba nada pues por ser
regalado no le pagaban nada. Vivió con gentes... así... blancos, gentes ladinas.°     indígenas españolizados
Pero nunca aprendió el castellano ya que lo tenían aislado° en un lugar donde     solo, separado
nadie le hablaba y que sólo estaba para hacer mandados° y para trabajar. En-     **hacer...** *to run errands*
tonces, él aprendió muy muy poco el castellano, a pesar de los nueve años que

40 estuvo regalado con un rico. Casi no lo aprendió por ser muy aislado de la familia del rico. Estaba muy rechazado° de parte de ellos e incluso no tenía ropa     excluido
y estaba muy sucio, entonces les daba asco° de verle. Hasta cuando mi padre     repugnancia
tenía ya los catorce años, así es cuando él empezó a buscar qué hacer. Y sus
hermanos también ya eran grandes pero no ganaban nada. Mi abuela apenas°     casi no

45 ganaba la comida para los dos hermanos, entonces, era una condición bastante difícil. Así fue también como mi papá empezó a trabajar en las costas,
en las fincas.° Y ya era un hombre, y empezó a ganar dinero para mi abuela.     propiedades agrícolas
Y así es cuando pudo sacar a mi abuelita de la casa del rico, ya que casi era
una amante del mismo señor donde estaba, pues, las puras necesidades hacían

50 que mi abuelita tenía que vivir allí y que no había cómo salir a otro lado.
Él tenía su esposa, claro, pero, además de eso, por las condiciones, ella
aguantaba° o si no, se iba porque no había tanta necesidad de parte del rico     toleraba
ya que había más gentes que querían entrar ahí. Entonces por las puras
necesidades mi abuela tenía que cumplir todas las órdenes. Ya salieron mi

55 abuela con sus hijos y ya se juntó con el hijo mayor en las fincas y así es
cuando empezaron a trabajar.

En las fincas en donde crecieron mis padres, crecimos nosotros. Son todas
las fincas ubicadas° en la costa sur del país, o sea, parte de Escuintla, Suchite-     situadas
pequez, Retalhuleu, Santa Rosa, Jutiapa, todas las fincas ubicadas en la parte

60 sur del país, donde se cultiva, más que todo, el café, algodón, cardamomo°     *cardamom*
o caña de azúcar. Entonces, el trabajo de los hombres era más en el corte de
caña, donde ganaban un poco mejor. Pero, ante las necesidades, había épocas
del tiempo que todos, hombres y mujeres, entraban cortando caña de azúcar.
Y claro de un principio tuvieron duras experiencias. Mi padre contaba que

65 únicamente se alimentaban de yerbas° del campo, pues, que ni maíz tenían     **se...** comían plantas
para comer. Pero, a medida que fueron haciendo grandes esfuerzos, lograron
tener en el altiplano,° una casita. En un lugar que tuvieron que cultivarlo     tierra alta
por primera vez. Y, mi padre a los dieciocho años era el brazo derecho de mi
abuelita porque había tanta necesidad. Y era mucho el trabajo de mi padre

70 para poder sostener a mi abuelita y a sus hermanos... Desgraciadamente desde
ese tiempo habían ya agarradas° para el cuartel;° se llevan a mi padre al cuartel     *forced military roundups /*
y se queda nuevamente mi abuela con sus dos hijos. Y, se fue mi padre al ser-     servicio militar
vicio. Allá es donde él aprendió muchas cosas malas y también aprendió a ser
un hombre ya completo, porque dice que al llegar al servicio le trataban como

75 cualquier objeto y le enseñaban a puros golpes,° aprendió más que todo el     *blows*
entrenamiento° militar. Era una vida muy difícil, muy dura para él. Estuvo     instrucción
haciendo un año el servicio. Después, cuando regresa, encuentra a mi abuelita
en plena agonía que había regresado de la finca. Le dio fiebre. Es la enfermedad más común después de la ida a las costas, donde hay mucho calor y

80 después el altiplano, donde hay mucho frío, pues ese cambio es bastante

brusco° para la gente. Mi abuela ya no tuvo remedio° y tampoco había dinero    violento / medicina
para curarla y se tuvo que morir mi abuelita. Entonces quedan los tres huér-
fanos que es mi padre y sus dos hermanos. Aún ya eran grandes. Se tuvieron
que dividir ellos ya que no tenían un tío ni tenían nada con quien apoyarse
85  y todo. Se fueron a las costas, por diferentes lados. Así es cuando mi padre
encontró un trabajito en un convento parroquial y donde también casi no
ganaba pues, en ese tiempo se ganaba al día treinta centavos, cuarenta centavos, para los trabajadores tanto en la finca como en otros lados.

Dice mi padre que tenían una casita hecha de paja,° humilde. Pero, ¿qué    straw
90  iban a comer en la casa ya que no tenían mamá y que no tenían nada?

Entonces, se dispersaron.

Así es cuando mi padre encontró a mi mamá y se casaron. Y enfrentaron
muy duras situaciones. Se encontraron en el altiplano, ya que mi mamá también era de una familia muy pobre. Sus papás también son muy pobres y
95  también viajaban por diferentes lugares. Casi nunca estaban estables en la
casa, en el altiplano.

Así fue como se fueron a la montaña.

No había pueblo. No había nadie.

Fueron a fundar una aldea en ese lugar. Es larga la historia de mi aldea y
100  es muy dolorosa° muchas veces.    triste

# ¿Comprendiste la lectura?

**A. Hechos y acontecimientos.** Completa estas oraciones.

1. Rigoberta Menchú escribió su autobiografía cuando tenía _____ años.
2. Rigoberta decidió colaborar con _____ en su autobiografía en vez de
   escribirla ella misma. Decidió hacer esto porque no _____ muy bien el
   español.
3. La abuela de Rigoberta tuvo que criar a sus tres hijos sola cuando
   _____ el abuelo. Para poder mantener a sus tres hijos la abuela trabajaba de _____. Para ayudar, los dos hijos _____.
4. La abuela tuvo que regalar a su hijo mayor a un señor rico porque
   _____. El resultado de eso para el padre de Rigoberta fue que _____.
5. Cuando tenía catorce años, el padre de Rigoberta se fue a trabajar a
   _____. Mientras su hijo mayor trabajaba allá, la abuela _____.
6. El dueño insistía que su sirvienta, la abuela de Rigoberta, tuviera _____
   con él. Ella lo permitía porque _____.
7. La abuela y sus tres hijos tenían una casita en el altiplano debido a los
   esfuerzos de _____. En ese entonces, el padre de Rigoberta tenía
   _____ años.
8. El padre de Rigoberta no pudo seguir manteniendo a su madre y a sus dos
   hermanos porque se lo llevaron al _____.
9. Pasó _____ antes que regresara el hijo mayor. Cuando regresó, encontró
   a su madre _____.
10. No se quedaron los tres hermanos en la casita de paja porque _____ la
    abuela. Cada uno se fue solo a buscar trabajo en _____.
11. El padre y la madre de Rigoberta se conocieron en _____. Se fueron a
    vivir en _____.

**B. A pensar y a analizar.** Completa estas actividades con un(a) compañero(a).

1. ¿Cómo interpretan el siguiente comentario de Rigoberta Menchú: "Mi situación personal engloba toda la realidad de un pueblo"? ¿Qué revela este fragmento de la vida diaria del indígena quiché en Guatemala?
2. ¿Qué revela esta historia de la personalidad de Rigoberta Menchú?
3. ¿Consideran esta autobiografía una vista realista o idealista de la vida de Rigoberta Menchú? ¿Por qué? Den ejemplos del texto que apoyen sus opiniones.
4. Comparen el estilo de esta autobiografía con el de "Cuando era puerto-rriqueña" de Esmeralda Santiago en la *Unidad 1*, páginas 22–23. ¿Cómo son diferentes los estilos de ambas escritoras? ¿Qué tienen en común?

# Introducción al análisis literario
## El lenguaje y el estilo

**El lenguaje** es el empleo de palabras para expresar ideas. En la literatura, el lenguaje se refiere al estilo con que se expresa el autor o al idioma de los personajes. Ese lenguaje puede ser poético, científico, sofisticado, natural o común y corriente. En todo caso, el habla caracteriza a los personajes. Es como un verdadero espejo personal que revela mucho sobre el carácter, la educación y el estado socioeconómico de los personajes. En la autobiografía de Rigoberta Menchú, la fuerza de sus palabras es poderosa y hace que el lector vea la tremenda pobreza y soledad de sus antepasados. La voz con que cuenta su testimonio es sincera y humana, y muchas de las expresiones que favorece enfatizan lo difícil de su vida, por ejemplo, la repetición de las palabras "me cuesta mucho" y "duro".

**A. El estilo de expresarse.** Una palabra que Rigoberta Menchú emplea repetidamente es la palabra "aprender". Busca en la lectura todos los usos de "aprender" y haz una lista de ellos y los contextos en que aparecen. Luego compara tu lista con la de dos compañeros(as) para asegurarte de que los encontraron todos. ¿Por qué creen que ella usa este verbo repetidamente?

**B. Mi propio estilo.** Cada individuo tiene su propio estilo de expresión. ¿Cuál es el tuyo? ¿Qué expresiones repites? Para descubrir tu modo de dialogar, dramatiza la siguiente situación con un(a) compañero(a). Tú acabas de ser galardonado(a) con el Premio *(decide tú cuál)*. Tu compañero(a) te va a entrevistar diciendo algo como: "Buenos días, Sr.(Sra., Srta.)... Por favor, ¿podría contarles a nuestro público dónde nació, cómo fue su infancia, quiénes fueron sus padres y qué hizo para merecer este importante premio?"

Mientras Uds. hablen, graben la entrevista, luego escúchenla juntos y hagan una lista de todas las palabras o expresiones que el(la) entrevistado(a) repite varias veces. ¿Qué revelan estas expresiones acerca del(de la) entrevistado(a)?

# Cultura
## ¡en vivo!

### Derechos humanos en Guatemala

A lo largo de la historia, la cuestión de los derechos humanos y la defensa de justicia social para todos, en particular para los indígenas, han sido problemas que han tenido que enfrentar varios países latinos. Tal vez no haya país que mejor ilustre esta lucha que Guatemala. Parece increíble que en un país tan pequeño y bello como Guatemala hayan desaparecido más de cuarenta mil personas, bajo circunstancias violentamente crueles durante las últimas tres décadas. La violación de los derechos humanos por parte del ejército o fuerzas paramilitares ha sido uno de los problemas más graves que enfrenta la sociedad en Guatemala.

La vida de Rigoberta Menchú refleja la violencia excesiva de la represión gubernamental contra indígenas que se atreven a protestar por las injusticias que sufren. De niña, Rigoberta fue testigo cuando un hermano suyo a los dieciséis años de edad fue asesinado por terratenientes que querían despojar a unos indígenas de sus terrenos. Poco después, su padre, Vicente Menchú, murió de una manera terriblemente cruel al ser carbonizado cuando la policía lanzó un sangriento asalto contra los indígenas que

protestaban contra los abusos a sus derechos humanos en la Embajada de España en Guatemala. Los acontecimientos trágicos continuaron cuando sólo unas semanas después la madre de Rigoberta, Juana Tum, fue secuestrada y asesinada tras bárbaras torturas por grupos paramilitares.

Aunque los últimos gobiernos guatemaltecos han sido elegidos democráticamente, han acordado la paz con los principales grupos guerrilleros y les han prometido garantías constitucionales a todos los grupos políticos y el respeto absoluto de la ley, todavía existen muchas denuncias debido a violaciones a los derechos humanos. Parece que los malos hábitos del pasado son difíciles de abandonar. Por otro lado, Rigoberta Menchú y sus grandes logros representan la esperanza de todo un pueblo que sólo reclama a lo que todo ser humano tiene derecho: la paz, la tranquilidad, la oportunidad de una vida mejor, la protección justa de la ley y la libertad de expresión.

**¿Democracia?** Contesta estas preguntas con un(a) compañero(a).

1. ¿Cuál fue uno de los problemas más grandes de Guatemala durante el siglo pasado? ¿Qué evidencia hay de ese conflicto en las tres últimas décadas del siglo XX?

2. ¿Por qué los gobiernos que han sido elegidos democráticamente acaban por tratar tan mal a los ciudadanos que los eligieron? ¿Qué puede hacerse para evitar que esto siga ocurriendo?

3. ¿Por qué se puede decir que la vida de Rigoberta Menchú refleja el maltrato que han sufrido los indígenas guatemaltecos? Den ejemplos.

4. ¿Qué puede o debe hacer EE.UU. para eliminar esta violación de los derechos humanos?

# *Mejoremos la comunicación*

## Para hablar de derechos humanos y condiciones sociales

### Al discutir los derechos humanos

— Ya estoy cansado de oír hablar tanto de derechos humanos. Ni entiendo a qué se refieren. ¿Qué son los derechos humanos?

— Los derechos civiles o humanos son los derechos básicos de cualquier ciudadano. Por ejemplo, hay leyes que nos protegen de la discriminación basada en el color.

*I'm tired of hearing so much talk about human rights. I don't even understand what they're referring to. What are human rights?*
*Civil or human rights are the basic rights of any citizen. For example, there are laws that protect us from discrimination based on color.*

**origen nacional** *m national origin*
**raza** *race*
**religión** *f. religion*
**sexo** *sex*

En Latinoamérica hasta los derechos más básicos han sido violados, como los derechos a libertad de reunión y asociación. Igualmente se han negado otros derechos como la igualdad de hombres y mujeres.

*In Latin America even the most basic rights have been violated, like the rights to freedom of assembly and association. Also other rights have been denied like the equality of men and women.*

**igualdad de oportunidades** *f. equal opportunity*
**libertad** *f. liberty*
**paz** *f. peace*
**propiedad** *f. property*
**salud** *f. health*

### Al discutir las condiciones sociales

— ¿Cómo pueden mejorarse las condiciones sociales en Latinoamérica?

*How can social conditions in Latin America be improved?*

— Bueno, hay muchas maneras. Por ejemplo, debe haber un mejor sistema de educación, ayuda médica para los pobres y los ancianos y más oportunidades de trabajo.

*Well, there are many ways. For example, there should be a better system of education, health care for the poor and aged, and more job opportunities.*

| | |
|---|---|
| — Sí, claro. También deben poner fin a la discriminación. | *Yes, of course. They should also put an end to discrimination.* |

**asesinato político** *political assassination*
**corrupción política** *f. political corruption*
**dictadura militar** *military dictatorship*
**injusticia militar** *military injustice*
**personas desaparecidas** *missing persons*
**represión** *f. repression*
**segregación** *f. segregation*

# ¡A conversar!

**A. Derechos civiles.** Pregúntale a un(a) compañero(a) de clase sobre su participación en asuntos relacionados con los derechos humanos. ¿Ha participado en alguna manifestación? ¿Dónde? ¿Cuándo? ¿Contra qué protestó? ¿Cree que existen problemas relacionados con los derechos humanos de grupos minoritarios en EE.UU.? Explica. ¿Cómo se puede mejorar la situación actual?

**B. Debate.** En grupos de cuatro, conversen sobre los problemas sociales en su ciudad. ¿Qué problemas sociales existen? ¿Cómo se pueden solucionar? ¿Por qué hay lugares sin problemas sociales y otros con grandes problemas? ¿Qué causa esto? ¿Se puede evitar? Expliquen.

## Palabras claves: justicia

Combina las palabras de la primera columna con las definiciones de la segunda columna. Luego escribe una oración original con cada palabra. Compara tus oraciones con las de dos compañeros(as) de clase.

| | | |
|---|---|---|
| _____ 1. justiciero | a. | justo |
| _____ 2. justificación | b. | lógico |
| _____ 3. justificar | c. | una razón por hacer algo |
| _____ 4. justificable | d. | justo y razonable |
| _____ 5. justificado | e. | probar o demostrar algo |

# Escribamos ahora

**A** **A generar ideas: El contraste y la analogía**

1. **Diferencias y semejanzas.** Según el diccionario, **comparar** significa "establecer la relación que hay entre dos seres o cosas". Si la relación que se establece enfatiza las diferencias, se le llama **contraste;** si enfatiza las semejanzas, se le llama **analogía.** En ambos casos, sea contraste o analogía, la descripción detallada de las personas, objetos o conceptos que se comparan es esencial.

   Di si los siguientes ejemplos son **contraste** o **analogía.**

   a. México y Guatemala son países que tienen un largo pasado indígena.
   b. En la antigua Tenochtitlán, las canoas que iban por los canales eran el medio de transporte preferido mientras que en la moderna Ciudad de México lo que más se usa es el metro.
   c. Mientras que en el desierto de Sonora, México, casi nunca llueve, en la zona tropical de Chiapas llueve casi a diario.
   d. Existe mucho en común en la vida diaria de dos jóvenes estudiantes de la escuela secundaria Miguel Hernández de Guadalajara, México, y Michael Johnson de Denver, Colorado; los dos estudian matemáticas, química, literatura e historia.

2. **Ideas y organización.** ¿Cómo se compara la vida de un(a) norteamericano(a) típico(a) como tú, con la vida de un joven guatemalteco como el padre de Rigoberta Menchú? Prepárate para hacer tal comparación con un(a) compañero(a) de clase. Empiecen por hacer dos listas: una de características relacionadas con la niñez y otra de características relacionadas con la vida de un adulto. Incluyan en cada lista todo lo que consideran importante en ambos períodos: educación, diversión, oportunidades, empleo, éxitos, etcétera. Usen una tabla como ésta:

| Comparación: Vida de un(a) norteamericano(a) típico(a) con la vida del padre de Rigoberta Menchú Propósito: Ver cuáles son las diferencias y semejanzas | | | |
|---|---|---|---|
| **Características** | **Mi compañero(a) y yo** | **Padre de Rigoberta Menchú** | **¿Semejante o diferente?** |
| **Niñez** | 1. Vivimos con nuestros padres. <br> 2. ... <br> 3. ... | 1. Vivía con su abuela. <br> 2. ... <br> 3. ... | *Diferente:* En EE.UU. es más fácil. |
| **Juventud** | 1. Vamos a la secundaria. <br> 2. ... <br> 3. ... | 1. Fue vendido a un rico. <br> 2. ... <br> 3. ... | *Diferente:* Él tuvo una juventud muy difícil. |

**B** **El primer borrador.** Con los datos obtenidos en la actividad anterior, escribe una composición comparando tu vida con la de un(a) joven guatemalteco(a). Incluye todos los detalles posibles. No te preocupes por los errores o por la organización todavía. Lo importante de este borrador es que incluyas todas las ideas que consideres importantes y que consigas más información sobre el tema, si la necesitas.

**C** **Primera revisión.** Intercambia tu redacción con la de un(a) compañero(a) y léela cuidadosamente. ¿Te parecen claras las comparaciones que hace? ¿Incluye tanto contrastes como analogías? ¿Son completos los contrastes y las analogías o te gustaría tener más información? ¿Es la descripción suficientemente detallada?

**1.** Comparte tus opiniones con tu compañero(a). Empieza por decirle una o dos cosas que sinceramente te gustaron en su redacción.

**2.** En las dos listas que siguen hay expresiones que se usan frecuentemente al hacer contrastes y analogías. ¿Cuántas de estas expresiones usaste en tu redacción? ¿Cuántas de estas expresiones puedes incorporar en tu composición?

| *Para mostrar semejanzas:* | *Para mostrar diferencias:* |
|---|---|
| los dos | más... que |
| tan... como | menos... que |
| tanto como | mejor que/mayor que/peor que |
| son casi idénticos en | en cambio |
| como | al contrario |
| a la vez | en contraste |

**D** **Segundo borrador.** Escribe una segunda versión de tu comparación incorporando algunas de las expresiones de las dos listas anteriores y considerando las sugerencias que te hizo tu compañero(a).

**E** **Segunda revisión.** Sigue estos pasos para revisar tu composición.

**1.** Dale una rápida ojeada a tu composición para asegurarte de que no haya errores en el uso del pretérito e imperfecto. Luego intercambia composiciones con un(a) compañero(a) y revisa su uso de verbos en el pasado.

**2.** Subraya cada verbo y asegúrate de que su tiempo verbal coresponda al contexto.

**3.** Ojea rápidamente cada adjetivo y asegúrate de que su forma corresponda al sustantivo que describe.

**4.** Busca las expresiones comparativas (de contraste y de analogía) y asegúrate de que se hayan usado correctamente.

**F** **Versión final.** Considera los comentarios de tus compañeros sobre el uso de verbos en el pasado, de comparativos y de concordancia, y revisa tu redacción por última vez. Como tarea, escribe la copia final en la computadora. Antes de entregarla, dale un último vistazo a la acentuación, la puntuación y la concordancia.

**G** **Publicación.** Cuando tu profesor(a) te devuelva la composición corregida, léesela a tres compañeros(as) y escucha mientras ellos lean las suyas. Luego decidan cuál de las cuatro es la mejor e intercambien esa composición con la mejor de otro grupo.

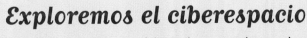

*Exploremos el ciberespacio*

Explora distintos aspectos del mundo guatemalteco en las actividades de la red que corresponden a esta lección. Ve primero a **http://college.hmco.com** y de ahí a la página de *Mundo 21.*

**Nombre oficial:**
*República de El Salvador*

**Población:**
*5.752.067 (est.)*

**Principales ciudades:**
*San Salvador (capital), Santa Ana,
Mejicanos, San Miguel*

**Moneda:**
*Colón (₡)*

# Gente
## del Mundo 21

### Óscar Arnulfo Romero

(1917–1980),
arzobispo católico
de San Salvador, de-
fendió a los pobres y
denunció la violencia
contra el pueblo por parte del gobierno y las fuerzas
paramilitares. Durante los tres años de su arzobis-
pado adquirió una fuerte conciencia política y se
convirtió en el portavoz de las aspiraciones de su
pueblo. Fue influido por la teología de la liberación
que se desarrolló en América Latina. Fue asesinado
mientras celebraba misa en una iglesia de San Salvador el 24 de marzo de 1980, una de las veintidós
mil víctimas de la violencia política aquel año.

**Claribel Alegría,**
escritora que aunque
nació en Estelí,
Nicaragua, en 1924, se
considera a sí misma
salvadoreña, ya que
desde muy niña vivió
en Santa Ana, El Salvador. Hizo estudios de filosofía y
letras en la Universidad de George Washington en la
capital de EE.UU. Junto con su esposo, el escritor
estadounidense Darwin J. Flakoll, Claribel Alegría ha
vivido en varios países de Latinoamérica y Europa. Ha
publicado libros de poemas, novelas y un libro de
cuentos infantiles. Entre los más populares está su
libro de poemas y narraciones *Luisa en el país de la
realidad* (1986).

**Álvaro Menéndez Leal,** escritor, periodista, sociólogo y político, nació en Santa Ana en 1931. Además de ser salvadoreño, se puede considerar un ciudadano del mundo, ya que debido a sus ideas políticas, ha pasado largos años en el exilio enseñando en lugares tan diversos como México, EE.UU., Alemania, Francia y Argelia. Ha enseñado cursos sobre literatura y civilización latinoamericana en el exterior y sociología en El Salvador. En 1978 regresó a su país para desempeñar varios puestos culturales importantes. Su obra literaria incluye varias colecciones de cuentos, dos obras de teatro y un libro de sociología urbana.

## Otros salvadoreños sobresalientes

**Ernesto Álvarez:** industrial cafetalero

**Roxana Auirreurreta:** artista

**Camilo Cienfuegos:** futbolista

**Roque Dalton (1933–1975):** poeta, novelista y periodista

**Reyna Hernández:** poeta

**Claudia Lars (Carmen Brannon Vega) (1899–1974):** poeta

**Mary Rodas:** vicepresidenta de Catco, Inc., una empresa de juguetes, a los trece años de edad

**Salvador Efraín Salazar Arrué (Salarrué) (1899–1975):** cuentista y novelista

## *Personalidades* del Mundo 21

Contesta estas preguntas. Luego, comparte tus respuestas con dos o tres compañeros(as) de clase.

1. ¿Por qué asesinaron al arzobispo Óscar Arnulfo Romero? ¿Fue un asesinato político? ¿Por qué crees que tantos religiosos como el arzobispo acaban por ser víctimas políticas? ¿Es necesario tener separación de la iglesia y del estado? Explica tu respuesta.
2. Claribel Alegría nació en Nicaragua pero se considera salvadoreña. ¿Por qué? Según lo que sabes de su vida, ¿de qué crees que se trata la novela *Luisa en el país de la realidad*?
3. ¿En qué países ha pasado Álvaro Menéndez Leal mucho tiempo enseñando? ¿Por qué? Dado los muchos problemas políticos que su país ha tenido, ¿no sería mejor que se quedara en su país para enseñar a los salvadoreños?

# Del pasado al presente

# El Salvador: la búsqueda de la paz

### Los primeros habitantes

La región conocida como El Salvador fue habitada por diferentes pueblos indígenas que, procedentes del norte, se instalaron en sus tierras. Uno de los primeros pueblos fue el de los mayas. Levantaron templos característicos de su cultura y, después de varios siglos, se fueron hacia Yucatán. En el siglo XII comenzaron a llegar pueblos nahuas procedentes de México. El último pueblo en llegar fue el de los pipiles, quienes se establecieron en el territorio que nombraron Cuzcatlán, que significa "tierra de riquezas".

### La colonia

Cuzcatlán fue conquistado en 1524 por Pedro de Alvarado, después que éste conquistó Guatemala. La violencia de los invasores provocó rebeliones indígenas ese mismo año que obligaron a los españoles a irse. Una nueva expedición procedente de Guatemala, al mando de Diego de Alvarado, hermano de Pedro de Alvarado, penetró en el país. La ciudad de San Salvador fue fundada en 1525 por Diego de Alvarado, pero la ocupación del territorio no se obtuvo hasta catorce años más tarde.

**Vestigios de El Salvador colonial**

El territorio salvadoreño quedó incorporado a la Capitanía General de Guatemala a lo largo del período colonial. Uno de los principales cultivos durante esta época fue el cacao. De su semilla se saca el chocolate que pronto fue un producto muy apreciado tanto en España como en toda Europa.

### La independencia

La ruptura con España se consiguió en 1821 al declararse independiente la Capitanía General de Guatemala. Como toda Centroamérica, El Salvador quedó primero integrado (de 1822 a 1823) al imperio mexicano de Agustín de Iturbide y luego a las Provincias Unidas de Centroamérica, junto con Guatemala, Honduras, Nicaragua y Costa Rica.

En 1825, fue elegido el primer presidente de esta federación, el salvadoreño Manuel José Arce. En 1834, la capital se trasladó de Guatemala a San Salvador. La federación fue disuelta en 1839 durante el gobierno del segundo presidente, el hondureño Francisco Morazán.

### La república salvadoreña

El 30 de enero de 1841 se proclamó la República de El Salvador. Durante las primeras cuatro décadas existió mucha inestabilidad política en la nueva república. Sin embargo, al final del siglo XIX ocurrió un considerable desarrollo

**Plantación cafetalera con el Izalco al fondo**

económico impulsado por el floreciente cultivo del café.

A principios del siglo XX se estableció en El Salvador una relativa paz, durante la cual hubo ocho períodos presidenciales. En 1931 un modernizador, Arturo Araujo, fue elegido presidente en elecciones libres. Su impulso reformador fue detenido por un golpe militar. En el año siguiente, 1932, ocurrió una insurrección popular que fue sangrientamente reprimida por el ejército. Más de treinta mil personas resultaron muertas en la masacre; el propio líder de la insurrección, Agustín Farabundo Martí, fue ejecutado.

Desde entonces la sociedad salvadoreña se fue polarizando en bandos contrarios de derechistas e izquierdistas, lo cual llevó al país a una verdadera guerra civil. En 1969 se produjo lo que se conoce como "La guerra del fútbol" entre El Salvador y Honduras. El conflicto empezó como resultado de una serie de partidos de fútbol. Esta guerra surgió debido a una reforma agraria hondureña que no reconocía a miles de salvadoreños que ocupaban tierras en el país.

## La guerra civil

En 1972 ganó las elecciones presidenciales el candidato de la izquierda, el ingeniero José Napoleón Duarte. Duarte no pudo llegar al poder debido a que intervino el ejército y tuvo que exiliarse. Una serie de gobiernos militares siguieron y se incrementó la violencia política. El 24 de marzo de 1980 fue asesinado el arzobispo de San Salvador, Óscar Arnulfo Romero. El 10 de octubre del mismo año se formó el Frente Farabundo Martí

para la Liberación Nacional (FMLN), que reunió a todos los grupos guerrilleros de la izquierda.

Cuando en 1984 fue elegido presidente otra vez, Napoleón Duarte inició negociaciones por la paz con el FMLN. En 1986, San Salvador sufrió un fuerte terremoto, que destruyó gran parte del centro de la ciudad, ocasionando más de mil víctimas. Pero más muertos causó, sin embargo, la continuación de la guerra civil. Alfredo Cristiani, elegido presidente en 1989, firmó en 1992 un acuerdo de paz con el FMLN después de negociaciones supervisadas por las Naciones Unidas.

Así, terminó una guerra que causó más de ochenta mil muertos, paralizó el desarrollo económico del país y le costó a EE.UU. más de cuatro mil millones de dólares en ayuda directa o indirecta al ejército salvadoreño. En 1994, Armando Calderón Sol, el nuevo presidente, prometió

**Celebración el día que se anunció la suspensión del fuego**

continuar el progreso hacia la paz en el país. Ese esfuerzo parece haber motivado el inicio de un movimiento migratorio de regreso a El Salvador de muchos de los que habían salido del país.

**El moderno San Salvador**

# ¡A ver si comprendiste!

**A. Hechos y acontecimientos.** ¿Recuerdas los datos más importantes de la lectura? Para asegurarte, explica la importancia de los siguientes hechos y personajes.

1. Cuzcatlán
2. la Capitanía General de Guatemala
3. Agustín Farabundo Martí
4. La guerra del fútbol
5. Alfredo Cristiani

**B. A pensar y a analizar.** La guerra civil salvadoreña fue una de las más sangrientas de Centroamérica. ¿Cuáles fueron los momentos más importantes de esa guerra que causó más de ochenta mil muertos? Prepara un diagrama como el siguiente, indicando cada momento clave y explicando brevemente la importancia de tal momento.

**Elecciones presidenciales de 1972**

> Ganó José Napoleón Duarte pero

**24 de marzo de 1980**

**10 de octubre de 1980**

# Ventana *al Mundo 21*

## Isaías Mata: artista por la paz

La vida y obra del pintor Isaías Mata reflejan la realidad vivida por su país natal, El Salvador. De origen humilde, Isaías Mata nació el 8 de febrero de 1956 y se educó en la Universidad Centroamericana de San Salvador, donde llegó a ser el director de la Facultad de Arte. Como muchos otros artistas, escritores e intelectuales salvadoreños, en 1989 fue detenido por el ejército (por un tiempo se temía por su vida) y se vio obligado a salir de su patria. Pasó a vivir en la Misión, el barrio latino de San Francisco, California, donde residen miles de salvadoreños. De 1989 a 1993 llevó a cabo allí una intensa producción artística, varios murales y pinturas al óleo, como la que aquí aparece, titulada *Cipotes en la marcha por la paz*. Esta obra resume visualmente la esperanza de un futuro mejor en las nuevas generaciones, en los "cipotes", o sea los niños. Como muchos de los miles de salvadoreños que tuvieron que abandonar su país durante la guerra civil, Isaías Mata regresó a El Salvador recientemente, con intención de volver a la Facultad de Arte de la Universidad Centroamericana.

**Cipotes en la marcha por la paz (cuadro de Isaías Mata)**

**Isaías Mata.** Completa estas actividades con un(a) compañero(a) de clase. Luego comparen sus resultados con los de otros grupos de la clase.

1. Pregúntale a tu compañero(a)...
   a. la edad y nacionalidad del artista.
   b. algo sobre la educación de Isaías Mata.
   c. la residencia actual del artista y por qué vive allí.
   d. cómo interpreta el cuadro *Cipotes en la marcha por la paz.*
2. ¿Están de acuerdo en que la vida y obra del pintor Isaías Mata reflejan la realidad vivida por su país natal, El Salvador? ¿Por qué? Explica.

# ꙮ *Y ahora, ¡a leer!*

## Anticipando la lectura

Completa estas actividades.

1. **Encuesta.** Entrevista a un(a) compañero(a) de clase para saber cuánto y qué leía de joven. Luego lleven la cuenta de las respuestas de toda la clase para saber cuál era el libro y el cuento más popular.

   a. ¿Qué tipo de cuentos le gustaba leer de joven?
   b. ¿Con qué frecuencia leía?
   c. ¿Dónde conseguía los libros? ¿Los compraba? ¿Los sacaba de la biblioteca?
   d. ¿Cuál era su libro o su cuento favorito?

2. **Personajes legendarios.** Completa las siguientes oraciones, usando tu imaginación. Luego compara tus respuestas con las de un(a) compañero(a).

   a. Cupido cargaba un arco y unas flechas que usaba cuando...
   b. Aladino era un chico pobre que encontró una lámpara mágica. Al frotar la lámpara, salió el Genio y éste le dijo a Aladino que...
   c. El hada madrina de la Cenicienta convirtió una calabaza en carruaje y unos ratones en caballos para que la Cenicienta pudiera...
   d. La Cenicienta perdió una zapatilla de cristal en el palacio real. El príncipe con quien ella había bailado la encontró y entonces él...

## *Conozcamos al autor*

**Manlio Argueta** es uno de los escritores salvadoreños más importantes del momento. Ha publicado varias novelas y libros de cuentos sobre la vida en su país. Su novela más reciente es *Rosario de la paz* (1996). Actualmente Argueta vive en San José, Costa Rica, y frecuentemente viaja por todas las Américas. *Los perros mágicos de los volcanes* es un cuento infantil que fue publicado en 1990 en San Francisco, California, por una editorial especializada en literatura infantil.

A través de Centroamérica existen muchas leyendas populares sobre unos perros mágicos llamados "cadejos". Estos animales, parte del rico folklore centroamericano, aparecen misteriosamente en la noche para proteger a la gente de peligros.

LECTURA

**Los cadejos**

# Los perros mágicos de los volcanes

En los volcanes de El Salvador habitan perros mágicos que se llaman
cadejos. Se parecen a los lobos aunque no son lobos. Y tienen el do-
naire° de venados° aunque no son venados. Se alimentan de las semillas°
que caen de las campánulas,° esas lindas flores que cubren los volcanes y pare-
5  cen campanitas.

elegancia / *deer / seeds*
*morning glories*

La gente que vive en las faldas de los volcanes quiere mucho a los cadejos.
Dice que los cadejos son los tataranietos° de los volcanes y que siempre han
protegido a la gente del peligro y la desgracia. Cuando la gente de los volcanes
viaja de un pueblo a otro, siempre hay un cadejo que las acompaña. Si un
10  cipote° está por pisar una culebra° o caerse en un agujero,° el cadejo se convierte en un soplo° de viento que lo desvía° del mal paso.

*great-great-grandchildren*

niño / serpiente / *hole*
*gust / diverts*

Si un anciano se cansa de tanto trabajar bajo el sol ardiente, un cadejo lo
transporta a la sombra de un árbol cercano. Por todo esto, la gente de los
volcanes dice que, si no fuera por la ayuda de los cadejos, no hubiera podido
15  sobrevivir hasta hoy en día. Pero lamentablemente, no todos han querido
siempre a los cadejos. ¡Qué va! A don Tonio y a sus trece hermanos, que eran
los dueños de la tierra de los volcanes, no les gustaban los cadejos para nada.

—¡Los cadejos hechizan° a la gente y la hacen perezosa! —dijo un día don
Tonio a sus hermanos.

*bewitch*

20  Y los trece hermanos de don Tonio contestaron: —Sí, es cierto. La gente ya
no quiere trabajar duro para nosotros. Quieren comer cuando tienen hambre.
Quieren beber cuando tienen sed. Quieren descansar bajo la sombra de un
árbol cuando arde° el sol. ¡Y todo eso por los cadejos!

quema

Entonces, don Tonio y sus hermanos llamaron a los soldados de plomo° y
25  los mandaron para los volcanes a cazar° cadejos. Los soldados se pusieron en
camino con sus tiendas de campaña,° sus cantimploras° y sus armas centellantes° y se dijeron: —Vamos a ser los soldados de plomo más bellos y más respetados del mundo. Vestiremos uniformes con charreteras° de plata, iremos a fiestas de cumpleaños y todo el mundo obedecerá nuestras órdenes.

30  Los soldados de plomo marcharon hacia el volcán Tecapa, que es mujer y
viste un ropaje espléndido de agua y un sombrero de nubes. Y marcharon hacia Chaparrastique, un volcán hermoso que lleva siempre su sombrero blanco de humo° caliente.

—Cazaremos a los cadejos mientras duermen —dijeron los soldados de
35  plomo—. Así podremos tomarlos desprevenidos° sin correr ningún riesgo.°

Pero no sabían que los cadejos visten un traje de luz de día y de aire, con lo cual° se hacen transparentes. Los soldados de plomo buscaban y buscaban a los cadejos, pero no encontraban a ninguno. Los soldados se pusieron furibundos.° Comenzaron a pisotear° las campánulas y a aplastar° a sus semillitas.
40  —Ahora, los cadejos no tendrán qué comer —dijeron.

Los cadejos nunca habían corrido tanto peligro. Así es que buscaron la
ayuda de Tecapa y Chaparrastique. Toda la noche los cadejos hablaron con los volcanes hasta que comentó Tecapa: —Dicen ustedes que son soldados de plomo. ¿El corazón y el cerebro° son de plomo también?
45  —¡Sí! —respondieron los cadejos—. ¡Hasta sus pies están hechos de
plomo!

—Entonces, ¡ya está!° —dijo Tecapa.

Y Tecapa le dijo a Chaparrastique: —Mira, como yo tengo vestido de agua
y vos tenés° sombrero de fumarolas,° simplemente comenzás a abanicarte° con
50  el sombrero por todo tu cuerpo hasta que se caliente la tierra y entonces yo
comienzo a sacudirme° mi vestido de agua.

Y Tecapa se lo sacudió.

—Y eso, ¿qué daño les puede hacer? —preguntaron los cadejos.

—Bueno —dijo Tecapa—, probemos y ya veremos.°
55  Al día siguiente, cuando los soldados de plomo venían subiendo los volcanes, comenzó el Chaparrastique a quitarse el sombrero de fumarolas y a soplar sobre todo su cuerpo, hasta que ni él mismo aguantaba° el calor. Al principio, los soldados sentían sólo una picazón,° pero al ratito los pies se les comenzaron a derretir.° Entonces, Tecapa se sacudió el vestido y empezó a
60  remojarles.° Y los cuerpos de los soldados chirriaban,° como cuando se le echa
agua a una plancha° caliente.

Los soldados de plomo se sentían muy mal y se sentaron a llorar sobre las
piedras. Pero éstas estaban tan calientes que les derretían el trasero.° Fue así que los soldados de plomo se dieron cuenta que no era posible derrotar° a los
65  cadejos, ni pisotear a las campánulas, y, en fin, ni subir a los volcanes a hacer
el mal. Y sabiendo que tenían la debilidad° de estar hechos de plomo, lo mejor era cambiar de oficio° y dedicarse a cosas más dignas.°

Desde entonces hay paz en los volcanes de El Salvador. Don Tonio y sus
hermanos huyeron° a otras tierras, mientras que los cadejos y la gente de los
70  volcanes celebraron una gran fiesta que se convirtió en una inmensa fiesta
nacional.

| | |
|---|---|
| *lead* | |
| *to hunt* | |
| **tiendas...** *tents / canteens* | |
| brillantes | |
| adornos (en el hombro) | |
| *smoke* | |
| *off guard* / peligro | |
| **con...** *with which* | |
| furiosos / caminar en / *to crush* | |
| *brain* | |
| **¡ya...** *it's settled!* | |
| **vos...** *tú tienes* / humo / **comenzás...** *begin to fan yourself* | |
| agitarme | |
| **probemos...** *let's just wait and see* | |
| toleraba | |
| *itching* | |
| liquidar, disolver | |
| *to soak them / sizzled* | |
| *iron* | |
| **les...** *they melted their bottoms* | |
| *to defeat* | |
| fragilidad | |
| profesión / honradas | |
| se fueron | |

# ¿Comprendiste la lectura?

**A. Hechos y acontecimientos.** Completa las siguientes oraciones.

1. Los cadejos son...
2. Los cadejos comen...
3. La gente que vive en las faldas de los volcanes dice que los cadejos protegen...
4. Un cipote es un...
5. A don Tonio y a sus trece hermanos no les gustan...
6. Don Tonio le dijo a sus hermanos que los cadejos...
7. Don Tonio y sus hermanos mandaron a los soldados de plomo para los volcanes para...
8. El volcán Tecapa viste...
9. El volcán Chaparrastique siempre lleva un sombrero de...
10. Los soldados de plomo no sabían que los cadejos...
11. Los dos volcanes hicieron a los soldados de plomo...
12. Al final, Don Tonio y sus trece hermanos...
13. Los cadejos y la gente de los volcanes celebraron...

**B. A pensar y a analizar.** Contesta estas preguntas.

1. ¿Quién es el narrador de este cuento?
2. ¿Tiene el cuento un final alegre o triste? Explica.
3. ¿Encuentras alguna relación entre lo que sucede en este cuento y la reciente historia de El Salvador? Explica.
4. ¿Cuál es el tema principal del cuento?
5. ¿Cuál es el estilo del lenguaje? Descríbelo.

**C. Cuento colectivo.** Las leyendas siempre combinan la realidad con lo imaginario. En grupos de cinco, usen su imaginación para crear un cuento colectivo. Deben ser originales e inventar situaciones muy creativas. Cada persona debe añadir dos o tres oraciones oralmente al desarrollar el cuento que sigue.

**Los perros mágicos de mi niñez** Había una vez unos perros mágicos. Vivían con una familia que...

*Tecapa*                    *Chaparrastique*

# Introducción al análisis literario

## La leyenda y el simbolismo

■ **Leyenda:** Una narración del pasado, como un cuento, una canción o un poema que ha sido transmitido de generación en generación. Con frecuencia, las leyendas comunican las tradiciones locales o el folklore de una cultura. En el caso de "Los perros mágicos de los volcanes", la leyenda trata de explicar un fenómeno de la naturaleza —los volcanes Tecapa y Chaparrastique— al transformarlos en los protectores de la gente que vive cerca de ellos. Del mismo modo, las leyendas a menudo se sirven de símbolos y de simbolismo para comunicar un mensaje especial.

■ **Símbolo:** Una figura, idea u objeto que tiene un significado convencional. Por ejemplo, la cruz es un símbolo del cristianismo.

■ **Simbolismo:** La representación de figuras, ideas u objetos por el uso de símbolos.

**A. Simbolismo.** El simbolismo abunda en "Los perros mágicos de los volcanes". Por ejemplo, la gente de los volcanes podría representar a toda la población de El Salvador porque con frecuencia se habla de este país como la tierra de los volcanes. Siguiendo esa lógica, contesta estas preguntas con un(a) compañero(a) de clase. ¿Qué podrían representar los soldados de plomo? ¿don Tonio y sus trece hermanos? ¿los dos volcanes Tecapa y Chaparrastique? ¿los cadejos? Ahora comparen sus respuestas con las de otros grupos.

**B. Leyendas nuevas.** Con un poco de imaginación, tú y un(a) compañero(a) también pueden crear sus propias leyendas. Sigan estos pasos y luego describan brevemente el simbolismo de los elementos que seleccionaron.

1. Primero, definan en términos científicos algún fenómeno de la naturaleza como un río, el mar, un lago, una montaña o una planta.
2. Luego, personifiquen el fenómeno natural, dándole algunas características humanas. Por ejemplo, hace mucho tiempo el río era un hombre muy bueno, una huérfana triste, un gran guerrero o un terrible dictador.
3. Ahora inventen un problema o una situación peligrosa que puede ser real o imaginaria. Por ejemplo, la tierra estaba seca; un hombre malo que tenía solamente un ojo en medio de la nariz robó la lluvia; o las nubes se fueron a otro planeta.
4. Finalmente, creen una solución mágica al problema. Esa solución debe explicar la presencia del fenómeno natural que seleccionaron y definieron al principio.

# Cultura
# ¡en vivo!

## La política en Latinoamérica

Cuando a principios del siglo XIX, la mayoría de los países latinoamericanos lograron liberarse de España, empezaron sus repúblicas con el alto ideal de lograr más armonía, democracia, igualdad, justicia y mejores condiciones para su gente. Desafortunadamente, esos hermosos ideales sucumbieron ante problemas económicos y sociales que ocasionaron décadas de violencia e inestabilidad política. En efecto, dictaduras y juntas militares predominaron durante el siglo XIX por todo el continente y, en algunos países, durante gran parte del siglo XX.

Por consiguiente, se puede decir que, en gran parte, la historia de Latinoamérica es la crónica de una lucha constante entre el pueblo que busca reformas políticas y sociales, y gobiernos dictatoriales y represivos que se niegan a permitir la democracia. El Salvador es, sin duda alguna, espejo de estos conflictos que causaron una sangrienta guerra civil que se prolongó por más de doce años.

Es notable que en la década de los 80, todo el mundo reconoció la gravedad de los problemas sociopolíticos de Latinoamérica cuando se le otorgó el Premio Nobel de la Paz al argentino Adolfo Pérez Esquivel en 1980 por su labor en favor de los desaparecidos, y en 1987 al presidente de Costa Rica, Óscar Arias Sánchez, por sus esfuerzos para terminar la guerra civil en Nicaragua y para traer la paz a Centroamérica. Aún más, en 1992 el Premio Nobel de la Paz fue concedido a Rigoberta Menchú, otra gran figura en la lucha por los derechos políticos y sociales en las Américas.

Tampoco se puede ignorar una considerable mejoría en el proceso de democratización en varios países ni el hecho de que ahora, en casi toda Latinoamérica, se elige a los gobernantes por el voto mayoritario de los ciudadanos. ¿Será posible que el sueño de democracia en todo el continente por fin se vaya a lograr?

**Padre de un desaparecido**

**La política en Latinoamérica.**  Contesta estas preguntas con un(a) compañero(a).

1. ¿Cuál fue el sueño de Latinoamérica en su infancia?
2. ¿Por qué no se logró ese sueño?
3. ¿Creen que ese sueño se puede lograr durante el primer cuarto del siglo XXI? ¿Por qué? Expliquen.

# *Mejoremos la comunicación*

## Para hablar de la política

### Al hablar de la afiliación política

— ¿Cuál es tu afiliación política?　　　　*What is your political affiliation?*
— ¿A qué partido perteneces?　　　　　*To what party do you belong?*
— ¿De qué partido eres miembro?　　　*What party are you a member of?*
— Soy demócrata.　　　　　　　　　　*I'm a democrat.*

**comunista** *communist*　　　　　　**republicano(a)** *republican*
**independiente** *independent*　　　　**socialista** *socialist*
**marxista** *marxist*

— ¿Te consideras liberal o　　　　　　*Do you consider yourself a liberal or*
conservador?　　　　　　　　　　　*a conservative?*

**derechista** *rightist*　　　　　　　　**izquierdista** *leftist*

### Al hablar de los candidatos

— ¿Ya decidiste por quién vas a votar?　*Did you already decide who you are*
　　　　　　　　　　　　　　　　　*going to vote for?*
— Para presidente y vicepresidente no　*For president and vice president I*
tengo ningún problema. Pero para　*don't have a problem. But for the*
los otros puestos, ¡ay de mí!　　　　*other positions, woe is me!*

**alcalde, alcaldesa** *mayor*　　　　　**legislador(a)** *legislator*
**diputado(a)** *representative*　　　　**representante** *m./f. representative*
**gobernador(a)** *governor*　　　　　**senador(a)** *senator*

— ¿Qué opinas del candidato para　　*What do you think of the candidate*
gobernador?　　　　　　　　　　　*for governor?*
— No estoy muy satisfecho con el que　*I'm not very satisfied with the one*
nominó mi partido político. Pero　*my political party nominated. But*
¿qué se puede hacer?　　　　　　　*what can one do?*
— Pues, si no te gusta el candidato　　*Well, if you don't like the democratic*
demócrata, puedes votar por el　　*candidate, you can vote for the*
republicano.　　　　　　　　　　　*republican.*
— El problema es que yo soy republi-　*The problem is that I am a republi-*
cano y no me gusta la plataforma　*can, and I don't like the platform the*
que el candidato republicano　　　*republican candidate is proposing.*
propone.

**apoyar** *to support*　　　　　　　　**postular** *to be a candidate for*
**defender (ie)** *to defend*　　　　　　**propugnar** *to defend, advocate*

— ¿Lo viste en el último debate televisado?

— Sí, lo vi y no me impresionó del todo. Por ejemplo, hace campaña a favor de los derechos de la mujer pero se opone al control de natalidad.

*Did you see him in the last televised debate?*

*Yes, I saw him and he didn't impress me at all. For example, he campaigns in favor of women's rights but against birth control.*

**control del alcohol** *m. control of alcoholic beverages*
**control de armas de fuego** *m. gun control*
**control del narcotráfico** *m. control of drug traffic*
**pena de muerte** *death penalty*
**prohibición del tabaco** *f. prohibition of cigarettes*
**suicidio voluntario** *assisted suicide*

# ¡A conversar!

**A. Encuesta.** Prepara una encuesta para saber la afiliación política de tus compañeros de clase y sus opiniones sobre dos o tres asuntos políticos o sociales que tú consideras importantes. Informa a la clase de los resultados de tu encuesta.

**B. ¿Yo? ¿Candidato(a)?** Tú acabas de ser nombrado(a) candidato(a) para el puesto de senador(a). ¿Cuál es la base de tu campaña? ¿A qué problemas te vas a dirigir? ¿Cómo propones solucionarlos? Comparte tus respuestas con un(a) compañero(a).

## Palabras claves: gobernar

Combina las palabras de la primera columna con sus definiciones en la segunda columna. Luego escribe una oración original con cada palabra. Compara tus oraciones con las de dos compañeros(as) de clase.

____ 1. gobernante
____ 2. gobiernista
____ 3. gobernable
____ 4. gobernación
____ 5. gobernoso

a. que puede ser gobernado
b. líder
c. acción de gobernar
d. persona muy ordenada
e. persona que apoya al gobierno

## ¡Luz! ¡Cámara! ¡Acción!

# En el Valle de las Hamacas: San Salvador

En el Valle de las Hamacas y a 700 metros sobre el nivel del mar se encuentra San Salvador, la capital de El Salvador. La ciudad es como una especie de ave fénix que en distintas ocasiones se ha levantado triunfante de las cenizas, ya sea de los volcanes que la rodean o de guerras civiles.

En esta ciudad fascinante se aprecian las playas y montañas. Es una de las pocas ciudades capitales donde apenas existe la contaminación.

## Antes de empezar el video

Contesten estas preguntas en parejas.

1. ¿Qué es un ave fénix? ¿Bajo qué condiciones se podría decir que una ciudad es como un ave fénix?
2. ¿Cuáles son algunas ciudades que podrían categorizarse de esta manera? Explica por qué.
3. ¿Qué es una hamaca? ¿Qué significado tiene una hamaca para ti?

## ¡A ver si comprendiste!

**A. En el Valle de las Hamacas: San Salvador.** Contesta estas preguntas con un(a) compañero(a) de clase.

1. ¿De dónde viene el nombre "Valle de las Hamacas"?
2. ¿Qué diversiones ofrece San Salvador? ¿Hay que viajar largas distancias para disfrutar de estas actividades?
3. ¿Qué porcentaje de la población del país vive en la capital?
4. ¿Cuánta contaminación hay en San Salvador?

**B. A pensar y a interpretar.** Contesta estas preguntas.

1. Piensa en el paisaje natural que rodea a San Salvador y di por qué crees que los indígenas llamaban a este lugar el Valle de las Hamacas.
2. ¿Por qué se puede decir que San Salvador es una especie de ave fénix?
3. ¿Cómo se explica que San Salvador, capital del país más pequeño de Centroamérica, sea una de las más modernas?
4. ¿Quién o qué será Quetzaltepeque? ¿Por qué se le habrá llamado "insomne" a su mirada?

# Exploremos el ciberespacio

Explora distintos aspectos del mundo salvadoreño en las actividades de la red que corresponden a esta lección. Ve primero a **http://college.hmco.com** y de ahí a la página de *Mundo 21*.

# Cuba, la República Dominicana y Puerto Rico: en el ojo del huracán

*La selva*

LAM, Wifredo. *The Jungle.* 1943. Gouache on paper mounted on canvas, 7' 10¼" × 7' 6½" (239.4 × 229.9 cm). The Museum of Modern Art, New York. Inter-American Fund. Photograph ©2001 The Museum of Modern Art, New York.

## ¡Bienvenidos a Cuba, la República Dominicana y Puerto Rico!

Este cuadro, del artista Wifredo Lam, evoca imágenes tanto de su país como del lugar de origen de sus antepasados. ¿De qué país crees que es y cuál será el lugar de origen de sus antepasados? Explica. ¿Por qué crees que hay tanta influencia afroamericana en los países del Caribe? ¿Cuáles son algunos ejemplos de esa influencia?

**Nombre oficial:**
*República de Cuba*

**Población:**
*11.050.729 (est.)*

**Principales ciudades:**
*La Habana (capital), Santiago de Cuba, Camagüey, Holguín*

**Moneda:**
*Peso ($C)*

# Gente
## *del Mundo 21*

**Nicolás Guillén** (1902–1989) es uno de los poetas hispanoamericanos más reconocidos del siglo XX. Hijo de un senador de la república, nació en Camagüey, Cuba, en una familia de antepasados africanos y españoles. Sus dos primeros libros, *Motivos de son* (1930) y *Sóngoro cosongo* (1931) están inspirados en los ritmos y tradiciones afrocubanos. El compromiso del artista con la realidad política y social de su país es una característica de su poesía. Durante la dictadura de Fulgencio Batista (1952–1958), Guillén vivió en el exilio y regresó a Cuba después del triunfo de la revolución de Castro. Fue fundador y presidente de la Unión de Escritores y Artistas de Cuba (UNEAC) y fue aclamado como el poeta nacional de Cuba.

**Nancy Morejón,** poeta cubana, nació en La Habana en 1944. Forma parte de la primera generación de escritores que surgió después del triunfo de la Revolución Cubana de 1959. Hizo estudios de lengua y literatura francesa en la Universidad de La Habana, donde se licenció en 1966. Ha sido profesora de francés y traductora del Instituto del Libro. Ha colaborado en las más importantes revistas literarias cubanas. Su libro *Nación y mestizaje en Nicolás Guillén* recibió el premio de ensayo de la UNEAC en 1982. Su obra poética incluye los libros: *Amor, ciudad atribuida* (1963), *Richard trajo su flauta y otros argumentos* (1966), *Piedra pulida* (1986) y *Fundación de la imagen* (1988), entre otros.

**Wifredo Lam** (1902–1982) es un pintor cubano mundialmente reconocido. Hijo de un padre chino y de una madre afrocubana, nació en Sagua La Grande en la provincia cubana de Las Villas. Con ayuda financiera de su ciudad natal, se fue a Madrid, donde vivió durante trece años, familiarizándose con la tradición artística europea. Más tarde se interesó en la tradición que le era familiar: la africana. Al empezar la Guerra Civil Española en 1936, se fue a vivir a París, donde conoció a Picasso y a los surrealistas. En la década de los 40, Lam regresó a Cuba y pintó obras de inspiración afrocubana como *La selva* (1943). En este cuadro presenta la realidad exuberante del trópico donde se mezclan de una manera fantástica formas humanas, animales y vegetales. Desde la década de los 50, Lam alternó estancias en Cuba y París, donde murió en 1982.

## Otros cubanos sobresalientes

**Carlos Acosta:** bailarín

**Alicia Alonso:** bailarina

**Humberto Arenal:** novelista y cuentista

**Agustín Cárdenas:** escultor y dibujante

**Alejo Carpentier (1904–1980):** novelista, poeta y músico

**Fidel Castro Ruz:** abogado, político y presidente

**Eliseo Diego (1920–1994):** poeta y cuentista

**Ramón Ferreira:** fotógrafo, cuentista y dramaturgo

**Francisco Gattorno:** actor

**Lourdes López:** bailarina

**Amelia Paláez:** pintora

**Gloria Parrado:** dramaturga

**Esteban Salas:** compositor

**Neri Torres:** bailarina y coreógrafa

**Los Van Van:** conjunto musical

## *Personalidades* del Mundo 21

Con un(a) compañero(a), decide a quién describen los siguientes comentarios.

1. Fue aclamado como el poeta nacional de Cuba.
2. Conoció a Picasso y a otros surrealistas en París, antes de regresar a Cuba a pintar.
3. Después de graduarse de la Universidad de La Habana, ha enseñado francés y es traductora.
4. Se inspiró en los ritmos y tradiciones afrocubanos y se comprometió con la realidad política y social de su país.
5. Su obra se inspira en la herencia cultural de su madre, no la de su padre.
6. Escribe para las revistas literarias cubanas más importantes.

# Del pasado al presente

# Cuba: la palma ante la tormenta

## Los primeros habitantes

Cuba, la isla más grande del Caribe, es conocida por su belleza natural como la Perla de las Antillas. Antes del primer viaje de Cristóbal Colón a América en 1492, Cuba estaba habitada por diversas tribus nativas como los taínos y los ciboneyes. Estos pueblos vivían en bohíos, cabañas construidas con palmas. Se dedicaban a la agricultura y a la pesca.

**Cristóbal Colón y los taínos**

Cuba fue descubierta por Colón en su primer viaje al Nuevo Mundo. Le dio el nombre de "Juana" en honor de la hija de los Reyes Católicos, que era conocida como Juana la Loca. Después la isla tomó el nombre de Cuba, que se origina de las palabras indígenas *Coabí* o *Cubanacán*. Estas palabras designaban respectivamente a la isla y a una aldea interior.

**Esclavos africanos plantando caña de azúcar en Cuba**

## El período colonial

En 1511, Diego de Velázquez inició la colonización española de Cuba. Como los ciboneyes y los taínos eran indígenas relativamente pacíficos, fueron fácilmente conquistados. Para 1517, sólo seis años después del arribo de Velázquez, la mayoría de la población nativa había sido exterminada debido a las enfermedades, el suicidio y el maltrato que recibieron en las minas de oro a manos de algunos españoles que intentaron enriquecerse rápidamente.

El exterminio de la población nativa les presentó un problema a los españoles que intentaban introducir el cultivo de la caña de azúcar. Debido a que necesitaban trabajadores para esta industria, los españoles decidieron importar esclavos capturados en África. Esto cambió para siempre el rostro de la sociedad cubana.

## El proceso de independencia

Mientras que la mayoría de los territorios españoles de América lograron su independencia en la segunda década del siglo XIX, Cuba, junto con Puerto Rico, siguió como colonia española. Durante la segunda mitad del siglo XIX, la industria azucarera cubana se convirtió en la más importante del mundo, llegando a producir por sí sola más de una tercera parte de todo el azúcar del mundo.

El 10 de octubre de 1868, comenzó la primera guerra de la independencia cubana, que iba a durar diez años y en la que 250.000 cubanos iban a perder la vida. En 1878 España consolidó de nuevo su control sobre la isla y prometió

**La explosión del *Maine*, 1898**

hacer reformas. Sin embargo, miles de cubanos que lucharon por la independencia salieron al exilio. El 24 de febrero de 1895, la guerra por la independencia de Cuba estalló de nuevo.

## La Guerra Hispano-Estadounidense

Con el pretexto de una inexplicable explosión del buque de guerra estadounidense *Maine* en el puerto de La Habana en 1898, EE.UU. le declaró la guerra a España. La armada estadounidense obtuvo una rápida victoria y España se vio obligada a cederle a EE.UU., por el Tratado de París firmado el 10 de diciembre de 1898, los territorios de Puerto Rico, Guam y las Filipinas y a renunciar a su control sobre Cuba.

La ocupación estadounidense de Cuba terminó el 20 de mayo de 1902 cuando se estableció la República de Cuba. La primera mitad del siglo XX fue un período de gran inestabilidad política y social para Cuba. Aunque ocurrieron elecciones para presidente de la república, de hecho, muchos militares tomaron el poder a través de golpes de estado. El militar Fulgencio Batista, que tomó el poder en 1952 como resultado de un golpe de estado, fue el dictador contra el cual se levantó Fidel Castro y sus revolucionarios.

## La revolución cubana

En 1956, el joven abogado Fidel Castro logró establecer un movimiento guerrillero en la Sierra Maestra, y finalmente provocó la caída de Batista el 31 de diciembre de 1958. Al principio, el movimiento

**Fidel Castro**

revolucionario había definido muy pocos proyectos y, aunque contaba con gran apoyo en el país, la experiencia política de sus líderes era escasa.

Tras un período de confusión, el gobierno revolucionario pronto se organizó según el modelo soviético bajo la dirección del Partido Comunista de Cuba, restringiendo las libertades individuales. El gobierno cubano nacionalizó propiedades e inversiones privadas, lo cual causó el rompimiento de relaciones diplomáticas y el bloqueo comercial por parte de EE.UU.

## Cubanos al exilio

Miles de cubanos salieron al exilio, principalmente profesionales y miembros de las clases más acomodadas, quienes se establecieron en su mayoría en Miami y en el sur de Florida. El 17 de abril de 1961, una fuerza invasora de cubanos en exilio fue derrotada en la Bahía de Cochinos por el ejército cubano leal a Castro.

En 1962, las tensiones entre Cuba y el gobierno estadounidense llegaron a un nivel crítico. EE.UU. ordenó el bloqueo naval de Cuba debido al descubrimiento de misiles soviéticos instalados en la isla. El presidente John F. Kennedy y el primer ministro soviético Nikita Khrushchev llegaron a un acuerdo: la Unión Soviética decidió quitar los misiles a cambio de una promesa del presidente estadounidense de no invadir la isla.

## Sociedad en crisis

En 1980, Castro permitió un éxodo masivo de más de 125.000 cubanos a EE.UU. usando Mariel como puerto de salida. Estos emigrantes cubanos son conocidos como "marielitos" y se distinguen de los primeros refugiados cubanos por ser en su mayoría de clase trabajadora.

La cultura y la sociedad contemporáneas en Cuba, transformadas por la Revolución Cubana y dependientes de su líder Fidel Castro, fueron sostenidas desde el inicio de la Revolución por la Unión Soviética y por los gobiernos comunistas de Europa Oriental. Con la caída de esos gobiernos, el sistema cubano, en particular la economía, se encuentra en un verdadero dilema. No cabe duda que la crisis económica de Cuba podría ser aliviada si una apertura de relaciones con EE.UU. tuviera lugar. Algunos expertos dicen que esto está por verse, y señalan el hecho de que ya se está permitiendo una visita a la isla al año por familiares y también cierto intercambio cultural.

# ¡A ver si comprendiste!

**A. Hechos y acontecimientos.** Con un(a) compañero(a) de clase, escribe una breve definición que explique en tus propias palabras el significado de las siguientes personas y acontecimientos en la historia de Cuba. Luego comparen sus definiciones con las de la clase.

1. los taínos y los ciboneyes
2. Diego de Velázquez
3. el exterminio de indígenas
4. el buque de guerra *Maine*
5. Fulgencio Batista
6. Fidel Castro
7. el bloqueo comercial de Cuba
8. la Bahía de Cochinos
9. John F. Kennedy y Nikita Krushchev
10. los marielitos

**B. A pensar y a analizar.** Al principio de la revolución cubana, Fidel Castro contaba con gran apoyo en el país. ¿Por qué? ¿Qué hizo Castro para perder ese apoyo, causando que miles y miles de cubanos salieran al exilio? Explica en detalle.

# Ventana *al Mundo 21*

## La Revolución Cubana en la encrucijada

**Escuela primaria en Pinar del Río, Cuba**

La Revolución Cubana de 1959 conmocionó a todo el continente. Al principio, reflejaba las aspiraciones y el entusiasmo de la mayoría de los cubanos que deseaban cambios beneficiosos. Frente a los cambios radicales causados por la socialización de la economía y a la falta de libertades individuales bajo un régimen represivo, pronto surgió la desilusión entre las clases medias, las cuales decidieron abandonar la isla. De 1959 a 1962, más de 150.000 cubanos se exiliaron en EE.UU. y desde entonces más de un millón de cubanos, casi el diez por ciento de la población, han salido al exterior. El embargo estadounidense decretado en 1960 sigue en vigencia y es uno de los principales problemas de Cuba.

Ha habido mucho progreso en el área de la educación, la vivienda y la asistencia médica para las mayorías. Esto ha reducido el índice de la mortalidad, pero las limitaciones económicas actuales son cada vez mayores. Por la falta de petróleo importado, ahora en vez de tomar "guaguas" o autobuses, los cubanos usan bicicletas como medio de transportación. La pregunta que se hacen todos, dentro y fuera de Cuba es: ¿Y mañana?

**Pasado y presente.** Con un(a) compañero(a) de clase, compara la vida en la isla de la clase acomodada (profesionales, médicos, abogados, gente de negocios, etcétera) antes de la Revolución y ahora. También compara la vida de la gente pobre de la isla antes de la Revolución y ahora. Tal vez quieran usar dos diagramas Venn.

# Y ahora, ¡a leer!

## Anticipando la lectura

Contesta estas preguntas con dos o tres compañeros(as) de clase.

1. Lee la primera estrofa *(stanza)* de los *Versos sencillos* de José Martí. ¿Quién es el narrador? ¿Quién habla? ¿Cómo se describe la persona que habla? ¿A quién se dirige? ¿Qué dice que quiere hacer antes de morir? ¿Qué emociones te comunica en este verso?
2. ¿Qué ideas o imágenes te sugieren estas palabras? Anótalas por escrito para comparar tus impresiones con las del poeta después de leer la obra siguiente.
   un ciervo herido
   un monte
   un canario amarillo
   una flor tropical
3. Lee las primeras dos estrofas de *Versos sencillos* y trata de decidir si la obra es amorosa, filosófica, histórica o social. Confirma tu respuesta después de leer todas las estrofas.

## Conozcamos al autor

**José Martí** (1853–1895), el apóstol de la independencia de Cuba, nació en La Habana. A la temprana edad de dieciséis años fue encarcelado por sus escritos contra las autoridades españolas. Toda su vida Martí luchó por la liberación de Cuba y los esclavos; por esos ideales sufrió la pobreza y el exilio. Con grandes sacrificios, estudió derecho, aprendió inglés y francés y viajó por algunos países europeos y latinoamericanos. Por fin se estableció en Nueva York, donde se ganaba la vida haciendo traducciones y obra periodística. En 1892 fundó el Partido Revolucionario Cubano con intención de preparar una expedición militar que liberaría Cuba del dominio español. En 1895 Martí regresó a la isla, donde murió en el campo de batalla. Su muerte impulsó a los patriotas a continuar la lucha de liberación que consiguieron en 1898.

Además de patriota y revolucionario, José Martí también fue un gran ensayista, periodista, crítico y poeta. Se puede decir que es el perfecto ejemplo de un hombre que supo luchar con dos armas poderosas: la pluma y la espada. Su poesía es un testimonio de paz universal que nunca morirá. Entre sus obras se destacan cuatro: *Ismaelillo* (1882), *Versos sencillos* (1891) y los poemarios publicados póstumamente, *Versos libres* (1913) y *Flores del destierro* (1932). En los fragmentos de *Versos sencillos* que aparecen a continuación, sobresale la rima precisa y melodiosa usada por Martí. Otra característica de estos versos es el uso del lenguaje. Cada verso es económico y breve; cada palabra desempeña una función cuidadosamente determinada. A la vez, el poeta trata de informar al lector quién es él, de dónde viene y cuáles son sus metas o ideales.

## LECTURA

# Versos sencillos

**(FRAGMENTOS)**

Yo soy un hombre sincero
De donde crece la palma,
Y antes de morirme quiero
Echar mis versos° del alma.°     **echar...** recitar mis poemas / *soul*

5 Yo vengo de todas partes,
Y hacia todas partes voy:
Arte soy entre las artes,
En los montes,° monte soy.     montañas

Yo sé los nombres extraños
10 De las yerbas y las flores,
Y de mortales engaños,°     mentiras, falsedades
Y de sublimes° dolores.     muy grandes

Yo he visto en la noche oscura
Llover sobre mi cabeza
15 Los rayos de lumbre° pura     luz, fuego
De la divina belleza

Yo pienso, cuando me alegro
Como un escolar sencillo,
En el canario amarillo,
20 ¡Qué tiene el ojo tan negro!

Yo sé de un pesar° profundo     sufrimiento
Entre las penas° sin nombres:     tristezas
¡La esclavitud de los hombres
Es la gran pena del mundo!

25 Oculto° en mi pecho bravo     Escondido
La pena que me lo hiere:°     lastima, daña
El hijo de un pueblo esclavo
Vive por él, calla° y muere.     mantiene el silencio

Si ves un monte de espumas,°     *foam*
30 Es mi verso lo que ves:
Mi verso es un monte, y es
Un abanico° de plumas.     *fan*

Mi verso es de un verde claro
Y de un carmín° encendido:     rojo
35 Mi verso es un ciervo° herido     *deer*
Que busca en el monte amparo.°     refugio, protección

Mi verso al valiente agrada:
Mi verso, breve y sincero,
Es del vigor del acero°     *steel*
40 Con que se funde° la espada.     *casts*

## ¿Comprendiste la lectura?

**A. Hechos y acontecimientos.** Contesta estas preguntas.

1. En la primera estrofa, el poeta dice que es "De donde crece la palma". ¿A qué lugar se refiere?
2. ¿De dónde viene el poeta y adónde dice que va? ¿Cómo se caracteriza el poeta? ¿Qué quiere decir con esto? ¿Cuáles son las características que usualmente se le dan a las artes y los montes?
3. ¿Qué dice el poeta que sabe en la tercera estrofa? Explica.
4. ¿Cómo es posible que el poeta haya visto llover rayos de lumbre pura sobre su cabeza? ¿A qué se refiere el poeta cuando habla de rayos? ¿Quién es la divina belleza?
5. ¿En qué piensa el poeta cuando está alegre? ¿Con qué se compara?
6. Según el poeta, ¿cuál es la gran tristeza del mundo?
7. ¿Quién es el hijo y el pueblo esclavo que menciona en la séptima estrofa?
8. ¿Cómo puede ser la poesía un monte de espumas y un abanico de plumas? ¿Qué significa esto?
9. ¿Cómo caracteriza el poeta su verso en las últimas estrofas? ¿Qué simbolismo hay en estas palabras?
10. ¿Estás de acuerdo con el poeta —agrada su verso al valiente? ¿Por qué sí o por qué no? ¿Por qué dice que su verso es "del vigor del acero"?

**B. A pensar y a analizar.** Completa estas actividades con un(a) compañero(a). Luego comparen sus respuestas con las de otros grupos.

1. ¿Cuáles son algunas interpretaciones simbólicas del monte, del canario amarillo y de la espada de acero?
2. Prepara una lista de todos los colores que el poeta menciona en los versos. En tu opinión, ¿qué sentimientos, valores o ideas sugieren estos colores?
3. ¿Cuál es el tono del lenguage del poeta: poético, científico, sofisticado, natural o común y corriente? Da ejemplos.
4. ¿Qué revelan estos versos de la personalidad del poeta? Da ejemplos.

# Introducción al análisis literario

## Estrofas y patrones de rima

La poesía es una actividad intensamente personal y humana. Es una manera de expresar sentimientos íntimos a través de un lenguaje cuidadosamente escogido y ordenado.

- **Estrofa:** La agrupación de versos en un poema. El número de versos en cada agrupación puede variar.

- **Patrones de rima:** Se dice que el patrón de la rima es **abab** si los versos pares riman a lo largo del poema y los impares también. Si los impares y los pares riman pero sólo dentro de cada estrofa, se dice que el patrón de la rima es **abab, cdcd, efef,** por ejemplo.

**A. Versos, estrofas y rima.** Contesta las siguientes preguntas. Luego compara tus respuestas con las de un(a) compañero(a) de clase.

1. ¿Cuántas estrofas aparecen en este fragmento de *Versos sencillos?*
2. ¿Cuántos versos hay en cada estrofa?
3. ¿Es asonante o consonante la rima?[1]
4. ¿Sigue el mismo patrón la rima en cada estrofa? Si así es, ¿cuál es el patrón?

**B. Para escribir versos sencillos...** Prepárate para escribir tus propios versos sencillos. Mira cómo José Martí empezó las primeras cinco estrofas del fragmento de la obra que leíste. Cada una empieza con **Yo** más un verbo. Ahora piensa en tu característica más fuerte y completa el primer verso de la primera estrofa, por ejemplo: **Yo soy un joven atlético** o **Yo soy una chica inteligente.** Luego piensa de dónde quieres decir que vienes para completar el primer verso de la segunda estrofa. Sigue así hasta tener el primer verso de las primeras cinco estrofas. Guarda estos versos porque los vas a necesitar en la sección **Escribamos ahora** de la *Lección 2,* páginas 164–165.

# Cultura ¡en vivo!

## La música y el baile en Cuba

Cuando se habla del ritmo palpitante, sincopado y acelerado o de la música cautivante, sabrosa, rica, salada, apasionada y romántica, no cabe duda de que se describe la música cubana bailable a la perfección. La unión de dos culturas, la española y la africana, dio origen a la excitante mezcla de sonidos que invita a uno a moverse y a bailar al son de una música que embruja y libera.

Los esclavos africanos traídos a Cuba introdujeron a la música española sus cantos místicos, lamentos y rituales que gradualmente se transformaron en lo que se llama música afrocubana. Este fenómeno se caracteriza por el uso de instrumentos exóticos como la conga, los bongós, las claves, las maracas, el cencerro y el güiro al lado de la guitarra, la trompeta, el trombón y el saxofón.

**Pérez Prado y su orquesta**

De una manera semejante, los bailes europeos, como el vals, empezaron a incorporar ritmos vívidos y acelerados que resultaron en la guaracha, la rumba, el pregón, la habanera, el danzón, el chachachá y el mambo. Con este último, la música cubana invadió todas las esferas sociales del mundo entero. Su célebre creador, Dámaso Pérez Prado (1916–1989), llevó el mambo primero a

[1]Consúltese la *Unidad 2,* página 55, para repasar las definiciones de rima asonante y consonante.

México, donde inmediatamente llegó a ser el baile preferido de toda la nación y de allí a toda Latinoamérica, EE.UU. y Europa. Hasta Fellini, el gran director de cine italiano, usó el mambo "Patricia" en su película *La dolce vita*.

Actualmente, un sinnúmero de excepcionales músicos cubanos mantienen viva la tradición musical de la isla, por ejemplo, los compositores Ernesto Lecuona, "el Chopin cubano", y Tania

León; grandes salseros como Tito Puente y Celia Cruz; creadores del jazz cubano como Chucho Valdés y Gonzalo Rubalcaba.

Con estos antecedentes no sorprende en absoluto que todo el mundo se apasione por los últimos embajadores de la música afrocubana: Los Van Van, Buena Vista Social Club, Gema 4 y la super-excitante docena de Bamboleo.

**Música caribeña.** Contesta estas preguntas.

1. ¿Qué elementos de la música y el baile caribeño tienen su origen en la cultura africana?
2. ¿Qué influencia ha tenido la música cubana en la música y en los bailes latinoamericanos durante el siglo XX?
3. ¿Por qué crees que tantos ritmos cautivantes han nacido en el Caribe?

# *Mejoremos la comunicación*

## Para hablar de la música caribeña

### Al hablar de los instrumentos caribeños

— ¿Te gusta la música caribeña?
— ¡Claro! Me encantan los bongós.

**cencerro** *small bell*
**chequere** *m. gourd covered with beads that rattle*
**claves** *f. pl. two wooden sticks tapped together to set the beat*

*Do you like Caribbean music?*
*Of course! I love the bongo drums.*

**conga** *tall barrel-like drum*
**güiro** *elongated gourd rasped with a stick*
**maraca** *gourd-shaped rattle*

### Al describir la música caribeña

— ¿Qué te parece esta orquesta?
— ¡Es excitante!
— ¿No encuentras el ritmo demasiado animado?

**compás** *m. rhythm*
**movimiento** *movement*

— Al contrario, el ritmo parece embrujarme. Es un ritmo cautivante.

*What do you think of this orchestra?*
*It's stimulating!*
*Don't you find the rhythm too lively?*

**paso** *step*

*On the contrary, the rhythm seems to cast a spell on me. It's a captivating rhythm.*

**acelerado(a)** *fast, rapid*
**apasionado(a)** *intense, impassioned*
**palpitante** *palpitating, throbbing*
**rico(a)** *rich*

**romántico(a)** *romantic*
**sabroso(a)** *delightful, pleasant*
**salado(a)** *vivacious*
**sincopado(a)** *syncopated*

### Al invitar a una persona a bailar

| | |
|---|---|
| — ¿Quieres bailar? | *Do you want to dance?* |
| — ¿Te gustaría bailar conmigo? | *Would you like to dance with me?* |
| — ¿Me permites este baile? | *Would you allow me this dance?* |
| — ¿Vamos a bailar? | *Shall we go dance?* |
| — ¿Bailamos? | *Shall we dance?* |

### Al aceptar o rechazar una invitación a bailar

| | |
|---|---|
| — Sí, gracias. | *Yes, thank you* |
| — Me encantaría, gracias. | *I'd love to, thank you.* |
| — Con mucho gusto, gracias. | *Gladly, thank you.* |
| — Gracias, pero estoy muy cansado(a). | *Thank you, but I'm very tired.* |
| — Gracias, no. Necesito descansar. | *No, thank you. I need to rest.* |
| — Lo siento, pero no bailo chachachá. | *I'm sorry, but I don't dance the cha-cha-cha.* |

| | | | |
|---|---|---|---|
| **conga** | **guaracha** | **paso doble** | **samba** |
| **cueca** | **habanera** | **pregón** *m.* | **tango** |
| **cumbia** | **mambo** | **rumba** | **vals** *m.* |
| **danzón** *m.* | **merengue** *m.* | **salsa** | |

# ¡A conversar!

**A. Entrevista.** Pregúntale a un(a) compañero(a) de clase sobre sus gustos en cuanto a bailes. ¿Adónde le gusta ir a bailar? ¿Qué tipos de bailes sabe? ¿Cuáles prefiere? ¿Sabe algunos bailes latinos? ¿Cuáles son sus instrumentos favoritos?

**B. ¡A bailar!** Dramatiza la siguiente situación con un(a) compañero(a) de clase. Tú estás en una fiesta latina donde tocan una salsa cautivante. Pregúntale a tu compañero(a) si le gusta la música o no y hablen un poco de sus respectivos gustos. Luego invítalo(la) a bailar.

## Palabras claves: **bailar**

Encuentra en la segunda columna la definición de cada expresión de la primera columna y escribe la letra de cada definición al lado de la expresión apropiada. Luego usa cada expresión en oraciones originales.

| | |
|---|---|
| _____ 1. bailable | a. acción de bailar |
| _____ 2. bailarín | b. música compuesta para bailar |
| _____ 3. baile | c. función que requiere traje formal |
| _____ 4. baile de etiqueta | d. acomodarse a las circunstancias |
| _____ 5. bailar al son que tocan | e. persona que baila |

## ¡Luz! ¡Cámara! ¡Acción!

# La Cuba de hoy

### Cuatro puntos de vista

En este fragmento de un informe semanal, la anfitriona del programa reitera la gran diversidad de opiniones que se han dado sobre el régimen castrista. Luego entrevista a cuatro personas que ocupan puestos prominentes tanto en Cuba como en EE.UU. Los cuatro tienen opiniones muy firmes, unos a favor del régimen, otros en contra. Son Ileana Ros-Lehtinen, congresista de Florida; Ricardo Alarcón, ex-embajador de Cuba ante la Organización de las Naciones Unidas; Andrés Gómez, director de la revista *Areito;* y Nicolás Ríos, ingeniero-periodista.

### *Azúcar amarga: La realidad de la Revolución Cubana*

El famoso director de cine cubano, León Ichaso, vive exiliado en EE.UU. Su película de provocativo título, *Azúcar amarga,* ha atraído atención internacional. En una gira de promoción de este film, Ichaso conversó recientemente en Madrid con el presentador José Toledo de *Cartelera TVE.* Las opiniones políticas del director se ilustran vivamente en algunas escenas en las que los dos jóvenes protagonistas hablan de su relación amorosa. A través de la relación de estos enamorados, se aprecia la imposibilidad de mantener una relación bajo un clima social restrictivo.

## Antes de empezar el video

Contesten estas preguntas en parejas.

1. En tu opinión, ¿qué significa el régimen de Fidel Castro para los siguientes grupos: los cubanos que viven todavía en la isla, los cubanos exiliados, los latinoamericanos, los angloamericanos? Explica en detalle.
2. ¿Por qué, después de más de cuarenta años de que Fidel Castro tomó el poder, hay tanta controversia en todo lo que se refiere a él?
3. ¿Qué crees que va a pasar en Cuba cuando Fidel Castro muera? ¿Continuará el comunismo o volverá la democracia? Explica.

## ¡A ver si comprendiste!

**A. La Cuba de hoy.** Contesta estas preguntas con un(a) compañero(a) de clase.

1. ¿Cuáles de las personas entrevistadas están a favor del régimen de Castro y cuáles están en contra?
2. ¿Qué argumentos usan los que están a favor y los que están en contra?
3. ¿De qué se trata la película *Azúcar amarga*? ¿Quiénes son los protagonistas? ¿Qué representan?
4. ¿Qué opina el cineasta León Ichaso del régimen castrista?

**B. A pensar y a interpretar.** Contesta estas preguntas.

1. ¿A qué se refiere el entrevistado que dice que ahora Cuba ha entrado en la etapa "más difícil, pero la mejor"?
2. ¿Con cuál o cuáles de las cuatro opiniones expresadas por las personas entrevistadas estás más de acuerdo? ¿Con cuáles no? ¿Por qué?
3. ¿Estás de acuerdo con el cineasta León Ichaso, cuando dice que Cuba es "una tierra carente de oportunidades"? ¿Por qué?
4. Cuando Yolanda, la joven protagonista de *Azúcar amarga*, le dice a su novio: "Tú y yo deberíamos habernos conocido en otro tiempo, en otro lugar", ¿a qué otro tiempo y a qué otro lugar se refiere? ¿Por qué crees eso?

## *Exploremos el ciberespacio*

Explora distintos aspectos del mundo cubano en las actividades de la red que corresponden a esta lección. Ve primero a **http://college.hmco.com** y de ahí a la página de *Mundo 21*.

**Nombre oficial:**
*la República Dominicana*

**Población:**
*7.998.766 (est.)*

**Principales ciudades:**
*Santo Domingo (capital),
Santiago de los Caballeros,
La Romana*

**Moneda:**
*Peso (RD$)*

# Gente
## del Mundo 21

## Juan Luis Guerra

nació el 6 de julio de 1956 en el seno de una familia amante de la música popular y clásica. Es un compositor con alma de poeta y con un gran sentido rítmico tropical que le han traído éxito internacional. Con su conjunto, llamado simplemente 4.40, este compositor e intérprete de melodiosos merengues, ha causado sensación en el Caribe, Latinoamérica, EE.UU. y España. En todas sus grabaciones como *Fogaraté, Bachata Rosa, Ojalá que llueva café, El Original 4.40* y *Ni es lo mismo ni es igual,* enlaza los ritmos del merengue caribeño con letras intensamente poéticas que tienen un mensaje social. Su propia gente le ha dado el título de embajador dominicano ante el mundo, porque todo dominicano se siente reflejado en sus canciones y su música. Guerra es muy generoso y ayuda a los pobres y a los enfermos a través de la Fundación 4.40 que dirige con su amigo Herbert Stern.

## Julia Álvarez,

novelista, poeta, ensayista y catedrática, nació en la República Dominicana en 1950 y allí vivió hasta los diez años. Álvarez dice que el estar en EE.UU. la motivó a escribir dado que constantemente estaba rodeada de libros y que, a pesar de ser mujer, siempre la animaban a desarrollar su talento. Aún dice que antes de salir de la secundaria, ya había decidido su carrera de escritora. Actualmente es una talentosa autora que en pocos años ha producido cuatro novelas muy exitosas y dos hermosos poemarios. Su obra más conocida, *How the García Girls Lost Their Accent* (1990), recibió el premio PEN/Oakland Josephine Miles. Su segunda novela, *In the Time of Butterflies* (1994), relata los esfuerzos de las hermanas Mirabal para derrotar la dictadura del tirano Trujillo en la República Dominicana. *¡Yo!* (1997), su tercera novela, cuenta más de la vida de Yolanda García, un personaje de su primera novela. En 1998 publicó su cuarta novela, *Something to Declare*.

**"Sammy" (Samuel Peralta) Sosa** nació en 1968 en el pueblo de San Pedro de Macorís en la República Dominicana. Allí vivió hasta 1985 cuando fue descubierto por un representante de los *Texas Rangers.* En 1989 empezó a jugar en las ligas mayores y en 1992 fue contratado por los *Chicago Cubs* donde ha tenido una meteórica subida. En 1998 fue uno de los beisbolistas más comentados del año debido a una amistosa lucha por el primer puesto en jonrones con Mark McGwire. Ese mismo año también fue nombrado el jugador más valioso del año de la Liga Nacional. Cuando el huracán Georges devastó la República Dominicana en 1998, Sosa regresó a su querida isla para ayudar a su gente con una generosa donación de diez millones de dólares. También estableció una fundación que se dedica a obtener fondos para niños desamparados en los alrededores de Chicago y en la República Dominicana.

## Otros dominicanos sobresalientes

**Ada Balcácer:** escultora y pintora

**Juan Bosch:** político, novelista, historiador y cuentista

**José Cestero:** pintor

**Charytín:** cantante y animadora

**Óscar de la Renta:** diseñador de ropa y perfumista

**Pedro Henríquez Ureña (1884–1946):** catedrático, poeta, filólogo, crítico e historiador

**Héctor Incháustegui Cabral (1912–1979):** dramaturgo, poeta, diplomático y catedrático

**Clara Ledesma:** pintora

**Orlando Menicucci:** pintor

**Isabella Wall:** actriz

## *Personalidades* del Mundo 21

Contesta estas preguntas con un(a) compañero(a). Luego, compartan sus respuestas con el resto de la clase.

1. ¿Por qué crees que a Juan Luis Guerra se le ha dado el título de "embajador dominicano ante el mundo"? ¿Qué puede significar tal título?
2. Según Julia Álvarez, ¿qué efecto tuvo el mudarse a EE.UU. cuando todavía era jovencita? Muchos consideran que su novela *How the García Girls Lost Their Accent* es su autobiografía. ¿De qué crees que se trata esta novela? Explica tu respuesta.
3. ¿Por qué es reconocido Sammy Sosa? En tu opinión, ¿qué motiva a Sosa a obtener fondos para niños desamparados y a hacer donaciones a su país?

# Del pasado al presente

# La República Dominicana: la cuna de América

## La primera colonia española en América

El día 6 de diciembre de 1492, Cristóbal Colón descubrió la isla llamada Quisqueya por sus habitantes originales, los taínos. Con su nuevo nombre de La Española dado por Colón, la isla se convirtió en la primera colonia española y cuna del imperio español en América. Se calcula que antes de la llegada de los españoles, había alrededor de un millón de taínos en la isla; cincuenta años más tarde esta población había sido reducida a menos de quinientos.

La ciudad de Santo Domingo fue fundada en 1496 por Bartolomé Colón, hermano de Cristóbal Colón. Se

**Catedral y cabildo, Santo Domingo**

**La Española**

convirtió en el primer centro administrativo del imperio español en América. Con la conquista de México y del Perú, y la centralización del tráfico marítimo con Europa en La Habana, Santo Domingo perdió tanto importancia política como población.

En la República Dominicana se conservan los primeros monumentos coloniales de América: la catedral gótica de Santa María del Rosario, comenzada en 1523 y terminada en 1541 y donde se dice que se guardaban los restos de Cristóbal Colón; el primer hospital; el primer cabildo (edificio de gobierno local); las ruinas de la primera ciudad española del continente, Isabela; y el palacio construido por Diego Colón, hijo de Cristóbal Colón, entre 1510 y 1514.

## Invasores ingleses y franceses

El bucanero Francis Drake saqueó la ciudad de Santo Domingo en 1586. En 1655 una expedición inglesa fue derrotada en La Española pero pudo tomar control de Jamaica ese año. Ocupada por corsarios (*piratas*) franceses, la tercera parte occidental de la isla se entregó a Francia en 1697 por el Tratado de Ryswick. Los franceses dieron el nuevo nombre de Saint Domingue a su parte. La transformaron en una de las más ricas de las colonias, con la explotación brutal y los trabajos forzados de esclavos africanos. Entre 1795 y 1809 la totalidad de La Española fue cedida a Francia por España y toda la isla pasó a llamarse Haití.

## La independencia

Bajo la dirección del militar haitiano Toussaint Louverture, la isla entera de Haití consiguió su independencia de Francia en 1804 después de una sangrienta guerra. En 1821, el gobernador de la zona española, José Núñez de Cáceres, proclamó la independencia del Haití Español, pero el año siguiente fuerzas militares de Haití ocuparon el país. Toda la isla quedó bajo el control haitiano hasta 1844.

Para resistir a la dominación haitiana, el patriota dominicano, Juan Pedro Duarte, llamado el "padre de la patria", fundó "la Trinitaria", una sociedad secreta que organizó una revolución contra los haitianos. El 27 de febrero de 1844 se logró la independencia de la parte oriental de la isla y así se estableció la República Dominicana.

Durante los primeros años de la independencia, los generales Buenaventura Báez y Pedro Santana dominaron el escenario político. Santana fue, por ejemplo, cuatro veces presidente de la república, alternando la presidencia con su colaborador Buenaventura Báez que después se convirtió en su enemigo. La inestabilidad política causó un prolongado caos económico, situación que fue explotada por líderes corruptos. En 1861, Santana pidió y consiguió la incorporación de la república como provincia de España y se hizo gobernador del país hasta su muerte en 1864. El año siguiente España abandonó la

**Rafael Leónidas Trujillo**

provincia dominicana, dejándola en un estado de caos económico y político. Una vez más, Buenaventura Báez volvió al escenario político e intentó, sin éxito, la anexión de la República Dominicana a EE.UU.

## La dictadura de Trujillo

A finales del siglo XIX y a principios del XX, la República Dominicana se encontraba en una situación económica y política catastrófica. Entre 1916 y 1924 se produjo una ocupación militar por parte de EE.UU. que controló la importación y exportación de productos hasta 1941.

Por un lado, la ocupación condujo a la reorganización de la vida política, social y económica; por otro lado, estableció el ejército que ayudaría la consolidación de la dictadura de Rafael Leónidas Trujillo, que tomó el poder en 1930 tras un golpe de estado. Trujillo dominó la república durante más de tres décadas, hasta su asesinato en 1961. Bajo Trujillo, la ciudad de Santo Domingo cambió de nombre a Ciudad Trujillo. No recuperó su antiguo nombre hasta después de desaparecer Trujillo.

**De compras en El Conde, Santo Domingo**

## La realidad actual

El estado caótico que siguió el asesinato de Trujillo resultó en otra ocupación militar por EE.UU. en 1965, para proteger a los ciudadanos estadounidenses y sus propiedades. Esta vez, fuerzas internacionales, bajo los auspicios de la Organización de Estados Americanos (OEA), sustituyeron en seguida a las fuerzas norteamericanas.

En 1966 se efectuaron elecciones libres que fueron ganadas por Joaquín Balaguer, quien, hasta 1996, excepto en 1978 y 1982, dominó la vida política por medio de elecciones "democráticas". A pesar de tantas intervenciones y conflictos, el país logró mantener una cultura e identidad nacionales fiel a su origen. En las elecciones de 1996 Leonel Fernández Reyna ganó el cincuenta y un por ciento de los votos con el apoyo de Joaquín Balaguer. En agosto del mismo año, el presidente Fernández anunció la venta de varios negocios anteriormente controlados por el gobierno. La producción de azúcar, el turismo y la minería son las industrias principales de la República Dominicana. El futuro dirá si los nuevos líderes podrán lograr el muy deseado bienestar económico del país.

# ¡A ver si comprendiste!

**A. Hechos y acontecimientos.** ¿Recuerdas los datos más importantes de la lectura? Para asegurarte, contesta estas preguntas.

1. ¿Cuándo descubrió Cristóbal Colón la isla donde está la República Dominicana? ¿Qué nombre le dio?
2. ¿Por qué se dice que es "la cuna de América"?
3. ¿Qué país europeo controló la tercera parte occidental de La Española en 1697 por el Tratado de Ryswick? ¿Cuál fue el resultado de esta ocupación?
4. ¿Qué país controló toda La Española de 1822 a 1844?
5. ¿Quién es "el padre de la patria"? ¿Por qué lo llaman así?
6. ¿Quiénes dominaron el escenario político de la República Dominicana durante las primeras tres décadas de independencia?
7. ¿Quién controló la República Dominicana de 1930 a 1961? ¿Qué cambios hubo durante su gobierno?
8. ¿Cómo se llama el político dominicano que ha sido elegido presidente desde 1966 hasta 1996 con excepción de los años 1978 y 1982?
9. ¿Cuál es la base de la economía de la República Dominicana?

**B. A pensar y a analizar.** Contesta estas preguntas con dos o tres compañeros(as) de clase. Luego comparen sus respuestas con las de otro grupo.

1. Desde su independencia, la República Dominicana ha sido gobernada principalmente por hombres fuertes que se mantienen en control por largos períodos de tiempo: Buenaventura Báez, Pedro Santana, Rafael Leónidas Trujillo y Joaquín Balaguer. ¿Por qué crees que estos hombres pudieron mantenerse en poder por mucho tiempo?
2. En la novela de Julia Álvarez *In the Time of Butterflies*, las hermanas Mirabal tratan de derrotar la dictadura del tirano Trujillo. ¿Qué crees que hicieron las hermanas? ¿Es posible derrotar una dictadura tan fuerte como la de Trujillo? Explica tu respuesta.

# Ventana *al Mundo 21*

## Los beisbolistas dominicanos

El béisbol, considerado por muchos el deporte nacional de EE.UU., es también el deporte favorito de muchas naciones caribeñas, principalmente la República Dominicana, Cuba y Puerto Rico. También se practica en México, los países centroamericanos, Venezuela, Colombia, Japón, Taiwán y Corea del Sur. Desde el siglo pasado, la República Dominicana ha sido una verdadera fábrica de beisbolistas talentosos, tanto que en 1993, la mayoría de los veintiséis equipos de las Grandes Ligas establecieron academias de béisbol en ese país. Desde ahí se ha desarrollado el talento de algunos de los mejores jugadores. Muchos de los jugadores profesionales de EE.UU. han salido de la República Dominicana. Juan Marichal, Joaquín Andújar, Dave Valle, José Rijo y Sammy Sosa son sólo algunos de las docenas de beisbolistas dominicanos que le dan brillo, vitalidad y estilo a la herencia deportiva del béisbol. La lista que sigue nombra a los jugadores dominicanos en sólo siete de los veintitrés equipos de las Grandes Ligas en 1998.

**José Rijo**

**Arizona Diamondbacks**
Tony Batista
Inocencio de la Cruz
Hanley Frías
Martín Sánchez

**Florida Marlins**
Antonio Alfonseca
Luis Castillo
Amaury García
Félix Heredia
Julio Ramírez
Jesús Sánchez

**Chicago Cubs**
Manny Alexander
Sandy Martínez
Henry Rodríguez
Sammy Sosa
Amauri Telemaso

**Atlanta Braves**
Danny Bautista
Pascual Matos

**Colorado Rockies**
Pedro Astacio
Lariel González
Neifi Pérez

**Houston Astros**
José Cabrera
Tony Eusebio
José Lima

**Los Angeles Dodgers**
Wilton Guerra
Ramón Martínez
Raúl Mondesi
Ángel Peña
José Vizcaino

**Beisbolistas dominicanos.** Contesta las siguientes preguntas con un(a) compañero(a).

1. ¿En qué países es popular el béisbol fuera de EE.UU.?
2. ¿Cuántos equipos de las Grandes Ligas tienen academias de béisbol en la República Dominicana? ¿Por qué?
3. ¿Por qué se interesan tanto las ligas de EE.UU. en los beisbolistas del Caribe?
4. En tu opinión, ¿por qué hay tantos beisbolistas talentosos en la República Dominicana?

# Y ahora, ¡a leer!

## Anticipando la lectura

Contesta estas preguntas para saber algo de tus sueños.

1. ¿Con qué frecuencia sueñas? ¿todas las noches? ¿una vez a la semana? ¿una vez al mes?
2. ¿Con qué sueñas normalmente? ¿con tus amigos? ¿con la familia? ¿con monstruos o extraterrestres?
3. ¿Recuerdas tus sueños el día siguiente? ¿Los recuerdas en detalle o sólo partes?
4. ¿Tratas de interpretar tus sueños? Explica.
5. ¿Cuál ha sido el sueño más interesante que has tenido? Cuéntaselo a un(a) compañero(a) de clase.

### Conozcamos al autor

**Virgilio Díaz Grullón** es un popular escritor dominicano que reside en Santo Domingo. Se ha destacado como cuentista. Entre las varias colecciones de cuentos que ha publicado sobresalen *Crónicas de altocerro* (1966), *Más allá del espejo: cuentos* (1975), *De niños, hombres y fantasmas* (1981) y *Antinostalgia de una era* (1993). Es también un activo ensayista que colabora frecuentemente con artículos y cuentos para revistas y antologías literarias.

En el cuento "El diario inconcluso", el autor muestra cómo lo que parece ser una preocupación obsesiva por recordar los sueños, se transforma en una realidad inesperada al final.

**LECTURA**

# El diario inconcluso

Siempre había hecho alarde° de tener una mente científica, inmune a cualquier presión exterior que intentase alterar su rigurosa visión empírica del universo. Durante su adolescencia se había permitido algunos coqueteos° con las teorías freudianas[1] sobre la interpretación de los sueños, pero la imposibilidad de confirmar con la experiencia las conclusiones del maestro le hicieron perder muy pronto el interés en sus teorías. Por eso, cuando soñó por primera vez con el vehículo espacial no le dio importancia a esa aventura y a la mañana siguiente había olvidado los pormenores° de su sueño. Pero cuando éste se repitió al segundo día comenzó a prestarle atención y trató —con relativo éxito— de reconstruir por escrito sus detalles. De acuerdo con sus notas, en ese primer sueño se veía a sí mismo en el medio de una llanura° desértica con la sensación de estar a la espera de que algo muy importante sucediera,° pero sin poder precisar° qué era lo que tan ansiosamente aguardaba.° A partir del tercer día el sueño se hizo recurrente adoptando la singular característica de completarse cada noche con episodios adicionales, como los filmes en serie que solía ver en su niñez. Se hizo el hábito entonces de llevar una especie de diario en que anotaba cada amanecer° las escenas soñadas la noche anterior. Releyendo sus notas —que cada día escribía con mayor facilidad porque el sueño era cada vez más nítido° y sus pormenores más fáciles de reconstruir— le fue posible seguir paso a paso sus experiencias oníricas.° De acuerdo con sus anotaciones, la segunda noche alcanzó a ver el vehículo espacial descendiendo velozmente° del firmamento.° La tercera lo vio posarse° con suavidad a su lado. La cuarta contempló la escotilla° de la nave° abrirse silenciosamente. La quinta vio surgir de su interior una reluciente° escalera metálica. La sexta presenciaba el solemne descenso de un ser° extraño que le doblaba la estatura° y vestía con un traje verde luminoso. La séptima recibía un recio° apretón de manos de parte del desconocido. La octava ascendía por la escalerilla del vehículo en compañía del cosmonauta y, durante la novena, curioseaba asombrado° el complicado instrumental del interior de la nave. En la décima noche soñó que iniciaba° el ascenso silencioso hacia el misterio del cosmos, pero esta experiencia no pudo ser asentada° en su diario porque no despertó nunca más de su último sueño.

Reprinted from *Américas*, a bimonthly magazine published by the General Secretariat of the Organization of American States in English and Spanish.

[1]Aquí se refiere a las teorías de Sigmund Freud, creador de la teoría del psicoanálisis y de la doctrina del subconsciente.

*Glosas marginales:*

- *show*
- *flirtations*
- detalles
- terreno llano
- pasara / especificar
- esperaba
- mañana
- claro
- relacionadas con los sueños
- rápidamente / cielo
- *lean*
- puerta de acceso / el vehículo
- brillante
- persona / **que...** que era dos veces más alto que él / fuerte, vigoroso
- **curioseaba...** veía con gran admiración / empezaba
- escrita, afirmada

# ¿Comprendiste la lectura?

**A. Hechos y acontecimientos.** Contesta estas preguntas.

1. ¿Qué edad tiene la persona que sueña con la nave espacial? ¿Cómo lo sabes?
2. ¿Sabía interpretar sueños? ¿Cuándo lo había intentado?
3. ¿Trató de interpretar su sueño con el vehículo espacial la primera vez que lo tuvo? ¿Por qué?
4. ¿Cuándo decidió tratar de recordar todos los detalles de ese sueño? ¿Por qué le interesaba recordarlos? ¿Qué hizo para poder recordarlos?
5. ¿Cuántas veces se repitió el mismo sueño? ¿Era exactamente igual cada vez? Si no, ¿cómo variaba?
6. ¿Qué soñó la última vez? ¿Anotó los detalles de este sueño en su diario? Explica.

**B. A pensar y a analizar.** En grupos de tres, contesten estas preguntas.

1. ¿Qué le pasó a la persona que soñaba con naves espaciales al final del cuento? ¿Cómo lo sabes?
2. ¿Conoces tú a alguien que tuviera un sueño que luego se convirtiera en realidad? Si así es, cuéntale el incidente a la clase.
3. Describe al narrador. ¿Qué tipo de personalidad tiene? Cita ejemplos del cuento.

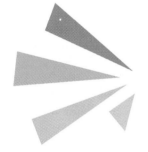

# Introducción al análisis literario

## La cronología

**El tiempo** o **la cronología** de la narración es un aspecto fundamental de un cuento o una novela. En el cuento "El diario inconcluso", la narración es casi toda lineal, porque avanza inexorablemente desde la primera palabra "Siempre" hasta las últimas que terminan el progreso de la acción con un definitivo y total "nunca más". Además, a lo largo de esta historia aparecen expresiones que marcan el tiempo, como "Durante su adolescencia", para enfatizar o clarificar la progresión de la acción.

**A. Expresiones que marcan el tiempo.** Con un(a) compañero(a) de clase, preparen una lista de todas las expresiones que marcan el tiempo que puedan encontrar en "El diario inconcluso". Deben encontrar una docena por lo menos.

**B. Cuento colaborativo.** En grupos de cinco, escriban una historia similar a "El diario inconcluso" que comience con "Siempre" y acabe con "nunca más". Entre esos dos polos intercalen hechos que ocurran el primer día, el segundo día y a partir del tercer día. Cada persona del grupo es responsable de un momento narrativo. Preparen su historia en orden cronólogico y léansela a la clase.

# Cultura
## *¡en vivo!*

## El béisbol y otros deportes del Caribe

En el Caribe y Venezuela el béisbol es, no solamente pasión y estilo de vida, sino también, para algunos afortunados, la entrada hacia una vida próspera. Desde pequeñitos, los niños que habitan estas regiones juegan al béisbol con un entusiasmo que les viene desde que los *Marines* de EE.UU. introdujeron el deporte a principios del siglo XX. Apoyado por las grandes compañías azucareras en el Caribe y por las de petróleo en Venezuela, el béisbol se estableció como deporte nacional.

En esos lugares el béisbol se juega el año entero. Muchos jugadores son tan pobres que tienen que hacerse sus propias pelotas de piolín enrollado alrededor de una pelota de golf vieja y pegado todo con cinta adhesiva —tal como lo hacía el célebre puertorriqueño Roberto Clemente. Sin embargo, estos jóvenes caribeños se entrenan y sueñan con convertirse en el próximo bateador o lanzador que saldrá de la pobreza y llegará al país del norte para formar parte de los equipos de las Grandes Ligas, donde los salarios pueden llegar a millones de dólares.

Por muchos años Cuba dio grandes jugadores a las ligas, pero después de 1960 los buscadores de talento se concentraron en la República Dominicana, que se convirtió en el epicentro del béisbol. De un veinte a cincuenta por ciento de los jugadores de las Grandes Ligas son latinoamericanos

**El deporte nacional del Caribe**

y, de ellos, la mayoría provienen de la República Dominicana y posiblemente de San Pedro de Macorís, un pueblo que ha producido un sinnúmero de jugadores notables. Allí parece que cada chico descalzo tiene una gorra de béisbol, o bates o guantes y pelotas. Y si les preguntan quién es el dominicano que lleva el número 21 de Roberto Clemente y que fue nombrado el jugador más valioso de 1998, seguramente dirán que fue Sammy Sosa.

Pero en el Caribe no sólo se practica el béisbol. Con temperaturas de verano que duran casi todo el año y un gran número de fabulosos balnearios diseñados para atraer a turistas del mundo entero, también se practica todo tipo de deporte náutico: la tabla hawaiana, la tablavela, los botes de vela, la pesca, el buceo con tubo de respiración y muchos más. Para los que prefieren la tierra firme, también se encuentra todo tipo de deporte tradicional.

**Deportes de verano.** Contesta estas preguntas.

1. ¿Cómo llegó el béisbol al Caribe?
2. ¿Por qué es tan popular? ¿Cuál es su atractivo?
3. ¿Cuál es la importancia de San Pedro de Macorís?
4. ¿Qué atrae a turistas de todas partes del mundo a los balnearios del Caribe? Da varios ejemplos.

# Mejoremos la comunicación

## Para hablar de los deportes de verano

**Al hablar de un partido de béisbol**

el jardinero, el guardabosque
el jardinero corto
el jugador de segunda base
el jugador de tercera base
el jugador de primera base
el lanzador
el relevista
el bateador designado
el receptor
el árbitro

— ¿Fuiste al partido de béisbol anoche?

— Sí, fue fantástico. Nuestro equipo va a ser fenomenal esta temporada. Derrotaron a los Cardinales seis a dos.

— ¿Qué te pareció la jugada de Ramírez en el tercer inning? Fue fabulosa, ¿no?

— Sí. Sin duda es el mejor lanzador de la liga.

*Did you go to the baseball game last night?*

*Yes, it was fantastic. Our team is going to be phenomenal this season. They beat the Cardinals six to two.*

*What did you think of Ramírez's play in the third inning? It was fabulous, wasn't it?*

*Yes. Without a doubt he is the best pitcher in the league.*

### Al hablar de distintas jugadas

—Ese Sosa de veras que sabe batear la pelota.

*That Sosa really knows how to hit the ball.*

**deslizarse** *to slide*
**hacer golpes ilegales** *to hit foul balls*
**hacer un cuadrangular / jonrón** *to hit a homerun*

**hacer un jit / batazo** *to make a hit*
**lanzar la pelota** *to pitch the ball*
**tirar la pelota** *to throw the ball*
**volarse (ue) la cerca** *to go out of the park (over the fence)*

— Sí. Cada vez que levanta el bate es otro jonrón.

*Yes. Every time he raises the bat, it's another homerun.*

### Al hablar de los deportes de verano

— ¿Te gustan los deportes?

— Tanto no. En verano me gusta la natación y a veces asisto a los partidos de béisbol.

*Do you like sports?*
*Not much. In the summer I like swimming and sometimes I go to baseball games.*

**atletismo** *track and field*
**baloncesto, básquetbol** *m.*
*basketball*
**ciclismo** *cycling*
**gimnasia** *gymnastics*
**golf** *m. golf*
**lucha libre** *wrestling*
**tenis** *m. tennis*
**tiro al arco** *archery*

**vólibol** *m. volleyball*
**bucear con tubo de respiración**
*to snorkel*
**hacer surf** *to surf*
**hacer windsurf** *to windsurf*
**montar a caballo** *to ride a horse*
**navegar** *to sail*
**pescar** *to fish*

# ¡A conversar!

**A. Aficionados al béisbol.** Identifiquen a los aficionados al béisbol de la clase y pídanles que pasen al frente de la clase. Luego todos deben turnarse en hacerles preguntas acerca del béisbol. Pregúntales, por ejemplo: ¿Cuál es tu equipo, bateador, lanzador, receptor, guardabosque o jardinero corto favorito? ¿Por qué? ¿Quién tiene el mejor récord de jonrones? ¿Cuántos beisbolistas hispanos y sus equipos puedes nombrar? ¿Cuántos beisbolistas hispanos de la República Dominicana puedes nombrar?

**B. Dramatización.** Dramatiza la siguiente situación con tres compañeros(as) de clase. Tú y tres amigos(as) están de vacaciones de primavera en el famoso Balneario Bravaro en la playa Punta Caña de la República Dominicana. Están tratando de decidir qué van a hacer hoy. Antes de decidir en la actividad del día, mencionen las varias actividades que tienen y las que ya han hecho.

## Palabras claves: jugar

Combina las expresiones de la primera columna con las definiciones de la segunda columna. Luego escribe una oración original con cada palabra. Compara tus oraciones con las de dos compañeros(as) de clase.

_____ 1. hacer juego
_____ 2. jugar la espada
_____ 3. jugar limpio
_____ 4. jugarreta
_____ 5. jugarse la vida

a. arriesgar
b. ser justo e imparcial
c. mala jugada, trampa
d. manejar un arma
e. combinar bien

# Escribamos ahora

**A** **A generar ideas: descripción de tu persona**

1. **Identificación de una persona.**   En los fragmentos de *Versos sencillos*, el poeta José Martí dice en el primer verso cuál es la esencia de su persona: "Yo soy un hombre sincero". Luego dedica el resto de su poema a describir su persona y a demostrar que es un hombre sincero. Explica cómo todo lo que se refiere a su persona —de dónde viene, lo que sabe, lo que ha visto y lo que piensa— es evidencia que confirma su declaración.

   Para ver esto más claramente, trabaja con un(a) compañero(a) y preparen un esquema como el que sigue analizando la tercera, cuarta y quinta estrofas de *Versos sencillos*. En la primera columna, anoten el verbo con sujeto explícito o implícito. En la segunda, escriban la descripción específica en relación con cada sujeto, y en la tercera, la ampliación que el poeta hace.

| Sujeto explícito o implícito | Descripción | Ampliación |
|---|---|---|
| **Primera estrofa** | | |
| Yo soy | hombre sincero | |
| (Yo vengo) | de donde crece la palma | |
| (Yo) quiero | echar versos del alma | antes de morirme |
| **Segunda estrofa** | | |
| Yo vengo | de todas partes | |
| (Yo) voy | hacia todas partes | |
| (Yo) soy | arte | entre las artes |
| (Yo) soy | monte | en los montes |

2. **¡Mi persona!**   Piensa ahora en tu propia persona. En un esquema semejante al anterior, anota todas las características que consideras importantes y que tal vez podrías incluir en un poema sobre tu persona. Por ejemplo, puedes incluir información sobre lo que eres, piensas, sabes, quieres, crees, prefieres, te gusta, ves, conoces, deseas o has visto.

**B** **El primer borrador**

1. **¡A organizar!**   Vuelve ahora a la información que recogiste en la sección anterior y organízala en cinco agrupaciones distintas como las que hiciste para las tres estrofas de *Versos sencillos*. Usa el mismo esquema de tres columnas —sujeto implícito o explícito, descripción y ampliación— para escribir un poema de cinco estrofas. Tal vez quieras empezar cada una de tus cinco estrofas con los cinco versos que escribiste en la **Actividad B** de la *Lección 1*, página 146.

2. **¡Mis versos sencillos!**   En celebración del centenario de la muerte de José Martí, la revista *Hispania* ha organizado un concurso titulado "Versos sencillos del siglo 21" para estudiantes universitarios. El anuncio del concurso pide

que las personas interesadas envíen un poema original de no menos de cinco estrofas describiendo su propia persona y siguiendo el modelo de los *Versos sencillos*. Escribe tu primer borrador ahora. ¡Buena suerte!

**C** **Primera revisión.** Intercambia el primer borrador de tus versos sencillos con uno(a) o dos compañeros(as). Pregúntale a tu compañero(a):

**1.** ¿Has comunicado bien tu personalidad?
**2.** ¿Has descrito claramente tu carácter?
**3.** ¿Has revelado toda la información necesaria?
**4.** ¿Ayuda la ampliación a entenderte mejor?
**5.** ¿Tienes algunas sugerencias sobre cómo podrías mejorar tu poema?

**D** **Segundo borrador.** Prepara un segundo borrador de tu poema, tomando en cuenta las sugerencias de tus compañeros(as) y las que se te ocurran a ti.

**E** **Segunda revisión.** Trabajando en parejas, ayuden a la estudiante que escribió las siguientes estrofas. Cometió seis errores en el uso del indicativo y del subjuntivo. Encuentren los seis errores y corríjanlos.

> Yo soy una chica sincera
> hija de doña Teresa,
> y antes de graduarme quiera
> que me da un buen puesto una empresa.
>
> Yo quiero que donde me emplean
> siempre me aprecian y respetan,
> y que nunca me muestra contrario
> para que me den buen salario.

Ahora dale una rápida ojeada a tu poema para asegurarte de que no haya errores en el uso del indicativo o del subjuntivo. Tal vez quieras pedirle a un(a) compañero(a) que te lo revise también. Haz todas las correcciones necesarias, prestando atención especial no sólo al uso del subjuntivo, sino también a los verbos en el indicativo y a la concordancia.

**F** **Versión final.** Considera las correcciones del uso del subjuntivo y otras que tus compañeros(as) te hayan indicado, y revisa tu poema una vez más. Como tarea, escribe la copia final en la computadora.

**G** **Concurso de poesía.** Cuando tu profesor(a) te devuelva el poema, prepárate para leerlo en un concurso de poesía. Después de incorporar todas las sugerencias que tu profesor(a) te haga, la clase se va a dividir en dos grupos. Luego cada persona de cada grupo leerá su poema en voz alta. Cada grupo debe seleccionar el poema que más le gustó, y al final, estas personas deben leer sus poemas a toda la clase.

## Exploremos el ciberespacio

Explora distintos aspectos del mundo dominicano en las actividades de la red que corresponden a esta lección. Ve primero a **http://college.hmco.com** y de ahí a la página de *Mundo 21*.

**Nombre oficial:**
*Estado Libre Asociado de Puerto Rico*

**Población:**
*3.857.023 (est.)*
*(2.700.000 más en EE.UU.*
*continental)*

**Principales ciudades:**
*San Juan (capital), Bayamón, Ponce,*
*Carolina*

**Moneda:**
*Dólar estadounidense (US$)*

# Gente
## del Mundo 21

**Chayanne,** nombre artístico de Elmer Figueroa Arce, es un atractivo cantante, actor y bailarín que nació el 28 de junio de 1969 en Río Piedras, Puerto Rico. A los diez años ya era parte del conocido grupo Menudo, y por muchos años se ha ganado una sólida reputación como cantante exitoso que llena estadios donde enloquece a sus incontables admiradoras. Sus discos han recibido los prestigiosos sellos de oro y platino. En la película *Dance with Me* (1998), se roba no sólo el corazón de la hermosa actriz estadounidense Vanessa Williams sino también el de numerosas jovencitas norteamericanas.

**Rosario Ferré,** escritora puertorriqueña, nació en Ponce, Puerto Rico, el 28 de septiembre de 1938. Dirigió la revista *Zona de carga y descarga* de 1972 a 1974. Actualmente es profesora en la Universidad de Puerto Rico y editora del periódico *Estrella de San Juan*. En 1976 obtuvo un premio del Ateneo Puertorriqueño por sus cuentos, los cuales aparecieron en el volumen *Papeles de Pandora* (1976). Su obra literaria incluye los libros *El medio pollito* (1978), *La muñeca menor* (1979), *Los cuentos de Juan Bobo* (1981) y *Fábulas de la garza desangrada* (1982). Ha publicado varios libros en inglés, entre ellos *The House on the Lagoon* (1995) y *Eccentric Neighborhoods* (1998). Sus artículos sobre escritoras del pasado y presente y sobre la mujer en la sociedad contemporánea fueron reunidos en su libro *Sitio a Eros* (1980).

**Miriam Colón,** "La Gran Dama del Teatro Puerto-rriqueño", empezó su exitosa carrera en la escuela se-cundaria Baldorioty en el Viejo San Juan en la década de los 50. Su gran talento y pasión por el teatro la lle-varon a Nueva York y Hollywood. Ha hecho películas con Marlon Brando, Raúl Julia y Sharon Stone. Además, ha actuado en más de 250 episodios de televisión e incontables obras en Broadway. Siempre inquieta, en 1967 fundó el Teatro Rodante Puertorriqueño. Éste ayuda a poner en escena obras escritas por dramatur-gos puertorriqueños que también enfatizan la vida y los problemas contemporáneos de los habitantes de Puerto Rico. Como reconocimiento por su larga trayec-toria teatral, recibió el *White House Hispanic Heritage Award* en 1990 y el premio "OBIE" en 1993.

## Otros puertorriqueños sobresalientes

**Tomás Blanco (1900–1975):** ensayista, novelista y cuentista

**Pablo Casals (1876–1973):** violonchelista

**Julia de Burgos (Julia Constancia Burgos García) (1914–1953):** poeta, periodista y maestra de escuela

**Idalis De León:** modelo, cantante y actriz

**Justino Díaz:** cantante de ópera

**José González:** músico y compositor

**José Luis González:** cuentista

**Víctor Hernández Cruz:** poeta

**René Marqués (1919–1973):** novelista y dramaturgo

**Luis Muñoz Marín: (1898–1980):** político

**Ana Lydia Vega:** novelista y cuentista

## *Personalidades* del Mundo 21

Contesta estas preguntas. Luego, comparte tus res-puestas con dos o tres compañeros(as) de clase.

1. ¿Cuál era la profesión de Chayanne antes del es-treno de la película *Dance with Me*? Esta película demostró que tiene otros talentos. ¿Cuáles son? ¿Conoces a otros artistas que hayan cruzado de un campo de especialidad a otros? Nómbralos. ¿Por qué crees que muchos artistas no se confor-man con tener éxito en un solo campo?

2. ¿Qué tipo de artículos coleccionó Rosario Ferré en su libro *Sitio a Eros*? En base a los títulos de sus li-bros, ¿crees que Rosario Ferré siempre escribe so-bre temas feministas? ¿Por qué sí o por qué no? ¿De qué crees que tratan sus libros?

3. ¿Cuál es el nombre del grupo de actores que or-ganizó Miriam Colón? ¿Qué hace este grupo? En tu opinión, ¿qué motiva a esta gran actriz a dar tanto tiempo a esta causa? ¿Quiénes son otros grandes personajes del *Mundo 21* que se dedican a su comunidad de esta manera?

# Del pasado al presente

# Puerto Rico: entre varios horizontes

### La colonia española

En 1492 la isla era llamada Borinquen por los taínos que compartían la isla con los más agresivos caribes, originarios de las Antillas Menores y de la costa de Venezuela. Cristóbal Colón tomó posesión de la isla en su segundo viaje, el 19 de noviembre de 1493, y le dio el nombre de San Juan Bautista. En 1508, el conquistador español Juan Ponce de León fundó la ciudad de Caparra que después cambió su nombre a ciudad de Puerto Rico. Con el tiempo, el uso invirtió las denominaciones: la isla pasó a llamarse Puerto Rico y la ciudad, convertida en capital, tomó el nombre de la isla, San Juan.

**La Casa Blanca, San Juan**

Como en las otras Antillas Mayores, los taínos de Puerto Rico fueron exterminados en poco tiempo por las enfermedades y los trabajos forzados. Para mediados del siglo XVI la salida de la población hispana hacia las minas del Perú casi despobló toda la isla. No obstante, continuaron suficientes colonos

**El Castillo de San Felipe del Morro**

para que sobreviviera la colonia. A partir de entonces, la economía de la isla se basó en la agricultura y el trabajo de los esclavos africanos, pero más aún, la isla fue convertida en un bastión militar. La capital fue fortificada con gigantescas murallas y fortalezas, como el castillo de San Felipe del Morro que servía para defender la ciudad de piratas y armadas enemigas.

En 1595 el pirata inglés Sir Francis Drake intentó tomar por asalto la ciudad de San Juan pero fracasó. Desde entonces Puerto Rico sería una de las posesiones americanas más importantes de España por su situación militar estratégica. Esto hizo que la isla permaneciera bajo el control español por mucho tiempo, muchas décadas después de la liberación del continente sudamericano del dominio español. Para 1898, las cosas cambiarían rápidamente.

### La Guerra Hispano-Estadounidense de 1898

Como resultado de la guerra contra España de 1898, EE.UU. tomó posesión de toda la isla sin mucha resistencia. En ese año la isla de Puerto Rico cambió de dueño, pero la cultura que se había formado allí por cuatro siglos permaneció intacta. A diferencia de Cuba, donde hubo oposición política y militar a la presencia de EE.UU., en Puerto Rico no se generó fuerte oposición. Hubo algunos que lucharon a favor de la independencia política, pero éstos permanecieron como minoría y no pudieron anticipar los cambios políticos que se aproximaban.

### La caña de azúcar

Tras la guerra de 1898, el café dejó de ser el producto principal y fue sustituido por la caña de azúcar. En la isla aparecieron grandes centrales azucareras donde se empleaba la fuerza laboral. En 1917, el Congreso de EE.UU. pasó la Ley Jones que declaró a todos los residentes de la isla ciudadanos estadounidenses.

Después de la depresión de la década de los 30 y de la Segunda Guerra Mundial, la economía de la isla se encontraba en crisis y problemas políticos hicieron que EE.UU. cambiara su política hacia el territorio. Hasta entonces, los gobernadores de Puerto Rico eran nombrados por el presidente en Washington. Poco a poco, EE.UU. fue otorgándoles más autonomía a los puertorriqueños.

### Estado Libre Asociado de EE.UU.

En 1952 la inmensa mayoría de los puertorriqueños aprobó una nueva constitución que garantizaba un gobierno autonómo, el cual se llamó Estado Libre Asociado (ELA) de Puerto Rico. El principal promotor de esta nueva relación fue también el primer gobernador elegido por los puertorriqueños, Luis Muñoz Marín.

**Cultivo de la caña de azúcar**

Bajo el ELA, los residentes de la isla votan por su gobernador y sus legisladores estatales y, a su vez, mandan un comisionado a Washington, D.C. para que los represente. La situación política de la isla se ha ido acercando más y más a la de un estado de EE.UU. Pero a diferencia de un estado de EE.UU., los residentes de Puerto Rico no tienen congresistas en el congreso federal, ni pueden votar en las elecciones para presidente. Claro está, tampoco tienen que pagar impuestos federales.

### La industrialización de la isla de Puerto Rico

Mientras ocurrían estos cambios políticos, la economía de la isla pasó por un proceso acelerado de industrialización. Puerto Rico pasó de una economía agrícola a una industrial en unas pocas décadas. A la vez aumentó la emigración de millones de puertorriqueños a Nueva York. La

industrialización de Puerto Rico se inició con la industria textil y más recientemente incluye también la farmacéutica, la petroquímica y la electrónica. Esto ha hecho de Borinquen uno de los territorios más ricos de Latinoamérica, y San Juan se ha convertido en un verdadero "puerto rico".

**Compañía farmacéutica**

# ¡A ver si comprendiste!

**A. Hechos y acontecimientos.** ¿Recuerdas los datos más importantes de la lectura? Para asegurarte, completa estas oraciones.

1. A la isla que hoy llamamos Puerto Rico, los taínos la llamaban...
2. Cristóbal Colón le dio a la isla el nombre de...
3. En 1508 Juan Ponce de León...
4. Con el tiempo, las denominaciones de la ciudad capital y de la isla...
5. El Castillo de San Felipe del Morro servía para...
6. En 1898, a diferencia de Cuba, en Puerto Rico no...
7. El producto agrícola que sustituyó al café en Puerto Rico después de la Guerra Hispano-Estadounidense de 1898 fue...
8. La ley que declaró a todos los residentes de Puerto Rico ciudadanos de EE.UU. se llama... Se aprobó en...
9. Con la nueva constitución de 1952, los puertorriqueños que lograban...
10. En el siglo XX, la agricultura fue reemplazada como base de la economía de Puerto Rico por...

**B. A pensar y a analizar.** En grupos de tres, expliquen cómo dos islas caribeñas, Puerto Rico y Cuba, acabaron en campos políticos totalmente opuestos: los puertorriqueños que llegaron a ser ciudadanos estadounidenses y los cubanos que fueron los principales enemigos de EE.UU.

# Ventana *al Mundo 21*

## Felisa Rincón de Gautier: alcaldesa por excelencia

**Felisa Rincón de Gautier** (1897–1994), política y humanitaria, es un excelente ejemplo de la determinación que caracteriza a la mujer puertorriqueña. De joven, se adornaba con ropas elegantes, pero por las tardes, jugaba al béisbol, un deporte practicado por las mujeres de esa época. Desde adolescente le dolían la falta de derechos de la mujer y la situación de los pobres. En 1932 fue la primera y única mujer que votó en las elecciones y seis años más tarde, en colaboración con su amigo y líder político Luis Muñoz Marín, ayudó a formar el Partido Popular Democrático. Por entonces, un violento huracán destruyó las viviendas de miles de personas. Este desastre convenció a doña Felisa que solamente como alcaldesa podría llevar alivio a los necesitados. Venció la oposición de su familia, aceptó el nombramiento, y en 1946 fue proclamada primera alcaldesa de San Juan, puesto que mantuvo hasta 1968. Durante sus veintidós años como alcaldesa, San Juan se convirtió en el centro financiero y turístico del Caribe. En colaboración con Luis Muñoz Marín, contribuyó significativamente a la transformación de Puerto Rico de uno de los países más pobres del Caribe a uno de los de mayor progreso en el Hemisferio Occidental.

Entre un sinnúmero de galardones y condecoraciones que doña "Fela" recibió, están la Medalla de Oro de Honor de España, la Medalla de Juana de Arco de Francia, la Medalla de Oro de Honor y de Mérito de Ecuador y el Premio de la Orden de Israel. Trabajó arduamente hasta cuando se jubiló de la vida política a los setenta años. Murió a los noventa y seis años en 1994.

**Felisa Rincón.** Contesta estas preguntas con un(a) compañero(a).

1. ¿Qué motivó a doña Felisa a entrar en la política de Puerto Rico?
2. ¿Qué la convenció a postular el puesto de alcaldesa de San Juan? ¿Cómo cambió la ciudad capital durante su alcaldía? ¿Cómo cambió el país?
3. En tu opinión, ¿cuáles son algunas de las dificultades que Felisa Rincón tuvo para llevar a cabo sus responsabilidades como la primera alcaldesa de San Juan? Prepara una lista de todos los problemas que crees que ella tuvo que vencer.

# 🌀 ¡Y ahora, ¡a leer!

## Anticipando la lectura

Con un(a) compañero(a), contesta estas preguntas.

1. ¿Dónde y con qué frecuencia recitaban la jura de la bandera *(pledge of allegiance)* en tu escuela primaria? ¿Quiénes la recitaban? ¿Dónde la recitaban?

2. ¿Era obligatorio recitar la jura de la bandera? ¿Había personas que se rehusaban a recitarla? ¿Por qué se rehusaban?

3. ¿Cuándo y dónde aprendiste a cantar el himno nacional de EE.UU.? ¿Con qué frecuencia lo cantaban en tu escuela? ¿Entendías el significado de las palabras que cantabas?

4. ¿Aprendiste a cantar canciones extranjeras como "Alouette", "Frère Jacques" u "O Tannenbaum" en la escuela primaria? ¿Cuáles? ¿Entendías el significado de las palabras?

5. ¿Sabes alguna canción en una lengua extranjera ahora? ¿Cuál? Recita la primera estrofa y dile el significado de las palabras a tu compañero(a).

6. Mira el subtítulo de este fragmento de *Raquelo tiene un mensaje* y léelo en voz alta. ¿Cuál es su significado? ¿Por qué está escrito de esta manera? Hojea el texto rápidamente y encuentra otras citas en el fragmento que están escritas de la misma manera y explica su significado.

### Conozcamos al autor

**Jaime Carrero García,** novelista, dramaturgo, cuentista y periodista puertorriqueño, nació en Mayagüez en 1931 y se educó en las escuelas públicas de esa ciudad. En 1949 se mudó a Nueva York para estudiar arte. Durante el conflicto de Corea tuvo que alistarse y participar en campañas militares. Después de la guerra, regresó a Puerto Rico para completar los estudios secundarios y universitarios. Más tarde, en Nueva York, obtuvo su maestría en arte. Jaime Carrero no solamente es un artista de mucho talento sino también es un escritor consumado que ha recibido galardones importantes por sus novelas, dramas y obra poética. Le interesa profundamente la situación de los estudiantes de su país de origen. Esa inquietud se refleja en sus tres dramas, *El caballo de Ward* (1970), *Veinte mil Salcedos* y *Noo Yoll* (1974).

"Oh, sey can yu sí baí de don-serly laí..." es el primer capítulo de la novela *Raquelo tiene un mensaje* (1967). Este capítulo, como toda la novela, trata de los problemas de Wayne Rodríguez, un joven maestro puertorriqueño criado en Nueva York, que regresa a la isla para enseñar inglés en una escuela pública. En este fragmento que aquí se presenta, el maestro enfrenta un problema pedagógico: ¿Deben los alumnos cantar lo que no entienden?

## LECTURA

# Raquelo tiene un mensaje

### "OH, SEY CAN YU SÍ BAÍ DE DON-SERLY LAÍ..."

El perfil° del himno de los Estados Unidos de América comenzaba a viajar por todos los rincones° de la Escuela Hawthorne de Pueblo S
cuando llegué al portón° de alambre.° Entré acompañado del *juat so
prouly ui jeil at the tuilai las gliming,* en un acento duro y conocido, como
5 era el acento de los niños de esta escuela. No había un alma por los alrededores. Sólo los bancos° de cemento, ésos que dicen: «Donado por la clase del
1948» o «En honor a nuestro prócer Hostos» o, sencillamente, «Obsequio° de
Ron Blanco, la verdadera calidad.» Pero es que el aire de la mañana de mayo
(terminando el curso escolar), me trajo los recuerdos que me acompañaban
10 cuando caminaba rápidamente hacia mi salón de clases, en el edificio
amarillo-canario, el edificio más grande de la escuela, en donde se suponía
que yo enseñara inglés. A veces debo hablar en pasado. Allá adentro, en cada
salón: setecientos niños. Diríase° que todos estaban en el mismo salón. Yo no
veía la diferencia. Mis discípulos de quinto grado también.
15 Sabía que era tarde, el himno me lo decía (Libia y San Juan destruyeron mi
sentido del tiempo); pero sabía además que el principal, Mr. Carlino, esta vez
no estaría espiándome° ya que «todo era cuestión de tiempo» (Mr. Carlino
tenía la seguridad de haberme ganado el último *round;* mis días estaban con-
tados° y los días difíciles de él también). Yo sabía todo eso. No tenía que es-
20 perar un milagro. Es más, todos los niños lo sabían (con la gran diferencia en
mi contra, de que los niños no conocían las razones).

*profile*
**por...** por todas partes
puerta grande / *wire*

asientos

Regalo

Se podría decir

observándome

*numbered*

Sólo Lucas, el Conserje,° el F.B.I. del principal, había pasado como una
sombra fugaz.° Pasó sin mirarme. También su trabajo estaba hecho.

*Oh, sey do dat estar-espangel baner jet veiv over de land...*

25 Por ahí entonaban el himno cuando subí los escalones rumbo al° segundo
piso en donde mis discípulos° también cantaban ahora: «Sin mi permiso,» *of
de fri an de jom of de breiv...* en el acento herrumbroso° que tanto parecía
apreciar Mr. Carlino y que yo detestaba tanto porque no era ni una cosa ni la
otra.

30 La ráfaga° de aire fresco de «La tierra de borinquen, donde he nacido yo,»[1]
había pasado. Ahora yo subía los escalones° de la larga escalera, en dirección
a mi salón, derecho a mi salón, al salón en donde mis estudiantes, tiesos°
como varas de árbol seco, con bocas en punta de *O*, la mano derecha de todos
en el pecho, los ojos fuera de ritmo; todos, como pidiendo aire, porque la
35 repetición que se hacía día tras° día les había robado la espontaneidad de sus
ojos, de sus bocas y de sus cuerpos secos por otras razones que no se men-
cionaban en el himno.

[ . . . ]

En seguida que el principal desapareció me dediqué a *curiosear*° el himno
40 norteamericano cantado en la única escuela de Pueblo S, la Nathaniel
Hawthorne, según lo dicho por Baeza. A lo mejor se cantaba en otros sitios de
Pueblo S, pero me importaba esta escuela porque en ella era que iba a enseñar
el inglés. Ese primer día dije que me llamaba Wayne Rodríguez, que íbamos a
aprender inglés juntos y que quería hacerles unas preguntas. Convencido de
45 que los colores como las palabras se enseñaban en su forma más abstracta
cuando la capacidad del niño estaba lista para recibir eso como alimento, dije:

—Tú, ¿cómo te llamas?

—Juanita Ruiz.

—Dime, Juanita, ¿te gusta cantar los himnos?

50 —Sí, me gusta.

—Los dos himnos, supongo.

—Sí.

Voz dulce, como de gelatina.

—Juanita, ¿te gusta cantar en inglés o en español?

55 Cara seria. Parece buscar la contestación en sus zapatos.

—En los dos...

Los niños estaban atentos. No parecía que estuvieran acostumbrados a
contestar preguntas directas.

—Dime, Juanita, ¿qué quiere decir la palabra *star* para ti?

60 Juanita buscó de nuevo en sus zapatos. Entonces, yo dije *estar* por *star*,
que era como lo había escuchado en las voces del himno.

—Ah, *estar* quiere decir estrella...

Ruidos y risas en el salón. Diciendo, tal vez, *sabemos.*

Luego, pregunté:

65 —¿Y, *dawn*?

—No sé.

—*Proof*?

—No sé.

Por ahí seguí con otros niños: —*Thoughts*? «No sé»; *Gallantry*? «No sé»;
70 *Flag*? «Bandera»; *Bursting*? «No sé»; *Perilous*? «No sé». «¡No sé, no sé, no

---

[1]Aquí se refiere a un verso de "La Borinqueña", el himno nacional de Puerto Rico.

empleado que limpia
momentánea

**rumbo...** en ruta al
estudiantes
*rusty*

movimiento violento
pasos
rígidos

después de

investigar

sé!»… Los *no sé* iban y venían de fila en fila y de cara en cara. Los *no sé* desfloraban° ya mi curiosidad.

violaban

Pasé por todas las caras y volví a Juanita:

—¿Qué crees tú que dicen las palabras del himno de los Estados Unidos? Meneo° de cabeza. Parpadeo° de ojos.

Movimiento / Cerrar y abrir

—Algo de la bandera…, de una bandera…

—Y, ¿qué más?

—No sé.

Yo no intentaba saber más que el Reverendo Edwards. Yo no quería ser tan listo. Todo lo que sabía era que yo era el maestro de Quinto grado. Yo. Nada de lo que había aprendido en pedagogía° me daba una solución fácil para el himno.

enseñanza

*Los estudiantes no deben repetir palabras cuyos significados no hayan sido definidos. Los sonidos son la primera fase de los lenguajes. El vocabulario es importante si se sabe de antemano que el sonido es…*

Nada. Nada me decía a mí que el *Star-Spangled Banner* cabía allí. No cabía.°

**No…** No tenía sentido.

*Audio-Oral or Audio-lingual first…*

No cabía. Por lo menos, no cabía ahora.

¿Había intentado alguien lo que yo intentaba ahora? ¿Habría tenido suerte alguien con este *sondeo*° al que me dedicaba el primer día? Y si alguien había intentado lo que yo, ¿cuáles eran los resultados y cuáles las consecuencias?

encuesta

¿Qué habría dicho el principal en un caso así? Lo que sé es que lo que llaman *cociente de inteligencia,*° parecía haberse evaporado del grupo; como que yo no sentía bordes en mi búsqueda; como que todo era difuso, inmedible° (si se puede usar la palabra). Sentía yo la sensación que siente uno en el mar cuando uno trata de avanzar rápidamente y no puede; una sensación como la que debe sentir un ciego cuando sabe que está cerca de un bulto° y no puede precisar lo que es; pero puede *reconocer* su presencia, aunque se quede ahí, eternamente, porque nadie puede quitarle el bulto del frente.

**cociente…** *I.Q.* no se podía medir

forma, cuerpo

Yo intentaba sacar el bulto del frente de todos modos. Por eso, hablé de *La Borinqueña* con los niños.

De *La Borinqueña* me dijeron más. Recuerdo que escribí las contestaciones que había escuchado; mejor digo, las que recordaba. Al llegar al hospedaje° Marisa, la joven universitaria, me había preguntado que si iba torpedeado° porque había hecho un viraje° violento hacia mi cuarto para copiar las contestaciones que había escuchado de los niños.

residencia rápido como un torpedo / cambio de dirección

«Boriquen es un nombre indio.»

«Borinquen es la isla.»

«Uno vive en la isla del sol. Hay palmas.»

«Dice que yo nací en la isla y veo el sol.»

«Colón vino y vio a Puerto Rico y la descubrió.»

«Como hay tantas palmas y tantas cosas verdes, este es un jardín.»

«¿Primor? Que es un jardín bonito.»

«Que hay mar y jardines y palmas y verde y azul y flores.»

Yo no iba *torpedeado*. No quería perder ni un detalle de lo que había escuchado. Además, quería estar seguro de hacer una decisión correcta. La decisión tenía que ser correcta desde el punto de vista lingüístico. Escribí en mi diario:

«Contestaciones salen de un grupo pequeño. Mayoría hace mohínes° tímidos. Me satisfizo resultado. Saben más del himno de Puerto Rico. He llegado a una conclusión.»

**hace…** *makes faces*

Sin pedirle permiso a nadie hice mi decisión. Veredicto:

—Desde hoy en adelante° no cantaremos más el himno de los Estados
Unidos. Sólo después que yo les haya explicado lo que quieren decir las pa-
125 labras, entonces, lo volveremos a cantar.

Así de claro. En español. Porque jamás habrían entendido su traducción.
Lo repetí. Claramente. No quería dudas ni malas interpretaciones. Los niños
siempre son el barómetro de lo que el profesor hace y dice. Son críticos más
sabios que los supervisores. No le tienen miedo a la verdad estos niños porque
130 aún no conocen ellos sus propias intenciones.

**Desde...** *From now on*

## ¿Comprendiste la lectura?

**A. Hechos y acontecimientos.** Contesta estas preguntas.

1. ¿Cuándo comienza el cuento, a principios del año escolar, a mediados o a fines?
2. ¿Cómo se llamaba la escuela donde enseñaba Wayne Rodríguez? ¿En qué pueblo estaba? ¿Cómo se llamaba el director de la escuela?
3. ¿Qué hacían los niños de la escuela cuando Wayne llegó ese día? ¿Con qué frecuencia hacían esa actividad? ¿Por qué la hacían?
4. ¿Qué enseñaba Wayne Rodríguez? ¿Cuántos estudiantes había en la escuela?
5. ¿Por qué dijo Wayne que "Mr. Carlino tenía la seguridad de haberme ganado el último *round*"? Explica.
6. ¿Quién era el espía del director y cuál era su oficio?
7. ¿Qué descubrió Wayne cuando decidió investigar si sus estudiantes entendían las palabras de *Star Spangled Banner*?
8. ¿Por qué no tenían los niños el mismo problema cuando cantaban *La Borinqueña*?
9. ¿Qué conflicto existía entre la pedagogía que Wayne había aprendido y el cantar el himno de EE.UU.? Explica.
10. ¿Qué decidió hacer Wayne con respecto al himno de EE.UU.?
11. En tu opinión, ¿cómo reaccionó el director cuando supo de la decisión de Wayne? ¿Por qué crees eso?
12. ¿Estás de acuerdo con los últimos dos comentarios de Wayne cuando se refiere a los niños como "barómetro" y "críticos"? Explica.

**B. A pensar y a analizar.** En grupos de tres, completen estas actividades.

1. ¿Crees que los niños deben entender todas las palabras de lo que cantan? ¿Crees que no deben cantar el himno nacional en su propia lengua si no lo entienden? ¿Por qué?
2. En tu opinión, ¿era buen maestro Wayne? ¿Por qué sí o por qué no?
3. Describe la voz narrativa de este fragmento. ¿En qué persona se narra el episodio? ¿Quién es el narrador?
4. Comenta acerca del uso del tiempo en esta narración. ¿Se desarrolla la acción cronológicamente? Explica.

# Introducción al análisis literario

## El ambiente (I)

**El ambiente** da la información, el estado de ánimo y el contenido que se necesita para entender mejor una narración. El ambiente puede indicar el lugar donde viven y las condiciones socioeconómicas de los personajes. También puede comunicar mucho del estado de ánimo o del bienestar psicológico de los mismos.

El ambiente varía muchísimo de una obra a otra; puede reflejar la realidad o fantasía y puede ser muy detallado o bastante nebuloso. Por ejemplo, en el fragmento de *Raquelo tiene un mensaje,* el narrador, en pocas palabras, establece la atmósfera de una escuela puertorriqueña cuando dice:

> No había un alma por los alrededores. Sólo los bancos de cemento, ésos que dicen: «Donado por la clase del 1948»...

**A. El ambiente.** Con un(a) compañero(a), prepara una lista de las descripciones que el autor Jaime Carrero hace de la entrada de la escuela, del edificio mismo y del salón de Wayne Rodríguez en este fragmento de *Raquelo tiene un mensaje.* Luego comparen su lista con la de otra pareja.

**B. Adivina el lugar.** En parejas, preparen una descripción de un lugar de su universidad o de la ciudad donde se sitúa, sin usar más de treinta palabras. Pero no identifiquen el lugar; es un secreto. Luego lean lo que escribieron a la clase para ver si los otros pueden adivinar qué lugar es. Después de escuchar todas las descripciones, decidan quiénes escribieron las mejores.

> **Modelo:** Siempre repleto de estudiantes, en esta sección del campus se llega a oler lo amargo de las hojas en los árboles y se escucha al caminar sobre el pasto.

# Cultura
## ¡en vivo!

## Puerto Rico: entre libre asociación, estadidad o independencia

Continuar con modificaciones el Estado Libre Asociado (ELA) establecido desde 1952, convertirse en el estado número cincuenta y uno de EE.UU. o alcanzar la independencia son las tres alternativas políticas de los 3.8 millones de puertorriqueños en la isla. Tanto para Puerto Rico como para EE.UU las implicaciones son enormes: el gobierno de EE.UU. gasta seis mil millones al año en ayuda federal a la isla; casi 250 corporaciones norteamericanas operan en la isla y bajo un plan de incentivo económico no pagan impuestos federales.

Un argumento en favor de la estadidad es que los puertorriqueños tendrían los mismos derechos que el resto de los norteamericanos. Sus dos senadores y siete congresistas en el Congreso constituirían el grupo hispano más poderoso en Washington. Una gran desventaja es que Puerto Rico tendría que pagar impuestos federales y aumentaría el desempleo ya que muchas empresas abandonarían la isla al verse obligadas a pagar impuestos.

Tal vez el punto de mayor controversia es que, de convertirse en estado, el congreso norteamericano no garantiza el derecho de Puerto Rico a preservar sus tradiciones, ni tampoco el idioma español. Jaime Benítez, uno de los creadores del Estado Libre Asociado, afirma: "El ELA es un punto intermedio que nos permite retener el idioma, nuestra personalidad, además de los beneficios y ventajas de la relación con Estados Unidos".

En noviembre de 1993, el 48,4 por ciento de los puertorriqueños decidieron continuar con el Estado Libre Asociado. En otro voto en 1998, el 46,5 por ciento favorecieron ser el estado número cincuenta y uno de EE.UU. y 50,3 votaron por no decidir, lo cual implica un voto en contra. Por lo tanto, el futuro político de la isla sigue siendo un

tema de discusión tremendamente emocional. Es debatido con tanto fervor y calor que muchos bares, cafés y restaurantes tienen letreros que piden a los clientes que "no discutan política" en el lugar. La decisión definitiva no es fácil ya que las tres opciones están cargadas de muchas implicaciones económicas y sociales que significarán ajustes dramáticos para los puertorriqueños.

**Debate.** En grupos de seis, tengan un debate sobre las tres alternativas que se les ofrecen a los puertorriqueños: libre asociación, estadidad o independencia. Dos personas de cada grupo deben elegir una de las tres alternativas y prepararse para defenderla. Luego tengan el debate e informen a la clase quién ganó.

# Mejoremos la comunicación

## Para hablar de la inmigración y aduana

### Al hablar de los documentos

**Declaración de ciudadanía/inmigración**

Favor de completar antes de llegar a la aduana.

Apellido(s)          Nombre          Inicial

Domicilio

Ciudad          Estado/Provincia          Código postal

Nacionalidad          Número de teléfono          Profesión

Sexo:          Estado civil:          ¿Está Ud. jubilado?
M   F          Casado   Divorciado          Sí   No
              Soltero   Viudo

País de ciudadanía          Lugar de nacimiento          Seguro social          Fecha de nacimiento

Número de pasaporte          Fecha de entrega          Fecha de caducar          Nacionalidad

—Señores pasajeros, su atención, por favor. En preparación para pasar por inmigración, es importante que llenen su declaración de ciudadanía y que tengan su pasaporte a mano antes de aterrizar.

*Ladies and gentlemen, your attention please. In preparation for going through immigration, it is important that you fill out your citizenship declaration and that you have your passport handy before landing.*

**documento** *document*

**tarjeta de identificación** *identification card*

—¿Dónde conseguiste la visa?

*Where did you get your visa?*

— Mandé pedirla al consulado. Sólo tuve que mandar la documentación que pedían e informarles de la fecha de llegada o entrada al país y la de salida.

*I sent to the consulate for it. I only had to send the documentation they asked for and inform them of the arrival or entry date into the country and the departure date.*

### Al pasar por la aduana

— No vamos a tener que pagar derechos de aduana, ¿verdad?
— Sí, pero tenemos que declararle todas nuestras compras al inspector de aduana.
— ¿Necesitamos todas las facturas para probar el costo de cada compra? ¿Nos van a registrar las maletas para asegurarse de que no llevemos contrabando?
— Sí, es triste, pero con tanto terrorismo internacional, no basta con sólo hacer la declaración de ciudadanía al cruzar la frontera.

*We're not going to have to pay customs duties, right?*
*Yes, but we have to declare all our purchases to the customs inspector.*
*Do we need all the receipts to prove the value of each purchase? Are they going to search our suitcases to make sure we are not smuggling anything contraband?*
*Yes, it's sad, but with so much international terrorism, it's not enough solely to declare your citizenship when crossing the border.*

# ¡A conversar!

**A. En la aduana.** Pregúntale a un(a) compañero(a) de clase sobre sus experiencias en la aduana. ¿Ha tenido algún contacto con la aduana recientemente? ¿En qué frontera fue? ¿Qué declaró? ¿Tenía todas las facturas? ¿Le revisaron las maletas? ¿Llevaba algo de contrabando? Si no ha tenido un contacto directo él(ella) mismo(a), pídele que narre una experiencia de un(a) amigo(a), un(a) pariente o un incidente de aduana que vio en la televisión.

**B. Dramatización.** Con dos compañeros(as) de clase, dramatiza la siguiente situación. Tú y un(a) amigo(a) están en la aduana y, como tienen cara de sospechosos(as), el(la) agente de aduana decide revisarles todo: pasaporte, tarjeta de identificación, maletas, etcétera. Desafortunadamente, encuentra algo que sospecha es contrabando y Uds. tienen que probar que no lo es.

## Palabras claves: nación

Con un(a) compañero(a), descubre el significado de estas palabras relacionadas con la palabra **nación** y luego contesta las preguntas.

1. ¿Cuál es tu **nacionalidad**?
2. ¿Cómo te **nacionalizaste**?
3. ¿Qué opinas del **nacionalismo**?
4. ¿Eres **nacionalista**?
5. ¿Siempre compras productos **nacionales**?

## ¡Luz! ¡Cámara! ¡Acción!

# Puerto Rico: un encuentro con la historia

Esta selección del video presenta la parte antigua de San Juan, capital fundada en 1521 y declarada patrimonio cultural de la humanidad por la UNESCO en 1983. Allí los españoles dejaron su huella en El Morro, una magnífica fortaleza que alzaron con el telón de fondo de un mar maravilloso. El viejo San Juan es la sección de la ciudad que más vestigios guarda de su pasado colonial. Como dicen los mismos puertorriqueños, "Si San Juan es la capital de Puerto Rico, el viejo San Juan es el corazón de todo el país".

"En mi viejo San Juan", la hermosa canción de Noel Estrada, es una de las expresiones más atesoradas por los puertorriqueños. La música melodiosa y evocativa acompaña a la perfección la poesía de las palabras que pregonan a esta parte antigua de la ciudad como el escenario de significativos momentos de la vida de la isla.

## Antes de empezar el video

Contesten estas preguntas en parejas.

1. Si tuvieras que seleccionar una ciudad como la más representativa del pasado colonial de EE.UU., ¿cuál sería? ¿Por qué?
2. En tu opinión, ¿qué es más importante para los estadounidenses, su legado colonial y sus vínculos con Inglaterra o su herencia indígena? Explica.
3. ¿Cuáles son algunas canciones que inmortalizan ciudades estadounidenses? ¿Son canciones simplemente sentimentales o pueden considerarse patrióticas también? Explica.

## ¡A ver si comprendiste!

**A. Puerto Rico: un encuentro con la historia.** Contesta estas preguntas con un(a) compañero(a) de clase.

1. ¿Por cuánto tiempo fue Puerto Rico territorio de los españoles? ¿Cuándo abandonaron los españoles la isla? ¿Por qué la abandonaron?
2. ¿Qué representa el Morro?
3. ¿Cuándo nombró Puerto Rico su propio gobernador? ¿Quién fue el primer gobernador?
4. ¿Es Puerto Rico un país independiente? Explica.

**B. A pensar y a interpretar.** Contesta estas preguntas.

1. ¿Qué opinas de la canción "En mi viejo San Juan"? ¿Es como las canciones norteamericanas que inmortalizan ciudades específicas? ¿Por qué?
2. ¿Por qué se dice que el viejo San Juan es el corazón de Puerto Rico? ¿Qué implica esto?

3. En tu opinión, ¿por qué hace resaltar esta selección del video los vínculos históricos entre Puerto Rico y la madre patria?

4. Como Estado Libre Asociado, ¿con quién crees que se identifican más los puertorriqueños, con sus raíces indígenas, con su legado español o con EE.UU., su vínculo político actual? ¿Por qué crees eso?

## Exploremos el ciberespacio

Explora distintos aspectos del mundo puertorriqueño en las actividades de la red que corresponden a esta lección. Ve primero a **http://college.hmco.com** y de ahí a la página de *Mundo 21.*

# Nicaragua, Honduras y Costa Rica: entre el conflicto y la paz

**Paisaje montañoso**

## ¡Bienvenidos a Nicaragua, Honduras y Costa Rica!

¿Qué tienen en común estos tres países? ¿Cuáles son algunas diferencias entre ellos? Tal vez te ayude pensar en el subtítulo de esta unidad.

**Nombre oficial:**
*República de Nicaragua*

**Población:**
*4.583.379 (est.)*

**Principales ciudades:**
*Managua (capital), León, Granada, Masaya*

**Moneda:**
*Córdoba (C$)*

# Gente
## del Mundo 21

**Violeta Barrios de Chamorro,** directora de *La Prensa* y ex-presidenta de Nicaragua (1990–1996), nació en 1930. En 1950 se casó con Pedro Joaquín Chamorro, editor del periódico *La Prensa* y destacado opositor al dictador Anastasio Somoza. Tras el asesinato de su esposo en 1978, continuó en la dirección de su periódico. Formó parte de la junta revolucionaria (de julio de 1979 a abril de 1980) que tomó el poder después de la caída de Somoza. Frente al sandinismo, pasó a la oposición y llegó a la presidencia en 1990 cuando derrotó en elecciones libres a Daniel Ortega, el candidato del régimen sandinista. Su gobierno logró una reconciliación con las fuerzas contrarrevolucionarias y reanudó lazos de amistad con EE.UU. En 1997 volvió a ser directora del periódico *La Prensa.*

**José Solano,** actor nicaragüense que hace el papel de un salvavidas llamado Manny Gutiérrez, fue el primer personaje latino que apareció en *Baywatch.* Esta serie televisada norteamericana ha alcanzado uno de los niveles más altos de popularidad en muchos países del mundo. Este actor, nacido en 1970, ha sido atleta desde niño. Como corredor ganó un sinnúmero de competencias cuando estaba en la escuela secundaria y recibió una medalla de oro por jugar al fútbol en las Olimpiadas Juveniles. Por eso, el hacer el papel de salvavidas le resultó fácil: «Es mi oportunidad de destacarme y hacer mía la escena», dice Solano, el ganador del *Nosotros Golden Eagle Award* (1997) por ser el actor joven de mayor promesa. Solano proviene de una familia muy unida. Su papá administra su carrera y, cuando puede, su mamá le lleva al estudio de filmación uno de sus platos favoritos, el arroz con pollo.

## Otros nicaragüenses sobresalientes

**Gioconda Belli:** poeta

**Mario Cajina-Vega:** cuentista

**Lizandro Chávez Alfaro:** cuentista, novelista, ensayista, poeta y diplomático

**Pablo Antonio Cuadra:** poeta, editor y periodista

**Bernard Dreyfus:** pintor

**Armando Morales:** pintor, dibujante y grabador

**Daniel Ortega:** político y líder sandinista

**Sergio Ramírez:** cuentista, novelista, editor y político

**Orlando Sobalvarro:** pintor

**Daisy Zamora:** poeta

**Ernesto Cardenal,** poeta y sacerdote nicaragüense, representa al humanista latinoamericano comprometido con la lucha por la justicia social. Nació en la ciudad de Granada en 1925 y se educó con los jesuitas del Colegio Centroamericano. Estudió en México y los EE.UU., donde estuvo en el monasterio *Our Lady of Gethsemani* de Kentucky de 1957 a 1959. Ahí conoció al abad Thomas Merton, uno de los poetas norteamericanos que más lo influyen. Su deseo de poner su fe religiosa al servicio del pueblo lo llevó a fundar la comunidad de Nuestra Señora de Solentiname, proyecto que fue prohibido por el gobierno de Somoza. Más tarde, sirvió de ministro de cultura en el gobierno sandinista. En su poesía existen dos temas principales: la denuncia social y la vertiente mística. Los poemas de *Salmos* (1964) denuncian la injusticia con una fuerza moral bíblica. Algunas de sus obras más recientes son *Canto cósmico* (1991), un gran poema místico que recuenta la creación del universo, y *Telescopio en la noche oscura* (1993).

## Personalidades del Mundo 21

Contesta estas preguntas. Luego compara tus respuestas con las de tus compañeros(as) de clase.

1. ¿Qué logró el gobierno de Violeta Barrios de Chamorro? En tu opinión, ¿qué motiva a una mujer a querer encabezar el gobierno de un país con tantos problemas políticos? ¿Crees que una mujer está mejor capacitada que un hombre para lograr la reconciliación? ¿Por qué?

2. ¿Qué preparó a José Solano para hacer el trabajo de salvavidas en el programa *Baywatch*? ¿Crees que abandonó su cultura y herencia hispana al aceptar ese papel? ¿Por qué? ¿Cuáles son otros actores hispanos que tienen o han tenido roles en series televisadas en EE.UU.?

3. ¿Cuál es el tema de la poesía de Ernesto Cardenal? ¿Por qué piensas que escribe de esto? ¿Crees que es compatible el ser sacerdote y al mismo tiempo participar en el gobierno del país? ¿Por qué crees que el papa Juan Pablo II lo criticó públicamente en su visita pastoral a Nicaragua?

# Del pasado al presente

# Nicaragua: reconstrucción de la armonía

## Los orígenes

A orillas del lago Xolotlán o Managua se encuentran las famosas huellas de Acahualinca que se calcula fueron impresas por nativos hace más de seis mil años. Cuando los conquistadores españoles llegaron al territorio nicaragüense, lo encontraron habitado por distintos grupos étnicos. El grupo más desarrollado era el pueblo nicarao, del que se derivó el nombre del país. Este era un pueblo nahua procedente del norte y relacionado con la cultura mesoamericana.

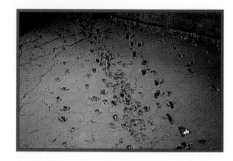

**Las huellas de Acahualinca**

En la región del Caribe existían también grupos relacionados con la familia lingüística chibcha de Sudamérica. Los misquitos y los sumos se derivan de estos grupos. La mayor parte de la población nicaragüense actual está formada por mestizos (mezcla de blancos e indios), zambos (mezcla de indios y negros) y mulatos (mezcla de blancos y negros). También existe una minoría de raza blanca y otra de raza negra.

## La colonia

Cristóbal Colón en 1502 exploró en barco la costa oriental de Nicaragua. Pero no fue hasta 1522 que comenzó la conquista de Nicaragua con la expedición de Gil González Dávila procedente de Panamá. Dos años más tarde se fundaron León y Granada, que después se convertirían en los dos centros principales de la vida colonial.

Como en otros países del Caribe, la población indígena fue aniquilada por las enfermedades traídas de Europa y por los abusos de los españoles. Se calcula que más de 200.000 indígenas de Nicaragua —casi un tercio de la población total— fueron forzados a trabajar en las minas de oro y plata de Perú entre 1528 y 1540.

Los españoles establecieron ricas haciendas donde cultivaban cacao, caña de azúcar, tabaco y añil. Pronto comenzó la rivalidad entre

**Granada en el siglo XX**

las ciudades de Granada, la más rica, y León, la capital administrativa.

## La independencia

Como sus vecinos centroamericanos, Nicaragua también fue incorporada a la Capitanía General de Guatemala, que el 15 de septiembre de 1821 declaró su independencia de España. En 1822 se unió brevemente al imperio mexicano y en 1823 formó parte de la federación de Provincias Unidas de Centroamérica. El 12 de noviembre de 1838 se proclamó una nueva constitución que establecía a Nicaragua como un estado autónomo e independiente.

Aprovechando las luchas entre los liberales de León y los conservadores de Granada, un aventurero estadounidense, William Walker, tomó el poder en 1856. Fue derrotado el año siguiente por el esfuerzo combinado de las repúblicas centroamericanas. Managua fue elegida como capital de Nicaragua en 1857 a fin de terminar con el conflicto entre las ciudades de León y Granada que se disputaban el gobierno regional.

## La intervención estadounidense

**César Augusto Sandino**

Entre 1909 y 1933 hubo varias intervenciones de *marines* norteamericanos, según se dice para proteger a ciudadanos estadounidenses y sus propiedades; estas intervenciones afectaron negativamente el desarrollo político del país. César Augusto Sandino fue el líder de un grupo de guerrilleros que luchó contra las tropas de EE.UU. Al irse los *marines* en 1933, Sandino terminó la lucha armada. Al año siguiente, Anastasio Somoza García, el jefe de la Guardia Nacional, ordenó la muerte de Sandino. Somoza depuso al presidente Juan Bautista Sacasa y se proclamó presidente el primero de enero de 1937.

Comenzaba así el período de gobierno oligárquico de la familia Somoza (1937–1979) que incluye los gobiernos de Anastasio Somoza García y de sus hijos, Luis Somoza Debayle y Anastasio (Tachito) Somoza Debayle.

## Evolución sandinista

La oposición al gobierno unió a casi todos los sectores del país después del asesinato de Pedro Joaquín Chamorro, editor del diario *La Prensa,* ocurrido el 10 de enero de 1978. El Frente Sandinista de Liberación Nacional (FSLN) incrementó sus ataques militares. El gobierno estadounidense retiró su apoyo al gobierno y Anastasio Somoza Debayle salió del país el 17 de julio de 1979. Dos días después entraron victoriosos a Managua los líderes de la oposición sandinista.

La guerra civil costó más de treinta mil vidas humanas y destrozó la economía del país. La Junta de Reconstrucción Nacional de cinco miembros tomó el poder y se vio reducida a tres en 1981 por renuncias de los miembros moderados. Aunque hubo una exitosa campaña de educación por todo el país, pronto los esfuerzos del régimen sandinista se vieron obstaculizados por continuos ataques de guerrilleros antisandinistas ("contras") apoyados por el gobierno de EE.UU. El régimen sandinista, a su vez, recibió ayuda militar y económica de Cuba y de la Unión Soviética.

**Los sandinistas entran a Managua, 1979**

## Difícil proceso de reconciliación

Así en la década de los 80, las relaciones entre Nicaragua y EE.UU. se deterioraron gravemente. EE.UU. acusó a los sandinistas de ayudar a la guerrilla salvadoreña, mientras que Nicaragua, a su vez, acusaba al gobierno estadounidense de intervenir en los asuntos internos de Nicaragua. La relocalización forzada de diez mil misquitos causó un serio conflicto entre el régimen sandinista y grupos armados de misquitos y sumos.

En noviembre de 1984 fue elegido presidente el líder del Frente Sandinista, Daniel Ortega. En las elecciones libres de 1990, Ortega fue derrotado por la candidata de la Unión Nacional Opositora (UNO), Violeta Barrios de Chamorro, cuyo gobierno logró la pacificación de los "contras", reincorporó la economía nicaragüense al mercado internacional y reanudó lazos de amistad con EE.UU. En enero de 1997, hubo otra transición pacífica de poder cuando Violeta Barrios de Chamorro entregó la presidencia a Arnoldo Alemán Lacayo, quien había vencido a Daniel Ortega, el candidato sandinista, en elecciones democráticas. Entre 1995 y 1997, se vio un mejoramiento en la economía del país debido al aumento en exportaciones y la liberalización del comercio internacional. Al pasar al siglo XXI, los esfuerzos del gobierno parecen concentrarse en la reconstrucción del país después de la devastación del huracán Mitch en 1998.

# ¡A ver si comprendiste!

**A. Hechos y acontecimientos.** Con un(a) compañero(a) de clase, escribe una breve definición que explique en tus propias palabras el significado de las siguientes personas, lugares y elementos en la historia de Nicaragua. Luego comparen sus definiciones con las de la clase.

1. las huellas de Acahualinca
2. los nicaraos
3. las minas de Perú
4. César Augusto Sandino
5. el FSLN
6. Pedro Joaquín Chamorro
7. los sandinistas
8. los "contras"
9. Daniel Ortega
10. Arnoldo Alemán Lacayo

**B. A pensar y a analizar.** ¿Qué papel ha tenido EE.UU. a lo largo de la historia de Nicaragua? ¿A quiénes ha apoyado? ¿Ha tenido un efecto negativo o positivo esta participación? Explica.

# Ventana *al Mundo 21*

## Nicaragua: tierra de poetas

Nicaragua es conocida en Latinoamérica como la "tierra de los poetas". En general, para los nicaragüenses, ser "poeta" es una distinción como ser "doctor" o "sacerdote". En este país nació y se crió el gran poeta Rubén Darío (1867–1916), considerado el creador del modernismo, movimiento que transformó las formas tradicionales de poesía en la lengua castellana.

En una época más reciente, el poeta y sacerdote Ernesto Cardenal renovó la poesía y fue influido por poetas norteamericanos como Ezra Pound y Allen Ginsberg que hacen de la realidad cotidiana un tema poético. En 1979, Ernesto Cardenal fue nombrado Ministro de Cultura y en poco tiempo estableció una red de "talleres de poesía" por todo el país. Cerca de setenta talleres llegaron a funcionar, con alrededor de dos mil participantes.

En la última generación de poetas nicaragüenses se destacan varias mujeres como Gioconda Belli, quien escribió *De la costilla de Eva* (1987), libro que fue traducido al inglés, y *El ojo de la mujer* (1993), y Daisy Zamora, autora de *En limpio se escribe la vida* (1988) y *A cada quien la vida* (1994). La poesía de ambas poetas refleja la nueva conciencia que ha surgido entre las mujeres comprometidas con el cambio social.

**Gioconda Belli**

**Tierra de poetas.** Contesta las siguientes preguntas con un(a) compañero(a) de clase.

1. ¿Qué nombre se le da a Nicaragua? ¿Por qué?
2. ¿Cómo se compara el prestigio de ser poeta en EE.UU. con el de serlo en Nicaragua?
3. ¿Qué motiva la poesía de mujeres poetas en las últimas décadas del siglo XX?
4. ¿Cómo explicas que un país como Nicaragua acabe por producir tantos poetas en el siglo XX? ¿Habrá una relación entre su historia y los cuarenta años de productividad literaria? ¿Por qué sí o por qué no?

# Y ahora, ¡a leer!

## Anticipando la lectura

Contesta estas preguntas con dos o tres compañeros(as) de clase.

1. ¿Qué tipo de cuentos escuchabas cuando eras niño(a)? ¿cuentos de fantasía? ¿ de misterio? ¿de horror?
2. ¿Quién te los contaba? ¿tus padres? ¿tus hermanos mayores? ¿tus abuelos? ¿otro(a) pariente?
3. ¿Por qué crees que los cuentos infantiles con frecuencia incluyen fantasía? ¿Cuál es tu cuento de fantasía favorito ahora? ¿Por qué te gusta tanto?
4. ¿Crees que las tiras cómicas y las películas de *Star Wars* y *Jurassic Park*, por ejemplo, son poco más que una extensión de los cuentos de fantasía? ¿Por qué?
5. A base del dibujo de la lectura, prepara una lista de tres tópicos o temas que crees que van a presentarse en el poema de Rubén Darío. Confirma después de leerlo si acertaste o no.

## Conozcamos al autor

**Rubén Darío** (1867–1916), originario de Metapa, que hoy día se llama Ciudad Darío, fue poeta, periodista y diplomático nicaragüense. Es considerado el máximo exponente de la corriente literaria conocida como el modernismo —un movimiento literario caracterizado por la fantasía, el exotismo, un lenguaje refinado y musical y el uso de símbolos para evocar emociones. Este movimiento transformó los moldes tradicionales de la poesía y abrió los horizontes literarios a generaciones.

Desde los once años de edad comenzó a componer versos, y a los trece años ya se le conocía como el "niño poeta". Como diplomático y periodista, Darío recorrió gran parte de Centroamérica y Sudamérica y un buen número de países europeos. Con la publicación en Chile de *Azul* en 1888, un libro de poemas y cuentos, Darío incorpora en la literatura hispanoamericana las innovaciones de los autores franceses. Ocho años más tarde, en 1896, publicó *Prosas profanas* en Buenos Aires, un libro de poemas y, en la opinión de muchos, obra cumbre del modernismo. En 1905 se publicó en España *Cantos de vida y esperanza*, que ha sido considerada su obra maestra. En 1914, al iniciarse la Primera Guerra Mundial, Darío salió de París y se fue a vivir a Nueva York. Después de pasar varios meses enfermo, decidió regresar a la patria donde había nacido, y en 1916 murió.

El poema que sigue se publicó en *Poema de otoño y otros poemas* (1910). Darío lo escribió originalmente en el álbum de poesía de Margarita Debayle, hija del medico francés, Luis H. Debayle, quien vivía en Nicaragua.

# LECTURA

# A Margarita Debayle

Margarita, está linda la mar,
y el viento
lleva esencia sutil de azahar;°          flor del naranjo
yo siento
5  en el alma una alondra° cantar:        tipo de pájaro
tu acento.
Margarita, te voy a contar
un cuento.

Este era un rey que tenía
10 un palacio de diamantes,
una tienda hecha del día
y un rebaño° de elefantes.                gran número

Un quiosco de malaquita,°                 piedra de hermoso color verde
un gran manto de tisú,°                   tela con hilos de oro y plata
15 y una gentil princesita,
tan bonita,
Margarita,
tan bonita como tú.

Una tarde la princesa
20 vio una estrella aparecer;
la princesa era traviesa°                 *mischievious*
y la quiso ir a coger.

La quería para hacerla
decorar un prendedor,°                    *brooch, pin*
25 con un verso y una perla,
una pluma y una flor.

Las princesas primorosas°                 delicadas y elegantes
se parecen mucho a ti.
Cortan lirios,° cortan rosas,             *irises*
30 cortan astros.° Son así.                 estrellas

Pues se fue la niña bella,
bajo el cielo y sobre el mar,
a cortar la blanca estrella
que la hacía suspirar.°                          *sigh*

35  Y siguió camino arriba,
por la luna y más allá;
mas lo malo es que ella iba
sin permiso del papá.

Cuando estuvo ya de vuelta
40  de los parques del Señor°,                   Dios
se miraba toda envuelta°                         cubierta
en un dulce resplandor.

Y el rey dijo: «¿Qué te has hecho?
Te he buscado y no te hallé;°                    encontré
45  y ¿qué tienes en el pecho
que encendido° se te ve?»                        *fiery*

La princesa no mentía.
Y así, dijo la verdad:
«Fui a cortar la estrella mía
50  a la azul inmensidad.»

Y el rey clama:° «¿No te he dicho               exclama
que el azul no hay que tocar?
¡Qué locura! ¡Qué capricho!°                     tontería
El Señor se va a enojar».

55  Y dice ella: «No hubo intento;
yo me fui, no sé por qué,
por las olas y en el viento
fui a la estrella y la corté.»

Y el papá dice enojado:
60  «Un castigo° has de tener:                   penalización
vuelve al cielo, y lo robado
vas ahora a devolver.»

La princesa se entristece
por su dulce flor de luz,
65  cuando entonces aparece
sonriendo el Buen Jesús.

Y así dice: «En mis campiñas°                    tierras, campo
esa rosa le ofrecí:
son mis flores de las niñas
70  que al soñar piensan en Mí».

Viste el rey ropas brillantes,
y luego hace desfilar°                           marchar
cuatrocientos elefantes
a la orilla de la mar.

75 La princesita está bella
pues tiene el prendedor
en que lucen,° con la estrella,        brillan
verso, perla, pluma y flor.

Margarita, está linda la mar,
80 y el viento
lleva esencia sutil de azahar:
tu aliento.°                           respiración

Ya que lejos de mí vas a estar,
guarda, niña, un gentil pensamiento
85 al que un día te quiso contar
un cuento.

## ¿Comprendiste la lectura?

**A. Hechos y acontecimientos.** Contesta estas preguntas.

1. ¿A quién se dirige el poeta en la primera estrofa? ¿Qué le dice que va a hacer?
2. ¿Quiénes son los personajes principales del cuento? ¿Cómo es el lugar donde vivían estos personajes?
3. ¿Qué quería obtener la princesa? ¿Por qué?
4. ¿Qué hizo la princesa? ¿Cómo reaccionó su padre?
5. ¿Cuál es el castigo que el rey le da a la princesa?
6. ¿Quién interviene en defensa de la princesa?
7. ¿Cómo termina el cuento?
8. ¿Cuál era la intención del poeta al escribir este poema?

**B. A pensar y a analizar.** Completa estas actividades con un(a) compañero(a) de clase.

1. ¿Cómo interpretas la frase "yo siento en el alma una alondra cantar: tu acento"?
2. Prepara una lista de las imágenes de la naturaleza que el poeta usa en este poema.
3. ¿Con qué quiere decorar el prendedor la princesita? ¿Qué pueden simbolizar estos objetos?
4. ¿Cómo se puede caracterizar el ambiente de este poema? Da ejemplos.

# Introducción al análisis literario

## El cuento de hadas

En "A Margarita Debayle", Rubén Darío usa la poesía narrativa para contar un cuento de hadas dentro de un poema. Un cuento de hadas es una narración de aventuras con seres u objetos fantásticos que tienen poderes mágicos. Con frecuencia tiene el propósito de entretener a niños mientras se les enseña alguna lección. La mayoría de los cuentos de hadas comienzan con la fórmula literaria

"Había una vez..." que corresponde a la expresión en inglés *"Once upon a time . . ."* En el poema "A Margarita Debayle" aparece otra expresión formulaica: "Este era un rey..." Es común que los cuentos para niños incluyan seres, imágenes o eventos fantásticos que a veces pueden interpretarse como símbolos. Por ejemplo, el cuento del poema "A Margarita Debayle" empieza mencionando a un rey que tenía un palacio de diamantes, lo cual podría indicar que el rey era muy rico.

A. **Símbolos fantásticos.** Con un(a) compañero(a) de clase, encuentra cinco seres, objetos o eventos en el poema "A Margarita Debayle" y anótalos con su interpretación, si la hay. Comparen su lista con las de otros grupos.

B. **Cuento de hadas colectivo.** En grupos de cuatro o cinco, usen su imaginación para crear un cuento de hadas colectivo. En una hoja de papel, la primera persona debe comenzar a escribir el cuento con la fórmula literaria "Había una vez..." o "Este era un(a)..." y continuar hasta completar las primeras tres oraciones. Después, esta persona pasa el papel a una segunda persona para que ésta escriba tres oraciones más. Se continúa este proceso hasta completar el cuento.

# Cultura
# *¡en vivo!*

## Medios de transporte en Nicaragua

Como muchos otros países en vías de desarrollo, Nicaragua es una nación con una gran diversidad de medios de transporte tanto tradicionales como modernos. Tiene una tremenda necesidad de ampliar y mejorar su red nacional de transportes. Aquí todavía se ven carretas tradicionales que usan caballos o mulas no muy lejos de aeropuertos donde aterrizan o despegan aviones comerciales de líneas de aeronaves internacionales.

Nicaragua es uno de los países de Latinoamérica que están conectados por la carretera panamericana. Éste recorre 410 kilómetros entre las fronteras con Honduras y con Costa Rica y atraviesa la zona más poblada del país. Muchos de los autos, camionetas y camiones que circulan por el país tienen tracción a cuatro ruedas debido a que muchos caminos aún están sin pavimentar y con la lluvia son difíciles de transitar.

En la extensa zona atlántica llamada Zelaya, existen regiones enteras donde no hay caminos ni carreteras y donde ríos navegables —como el río Coco y el río Escondido— son la única red de comunicación. Muchos indígenas de la región siguen usando canoas como medio de transporte. Las lan-

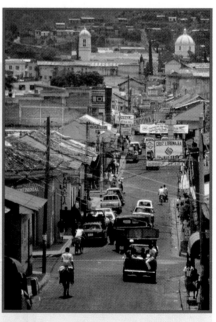

**A caballo, en bicicleta, en camioneta...**

chas de motor ofrecen más rapidez y mayor comodidad. También en los ríos navegables y en el lago de Managua y el lago de Nicaragua hay transbordadores para los pasajeros con vehículos de motor.

En muchas partes del mundo actual el transporte público se ha convertido en una verdadera pesadilla diaria. Nicaragua no es una excepción. Managua es una ciudad extensa que carece de metro o de un sistema de transporte colectivo de trenes. Ante la falta de autobuses públicos, cada vez más habitantes de esta ciudad han optado por usar un medio de transporte económico y eficiente que no contamina el medio ambiente: la bicicleta. Tal vez este aparato sin mucha complicación sea parte de una solución o alternativa al problema del transporte para millones de personas en el futuro.

**Medios de transporte.** Completa estas actividades con un(a) compañero(a) de clase.

1. Describe la gran diversidad de medios de transporte en Nicaragua.
2. ¿Cómo se llama la carretera que atraviesa Nicaragua desde la frontera con Honduras hasta la frontera con Costa Rica? ¿Por qué es difícil viajar en auto en Nicaragua?
3. ¿Cómo es el transporte público en Managua? ¿Qué opinas de la solución que se menciona para resolver el problema de transporte? ¿Sería una solución para los problemas de transporte en EE.UU.? Explica.

# Mejoremos la comunicación

## Para hablar de transportes

### Al hablar de transporte por tierra firme

el asiento · la palanca del cambio de velocidades · la luz trasera · la palanca de freno · el guardabarros · el cable del freno · el freno trasero · el manubrio · el neumático · el porta-botellas · la luz delantera · la llanta · el rayo · la cadena · el eje · la bomba de aire · la válvula · el casco · el pedal · el estribo

— El sistema de transporte en Nicaragua es muy diverso. Se usa de todo: mulas y carretas, autos nuevos y unos muy antiguos, camiones y camionetas, autobuses viejísimos y bicicletas. Pero lo extraño es que no hay trenes.

*The transportation system in Nicaragua is very diverse. They use everything: mules and carts, new cars and some very old ones, big trucks and small trucks, extremely old buses, and bicycles. But the strange thing is that there are no trains.*

**camioneta cubierta**  *minivan*
**casa rodante**  *camper*
**estación de tren / ferrocarril** *f*  *train station*
**ferrocarril** *m.* **/ tren** *m.*  *train*
**motocicleta**  *motorcycle*
**tren de carga** *m.*  *freight train*
**tren de pasajeros** *m.*  *passenger train*
**vehículo con tracción a cuatro ruedas**  *vehicle with four-wheel drive*
**vehículo todo terreno**  *all-terrain vehicle*

— ¿Y cómo son los caminos y las carreteras?
— En las ciudades hay buenas calles y otras que no son tan buenas, como en cualquier país. Pero en el campo, la mayoría de los caminos no están pavimentados.

*And what are the roads and highways like?*
*In the cities there are good streets and others that aren't so good, as in any country. But in the countryside, most of the roads are not paved.*

### Al describir el transporte marítimo

— En el lago de Managua hay mucha actividad acuática. Puedes alquilar canoas o lanchas de motor.

*In Lake Managua there is a lot of aquatic activity. You can rent canoes or motor boats.*

**barco**  *boat, ship*
**barco de recreo**  *pleasure boat*
**barco de vela**  *sailboat*
**bote** *m.*  *small boat*
**bote de remo** *m.*  *rowboat*
**buque de carga** *m.*  *cargo boat*
**nave** *f.*  *ship*

También puedes cruzar el lago con tu coche en un transbordador. Son muy cómodos con tal de que no lleven demasiados pasajeros.

*You can also cross the lake with your car in a ferryboat. They are very comfortable provided that they are not carrying too many passengers.*

### Al hablar de vuelos

— ¡Ah! Ya regresaste. Cuéntame, ¿cómo fue tu viaje a Centroamérica?

*Oh! You returned already. Tell me, how was your trip to Central America?*

— ¡Fascinante! Pero estoy muerto. El vuelo de vuelta fue muy agotador.

*Facinating! But I'm dead tired. The return flight was very tiring.*

**con (sin) escalas** *with (without) stopovers*
**(de) ida** *outward journey, first leg (of a trip)*
**(de) ida y vuelta** *round-trip*
**directo(a)** *direct*

Primero, tuvimos que madrugar para llegar al aeropuerto dos horas antes de despegar. Luego nuestro avión era bastante pequeño. ¡Hay más espacio en una avioneta! Cuando aterrizamos, andaba tan adolorido que yo casi ni podía caminar.

*First, we had to get up early in order to arrive at the airport two hours before taking off. Then our plane was rather small. There's more space in a small plane! When we landed, I was so sore I could hardly walk.*

# ¡A conversar!

**A. Dramatización.** Desafortunadamente, tuviste un accidente con tu bicicleta esta mañana. Ahora estás hablando con el(la) reparador(a), quien quiere saber lo que pasó y lo que necesita reparar. Dramatiza esta situación con un(a) compañero(a) de clase.

**B. Encuesta.** Tú eres reportero(a) del periódico de tu escuela y te estás preparando para escribir un artículo sobre los transportes favoritos de los estudiantes. Entrevista a tres o cuatro de tus compañeros(as) de clase para saber cuáles son sus medios de transporte preferidos y por qué. Luego informa a la clase del resultado de tu encuesta.

# Palabras claves: camino

Con un(a) compañero(a) de clase, decide cuál es el significado de **camino** en cada pregunta, y luego contesta las preguntas.

1. ¿Cuál es el **camino** más corto para ir del océano Pacífico al océano Atlántico?
2. ¿Cuándo se **ponen en camino** otra vez?
3. ¿Qué hizo el estudiante cuando el profesor de química le dijo que estaba **en mal camino** con el experimento?
4. ¿Por qué dicen algunos que Uds., los estudiantes universitarios, están en el **camino de la gloria**?
5. ¿Has viajado por el **camino de hierro**?

# Nicaragua: bajo las cenizas del volcán

Nicaragua es una valiente nación que, debido a una terrible guerra civil, ha sido privada de un gran número de su población joven. Ahora que está en un período de paz y recuperación, se pueden visitar dos ciudades que nos dan la esencia del espíritu nicaragüense: Managua y León.

Managua, la capital, es única en un sentido geográfico ya que está rodeada de lagos y lagunas. Irónicamente, ha sido devastada por incendios, terremotos y erupciones volcánicas.

León tiene la gloria de haber sido donde se crió Rubén Darío, uno de los poetas más grandes de Latinoamérica. En su honor, se puede visitar la casa donde vivió y murió, y donde pueden verse las primeras ediciones de sus libros y muchos recuerdos de este hombre fascinante. Darío llegó a personificar el movimiento poético que se conoce como el modernismo.

## Antes de empezar el video

Contesten estas preguntas en parejas.

1. ¿Cuáles son algunos resultados inevitables de una guerra civil que perdura años y años? Explica en detalle.
2. ¿Qué pasa cuando un grupo de gente insiste en construir sus casas o ciudades en lugares geográficamente hermosos pero, a la vez, peligrosos debido a las fuerzas naturales de la región? Da ejemplos.
3. ¿Qué representa el color azul para ti? Cuántos significados distintos tiene? Explica.

## ¡A ver si comprendiste!

**A. Nicaragua: bajo las cenizas del volcán.** Contesta estas preguntas con un(a) compañero(a) de clase.

1. ¿Por qué se dice que Managua ha sido una de las ciudades más castigadas por el fuego? ¿Qué ha hecho la ciudad en honor de las víctimas de estos desastres?
2. ¿Qué evidencia hay de que ha habido estallidos de volcanes en la región de Managua desde tiempos prehistóricos?
3. ¿Cuál es "la obra más influyente de la poesía castellana del siglo XX"? ¿Cuándo se publicó?
4. ¿Qué significaba el color azul para Rubén Darío?

**B. A pensar y a interpretar.** Contesta estas preguntas.

1. ¿Qué ha causado que Managua, la capital de Nicaragua, empiece a florecer de nuevo en otra zona? ¿Qué edificios antiguos han sobrevivido?

2. Si hay evidencia de erupciones volcánicas en la región desde tiempos prehistóricos, ¿por qué crees que continúan construyendo la ciudad en el mismo sitio?

3. ¿Por qué es tan importante la casa de Rubén Darío? ¿Qué se puede aprender de una persona en una visita a la casa donde vivió y murió? ¿Qué se puede aprender de ti en una visita a la casa de tus padres?

## Exploremos el ciberespacio

Explora distintos aspectos del mundo nicaragüense en las actividades de la red que corresponden a esta lección. Ve primero a **http://college.hmco.com** y de ahí a la página de *Mundo 21*.

**Nombre oficial:**
*República de Honduras*

**Población:**
*5.861.955 (est.)*

**Principales ciudades:**
*Tegucigalpa (capital), San Pedro Sula, La Ceiba, Choluteca*

**Moneda:**
*Lempira (L)*

# Gente
## del Mundo 21

### Lempira

(¿1499?–1537) es uno del los héroes nacionales de Honduras. Fue cacique de su tribu. El nombre Lempira significa "señor de la sierra". En la década de 1530, organizó la lucha de los indígenas contra los españoles. Resistió con éxito a las fuerzas españolas comandadas por Alonso de Cáceres. Según una leyenda, los españoles convencieron a Lempira de que recibiera a dos comisionados de Alfonso de Cáceres para negociar la paz. En el encuentro, uno de los soldados le disparó, matando al cacique. En su honor la Honduras independiente dio su nombre a la moneda nacional.

**Clementina Suárez** (1906–1991) es reconocida como una de las poetas centroamericanas más importantes del siglo XX. Muchos de sus poemas son considerados como precursores de la poesía feminista que en las dos últimas décadas se ha convertido en una de las corrientes literarias más importantes de Centroamérica. Hay que hacer nota que Clementina Suárez es una de las pocas escritoras hondureñas que han tratado temas universales que van más allá de su país, algo que en el resto de Centroamérica ya ha logrado un gran número de escritoras mujeres. Sus libros de poemas incluyen *Corazón sangrante* (1930), *Templo de fuego* (1935) y *Canto a la encontrada patria y su héroe* (1958). En 1984 publicó una antología de poemas que abarca más de cincuenta años de labor poética; se titula *El poeta y sus señales*. En 1988 publicó *Con mis versos saludo a las generaciones futuras*.

**Roberto Sosa,** poeta y prosista hondureño, nació en 1930. Es considerado el principal representante de la llamada "Generación del 50" y ha recibido varios premios centroamericanos y nacionales, inclusive el Premio Casa de las Américas (1971). En sus poemas se puede comprobar una preocupación por la problemática social y la condición humana en general. Estos temas se convirtieron en la base central de la poesía centroamericana durante la segunda mitad del siglo XX. Su primer libro de poemas se titula *Caligramas* (1959). Desde entonces también ha publicado *Muros* (1966), *Mar interior* (1967), *Los pobres* (1969), *Un mundo para todos dividido* (1971), *Secreto militar* (1985), *La máscara suelta* (1991) y *Sociedad y poesía: los enmantados* (1997).

## Otros hondureños sobresalientes

**Óscar Acosta:** cuentista, poeta, ensayista y periodista

**Víctor Cáceres Lara:** poeta, cuentista, periodista y catedrático

**Julia de Carias:** pintora

**Nelia Chavarría:** músico

**Julio Escoto:** cuentista, novelista y ensayista

**Ezequiel Padilla:** pintor

**Roberto Quesada:** cuentista, novelista y editor

**Miguel Ángel Ruiz Matute:** pintor

**Pompeyo del Valle:** poeta, cuentista y periodista

**Mario Zamora:** escultor

## Personalidades del Mundo 21

Contesta estas preguntas con un(a) compañero(a) de clase.

1. ¿Por qué se considera a Lempira uno de los héroes nacionales de Honduras? ¿Qué es lo que Honduras nombró en su honor? Menciona otros casos donde esto se ha hecho.
2. ¿De qué corriente literaria es precursora la poeta Clementina Suárez? ¿Cómo se destaca de otras autoras hondureñas? En tu opinión, ¿por qué te imaginas que existen más escritoras hondureñas que no escriben sobre temas universales?
3. ¿A qué grupo de escritores pertenece Roberto Sosa? ¿Por qué piensas que se llamaba así este grupo? ¿Cuáles son algunos de los temas de la poesía de Sosa? ¿Qué relación hay entre la temática y los títulos de sus libros? Explica.

# Del pasado al presente

## Honduras: con esperanza en el desarrollo

### Los orígenes

Honduras estuvo habitada por muchos siglos antes de la llegada de los europeos. Las ruinas de Copán, en la parte occidental, indican que la región fue el centro de la civilización maya. En las Islas de la Bahía frente a la costa de Honduras, Colón se encontró con una gran canoa

**Las ruinas de Copán**

llena de variados productos que indicaban que sus ocupantes eran vendedores mayas. Este fue el primer contacto de los españoles con las avanzadas civilizaciones de Mesoamérica.

Desde un principio, Honduras fue una región disputada; cuatro diferentes expediciones españolas competían por el dominio de la región en 1524. Hernán Cortés tuvo que venir personalmente de México a restaurar el orden e imponer su autoridad sobre los rivales en 1525. Pero cuando Cortés regresó a México en 1526, el conflicto continuó.

**Palacio presidencial, Tegucigalpa**

Después de la muerte del cacique Lempira, la resistencia indígena fue controlada definitivamente en 1539 por Alonso de Cáceres, que fundó Santa María de Comayagua. El descubrimiento de depósitos de plata renovó el interés por la colonia. En 1569 se fundó la ciudad de Tegucigalpa que empezó a rivalizar con Comayagua como la ciudad más importante de la colonia.

## La independencia

Como provincia perteneciente a la Capitanía General de Guatemala, Honduras se independizó de España en 1821. Como el resto de los países centroamericanos, se incorporó al breve imperio mexicano de Agustín de Iturbide y luego formó parte de la federación de las Provincias Unidas de Centroamérica. En la vida política de la federación sobresalió el hondureño Francisco Morazán, que fue elegido presidente en 1830 y 1834.

**Lavando y pesando bananas**

El 5 de noviembre de 1838 Honduras se separó de la federación y proclamó su independencia. Este período se caracterizó por la grave crisis económica que sufrió el país.

Como en los otros países latinoamericanos, el mayor conflicto de Honduras fue la lucha política entre los conservadores y los liberales. Ésta se manifestó en doce guerras civiles y en numerosos cambios de gobierno.

## La primera mitad del siglo XX

A principios del siglo XX grandes compañías norteamericanas como la *United Fruit Company* y la *Standard Fruit Company* llegaron a controlar grandes extensiones territoriales para la producción y la exportación masiva de plátanos o bananas a los EE.UU. Este producto, en manos de extranjeros, se convirtió en la base de la riqueza comercial de Honduras. Desgraciadamente, esta nueva riqueza no benefició a la mayoría de los hondureños que continuaron con su labores tradicionales de campesinos o ganaderos. Tampoco trajo mayor estabilidad política o implementación de gobiernos democráticos.

## La realidad actual

A pesar de tener una economía de limitados recursos que se basa principalmente en la agricultura, Honduras se ha visto libre de las guerras civiles que afectaron a sus vecinos, El Salvador, Nicaragua y Guatemala, en la segunda mitad del siglo XX. En 1982 se proclamó una nueva constitución y en 1985 se celebraron elecciones y resultó victorioso José Azcona Hoyo del Partido Liberal, quien asumió el poder en enero de 1986. En noviembre de 1989 fue elegido presidente de Honduras el candidato Rafael Leonardo Callejas Romero, del Partido Nacional, quien tomó posesión del cargo en enero de 1990. Con la promesa de eliminar la corrupción en el gobierno y de controlar la influencia militar, el candidato del Partido Liberal, Carlos Roberto Reina Idiáquez, ganó las elecciones de 1993. En enero de 1998 asumió la presidencia Carlos Roberto Flores Facussé, manteniendo en control al Partido Liberal.

**Vista de Tegucigalpa, Honduras**

# ¡A ver si comprendiste!

**A. Hechos y acontecimientos.** ¿Recuerdas los datos más importantes de la lectura? Para asegurarte, completa estas oraciones.

1. Las ruinas de Copán en Honduras indican que...
2. En Honduras los españoles tuvieron el primer contacto con...
3. El interés por la colonia de Honduras se renovó cuando los españoles descubrieron...
4. Poco después de conseguir su independencia, Honduras sufrió numerosos...
5. Dos compañías norteamericanas que tomaron control de grandes extensiones territoriales en Honduras eran...
6. El producto que estas dos compañías producían fue...
7. La mayoría de los hondureños no se beneficiaron con...
8. Honduras se distingue de El Salvador, Nicaragua y Guatemala en la segunda mitad del siglo XX debido a que...
9. En 1993, el Partido Liberal tomó control de la presidencia del país debido a...
10. En 1998, Carlos Roberto Flores Facussé...

**B. A pensar y a analizar.** Contesta estas preguntas con dos o tres compañeros(as) de clase.

1. ¿Qué limita la economía de Honduras? ¿Qué debería hacer este país para diversificar su economía?
2. En tu opinión, ¿a qué se debe el hecho de que Honduras se vio libre de las guerras civiles que tanto afectaron a sus vecinos durante la segunda mitad del siglo XX?
3. ¿Por qué crees que el título de esta lectura es "Honduras: con esperanza en el desarrollo"?

# Ventana *al Mundo 21*

## La importancia del plátano

El plátano es una planta nativa de Asia muy estimada por sus frutos, denominados plátanos, bananos o bananas. Según la variedad, se consumen frescos o fritos. En la década de los 30, Honduras se convirtió en el principal productor de plátanos del mundo, superando a países del Asia meridional, del África y a Australia.

El cultivo del plátano en Centroamérica no empezó hasta el siglo XIX, cuando compañías norteamericanas introdujeron el fruto en la región. Las dos grandes compañías fruteras, la *United Fruit Company* y la *Standard Fruit Company,* con el tiempo pasaron a controlar líneas ferrocarrileras y marítimas,

**Plantación bananera después del huracán George**

bancos, compañías hidroeléctricas y grandes extensiones de tierra, influyendo en las decisiones políticas de los países del área. Los administradores de estas grandes compañías bananeras extranjeras casi rivalizaban en influencia y poder con el presidente de la república.

El desastroso huracán Mitch en el otoño de 1998 dañó tanto las plantaciones bananeras que las compañías norteamericanas que las controlan anunciaron que a lo mejor no podrían restaurarlas y tendrían que abandonarlas. Esto sí que sería un golpe fatal a la economía nacional que tantas esperanzas ha puesto en este producto.

**El plátano.** Contesta las siguientes preguntas con un(a) compañero(a) de clase.

1. ¿Quién introdujo el cultivo del plátano en Centroamérica? ¿Cuándo?
2. ¿Qué poder o control ejercían la *United Fruit Company* y la *Standard Fruit Company* en Honduras?
3. ¿Sería posible hoy en día que una empresa llegara a ser tan poderosa que acabara por controlar al congreso de EE.UU. y hasta al presidente del país? Explica.
4. ¿Qué ocurriría si las compañías norteamericanas abandonaran las plantaciones bananeras en Honduras? Explica.

 *Y ahora, ¡a leer!*

## Anticipando la lectura

Completa estas actividades con un(a) compañero(a) de clase.

1. En tu opinión, ¿cuáles son los temas más populares de la poesía? Prepara una lista de ellos y compárala con las de otros grupos.

2. ¿Hay algunos temas que tú consideras no apropiados para la poesía? ¿Son los siguientes temas apropiados o no? Explica.

| | |
|---|---|
| la alegría | una hoja de papel |
| el amor | el horror |
| un avión | la muerte |
| una bicicleta | el odio |
| un carro | los pasatiempos |
| una cebolla | el trabajo |
| las cuentas | un tren |
| la guerra | la tristeza |

3. En tu opinión, ¿qué determina si un tema es apropiado o no para la poesía?

4. Estudia la estructura del poema de José Adán Castelar, "Paz del solvente". ¿En qué te hace pensar? ¿Por qué?

5. ¿Qué crees que va a ser el tema de "Paz del solvente"? Explica. Confirma tu respuesta después de leer el poema.

### Conozcamos al autor

**José Adán Castelar** nació en 1941 y forma parte de la generación más reciente de poetas que han transformado la poesía contemporánea hondureña. Sus poemas reflejan un tono conversacional y una manera experimental de escribir poemas que rompe con los moldes convencionales. En general, la obra poética de Castelar continúa la tradicion iniciada por la "Generación del 50" al enfatizar la temática social. Sus publicaciones más recientes incluyen *También del mar* (1991), *Rutina* (1992) y *Rincón de espejos* (1994).

El poema "Paz del solvente" es un buen ejemplo de la poesía moderna porque su estructura no sigue las normas tradicionales.

# L E C T U R A

# Paz del solvente°

*2.000 el máximo que he ganado jamás*
*por una declamación° de poesía*
                    *—Allen Ginsberg*[1]

|  |  |  |
|---|---|---|
| | | **del...** libre de deudas |
| | | recitación |
| Oh si yo pudiera ganar en mi país | | |
| 5   esa cantidad por leer mis poemas: | | |
| Pagaría viejas deudas que me avergüenzan° | 1870.00 | humillan |
| (sería otra vez vecino de mis acreedores°) | | a quienes se debe dinero |
| compraría *El amor en los tiempos del cólera*[2] | | |
| en edición de lujo | 30.00 | |
| 10   iría a La Ceiba[3] por un mes | | |
|                           al mar | | |
| (por unos días adiós tos | | |
|                  afonía° capitalina) | | pérdida de la voz |
| cercaría el solarcito° que me dio | | propiedad pequeña |
| 15                    el sindicato | 300.00 | |
| (pienso que es mío todavía) | | |
| compraría los lentes que mamá necesita | 175.00 | |
| mandaría al dentista a mis seres queridos | 900.00 | |
| dejaría esta ropa que ya pide descanso | 100.00 | |
| 20   estos zapatos patizambos° | | deformes, mal hechos |
| estos anteojos de piedra | 200.00 | |
| me emborracharía con los amigos | 100.00 | |
| después de un gran almuerzo | | |
| alegraría a mi amor con mis días | | |
| 25                    solventes | 175.00 | |
| y me sobraría —estoy seguro— paz | <u>4.000.00</u> | |
| para no ser más deudor | (sin mercado negro) | |
| sino de la poesía | | |

[1]Allen Ginsberg (1926–1997) es un poeta y prosista estadounidense. Su poesía con frecuencia tiene una temática social o política y favorece una estructura poco tradicional. Muchos lo consideran el "padrino espiritual del movimiento anticultural" de la década de los 60 y principios de los 70.

[2]*El amor en los tiempos del cólera* (1985) es una colección de cuentos amorosos escrita por Gabriel García Márquez.

[3]La Ceiba es un puerto y lugar turístico en la costa caribeña de Honduras.

## ¿Comprendiste la lectura?

**A. Hechos y acontecimientos.** Contesta estas preguntas.

1. ¿Por qué piensas que el poeta incluye una cita del poeta norteamericano Allen Ginsberg al principio del poema? ¿Crees que el poeta puede ganar lo que ganó Allen Ginsberg alguna vez? ¿Por qué?
2. ¿Cuál es el gasto mayor que el poeta se propone? ¿Cuál es el menor? ¿Estás de acuerdo con las prioridades del poeta? Explica.
3. ¿Qué otros gastos piensa hacer el poeta?
4. ¿Cómo interpretas los últimos tres versos del poema?

**B. A pensar y a analizar.** Completa estas actividades con un(a) compañero(a) de clase.

1. ¿Cómo se caracteriza la personalidad y la vida del poeta en el poema?
2. ¿Cuál es el estilo del lenguaje? Descríbelo.
3. Prepara una lista de los posibles gastos que tú harías en caso de tener cuatro mil dólares a tu disposición. Comparen sus listas y noten las semejanzas y las diferencias entre sus listas y la que aparece en el poema "Paz del solvente".

# Introducción al análisis literario

## La poesía moderna: versos en forma visual

**La poesía moderna** se ha convertido en un campo de experimentación de la misma manera en que se transformó radicalmente el arte moderno del siglo XX. El arte moderno permite la posibilidad de incluir perspectivas simultáneas desde varios ángulos como en los cuadros cubistas del pintor español Pablo Picasso. Otros artistas modernos en vez de representar la realidad, se concentran más en evocar o interpretar esta realidad como se ve en los paisajes expresionistas. En la poesía moderna también se han dado muchos cambios como la falta de rima, la irregularidad en el número de versos en una estrofa y el darle una forma visual a los versos de un poema. Estas innovaciones se alejan tanto de la poesía tradicional que algunos llaman a la poesía moderna la antipoesía.

Los versos en forma visual son versos que se han escrito de tal manera que crean una imagen visual relacionada de alguna manera con el tema del poema. La imagen puede ser de cualquier cosa —una persona, un animal, un ave, o aun un objeto. En el caso de "Paz del solvente", por ejemplo, los versos estan escritos en forma de un presupuesto, que es precisamente el tema del poema.

**A. Poesía moderna.** Describe la estructura formal del poema "Paz de ¿Cuántos versos tiene? ¿Cuántas estrofas? ¿Tiene rima asonante o conso-nante? ¿Crees que se justifica llamarle a la poesía moderna la antipoesía? ¿Por qué? Explica tu respuesta.

**B. Mi presupuesto en poesía.** Escribe tu propio poema moderno siguiendo el modelo de "Paz del solvente". Piensa en algún profesional en tu campo de es-tudio que ya ha logrado gran éxito e inventa una cita sobre sus ganancias como la de Allen Ginsberg. Luego, en forma de un presupuesto, describe lo que tú puedes hacer con esa cantidad de dinero.

# Cultura
## *¡en vivo!*

## Las compañías multinacionales y la economía global

Desde el siglo XIX, muchas compañías extranjeras se han establecido a lo ancho y largo de Latino-américa aprovechando sus vastos recursos natu-rales y humanos. Muchas de las inversiones de estas compañías han logrado repartir excelentes ganancias y a la vez han contribuido al mejo-ramiento económico general de las naciones donde se han establecido.

Muchos economistas están a favor de las inver-siones extranjeras diciendo que proveen algunos de los siguientes beneficios: contribuyen capitales difíciles de conseguir en instituciones financieras; crean nuevos y mejores empleos y así ayudan a re-ducir el desempleo; dan entrenamiento a traba-jadores en áreas de nuevas tecnologías; impulsan los servicios públicos con el pago de impuestos; mejoran el nivel de vida con el aumento de salarios y beneficios; y ayudan a la balanza comercial de pagos internacionales ya que muchas de estas empresas se concentran en la exportación de sus productos.

Otros economistas e historiadores señalan el peligro que pueden representar las inversiones ex-tranjeras. Por ejemplo, dos grandes empresas

fruteras, la *United Fruit Company* y la *Standard Fruit Company,* introdujeron en el siglo pasado el cultivo masivo del plátano en Honduras y en otros países latinoamericanos. Con el tiempo, estas em-presas pasaron a controlar líneas ferrocarrileras y marítimas, bancos, compañías hidroeléctricas y grandes extensiones de tierra. De ahí viene el triste nombre de "repúblicas bananeras" donde algunos gobernantes actuaban como si estuvieran al servi-cio de estas empresas extranjeras.

En el mundo actual la realidad es que hay grandes compañías multinacionales cuyas ventas sobrepasan el presupuesto de muchas naciones y

**San Pedro Sula, Honduras**

no les importa el mejoramiento de los países anfitriones. Sólo buscan ante todo aumentar sus ganancias. Sin pensar mucho, cierran fábricas y despiden a miles de obreros con buenos salarios para luego abrir las mismas fábricas en países donde el ambiente económico les es más favorable. ¡Cada nación, cada empresa, cada inversionista, cada trabajador quiere lograr el beneficio máximo en esta nueva economía global!

**Compañías multinacionales.**  Contesta estas preguntas con un(a) compañero(a) de clase.

1. ¿Qué efecto han tenido las inversiones de compañías multinacionales en Latinoamérica? Menciona lo positivo y lo negativo.
2. ¿Qué puede pasar cuando una compañía multinacional decide que el ambiente económico del país anfitrión ya no le favorece?
3. ¿Crees que las compañías internacionales tienen el derecho de sacar el beneficio máximo sin tener que preocuparse por los miles de empleados que, para lograr ese fin, con frecuencia abandonan? ¿Por qué?

# Mejoremos la comunicación

## Para hablar de la economía global

### Al hablar de compañías multinacionales

— Ya estoy cansado de leer en los periódicos extranjeros de "repúblicas bananeras". Creo que lo mejor sería rehusarnos a hacer el papel de nación anfitriona y dedicarnos a controlar nuestra propia economía.

*I'm already tired of reading in foreign newspapers about the "banana republics." I believe the best thing would be to refuse to play host nation and get down to control our own economy.*

**exportar e importar nuestros bienes** *to export and import our goods*
**incrementar** *to increase*
**contratar a nuestras empresas** *to contract our companies*
**invertir en la bolsa nacional** *to invest in the national stockmarket*

— Estoy de acuerdo que la preocupación más grande de las compañías multinacionales no es crear empleos en nuestro país.

*I agree that the biggest concern of multinational companies is not to create jobs in our country.*

**detener la tasa de desempleo** *to hold back the unemployment rate*
**mejorar la tasa de crecimiento** *to improve the growth rate*
**reducir el desempleo** *to reduce unemployment*
**proveer entrenamiento técnico** *to provide technical training*

### Al hablar de las ganancias

— ¡Claro! Son compañías extranjeras que sólo hacen inversiones extranjeras para aumentar las ganancias de sus accionistas.

*Of course! They are foreign companies that make foreign investments solely to augment their shareholders' profit.*

**inversión** *f investment*
**ingreso** *income*
**crédito** *credit*
**acción** *f. stock*

— Sí, es interesante ver cómo se aprovechan de nuestros recursos naturales y humanos para el bien de sus accionistas.

*Yes, it's interesting to see how they take advantage of our natural and human resources for the benefit of their shareholders.*

**institución financiera** *f. financial institution*
**inversionistas** *m./f. pl. investors*
**presupuesto** *budget*
**beneficio** *benefit*

### Al hablar del beneficio de compañías multinacionales

— Pero tenemos que reconocer que nuestros economistas tienen razón en insistir que hay ciertas ventajas en aportar capitales extranjeros. Por ejemplo traen nueva tecnología a nuestro país.

*But we have to recognize that our economists are right in insisting that there are certain advantages to bringing in foreign capital. For example, they bring new technology to our country.*

**bienes de consumo** *m. pl. consumer goods*
**buenos salarios** *good salaries*
**eficiencia productiva** *productive efficiency*
**ganancia** *earning, profit*
**mejores servicios públicos** *better public services*

— Sí, pero cuando deciden cerrar una fábrica, acaban por despedir a miles de obreros.
— Pero hombre, ¡eso es la economía global!

*Yes, but when they decide to close a factory, they end up laying off thousands of workers.*
*But buddy, that's global economy!*

# ¡A conversar!

**A. Compañías multinacionales.** ¿Cuáles son las ventajas y desventajas de tener la participación de compañías multinacionales en la economía nacional?

¿Qué compañías multinacionales hay en tu ciudad o estado? ¿Qué efecto han tenido en la economía local?

**B.  ¿Control internacional?**  ¿Crees que debería haber un tribunal internacional que reglamentaría tales empresas? ¿Cuáles son algunos aspectos de estas empresas que crees que deben controlarse?

**C.  Debate.**  En grupos de cuatro, tengan un debate sobre las ventajas y desventajas de tener compañías multinacionales en países en desarrollo como Honduras. Dos personas de cada grupo deben discutir a favor y dos en contra. Informen a la clase quién ganó.

---

# Palabras claves: economía

Con un(a) compañero(a) de clase, define estas palabras que se relacionan con la palabra **economía.** Luego escriban una oración original con cada palabra.

1. economía doméstica
2. económicamente
3. año económico
4. economista
5. economizar palabras
6. ecónomo

# *Escribamos ahora*

### A generar ideas: escribir un poema moderno

1. **La poesía moderna.**   La poesía moderna con frecuencia no tiene rima ni mantiene una estructura tradicional de estrofas con el mismo número de versos. Al contrario, tiene una forma libre que hasta puede imitar la forma de lo que se describe. Por ejemplo, el poema "Paz del solvente" tiene la forma de un presupuesto. Para ver esto más claramente, lee el poema "Al principio" de José Adán Castelar y estudia la forma.

### Al principio

Al principio un hola
                       un adelante
un beso
      la comida
           el baño
               la cama
                   el cuerpo
y su fatiga

          Bach a las 4
          de la mañana

después las 5
             otra vez el baño
             el café
             el desayuno
                   otro beso
                   un suave adiós
y la pregunta de rigor
               ¿me amas?

*a.* Explica el tema, el desarrollo de la descripción y la estructura de este poema.
*b.* ¿Es necesario usar verbos y sujetos para comunicar una idea? ¿Por qué?
*c.* ¿Te ayuda a leer el poema con más facilidad la estructura o lo hace más difícil de leer? Explica.

2. **Un incidente personal.**   Piensa ahora en un incidente en tu propia vida que puedes describir en un poema. Por ejemplo, puede ser una cita, una visita a un(a) profesor(a) u otra persona, un examen importante, un viaje, una mala noticia, un accidente o una boda. Lo importante es que sea un incidente personal de interés para ti. Luego, prepara una lista de todas las actividades o hechos que asocias con este incidente. Por ejemplo, si seleccionaste una visita, la lista podría incluir lo siguiente:

sábado, 5 de julio
Suena el teléfono a las 3:15 de la tarde.
Lo contesto.
Una voz muy dulce pregunta por mí.

Es Julieta Paredes, una amiga de primaria.
Está en el aeropuerto. Acaba de llegar.

**B** **El primer borrador**

1. **¡A organizar!** Vuelve ahora a la lista que preparaste en la sección anterior y organízala en orden cronológico, si no lo está todavía. Luego, trata de expresar cada hecho en tu lista con una o dos palabras. Por ejemplo, la lista anterior se podría expresar de la siguiente manera:

   | | |
   |---|---|
   | 5 de julio | voz dulce |
   | sábado | Julieta Paredes |
   | 3:15 | amiga |
   | teléfono | de primaria |
   | Contesto. | en el aeropuerto |

2. **Un poema moderno.** Cada miércoles por la noche el Café Mango Azul tiene un concurso de poesía para los jóvenes universitarios. Este miércoles el concurso se dedica a la poesía moderna. El anuncio del concurso pide que las personas interesadas lean un poema original de no más de veinticinco versos describiendo un incidente personal y siguiendo la estructura de los poemas de José Adán Castelar. Escribe tu primer borrador ahora. ¡Buena suerte!

**C** **Primera revisión.** Intercambia el primer borrador de tu poema con uno(a) o dos compañeros(as) de clase. Pregúntale a tu compañero(a) si:

1. entiende bien el tema y el significado del poema.
2. entiende bien los verbos y sujetos que no incluiste.
3. es lógica la secuencia de los hechos.
4. la estructura del poema ayuda la comprensión o no.
5. tiene algunas sugerencias sobre cómo podrías mejorar tu poema.

**D** **Segundo borrador.** Prepara un segundo borrador de tu poema, tomando en cuenta las sugerencias de tus compañeros(as) y las que se te ocurran a ti.

**E** **Segunda revisión.** Trabajando en parejas, ayuden al estudiante que escribió este poema. Hay varios versos donde simplemente no comunica claramente sus ideas por no usar un número suficiente de palabras. Encuentren esos casos y añadan las palabras apropiadas.

**Voces del pasado**

sábado
    5 de julio
        3:15
rin-rin
    Contesto.
        voz de ángel
                amiga
                primaria
                aeropuerto
      ¿Tú?
      Nunca olvidado.
      Te amo.
    ¿Quién será?

Ahora dale una rápida ojeada a tu poema para asegurarte de que no haya falta de comunicación. Tal vez quieras pedirle a un(a) compañero(a) de clase que te lo revise también. Haz todas las correcciones necesarias, prestando atención especial a la estructura y a que se entiendan bien los verbos y sujetos que no se expresan.

**F** **Versión final.**   Considera las correcciones de la falta de comunicación y otras que tus compañeros(as) de clase te hayan indicado y revisa tu poema una vez más. Como tarea, escribe la copia final en la computadora. Antes de entregarla, dale un último vistazo a la acentuación y a la puntuación.

**G** **Concurso de poesía.**   Cuando tu profesor(a) te devuelva el poema, prepárate para leerlo en un concurso de poesía. Después de incorporar todas las sugerencias que tu profesor(a) te haga, la clase se va a dividir en dos grupos. Luego, cada persona de cada grupo leerá su poema en voz alta. Cada grupo debe seleccionar el poema que más les gustó y al final, estas personas deben leer sus poemas a toda la clase. Tal vez quieran combinar todos los poemas de la clase en un libro que pueden titular *La poesía moderna del siglo XXI*.

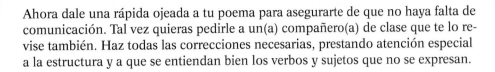

# Exploremos el ciberespacio

Explora distintos aspectos del mundo hondureño en las actividades de la red que corresponden a esta lección. Ve primero a **http://college.hmco.com** y de ahí a la página de *Mundo 21*.

**Nombre oficial:**
*República de Costa Rica*

**Población:**
*3.604.642 (est.)*

**Principales ciudades:**
*San José (capital), Cartago, Limón, Alajuela*

**Moneda:**
*Colón (₡)*

# Gente
## *del Mundo 21*

**Ana Istarú,** escritora y actriz costarricense nacida en 1960, es autora de varios libros de poemas galardonados con premios literarios. Entre sus obras se encuentran *Palabra nueva* (1975), *La muerte y otros efímeros agravios* (1988) y *La estación de fiebre y otros amaneceres* (1991). Su poesía apareció en la antología bilingüe *Ixok amargo: poesía de mujeres centroamericanas por la paz* (1987). También ha escrito obras de teatro como *El vuelo de la grúa* (1984) y *Madre nuestra que estás en la tierra* (1990) y ha realizado una película titulada *Evangelina*. En dos ocasiones ha sido ganadora del premio de la mejor actriz de teatro de Costa Rica.

**Franklin Chang-Díaz,** el primer astronauta hispanoamericano que viajó en el transbordador espacial, nació en 1950 en San José, Costa Rica. Su abuelo paterno, José Chang, emigró de la China en busca de una vida mejor en Costa Rica. Franklin Chang-Díaz es hijo de Ramón Chang-Morales, un jefe de construcción, y María Eugenia Díaz, un ama de casa. A los dieciocho años, viajó a los EE.UU. con sólo cincuenta dólares en el bolsillo para vivir con un pariente suyo en Hartford, Connecticut. Ahí se matriculó en la escuela pública para aprender inglés. Se ganó una beca para estudiar en la Universidad de Connecticut y se doctoró en el Massachusetts Institute of Technology. En 1981, logró el sueño de su vida: ser astronauta. En 1993, llegó a ser el primer director latino del Laboratorio de Propulsión en el *Johnson Space Center* en Houston. Actualmente, según la NASA, sigue haciendo investigación en el diseño de nuevos conceptos de propulsión de cohetes mientras enseña en la Universidad de Rice y en la Universidad de Houston.

**Carmen Naranjo,** escritora costarricense, nació en 1930 y es autora de una amplia obra narrativa. También se ha destacado como poeta. Naranjo posee una prosa fresca e irreverente, y no oculta su ironía escéptica ante el espectáculo social. Entre sus libros de poesía se destacan *Mi guerrilla* (1977) y *Homenaje a don Nadie* (1981), y entre sus novelas *Otro rumbo para la rumba* (1989) y *En partes* (1994). Fue embajadora de Costa Rica ante Israel (1972–1974) y Ministra de Cultura (1974–1976). Actualmente es directora de la Editorial Universitaria Centroamericana.

## Otros costarricenses sobresalientes

**Laureano Albán:** poeta

**Fernando Carballo Jiménez:** pintor

**Alfonso Chase:** poeta

**Carlos Cortés:** poeta, cuentista, novelista y compilador de antologías

**Magda Gordienko:** pintora

**Xenia Gordienko:** pintora

**Julieta Pinto:** cuentista, novelista y catedrática

**Juan Carlos Robelo:** pintor

**Samuel Rovinski:** poeta, cuentista, novelista, dramaturgo y ensayista

**Victoria Urbano (1926–1984):** poeta, cuentista, novelista, dramaturga y catedrática

**Francisco Zúñiga (1912–1998):** pintor y escultor

## *Personalidades* del Mundo 21

Contesta estas preguntas. Luego, comparte tus respuestas con dos o tres compañeros(as) de clase.

1. ¿En qué campos ha tenido éxito Ana Istarú? ¿Qué tipo de persona crees que es? ¿Qué cualidades tiene?
2. ¿Cuál fue el sueño de Franklin Chang-Díaz? ¿Cómo lo logró? ¿Crees que tú podrías llegar a ser astronauta? Explica.
3. ¿En qué campos ha tenido éxito Carmen Naranjo? ¿Cómo se comparan las carreras de Carmen Naranjo y Ana Istarú? ¿Qué crees que ha impulsado a estas dos mujeres a sobresalir en tantos campos distintos?

# Del pasado al presente

# Costa Rica: ¿utopía americana?

### Los orígenes

Antes de 1492, el territorio de Costa Rica sufrió una gran reducción de su población nativa, quizás a causa de alguna erupción volcánica que pudo haber enterrado las tierras fértiles bajo la lava. Cuando Cristóbal Colón descubrió Costa Rica en 1502, se calcula que sólo había unos treinta mil indígenas en el país, a los cuales se les añadían tres

**Niños indígenas de las montañas Talamanca, Puntarenas**

colonias militares aztecas que recogían tributos para Tenochtitlán. El nombre de Costa Rica seguramente se deriva de la abundancia de objetos de oro que Colón encontró en la costa.

En 1574 Costa Rica fue integrada a la Capitanía General de Guatemala hasta su independencia. La reducida población de colonos españoles se vio obligada a establecerse en las mesetas centrales debido a una falta de pueblos indígenas que explotar y también para defenderse de ataques de piratas ingleses. Allí se dedicaron a una agricultura de subsistencia. Nunca existieron las grandes concentraciones de tierras ni tampoco las pronunciadas desigualdades sociales que causaron explosivos conflictos en otras regiones de Centroamérica.

**Plantación cafetalera**

### La independencia

En 1821, el capitán general español Gabino Gaínza proclamó la independencia de la Capitanía General de Guatemala, de la que a su vez dependía Costa Rica. Al año siguiente, la región quedó integrada en el imperio mexicano de Agustín de Iturbide, aunque esto sólo duró un año.

Costa Rica elaboró su propia constitución en 1823. Ese mismo año la ciudad de San José venció a la ciudad rival de Cartago, y le quitó el control del gobierno convirtiéndose en la capital. Costa Rica formó parte de las Provincias Unidas de Centroamérica de 1823 a 1838, y proclamó su independencia absoluta el 31 de agosto de 1848. El primer presidente de la nueva república fue José María Castro Madroz.

Durante la segunda mitad del siglo XIX aumentaron considerablemente las exportaciones de café y se establecieron las primeras plantaciones bananeras. En 1878, el empresario estadounidense Minor C. Keith obtuvo del gobierno costarricense unas grandes concesiones territoriales para el cultivo del plátano con el compromiso de construir un ferrocarril entre San José y Puerto Limón. Debido a la unificación de *Tropical Trading,* la compañía de Minor C. Keith y *Boston Fruit Co.,* la compañía de Lorenzo Baker, nació la *United Fruit Company,* que los campesinos pronto nombraron "Mamita Yunai".

## Dos insurrecciones

Sólo en dos ocasiones se interrumpió la legalidad constitucional en Costa Rica en este siglo. La primera correspondió al régimen del general Federico Tinoco Granados, cuyo gobierno autoritario (1917–1919) causó una insurrección popular. Con esto comenzó la marginación de los militares de la vida política del país.

**Niños costarricenses celebran el Día de Independencia**

La segunda ocasión fue la breve guerra civil que estalló cuando el gobierno anuló las elecciones presidenciales de 1948 y en la que José Figueres Ferrer derrotó a las fuerzas gubernamentales. El país retornó a la vida constitucional con el gobierno de Otilio Ulate (1939–1943), quien había ganado las elecciones. En 1949 se aprobó una nueva constitución que disolvió el ejército y dedicó el presupuesto militar a la educación. Costa Rica es el único país latinoamericano que no tiene ejército y con ello ha podido evitar los golpes de estado promovidos por militares ambiciosos.

**San José, Costa Rica**

## Segunda mitad del siglo XX

En 1953, José Figueres fue elegido presidente; su política moderadamente nacionalista consiguió renegociar los contratos con la *United Fruit Company* de forma beneficiosa para Costa Rica. La compañía debió invertir en el país el 45% de sus ganancias, perdió el monopolio sobre los ferrocarriles, las compañías eléctricas y las plantaciones de cacao y caña. Figueres fue elegido presidente otra vez en 1970.

Con la caída de Anastasio Somoza Debayle en Nicaragua en 1979, volvieron a Costa Rica numerosos exiliados de aquel país. Las guerras civiles centroamericanas, en especial la de El Salvador y la de los "contras" antisandinistas de Nicaragua, presentaron un grave peligro al gobierno costarricense.

Óscar Arias Sánchez, elegido presidente en 1986, jugó un activo papel en la resolución de los conflictos centroamericanos a través de la negociación. Fue galardonado con el Premio Nobel de la Paz en 1987. En 1990 fue sustituido por Rafael Ángel Calderón Fournier, quien estableció una política más conservadora. Las elecciones de 1994 fueron ganadas por José María Figueres Olsen con la promesa de más intervención de parte del gobierno en la economía del país. Su nuevo programa económico resultó en que el Fondo Monetario Internacional (FMI) detuviera el pago de cien millones de dólares que habían sido prometidos a Costa Rica. En febrero de 1998, Miguel Ángel Rodríguez fue elegido presidente y bajo su control, la economía del país parece estar más estable.

## La realidad actual

Una relativa prosperidad económica y una cierta estabilidad política caracterizan a la pequeña república de Costa Rica. El ingreso nacional per cápita es el mayor de Centroamérica y los ingresos están distribuidos de manera relativamente justa. Esto les ha proporcionado a los costarricenses un alto nivel de vida con los índices más bajos de analfabetismo o personas que no pueden leer ni escribir (5,2%) y de mortalidad infantil (13,1 por mil) en Latinoamérica.

Debido a la acelerada deforestación de las selvas que cubrían la mayor parte del territorio de Costa Rica, se ha establecido un sistema de zonas protegidas y parques nacionales. En proporción a su área, es ahora uno de los países que tiene más zonas protegidas (el 26% del territorio tiene algún tipo de protección, el 8% está dedicado a parques nacionales). EE.UU., por ejemplo, ha dedicado parques nacionales a cerca del 3,2% de su superficie.

# ¡A ver si comprendiste!

**A. Hechos y acontecimientos.** Trabaja con un(a) compañero(a) y escriban una breve explicación en sus propias palabras del significado de las siguientes personas, lugares y acontecimientos en la historia de Costa Rica. Luego comparen sus explicaciones con las de la clase.

1. la población indígena en el siglo XVI
2. el nombre de Costa Rica
3. José María Castro Madroz
4. la *United Fruit Company*
5. la constitución de 1949
6. Óscar Arias Sánchez
7. los parques nacionales y zonas protegidas
8. el índice de analfabetismo
9. la mortalidad infantil

**B. A pensar y a analizar.** En grupos de tres, expliquen cómo Costa Rica ha gozado de una relativa estabilidad política a lo largo del siglo XX mientras sus vecinos han sufrido sangrientas insurrecciones y guerras civiles.

# Ventana *al Mundo* 21

## Educación en vez de ejército

La siguiente letra fue premiada el 15 de octubre de 1989 en un concurso convocado por la Municipalidad de San José, Costa Rica.

### Himno a la abolición del ejército
por Viriato Camacho Vargas

| | |
|---|---|
| Al trocar° por la azada° y el libro | cambiar / *hoe* |
| los rencores° y el arma mortal | hostilidad |
| Costa Rica proclama ante el mundo | |
| que el destino° del hombre es la paz. | futuro |
| | |
| Mire el mundo la hazaña° gloriosa | obra |
| de este pueblo valiente y viril | |
| que ha plantado una rama de olivo | |
| donde antes había fusil.° | *rifle* |
| | |
| Oiga el mundo el batir cadencioso | |
| de alas blancas que en blanco tropel° | desorden |
| son enseña° del sueño bendito | *emblem* |
| donde el aula reemplaza al cuartel.° | residencia militar |

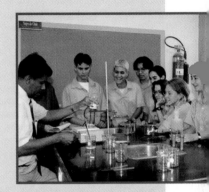

**Jóvenes costarricenses
en la clase de química**

Este himno celebra la constitución de 1949 de Costa Rica que disolvió al ejército y le dio prioridad a la educación. Desde 1950 se ha producido una gran expansión de la educación que refleja el aumento de la población en el país. En 1950, Costa Rica tenía alrededor de 800.000 habitantes y en 1973, más de 1.800.000. El crecimiento más espectacular fue el de la enseñanza secundaria, que aumentó de 4.251 estudiantes y 33 liceos en 1950 a 142.144 estudiantes y 244 liceos en 1987. El acceso a la educación ha resultado en un descenso de la tasa de analfabetismo, de un 21% en 1950, al 5.3% en 1998. El porcentaje del presupuesto que el Estado le dedica a la educación ha descendido en los últimos años debido a la crisis económica. Bajó de un 30% a finales de la década de 1970 y a más del 20% en la década de 1990.

Del Capítulo IV: "La educación y la cultura" de *Historia General de Costa Rica* por Vladimir de la Cruz de Lemos

**La educación en Costa Rica.** Contesta estas preguntas con un(a) compañero(a).

1. ¿Cuál es la importancia de la constitución costarricense de 1949?
2. ¿Cómo ha cambiado la tasa de analfabetismo en Costa Rica?
3. ¿Qué porcentaje del presupuesto de Costa Rica se dedica a la educación?
4. ¿Es posible que EE.UU. decida dedicar la mayor parte del presupuesto militar a mejorar la enseñanza en el futuro? ¿Crees que esto es algo que nuestro gobierno debe hacer? Explica.

# ❧ *Y ahora, ¡a leer!*

## Anticipando la lectura

Tú has sido galardonado con el Premio Nobel de la Paz y tienes que preparar el discurso que vas a pronunciar al aceptar el premio. Como preparación para escribir ese discurso, contesta estas preguntas.

1. ¿Cómo piensas empezar tu discurso? ¿Les vas a dar las gracias a las personas responsables? ¿A quiénes? ¿Qué vas a decir?
2. ¿Qué vas a decir sobre la importancia de este premio y el honor de haberlo recibido tú?
3. ¿Que piensas decir acerca de la paz en general? ¿de la paz mundial?
4. En tu opinión, ¿es apropiado criticar en esta ocasión a algunos gobernantes o países que parecen no respetar la paz? ¿Hay algunos que tu criticarías? ¿Cuáles? ¿Qué dirías de ellos?
5. ¿Qué otros asuntos crees que debes mencionar?
6. ¿Cómo puedes terminar tu discurso?

### *Conozcamos al autor*

**Óscar Arias Sánchez,** político costarricense, fue galardonado con el Premio Nobel de la Paz en 1987 mientras era presidente de su país. Nació en Heredia, Costa Rica, en 1941, de una acomodada familia dedicada a la exportación cafetalera. Estudió derecho y economía en la Universidad de Costa Rica. En 1974, completó su doctorado en la Universidad de Essex en Inglaterra y regresó a enseñar ciencias políticas en la Universidad de Costa Rica. En 1986, fue elegido presidente por un amplio margen. Tiene varias publicaciones sobre las ciencias políticas, inclusive *Democracia, independencia y sociedad latinoamericana* (1977), *Horizontes de paz* (1994) y *Nuevas dimensiones de la educación* (1994). Arias Sánchez mereció el Premio Nobel por su activa participación en las negociaciones por la paz en Centroamérica. Las negociaciones culminaron en la Ciudad de Guatemala, donde se firmó, el 7 de agosto de 1987, un acuerdo de paz entre los diferentes países de la región. Usó el dinero de este premio para establecer la Fundación Arias para la Paz y el Progreso Humano.

A continuación se presenta el discurso pronunciado por el Dr. Óscar Arias Sánchez, Presidente de la República de Costa Rica, en el Gran Salón de la Universidad de Oslo, Noruega, el 10 de diciembre de 1987, al aceptar el Premio Nobel de la Paz de 1987.

# LECTURA

# La paz no tiene fronteras

**Presentación del Premio Nobel en Suecia**

Cuando ustedes decidieron honrarme con este premio, decidieron honrar a un país de paz, decidieron honrar a Costa Rica. Cuando, este año, 1987, concretaron° el deseo de Alfred E. Nobel de fortalecer los esfuerzos de paz en el mundo, decidieron fortalecer los esfuerzos para asegurar° la paz en América Central. Estoy agradecido por el reconocimiento de nuestra búsqueda de la paz. Todos estamos agradecidos en Centroamérica.

hicieron realidad
garantizar

Nadie sabe mejor que los honorables miembros de este Comité que este premio es una señal° para hacerle saber al mundo que ustedes quieren promover° la iniciativa de paz centroamericana. Con su decisión, apoyan sus posibilidades de éxito; declaran cuán bien conocen que la búsqueda de la paz no puede terminar nunca, y que es una causa permanente, siempre necesitada del apoyo verdadero de amigos verdaderos, de gente con coraje° para promover el cambio en favor de la paz, a pesar de todos los obstáculos.

signo
acelerar

bravura, valentía

La paz no es un asunto° de premios ni de trofeos. No es producto de una victoria ni de un mandato. No tiene fronteras, no tiene plazos,° no es inmutable° en la definición de sus logros.

cuestión
límites de tiempo
invariable

La paz es un proceso que nunca termina; es el resultado de innumerables decisiones tomadas por muchas personas en muchos países. Es una actitud, una forma de vida, una manera de solucionar problemas y de resolver conflictos. No se puede forzar en la nación más pequeña ni puede imponerla la nación más grande. No puede ignorar nuestras diferencias ni dejar pasar inadvertidos nuestros intereses comunes. Requiere que trabajemos y vivamos juntos.

La paz no es sólo un asunto de palabras nobles y de conferencias Nobel. Ya tenemos abundantes palabras, gloriosas palabras, inscritas en las cartas de las Naciones Unidas, de la Corte Mundial, de la Organización de Los Estados Americanos y de una red° de tratados internacionales y leyes. Necesitamos hechos que respeten esas palabras, que honren los compromisos avalados° por esas leyes. Necesitamos fortalecer nuestras instituciones de paz como las Naciones Unidas, cerciorándonos° de que se utilizan en favor del débil tanto como del fuerte.

conjunto
garantizados

asegurándonos

No presto atención a los que dudan ni a los detractores que no desean creer que la paz duradera puede ser sinceramente aceptada por quienes marchan bajo diferentes banderas ideológicas o por quienes están más
35 acostumbrados a los cañones de guerra que a los acuerdos de paz.

En América Central no buscamos la paz a solas, ni sólo la paz que será seguida algún día por el progreso político, sino la paz y la democracia juntas, indivisibles, el final del derramamiento° de sangre humana, que es inseparable      dispersión
del final de la represión de los derechos humanos. Nosotros no juzgamos, ni
40 mucho menos condenamos, ningún sistema político ni ideológico de cualquiera
otra nación, libremente escogido° y no exportado. No podemos pretender que      selecto
Estados soberanos° se conformen con patrones de gobierno no escogidos por      de autoridad suprema
ellos mismos. Pero podemos insistir en que todo gobierno respete los derechos universales del hombre, cuyo valor trasciende las fronteras nacionales
45 y las etiquetas° ideológicas. Creemos que la justicia y la paz sólo pueden      clasificaciones
prosperar juntas, nunca separadas. Una nación que maltrata a sus propios
ciudadanos es más propensa° a maltratar a sus vecinos.      **es...** está más inclinada

Recibir este Premio Nobel el 10 de diciembre es para mí una maravillosa coincidencia. Mi hijo Óscar Felipe, aquí presente, cumple hoy ocho años.
50 Le digo a él, y por su intermedio a todos los niños de mi país, que nunca deberemos recurrir a la violencia, que nunca deberemos apoyar las soluciones militares para los problemas de Centroamérica. Por la nueva generación debemos comprender, hoy más que nunca, que la paz sólo puede alcanzarse° por      obtenerse
medio de sus propios instrumentos: el diálogo y el entendimiento, la toleran-
55 cia y el perdón, la libertad y la democracia.

Sé bien que ustedes comparten lo que les decimos a todos los miembros de la comunidad internacional, y particularmente a las naciones del Este y del Oeste, que tienen mucho más poder y muchos más recursos que los que mi pequeña nación esperaría poseer° jamás. A ellos les digo con la mayor urgen-      tener
60 cia: dejen que los centroamericanos decidamos el futuro de Centroamérica.
Déjennos la interpretación y el cumplimiento° de nuestro Plan de Paz a      ejecución, realización
nosotros; apoyen los esfuerzos de paz y no las fuerzas de guerra en nuestra región; envíen a nuestros pueblos arados° en lugar de espadas, azadones° en      *plows / hoes*
lugar de lanzas. Si, para sus propios fines, no pueden abstenerse de acumular
65 armas de guerra, entonces, en el nombre de Dios, por lo menos deberían dejarnos en paz.

Le digo aquí a su Alteza° Real y a los honorables miembros del Comité      *Highness*
Nobel de la Paz, al maravilloso pueblo de Noruega, que acepto este premio porque sé cuán apasionadamente comparten ustedes nuestra búsqueda de la
70 paz, nuestro anhelo° de éxito. Si en los años venideros la paz prevalece° y se      deseo / predomina
eliminan, entonces, la violencia y la guerra, gran parte de esa paz se deberá a la fe del pueblo noruego y será suya para siempre.

# ¿Comprendiste la lectura?

**A. Hechos y acontecimientos.** Contesta las siguientes preguntas.

1. Según Arias Sánchez, ¿a quiénes honró el Comité Nobel de la Paz al decidir darle el premio a él?
2. ¿Por qué dice que "este premio es una señal"? ¿Una señal para qué?
3. ¿Cómo define él la paz? Explica.
4. Además de dar discursos y tener conferencias sobre la paz, ¿qué más

necesitan hacer los que reciben el Premio de la Paz y el Comité Nobel según el orador?

5. Según Arias Sánchez, ¿cómo se debe trabajar con los individuos que creen que la paz no es posible?

6. Además de la paz, ¿qué busca Centroamérica?

7. ¿Qué sistema político quiere imponer Arias Sánchez en Centroamérica? Explica.

8. ¿Qué significado especial tiene el recibir el Premio Nobel el 10 de diciembre para él? ¿Qué mensaje tiene para los niños de su país?

9. ¿Cómo deben las naciones más poderosas del mundo ayudar el movimiento de la paz en Centroamérica? ¿Qué deben hacer? ¿Qué no deben hacer?

10. ¿Por qué le da las gracias al pueblo noruego al final?

**B. A pensar y a analizar.** En grupos de tres, contesten estas preguntas.

1. ¿Cuál es el tema de este discurso?

2. ¿Estás de acuerdo con el título del discurso? ¿Es posible la paz mundial? Explica.

3. ¿Qué opinas del discurso de Óscar Arias? ¿Crees que fue suficientemente diplomático, demasiado diplomático o no suficientemente diplomático? Da ejemplos para apoyar tu respuesta.

4. Algunos países se ofendieron por la crítica bastante directa que hizo de EE.UU. y Rusia. ¿Qué opinas tú? ¿Tenía razón en lo que dijo? Explica.

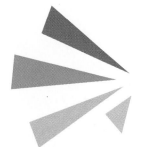

# Introducción al análisis literario

## El discurso de agradecimiento

Hay muchas ocasiones en las cuales es necesario dar un discurso de agradecimiento, por ejemplo, al ser galardonado con un premio o al ser honrado en una fiesta de jubilación o de graduación. Los discursos de agradecimiento pueden variar bastante, pero todos tienden a incluir tres elementos básicos: el dar las gracias a las personas, al comité o a la organización responsable; el explicar el significado o la importancia del premio o la ocasión para todos los interesados; y el compartir el honor de la ocasión con todos los merecidos. El discurso del expresidente de Costa Rica, Óscar Arias Sánchez, exhibe todos estos aspectos a pesar de que dedica la mayor parte de su discurso a uno —el explicar el concepto de la paz y como lograrla.

**A. Tres elementos de agradecimiento.** Identifica con citas específicas sacadas de "La paz no tiene fronteras" los tres elementos de un discurso de agradecimiento. Compara tus citas con las de dos compañeros(as) de clase.

**B. Quisiera dar las gracias primero a...** Tú acabas de graduarte y estás ahora en una recepción en tu honor que tu familia ha organizado. Frente a varios parientes y amigos que asistieron a tu graduación, decides expresar tu agradecimiento. Escribe ese discurso.

# Cultura ¡en vivo!

## La ecología y nuestro planeta

Sin duda unos de los desafíos más importantes que enfrenta la humanidad en la actualidad es la protección del medio ambiente. Algunos de los factores que han puesto en peligro el equilibrio de la naturaleza en grandes regiones del planeta son el crecimiento demográfico y la industrialización acelerada que han resultado en la explotación desequilibrada de los recursos naturales y en la contaminación cada vez mayor del aire, la tierra y el agua. Ante este problema, varios científicos se han dedicado al estudio de la ecología o a las relaciones que se establecen entre los seres vivos y el medio en el que habitan.

Algunos científicos han concluido que la propia atmósfera se está deteriorando al disminuir peligrosamente la capa de ozono que protege contra los rayos ultravioleta del sol que son muy dañinos. También los expertos debaten si el extenso uso de combustibles como la gasolina está incrementando la temperatura, lo cual puede traer el efecto invernadero. Este es un problema que afecta a todo el mundo. Uno de los lemas más efectivos del movimiento ecológico contemporáneo es "piensa globalmente y actúa localmente".

Uno de los países con mayor conciencia ecológica en el mundo es Costa Rica. Este país, que sirve de puente biológico entre Norteamérica y Sudamérica y que tiene más de doce zonas climáticas,

ha tomado medidas concretas para la preservación de los bosques tropicales cada vez más escasos. En 1969 se aprobó la Ley Forestal que estableció el Servicio de Parques Nacionales. En 1970, se inició el programa para la instauración sistemática en Costa Rica de parques nacionales y reservas biológicas. Para 1998, casi un millón de hectáreas se encontraban protegidas y se concentraban principalmente en los treinta parques nacionales, entre los que se encuentran, por orden de extensión: la Amistad, Braulio Carrillo y Corcovado.

**Reserva biológica de Moteverde en un bosque nuboso de Costa Rica**

**La ecología.**  Completa estas actividades.

1. ¿Cuales son algunos de los desafíos más importantes de la humanidad en el siglo XXI?
2. ¿Qué ha hecho Costa Rica frente a este desafío?
3. Explica el lema, "piensa globalmente y actúa localmente".
4. ¿Qué es lo que tú haces diariamente en favor de la ecología?

# Mejoremos la comunicación

## Para hablar de la ecología

### Al hablar de los problemas ambientales

— ¿Escuchaste la charla del ecólogo sobre el medio ambiente aquí en nuestra ciudad?

*Did you hear the ecologist's talk on the environment here in our city?*

**atmósfera** *atmosphere*
**contaminación del aire, tierra y agua** *f. air, land, and water pollution*
**derrame de petróleo** *m. oil spill*
**desecho de los desperdicios** *waste disposal*
**efecto invernadero** *greenhouse effect*
**equilibrio ecológico** *ecological balance*
**erosión** *f. erosion*
**lago envenenado** *poisoned lake*
**quema de la selva** *burning of the jungle*
**reciclaje** *m. recycling*
**tala** *cutting down of trees*

— No. ¿Qué dijo?
— Dijo que la lluvia ácida ya ha dañado varios monumentos históricos en la ciudad. ¡Hasta mostró fotos del daño! Y dijo que la capa de ozono sigue disminuyendo, poniéndonos a todos en peligro de los rayos ultravioleta del sol.
— ¿Te imaginas? Pronto no vamos a poder respirar el aire. ¡Todos necesitaremos máscaras de oxígeno!

*No. What did he say?*
*He said that the acid rain has already damaged several historical monuments in the city. He even showed photos of the damage! And he said the ozone layer continues to diminish, putting all of us in danger of the ultraviolet rays of the sun. Can you imagine? Soon we're not going to be able to breathe the air. We'll all need oxygen masks!*

### Al hablar de los parques nacionales

— Sin duda, lo que más me impresionó en mi viaje a Costa Rica fue todo lo que el gobierno hace para preservar los parques nacionales.

*Without a doubt, what impressed me most about my trip to Costa Rica was everything that the government does to protect its national parks.*

**biodiversidad** *f. biodiversity*
**bosque lluvioso** *m. rain forest*
**bosque tropical** *m. tropical forest*
**ecosistema** *m. ecosystem*
**especies en vías de extinción** *f. pl. endangered species*
**reserva biológica** *biological reserve*
**zona protegida** *protected area*

— ¡Me parece genial! Así el gobierno protege sus recursos naturales controlando a la vez la contaminación.

— Bueno, lo más importante es que, con el gobierno en control, se elimina también el peligro de deforestación. Las únicas amenazas que quedan son peligros naturales como incendios y sequías.

*It seems brilliant to me! That way the government protects its natural resources, controlling pollution at the same time.*

*Well, the most important thing is that, with the government in control, the danger of deforestation is also eliminated. The only remaining threats are the natural dangers like fires and droughts.*

# ¡A conversar!

**A. Entrevista.** Entrevista a un(a) compañero(a) de clase acerca de los esfuerzos para proteger el medio ambiente que hace el gobierno en la ciudad donde vive. Pregúntale qué problemas hay con la lluvia ácida y cómo se controla la contaminación.

**B. Una comparación.** Con un(a) compañero(a) de clase, haz una comparación entre los esfuerzos de Costa Rica y los de los EE.UU. para proteger sus recursos naturales. Informen a la clase de sus conclusiones.

**C. Grupo de expertos.** Tú y tres compañeros(as) de clase forman un grupo de expertos sobre la ecología. Algunos políticos quieren empezar a talar y quemar extensas secciones de los parques nacionales para usar la tierra para la agricultura. Piensan que esto va a dar empleo a mucha gente y traer más dinero en impuestos para el gobierno. Discutan el problema y presenten sus decisiones a la clase.

## Palabras claves: ambiente

Con un(a) compañero(a) de clase decide en el significado de estas palabras relacionadas con la palabra **ambiente.** Luego contesten las preguntas.

1. ¿Cómo es el **ambiente** intelectual de la universidad?
2. ¿Dónde en la universidad usan **ambientador**?
3. ¿Te parecen adecuadas las leyes **ambientales** de tu ciudad?
4. ¿Vas a **hacer buen ambiente** a favor de la candidatura de tu amigo?
5. ¿Cuánto tardas en **ambientarte** después de un vuelo largo?

## ¡Luz! ¡Cámara! ¡Acción!

# Costa Rica: para amantes de la naturaleza

### La exuberancia ecológica de Costa Rica

En 1502, durante su cuarto viaje a América, Cristóbal Colón llegó hasta Costa Rica. Hoy día es un diminuto país en el cual se encuentran maravillosos tesoros naturales, tales como el hermoso parque nacional Braulio Carillo, de 450 hectáreas, localizado cerca de la capital. En esta selección del video, podrán observar este bosque lluvioso desde un teleférico que recorre un buen tramo del parque.

### A correr los rápidos de Costa Rica

En esta selección del video Uds. podrán hacer *rafting* en el río Pacuare, uno de los cinco ríos de flujo natural más bellos del mundo. Antes de empezar, Rafael Gallo los va a preparar para navegar los rápidos en balsas de hule inflable. Para asegurarse de que los participantes sobrevivan la aventura, un guía experto les enseñará a manipular la balsa, a usar los remos y, sobre todo, a llevar chaleco salvavidas en caso de que uno se caiga al agua.

## Antes de empezar el video

Contesten estas preguntas en parejas.

1. ¿Te has paseado en un teleférico alguna vez? ¿Dónde? ¿Con qué propósito?
2. ¿Qué habrán visto los primeros colonizadores en la costa de la región de Costa Rica que los motivó a nombrarla así?
3. ¿Has hecho *rafting* alguna vez? ¿Dónde? ¿Te gustó o no? ¿Por qué?

## ¡A ver si comprendiste!

**A. La exuberancia ecológica de Costa Rica.** Contesta estas preguntas con un(a) compañero(a) de clase.

1. ¿Quién fue Braulio Carillo? ¿A qué lugar le dieron su nombre?
2. ¿Qué le habrá motivado a Cristóbal Colón a darle el nombre de Costa Rica a la región?
3. ¿Qué es un río de flujo natural?
4. Según Rafael Gallo, ¿qué es *rafting*? ¿Qué es lo más importante del deporte de *rafting*?

**B. A pensar y a interpretar.** Contesta estas preguntas.

1. ¿Por qué será de interés ver el bosque lluvioso desde un teleférico?
2. ¿Qué es lo irónico del nombre que Colón le dio a la región de Costa Rica? ¿Cuál es la verdadera riqueza del país?
3. ¿Qué atractivo tiene el río Pacuare para el *rafting*?
4. ¿Por qué es tan importante el chaleco salvavidas en el *rafting*?

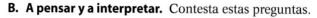

## Exploremos el ciberespacio

Explora distintos aspectos del mundo costarricense en las actividades de la red que corresponden a esta lección. Ve primero a **http://college.hmco.com** y de ahí a la página de *Mundo 21*.

# Colombia, Panamá y Venezuela: la modernidad en desafío

**Distrito bancario en Bogotá, Colombia**

## ¡Bienvenidos a Colombia, Panamá y Venezuela!

Compara Bogotá, la capital de Colombia, con la ciudad capital de tu estado. ¿Crees que las ciudades capitales de Panamá y Venezuela son similares a o diferentes de Bogotá? Explica. ¿Cómo se relaciona el subtítulo de esta unidad, "la modernidad en desafío", con estos tres países?

**Nombre oficial:**
*República de Colombia*

**Población:**
*38.580.949 (est.)*

**Principales ciudades:**
*Santa Fe de Bogotá (capital),
Medellín, Cali, Barranquilla*

**Moneda:**
*Peso (Col$)*

# Gente
## del Mundo 21

**Beatriz González,** pintora y grabadora colombiana, nació en Bucaramanga en 1938. Se ha hecho conocida por sus "muebles", sobre los cuales pinta, en colores brillantes, copias de cuadros célebres. Una crítica social explícita llena de un humor negro es evidente en su arte. Sus obras no son, en general, simplemente cuadros sino verdaderos "objetos" de uso diario, como una mesa con una escena patriótica sobre su superficie. Su actuación como artista se inscribe en una línea colombiana contemporánea de denuncia y exigencia. Actualmente vive en Bogotá.

**Fernando Botero,** pintor y escultor colombiano, nació en Medellín en 1932. Realizó su primera exposición en la capital, Bogotá, en 1951, y al año siguiente inició un viaje a Europa. Estudió primero en España y entre 1953 y 1955 residió en París y Florencia.

Partidario de una corriente pictórica figurativa y realista, a partir de 1950, Fernando Botero exageró los volúmenes de la figura humana en sus composiciones. Posteriormente estas figuras adoptaron la forma de sátiras de tipo político y social. En 1960, Botero estableció su residencia en Nueva York y en 1992 sus enormes esculturas de bronce fueron exhibidas a lo largo de los Campos Elíseos de París y en la Avenida Park de Nueva York.

**Andrea Echeverri** es una joven cantante colombiana. Nació en 1966 en la región de Paisa y llegó a EE.UU. a los dieciocho años para estudiar inglés. Fue en esa época cuando empezó a surgir su rebeldía contra el machismo de su sociedad. Con Héctor Buitrago formó un grupo de rock latino, los Aterciopelados, quienes ganaron popularidad después de lanzar el video *Bolero falaz* en *MTV Latino* en 1995. Su música les gusta muchísimo a las jóvenes porque canta a la emancipación femenina. En 1997 este grupo fue nominado para recibir el codiciado "Grammy". Echeverri dice que su álbum *La pipa de la paz* (1997), es un poco antimachista y no muy romántico. Además, ella sostiene que es muy importante aprender porque "cuando uno estudia, se vuelve más receptivo y consciente de que no tiene que ser como todo el mundo". En 1998, el nuevo disco de los Aterciopelados también fue nominado para un "Grammy".

## Otros colombianos sobresalientes

**Arturo Alape:** cuentista, novelista y pintor

**Fanny Buitrago:** cuentista y novelista

**Roberto Burgos Cantor:** cuentista y novelista

**Luis Caballero (1943–1995):** pintor y dibujante

**Santiago Cárdenas:** pintor, dibujante y catedrático

**Violy McCausland:** mujer de negocios y presidente de una empresa financiera

**Shakira Mebarak:** cantante

**Ana Mercedes Hoyos:** pintora

**Marvel Moreno:** cuentista y novelista

**Rafael Humberto Moreno Durán:** cuentista, novelista y ensayista

**Edgar Negret:** escultor

**Darío Ruiz Gómez:** cuentista, novelista, poeta y ensayista

## *Personalidades* del Mundo 21

Contesta estas preguntas. Luego comparte tus respuestas con dos o tres compañeros(as) de clase.

1. ¿Por qué tipo de arte es conocida Beatriz González? ¿Crees que una mesa, una silla o un armario pueden ser objetos de arte? Explica. ¿Qué determina si algo es arte o no?

2. ¿Qué se destaca en el arte de Fernando Botero? En tu opinión, ¿es ofensivo burlarse de la gente de esta manera o no? Explica.

3. ¿Cuál es el tema de las canciones de Andrea Echeverri? En tu opinión, ¿por qué es tan popular este tema con la juventud de hoy en día? Para ti, ¿es importante no tener que ser como todo el mundo? Explica.

# Del pasado al presente

# Colombia: la esmeralda del continente

### Los orígenes

Diferentes pueblos indígenas ocupaban el territorio colombiano antes de la conquista española. La cultura conocida como la de San Agustín, desaparecida muchos siglos antes de la llegada de los europeos, todavía causa admiración por sus enormes ídolos de piedra. Los pueblos chibchas ocupaban las tierras altas de la región central y cultivaban el maíz, la papa y el algodón. Su centro más importante se llamaba Bacatá, nombre del cual se deriva Bogotá, capital de Colombia.

### Exploración y conquista españolas

Aunque la costa del mar Caribe de Colombia fue explorada en 1499, la colonización de la región se inició en 1525 con la fundación del puerto de Santa Marta. El conquistador español Gonzalo Jiménez de Quesada invadió el centro

**La leyenda de El Dorado**

de la poderosa confederación chibcha y encontró su capital abandonada. En sus cercanías fundó la ciudad de Santa Fe de Bogotá en 1538, dándole a la región el nombre de Nueva Granada.

Pronto se conoció la leyenda de El Dorado sobre un reino fabulosamente rico donde el jefe se bañaba en oro antes de sumergirse en un lago. Esto motivó la exploración y conquista de los territorios del interior de Colombia en la década de 1530. En 1550 se creó la Real Audiencia de Santa Fe de Bogotá, el centro administrativo de Nueva Granada que a su vez dependía del Virreinato del Perú establecido sobre las ruinas del imperio inca.

### La colonia

Después de la conquista española, la población indígena del país disminuyó considerablemente. En pocos años el español y el catolicismo reemplazaron a las lenguas y religiones nativas. Con gran rapidez se produjo también el proceso de mestizaje racial. En la costa del Caribe se instalaron esclavos africanos para trabajar en las minas y en las plantaciones de caña de azúcar.

De 1719 a 1723 y después, definitivamente a partir de 1740, se estableció el Virreinato de Nueva Granada, el cual incluía aproximadamente el territorio de las que hoy son las repúblicas de Venezuela, Colombia, Ecuador y Panamá.

**Mina de esmeraldas**

## El proceso de independencia

El 20 de julio de 1810, el último virrey español, Antonio Amar y Borbón, fue destituido de su cargo y obligado a tomar un barco para España. Ésta es la fecha en que se conmemora la independencia de Colombia.

Los españoles no se dieron por vencidos e invadieron Nueva Granada en 1816. Simón Bolívar, líder de las fuerzas independentistas, derrotó a los españoles el 7 de agosto de 1819. Así, el 17 de diciembre de ese año se proclamó la República de la Gran Colombia que incluía los territorios hoy llamados Venezuela, Colombia, Ecuador y Panamá. Bolívar fue nombrado presidente.

Bolívar luego consiguió en el Perú la expulsión definitiva de los españoles del continente en 1826. Pero desacuerdos entre los diferentes sectores políticos obligaron a Bolívar a renunciar a la presidencia en abril de 1827. Poco después, lo que había sido el Virreinato de la Nueva Granada quedó dividido en tres estados independientes: Venezuela, Ecuador y la República de Nueva Granada, hoy Colombia, que incluía el territorio de Panamá.

## La violencia

Entre 1899 y 1903, tuvo lugar la más sangrienta de las guerras civiles colombianas, la "guerra de los mil días", que dejó al país exhausto. En noviembre de ese último año, Panamá declaró su independencia. El gobierno estadounidense apoyó esta acción pues facilitaba considerablemente su plan de abrir un canal a través del istmo centroamericano. En 1914, Colombia reconoció la independencia de Panamá y recibió una compensación de 25 millones de dólares por parte de EE.UU.

El café fue el producto que trajo una relativa prosperidad económica después de la Primera Guerra Mundial. Pero la gran depresión de la década de los años 30 ocasionó un colapso de la economía colombiana y, paradójicamente, impulsó la industrialización del país. Muchos productos manufacturados que se importaban tuvieron que ser sustituidos por productos elaborados en el país.

**Cafetal en Caldas, Colombia**

El asesinato de José Eliécer Gaitán, popular líder del Partido Liberal, el 9 de abril de 1948 resultó en una ola de violencia generalizada que se llama "el bogotazo". La violencia continuó por varios años resultando en un golpe de estado en junio de 1953 y un golpe militar en 1957. Desde 1958 se han efectuado regularmente elecciones para presidente en Colombia. Los candidatos del Partido Liberal han resultado triunfadores en estas elecciones desde 1974.

## La década de los años 90

**Arresto de narcotraficantes**

La década de los años 90 se caracterizó por la tremenda violencia causada por los ataques de grupos guerrilleros y también de grupos de narcotraficantes, principalmente en la ciudad de Medellín. En 1991 se proclamó una nueva constitución. En 1993, la muerte de Pablo Escobar, líder del cartel de drogas de esa ciudad, trajo la promesa de paz por la cual los colombianos, con la cooperación del gobierno norteamericano, continúan luchando esforzadamente. En agosto de 1998 se llevaron a cabo las elecciones presidenciales y Andrés Pastrana Arango, hijo de un ex-presidente colombiano, resultó ganador. Pastrana tiene una sólida formación política, una conciencia social muy positiva, un sentido del humor y un honesto deseo de sacar adelante a su país. Con su elección, Colombia se mueve positivamente hacia la consecución de un clima de paz y prosperidad.

# ¡A ver si comprendiste!

**A. Hechos y acontecimientos.** ¿Recuerdas los datos más importantes de la lectura? Para asegurarte, contesta estas preguntas.

1. ¿Por qué se distingue la cultura prehispánica de Colombia, conocida como la de San Agustín?
2. ¿Qué pueblos indígenas ocupaban las tierras altas de la región central de Colombia?
3. ¿De qué nombre indígena se deriva el nombre "Bogotá"?
4. ¿Cuál era el nombre de Colombia durante el período colonial?
5. ¿En qué consiste la leyenda de El Dorado? ¿Qué importancia tiene esta leyenda en la historia de Colombia?
6. ¿Para qué se importaron esclavos africanos durante la colonia?
7. ¿En qué fecha se conmemora la independencia de Colombia? ¿Qué sucedió ese día?
8. ¿Quién fue elegido presidente de la República de la Gran Colombia? ¿Qué países formaron parte de la Gran Colombia?
9. ¿Qué producto agrícola trajo prosperidad a Colombia después de la Primera Guerra Mundial?
10. ¿Qué partido ha ganado las elecciones colombianas desde 1974?
11. ¿Quién fue Pablo Escobar y qué significa su muerte?

**B. A pensar y analizar.** En tu opinión, ¿cómo se caracteriza el siglo XX en Colombia? Cita hechos específicos para apoyar tu respuesta. ¿Qué crees que tendrá que hacer el gobierno colombiano en el siglo XXI para mejorar la situación?

# Ventana *al Mundo 21*

## La Gran Colombia: sueño de Simón Bolívar

Nacido en Caracas en 1783, Simón Bolívar se convirtió en el Libertador de América. Su sueño era liberar a las colonias españolas y unirlas en una gran patria. Bolívar se acercó a su sueño cuando, después de alcanzar muchos éxitos militares, en 1819, el congreso de Angostura proclamó la República de la Gran Colombia y lo nombró presidente. La Gran Colombia incluía los territorios que hoy son Colombia, Venezuela, Panamá y Ecuador. En 1821, el congreso de Cúcuta promulgó la constitución definitiva de la nueva república y ratificó la presidencia de Bolívar. En 1826, Bolívar convocó en Panamá un congreso para promover la unión de las repúblicas hispanoamericanas, su ideal último. Bolívar había llegado al punto culminante de su poder: era presidente de la Gran Colombia, jefe supremo del Perú y presidente de Bolivia. Sin embargo, este congreso fracasó debido a divisiones entre las nuevas naciones. En 1827, Bolívar se vio obligado a renunciar a la presidencia del Perú, y en 1828, en un

último intento de evitar la separación de la Gran Colombia, se proclamó dictador. Pero en 1829, Bolivia se independizó, y poco después Venezuela se separó de Colombia. El 17 de diciembre de 1830, Bolívar murió en una hacienda cerca de Santa Marta sin realizar su sueño.

La primera Cumbre Iberoamericana que tuvo lugar en Guadalajara, México, en 1991, fue la primera ocasión en la cual se reunieron todos los gobernantes de las diecinueve repúblicas hispanoamericanas, junto con Brasil, España y Portugal. Esta cumbre dio un primer paso hacia hacer realidad el antiguo sueño de Bolívar.

**La Gran Colombia.** Contesta estas preguntas con un(a) compañero(a). Luego comparen sus respuestas con las de la clase.

1. ¿Cuál fue el sueño de Simón Bolívar? ¿Cuánto le faltó para lograrlo?
2. ¿Cómo habría cambiado la historia si Bolívar hubiera unido todas las colonias españolas desde Panamá hasta Chile en una gran nación?
3. ¿Cómo habrían cambiado las relaciones entre EE.UU. y Latinoamérica si existiera esta gran nación?
4. ¿Qué hechos de la historia de las Américas probablemente no habrían ocurrido si Bolívar hubiera logrado su sueño?

# Y ahora, ¡a leer!

## Anticipando la lectura

Completa estas actividades.

1. ¿Con qué frecuencia vas a visitar a un dentista? ¿Te gusta ir al dentista o lo odias? ¿Por qué? ¿Cómo reaccionas cuando tienen que sacarte un diente o rellenarte una muela? ¿Temes la fresa *(drill)*? ¿Insistes en el uso de anestesia? Ahora compara tus respuestas con las de dos compañeros(as) e informa a la clase de los resultados.
2. Basándote en el dibujo al principio de la lectura, escribe dos o tres oraciones sobre lo que crees que va a ser el tema de este cuento. Compara tu predicción con las de dos compañeros(as) de clase. Después de leer el cuento, confirma si acertaste o no.
3. Lee el primer párrafo del cuento e identifica la voz narrativa y al protagonista. Luego decide si va a ser un cuento realista, de horror, de fantasía o de misterio.

## Conozcamos al autor

**Gabriel García Márquez,** escritor colombiano galardonado con el Premio Nobel de Literatura en 1982, nació en Aracataca el 6 de marzo de 1928. Cursó estudios de derecho y periodismo en las universidades de Bogotá y Cartagena de Indias. En su primera novela, *La hojarasca* (1955), aparece por primera vez Macondo, un pueblo imaginario en que se sitúan la mayoría de sus narraciones. La consagración como novelista se produjo con la publicación de *Cien años de soledad* (1967) con la que culmina la historia del pueblo de Macondo y de sus fundadores, la familia Buendía. En muchas de las narraciones de García Márquez convergen el humor y la crítica social con una visión fabulada de una realidad política que se ha llamado "realismo mágico".

García Márquez continúa produciendo obras de primerísima calidad, tales como *Doce cuentos peregrinos* (1992), *Del amor y otros demonios* (1994) y *Noticia de un secuestro* (1996). Algunas de sus obras han sido llevadas exitosamente al cine y ahora hay toda una colección de sus obras en cinta video. El cuento "Un día de estos" es parte de la colección titulada *Los funerales de la Mamá Grande* (1962). El contexto histórico del cuento se sitúa en el período conocido como "La Violencia", una década de terror que comienza en 1948 y que dividió a Colombia en dos bandos y causó miles de muertos.

# LECTURA

# Un día de estos

El lunes amaneció tibio° y sin lluvia.  Don Aurelio Escovar, dentista sin título y buen madrugador,° abrió su gabinete° a las seis.  Sacó de la vidriera° una dentadura postiza° montada aún en el molde de yeso° y puso sobre la mesa un puñado° de instrumentos que ordenó de mayor a
5 menor, como en una exposición. Llevaba una camisa a rayas, sin cuello, cerrada arriba con un botón dorado, y los pantalones sostenidos con cargadores° elásticos.  Era rígido, enjuto,° con una mirada que raras veces correspondía a la situación, como la mirada de los sordos.°

Cuando tuvo las cosas dispuestas sobre la mesa rodó la fresa° hacia el si-
10 llón de resortes y se sentó a pulir° la dentadura postiza.  Parecía no pensar en lo que hacía, pero trabajaba con obstinación, pedaleando° en la fresa incluso cuando no se servía de ella.°

Después de las ocho hizo una pausa para mirar el cielo por la ventana y vio dos gallinazos° pensativos que se secaban al sol en el caballete° de la casa
15 vecina.  Siguió trabajando con la idea de que antes del almuerzo volvía a llover.  La voz destemplada° de su hijo de once años lo sacó de su abstracción.

—Papá.

—Qué.

—Dice el alcalde° que si le sacas una muela.°

20 —Dile que no estoy aquí.

Estaba puliendo un diente de oro.  Lo retiró° a la distancia del brazo y lo examinó con los ojos a medio cerrar.  En la salita de espera volvió a gritar su hijo.

—Dice que sí estás porque te está oyendo.

25 El dentista siguió examinando el diente.  Sólo cuando lo puso en la mesa con los trabajos terminados, dijo:

—Mejor.

Volvió a operar la fresa.  De una cajita de cartón° donde guardaba las cosas por hacer, sacó un puente de varias piezas y empezó a pulir el oro.

30 —Papá.

—Qué.

Aún no había cambiado de expresión.

—Dice que si no le sacas la muela te pega un tiro.°

Sin apresurarse,° con un movimiento extremadamente tranquilo, dejó de
35 pedalear en la fresa, la retiró del sillón y abrió por completo la gaveta° inferior de la mesa.  Allí estaba el revólver.

—Bueno —dijo—.  Dile que venga a pegármelo.

Hizo girar° el sillón hasta quedar de frente a la puerta, la mano apoyada en el borde de la gaveta.  El alcalde apareció en el umbral.°  Se había afeitado la
40 mejilla° izquierda, pero en la otra, hinchada° y dolorida, tenía una barba de cinco días.  El dentista vio en sus ojos marchitos° muchas noches de desesperación.  Cerró la gaveta con la punta de los dedos y dijo suavemente:

—Siéntese.

—Buenos días —dijo el alcalde.

---

**amaneció...** empezó ni frío ni caluroso / persona que se levanta temprano / oficina / *display case* / **dentadura...** dientes artificiales / *plaster of Paris* / *handful*

*suspenders* / delgado
personas que no pueden oír
*dentist's drill*
*to polish*
*pedaling*
**se...** la usaba

*buzzards* / techo

disonante

mayor / molar

alejó

**cajita...** *small cardboard box*

**te...** *he'll shoot you*
darse prisa
*drawer*

rotar
entrada
*cheek* / inflamada
debilitados

---

"Un día de estos" from *Los funerales de la Mamá Grande* by Gabriel García Márquez. © Gabriel García Márquez, 1962. Reprinted by permission of Agencia Literaria Carmen Balcells, S. A.

45    Mientras hervían° los instrumentos, el alcalde apoyó el cráneo° en el
cabezal° de la silla y se sintió mejor. Respiraba un olor glacial.° Era un gabinete pobre: una vieja silla de madera, la fresa de pedal, y una vidriera con
pomos de loza.° Frente a la silla, una ventana con un cancel° de tela hasta la
altura de un hombre. Cuando sintió que el dentista se acercaba, el alcalde
50    afirmó los talones° y abrió la boca.

Don Aurelio Escovar le movió la cara hacia la luz. Después de observar la
muela dañada, ajustó la mandíbula° con una cautelosa° presión de los dedos.

—Tiene que ser sin anestesia —dijo.

—¿Por qué?

55    —Porque tiene un absceso.

El alcalde lo miró en los ojos.

—Está bien —dijo, y trató de sonreír. El dentista no le correspondió.°
Llevó a la mesa de trabajo la cacerola con los instrumentos hervidos y los
sacó del agua con unas pinzas° frías, todavía sin apresurarse. Después rodó° la
60    escupidera° con la punta del zapato y fue a lavarse las manos en el aguama-
nil.° Hizo todo sin mirar al alcalde. Pero el alcalde no lo perdió de vista.

Era una cordal° inferior. El dentista abrió las piernas y apretó° la muela
con el gatillo° caliente. El alcalde se aferró a las barras de la silla, descargó°
toda su fuerza en los pies y sintió un vacío helado° en los riñones,° pero no
65    soltó° un suspiro. El dentista sólo movió la muñeca.° Sin rencor, más bien con
una amarga ternura,° dijo:

—Aquí nos paga veinte muertos, teniente.

El alcalde sintió un crujido de huesos° en la mandíbula y sus ojos se
llenaron de lágrimas. Pero no suspiró hasta que no sintió salir la muela. En-
70    tonces la vio a través de las lágrimas. Le pareció tan extraña a su dolor, que no
pudo entender la tortura de sus cinco noches anteriores. Inclinado sobre la es-
cupidera, sudoroso,° jadeante,° se desabotonó la guerrera° y buscó a tientas°
el pañuelo en el bolsillo del pantalón. El dentista le dio un trapo° limpio.

—Séquese las lágrimas —dijo.

75    El alcalde lo hizo. Estaba temblando.° Mientras el dentista se lavaba las
manos, vio el cielorraso desfondado° y una telaraña° polvorienta con huevos
de araña e insectos muertos. El dentista regresó secándose las manos.

—Acuéstese —dijo— y haga buches° de agua de sal.

El alcalde se puso de pie, se despidió con un displicente° saludo militar y
80    se dirigió a la puerta estirando° las piernas, sin abotonarse° la guerrera.

—Me pasa la cuenta —dijo.

—¿A usted o al municipio?°

El alcalde no lo miró. Cerró la puerta, y dijo, a través de la red metálica:°

—Es la misma vaina.°

---

*boiled / la cabeza*
*headrest / olor...* aroma frígido

*pomos...* earthenware bottles /
división

*heels*

*jaw /* moderada

*devolvió (la sonrisa)*

*tongs /* movió
*spittoon*
*washbasin*
*wisdom tooth / he grasped*
*forceps / he grasped /* bajó
*vacío...* cold emptiness / kidneys
hizo / *wrist*
*amarga...* bitter tenderness

*crujido...* cracking of bones

*sweaty / panting / se...* se abrió
la chaqueta militar / *a...* grop-
ingly / paño

*trembling*
*cielorraso...* crumbling ceiling /
cobweb
*haga...* rinse your mouth
indiferente
extendiendo / *buttoning up*

*city hall*
*red...* screen door
*thing*

# ¿Comprendiste la lectura?

**A. Hechos y acontecimientos.** Decide si estás de acuerdo o no con los siguientes
comentarios. Si no lo estás, explica por qué no.

1. Don Aurelio Escovar fue a trabajar a su oficina al anochecer.
2. Don Aurelio no pensaba en nada en particular cuando lo interrumpió la
   voz de su hijo.
3. Cuando su hijo le informó que el alcalde quería que le sacara una muela,
   don Aurelio inmediatamente salió a recibir al alcalde.

4. El alcalde dijo que iba a morir de dolor si el dentista no le sacaba la muela.
5. Para emergencias como ésta, el dentista guardaba un revólver en una gaveta de la mesa.
6. Era obvio que el alcalde llevaba varios días de intenso sufrimiento con el absceso.
7. El dentista le dijo al alcalde que ya no tenía anestesia.
8. El dentista dijo, "Aquí nos paga veinte muertos, teniente", porque el alcalde nunca pagaba por sus parientes, ni cuando se enfermaban ni cuando morían.
9. El dolor fue tan intenso que le salieron lágrimas al alcalde cuando el dentista le sacó la muela.
10. "Es la misma vaina" quiere decir que el municipio nunca paga los gastos personales del alcalde.

**B. A pensar y a analizar.** Contesta estas preguntas con un(a) compañero(a). Luego comparen sus respuestas con las de otros grupos.

1. ¿Cuál es el tema principal de este cuento? Explica.
2. ¿Crees que el alcalde representa o simboliza a todos los militares de Colombia de esta época? ¿Por qué sí o por qué no? ¿A quiénes representa o simboliza el dentista? Explica.
3. Comenta el diálogo en este cuento. ¿Crees que debería haber más o menos? ¿Por qué? ¿Qué efecto tiene el diálogo tal como está?

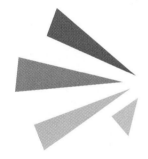

# Introducción al análisis literario

## El ambiente (II)

La descripción del ambiente puede dividirse en las siguientes categorías.

■ **El ambiente físico:** El lugar y la época en que sucede una historia

■ **El ambiente psicológico:** Los estados emocionales o mentales de los personajes tales como amor, odio, alegría, miedo o terror

■ **El ambiente sociológico:** Las condiciones socioeconómicas de los personajes

■ **El ambiente simbólico:** El lugar o evento que representa un contexto histórico o universal más amplio que el de la narración.

El cuento de García Márquez desarrolla estos cuatro ambientes con gran maestría. Sus palabras son como pinceladas que dibujan todo el escenario para el lector: el paisaje, el consultorio del dentista y todos sus instrumentos. De la misma manera, el autor crea el ambiente psicológico y el sociológico. Por ejemplo, el lector puede sentir el terror que causa la presencia militar en el pueblo y casi puede tocar el desprecio que siente el dentista por el militar. El ambiente social resalta en la manera que el dentista trata al alcalde, cómo lo recibe, la falta de compasión por su sufrimiento y la manera en que se despide de él. El ambiente simbólico se manifiesta en el conflicto entre el teniente y el dentista que a la vez representa el conflicto entre los militares y el pueblo colombiano durante esa época.

**A. Identificación de ambientes.** Divide una hoja de papel en cuatro secciones como las indicadas. Bajo cada sección escribe citas del cuento "Un día de estos" que ejemplifiquen cada ambiente.

1. el ambiente físico
2. el ambiente psicológico
3. el ambiente sociológico
4. el ambiente simbólico

**B. Visita al dentista.** Completa estas actividades.

1. ¿Qué ambiente te afecta más cuando visitas al dentista, el físico, el psicológico o el sociológico? Escribe un relato sobre una visita imaginaria al dentista que ilustre el ambiente que seleccionaste. Pon énfasis en la descripción si escogiste un ambiente físico o en el diálogo si escogiste un ambiente psicológico o sociológico. Usa el cuento "Un día de estos" como modelo.
2. Piensa en un caso en que tu visita al dentista podría tener un significado simbólico y descríbelo brevemente por escrito. Luego, léele tu descripción a la clase.

# Cultura
## *¡en vivo!*

### Colombia lucha contra las drogas

Colombia es uno de los países más hermosos del mundo, tanto por sus paisajes de gran variedad y su clima agradable como por su gente alegre y bien parecida. Cuenta con apreciables fuentes de riqueza tales como metales y piedras preciosas, una industria cafetalera que goza de fama mundial y flores maravillosas que se venden en todas partes del mundo. Por desgracia, Colombia también se ha convertido en el foco principal del narcotráfico. Este negocio es como un cáncer que devora y amenaza destruir la paz y salud de muchos seres humanos a través de todo el planeta.

Aunque la mayoría de los colombianos tiene una fuerte conciencia social y se da cuenta del daño irreparable que causa el uso de las drogas, el cultivo de la coca y de la marihuana es una lucra-tiva manera de ganarse la vida. Este es el caso en particular para el gran número de campesinos que viven en pequeños pueblos donde la pobreza abunda. Estos labradores consideran a los dueños de las grandes planta-ciones de estos pro-ductos ilegales sus "benefactores", dado que de ellos reciben alimentación, ropa, alo-jamiento y, en muchos casos, hasta la edu-cación de los niños. Todos estos beneficios desaparecerían si sus patrones fueran arrestados. Los campesinos saben que no hay manera de mantener un nivel de

**Campaña contra el narcotráfico**

vida similar si vuelven a cultivar sus propios pequeños terrenos. Por eso, los campesinos mismos hacen todo lo posible para proteger a sus benefactores. Sin embargo, la lucha contra los narcotraficantes sigue siendo una de las prioridades del gobierno colombiano. La tarea no es fácil; al contrario, es un esfuerzo largo, lleno de peligros y altibajos. No obstante, los colombianos han comprendido que el secreto del éxito es no desanimarse y la lucha contra el mal continúa.

**Un cáncer.** Contesta estas preguntas con un(a) compañero(a).

1. ¿Por qué consideran los campesinos colombianos a los dueños de grandes plantaciones de coca y de marihuana sus benefactores?
2. ¿Cómo cambiaría la vida de los campesinos si los dueños de las plantaciones fueran arrestados?
3. ¿Por qué se puede decir que el narcotráfico en Colombia es como un cáncer? Explica.
4. En tu opinión, ¿qué debería hacer Colombia para poner fin al narcotráfico en el país?

# Mejoremos la comunicación

## Para hablar del problema de las drogas y del alcohol

### Al hablar de la drogadicción

— Creo que mi compañero de cuarto es un drogadicto.
— ¿Por qué piensas eso?
— Anoche lo encontré totalmente endrogado. También encontré una aguja y jeringa en el piso. Creo que se había inyectado heroína.

*I believe my roommate is a drug addict.*
*Why do you think that?*
*Last night I found him totally drugged up. Also I found a needle and syringe on the floor. I believe he had injected heroin.*

**anfetamina** *amphetamine*
**antidepresivo** *antidepressant*
**calmante (de nervios)** *m. tranquilizer*
**estimulante químico** *m. chemical stimulant*
**sedativo** *sedative*

— ¿Llamaste a la policía?
— Sí, y lo llevaron al hospital. Ahora está en la sala de desintoxicación.

*Did you call the police?*
*Yes, and they took him to the hospital. He's in the detox unit now.*

### Al hablar del narcotráfico

| | |
|---|---|
| — ¿Es verdad que la policía detuvo a tu amigo anoche? | *Is it true that the police arrested your friend last night?* |
| — Sí. Lo arrestaron en una fiesta. Estaba vendiendo drogas. | *Yes. They arrested him at a party. He was selling drugs.* |
| — Qué lástima, pero dicen que el problema del narcotráfico sigue empeorando. | *What a shame, but they say that the drug trafficking problem keeps getting worse.* |

**consumo de drogas** *drug abuse*
**drogadicción** *f. drug addiction*
**drogadependencia** *drug dependence*
**narcotraficante** *m./f. drug trafficker*
**sobredosis** *f. overdose*
**toxicómano(a)** *drug addict*

| | |
|---|---|
| — Además, el Programa de Antidrogas no es efectivo. Yo sé de por lo menos tres traficantes de drogas en las residencias. Venden cocaína. | *Besides, the Antidrug Program is not effective. I know of at least three drug dealers in the dorms. They sell cocaine.* |

**ácido (lisérgico)** *LSD*
**alucinógeno** *hallucinogen*
**barbitúrico** *barbituate*
**crac** *m. crack*
**heroína** *heroin*
**marijuana, marihuana** *marijuana*
**morfina** *morphine*
**opio** *opium*
**pastilla** *tablet*
**píldora** *pill*

### Drogas y la jerga

*cocaine:* coca, polvo, perico
*crack:* piedra, roca, coca cocinada
*hashish:* chocolate, kif, grifa
*heroin:* hero, carne, carga, veneno, manteca
*jail:* bote, pinta, tambo
*joint:* leño, cucaracha, porro
*LSD:* pegao, sello, pastilla
*marijuana:* María, Mari Juana, zacate, mota, yerba, pito, pasto
*police:* ley, chota, placa, jura, marranos, perros

*to be drunk:* estar/andar cueto, bombo, jalado, pando, pedo, pisto, uva
*to take drugs:* endrogarse, dar un viaje

### Al hablar del problema del alcoholismo

| | |
|---|---|
| — Gracias a Dios que yo no tengo un problema con las drogas. | *Thank God I don't have a drug problem.* |
| — ¿Cómo? Si yo te he visto borracho perdido en más de una ocasión. | *What? But I've seen you blind drunk on more than one occasion.* |

| | |
|---|---|
| — Ah, pero sólo con alcohol. | *Oh, but only with alcohol.* |
| — Y supongo que el alcohol no es una droga. Un alcohólico es igual que un drogadicto. Y estar borracho es igual que estar bajo la influencia de narcóticos. Si no me crees, llama a Alcohólicos Anónimos o Al-Anon y te van a decir lo mismo. | *And I suppose alcohol is not a drug. An alcoholic is the same as a drug addict. And being drunk is the same as being under the influence of narcotics. If you don't believe me, call Alcoholics Anonymous or Al-Anon and they'll tell you the same thing.* |

# ¡A conversar!

**A. Discusión.** Con dos compañeros(as), discute cómo se presenta el problema de las drogas y los narcotraficantes en las películas de Hollywood. Cita ejemplos específicos. Luego decidan si esas películas reflejan la vida real.

**B. Soluciones.** En grupos de tres o cuatro, hablen de varias soluciones al problema de las drogas y del alcohol. Luego decidan cuál sería el más efectivo sin incurrir costos exagerados. Describan su solución a la clase.

## Palabras claves: **droga**

Para ampliar tu vocabulario, combina las palabras de la primera columna con las definiciones de la segunda columna. Luego escribe una oración original con cada palabra.

____ 1. drogadicto    a. individuo que prepara y vende drogas

____ 2. drogado    b. administrar drogas a una persona

____ 3. droguería    c. individuo que es adicto a una droga

____ 4. drogar    d. farmacia

____ 5. droguista    e. individuo que está sintiendo el efecto de una droga

# Medellín: el paraíso colombiano recuperado

Medellín, con más de tres millones de habitantes, es la segunda ciudad más grande de Colombia. Bendecida con un clima templado y agradable que favorece el crecimiento de bellísimas flores, Medellín produce unas de las orquídeas más hermosas del mundo. También tiene varias universidades, un comercio floreciente y mucha actividad deportiva y cultural. Por desgracia, en años recientes fue escenario del contrabando de drogas, lo cual tornó la ciudad en un lugar peligroso. Afortunadamente, esa etapa fue superada y una vez más parece reinar la paz y el progreso.

Una de las glorias de Medellín es el pintor Fernando Botero, que nació y se crió allí. Sus pinturas y esculturas se destacan por su sentido del humor reflejado en las formas exageradamente voluminosas de sus personajes. Botero, conocido mundialmente, dice que Medellín es una fuente permanente de su inspiración. Hoy día podemos ver muchas de sus obras en el Museo de Antioquia, localizado en Medellín.

## Antes de empezar el video

Contesten estas preguntas en parejas.

1. ¿En qué piensas cuando oyes mencionar Colombia o la ciudad de Medellín? ¿Por qué haces esas asociaciones? ¿Qué validez tienen?
2. ¿Qué asocias con las orquídeas? ¿De dónde vienen?
3. En tu opinión, ¿cuál es el papel del arte: representar la realidad, sólo dar una impresión de la realidad, divertir,...? ¿Qué es el arte culto? ¿Consideras que el arte humorístico sea arte culto? ¿Por qué?

## ¡A ver si comprendiste!

**A. Medellín: el paraíso colombiano recuperado.** Contesta estas preguntas con un(a) compañero(a) de clase.

1. ¿Cuál es el origen del nombre de Medellín?
2. ¿Cuál es la población de la unidad urbana de Medellín? Describe la belleza natural de la ciudad.
3. ¿Con quién o con qué se identifica Medellín? ¿Por qué se hace esta asociación desafortunada?
4. Describe una obra de Fernando Botero.

**B. A pensar y a interpretar.** Contesta estas preguntas.

1. ¿Por qué no es ni justa ni válida la imagen que el mundo tiene de Medellín? ¿Por qué es tan difícil cambiar una imagen negativa de ese tipo?

2. ¿Cómo describe el narrador a los medillanos, mejor conocidos como "paisas"? ¿Por qué crees que son así?
3. ¿Te gusta el arte de Fernando Botero? ¿Por qué?
4. ¿Es aceptable en nuestra sociedad burlarse de la apariencia física de un individuo? ¿Por qué habrá llegado a ser tan popular el arte de Fernando Botero? ¿Se burla de la gente gorda?

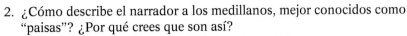

## Exploremos el ciberespacio

Explora distintos aspectos del mundo colombiano en las actividades de la red que corresponden a esta lección. Ve primero a **http://college.hmco.com** y de ahí a la página de *Mundo 21*.

**Nombre oficial:**
*República de Panamá*

**Población:**
*2.735.943 (est.)*

**Principales ciudades:**
*Ciudad de Panamá (capital),*
*San Miguelito, Colón, David*

**Moneda:**
*Balboa (B) y dólar estadounidense*

# Gente
## del Mundo 21

**Sheila Lichacz** es una pintora nacida en Monaguillo, Panamá, y sus obras han sido exhibidas en importantes museos de Panamá, Washington y Nueva
York. Monaguillo es la cuna del arte de la cerámica
panameña que ya existía en el año 3000 a. C. La obra
de Lichacz muestra una fascinación especial por los
frutos de la naturaleza y los utensilios domésticos de
cerámica de su ciudad natal. Los representa en formas
simplificadas, armoniosas y coloreadas con tonos
pasteles vibrantes que resultan en formas casi abstrac-
tas pero llenas de una vida propia. Lichacz dice: "Creo
que mi trabajo consiste en hacer esculturas en lienzo,
de una manera similar a las esculturas que los indios
precolombinos esculpían en cerámica. Mis dedos me
ayudan a expresar la estrecha comunión entre mi
mundo interior y el lienzo". Es evidente que esta pintora siente un aprecio especial por sus raíces y trata de
inmortalizarlas.

**José Quintero
(1924–1999),** actor y
director, nació en la Ciudad
de Panamá en el seno de
una familia de la clase alta
panameña. En 1943 se fue a Los Ángeles donde pasó
dos años siguiendo cursos de cine y actuación. En
1948 estudió arte dramático en Chicago; allí conoció a
la actriz Geraldine Page a quién dirigió años después
en varias obras teatrales. En 1950 Quintero y algunos
otros estudiantes consiguieron fundar un teatrito llamado *Circle in the Square*, que con el correr del tiempo
se convirtió en uno de los escenarios más importantes
de Nueva York. Quintero dirigió numerosas produc-
ciones que incluyeron *Los intereses creados* de Jacinto
Benavente y *Yerma* de Federico García Lorca. De 1956
en adelante se especializó en la dirección de obras de
Eugene O'Neill, las cuales le trajeron premios muy importantes como el "Variety" y el "Tony" en 1956, 1973 y
1974. En 1988 Quintero sufrió cáncer de la garganta
pero después de una operación exitosa continuó su
incansable carrera como uno de los mejores directores teatrales del mundo.

**Rubén Blades,** músico, compositor y político panameño, nació en 1948 y es un personaje multifacético que no deja de sorprender por sus numerosos talentos y actividades. Blades se dio a conocer como salsero y sus discos son tan populares que él figura constantemente en primera plana en conciertos internacionales. Su éxito en el cine es igualmente notable; actúa en películas de gran calidad como *Crossover Dreams* (1985), *The Milagro Beanfield War* (1988), *The Devil's Own* (1997) y otras. En 1992 fue nominado para el premio "Emmy" por su actuación en *Crazy from the Heart* (1991). Por añadidura, Blades es un intelectual serio y dedicado. Además de ser abogado, obtuvo una maestría en derecho internacional de la Universidad de Harvard. En 1991, fundó el partido político *Madre Tierra* en Panamá y en 1994 postuló a la presidencia. Aunque no salió elegido, Blades probó, una vez más, su tremendo talento en un campo nuevo. Es casado con la actriz Lisa Lebenzon y viven cerca de Hollywood.

## Otros panameños sobresalientes

**Rosario Arias de Galindo:** editora y periodista

**Ricardo J. Bermúdez:** arquitecto, poeta y cuentista

**Rosa María Britton:** médica, novelista, cuentista y dramaturga

**Alberto Dutary:** pintor y dibujante

**Enrique Jaramillo Levi:** catedrático, editor de antologías, poeta y cuentista

**Raúl Leis:** sociólogo, periodista, catedrático y cuentista

**Dimas Lidio Pitty:** poeta, novelista y cuentista

**J. A. Zachrisson:** pintor

**Pedro Rivera:** poeta, cuentista y cineasta

**Rogelio Sinán (Bernardo Domínguez Alba) (1904–1994):** catedrático, poeta, dramaturgo, novelista y cuentista

## Personalidades del Mundo 21

Contesta estas preguntas. Luego, comparte tus respuestas con dos o tres compañeros(a).

1.  ¿Cómo es el arte de Sheila Lichacz? ¿Qué tipo de esculturas hace? Ella dice que sus dedos le ayudan a expresar la estrecha comunión entre su mundo interior y el lienzo. Explica eso.
2.  ¿Qué es *Circle in the Square*? ¿Cuál es su importancia? ¿Crees que es difícil llegar a ser director de teatro en un país extranjero? ¿Cuáles son algunas de las dificultades que Quintero probablemente tuvo?
3.  ¿En qué campos ha alcanzado éxito Rubén Blades? ¿Por qué crees que abandonó esos campos para meterse en la política? ¿Qué otros artistas han abandonado su arte para seguir una carrera política? ¿Lograron tener éxito?

# Del pasado al presente

# Panamá: el puente entre las Américas

## Los primeros exploradores

Entre los principales grupos indígenas que habitaban el istmo antes de la llegada de los europeos se encontraban los cunas, los guaymíes y los chocoes. Sus descendientes forman los tres grupos de indígenas más numerosos que continúan viviendo en la región.

Rodrigo de Bastidas fue el primer explorador del istmo de Panamá en 1501. Un año después, en su cuarto viaje, Cristobal Colón tocó varios puntos del istmo, entre ellos el puerto natural conocido después como Portobelo. En 1508, Diego de Nicuesa fue nombrado gobernador de la Castilla del Oro, como fue denominado el territorio. Dos años después, Nicuesa fundó el puerto de Nombre de Dios.

Vasco Núñez de Balboa consiguió cruzar el istmo y en septiembre de 1513 descubrió el océano Pacífico, al que llamó "mar del Sur". En 1519 Pedrarias Dávila, gobernador de la Castilla del Oro, fundó la Ciudad de Panamá. En la lengua indígena del lugar, "Panamá" significa "donde abundan los peces".

**Indígenas cunas**

## La colonia

La Ciudad de Panamá experimentó un gran desarrollo gracias a la construcción del Camino Real que la unía con Nombre de Dios, en la costa del Caribe. El tráfico de mercancías por el istmo se intensificó. En 1538 se creó la Real Audiencia de Panamá para administrar el territorio que iba de Nicaragua al Cabo de Hornos. Esta audiencia fue suprimida en 1543, pero veinte años más tarde se restableció con jurisdicción sobre el territorio que corresponde a lo que sería la nación panameña.

El oro enviado desde Perú a España y todas las mercancías y personas que transitaban entre esa rica colonia y la metrópoli tenían que pasar por Panamá atravesando el camino entre la Ciudad de Panamá y Nombre de Dios. La Ciudad de Panamá era considerada como una de las ciudades más bellas y opulentas del Nuevo Mundo.

Las riquezas que pasaban por el istmo atrajeron a piratas que atacaban tanto puertos como barcos. En 1671, la Ciudad de Panamá fue saqueada y quemada por el pirata Henry Morgan. Dos años más tarde, una nueva ciudad fue fundada a ocho kilómetros al oeste de las ruinas de la antigua ciudad. El tráfico marítimo

**El pirata Henry Morgan en Portobelo**

se vio seriamente afectado y decayó. En 1739, Panamá pasó a formar parte del Virreinato de Nueva Granada que se había separado del Virreinato del Perú.

## La independencia y la vinculación con Colombia

Panamá permaneció aislada de los movimientos independentistas ya que su único medio de comunicación por barco estaba controlado por las autoridades españolas. La independencia se produjo sin violencia cuando una junta de notables declaró la independencia en la Ciudad de Panamá el 28 de noviembre de 1821, que se conmemora como la fecha oficial de la independencia de Panamá. Pocos meses más tarde, Panamá se integró a la República de la Gran Colombia junto con Venezuela, Colombia y Ecuador.

En la Ciudad de Panamá se realizó el primer Congreso Interamericano, convocado por Simón Bolívar en 1826. Después de la desintegración de la Gran Colombia, Panamá siguió siendo parte de Colombia aunque entre 1830 y 1840 hubo tres intentos fallidos de separar el istmo de ese país.

## El istmo en el siglo XIX

El descubrimiento de oro en California en 1848 revitalizó el istmo, convirtiéndose en la vía marítima obligada entre las costas oriental y occidental de EE.UU. En 1855, la "Panama Railroad Company" completó, con capital norteamericano, la construcción del ferrocarril interoceánico por el istmo de Panamá. El ferrocarril creó la nueva ciudad de Colón en la costa del mar Caribe.

Entre 1848 y 1869, más de 375.000 personas cruzaron el istmo del Caribe al Pacífico y 225.000 cruzaron en dirección contraria. Este nuevo tráfico le trajo prosperidad a Panamá.

En 1880, se iniciaron las obras para la construcción de un canal bajo la dirección del constructor del canal de Suez, Ferdinand de Lesseps. La compañía encargada de las obras, de capital principalmente francés, no pudo resolver muchas de las dificultades que se presentaron y abandonó la obra en 1889.

Poco después de este fracaso, el gobierno de EE.UU. y el de Colombia concluyeron un tratado para la construcción del canal, aunque el Senado colombiano se negó a ratificarlo.

## La República de Panamá

Un movimiento separatista apoyado por EE.UU. proclamó la independencia de Panamá respecto a Colombia el 3 de noviembre de 1903. EE.UU. reconoció de inmediato al nuevo estado y envió fuerzas navales para impedir la llegada de tropas colombianas al istmo.

Pocos días más tarde, el Secretario de Estado estadounidense John Hay firmó el Tratado Hay-Bunau Varilla. El representante diplomático de Panamá, el ciudadano francés Philippe Bunau-Varilla, también representaba los intereses de la compañía de Lesseps. Este tratado concedía a EE.UU. el uso, control y ocupación a perpetuidad de la Zona del Canal, una franja de dieciséis kilómetros de ancho a través del istmo panameño. Este tratado ha sido la causa de mucho resentimiento entre Panamá y EE.UU.

En 1904 se reanudó la construcción del canal, que fue abierto al tráfico el 15 de

**La construcción abandonada de la compañía francesa**

agosto de 1914. Panamá se convirtió de hecho en un protectorado de EE.UU., pues la constitución de 1904 autorizaba la intervención de las fuerzas armadas de EE.UU. en la república en caso de desórdenes públicos.

## La época contemporánea

En 1968 un golpe de estado estableció una junta militar dirigida por Omar Torrijos. El 7 de septiembre de 1977 Torrijos y el presidente Carter firmaron dos tratados por los cuales EE.UU. concedía la cesión permanente del canal a Panamá el 31 de diciembre de 1999. Torrijos, como jefe de la Guardia Nacional, controló el gobierno hasta su muerte en un accidente de aviación en 1981.

Manuel Antonio Noriega tomó, en 1983, la jefatura de la Guardia Nacional que, bajo el nombre de

**El presidente Carter, el Secretario General y Omar Torrijos**

Fuerzas de Defensa de Panamá (FDP), siguió siendo el verdadero poder político del país. En 1987 fue acusado de haber causado el asesinato del líder de la oposición y de la muerte del general Omar Torrijos en un accidente aéreo. Los panameños, indignados por la corrupción oficial y la crisis económica, se opusieron abiertamente. El descontento aumentó cuando en 1988 Noriega fue acusado de ayudar a traficantes de drogas y de otros crímenes y culminó en las elecciones de 1989 en las cuales triunfó la oposición. Noriega inmediatamente anuló las elecciones y continuó gobernando hasta diciembre de 1989 cuando fue derrocado por una intervención militar estadounidense. En 1992, un tribunal de Miami sentenció a Noriega a cuarenta años de prisión.

Guillermo Endara fue presidente desde diciembre de 1989 hasta 1994. En septiembre de 1991 los panameños decidieron que no se permitiría que los presidentes fueran reelegidos para un segundo término. De esa manera esperaban evitar que la dictadura regresara a su país. En mayo de 1994 fue elegido Ernesto Pérez Balladares y en 1995 él inició una importante reforma de la economía panameña basada en la modernización del país por medio de nuevos códigos de trabajo, legislación de inversiones y una rebaja de barreras de importación. Su meta fue transformar Panamá "en el Singapur del Hemisferio Occidental" y aprovechar al máximo su lugar estratégico.

En 1999, Mireya Moscoso Rodríguez fue proclamada presidenta de Panamá después de un récord de participación en las elecciones. Con Moscoso, la primera mujer que llega a la presidencia en Panamá, se anticipa un futuro prometedor en el siglo XXI.

# ¡A ver si comprendiste!

**A. Hechos y acontecimientos.** ¿Recuerdas los datos más importantes de la lectura? Para asegurarte, contesta estas preguntas.

1. ¿Cómo fue denominado el territorio de Panamá durante el período colonial?
2. ¿Quién fue el primer europeo que cruzó el istmo de Panamá y vio por primera vez el océano Pacífico? ¿Cómo llamó a este océano?
3. ¿Qué significa "Panamá" en la lengua indígena del lugar donde se estableció esta ciudad?
4. ¿Por qué todo el comercio entre Perú y España tenía que pasar por Panamá durante el período colonial?

5. ¿Por qué en 1673 se cambió el sitio de la ciudad de Panamá a ocho kilómetros de su localidad original?
6. ¿Qué congreso tuvo lugar en la Ciudad de Panamá en 1826? ¿Quién lo organizó?
7. ¿Qué trajo prosperidad al istmo de Panamá en la segunda mitad del siglo XIX?
8. ¿Por qué ha causado el Tratado Hay-Bunau Varilla resentimiento entre Panamá y EE.UU.?
9. ¿Quiénes firmaron los dos tratados por los cuales EE.UU. le cedió el canal a Panamá el 31 de diciembre de 1999? ¿Cuándo fueron firmados esos tratados?
10. ¿Qué causó el descontento del pueblo panameño con el presidente Noriega en 1988? ¿Cuál fue el resultado de ese descontento?
11. ¿Por qué quería el ex-presidente Ernesto Pérez Balladares convertir a Panamá "en el Singapur del Hemisferio Occidental"? Explica.
12. ¿Qué fue lo impresionante de las elecciones de 1999? Nombra dos cosas.

**B. A pensar y a analizar.** Contesta estas preguntas con dos o tres compañeros(as) de clase.

1. ¿Qué importancia ha tenido la posición geográfica de Panamá en su historia?
2. ¿Crees que los militares de EE.UU. actuaron legalmente en 1989 cuando entraron en la capital de Panamá y tomaron preso a Manuel Antonio Noriega, el presidente del país? ¿Cómo crees que reaccionaron los panameños? Bajo circunstancias parecidas, ¿aprobarías que el ejército de otro país entrara en Washington, D.C. y tomara preso al presidente de EE.UU.? ¿Por qué sí o por qué no?

# Ventana *al Mundo 21*

## El canal de Panamá

Con el Tratado Hay-Bunau Varilla de 1903 el gobierno de EE.UU. obtuvo el derecho de construir el canal de Panamá. Los constructores estadounidenses rechazaron los planes de construir un canal a nivel del mar como el que habían intentado los franceses; decidieron usar un sistema de compuertas y esclusas. El canal de Panamá es uno de los mayores logros de la ingeniería del siglo XX. Se construyó entre 1904 y 1914. Tiene una longitud de 80 kilómetros y una anchura mínima de 33,5 metros.

La construcción del canal incluyó la creación del enorme lago artificial de Gatún en medio del istmo y la excavación de canales desde cada costa. Se instalaron tres grupos de esclusas para elevar y bajar los barcos. El primer grupo de tres esclusas eleva los barcos al nivel del lago Gatún, 26 metros sobre el nivel del mar Caribe. Luego la esclusa de Pedro Miguel y las dos de Miraflores hacen descender los barcos al nivel del Pacífico.

Su construcción costó 400 millones de dólares y, sólo en 1913, más de 65.000 personas trabajaron en el proyecto. Las cámaras de las esclusas son de

**El canal de Panamá**

304 metros de largo por 33 metros de ancho; estas dimensiones no permiten que pasen por el canal los supertanques y los grandes barcos de carga. En 1996, 13.536 barcos cruzaron el canal, generando 486 millones de dólares en cuotas. Pueden cruzar el canal cuarenta y dos barcos al día como máximo. El promedio de tiempo para cruzar el canal es veinticuatro horas, un máximo de ocho a doce horas en el canal mismo y otras doce horas esperando su turno para entrar en el canal.

En 1977, los dos tratados Torrijos-Carter establecieron la transferencia a Panamá, a partir del primero de octubre de 1979, de ciertas responsabilidades para el funcionamiento de la Zona del Canal. La cesión completa del canal tuvo lugar el 31 de diciembre de 1999.

**El canal de Panamá.** Contesta estas preguntas con un(a) compañero(a). Luego comparen sus respuestas con las de la clase.

1. ¿Cuántos metros sobre el nivel del mar Caribe se tiene que elevar un barco antes de empezar a bajar al océano Pacífico? ¿Cuánto es en pies? ¿Cuántas esclusas son necesarias para llegar a esa altura?
2. ¿Cómo se compara el costo del canal con las cuotas que genera cada año?
3. ¿Por qué crees que el presidente Carter decidió entregar el control completo del canal de Panamá al gobierno panameño en el año 1999? ¿Estás de acuerdo con esa decisión o crees que pone el comercio y la defensa de EE.UU. en peligro? Explica.

# Y ahora, ¡a leer!

## Anticipando la lectura

Completa estas actividades con un(a) compañero(a) de clase.

1. Lee los primeros tres o cuatro versos de "Pena tan grande" y decide si se narra este poema en primera, segunda o tercera persona.
2. Ahora lee los primeros tres o cuatro versos de "La única mujer" e identifica la voz narrativa de ese poema.
3. Piensa en el título de cada poema y en los versos que leíste. Luego escribe dos o tres temas que crees que van a mencionarse en cada poema. Después de leer los poemas, vuelve a tus predicciones para ver si acertaste o no.
4. Mientras leas los poemas, trata de decidir si son obras amorosas, filosóficas, históricas o sociales. Explica tu respuesta.

## Conozcamos a la autora

**Bertalicia Peralta** nació en la Ciudad de Panamá en 1939. Estudió música en el Instituto Nacional de Música y periodismo en la Universidad Nacional. Es una intelectual muy dedicada a la enseñanza de la juventud y a la propagación de todo tipo de evento cultural. Sus obras literarias son numerosas e incluyen una revista llamada *El Pez Original* dedicada a la publicación de trabajos de panameños jóvenes. También escribe una columna en el periódico *Crítica* y cada año organiza un concurso de literatura infantil. Entre sus escritos se cuentan siete volúmenes de poesía que le han traído importantes galardones internacionales y algunos de sus cuentos han sido adaptados para televisión. Además, escribió el guión para el ballet *El escondite del prófugo,* que forma parte del repertorio del Ballet Nacional de Panamá. En reconocimiento de sus valiosas actividades culturales, la Ciudad de Panamá la ha declarado "Hija Meritoria", otorgándole las llaves de la ciudad.

En los poemas de Peralta que siguen sobresale su profunda simpatía por la mujer. En "Pena tan grande" se da cuenta de la pequeñez de sus preocupaciones, comparadas con las de una pobre madre que tiene que sustentar a sus cuatro niños. En "La única mujer" detalla las cualidades que elevan a la mujer al nivel de lo extraordinario. También expresa la opinión de que una mujer debe liberarse de la sumisión y tiene que aprender el verdadero valor de las cosas y de la vida.

# LECTURA

# Pena tan grande

Con mi pena° tan grande
salí a buscar la compasión ajena°

dolor, sufrimiento
de otra persona

a mi paso tropecé° con la vecina                                   me encontré
del tercer piso que vive sola y
5   da de comer y de vestir a cuatro hijos
y fue despedida de su trabajo
porque no cumple° el horario completo                          termina, hace

su hijo mayor de nueve años
debe ser tratado por un especialista
10  para "niños excepcionales"
y a ella le cansan las caminatas por
las várices° de sus piernas                                         *varicose veins*

casi me indigesto° de vergüenza°                               **me...** tengo indigestión /
por mi pena tan grande                                               *embarrassment*

# La única mujer

La única mujer que puede ser
es la que sabe que el sol para su vida empieza ahora

la que no derrama° lágrimas sino dardos° para               *shed / darts*
sembrar° la alambrada° de su territorio                       *to plant / barbed wire barrier*

5   la que no comete ruegos°                                        peticiones, pedidos
la que opina y levanta su cabeza y agita° su cuerpo      mueve
y es tierna,° sin vergüenza y dura sin odios                  *loving*

la que desaprende° el alfabeto de la sumisión             olvida
y camina erguida°                                                    recta
10  la que no le teme a la soledad° porque siempre ha estado sola    **a...** estar sola
la que deja pasar los alaridos° grotescos de la violencia   gritos
y la ejecuta° con gracia                                            hace
la que se libera en el amor pleno°                              lleno
la que ama

15  la única mujer que puede ser la única
es la que dolorida° y limpia decide por sí misma          triste
salir de su prehistoria

## ¿Comprendiste la lectura?

**A. Hechos y acontecimientos.** Contesta estas preguntas. Luego compara tus respuestas con las de un(a) compañero(a).

### "Pena tan grande"

1. ¿Qué salió a buscar la narradora? ¿Por qué?
2. ¿A quién encontró la narradora? ¿Por qué no trabajaba? ¿Qué necesitaba?
3. ¿Cuántos hijos tenía? ¿Qué necesitaba el hijo mayor?
4. ¿Cómo se siente la narradora al final del poema? Explica.

**"La única mujer"**

5. Según la narradora, ¿cuáles de estos adjetivos describen a la única mujer? Cita el verso o versos que verifican tus selecciones.

amorosa          atenta          fuerte          humilde
independiente     orgullosa       optimista       sumisa

6. ¿Qué significa cuando la narradora dice que la única mujer tiene que "salir de su prehistoria"?

**B. A pensar y a analizar.** Completa estas actividades con un(a) compañero(a).

1. ¿Cuál es el mensaje principal del poema "Pena tan grande"? ¿Cuáles son varios dichos *(sayings)* en inglés y en español que expresan el mismo mensaje? Hagan una lista y luego léansela a la clase para que todos puedan decidir cuál representa mejor el tema del poema.
2. *Para los hombres:* ¿Tendrías de novia a la mujer que se describe en "La única mujer"? ¿Por qué sí o por qué no?
   *Para las mujeres:* ¿Hasta qué punto te identificas con la única mujer? ¿Te gustaría ser más como ella? ¿Por qué sí o por qué no?
3. Mira el dibujo en la página 255. ¿Qué representa? Explica.

# Introducción al análisis literario
## Versos libres

Los dos poemas de Bertalicia Peralta son un buen ejemplo de la poesía moderna que se destaca por el uso de versos libres. Esto quiere decir que los versos no tienen ni rima ni medida (el mismo número de sílabas). Este tipo de poesía libera al poeta y le permite expresarse con más facilidad, sin restricciones. Con frecuencia, la poesía moderna tampoco usa puntuación y no se agrupa en estrofas. Otras veces, cuando se divide en estrofas, no siempre son del mismo número de versos.

**A. Estructura.** Contesta las siguientes preguntas.

1. ¿Usa Bertalicia Peralta puntuación en sus poemas? ¿Usa letras mayúsculas al principio de cada oración?
2. ¿Cuántas oraciones hay en el primer poema? ¿en el segundo?
3. ¿Cuántas estrofas hay en cada poema? ¿Cómo varían las estrofas? ¿Tienen todas el mismo número de versos?

**B. A escribir poesía moderna...** Con un(a) compañero(a), escribe las primeras dos o tres estrofas de un poema similar a "La única mujer" pero sobre uno de estos temas: la única profesión, el único trabajo, el único hombre o el único hijo.

# Cultura
# ¡en vivo!

## Los cunas

Situadas al oeste de Colón en la costa del mar Caribe, están las 356 islas de San Blas, donde viven los cunas, una de las tribus más interesantes de Hispanoamérica. A través de los siglos, los cunas han conservado su identidad indígena y su forma tradicional de vivir. En la sociedad cuna las hijas son las dueñas y herederas de la tierra. Al casarse, el marido tiene que vivir en la casa de los padres de la novia y trabajar para su suegro. Por lo tanto, cada familia desea tener más hijas que hijos. Tanto las mujeres como los hombres trabajan de sol a sombra. Los hombres cultivan la tierra, recogen cocos y leña, reparan la casa cuando lo necesita y hacen su propia ropa y la de los hijos varones. Las mujeres, en cambio, preparan la comida, recogen agua dulce de los ríos, limpian la casa, lavan la ropa, y hacen su ropa y la de sus hijas.

Las cunas se caracterizan por el anillo de oro que casi siempre llevan en la nariz y por una notable creatividad que se manifiesta en su vestimenta diaria, la cual consiste en una falda oscura estampada y una blusa de colores brillantes bordada con diseños variados. También llevan anillos de oro en las orejas y una multitud de collares hechos de cuentas rojas y amarillas o de monedas de oro. En

la cara se pintan la nariz con una gruesa raya negra.

Lo más llamativo de la vestimenta cuna es la blusa, una verdadera obra de arte, acabada con varios paneles de mola. Toma meses hacer cada mola y cada una es única en diseño y ejecución. Una mola es un conjunto de dos a siete telas de colores diferentes cuidadosamente cosidas con puntadas invisibles, siguiendo un diseño a veces tradicional, otras veces contemporáneo. El resultado es una explosión de color y belleza que es vendido por prácticamente nada en comparación con el tiempo y talento que tomó lograrlo.

Los cunas, al igual que otras pocas tribus de Guatemala, México, Perú, Ecuador y Bolivia, han conseguido sobrevivir y conservar su etnicidad, pero tienen que trabajar duramente y vivir bajo condiciones difíciles para mantener sus preciadas tradiciones y costumbres.

**Los cunas.** Contesta estas preguntas con un(a) compañero(a).

1. ¿Qué han hecho los cunas para mantener su independencia y su cultura a lo largo de los años?
2. ¿Qué es una mola?
3. Recientemente, los diseños de las molas de los cunas incluyen figuras de personajes de Disney y símbolos de Navidad como Santa Clos y el tradicional árbol de Navidad. En tú opinión, ¿a qué se debe este cambio en la artesanía de los cunas?
4. ¿Crees que es bueno modernizar la artesanía tradicional? ¿Por qué sí o por qué no?

# *Mejoremos la comunicación*

## Para hablar de la artesanía

### Al apreciar la artesanía

— Para mí, no hay como la obra de los artesanos cunas, en particular, son hermosas las vistosas y llamativas molas que forman parte de su vestimenta diaria.

*For me, there is nothing like the work of Cuna artisans, in particular, the colorful and flashy molas that are part of their daily dress.*

— No cabe duda que la costura de las molas es exquisita.

*There is no doubt that the sewing on the molas is exquisite.*

**bordado** *embroidery*
**cosido** *sewing*
**diseño** *design*

**ejecución** *f. execution*
**puntadas** *stitch (in sewing)*
**tela** *material*

— También es fascinante ver los anillos de oro que llevan en la nariz y en las orejas y los collares de cuentas que adornan los brazos y piernas.

*It's also fascinating to see the gold rings they wear in their noses and ears and beaded necklaces that adorn their arms and legs.*

— Me sorprende que su artesanía no incluya alfarería.

*I'm surprised that their craftsmanship doesn't include pottery.*

**cerámica** *ceramics*
**cestería** *basketmaking*
**impresión** *f. printing*
**litografía** *lithography*
**soplado de vidrio** *glassblowing*

**tallado en madera** *wood carving (craft)*
**tejeduría** *weaving*
**vidriería** *glassmaking*

### Al distinguir entre los textiles

— Mi mamá ya no usa la máquina de coser, pero le gusta bordar.

*My mom no longer uses her sewing machine, but she likes to embroider.*

**acolchar** *to quilt*
**coser** *to sew*
**tejer** *to weave*

**tejer a ganchillo** *to crochet*
**tejer a punto** *to knit*

— Es un pasatiempo ideal para ella y le resulta bastante barato. Sólo necesita agujas, tijeras, hilo y tela.

*It's an ideal hobby for her, and it's relatively inexpensive. She only needs needles, scissors, thread, and material.*

### Al interesarse en la alfarería

— Parece que mi hijo se ha interesado en la alfarería vidriada. Se pasa todo su tiempo libre haciendo objetos de barro. Ya tiene su propio torno de alfarero y horno en el garaje.

*It seems my son has become interested in glazed pottery. He spends all his free time making earthenware. He has his own potter's wheel and kiln in the garage.*

### Al interesarse en el tallado de madera

— ¡Es increíble! Mi hija acaba de decirnos que ha decidido dedicarse al tallado en madera. Le gusta hacer figuras de animales.
— ¿Ah sí? Pues dile que me talle un unicornio para Navidad.

*It's incredible! My daughter has just told us that she has decided to dedicate herself to wood carving. She likes to make animal figures.*
*Oh, really? Well, tell her to carve me a unicorn for Christmas.*

### Al interesarse en el trabajo en piel

— ¿Te conté que mi nuevo pasatiempo es labrar la piel fina?
— ¡Qué bien! Puedes hacerme un bolso de cuero para mi cumpleaños.

*Did I tell you that my new hobby is working fine leather?*
*That's great! You can make me a leather shoulder bag for my birthday.*

**billetera** *billfold, wallet*
**cinturón** *m. belt*
**guante** *m. glove*
**llavero** *key case*

**maleta** *suitcase*
**maletín** *m. briefcase*
**tarjetero** *credit card holder*

# ¡A conversar!

**A. Encuesta.** Entrevista a cuatro compañeros(as) para ver qué tipo de artesanía les gusta. Pregúntales también si hacen alguna artesanía ellos mismos. Informa a la clase de tus resultados.

**B. Dramatización.** Tú y dos amigos(as) están pasando las vacaciones de primavera en México (o cualquier otro país hispano). Como hoy es el último día, deciden ir de compras para llevarles alguna artesanía típica a sus parientes. Dramaticen la escena en una tienda de regalos. Discutan qué van a comprar y por qué.

## Palabras claves: costura

Para ampliar tu vocabulario, combina las palabras de la primera columna con las definiciones de la segunda columna. Luego escribe una oración original con cada palabra.

____ 1. costurera
____ 2. costurar
____ 3. costurón
____ 4. costurero
____ 5. alta costura

a. actividad de diseñar y hacer vestidos exclusivos
b. mujer que cose por oficio
c. caja o mueble para guardar utensilios para coser
d. coser
e. cicatriz *(scar)*

# *Escribamos ahora*

**A** **A generar ideas: El diálogo en la prosa**

1. **Usos del diálogo.** Como ya sabes, el diálogo tiene muchos usos cuando se escribe. Lee los comentarios que aparecen a continuación y di si estás de acuerdo con ellos o no y explica por qué.

   *a.* El diálogo facilita la participación del lector en la historia que se cuenta.
   *b.* Con frecuencia el diálogo revela la personalidad o actitud de los personajes.
   *c.* El diálogo ayuda a establecer el ambiente o tono de la obra.
   *d.* Por medio del diálogo, el autor puede expresar sus creencias, sus opiniones o su punto de vista.
   *e.* El diálogo permite adelantar la acción de la historia con cierta rapidez.

   Ahora piensa en ejemplos de diálogo que muestren cómo el diálogo puede lograr lo dicho.

2. **Influencia del diálogo.** Lee estos trozos del diálogo del cuento de García Márquez, "Un día de estos", y contesta las preguntas que siguen.

   —Papá.
   —Qué.
   —Dice el alcalde si le sacas una muela.
   —Dile que no estoy aquí.
   —Dice que sí estás porque te está oyendo...
   —Mejor.
   —Papá.
   —Qué.
   —Dice que si no le sacas la muela te pega un tiro.
   —Bueno. Dile que venga a pegármelo.

   *a.* ¿Qué le sugiere el diálogo al lector acerca del padre?
   *b.* ¿Qué le sugiere el diálogo al lector acerca del hijo?
   *c.* ¿Qué le sugiere el diálogo al lector acerca de la relación que existe entre padre e hijo?
   *d.* ¿Qué efecto tiene el diálogo en todo el cuento?

3. **Diálogo en las tiras cómicas.** El diálogo en las tiras cómicas es de suma importancia. El humor casi siempre se basa en una terminación o reacción verbal inesperada. Las tiras que aparecen a continuación son de *Mafalda*, un personaje cómico popular por toda Latinoamérica. Las dos tiras tratan de la visita al dentista del padre de Mafalda. Ahora, crea tus propios diálogos para estas dos tiras.

4. **Incómodo.** En las tiras cómicas de *Mafalda,* el tema central era lo incómodo que se sentía su padre al ir al dentista. ¿Cuándo te sientes incómodo(a)
tú? Piensa en situaciones en que tú y tus amigos se sienten incómodos. Anótalas en una columna y en otra, indica por qué.

| Situación | Problema |
|---|---|
| Una visita al dentista/médico | |
| Primera visita con los padres de mi novio(a) | |
| Un examen final dificilísimo | |
| ¿...? | |

**B** **El primer borrador.** Escribe un diálogo basado en una de las situaciones
incómodas de la lista que preparaste en la actividad anterior. Tal vez tengas que
usar una que otra oración narrativa para presentar a los personajes principales y
para establecer el escenario, pero debes tratar de desarrollar el tema central y tus
personajes (edad, actitud, estado emocional, acción, reacción, etcétera), por
medio de lo que ellos dicen.

**C** **Primera revisión.** Intercambia tu redacción con la de un(a) compañero(a),
léela cuidadosamente y contesta las preguntas que siguen.

1. ¿Sabes quiénes son los personajes?
2. ¿Sabes qué relación hay entre ellos?
3. ¿Se establece bien el ambiente y la situación en la cual se encuentran los
   personajes?
4. ¿Sabes cómo se sienten los personajes y cómo reaccionan a lo que está
   pasando?

5. ¿Es natural el diálogo? ¿Va bien con cada personaje y con la situación?
6. ¿Es lógica la conclusión a la cual llegan los personajes? ¿Quedas convencido(a)?

No dejes de decirle a tu compañero(a) lo que más te gusta de su redacción y lo que consideras muy efectivo. Hazle sugerencias específicas para mejorar su diálogo.

**D** **Segundo borrador.** Antes de escribir el segundo borrador, traduce este trozo de diálogo al español teniendo cuidado de usar la puntuación apropiada. Si necesitas repasar la puntuación de los diálogos en español, vuelve a la página 40 de la primera unidad.

> *"Sit down."*
> *"Good morning," said the mayor.*
> *"Good morning," answered the dentist.*

Ahora escribe una segunda versión de tu redacción teniendo en cuenta la puntuación de tu diálogo escrito en español y las sugerencias que te hizo tu compañero(a).

**E** **Segunda revisión.** Ahora intercambia redacciones con un(a) compañero(a) de clase y dale una rápida ojeada a su diálogo para asegurarte de que no haya errores. Fíjate en particular en la puntuación.

1. ¿Usa guiones (—) en vez de comillas ("")?
2. ¿Evita el uso de comas antes de un guión?
3. ¿Evita el uso de guiones en oraciones donde no se especifica quién habla?

**F** **Versión final.** Considera los comentarios de tu compañero(a) sobre la puntuación y revisa tu redacción una última vez. Como tarea, escribe la copia final en la computadora. Antes de entregarla, dale un último vistazo a la concordancia.

**G** **Publicación.** Cuando tu profesor(a) te devuelva la redacción corregida, léesela a tres compañeros(as) y escucha mientras ellos(as) lean las suyas. Luego decidan cuál de los cuatro diálogos les gusta más y prepárense para hacer una lectura dramática de ese diálogo en la clase.

## *Exploremos el ciberespacio*

Explora distintos aspectos del mundo panameño en las actividades de la red que corresponden a esta lección. Ve primero a **http://college.hmco.com** y de ahí a la página de *Mundo 21.*

# Venezuela

**Nombre oficial:**
*República de Venezuela*

**Población:**
*22.803.409 (est.)*

**Principales ciudades:**
*Caracas (capital), Maracaibo, Valencia, Barquisimeto, Maracay*

**Moneda:**
*Bolívar (Bs.)*

# Gente
## del Mundo 21

### Jesús Rafael Soto

nació en Ciudad Bolívar en 1923. Es uno de los escultores latinoamericanos más importantes de la escuela constructivista. Gracias a él se estableció en su país la técnica artística de la escuela de arte geométrico y kinético. Estudió en la Escuela de Bellas Artes en Maracaibo donde fue director de 1947 a 1950. Poco después Soto viajó a París para estudiar con el artista Denise René. Ahora Soto reconoce que ha sido muy influenciado por el pintor Piet Mondrian y el escultor Alexander Calder. Para construir sus esculturas utiliza materiales como filamentos de plexiglas y acero con los cuales crea efectos visuales sorprendentes. Por ejemplo, su obra *Penetrable* (1971) consiste en una serie de tubos de aluminio suspendidos que cambian de color cuando la gente camina por ellos. En 1974 el Museo Guggenheim de Nueva York tuvo una exhibición de sus obras. Soto continúa siendo uno de los mejores representantes de su género.

**Carolina Herrera,** modista venezolana, nació en 1939 en Caracas en una familia privilegiada de la clase alta. En 1969 se casó con Reinaldo Herrera y su vida social le dio la oportunidad de lucir su exquisito buen gusto en vestir, lo cual le ganó un puesto a perpetuidad en la "Lista de las Mejor Vestidas". En 1981 fue nombrada al *Fashion Hall of Fame*. Una vez que sus cuatro hijos crecieron, se dedicó al diseño de ropas fabulosas que pronto le atrajeron una clientela entre las que figuran reinas, princesas, duquesas, artistas de cine y millonarias. Su trabajo es tan apreciado que unos pijamas de seda diseñados por ella se han vendido a $1.200, un traje de mujer a $3.800 y unos vestidos largos de etiqueta a $4.000. En 1987 recibió el premio MODA y su nombre figura frecuentemente en revistas internacionales. Atribuye su éxito en parte al hecho de que es latina, pues dice que su cultura enfatiza la importancia de estar bien presentado: "Nos enseñan a vestirnos bien porque es una manera de mostrar respeto por otros y por uno mismo."

## Salvador Garmendia

nació en 1928 en Barquisimeto donde vivió hasta los dieciocho años. Cuando tenía doce años sufrió una enfermedad seria que lo mantuvo en cama hasta los quince. Durante esa larga temporada de aislamiento se dedicó a la lectura de numerosos libros que le dieron un sólido conocimiento de la literatura hispana. En 1948 se mudó a Caracas donde sufrió pobreza y privaciones. Trabajó para la "Radio Tropical" como locutor y también escribió guiones para radio, televisión y cine. Formó parte del grupo literario Sardio a través del cual publicó *Los pequeños seres*, su primera novela, en 1959. En 1971 ganó una beca para estudiar en España y en Barcelona se dedicó a escribir. Su extensa obra incluye siete novelas, varias colecciones de cuentos y escritos de crítica literaria. Sus cuentos son de gran variedad, superficialmente simples pero dotados internamente de elementos de gran complejidad y profundidad.

## Otros venezolanos sobresalientes

**María Conchita Alonso:** actriz y cantante

**Diego Arria:** diplomático, autor y periodista

**Rómulo Gallegos (1884–1959):** novelista y político

**Gertrudis Goldschmidt (Gego) (1912–1994):** arquitecta, grabadora, escultora y catedrática

**Gerd Leufert:** diseñador gráfico y dibujante

**Leonor Mendoza:** mujer de negocios

**Francisco Narváez (1905–1982):** escultor y pintor

**Alejandro Otero (1921–1990):** pintor, escultor y cineasta

**Teresa de la Parra (1895–1936):** novelista

**José Luis Rodríguez ("El Puma"):** cantante

## *Personalidades* del Mundo 21

Contesta estas preguntas con un(a) compañero(a). Luego, comparte tus respuestas con el resto de la clase.

1. ¿A qué tipo de arte se ha dedicado Jesús Rafael Soto? ¿Crees que te gustaría el arte de Soto? ¿Por qué? Explica.
2. ¿Crees que se justifican los precios de la ropa de Carolina Herrera? ¿Por qué? Explica. ¿Qué dice Herrera sobre el énfasis que la cultura latina pone en vestir bien? ¿Es verdad esto sólo para la cultura latina o para la anglosajona también?
3. ¿Cómo se compara la vida de Salvador Garmendia con la de Carolina Herrera? ¿Cómo son los cuentos de Garmendia?

# Del pasado al presente

# Venezuela: los límites de la prosperidad

## Los primeros exploradores

En las tierras que hoy pertenecen a Venezuela no existieron grandes civilizaciones como las de otros países andinos y mesoamericanos. Las costas del Caribe fueron pobladas por los indígenas arawak que habían sido progresivamente conquistados por los caribes.

En su tercer viaje, Cristóbal Colón fue el primer europeo en pisar tierra firme en la península de Paria en Venezuela el primero de agosto de 1498. Un año después, Américo Vespucio denominó al país "Venezuela", o sea, "pequeña Venecia". Se dice que seleccionó este nombre al ver que las casas sobre pilotes que habitaban los indígenas de las orillas del lago de Maracaibo eran como las que existían en Venecia, Italia.

**Casas puestas sobre pilotes**

Al principio, las perlas y los rumores de metales preciosas atrajeron a exploradores. Santa Ana de Coro, primera ciudad de la Venezuela continental, fue fundada en 1528. Pero el territorio les fue concedido un año después a los banqueros alemanes de la casa de Welser por el emperador Carlos V. Los alemanes se retiraron en 1556 cuando no pudieron encontrar las fabulosas riquezas de El Dorado.

Años después, Diego de Losada consiguió apoderarse de la región ocupada por los indígenas caracas, donde fundó la ciudad de Santiago de León de Caracas en 1567. Pronto Caracas se convirtió en la ciudad más importante de la región. Estaba situada en un fértil valle y cerca del puerto conocido después como La Guaira. En reconocimiento a su crecimiento, Caracas fue convertida en la sede de la Capitanía General de Venezuela.

## La colonia

Durante los próximos 200 años, el gobierno español no prestó mucha atención a este territorio. Su principal valor para los conquistadores era geográfico, pues les ofrecía seguridad a las flotas españolas. En 1719 la colonia pasó a depender del Virreinato de Nueva Granada.

En 1728 se creó la Compañía Guipuzcoana de Caracas. Pronto estableció un monopolio del cacao, lo cual en 1749 causó la primera rebelión en la colonia, aunque fue sofocada. El cultivo y el comercio del cacao, semilla de donde proviene el chocolate, tuvieron un extraordinario desarrollo en la colonia. Se establecieron plantaciones que empleaban esclavos africanos.

## La independencia

Venezuela fue el primer país en que tuvo lugar una rebelión para lograr la independencia de España. En 1806 Francisco de Miranda fracasó en su primer intento de rebelión. Pero el 5 de julio de 1811, un congreso en Caracas declaró la independencia de Venezuela y en diciembre promulgó la constitución de la primera república. Este gobierno duró sólo once meses y Miranda, jefe de las fuerzas republicanas, se vio obligado a rendirse. Fue hecho prisionero y llevado a España, donde murió en 1816.

Simón Bolívar, un criollo nacido en Caracas, continuó la lucha y consiguió tomar Caracas en agosto de 1813, con lo que le dio comienzo a la segunda república. En septiembre de 1814 tropas de llaneros mestizos leales a España obligaron a Bolívar a abandonar Caracas, dándole fin a la segunda república.

En 1816 Bolívar tomó control de la parte oriental de la colonia. El congreso de Angostura de 1819 estableció la tercera república y nombró a Bolívar presidente. En 1821 el congreso de Cúcuta promulgó la constitución de la República de la Gran Colombia y reafirmó a Bolívar como presidente. La Gran Colombia, que incluía los territorios de Colombia,

**Universidad Central de Venezuela, Caracas**

**Miranda y Bolívar declaran la independencia**

Venezuela, Ecuador y Panamá, estableció su capital en Bogotá. El nacionalismo venezolano resentía este gobierno centrado en la lejana Bogotá y en 1829 el general José Antonio Páez consiguió la independencia de Venezuela. Bolívar murió desilusionado en Santa Marta, Colombia, el 17 de diciembre de 1830.

## Un siglo de caudillismo

Después de su independencia, Venezuela fue gobernada durante más de un siglo por una sucesión de dictadores y por una aristocracia de terratenientes. Los caudillos o jefes que tomaban el poder a la fuerza ejercían un poder autoritario y represivo. De 1908 a

1935, Venezuela fue gobernada por el dictador más sanguinario de todos ellos, Juan Vicente Gómez. El verdadero desarrollo económico y social se inició con la explotación de petróleo en la región de Maracaibo después de 1918. Una nueva clase media urbana comenzó a crecer alrededor de los servicios prestados a la industria petrolera.

En 1928 unos estudiantes de la Universidad Central de Venezuela en Caracas organizaron protestas y fueron duramente reprimidos por el gobierno de Gómez. De esta llamada "Generación de 1928" salieron muchos de los líderes de los diferentes movimientos políticos posteriores como Rómulo Betancourt, Rafael Caldera Rodríguez y Raúl Leoni. El dictador Gómez murió en 1935.

## La consolidación de la democracia moderna

En 1945 triunfó una rebelión popular dirigida por oficiales jóvenes del ejército y por Rómulo Betancourt del partido Acción Democrática (AD). El candidato propuesto por este partido, el famoso novelista Rómulo Gallegos, fue elegido presidente y tomó el poder en febrero de 1948. Sin embargo, sus reformas radicales causaron mucha oposición y nueve meses después fue derrocado por el ejército. En el país se impuso una dictadura militar que duró diez años hasta 1958 cuando, a su vez, fue derrocada.

Rómulo Betancourt fue elegido presidente en 1958. Su gobierno consolidó las instituciones democráticas a través de una alianza de su partido AD, con el Comité de Organización Política Electoral Independiente (COPEI), el segundo partido político del país. En 1961 fue aprobada una nueva constitución para el país.

Desde entonces no se ha roto el orden constitucional y ha habido transiciones pacíficas del poder presidencial en Venezuela.

## El desarrollo industrial

En la década de los años 60 Venezuela alcanzó un gran desarrollo económico que atrajo a muchos inmigrantes de Europa y de otros países sudamericanos. En 1973 los precios del petróleo se cuadruplicaron como resultado de la guerra árabe-israelí y de la política de la Organización de Países Exportadores de Petróleo (OPEP), de la

**La industria petrolera en el lago de Maracaibo**

cual Venezuela era socio desde su fundación en 1960. En 1976 Carlos Andrés Pérez nacionalizó la industria petrolera, lo que dio al país mayores ingresos e impulsó el desarrollo industrial.

Sin embargo, el crecimiento económico de Venezuela disminuyó durante los dos siguientes gobiernos y, por esa razón, Carlos Andrés Pérez fue elegido nuevamente en 1989. Para 1993 el país estaba enfrentando una fuerte crisis económica debido a la baja de los precios del petróleo y a la recesión económica mundial. Andrés Pérez renunció a la presidencia y en su lugar fue elegido Rafael Caldera Rodríguez, político con fama de honesto. En diciembre de 1998, sólo seis años después de haber dirigido un golpe de estado contra el gobierno, Hugo Chávez fue elegido presidente. Ganó con una mayoría de votos que no se había visto en los últimos cuarenta años. Chávez ha propuesto la ratificación de una nueva constitución para principios del siglo XXI. Según muchos observadores, los límites de la prosperidad petrolera son el dilema principal que enfrenta la sociedad venezolana contemporánea.

# ¡A ver si comprendiste!

**A. Hechos y acontecimientos.** ¿Recuerdas los datos más importantes de la lectura? Para asegurarte, contesta estas preguntas y luego compara tus respuestas con las de un(a) compañero(a).

1. ¿Cuál es el origen del nombre de "Venezuela"?
2. ¿Quién fundó la ciudad de Caracas? ¿En qué año? ¿Cuál es el origen del nombre "Caracas"?
3. ¿Cómo se llama la semilla de donde proviene el chocolate? ¿Qué importancia tiene su cultivo y comercio en la historia de Venezuela?
4. ¿Quién fue Simón Bolívar? ¿Por qué fracasó su sueño de incorporar Venezuela a la República de la Gran Colombia?
5. ¿A quiénes se conoce como "caudillos" en la historia de Venezuela? ¿Eran democráticos o autoritarios?
6. ¿Qué industria creó una nueva clase media urbana en Venezuela?
7. ¿Por qué es importante la llamada "Generación de 1928"?
8. ¿En qué año fue derrocado el último dictador venezolano?
9. ¿Qué presidente venezolano nacionalizó la industria petrolera? ¿En qué año? ¿Por qué es importante este hecho?
10. ¿Cuál es el dilema principal que enfrenta la sociedad venezolana contemporánea? ¿Cómo se podría mejorar esta situación?

B.  **A pensar y a analizar.** Contesta estas preguntas con dos o tres compañeros(as) de clase.

1.  ¿Qué evento en la segunda mitad del siglo XX tuvo un impacto muy grande en el desarrollo industrial de Venezuela? ¿Cómo crees que esto afectó la vida diaria de un gran número de venezolanos?

2.  ¿Qué otros países o estados de EE.UU. han tenido una experiencia muy similar? Explica.

# Ventana *al Mundo* 21

## Las bellezas venezolanas

Las venezolanas son famosas por su hermosura y en ese país el culto a la belleza es casi como una religión. Aunque en algunos países mucha gente considera sexistas y hasta absurdos los concursos de belleza, en Venezuela son una obsesión nacional. Un noventa por ciento de los 22 millones de televidentes venezolanos ven los finales del concurso Señorita Venezuela cada año.

Para llegar a participar, una joven tiene primero que ser seleccionada por la Organización Señorita Venezuela para asistir a la Academia Señorita Venezuela. Allí recibe seis meses de entrenamiento en sesiones de dieciséis horas diarias y a un costo de hasta 60.000 dólares. El ganar este concurso es para una joven como ser seleccionado el jugador más valioso de la Copa Mundial de

**Alicia Machado, Señorita Universo, 1996**

Fútbol. La corona puede traerles muchas ventajas y empleos bien renumerados como modelos, actrices de cine o de televisión o políticas. Tal fue el caso con Irene Sáez, la ganadora del título Señorita Universo en 1981. Entre todos los políticos del país, ahora es una de las más respetadas y populares. Hasta fue candidata en las elecciones presidenciales de 1998, y aunque no ganó, ya había servido de alcaldesa de un municipio en las afueras de Caracas.

Para los venezolanos, es común que su representante esté casi perpetuamente entre las diez finalistas del concurso para la Señorita Universo. La venezolana que más atención ha atraído hasta el momento es Alicia Machado, quien conquistó el galardón de Señorita Universo en 1996. Cuando fue coronada, era una esbelta belleza de 117 libras que en sólo seis meses subió de peso hasta alcanzar 170 libras. Para no perder su título tuvo que ponerse a régimen y a hacer gimnasia a todo dar. Cuando Machado se presentó a coronar a su sucesora, pesaba solamente 130 libras. No obstante, su caso recibió atención internacional y un sinnúmero de mujeres que se oponían a las reglas estrictas del concurso la apoyaron. Al fin y al cabo, todo el mundo sabe que la belleza física es pasajera, pero la espiritual es algo que acompaña a una persona por toda la vida.

**Las bellezas venezolanas.** En grupos de cuatro, preparen un debate sobre uno de los siguientes temas. Informen a la clase del resultado.

1. Los concursos de belleza son sexistas y no deben permitirse en ninguna parte.
2. Las reglas del concurso Señorita Universo son demasiado estrictas, como lo mostró el caso de Alicia Machado, y tienen que cambiarse.

# *Y ahora, ¡a leer!*

## Anticipando la lectura

Lee el segundo párrafo de la lectura y completa estas actividades con un(a) compañero(a).

1. ¿Es Ru-ruima un personaje verdadero o uno sobrenatural? ¿Cómo lo sabes?
2. El narrador dice que Ru-ruima es pura, con voz cantarina y tranquilizante. ¿A qué elementos de la naturaleza se les puede atribuir estas características?
3. ¿Cómo se describe el pelo de Ru-ruima? ¿Son características que tú atribuyes a los árboles, las flores, las rocas o el agua? ¿Por qué? Explica.
4. Muchas leyendas tratan de explicar la existencia de fenómenos naturales, como una montaña, un río, un bosque o un lago. ¿Cuál sería una explicación imaginativa que tú podrías dar para cada uno de estos elementos de la naturaleza?

### *Conozcamos la tradición oral venezolana*

En la *Unidad 3* aprendiste que las leyendas se caracterizan por ser producto de la tradición oral. Surgen anónimamente y, con el transcurso del tiempo, cumplen la función de convertir en mito una realidad explicándola con elementos maravillosos. "La Cascada de Salto de Ángel" es un ejemplo de este proceso. Esta versión fue tomada del libro *Cuentos latinoamericanos* (1999) de la escritora Maricarmen Ohara.

El Salto de Ángel, una cascada venezolana más alta que las cataratas del Niágara, emerge de la majestuosa montaña llamada *Auyán Tepui* o Montaña del Diablo, y tiene una caída de 980 metros (3.212 pies). Fue vista por primera vez en 1910 por el explorador venezolano Ernesto Sánchez la Cruz y luego en 1937 por un piloto estadounidense llamado Jimmy Angel. En 1949 el ingeniero inglés Perry Lowrey midió la catarata y determinó que su altura era mayor a la de cualquier otra cascada del planeta. La siguiente leyenda explica de una manera poética su origen.

## LECTURA

# La cascada° de Salto de Ángel

Al principio del tiempo, la hechizadora° región que hoy en día se
conoce como Parque Nacional de Canaima, era una tierra maravillosa
que mezclaba la jungla, la sabana° y treinta majestuosas montañas de
cimas truncadas° o *tepuis*.

5     Una de las diosas principales era la bondadosa° Ru-ruima o Madre de las
Aguas. La diosa era bella y pura. Sus labios tenían el vibrante color rojo del
rubí, su voz cantarina tenía la virtud de tranquilizar a quienes la oían, sus
ojos castaños° eran mansos° y dulces, fiel° reflejo de su suave naturaleza. En
perfecta armonía con todos estos atributos físicos, mágicos y espirituales, su
10   cabellera era un espectáculo que pasmaba° por su increíble belleza. Caía sobre
los hombros de la diosa como una nívea° y larguísima cascada o como un
manto hecho de un sinfín de hilos° plateados que brillaban alegremente bajo
los rayos del sol.

    Cada día Ru-ruima paseaba por los campos y a su paso surgían° exóticas
15   orquídeas en profusión de colores y formas: algunas blanquísimas, otras tími-
damente rosas o amarillas; algunas tornasoladas,° otras atrevidamente° rojas
y hasta algunas más de color chocolate oscuro estriadas° de anaranjado. Los
pies de la diosa despertaban la vida y sus pequeñas huellas° dejaban atrás
una verde alfombra de exuberante vegetación y de exquisitas bromelias que
20   crecían directamente en el suelo. Gracias a ella el árbol de chocolate se ele-
vaba alto y orgulloso y producía las mazorcas° llenas de delicioso néctar y de
preciosas semillas con que se hace la bebida. Gracias a ella la selva estaba
llena de árboles beneficiosos y bellos y los animales no sufrían la mordedura°
de la sed que mata. Toda la naturaleza amaba a Ru-ruima.

25     Pero aún en el paraíso de los dioses hay seres malévolos° que envidian°
las fuerzas positivas del bien que dan vida y salud. El espíritu del mal era el

*Waterfall*

*enchanted*

llanura de gran extensión
**cimas...** *flat mesas*

muy buena

marrones / suaves / exacto

sorprendía

blanca
*threads*

nacían

iridiscentes / valientemente
con rayas
*footprints*

*cacao pods*

*bite*

malos / *envy*

diablo Auyán que no cesaba de buscar maneras para hacer daño a los habitantes de la región. Mientras Ru-ruima traía vida, belleza y frescura, Auyán destruía y creaba seres deformes, horribles y venenosos° que causaban la
30   muerte. Ru-ruima daba flores tan alegres como el girasol;° Auyán producía horribles plantas insectívoras de altura descomunal.°

   Mientras más amor recibía Ru-ruima más rabioso° se sentía Auyán, al punto que un día decidió que la destruiría definitivamente. Durante siete noches, refugiado en su formidable *tepui*, se dedicó a revolver° en un enorme
35   caldero° un menjunje asqueroso° y oscuro. Noche tras noche, mientras profería° horribles conjuros,° lo hirvió y revolvió hasta que el menjunje fue disminuyendo° y absorbiendo las maldiciones del diablo. A la séptima noche quedó reducido a una cantidad pequeña y fangosa° que el diablo modeló en la forma de un sapo° repulsivo y venenoso.

40      Temprano por la mañana, Auyán se escondió° en el lugar por donde transitaba Ru-ruima y cuando la vio acercarse, le tiró la asquerosa criatura que se pegó° a una de sus piernas y la mordió salvajemente. Ru-ruima sufrió un espasmo de dolor y cayó desmayada.° Auyán la cargó rudamente y estremeciéndose° de gusto por su mala acción la llevó a su *tepui*. Cuando Ru-ruima
45   despertó, le dijo: —Finalmente te tengo a mis pies, mosquita muerta,° que pasas tus días estúpidamente, paseándote con ese aire de falsa dulzura, todo para disfrazar° tu falta de poderes, porque la verdad es que no puedes hacer nada que valga la pena.°

   —Si eso es lo que tú crees, allá tú° —respondió Ru-Ruima— Ya que me lo
50   has dicho, déjame ir.

   —Ni pensar. De aquí no saldrás jamás. Te quedarás conmigo y con mis poderes mágicos te convertiré en mi aliada. Juntos destruiremos a la gente y todas esas cosas feas que tú y los tuyos están creando constantemente.

   Ru-ruima contestó con vehemencia.

55      —En tu ignorancia, tú confundes mi suavidad con debilidad, pero te equivocas.° Nunca jamás las fuerzas del mal podrán vencer las del bien y tú no tienes el poder para retenerme.

   Y así diciendo, la diosa se lanzó° con velocidad y fuerza completamente insospechada contra las rocas del *tepui* del diablo, abrió una brecha° en la
60   montaña y saltó al abismo cayendo hacia abajo con el ruido ensordecedor° de mil campanas. Su larga caballera se transformó en la bellísima e imponente° cascada que hoy se conoce como Salto de Ángel y el espíritu de la diosa se fue volando en forma de un *corocoro*, un llamativo pájaro color rojo rubí que todavía vuela por el cielo azul de Venezuela.

65      Los nativos saben que Auyán todavía vive en su *tepui*, humillado por su fracaso, amargado° porque la maravillosa cascada se lo recuerda constantemente. Su furia estalla° de vez en cuando en temblores de tierra° y por eso, cuando un indio tiene que acercarse a *Auyán Tepui* se cubre la cara con pintura tan roja como los labios de la bondadosa Ru-ruima que continúa
70   protegiéndolos contra el espíritu del mal.

*tóxicos*
*sunflower*
*monstruosa*
*furioso*

*to mix*
cauldron / **menjunje…** mezcla
repugnante / exclamaba /
fórmulas mágicas / reduciendo
*muddy*
*toad*
**se…** *hid*

adhirió
*unconscious*
*temblando*
*one who feigns innocence*

*to disguise*
**valga…** *is worthwhile*
**allá…** es asunto tuyo

**te…** *no tienes razón*

**se…** *threw herself*
*opening*
*deafening*
grandioso

*embittered*
explota / **temblores…**
*earthquakes*

# ¿Comprendiste la lectura?

**A. Hechos y acontecimientos.** Contesta las siguientes preguntas según la lectura.

   1. ¿Qué es un *tepui*? ¿Cuántos hay en la región del Salto de Ángel? ¿Cómo se llama el *tepui* donde está el Salto de Ángel?

2. ¿Quién era Ru-ruima? ¿Cómo era?
3. ¿Quién era Auyán?
4. ¿Qué opinaba Auyán de Ru-ruima y qué decidió hacerle?
5. ¿Qué usó Auyán para debilitar a Ru-ruima?
6. ¿Adónde llevó a Ru-ruima para tenerla prisionera?
7. ¿Qué hizo Ru-ruima para escapar? ¿Cuál fue el resultado de su acción?
8. ¿Por qué se pintan la cara roja los indígenas de la región cuando se acercan a la montaña Auyán Tepui?

**B. A pensar y a analizar.** Completa estas actividades con un(a) compañero(a).

1. ¿Qué simbolizan Ru-ruima y Auyán?
2. ¿Qué elementos de la naturaleza figuran en este cuento? Nómbralos.
3. ¿Quién triunfó al final —Ru-ruima o Auyán? ¿Cuál es el mensaje de esta leyenda?

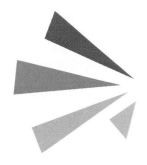

# Introducción al análisis literario
## El mito

Un mito es un cuento anónimo basado en las creencias populares de un pueblo o una nación. Los mitos tienden a interpretar eventos naturales a base de episodios sobrenaturales para explicar o concretizar la percepción que el hombre tiene del mundo o del cosmos. Los mitos se distinguen de las leyendas por estar basados más en lo sobrenatural que en la historia. Un tema popular en la mitología, como es el caso en "La cascada de Salto de Ángel", es el tratar de explicar fenómenos naturales.

**A. Elementos físicos y mágicos.** Con un(a) compañero(a), haz una lista que determine qué elementos reales y qué elementos sobrenaturales se encuentran en "La cascada de Salto de Ángel".

**B. Transformación.** En grupos de tres, anoten varios atributos reales para los cuatro elementos naturales que siguen. Luego transformen cada uno en algo con características sobrenaturales.

| Elementos físicos | Atributos reales | Características sobrenaturales |
|---|---|---|
| la tierra | | |
| el cielo | | |
| el mar | | |
| el viento | | |

# **ltura**
# **¡en vivo!**

## **Los recursos naturales**

Cuando Cristóbal Colón pisó tierra americana, se abrió un nuevo y mejor futuro para el resto del planeta. El descubrimiento de este riquísimo territorio significó que una infinidad de productos, muchos de ellos desconocidos hasta entonces, cambiarían el modo de vida y la economía mundial. Para mencionar sólo unos pocos, se puede empezar con uno de los principales de Venezuela, el cacao, del cual se produce el chocolate. ¿Qué sería de la economía suiza sin este delicioso producto? La vainilla, que es codiciada en el mundo entero, también se consigue abundantemente en Venezuela. ¿Y qué sería de la festividad del Día de Gracias sin el pavo, el pan de maíz, la cacerola de camotes y el pastel de calabaza? Todos son productos que Hispanoamérica dio al resto del mundo.

En las selvas tropicales se encuentra una gran variedad de flora y fauna: el puma, el alce, la ardilla, el conejo, el oso, el venado y el zorro,

además de una abundancia de árboles y plantas que apenas se empieza a conocer. Es notable que en los grandes bosques a lo largo del río Amazonas están los más importantes recursos biológicos del mundo entero. En esas mismas selvas hay otras fuentes naturales como el petróleo, el gas natural, el hierro, el carbón y la madera. En las montañas se encuentran metales valiosísimos tales como la plata, el oro, el cobre, el estaño, el hierro, el plomo y el cinc. También abundan las piedras preciosas como el diamante, la esmeralda, el ópalo, el jade, el rubí, la turquesa y el zafiro.

El descubrimiento el siglo pasado de un solo recurso natural, el petróleo, transformó a Venezuela, en un corto período, de un país rural a un país industrializado y modernizado. Sólo el futuro dirá qué nuevas transformaciones esperan a los otros países hispanos, dada su riqueza natural.

**Ornamentos pre-columbinos hechos de oro, lapislázuli y turquesa**

**Los recursos naturales.** Completa estas actividades con un(a) compañero(a).

1. Nombra seis productos comestibles que Hispanoamérica dio al resto del mundo.
2. ¿Qué importancia mundial tienen las selvas a lo largo del río Amazonas?
3. Prepara una lista de todos los recursos naturales mencionados. Pon una estrella al lado de los que tienen importancia en tu vida diaria. ¿Cuántos recursos hay en tu lista? ¿Cuántas estrellas hay?
4. ¿Qué futuras transformaciones te puedes imaginar en Hispanoamérica dados sus recursos naturales?

# Mejoremos la comunicación

## Para hablar de los recursos naturales

### Al nombrar los recursos naturales principales

— ¿Estás listo para el examen en la clase de ecología?

— ¡Claro que sí! ¿Y tú? ¿Puedes nombrar los seis recursos naturales principales?

— Eso es fácil: aire, agua, tierra, minerales, flora y fauna.

*Are you ready for the ecology test?*

*Of course! And you? Can you name the six principal natural resources?*

*That's easy: air, water, land, minerals, flora, and fauna.*

### Al identificar la flora y fauna

— ¿Cuántos árboles del bosque y flores puedes nombrar?

— A ver... Hay pinos, claro, y los árboles de madera dura son el abedul, el arce y el roble. Las flores son la orquídea, mi favorita, y...

*How many forest trees and flowers can you name?*

*Let's see . . . There are pines, of course, and the hardwood trees are the birch, the maple, and the oak. The flowers are the orchid, my favorite, and . . .*

**clavel** *m. carnation*
**crisantemo(a)** *chrysanthemum*
**girasol** *m. sunflower*
**lirio** *iris*

**margarita** *daisy*
**narciso** *daffodil*
**rosa** *rose*
**violeta** *violet*

— ¿Cuántos animales que habitan los bosques puedes nombrar?

— A ver, son el...

*How many animals that inhabit the forest can you name?*

*Let's see, there's the . . .*

**alce** *m. elk*
**ardilla** *squirrel*
**conejo(a)** *rabbit*
**oso(a)** *bear*

**pavo(a)** *turkey*
**puma** *m. puma, mountain lion*
**venado(a)** *deer*
**zorro(a)** *fox*

### Al reconocer minerales y piedras preciosas

— Pasemos ahora a preguntas sobre nuestros recursos naturales domésticos. Además del petróleo, ¿cuáles son los principales?

— Pues, primero es importante señalar que la economía venezolana está totalmente basada en su riqueza de minerales. Contamos con hierro, carbón, oro y diamantes.

*Now let's go on to questions about our domestic natural resources. Besides oil, what are the principal ones?*

*Well, first it's important to point out that the Venezuelan economy is based totally on its mineral wealth. We rely on iron ore, coal, gold, and diamonds.*

| | |
|---|---|
| **aluminio** *aluminum* | **hierro** *iron* |
| **cinc** *m.* *zinc* | **plata** *silver* |
| **cobre** *m.* *copper* | **plomo** *lead* |
| **estaño** *tin* | **uranio** *uranium* |

—Finalmente, a ver cuántas piedras preciosas puedes nombrar.

*Finally, let's see how many precious stones you can name.*

| | |
|---|---|
| **diamante** *m.* *diamond* | **rubí** *m.* *ruby* |
| **esmeralda** *emerald* | **turquesa** *turquoise* |
| **jade** *m.* *jade* | **zafiro** *sapphire* |
| **ópalo** *opal* | |

# ¡A conversar!

**A. Países en desarrollo.** En grupos de tres o cuatro, discutan qué recursos naturales son los más importantes para un país en desarrollo y por qué. Tengan en cuenta el costo de extraer o desarrollar cualquier recurso natural en su discusión. Luego informen a la clase de sus conclusiones.

**B. Encuesta.** Entrevista a cuatro compañeros(as) de clase para saber cuál es su piedra preciosa favorita y su metal favorito. Luego compila tus datos con los del resto de la clase para saber cuáles son las piedras preciosas y los metales favoritos.

## Palabras claves: agua

Con un(a) compañero(a), decide en el significado de las expresiones que contienen la palabra **agua** y luego contesta las preguntas.

1. ¿Cuándo te pones **agua de olor**?
2. ¿Prefieres **agua dulce** o **agua mineral**?
3. ¿Tienes **agua dura** en tu casa? ¿Cómo lo sabes?
4. ¿Por qué no se debe tomar el **agua muerta**?
5. ¿Te has bañado en **aguas termales** alguna vez? ¿Por qué toman algunas personas un baño termal?

## ¡Luz! ¡Cámara! ¡Acción!

# La abundante naturaleza venezolana

Venezuela es otro país latinoamericano bendecido por la naturaleza. Tiene una topografía muy especial y grandes riquezas naturales, minerales y petroleras. El parque nacional de Canaima con sus tres millones de hectáreas merece ser visitado. Se encuentra en la zona de Guayana. En este parque, rodeado por selvas frondosas en las cuales vive una fauna variadísima, se incluyen los hermosos tepuyes, impresionantes formaciones naturales.

La zona de Guayana también es un emporio de riquezas naturales, tales como el petróleo, el hierro, el aluminio, la energía eléctrica, las maderas y los metales preciosos. Las crónicas de los exploradores españoles cuentan que había tanto oro en esta región que sólo había que recogerlo de las riberas del río. Ahora la riqueza minera más grande de la zona no es el oro, sino el hierro.

## Antes de empezar el video

Indica en que países de la primera columna crees que se encuentran los fenómenos de la segunda columna.

_____ 1. Arabia Saudita
_____ 2. Brasil
_____ 3. Colombia
_____ 4. Costa Rica
_____ 5. Egipto
_____ 6. EE.UU.
_____ 7. Filipinas
_____ 8. Perú
_____ 9. Venezuela

a. la formación rocosa más antigua del planeta
b. tucanes, guacamayos y cardenales
c. gigantescas anacondas
d. las serpientes más venenosas del continente
e. loros de siete colores
f. el origen de la leyenda de El Dorado
g. la más grandes reservas mundiales de petróleo bruto no explotadas
h. el más grande yacimiento de hierro de todo el mundo

## ¡A ver si comprendiste!

**A. La abundante naturaleza venezolana.** Contesta estas preguntas con un(a) compañero(a) de clase.

1. ¿Qué es Auyantepuy y cuál es su importancia?
2. Describe la fauna del Parque Nacional de Canaima.
3. Nombra los minerales más importantes que se encuentran en Venezuela.
4. ¿Cuál es la principal riqueza minera de Venezuela?

**B. A pensar y a interpretar.** Contesta estas preguntas.

1. ¿Cómo se explica que Auyantepuy sea la formación rocosa más antigua del planeta cuando los restos del hombre más antiguo no se han encontrado en este continente sino en África y Australia?

2. ¿Cuál es la leyenda de El Dorado? Explica cómo empezó esta leyenda. ¿Existirá tal lugar? Si no, ¿por qué hay personas que todavía lo buscan?

3. Todos los fenómenos en **Antes de empezar el video** se encuentran en Venezuela. Con toda esa riqueza natural, ¿por qué no habrá llegado a ser uno de los países más ricos del mundo?

## Exploremos el ciberespacio

Explora distintos aspectos del mundo venezolano en las actividades de la red que corresponden a esta lección. Ve primero a **http://college.hmco.com** y de ahí a la página de *Mundo 21*.

# Perú, Ecuador y Bolivia: camino al sol

**Panorama de Cuzco, Perú, con llamas en el primer plano**

## ¡Bienvenidos a Perú, Ecuador y Bolivia!

Estos tres países son muy diferentes de los países que acaban de estudiar. ¿Por qué? ¿Por qué crees que se dice que estos tres países representan el "camino al sol", según el subtítulo de esta unidad? ¿Qué será el "camino al sol"? Explica tu respuesta.

**Nombre oficial:**
*República del Perú*

**Población:**
*26.111.110 (est.)*

**Principales ciudades:**
*Lima (capital), Arequipa,
El Callao, Trujillo*

**Moneda:**
*Nuevo sol (S/.)*

# Gente
## del Mundo 21

**Mario Vargas
Llosa,** novelista y cuentista peruano, nació en Arequipa en 1936. En 1950 se estableció en Lima, donde pasó dos años en una academia militar e hizo estudios en la Universidad de San Marcos. Se doctoró en la Universidad de Madrid. Su primera novela, *La ciudad y los perros* (1963), basada en experiencias personales en una escuela militar, lo consagró como novelista. Desde entonces ha sido considerado uno de los escritores más representativos del llamado "boom" de la novela latinoamericana. Entre sus otras obras se encuentran *La casa verde* (1966), *Conversación en la catedral* (1969), *La tía Julia y el escribidor* (1977) e *Historia de Mayta* (1985). Su obra literaria presenta distintos aspectos de la vida peruana con un realismo intenso y una técnica narrativa compleja. Fue candidato del partido conservador Frente Democrático (FREDEMO) en las elecciones presidenciales de 1990 en las que triunfó el ingeniero Alberto Fujimori.

**Tania Libertad,** cantante peruana, es representante del canto nuevo latinoamericano en el que el lirismo musical se une al compromiso social. Nació en Chiclayo, donde inició su carrera artística desde niña con sus propios programas de televisión y radio y más de una docena de discos que grabó. A principios de los años 80, se fue a México donde grabó *Alfonsina y el mar,* su primer disco fuera de su país natal. Hasta ahora, ha grabado más de veinte discos. Entre sus últimas grabaciones están *México lindo y querido* (1992), *La libertad de Manzanero* (1995) y *Amar Amando* (1996). Sus canciones surgen de su vida y sus experiencias. El ritmo de muchas de sus composiciones no es bailable pero es muy popular. La cantante explica: "A la música que yo canto le han puesto muchas etiquetas, pero yo propongo que se le llame simplemente música popular latinoamericana". Ahora vive en la Ciudad de México con su esposo e hijo.

**Ciro Hurtado** es un notable compositor y guitarrista. Nació en Lima en 1954. Creció escuchando cuentos y leyendas de la selva, de los incas y de monstruos fabulosos. Ciro absorbió todas esas narraciones y las ha inmortalizado a través de su música, que es una combinación única de sonidos incaicos y jazz latinoamericano. En 1975 llegó a EE.UU., donde fue miembro fundador del grupo Huayucaltía con quienes sigue grabando discos y dando conciertos. También es parte del grupo Strunz Farrah y ha escrito música para películas tales como *Extreme Prejudice* y programas de televisión. Entre sus grabaciones se destacan *Cuentos de mi hogar*, *En mi memoria*, *La hora mágica*, *Guitarra* y *Ecos de los Andes*. Ahora vive en Los Ángeles con su esposa e hija.

## Otros peruanos sobresalientes

**Ciro Alegría (1909–1967):** novelista, cuentista, poeta y periodista

**Alberto Benavides de la Quintana:** empresario minero

**Alfredo Bryce Echenique:** catedrático, cuentista y novelista

**Moisés Escriba:** pintor

**Alberto Fujimori:** ingeniero y político (presidente)

**María Eugenia González:** poeta

**Ana María Gordillo:** pintora

**Wilfredo Palacios-Díaz:** pintor

**Javier Pérez de Cuéllar:** catedrático, diplomático y ex-secretario general de la Organización de las Naciones Unidas

**Fernando de Szyszlo:** pintor y grabador

**César Vallejo (1892–1938):** poeta, cuentista, novelista, ensayista y dramaturgo

## *Personalidades* del Mundo 21

Contesta estas preguntas con un(a) compañero(a) de clase.

1. ¿Cuál fue la primera novela de Mario Vargas Llosa? ¿En qué se basó esta novela? ¿Qué experiencias en tu vida podrían servir como base de una novela? Explica.

2. ¿De qué tipo de música es representante Tania Libertad? ¿Crees que ella tiene razón en llamar su música simplemente "música popular latinoamericana"? Explica. ¿Cuáles son otros artistas que producen música no bailable?

3. ¿Cómo se caracteriza la música de Ciro Hurtado? En tu opinión, ¿cómo funciona la mente de un compositor? ¿En qué se basan sus obras? En base a lo que has leído, ¿cómo crees que se compara la música de Tania Libertad con la de Ciro Hurtado?

# Del pasado al presente

# Perú: piedra angular de los Andes

**Nazca**

## Las grandes civilizaciones antiguas

Miles de años antes de la conquista española, las tierras que hoy forman Perú estaban habitadas por sociedades complejas y refinadas. La primera gran civilización de la región andina se conoce con el nombre de Chavín y floreció entre los años 900 y 200 a.C. en el altiplano y la zona costera del norte de Perú. Después siguió la cultura mochica (200 a.C–700 d.C), que se desarrolló en una zona más reducida de la costa norte de Perú. Los mochicas construyeron las dos grandes pirámides de adobe que se conocen como Huaca del Sol y Huaca de la Luna. Una extraordinaria habilidad artística caracteriza las finas cerámicas de los mochicas.

La cultura chimú (¿1330–1490?) surgió en la misma zona costera de la cultura mochica anterior. A finales del siglo XV, los incas conquistaron la ciudad de Chan Chan, la capital del reino chimú. De allí se llevaron sus riquezas y artesanos a su capital, Cuzco, localizada a 600 millas al sureste. Desde la segunda mitad del siglo XV y en menos de cien años, los incas lograron dominar a sus pueblos vecinos y formaron el mayor de los imperios conocidos en la Sudamérica precolombina. A la llegada de los españoles, el imperio inca, también llamado "Tahuantinsuyo" o "las cuatro direcciones", incluía los territorios de lo que ahora son Perú, Ecuador, Bolivia, y el norte de Argentina y de Chile. Las ruinas de Machu Picchu, descubiertas en 1911, son un bello ejemplo de la arquitectura inca.

## La conquista

Entre 1524 y 1527 Francisco Pizarro y sus seguidores exploraron la costa occidental de Sudamérica y dieron al nuevo país el nombre de Perú, que tomaron posiblemente del cercano río Virú. A comienzos de 1531, Pizarro, al mando de 180 hombres y 37 caballos, desembarcó en la costa y se dirigió al encuentro del emperador inca en Cajamarca. Atahualpa acababa de asumir el poder y estaba en guerra civil contra su medio hermano Huáscar. Pizarro aprovechó las circunstancias y capturó a Atahualpa. Éste, desde su cautiverio, mandó matar a Huáscar. Además, ofreció una enorme cantidad de oro por su propia libertad. Pizarro, en lugar de liberarlo, lo condenó a la muerte en 1533. Ese mismo año, los españoles ocuparon Cuzco y se apoderaron del imperio inca.

## La colonia

Cerca de la costa central, Pizarro fundó la ciudad de Lima el 6 de enero de 1535, el día de los Reyes Magos; por eso Lima se conoce como "la Ciudad de los Reyes". Su nombre se deriva del río Rímac en cuya desembocadura se encuentra el puerto marítimo de El Callao. Más tarde Lima se convertiría en la capital del Virreinato del Perú que se estableció en 1543 y llegó a ser una de las principales ciudades del imperio español. En Lima se estableció la Universidad de San Marcos, una de las primeras universidades del continente. La extracción de oro y plata y su embarque a Europa fueron las actividades económicas más importantes de la colonia.

En 1739, la creación del Virreinato de Nueva Granada separó de la autoridad de Lima los territorios de lo que después serían Panamá, Colombia y Ecuador.

**Atahualpa, el rey inca**

**Catedral, Plaza de Armas, Lima**

En 1776, el establecimiento del Virreinato del Río de la Plata, con capital en Buenos Aires, disminuyó aún más el territorio gobernado desde Lima. Una gran revuelta indígena en la cual murió el líder Túpac Amaru II, duró de 1780 a 1783, cuando fue suprimida violentamente por las autoridades españolas.

## La independencia

Tras la invasión francesa de España en 1808, Perú se mantuvo fiel a la monarquía española. Mientras que en otras regiones del imperio ocurrían rebeliones de líderes criollos contra las autoridades peninsulares, en Perú los aristócratas criollos permanecieron ajenos al conflicto pues temían más una rebelión de la mayoría indígena.

Después de lograr la liberación de Argentina y Chile, el general José de San Martín decidió atacar el poder español en Perú. San Martín tomó Lima en julio de 1821 y regresó a Chile después de entrevistarse con Simón Bolívar en el puerto Guayaquil en 1822. Bolívar acababa de liberar el Virreinato de Nueva Granada y tomó la iniciativa contra los españoles. En diciembre de 1822 se proclamó la República del Perú, y tras las batallas de Junín y Ayacucho en 1824, las fuerzas españolas fueron definitivamente derrotadas.

## La joven república

Los primeros años de vida independiente fueron difíciles para Perú. Las principales figuras del movimiento independentista no fueron peruanos y por lo tanto no había una figura central que uniera al país. En 1826, el Alto Perú se declaró independiente con el nombre de República de Bolívar (Bolivia). Bolívar, quien había sido nombrado presidente vitalicio, renunció al cargo en 1827. Conflictos fronterizos causaron varias guerras con Colombia, Bolivia y Chile.

A mitad del siglo XIX, Perú logró cierta estabilidad política durante la presidencia del general Ramón Castilla que tuvo dos períodos: de 1845 a 1851 y de 1855 a 1862. El país gozó de una expansión económica debido a la explotación del guano, excremento dejado por los pájaros en las islas de la costa del Pacífico que se usa como fertilizante.

## La Guerra del Pacífico

La importancia de los depósitos minerales de nitrato localizados en el desierto de Atacama provocó conflictos entre Chile y Bolivia, pues ambos tenían interés en ellos. Perú había firmado un tratado secreto de defensa mutua con Bolivia que Chile interpretó como un acto hostil. Al fracasar las negociaciones, Chile les declaró la guerra a Perú y a Bolivia el 5 de abril de 1879. En

**Ornamentos precolombinos hechos de oro, lapislázuli y turquesa**

esta guerra, que se conoce como la Guerra del Pacífico, el ejército chileno rápidamente derrotó a los de Perú, y Bolivia y ocupó durante dos años la capital peruana.

Por el Tratado de Ancón, firmado en 1883, Perú le cedió a Chile la provincia de Tarapacá y dejó bajo administración chilena durante diez años las de Tacna y Arica. Este asunto finalmente se resolvió con la mediación de EE.UU. en 1929. Por el Tratado de Tacna-Arica, Chile le devolvió la provincia de Tacna a Perú y conservó la de Arica.

## La época contemporánea

Desde la década de los 20, un partido izquierdista conocido como APRA (Alianza Popular Revolucionaria Americana) ha sido un factor importante en la política peruana. Con el apoyo del APRA, Fernando Belaúnde Terry fue elegido presidente en 1963 e impulsó reformas sociales. Un golpe militar en 1968 derrocó al gobierno de Belaúnde Terry y marcó el inicio de una década de gobiernos militares de tipo nacionalista y populista. Después de aprobarse una nueva constitución, Fernando Belaúnde Terry fue elegido presidente una vez más en mayo de 1980.

A finales de la década de los 80, la crisis económica, la penetración del narcotráfico y el terrorismo del grupo guerrillero Sendero Luminoso agobiaban cada vez más a Perú. Alberto Fujimori, un ingeniero y político peruano de origen japonés, triunfó en las elecciones de 1990. El nuevo presidente empezó un programa de reformas económicas y políticas con el propósito de controlar con más eficiencia la violencia y el terrorismo. Durante su segundo período presidencial pasó momentos críticos cuando un grupo de terroristas se apoderó de la Embajada Japonesa durante la fiesta de fin de año de 1996 y más de 300 diplomáticos fueron tomados como rehenes. El dramático rescate se efectuó tres meses después con una pérdida mínima de rehenes. Perú, a pesar de las catástrofes causadas por El Niño en 1997 continúa un programa de reconstrucción prometedor.

# ¡A ver si comprendiste!

**A. Hechos y acontecimientos.** ¿Recuerdas los datos más importantes de la lectura? Para asegurarte, completa estas frases.

1. Las primeras sociedades que habitaron la región que hoy es Perú eran...
2. La primera gran civilización de la región andina floreció en... y se conoce con el nombre...
3. Las grandes pirámides que se conocen como Huaca del Sol y Huaca de la Luna fueron construidas por...
4. La capital del imperio inca era... Los incas tardaron... en establecer este gran imperio.
5. El conquistador español que capturó a Atahualpa, el emperador inca, fue...
6. Lima se conoce como "la Ciudad de los Reyes" porque...
7. Los criollos de Lima no se rebelaron contra los españoles como lo hicieron los criollos de otras partes del imperio español en la década de 1810 porque...
8. El producto que trajo a Perú una expansión económica a mediados del siglo XIX es... Este producto se usa para...
9. La Guerra del Pacífico resultó en...
10. El presidente Fujimori pasó momentos críticos en 1996 cuando... El resultado de este incidente fue...

B. **A pensar y a analizar.** En grupos de cuatro, tengan un debate sobre uno de los siguientes temas. Dos personas en su grupo deben argüir a favor y dos en contra.

1. Los españoles trataron al emperador inca y a sus súbditos de una manera totalmente inhumana.
2. Si los españoles no hubieran llegado al Nuevo Mundo, toda Sudamérica probablemente sería un solo país gobernado por emperadores incas y nada modernizado.

# **Ventana** *al Mundo* 21

## La herencia gastronómica incaica

La próxima vez que pidas papas fritas, acuérdate de los incas y su legendario imperio en lo alto de los Andes, donde la papa se originó. Se han contado más de 250 variedades de este delicioso alimento —papas pequeñitas junto a otras gigantescas, unas redondas, otras ovaladas, otras alargadas como los dedos de una mano. Unas son dulces y otras ligeramente picantes; hay papas blancas, amarillas, azules, moradas, verdes y rojas. Los incas las conservaban por medio de un ingenioso sistema de deshidratación que convertía la papa en lo que llamaban *chuño*. El chuño todavía es parte de la alimentación de los indígenas en el altiplano.

Es un alimento que se puede conservar por meses y hasta por años. Tiene la apariencia de una roca blanca o una piedra negra pero basta remojarlo en agua por varias horas y luego cocinarlo para tener una comida muy nutritiva. Si los irlandeses, al adoptar la papa, hubieran hecho chuño como los incas, no habrían sufrido el hambre de 1848, causada por la destrucción de los cultivos de papa por un insecto dañino.

**Hay gran variedad de papas en el mercado de Lima, Perú**

Al igual que los mayas y aztecas, los incas basaron su dieta en el maíz, una planta que cultivaban con reverencia. En Cuzco, en el palacio del emperador inca, los artesanos trabajaron en oro todo un jardín de plantas de maíz para el placer personal del monarca. También usaban el maíz para hacer *chicha*, una bebida ceremonial que todavía se toma hoy día en el altiplano.

Los incas también cultivaban la quinua, una planta sudamericana con un enorme contenido de proteína. Los incas usaban las semillas de esta planta para hacer sopa y una bebida. Recientemente las semillas de esta planta han sido reconocidas como el grano del futuro para la alimentación mundial.

**La herencia gastronómica incaica.** En grupos de tres, preparen una exposición sobre la influencia mundial que los incas han tenido. Den ejemplos específicos tomados de la historia tanto como del presente. Mencionen qué compañías internacionales dejarían de existir sin las contribuciones de los incas y cómo cambiaría la dieta de todos nosotros sin esas contribuciones.

# Y ahora, ¡a leer!

## Anticipando la lectura

Completa estas actividades.

1. ¿Cuál de los cinco sentidos usamos más: la vista, el oído, el olfato, el gusto o el tacto? Explica.
2. Lee la primera estrofa del siguiente poema. ¿Cúal sentido se ha usado más? Explica.
3. Describe la foto que acompaña esta lectura. Luego relaciónala con lo que el poeta dice en la primera estrofa. ¿Es la foto una buena representación de las palabras del poeta? ¿Por qué?
4. Compara el lugar de la foto con el lugar donde tú vives. ¿Cuáles son las diferencias? ¿las semejanzas?

## Conozcamos al autor

**Hernán Velarde** (1866–1935) fue un cultísimo poeta y escritor limeño. Pertenece al grupo de los escritores costumbristas peruanos, llamados así porque su poesía, como el arte costumbrista, pinta hermosos cuadros de la vida, el ambiente o las costumbres de tiempos pasados. Hernán Velarde es autor de *Lima colonial (Relato de mi abuela)* en el que describe la vivaz y enérgica vida de la Lima colonial, tanto desde el punto de vista arquitectónico como también social. Aunque Velarde viajó y vivió largamente en Europa, sus raíces siempre fueron netamente peruanas.

En su poesía Velarde usa el lenguaje de una manera apasionante, vívida y hasta musical. En el poema que aparece a continuación, el poeta depende en gran parte del sonido de palabras combinadas para producir cierto efecto que intensifica las imágenes que presenta en la obra. Este es, sin duda, un poema que debe ser leído en voz alta para de veras apreciar su musicalidad.

LECTURA

**En Lima, casas pintadas de diferentes colores**

# Visión de antaño°

de... de tiempos antiguos

En mi tierra
todo chilla,° todo canta.

grita

Las paredes
de los templos y las casas,
5    de colores
diferentes son pintadas;
casas verdes,
casas rojas, casas blancas
y amarillas
10   y celestes° y rosadas.

azul como el cielo

Las iglesias
en sus torres y fachadas
mil colores
combinados desparraman.°

dispersan

15   En los trajes
ya de seda,° ya de lino,°

silk / linen

ya de lana,°

wool

mil matices° se destacan,

colores

ya en los chales,°

pañuelos largos que llevan en
los hombros / vestidos amplios

20   ya en los mantos,° ya en las sayas°

como una capa / faldas

con reflejos
de violentas llamaradas,°

outbursts, blazes

ya en los ponchos
con sus listas° y sus franjas,°

rayas de color / fringe, border

25   ya en las grandes
ondulosas y plegadas
capas° negras

**plegadas...**  pleated capes

con sus vueltas encarnadas.°

**vueltas...**  red undersides

Grita el suelo
30   con el roce° de las llantas

fricción

de carretas
que se cruzan encumbradas°

altas

con los tallos°

stalks

sacarinos de la chala°

hoja que envuelve el maíz

35   o los brotes°

buds

perfumados de la alfalfa.

Vibra el aire
con el ruido de campanas
de cien torres
40   que repican° o que llaman

suenan

y pregones°

street vendor's cries

que renuevan sus cantatas°

canciones

con cien voces
unas graves, otras altas;

45 unas breves
como gritos de llamada,
largas otras
cual lamentos y plegarias;°                    oraciones
todas ellas
50 se confunden, todas cantan
y se mezclan,
produciendo con sus raras
vibraciones
un enjambre° de sonatas.                       abundancia

55 A pie enjuto,°                                delgado
en sus carros, a horcajadas°                   montados
en sus asnos,
en sus mulas o sus jacas°                       caballos pequeños
vendedores
60 que se cruzan y que pasan,
cantan fruta
cantan leche, cantan agua,
y turrones°                                    *nougats*
y melcochas° y empanadas°                       *taffy / turnovers*
65 y refrescos
y tamales y fritangas°                          comida frita
y alfileres°                                    *straight pins*
y botones y percalas.°                          telas de algodón fino
En los muros
70 y en las calles asoleadas°                   bañadas por el sol
los colores
y los ruidos se entrelazan.°                    cruzan

Es mi tierra
pintoresca y casquivana°                        alegre
75 que se viste
de colores y que canta.

## ¿Comprendiste la lectura?

**A. Hechos y acontecimientos.** Contesta estas preguntas.

1. ¿De qué tierra habla el poeta? ¿Es un lugar muy tranquilo? Explica tu respuesta.
2. ¿Cómo son las casas y los barrios? ¿Son muy uniformes o variados?
3. ¿Cómo viste la gente de esa tierra? ¿Qué tipo de ropa llevan? ¿Siempre es de algodón?
4. ¿Qué hace gritar al suelo?
5. ¿Qué llevan en las carretas?
6. ¿Cómo son las voces de los pregones?
7. ¿Cómo transportan los vendedores su mercancía? ¿En qué consiste esa mercancía?

**B. A pensar y a analizar.** Completa estas actividades con un compañero(a) de clase.

1. ¿Cuál es el tema principal de este poema? Explica.
2. ¿Cómo se puede describir el tono de este poema: poético, lírico, científico, sentimental, sofisticado, natural o común y corriente? Explica.
3. En tu opinión, ¿es la visión de Lima realista o idealista? Explica.
4. Dibuja la tierra del poeta, según la descripción en el poema. Tal vez quieras hacerlo como tarea en casa. Luego, la clase debe decidir quiénes dibujaron con más exactitud la visión de Velarde.

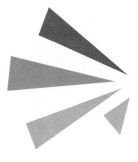

# Introducción al análisis literario

## La poesía sensorial

A veces el poeta toma como tema de su poesía una persona, un animal, un objeto o algo que pertenece a la naturaleza. Para hacer destacar este tema o hacer la imagen más vívida, el escritor usa palabras intensamente descriptivas que se dirigen a los cinco sentidos —la vista, el oído, el olfato, el gusto y el tacto. Por eso, esta clase de poesía se llama sensorial. Por ejemplo, en "Visión de antaño" Velarde le atribuye a la tierra la capacidad de chillar y cantar —sentido del oído. Este aspecto sensorial es aparente en cada estrofa de este magnífico poema.

**A. Los cinco sentidos.** Lee en voz alta el poema "Visión de antaño" con dos o tres compañeros(as) de clase y escriban las palabras o frases que describen los siguientes objetos. Luego identifiquen a qué sentido está dirigida cada descripción.

MODELO   mi tierra
**todo chilla, todo canta: sentido del oído**

1. las casas
2. los trajes
3. el suelo
4. las carretas
5. el aire
6. los vendedores

**B. Poesía sensorial.** En grupos de tres, escriban una descripción o un poema de objetos, animales o cosas de la naturaleza. Algunas posibilidades podrían ser: mi perro, un juguete de mi niñez, mi abuelo(a), mi universidad, mi coche, mi novio(a). No dejen de usar imágenes sensoriales.

# Cultura
## *¡en vivo!*

## Medios de comunicación en el imperio incaico

Los incas fueron ingenieros y arquitectos consumados. Innegable testimonio de esos talentos se aprecia en los monumentos, fortalezas, caminos, puentes y ciudades que construyeron con elementos que desafían el tiempo y los efectos de terremotos e inundaciones. Admirable fue el sistema de caminos que sorprendieron a los españoles por su amplitud y utilidad. Gracias a esos caminos, algunos forjados en la piedra viva, a través de planicies, montañas, precipicios y llanos, los incas controlaban sus numerosas posesiones.

En su apogeo, el imperio incaico llegó a cubrir más de 9.500 millas. Sin embargo, el inca, desde su trono en el Cuzco, podía enviar mensajes hasta lugares tan lejanos como Quito, Ecuador, a una distancia de 2.500 millas, en solamente cinco días. Podía hacerlo debido a un ingenioso sistema de *chasquis,* o corredores, que eran entrenados desde la niñez. El *chasqui* salía del Cuzco llevando consigo una bolsa con harina de maíz tostado como alimento, y en las manos el *quipu.* Éste era un conjunto de cuerdas y nudos de tamaños y colores diferentes, y cada uno de los cuales indicaba un número determinado de animales, soldados o personas. El *chasqui* corría 150 millas y anunciaba su llegada con el sonido de un cuerno. Inmediatamente salía el siguiente corredor que recibía la información oral y el *quipu;* así, el mensaje nunca paraba hasta llegar a su destino. Los responsables de mantener los

**Manuscrito que muestra el quipu (1609)**

*quipus* se llamaban *quipu-kamyocs;* se ocupaban de llevar cuenta de las cosechas, los animales y cualquier otra cosa que el monarca ordenara. En conjunto, era un sistema de estadística muy efectivo que ayudó a mantener el orden y el progreso en el inmenso imperio incaico.

**El imperio incaico y la comunicación.** Contesta estas preguntas con un compañero(a) de clase.

1. ¿Cómo se sabe que los incas fueron grandes ingenieros y arquitectos?
2. ¿Qué es un *quipu?* ¿un *chasqui?* ¿Qué relación hay entre los dos?
3. De Berlín a París o de Roma a Berlín hay menos de 1.000 millas. En tu opinión, ¿cuánto tiempo crees que se tardaba un mensaje en llegar a París de Berlín o a Berlín de Roma en el siglo XVI? ¿Cuánto se tardaba un mensaje en llegar a Quito de Cuzco? ¿Qué distancia hay de Quito a Cuzco?
4. ¿Cómo era posible que los incas mandaran mensajes mucho más rápido que los europeos cuando los europeos tenían caballos y los incas no?

# Mejoremos la comunicación

## Para hablar de mantenerse en forma

### Al hablar de hacer ejercicio

— Dime. ¿Todavía corres tanto como cuando competías en carreras y saltos en la secundaria?

— ¡Ojalá! El tiempo simplemente no me lo permite. Ya no soy el corredor que era. Trato de correr dos o tres veces a la semana. Nada más.

*Tell me. Do you still run as much as when you used to compete in track in high school?*
*I wish! Time just doesn't allow me to do it. I no longer am the runner that I used to be. I try to run two or three times a week. That's all.*

**caminar, andar** *to walk*
**hacer deportes** *to play sports*
**hacer ejercicio** *to exercise*
**hacer ejercicio aeróbico** *to do aerobics*

**hacer footing, hacer jogging, correr** *to go jogging or running*
**levantar pesas** *to lift weights*
**nadar** *to swim*

los ojos — la cabeza
la oreja
los labios — la nariz
el mentón — la boca
el brazo — el cuello
el pecho — el hombro
el codo — la espalda
la muñeca — el estómago
la mano
los dedos — la cintura
la cadera
el muslo
la rodilla — la pierna
la pantorrilla
el tobillo — el pie

**El cuerpo humano**

— ¿Dónde corres? Nunca te veo en el estadio.

— Es porque prefiero correr en la pista de la secundaria. Allí puedo revivir los buenos tiempos que pasábamos compitiendo en carreras todos los sábados.

*Where do you run? I never see you at the stadium.*

*It's because I prefer to run on the high school track. There I can relive the good times that we used to have competing in races every Saturday.*

### Al calentar los músculos

— Bueno, muchachos, recuerden que siempre hay que empezar calentando los músculos antes de hacer ejercicios. Hasta los mejores corredores calientan los músculos. Hoy vamos a hacer flexiones de brazos y de piernas para tonificar los músculos.

*Okay, boys, remember that it is always necessary to start warming up your muscles before exercising. Even the best runners warm up their muscles. Today we are going to do arm and leg stretching exercises to tone the muscles.*

### Al asistir a una clase de ejercicio aeróbico

— Primero quiero que respiren profundamente. Uno, dos, tres, cuatro. Bien. Ahora, levanten los brazos y den vuelta a la muñeca, así... uno, dos tres, cuatro. Estírenlos lo más alto posible. Bueno, ahora levanten las piernas y doblen las rodillas. Sigan el ritmo de la música.

*First, I want you to breathe deeply. One, two, three, four. Good. Now raise your arms and turn your wrist like this . . . one two, three, four. Raise them as high as possible. Good, now lift your legs and bend your knees. Follow the rhythm of the music.*

---

## Consejos para mantenerse en forma

### Hacer ejercicio todos los días
- Caminar
- Correr
- Hacer ejercicios aeróbicos
- Participar en un deporte

### Mantener una dieta balanceada
- Comer muchas frutas y vegetales
- Evitar comidas grasosas
- Comer tres veces al día
- Vigilar la cantidad de calorías

### Evitar el estrés
- No trabajar en exceso
- Dormir lo suficiente
- Pensar positivamente
- Hacer una actividad divertida o tener un pasatiempo

### Al hablar de caminatas

— Me fascinan nuestras caminatas. Me encanta esta oportunidad de charlar contigo a solas.

— A mí también. Y pensar que hace menos de un mes que empezamos a caminar regularmente. Yo ni sabía respirar ni exhalar correctamente.

— Tienes razón. Y mírate ahora, con la cabeza erguida, el abdomen contraído y moviendo los brazos con soltura, como los expertos.

— Pues, ¿qué quieres que diga? ¡Ya soy experta!

*I like our walks. I love the opportunity to talk with you alone.*

*Me too. And to think that we started walking regularly less than a month ago. I didn't even know how to breathe in or to exhale correctly.*
*You're right. And look at you now, with your head erect, your abdomen contracted, and moving your arms with ease, like the experts.*
*Well, what do you want me to say? I'm already an expert!*

## ¡A conversar!

**A. Estar en forma.** En grupos de cuatro, hablen de lo que hacen para mantenerse en forma. Si a una persona no le gusta hacer ejercicio, sugieran otras actividades que puede hacer para estar en forma. Informen a la clase de las actividades más populares en su grupo.

**B. Clase de ejercicios aeróbicos.** En grupos de cuatro, túrnense en dirigir ejercicios aeróbicos. Cada persona debe dirigir a los otros tres en dos ejercicios distintos.

## Palabras claves: ejercicio

Con un(a) compañero(a) de clase, explica el significado de la palabra **ejercicio** y luego contesten las preguntas.

1. ¿Haces **ejercicio** todas las mañanas?
2. ¿Ya hiciste los **ejercicios** de gramática de esta unidad?
3. ¿Dónde ha establecido tu abogado el **ejercicio** de su profesión?
4. En esta sala de clase, ¿quién tiene el **ejercicio** del poder, el(la) profesor(a) o los estudiantes?
5. ¿Sabes dónde van a hacer el **ejercicio** las tropas para el 4 de julio?

## ¡Luz! ¡Cámara! ¡Acción!

# Cuzco y Pisac: formidables legados incas

Cuzco, la capital del fabuloso imperio incaico, fue el centro indiscutible de la vida económica y política del imperio. Esta bella ciudad estaba protegida por varias fortalezas, la más impresionante de las cuales es Sacsahuamán. Se ven allí algunas gigantescas rocas que pesan hasta 125 toneladas y otras que miden hasta nueve metros de altura. Hoy día Cuzco conserva en muchos aspectos las huellas de su glorioso pasado. Éstas se pueden ver no sólo en los restos arqueológicos, sino también en los muros y cimientos de muchos edificios en la ciudad, y en las costumbres, el lenguaje y las vestimentas de su gente.

Otras ciudades, como Pisac, se distinguieron por su belleza arquitectónica e importancia comercial. Pisac es un pintoresco pueblo colonial que fue establecido por los españoles a unos treinta y dos kilómetros de Cuzco. En Pisac abunda la artesanía inca actual, en la cual está presente el espíritu y el ingenio indígena.

En este fragmento podrán caminar por las calles del Cuzco moderno y escalar las formidables paredes de Sacsahuamán. También podrán examinar la extraordinaria artesanía de Pisac.

## Antes de empezar el video

Contesten estas preguntas en parejas.

1. ¿En qué consiste el legado indígena en EE.UU.? ¿Qué hay en ese legado que se considera formidable? Da ejemplos específicos.
2. ¿Existe una artesanía indígena actual? Si la hay, ¿qué tipo de artesanía es —de textiles, de barro, de cuero, de metales o piedras preciosas o de otros materiales? Da algunos ejemplos de los productos que hacen.
3. ¿Se producen en EE.UU. réplicas de la artesanía indígena antigua? ¿Quiénes la producen? ¿En qué consiste?

## ¡A ver si comprendiste!

**A. Cuzco y Pisac: formidables legados incas.** Contesta estas preguntas con un(a) compañero(a) de clase.

1. ¿Qué hace que Cuzco sea hoy, igual que en el pasado, una ciudad de belleza excepcional?
2. ¿Cómo viste la gente más humilde de Cuzco?
3. ¿Qué es Sacsahuamán? ¿Qué propósito tenía?
4. ¿Por qué se dice que en los productos de Pisac está presente el espíritu y el ingenio indígena?

**B. A pensar y a interpretar.** Contesta estas preguntas.

1. ¿Qué significa que la mayoría de los edificios coloniales en Cuzco estén construidos sobre los cimientos de la antigua ciudad incaica?
2. En tu opinión, ¿cómo se construyó Sacsahuamán? ¿Cómo fue posible que los indígenas de esa época movieran rocas de 125 toneladas de peso? Explica. ¿Cuáles son otros ejemplos en la historia mundial donde se construyeron similares monumentos o fortificaciones?
3. Explica el título de esta sección del video. ¿Qué hace que Cuzco y Pisac sean formidables legados incas? ¿Cómo se comparan con los legados de los indígenas en EE.UU.?

## Exploremos el ciberespacio

Explora distintos aspectos del mundo peruano en las actividades de la red que corresponden a esta lección. Ve primero a **http://college.hmco.com** y de ahí a la página de *Mundo 21.*

**Nombre oficial:**
*República del Ecuador*

**Población:**
*12.336.572 (est.)*

**Principales ciudades:**
*Quito (capital), Guayaquil, Cuenca, Portoviejo*

**Moneda:**
*Sucre (S/.)*

# Gente
## del Mundo 21

**Jorge Icaza** (1906–1978), novelista y dramaturgo ecuatoriano, nacido en Quito, es uno de los escritores más reconocidos de su país. Después de trabajar como actor en su juventud se inició como escritor de obras teatrales y novelas. Su obra más conocida es la novela *Huasipungo* (1934), en la cual describe las condiciones infrahumanas de explotación en que vivían los indígenas ecuatorianos. Otras novelas de importancia son *Cholos* (1938) y *El Chulla Romero y Flores* (1958). En 1969 publicó *Relatos,* una colección de cuentos. A partir de 1973, Icaza desempeñó cargos diplomáticos y fue embajador de su país en Perú y en la Unión Soviética.

**Gilda Holst,** escritora ecuatoriana, nació en Guayaquil en 1952. Forma parte de una nueva generación de escritores que prefieren cultivar el cuento. Narraciones suyas fueron incluidas en el libro *Cuatro escritoras,* publicado en Bogotá, Colombia. Su primer libro de cuentos se titula *Salpico de tinta al lector distraído.* Recientemente, ha publicado dos otras colecciones de cuentos, *Más sin nombre que nunca* (1989) y *Turba de signos* (1995).

**Oswaldo Guayasamín,** pintor, muralista y escultor de fama mundial, nació en Quito en 1919 de padre indígena y madre mestiza. Prefiere ser conocido solamente como Guayasamín. Su obra, al igual que su vida personal, es altamente controvertida y fascinante. Su arte avergüenza al mundo porque retrata los crímenes del hombre, dibuja la angustia y denuncia la injusticia de la sociedad por sus propios miembros. Guayasamín es considerado por muchos el creador del expresionismo kinético. En los años 60 pintó una serie de cuadros titulada "La edad de la ira", la cual sacudió la conciencia del público, desde Roma hasta Santiago de Chile, desde Praga hasta México, desde Madrid hasta San Francisco. Sus cuadros se evalúan hasta a un millón de dólares. A través de la Fundación Guayasamín ha construido un museo, un taller artesanal y una casa, donde reside con su familia. Todo es propiedad del pueblo ecuatoriano.

## Otros ecuatorianos sobresalientes

**Demetrio Aguilera Malta:** catedrático, cuentista, novelista y dramaturgo

**Fausto Bravo:** artista, ceramista

**Enrique Gil Gilbert (1912–1973):** novelista, cuentista y panfletista

**Eduardo Hurtado:** futbolista

**Eduardo Kingman:** pintor, muralista y grabador

**Violeta Luna:** poeta

**Luis Molinari Flores:** pintor

**Álvaro Noboa:** hombre de negocios

**Estuardo Maldonado:** pintor

**Enrique Tábara:** pintor

**Abdón Ubidia:** novelista y cuentista

**Alicia Yáñez Cosío:** novelista

## *Personalidades* del Mundo 21

Contesta estas preguntas con un(a) compañero(a) de clase.

1. ¿Cuál es el tema de la novela *Huasipungo*?
2. ¿Qué se dedica a escribir Gilda Holst? ¿Crees que ella podría también escribir novelas y poesía fácilmente? ¿Por qué? ¿Qué opinas del título del primer libro de cuentos de Gilda Holst? ¿De qué crees que se trata? ¿Por qué crees eso?
3. ¿Por qué es alarmante y controvertida la obra de Guayasamín? ¿Qué tienen en común Jorge Icaza y el pintor Guayasamín? ¿Qué crees que los motivó a tratar el mismo tema? ¿Por qué es tan popular el tema indigenista en Latinoamérica? ¿Qué interés hay en EE.UU. por este tema?

# Del pasado al presente

# Ecuador: corazón de América

### Época prehispánica

**Los colorados**

Antes de la llegada de los españoles, el territorio ecuatoriano estaba ocupado por diversos pueblos indígenas. En las tierras altas del norte se encontraban los pueblos de lengua chibcha, similares a los que habitaban la región central de lo que ahora es Colombia, y en las del sur, los pueblos de lengua quechua, parecidos a los quechuas de Perú y Bolivia. Otros grupos indígenas que todavía sobreviven son los colorados y los cayapas, estos últimos en la zona de la costa, y los záparos y los jíbaros, que son particularmente guerreros, en la región oriental.

A mediados del siglo XV, los shiris conquistaron Quito y establecieron un reino que se extendió hacia el sur de la sierra. Aproximadamente en 1480, los incas conquistaron el reino de los shiris y anexaron al Imperio Inca los pueblos del norte y sur del Ecuador. Cuando había resistencia fuerte a su dominio, los incas reemplazaban la población aborigen por colonos traídos de Perú y Bolivia.

El inca Huayna Cápac, hijo del conquistador Túpac Yupanqui, dividió su imperio antes de su muerte en 1525, entre su hijo Atahualpa, heredero shiri por parte de su madre, y Huáscar, su otro hijo, nacido de una princesa inca. Atahualpa heredó el norte del imperio, cuyo centro principal era Quito, y Huáscar recibió el dominio de Cuzco, en el sur. Entre ambos medio hermanos se declaró la guerra y Atahualpa acabó por dominar todo el imperio.

### Época hispánica

**Interior de la iglesia de la Compañía de Jesús**

En 1526, llegaron a Ecuador los españoles, dirigidos por Bartolomé Ruiz, que formaba parte de la expedición de Francisco Pizarro. Un capitán de Pizarro, Sebastián de Benalcázar, se apoderó de Quito y continuó su expedición hasta lo que hoy es Colombia. Después de la conquista, el territorio ecuatoriano pasó a ser parte del Virreinato de Perú (sede en Lima), creado en 1543, que fue el centro administrativo y político de la totalidad de la América del Sur. Felipe II estableció en 1563, la Real Audiencia de Quito, que permitió que el representante del rey de España en Quito gobernara la región con bastante autonomía del virrey de Perú. En 1718, la audiencia fue suprimida —aunque por un período la audiencia fue restablecida— y Ecuador pasó a formar parte del Virreinato de Nueva Granada. En la sierra, los españoles establecieron grandes haciendas trabajadas por peones indígenas. En la costa, donde la población indígena era escasa y el clima muy cálido, se desarrolló una cultura muy diferente de la que existía en la sierra.

## Proceso independentista

Entre 1794 y 1812 hubo varias rebeliones independentistas que fueron suprimidas por las autoridades españolas. El 9 de octubre de 1820 una revolución militar proclamó la independencia en Guayaquil. Simón Bolívar envió al general Antonio José de Sucre a Guayaquil para que ayudara contra el dominio español. La victoria de Sucre, el 24 de mayo de 1822, en Pichincha terminó con el poder español en el territorio ecuatoriano que pasó a ser una provincia de la Gran Colombia. En 1822 tuvo lugar en Guayaquil la famosa reunión entre Simón Bolívar y José de San Martín que resultó en la liberación de toda la región andina. El 13 de mayo de 1830, poco después de la renuncia de Bolívar como presidente de la Gran Colombia, una asamblea de notables proclamó en Quito la independencia y promulgó una constitución de carácter conservador.

## Ecuador independiente

En el siglo XIX, Ecuador pasó por un largo período de lucha entre liberales y conservadores. La rivalidad entre ambos partidos reflejaba la diferencia entre la sierra y la costa, representadas por las dos principales ciudades, Quito en la sierra y Guayaquil en la costa. Quito era el centro conservador de los grandes hacendados que se beneficiaban con trabajo de los indígenas y que se oponían a los cambios sociales. Por otro lado, Guayaquil se convirtió en un puerto cosmopolita, controlado principalmente por comerciantes y nuevos industriales interesados en la libre empresa e ideas liberales. A finales del siglo XIX, el gobierno fue ejercido por los liberales. Durante

**Guayaquil, Ecuador**

esta época se construyó el ferrocarril entre Quito y Guayaquil, el cual ayudó a la integración del país.

Después de un período de desarrollo económico que coincidió con la Primera Guerra Mundial, se produjo una fuerte crisis en la década de los 20 que llevó a la intervención del ejército en 1925. Durante estos años de dificultades económicas y violencia política, ocurrió la guerra de 1941 con Perú, el cual se apoderó de la mayor parte de la región amazónica de Ecuador. Una conferencia de paz celebrada en Río de Janeiro en 1942 ratificó la pérdida del territorio, pero Ecuador no cesó de reclamar estas tierras.

## Época más reciente

**Refinería petrolera en la provincia de Napo, Ecuador**

A partir de 1972, cuando se inició la explotación de sus reservas petroleras, se vio en Ecuador un acelerado desarrollo industrial, el cual modificó substancialmente las estructuras económicas tradicionales basadas en la agricultura. Desafortunadamente, ya para 1982 los ingresos del petróleo empezaron a disminuir, causando grandes problemas económicos en el país. En 1987 un terremoto destruyó parte de la línea principal de petróleo, lo cual afectó aún más la economía y dio origen a una serie de enfrentamientos políticos. En febrero de 1997 el Congreso le pidió al presidente Bucaram que renunciara el puesto. A pesar de la objeción de la vicepresidenta Rosalía Arteaga, el Congreso nombró a Fabián Alarcón presidente interino. En mayo del mismo año, Alarcón fue nombrado presidente en elecciones nacionales. A pesar de los grandes problemas que enfrenta en el siglo XXI, Ecuador, el corazón de América, sigue palpitando.

# ¡A ver si comprendiste!

**A. Hechos y acontecimientos.** Completa estas oraciones con información que leíste sobre la historia de Ecuador.

1. Los indígenas que habitaban las tierras altas del norte del actual territorio ecuatoriano hablaban la lengua...
2. De su padre Huayna Cápac, Atahualpa y su medio hermano Huáscar heredaron...
3. El beneficio para la región de la Real Audiencia de Quito fue...
4. La decisión de Simón Bolívar de enviar a Antonio José de Sucre a Guayaquil resultó en...
5. Quito y Guayaquil, las dos ciudades rivales en el siglo XIX, se diferenciaban en...
6. El resultado de la guerra de 1941 con Perú fue...
7. El acelerado desarrollo económico que empezó en 1972 solamente duró...
8. Fabián Alarcón llegó a ser presidente de Ecuador sólo después de que...

**B. A pensar y a analizar.** Contesta estas preguntas con dos o tres compañeros(as) de clase.

1. En tu opinión, ¿por qué Ecuador se llama así y por qué se le llama también "corazón de América"?
2. ¿Está basada la economía ecuatoriana en un producto principalmente? Si dices que sí, ¿cuál es y qué peligro existe para la economía nacional el tener un solo producto? Si dices que no, ¿en que otro(s) producto(s) está basada y sería mejor concentrarse en un solo producto? Explica tu respuesta.

# Ventana *al Mundo* 21

## Las islas Galápagos

En octubre de 1835 el buque inglés *HMS Beagle* ancló en las Galápagos. Un ilustre pasajero, Charles Darwin (1809–1882), fascinado por las islas, se dedicó a estudiarlas. Veinte años más tarde publicó su importantísima tesis *El origen de las especies* (1859).

¿Qué tienen de fascinante estas islas, también llamadas Encantadas? Pues, además de la increíble belleza y riqueza de su fauna y flora, son un verdadero laboratorio viviente para los científicos de cualquier época. Han sido una fuente de inspiración para poetas y escritores, como Herman Melville, quien las visitó al pasar por allí en un barco ballenero y diez años más tarde publicó su obra monumental, *Moby Dick*. Son, además, un refugio para las enormes

tortugas terrestres llamadas galápagos que llegan a pesar hasta 280 kilos y pueden vivir hasta 250 años.

Las Islas Galápagos se extienden al norte y al sur de la línea ecuatorial, a 600 millas de Ecuador. Son diecinueve islas de origen volcánico que tienen una superficie total de 7.844 km². En 1832 fueron declaradas parte del patrimonio ecuatoriano por el general Juan José Flores, primer presidente de Ecuador. Aunque se ha tratado de colonizarlas, permanecen despobladas en su mayoría. Los verdaderos señores de las islas son las muchas clases de animales raros que las pueblan, tales como los leones marinos, los albatros dómines, los pingüinos, las iguanas y, por supuesto, las tortugas. Es sorprendente que un cuarenta y siete por ciento de las plantas que existen en la tierra crezcan exclusivamente en estas islas. Visitar estas islas encantadas y encantadoras es una aventura única que tiene que hacerse por barco, ya que no hay hoteles en las islas.

**Las islas Galápagos.** Contesta las siguientes preguntas con un(a) compañero(a) de clase.

1. ¿Qué piensas que observó Darwin en las islas? ¿Cómo pudo haber afectado esto el libro *El origen de las especies*?
2. ¿Cuándo fueron declaradas parte de Ecuador?
3. En tu opinión, ¿por qué no hay hoteles en estas islas que atraigan a un gran número de turistas cada año?
4. ¿Cómo es posible que el cuarenta y siete por ciento de las plantas que existen en la tierra crezcan exclusivamente en estas pequeñas islas?

# Y ahora, ¡a leer!

## Anticipando la lectura

Hagan esta actividad en grupos de ocho o diez personas. Luego contesten las preguntas.

Una persona en cada grupo debe escribir un mensaje de no más de media página. Esa persona luego le va a leer el mensaje en privado a otra persona del grupo. Esa persona se lo va a contar a otra, ésa a otra y así sucesivamente, hasta que todos en el grupo hayan escuchado el mensaje. La última persona en escuchar el mensaje debe escribirlo y luego deben comparar la versión original con la última versión.

1. ¿Qué haces si no recuerdas el mensaje exacto que le debes pasar a otra persona? ¿Le dices a esa persona que tenías un mensaje pero que se te olvidó? ¿O no le dices nada e inventas algo para decirle?

2. ¿Conoces a personas que exageren la verdad sólo para impresionar a la persona con quien hablan? ¿Lo has hecho tú alguna vez? Si así es, ¿qué pasó?

3. ¿Crees que algunas personas exageran la verdad para impresionar a sus jefes? ¿Conoces a alguien que lo haya hecho y que haya tenido muchos problemas como resultado? Explica.

## Conozcamos al autor

**José Antonio Campos** (1868–1939) alcanzó fama por toda América Latina gracias a sus cuentos llenos de humor y perspicacia. Mejor conocido bajo su seudónimo, "Jack el Destripador", un tema favorito de Campos fue la sátira política y la burla contra las instituciones burocráticas. Su ironía y humor punzante le atrajeron gran popularidad a este nativo de Guayaquil. Al mismo tiempo, tuvo problemas con las personas que satirizó con gran picardía.

Este cuento requiere mucha atención de parte del lector porque está compuesto de muchos diálogos. El narrador tiene solamente una brevísima línea poco antes del desenlace final.

**L E C T U R A**

# Los tres cuervos°

*crows*

    —¡MI GENERAL!

    —¡Coronel!

    —Es mi deber comunicarle que ocurren cosas muy particulares° en el       *peculiares*
campamento.

5    —¡Diga usted, coronel!

    —Se sabe, de una manera positiva,° que uno de nuestros soldados se sintió    *definitiva*
al principio un poco enfermo; luego creció su enfermedad; más tarde sintió un
terrible dolor en el estómago y por fin vomitó tres cuervos vivos.

    —¿Vomitó qué?

10    —Tres cuervos, mi general.

    —¡Cáspita!°                                               *(exclamación)*

    —¿No le parece a mi general que éste es un caso muy particular?

    —¡Particular, en efecto!

    —¿Y qué piensa usted de ello?

15    —¡Coronel, no sé qué pensar! Voy a comunicarlo en seguida al Ministerio...

    —Tres cuervos, mi general.

    —¡Habrá algún error!

    —No, mi general; son tres cuervos.

    —¿Usted los ha visto?

20    —No, mi general; pero son tres cuervos.

    —Bueno, lo creo, pero no me lo explico. ¿Quién le informó a usted?

    —El comandante Epaminondas.

    —Hágale usted venir en seguida, mientras yo transmito la noticia.

    —Al momento, mi general.

25    —¡Comandante Epaminondas!

    —¡Presente, mi general!

—¿Qué historia es aquélla de los tres cuervos que ha vomitado uno de nuestros soldados enfermos?

—¿Tres cuervos?

30 —Sí, comandante.

—Yo sé de dos, nada más, mi general; pero no de tres.

—Bueno, dos o tres, poco importa. La cuestión está en descubrir si en realidad había verdaderos cuervos en este caso.

—Claro que había, mi general.

35 —¿Dos cuervos?

—Sí, mi general.

—¿Y cómo ha sido eso?

—Pues la cosa más sencilla, mi general. El soldado Pantaleón dejó una novia en su pueblo que, según la fama, es una muchacha morena, linda y

40 muy viva.

—¡Comandante!

—¡Presente, mi general!

—Sea usted breve y omita todo detalle innecesario.

—¡A la orden, mi general!

45 —Y al fin, ¿qué hubo de los cuervos?

—Pues bien, el muchacho estaba triste... y no quería comer nada, hasta que cayó enfermo del estómago y... de pronto ¡puf!... dos cuervos.

—¿Usted tuvo ocasión de verlos?

—No, mi general, pero oí la noticia.

50 —¿Y quién se la dijo a usted?

—El capitán Aristófanes.

—Pues dígale usted al capitán que venga inmediatamente.

—¡En seguida, mi general!

—¡Capitán Aristófanes!

55 —¡Presente, mi general!

—¿Cuántos cuervos ha vomitado el soldado Pantaleón?

—Uno, mi general.

—Acabo de saber que son dos, y antes me habían dicho que eran tres.

—No, mi general, no es más que uno, afortunadamente; pero sin embargo

60 me parece que basta uno para considerar el caso como extraordinario...

—Pienso lo mismo, capitán.

—Un cuervo, mi general, no tiene nada de particular, si lo consideramos desde el punto de vista zoológico. ¿Qué es el cuervo? No lo confundamos con el cuervo europeo, mi general,... La especie que aquí conocemos es muy

65 distinta...

—¡Capitán!

—¡Presente, mi general!

—¿Estamos en la clase de Historia Natural?

—No, mi general.

70 —Entonces, vamos al caso. ¿Qué hubo del cuervo que vomitó el soldado Pantaleón?

—Es positivo, mi general.

—¿Usted lo vio?...

—No, mi general; pero lo supe por el teniente° Pitágoras, que fue testigo    *lieutenant*
75  del hecho.

—Está bien. Quiero ver en seguida al teniente Pitágoras...

—¡Teniente Pitágoras!

—¡Presente, mi general!

—¿Qué sabe usted del cuervo?

80  —Pues, mi general, el caso es raro en verdad; pero ha sido muy exagerado.

—¿Cómo así?

—Porque no fue un cuervo entero, sino parte de un cuervo, nada más. Fue
un ala° de cuervo, mi general. Yo, como es natural, me sorprendí mucho y    *wing*
corrí a informar a mi capitán Aristófanes; pero parece que él no oyó la palabra
85  *ala* y creyó que era un cuervo entero; a su vez fue a informar a mi comandante
Epaminondas, quien entendió que eran dos cuervos y él se lo dijo al coronel,
quien creyó que eran tres.

—Pero... ¿y esa ala o lo que sea?

—Yo no la he visto, mi general, sino el sargento Esopo. A él se le debe la
90  noticia.

—¡Ah diablos! ¡Que venga ahora mismo el sargento Esopo!

—¡Vendrá al instante, mi general!

—¡Sargento Esopo!

—¡Presente, mi general!

95  —¿Qué tiene el soldado Pantaleón?

—Está enfermo, mi general.

—Pero ¿qué tiene?

—Está muy enfermo.

—¿Desde cuándo?

100  —Desde anoche, mi general.

—¿A qué hora vomitó el ala del cuervo que dicen?

—No ha vomitado ninguna ala, mi general.

—Entonces, imbécil, ¿cómo has relatado la noticia de que el soldado
Pantaleón había vomitado un ala de cuervo?

105  —Con perdón, mi general. Yo desde chico sé un versito que dice:

Yo tengo una muchachita
Que tiene los ojos negros
Y negra la cabellera
Como las alas del cuervo.
110  Yo tengo una muchachita...

—¡Basta, idiota!

—Bueno, mi general, lo que pasó fue que cuando vi a mi compañero que
estaba tan triste por la ausencia de su novia, me acordé del versito y me puse
a cantar...

115  —¡Ah diablos!

—Eso fue todo, mi general, y de ahí ha corrido la historia.

—¡Retírate° al instante, imbécil!    *Vete*

Luego se dio el jefe un golpe en la frente° y dijo:    *forehead*

—¡Pero qué calamidad! ¡Creo que puse cinco o seis cuervos en mi informa-
120  ción, como suceso extraordinario de campaña!

# ¿Comprendiste la lectura?

**A. Hechos y acontecimientos.** Contesta las siguientes preguntas.

1. ¿Qué noticias le dio el coronel al general? ¿Cómo se dio cuenta el coronel de estas noticias?
2. ¿Quién decidió verificar las noticias con el comandante, el coronel o el general?
3. ¿Coincidieron las noticias del comandante con las del coronel? ¿Qué dijo el comandante?
4. ¿Aceptó el general la nueva versión de las noticias según el comandante? ¿Con quién las verificó?
5. ¿Cuál fue la versión de las noticias del teniente? ¿del sargento?
6. Según el sargento, ¿cómo empezó el rumor de alas y cuervos?
7. ¿Puso fin al rumor el general al final? Explica tu respuesta.

**B. A pensar y a analizar.** Contesta estas preguntas.

1. ¿De quién crees que se está burlando el autor de este cuento: de la gente en general, de los militares o de alguien más? ¿Por qué crees eso?
2. En tu opinión, ¿cuál fue la causa de la confusión al comunicar el mensaje? ¿Se podría haber evitado esta confusión? ¿Cómo?
3. ¿Crees que el general cumplió con su deber? ¿Por qué?

# Introducción al análisis literario

## La narración humorística

En este tipo de narración el autor utiliza el humor para contar los hechos y las situaciones que relata. Toda obra humorística se caracteriza por contener situaciones que provocan la risa del lector. El humor puede darse en las cosas que les suceden a los personajes o en lo que éstos dicen. A veces puede ser un disparate, algo absurdo, una exageración o algo inesperado. La clave del humor es la sorpresa que causa y que salta de una caja imaginaria, como un resorte, cuando menos lo espera el lector.

**A. Información humorística.** Para conseguir un efecto cómico el autor de "Los tres cuervos" usa varios personajes que van pasando la información de uno a otro. Con un(a) compañero(a) de clase, determinen quiénes son estos personajes y en qué orden aparecen. ¿Cuál es el significado de sus nombres y del orden en que aparecen?

**B. Narración humorística.** En grupos de cuatro, van a escribir un cuento humorístico al estilo de "Los tres cuervos". Para hacerlo, creen un mensaje y repítanlo varias veces, cambiándolo un poco cada vez. Es importante que el mensaje incluya información que se preste fácilmente a la malinterpretación. Luego preséntenlo a la clase.

# Cultura
## *¡en vivo!*

### Los festivales de Latacunga

Los festivales religiosos anuales en Ecuador son espectáculos llenos de colorido. Tanto la música como el baile se combinan armoniosamente con sentimientos religiosos híbridos, o sea, celebraciones católicas con elementos prehispánicos.

En el pueblo de Latacunga, al sur de Quito y al pie del volcán Cotopaxi, celebran la fiesta más famosa del país: la de la Sagrada Virgen de la Merced. Es una elaborada procesión religiosa que tiene lugar por la noche. La solemne procesión nocturna venera la preciosa estatua de la Virgen, tallada en 1640 por escultores indígenas. Esta imagen es muy querida porque se le atribuye haber protegido y salvado a Latacunga de las furiosas erupciones del volcán Cotopaxi de 1742 a 1744.

Al día siguiente se divierten con bromas y chistes profanos en la fiesta de la Mama Negra. La tradición explica que la Mama Negra es "la cocinera de la Virgen", y en su honor el pueblo entero participa en este carnaval. Durante la fiesta, la Mama Negra (un hombre disfrazado de mujer) se presenta en un costoso traje de seda. Es recibida con aplausos y silbidos y dos "caballeros" disfrazados con uniformes franceses la ayudan a subir a un caballo.

Durante el desfile ella carga una muñeca en cuyas faldas oculta una siringa. De esa manera, la Mama Negra "baña" a la gente con un líquido milagroso que ella dice es "leche de burra", y que, supuestamente, aumenta la potencia sexual. Mama Negra y su corte son todos hombres disfrazados de mujeres que hablan en voces exageradas y toman el pelo a cuanta persona pueden. Dicen divertidos versos, o *loas*, que hacen referencia a toda clase de asuntos delicados.

La comparsa de la Mama Negra tiene lugar entre septiembre y noviembre y es todo un carnaval de danzantes, música típica y muchísimos bailes.

**La Mama Negra, la cocinera de la Virgen**

---

**Los festivales de Latacunga.**  Contesta estas preguntas.

1. ¿Cuál es la base religiosa del festival de Latacunga?
2. ¿Quién es la Mama Negra y por qué es tan divertida?
3. ¿Cómo es posible combinar una celebración tan profana como la de la Mama Negra con una tan religiosa, como la de la Sagrada Virgen de la Merced?
4. ¿Hay festivales en tu ciudad o estado en que se combinen lo sagrado con lo profano? Si los hay, descríbelos. Si no los hay, describe el festival favorito de tu comunidad o estado.

# Mejoremos la comunicación

## Para hablar de los festivales

### Al hablar de días feriados patrióticos

— ¿Celebran el 4 de julio en Ecuador?

*Do you celebrate the Fourth of July in Ecuador?*

— No, porque el Día de la Independencia de Ecuador es el 10 de agosto. Ese día nos divertimos mucho y tenemos fuegos artificiales.

*No, because Ecuador's Independence Day is the 10th of August. That day we have a lots of fun and have fireworks.*

**asado** *barbecue, cookout*
**bandera** *flag*
**barbacoa** *barbecue*
**Día de la Bandera** *m. Flag Day*

**desfile** *m. parade*
**himno nacional** *national anthem*
**parrillada** *barbecue, cookout*

### Al hablar de días feriados civiles

— Nosotros no celebramos el Día de Acción de Gracias pero sí celebramos el Día de las Madres.

*We don't celebrate Thanksgiving Day, but we do celebrate Mother's Day.*

**Día de Acción de Gracias** *m. Thanksgiving Day*
**Día de los Enamorados** *m. Valentine's Day*
**Día de los Inocentes** *m. April Fool's Day*
**Día de los Padres** *m. Father's Day*
**Día del Trabajador** *m. Labor Day*
**Nochevieja** *New Year's Eve*

— No celebramos estos días necesariamente el mismo día que ustedes. Por ejemplo, tanto nosotros como ustedes celebramos el Día de las Madres en mayo. Pero en Argentina lo celebran en octubre, en Costa Rica en agosto y en Panamá no es hasta diciembre.

*We don't necessarily celebrate these days the same day you do. For example, both you as well as us celebrate Mother's Day in May. But in Argentina they celebrate it in October, in Costa Rica in August, and in Panama it's not until December.*

— ¿Cómo celebran ustedes el Día de las Madres y el de los Padres?

*How do you celebrate Mother's and Father's Day?*

— Siempre nos divertimos mucho. Como ustedes, tenemos fiestas familiares con mucha comida y regalos. Lo más importante es tener a toda la familia presente.

*We always have a good time. Like you, we have family get-togethers with lots of food and gifts. The most important thing is to have the whole family there.*

### Al hablar de Carnaval

— ¿Cómo celebran Carnaval?

*How do you celebrate Carnival?*

— ¡Ay, Carnaval! Ese festival lo celebramos los tres días antes de empezar la Cuaresma, el Miércoles

*Ah, Carnival! We celebrate that festival the three days before Lent begins on Ash Wednesday. In*

de Ceniza. En la mayoría de los países latinoamericanos y en EE.UU., lo celebramos como en Río de Janeiro en Brasil. Tenemos muchos bailes de disfraces y desfiles.

*Ecuador, as in the majority of Latin America and the U.S. we celebrate as in Rio de Janeiro in Brazil. We have lots of costume dances and parades.*

**alegría** *cheerfulness, joy*
**ambiente festivo** *m. festive atmosphere*
**danzantes** *m. pl. dancers*

**espectadores** *m. pl. spectators*
**mascaradas** *masquerades*
**tamborileros** *drummers*

### Al hablar de festivales religiosos

— ¿Celebran ustedes festivales religiosos también?
— ¡Sí, claro! Tenemos un sinnúmero de festivales religiosos. Como has de saber, nosotros celebramos el Día del Santo además del cumpleaños. Todos los pueblos también celebran el de sus santos patrones. El Día de los Reyes Magos es muy especial para los niños de toda Latinoamérica porque en ese día reciben regalos. Creo que ustedes no lo celebran, ¿verdad?

*Do you celebrate religious festivals also?*
*Yes, of course! We have innumerable religious festivals. As you must know, we celebrate our Saint's Day in addition to our birthdays. All the towns also celebrate their Patron Saint's day. Epiphany is very special for children in all of Latin America because they receive gifts that day. I believe you don't celebrate it, right?*

**Día de los Muertos** *m. All Souls Day*
**Navidad** *f. Christmas*

**Noche Buena** *f. Christmas Eve*
**Pascuas Floridas** *Easter Sunday*

## ¡A conversar!

**A. Festivales favoritos.** En grupos de tres o cuatro contesten estas preguntas. Luego díganle a la clase quién en su grupo es el(la) que mejor sabe celebrar los días feriados. ¿Cuál es tu festival favorito? ¿Qué hiciste para celebrarlo la última vez?

**B. Debate.** En EE.UU. frecuentemente hay conflictos entre personas religiosas: algunos quieren rezar en lugares y funciones públicas, mientras que otros insisten en que nuestra constitución no lo permite. ¿Qué opina la clase? Tengan un debate —una mitad de la clase está a favor, la otra mitad en contra. Su instructor(a) puede dirigir la discusión.

## Palabras claves: religioso

Con un(a) compañero(a) de clase define estas palabras. Luego escriban una oración original con cada palabra.

1. religión
2. religioso
3. religiosamente
4. religiosidad

# Escribamos ahora

**A**  **A generar ideas: escribir un cuento humorístico**

**1.  Un mensaje.**  El humor en "Los tres cuervos" se basa principalmente en la falta de comunicación y exageración de un mensaje que los personajes secundarios se pasaron el uno al otro. A continuación hay un mensaje que podría usarse en un cuento humorístico porque sería fácil interpretarlo incorrectamente. Lee el mensaje con cuidado y con dos compañeros(as) decide qué partes del mensaje se prestan a una mala interpretación.

> —Me complace contarte que la Srta. Hortensia Buenasuerte acaba de ganar diez millones de dólares en la lotería y los cobrará mañana con su amigo el Sr. Napoleón Aprovechado en la ciudad de Lima, Idaho.

**2.  Un mensaje interpretado incorrectamente.**  Con dos compañeros(as) de clase, mencionen tres interpretaciones incorrectas que podrían ocurrir al pasar este mensaje de una persona a otra. Informen a la clase de lo que decidieron.

**3.  A generar ideas.**  Decide ahora si vas a escribir tu cuento humorístico basado en el mensaje que usaste en el número 1 de esta sección anterior o si prefieres usar el mensaje que tu grupo desarrolló en la sección de **Análisis literario,** página 306. Al hacer tu selección, piensa en los personajes de tu cuento y la manera en que el mensaje se va a transmitir.

**B**  **El primer borrador**

**1.  ¡A organizar!**  Vuelve ahora a la lista de personajes que preparaste en la sección anterior y organiza tus personajes en el orden en que van a aparecer en tu cuento. Al lado de cada personaje, anota también la versión del mensaje que él(ella) va a comunicar.

**2.  Mi cuento humorístico.**  El periódico de tu comunidad publica una sección en español cada miércoles. Recientemente anunciaron que quieren que miembros de la comunidad contribuyan cuentos humorísticos originales. Como tú piensas escribir uno para tu clase de español, decides mandárselo al periódico también. Usa lo que desarrollaste en las secciones anteriores para escribir ahora el primer borrador de tu cuento humorístico. Recuerda que tu cuento debe provocar risa. Usa el cuento de "Los tres cuervos" como modelo. ¡Buena suerte!

**C**  **Primera revisión.**  Intercambia el primer borrador de tu cuento con uno(a) o dos compañeros(as) de clase. Pregúntales si:

1.  entienden bien el cuento
2.  entienden el humor del cuento
3.  es divertido el humor
4.  tienen algunas sugerencias sobre cómo podrías mejorar el cuento

**D** **Segundo borrador.** Prepara un segundo borrador de tu cuento tomando en cuenta las sugerencias de tus compañeros(as) y las ideas nuevas que se te ocurran a ti.

**E** **Segunda revisión.** Como preparación para corregir el segundo borrador y para ayudarte a practicar el uso del pretérito, imperfecto y pasado del subjuntivo, haz la siguiente actividad con un(a) compañero(a). Completa el siguiente párrafo con la forma correcta de los verbos en paréntesis. Usa el pretérito, el imperfecto o el pasado perfecto con el pasado del subjuntivo, según sea necesario.

> El general (querer) que sus soldados le (decir) la verdad. Él (buscar) a una persona que (haber) visto al soldado vomitar los cuervos. El general (saber) que no lo (ir) a encontrar a menos que (hablar) con todas las personas que comunicaron el relato. En realidad, el general (dudar) que un soldado (poder) vomitar tres cuervos pero, en caso de que (ser) verdad, (decidir) investigar el asunto él mismo.

Ahora lee tu cuento una vez más fijándote en el uso del pasado del subjuntivo. Tal vez quieras pedirle a un(a) compañero(a) que te lo revise también. Haz todas las correcciones necesarias, prestando atención especial no sólo al uso del pasado del subjuntivo, sino también a los verbos en el pasado y el presente, y a la concordancia.

**F** **Versión final.** Considera las correcciones del uso del subjuntivo y otras que tus compañeros(as) te hayan indicado y revisa tu cuento una vez más. Como tarea, escribe la copia final en la computadora. Antes de entregarla, dales un último vistazo a la acentuación y la puntuación.

**G** **Cuento humorístico sobresaliente.** Tu profesor(a) acaba de ser informado(a) por la directora del periódico escolar que dos de los cuentos de la clase han sido seleccionados para aparecer en la siguiente edición. Tu profesor(a) va a anunciar cuáles son y los leerá en voz alta.

## *Exploremos el ciberespacio*

Explora distintos aspectos del mundo ecuatoriano en las actividades de la red que corresponden a esta lección. Ve primero a **http://college.hmco.com** y de ahí a la página de *Mundo 21*.

# Bolivia

**Nombre oficial:**
*República de Bolivia*

**Población:**
*7.826.352 (est.)*

**Principales ciudades:**
*La Paz (Administrativa), Sucre (Judicial), Santa Cruz, Cochabamba*

**Moneda:**
*Boliviano ($b)*

# Gente
## del Mundo 21

**Jorge Sanjinés Aramayo,** nacido en 1937, es un talentoso cineasta que es considerado por muchos el patriarca del cine boliviano. A pesar de contar con escasos recursos económicos, ha rodado películas de gran calidad. Su primera gran obra de cortometraje, *Revolución* (1963), le dio a Sanjinés el primero de innumerables premios internacionales. En 1966, Sanjinés produjo su primer largometraje, *Ukamau.* Es la primera película en aymara que trata las injusticias y la discriminación que sufren los indígenas a manos de grupos de mestizos acomodados. Esta película recibió el Premio Grandes Directores Jóvenes en Cannes, Francia. Dos años más tarde filma *Yawar Mallku* (1968), primera película en quechua que denuncia la masiva esterilización de mujeres campesinas por miembros del Cuerpo de Paz. Entre sus obras más recientes están *Las banderas del amanecer* (1982), *La nación clandestina* (1983) y *Para sentir el canto de los pájaros* (1994).

**María Luisa Pacheco** (1919–1982), pintora boliviana, nació en La Paz. Realizó sus primeros estudios de pintura en 1938, en la Escuela de Bellas Artes de su ciudad natal. En 1951, con una beca del gobierno, viajó a España a continuar sus estudios. Fue aprendiza del cubista español Daniel Vásquez Díaz. Vivió muchos años en Nueva York donde fue becaria de la fundación Guggenheim en tres ocasiones. Muchos de sus cuadros, más que representaciones de la realidad boliviana, son verdaderas interpretaciones personales de su tierra natal donde los colores funcionan para reconstruir recuerdos.

**Jaime Escalante** nacido en 1931, ingeniero y profesor de matemáticas, es natural de La Paz. En 1964 emigró a Los Ángeles donde enseñó matemáticas en la escuela secundaria Garfield. Se destacó a nivel nacional e internacional por sus métodos ingeniosos de enseñanza que trajeron un éxito resonante a los estudiantes hispanos de esa escuela. Sus esfuerzos, tribulaciones y lucha por sacar adelante a sus alumnos fueron presentados en la película *Stand and Deliver,* en la que Edward James Olmos hace el papel de Escalante. Bolivia le confirió la máxima condecoración de la patria, el Cóndor de Los Andes, en 1990. Escalante se mudó a Sacramento, California, en 1991, donde enseñó en la escuela secundaria Hiram Johnson hasta 1998, año en que se jubiló y regresó a su país natal. Ese mismo año, el gobierno de EE.UU. le otorgó el "United States Presidential Medal" y la Organización de Estados Americanos le dio el Premio Andrés Bello.

## Otros bolivianos sobresalientes

**Alcides Arguedas (1879–1946):** diplomático y novelista

**Yolanda Bedregal (1916–1999):** maestra, poeta, novelista y cuentista

**Matilde Casazola:** poeta y compositora

**Jesús Lara (1898–1980):** poeta, novelista, ensayista y folklorista

**Jaime Laredo:** violinista

**Marina Núñez del Prado (1912–1996):** escultora

**Víctor Paz Estenssoro:** político y presidente en tres ocasiones

**Jaime Saenz (1921–1980):** poeta

**Pedro Shimose:** compositor, poeta y ensayista

**Ana María Vera:** pianista

**Adela Zamudio (1854–1928):** poeta, narradora y catedrática

## *Personalidades* del Mundo 21

Contesta estas preguntas con un(a) compañero(a) de clase.

1. ¿Por qué consideran muchos bolivianos a Jorge Sanjinés el patriarca del cine boliviano? Basándote en los títulos de las últimas tres películas de Jorge Sanjinés, ¿de qué crees que se tratan? Escribe una o dos oraciones sobre lo que crees que es el tema de cada una. Luego compara lo que escribiste con lo de dos compañeros(as). ¿Escribieron cosas similares?

2. ¿Qué representan los cuadros de María Luisa Pacheco? ¿Qué significa esto para ti? Si tuvieras que pintar tu interpretación personal de EE.UU., ¿qué pintarías? Explica en detalle.

3. En tu opinión, ¿quiénes podrán comunicarse mejor con estudiantes de este país, maestros estadounidenses o del extranjero? ¿Por qué crees que el boliviano Jaime Escalante alcanzó a tener tanto éxito con los estudiantes de Garfield High en Los Ángeles?

# Del pasado al presente

# Bolivia: desde las alturas de América

### Período prehispánico

Varios siglos antes de la conquista española, el altiplano boliviano estaba ya densamente poblado. Fue aquí donde se desarrolló, desde el siglo VII, el centro de la cultura de Tiahuanaco, primer imperio andino que dominó las mesetas y costas de Perú. Se cree que los habitantes de Tiahuanaco fueron los collas, que ahora llamamos aymaras. Las ruinas de Tiahuanaco se

**Puerta del Sol, Tiahuanaco**

hallan a dieciséis kilómetros al sur de las orillas del lago Titicaca. Ahí se encuentra el famoso monumento conocido como Puerta del Sol, un monolito de tres metros de altura y cuatro de ancho que refleja la importancia religiosa del lugar.

Hacia el siglo XI, varios estados regionales reemplazaron a esta gran cultura. En el siglo XV, los reinos aymaras fueron conquistados por los incas, quienes pasaron a integrar el Collasuyo, una de las cuatro provincias del Imperio Inca. Como parte de la política imperial, se establecieron colonos quechuas en su territorio. Desde entonces, el aymara y el quechua han sido las dos principales lenguas indígenas de Bolivia.

### Conquista y colonia

En 1535 Diego de Almagro, el socio de Francisco Pizarro en la conquista del Imperio Inca, entró al territorio boliviano. Tres años más tarde, Pedro Ansúrez fundó la ciudad de Chuquisaca, hoy conocida como Sucre. En 1545 se descubrieron los grandes depósitos de plata en el cerro de Potosí, al pie del cual, el siguiente año, se fundó la ciudad del mismo nombre. Potosí llegaría a rivalizar con Lima gracias a la gran riqueza minera. A mediados del siglo XVII era la mayor ciudad de América.

Se fundaron otras ciudades en las zonas mineras: La Paz (1548) y Cochabamba (1570). En 1559 se creó la Audiencia de Charcas bajo el Virreinato del Perú. Las minas de plata de Charcas o el Alto Perú, nombre dado por los españoles a la región que ahora llamamos Bolivia, fueron el principal tesoro de los españoles durante la colonia. Pero para los indígenas de la

**Una mina de Potosí**

región andina estas mismas minas eran lugares donde se les explotaba inhumanamente bajo el sistema de trabajo forzado llamado "mita", que también se aplicaba a la agricultura y al comercio.

## La independencia y el siglo XIX

En 1809 hubo rebeliones en contra de las autoridades españolas en las ciudades de Chuquisaca y La Paz que fueron rápidamente derrotadas por tropas enviadas por los virreyes del Río de la Plata y del Perú. El Alto Perú fue la última región importante que se liberó del dominio español. La independencia se declaró el 6 de agosto de 1825 y se eligió el nombre de República Bolívar, en honor de Simón Bolívar, aunque después prevaleció el de Bolivia. El general Antonio José de Sucre, vencedor de los españoles en la decisiva batalla de Ayacucho (1824), ocupó la presidencia de 1826 a 1828. La ciudad de Chuquisaca cambió su nombre a Sucre en 1839 en honor a este héroe de la independencia, quien murió asesinado en 1830.

La independencia trajo pocos beneficios para la mayoría de los habitantes de Bolivia. El control del país pasó de una minoría española a una minoría criolla, muchas veces en conflicto entre sí por intereses personales. A finales del siglo XIX, las ciudades de Sucre y La Paz se disputaron la sede de la capital de la nación. Ante la amenaza de una guerra civil, se optó por una solución de compromiso. La sede del gobierno y el poder legislativo se trasladaron a La Paz, mientras que la capitalidad oficial y el Tribunal Supremo permanecieron en Sucre.

## Guerras territoriales

Durante su vida independiente, Bolivia perdió una cuarta parte de su territorio original a través de disputas fronterizas con países vecinos. Como resultado de la Guerra del Pacífico (1879–1883), Bolivia tuvo que cederle a Chile la provincia de Atacama, rica en nitratos y su única salida al Pacífico. Para compensar la pérdida, Chile construyó un ferrocarril de La Paz al puerto chileno de Arica. Cuando Argentina se anexó una parte de la región del Chaco, también construyó un ferrocarril que comunicaba a los dos países. Coincidiendo con el auge del caucho, Bolivia le otorgó a Brasil en 1903 la rica región amazónica de Acre. La Guerra del Chaco con Paraguay (1933–1935) provocó enormes pérdidas humanas y territoriales para Bolivia.

## De la Revolución de 1952 al presente

La derrota del ejército boliviano en la Guerra del Chaco causó un profundo malestar y descontento que llevó a la creación de nuevos partidos en la década de los 40, como el Movimiento Nacionalista Revolucionario (MNR) y el Partido de Izquierda Revolucionaria (PIR). En abril de 1952, se inició la llamada Revolución Nacional Boliviana bajo la dirección del MNR. Su líder, Víctor Paz Estenssoro, impulsó una ambiciosa reforma agraria que benefició a los campesinos indígenas, nacionalizó las principales empresas mineras y, en general, abrió las puertas para el avance social del grupo formado por los mestizos.

Durante casi tres décadas Víctor Paz Estenssoro y Hernán Siles Suazo fueron las figuras políticas más importantes de Bolivia, ocupando la presidencia

**Muestra de solidaridad con el gobierno en La Paz**

alternativamente por un total de cinco períodos. En la última década del siglo XX aparecieron nuevas figuras políticas, y una mujer, Lydia Gueiler Tejada, hasta ocupó brevemente la presidencia. De 1993 a 1997 gobernó Gonzalo Sánchez de Lozada, un político progresista con modo de hablar estadouni-dense que impulsó reformas económicas novedosas. Sin embargo, el siglo XX terminó con el retorno del envejecido General Hugo Bánzer Suárez, quien ocupó la presidencia en la década de los 70 y fue aparentemente la única figura unificante en un panorama político demasiado diversificado.

# ¡A ver si comprendiste!

**A. Hechos y acontecimientos.** Contesta estas preguntas con un(a) compañero(a) de clase.

1. ¿Qué es Tiahuanaco? ¿Dónde está situado? ¿Cuál fue su importancia?

2. ¿Cómo se llaman los indígenas que habitaron las orillas del lago Titicaca?

3. ¿Qué se descubrió en el cerro de Potosí en 1545? ¿Cuál fue el resultado de este hallazgo?

4. ¿Qué nombres tuvo Bolivia durante la colonia española?

5. ¿Quién fue Antonio José de Sucre? ¿Cuál es su importancia en la historia de Bolivia?

6. ¿Por qué Bolivia tiene actualmente dos capitales?

7. ¿Qué territorios perdió Bolivia en conflictos fronterizos con sus países vecinos?

8. ¿Cuáles son algunos de los efectos de la Revolución de 1952?

9. ¿Quiénes fueron las dos personas que ocuparon la presidencia del país alternativamente por cinco períodos?

10. ¿Qué implicaciones para el comienzo del siglo XXI representa el retorno de un militar a la presidencia?

**B. A pensar y a analizar.** En tu opinión, ¿a qué se debe la falta de estabilidad política de Bolivia que permitió que sus vecinos anexaran una cuarta parte de su territorio a fines del siglo pasado.¿Por qué los mismos individuos siguieron siendo elegidos a la presidencia a lo largo de la segunda mitad del siglo XX? ¿Qué necesita este país para asegurarse un futuro positivo?

# Ventana *al Mundo 21*

## La música andina

Los pueblos de las mesetas andinas comparten una tradición cultural que además de Bolivia incluye Ecuador, Perú y tanto el norte de Chile como el de Argentina. Existe un folklore andino que incluye los usos, las costumbres, la vestimenta, la tradición oral, la danza y la música. Aunque la realidad que representa el folklore es muy antigua, es un campo de estudio relativamente reciente. La música folklórica es anónima, transmitida oralmente de abuelos a padres y de éstos a sus hijos como patrimonio familiar.

El folklore musical de los pueblos andinos es sumamente rico. Existe una gran variedad de instrumentos de viento hechos de cañas como las quenas y los sicus, o flautas indígenas. Estos instrumentos parecen imitar el sonido del viento en lo alto de los Andes. Los instrumentos de percusión incluyen los bombos, las cajas y los tambores. Un instrumento mestizo muy utilizado por conjuntos andinos es el charango, una especie de pequeña guitarra hecha de la concha de un armadillo.

En Bolivia la música andina está maravillosamente enriquecida con músicos como Ernesto Cavour, nacido en 1940 en La Paz. Compositor prodigioso, es tal vez el mejor charanguista del mundo. Toca los matices musicales más variados, desde llantos indígenas dulcísimos a sonidos de una alegría contagiosa. También se destacan los compositores Mauro Núñez, Jaime Torres, Celestino Campos y Eddy Navia. Grupos musicales de gran altura son Savia Andina, Los Kjarkas y Wara, los cuales están consiguiendo reconocimiento internacional gracias a nuevas grabaciones propiciadas por EE.UU., Alemania y Japón.

**La música andina.**  Haz estas actividades con un(a) compañero(a) de clase. Luego comparen sus resultados con los de otros grupos de la clase.

1. Pídele a tu compañero(a) que te diga…
   - qué países comparten una tradición cultural andina
   - cómo se transmite la música folklórica andina
   - los nombres de dos instrumentos andinos de viento y dos de percusión
   - el nombre de una pequeña guitarra hecha de la concha de un armadillo
2. Tanto en las Américas como en Europa y Asia la música andina sigue aumentando en popularidad. ¿A qué se debe?

# Y ahora, ¡a leer!

## Anticipando la lectura

¿Has pensado alguna vez en lo que significa ser miembro de un grupo minoritario? Estas preguntas te ayudarán a considerar el tema.

1. ¿Hasta qué punto crees que un niño minoritario está consciente de ser "diferente"? ¿A qué edad se hace consciente de eso? ¿Qué o quién(es) crees que hacen nacer esa conciencia normalmente: sus padres, hermanos, amigos, maestros,...?

2. ¿Cómo crees que reacciona un(a) joven minoritario(a) al darse cuenta que es diferente de la mayoría anglosajona? ¿Se sentirá orgulloso(a) de no ser como la mayoría? Explica tu respuesta.

3. ¿Es diferente la vida de las personas minoritarias? ¿Tienen más o menos problemas en conseguir buen empleo? ¿Son aceptados fácil o difícilmente en lugares públicos tales como los restaurantes, los bares, los bailes, los clubes y las vecindades?

4. ¿Hasta qué punto crees que los miembros de grupos minoritarios se identifican con el país de origen de su raza? ¿Crees que a la mayoría de los chicanos de EE.UU. les gustaría irse a vivir en México, o a los japoneses americanos a Japón? ¿Por qué?

5. ¿Cómo crees que sería la vida de un chicano en México, de un afroamericano en África o de un chino-americano en la China? ¿Sería más fácil o más difícil que en EE.UU.? ¿Por qué crees eso?

## Conozcamos a la autora

**Maricarmen Ohara** nació en Trinidad, Bolivia, de padre japonés y madre boliviana. Es autora de varios libros de refranes, cuentos, leyendas y poesías para niños y adultos. En Bolivia fue premiada por varios cuentos, una novela y una obra de teatro. Además de enseñar español en Ventura, California, es también conferencista y fundadora de la editorial Alegría Hispana Publications. Como catedrática en California, en 1996 fue nombrada Educadora del Año y en 1997 recibió el premio de Diversidad Multicultural.

A continuación, Ohara nos presenta un relato sobre la discriminación dirigida hacia un grupo minoritario poco conocido en América Latina, los orientales.

## LECTURA

# Chino-japonés

Fernando Hidehito Takei Mier estaba harto° de su vida en La Paz. No era
que no le gustara esta ciudad donde había nacido hacía veintiún años.
Al contrario, amaba la belleza helada° del majestuoso Illimani° y el azul
prístino e intenso del cielo paceño;° el clima seco y caliente durante el día,
5  frío y hasta gélido° por las noches; las calles empinadas y resbalosas° del centro; los viejos edificios de las tortuosas° calles coloniales; los olores a comidas
picantes y frutas maduras de los mercados públicos; los partidos de fútbol ju-
gados a muerte los domingos por la tarde en el estadio de Miraflores. Amaba
los carnavales, los desfiles del Seis de Agosto, los bailongos° que acababan
10  con cueca y huayño,° las parrilladas domingueras y mirar a las chicas bonitas
en El Prado. Amaba las deliciosas y picantes comidas paceñas, desde el
chicharrón,° el chuño, la sopa de quinua a las salteñas de pollo. Amaba lo
humilde y lo grande de esta ciudad que era tan suya como también suya era
la patria boliviana.
15  Y sin embargo, Fernando Hidehito Takei Mier estaba harto. Harto y do-
lorido casi hasta el resentimiento. El dolor había comenzado muy temprano,
en la escuela primaria adonde lo llevaba cada día su madre, Rosario Mier de
Takei. Poco sabía la buena señora que su niñito de carita redonda y blanca-
nacarada,° pelo cortito y negro, ojos pequeños y rasgados° rodeados por pes-
20  tañas cortas y lacias,° nariz ancha y aplastada° y boca de labios llenos y son-
rosados° pasaba momentos de confusión y dolor infantil durante las horas
escolares. Los otros niños lo miraban como si fuera un marciano° recién ate-
rrizado y durante las horas de clase, si sus miradas se encontraban, le sacaban
la lengua silenciosamente y ponían las manos en sus ojos estirándolos° hasta
25  hacerlos parecer un par de rasgaduras° en sus caritas burlonas. Fernando
Hidehito no podía comprender la razón de esos gestos agresivos y bajaba los
ojitos pretendiendo concentrarse en dibujar las letras del alfabeto castellano.

*(marginal glosses)*

cansado

fría / volcán
de La Paz
helado / **empinadas...** *steep
and slippery* / zigzageantes

bailes
**cueca...** bailes populares
de Bolivia, Perú y Chile
*pig rinds*

color de perla / *almond shaped*
*straight / flattened*
*pink*
del planeta Marte

*stretching them*
ojos orientales

Esa noche, por primera vez, el niño observó la cara morena de su madre concentrándose en sus ojos grandes y oscuros sombreados por pestañas ondu-
30  ladas. Luego miró a su padre, eternamente silencioso, que como todas las noches, leía un libro lleno de palitos° arreglados en columnas. Percibió° que su padre parecía mucho mayor que su madre y notó que los ojos del Sr. Takei, que se divisaban° detrás de sus pesados lentes de carey,° no eran grandes sino más bien parecidos a la abertura° de un ojal;° eran ojos débiles, aguados° y sin
35  aparente vitalidad.

*little sticks* / Observó

se veían / concha de tortuga
*opening* / *buttonhole* / *watery*

Desde entonces Fernando Hidehito supo que había en él algo diferente que causaba que sus compañeritos le cantaran cancioncitas burlonas° durante los recreos, que empezaron a convertirse en largos períodos de martirio.°
—Uno, dos, tres, chino japonés.
40  —Uno, dos, tres, chino cochino.°

ridiculizantes

tortura, sufrimiento

sucio, roñoso

Por las noches, cuando su madre lo acostaba, la abrazaba y tragándose° las lágrimas preguntaba:
—Mamita, ¿por qué los otros niños no me quieren? ¿Por qué me cantan una canción que dice "Uno, dos, tres, chino japonés"?
45  Ella lo miraba con pena impotente° reflejada en sus grandes ojos oscuros:
—Tesoro, te cantan esas tonterías porque son burros.° No comprenden nada.
—¿Pero por qué me dicen chino japonés? ¿Acaso° no soy boliviano?
—Ay mi amorcito, es que son ignorantes. Tu papi es japonés, no chino.
50  Son dos cosas diferentes. Y tú eres boliviano, nacido en Bolivia, criado en esta tu ciudad, La Paz. Claro que eres boliviano, bien boliviano, requeteboliviano.°
—¿Pero por qué me dicen chino japonés? —insistía el niño.
—Por tontos. Mira, a mí por ejemplo, mis amigas me dicen "camba," porque nací en Trinidad, en el oriente boliviano. Así nos llaman a los benia-
55  nos y a los cruceños, porque somos descendientes de la raza camba. En cambio a los de La Paz, Cochabamba, Sucre, Oruro y Potosí les decimos "collas". Tu abuelito era "colla" y tu abuelita "camba".
—Pero ¿"cambas" y "collas" son bolivianos?
—Claro que sí, sólo que viven en regiones diferentes.
60  —¿Y se insultan llamándose "cambas" y "collas"?
—Sí, a veces, por tontos, por regionalistas...
—Mamita, dime, ¿es verdad que parezco° japonés?
—A mí me pareces la cosa más linda del mundo.

*swallowing*

**pena...** tristeza incapacitada

tontos

Tal vez, quizá

*absolutely Bolivian*

*I look*

Fernando Hidehito pegó un buen estirón° en la escuela secundaria. Era
65  alto, sólido, de movimientos un poco lentos como los de un oso amistoso y algo torpe.° Su cara redonda había perdido la palidez° nacarada de la infancia y se había tostado hasta adquirir el color bronce y las mejillas color manzana roja que tipifica a los habitantes de los pueblos altiplánicos.° Sus compañeros continuaban sus cantinelas° a las que habían añadido connotaciones insul-
70  tantes derivadas de su apellido materno.
—Fernando / Idehito / Takei / Mier, / chino / de / mier°...
—Chino / de / mier...

**pegó...** *grew taller suddenly*

*clumsy* / blancura

de las montañas
repeticiones

mierda, excremento

Ya no lloraba en los brazos amantes de su madre. Había aprendido el código del hombre macho y por varios meses la señora de Takei había pre-
75  senciado una sucesión de magulladuras,° narices sangrantes, cojeos,° ropas rasgadas y silencio total. Para cuando el joven se graduó de la secundaria era evidente que la tiendita de su padre ya no daba más porque las constantes devaluaciones del peso boliviano habían carcomido° el capital penosamente°

golpes / *limping*

destruido / difícilmente

ganado. Gentes de sangre joven y agresiva habían desbancado° al viejo
80  japonés que cerró derrotado las puertas del destartalado° almacén. Era evidente que el joven universitario tenía que hacer algo, pero él, como incontables más, se encontraba en una especie de callejón sin salida.°

Los reveses° del mundo a veces causan situaciones que parecen mila-
grosas.° A mediados de los 80, el gobierno japonés, que había reconstruido
85  su economía de una manera pujante° y mundialmente reconocida, se acordó
que en la lejana América Latina vivían japoneses que durante la época de
tremenda pobreza del Japón habían tenido que emigrar a tierras extrañas.
Esos hijos del País del Sol Naciente tenían *niseis,* o sea, hijos que seguramente merecían la oportunidad de trabajar en la tierra de sus padres. Así, el
90  gobierno japonés empezó a conceder permisos especiales de trabajo a esos
*niseis.* Corrió la voz de que en el Japón los sueldos° eran altísimos, que era
posible ahorrar y regresar en relativamente poco tiempo con un capitalito;°
en fin, que ésta era una oportunidad fabulosa.

¡Cómo cambió el panorama de mucha gente en situación similar a la de
95  Fernando Hidehito! Súbitamente° el horizonte se abría con la promesa de
un viaje a una tierra lejana que prometía empleo pagado en miles de dólares.
De pronto era motivo de orgullo tener los ojos de ojal; Fernando Hidehito
presenció° entre sorprendido e indignado el brusco° cambio de actitud
hacia la raza de su padre. Era común que gente desesperada por la situación
100  económica tratara de irse al Japón haciéndose pasar por *niseis.* ¡La de°
gente que compró apellidos japoneses para conseguir ese pasaporte a la
prosperidad!

El joven partió° lleno de esperanzas. En Osaka ya no sería "Chino / de /
mier...", allí no sería diferente a nadie, por fin se sentiría como los demás. Muy
105  pronto se vino abajo° esa esperanza. Trabajo había, con buen sueldo, pero ¡la
de sufrimientos que tuvo que pasar! El tratamiento era humillante, puesto que
un *nisei* es peor que un "Chino / de / mier...". No había comunicación sino
a través de gestos, pues él no hablaba japonés; el trabajo era durísimo; el
alojamiento y la comida carísimos; el clima insano, la ciudad fea y hostil.
110  Una verdadera pesadilla.° A medida que empezó a descifrar° los sonidos de
la lengua japonesa, escuchaba que los japoneses lo miraban con desprecio° y
le decían, como escupiendo°:

—¡*Gaijín!*

*Gaijín.* Extranjero. Conque aquí tampoco encajaba.° Bueno, estaba bien.
115  Después de todo, era cierto. Él era *boliviano, nisei, gaijín.* Estaba aquí, no
por amor al Japón, sino para conseguir la platita° que le garantizara los *money
orders* que aseguraban la subsistencia de sus viejitos. Lo aguantó todo,°
ahorró hasta el último yen, y se concentró en sobrevivir con la ilusión de
volver a su patria, a Bolivia donde no era un *gaijín* sino un boliviano hecho y
120  derecho.°

Finalmente llegó ese día largamente soñado, saboreado, casi masticado.°
El vuelo de Osaka a San Pablo se le hizo interminable. Apenas° durmió un
par de horas en el incómodo asiento de la clase económica. En San Pablo
cambió a una aerolínea boliviana que hizo escala° en Santa Cruz, la ciudad
125  camba más pujante° del oriente boliviano, famosa por sus muchos encantos°
tropicales. Su avión a La Paz partiría al día siguiente y eran solamente las
cuatro de una tarde que invitaba a la exploración de esta interesante ciudad.

Fernando Hidehito se dirigió° a la plaza principal. Respiró con fruición°
el aire caliente, regocijado,° feliz de estar otra vez en suelo° boliviano. La

---

*Right margin glosses:*

substituido
privado

**callejón...** *deadend alley*
*failures*
*miraculous*
enérgica

salarios
**un...** poco de dinero

De repente

*witnessed* / inesperado

**La...** El gran número de

salió

**se...** se terminó

delirio, sueño malo / interpretar
arrogancia
*spitting*

conectaba

dinero
**Lo...** *He put up with all of it*

**hecho...** *complete, full*
**saboreado...** *tasted,
almost chewed* / *He barely*

**hizo...** paró
progresista / maravillas

**se...** fue / gusto
contento / tierra

130 melancolía causada por el largo tiempo fuera de la patria empezó a disiparse.°     desaparecer
Se sentó en un banco, bajo un árbol inmenso de flores intensamente per-
fumadas y contempló con sus ojos rasgados el cielo azul. Se perdió en una
ensoñación mitad modorra° placentera de la que lo despertó bruscamente el     sueño pesado e incómodo
griterío° de unos muchachones que empezaron a cantar:     ruido
135 —¡Chino colla, chino colla!
—¡Chino colla, chino colla, pata de olla!
Fernando Hidehito estalló° en sonoras carcajadas° que resonaron° por     explotó / risa contagiosa / se
toda la plaza pública de Santa Cruz, Bolivia.     oyeron

## ¿Comprendiste la lectura?

**A. Hechos y acontecimientos.** Contesta las siguientes preguntas.

1. ¿Dónde nació y se crió Fernando Hidehito Takei Mier? ¿Quiénes fueron sus padres?
2. ¿Qué le gustaba a Fernando Hidehito de La Paz?
3. A pesar de todo lo que le gustaba, ¿por qué estaba harto de la vida en La Paz?
4. ¿Qué le decían sus compañeros cuando era niño? ¿Por qué decían esto? ¿Dejaron de decirle esto en la secundaria? Explica tu respuesta.
5. ¿Qué decisión del gobierno japonés le dio nueva esperanza?
6. ¿Cuál fue el resultado cuando Fernando Hidehito aceptó la oferta del gobierno japonés? ¿Encontró la vida que buscaba? Explica tu respuesta.
7. ¿Qué decidió hacer?
8. ¿Qué le pasó a Fernando cuando su vuelo hizo escala en Santa Cruz? ¿Cuál fue su reacción? ¿Por qué crees que reaccionó así?

**B. A pensar y a analizar.** ¿Hasta qué punto crees que el ser japonés-boliviano como Fernando Hidehito es diferente al de ser japonés-americano, afroamericano o chicano en EE.UU.? ¿Sufren los mismos prejuicios? ¿Se irían a vivir en el país de origen de sus padres o abuelos si pudieran? Explica tu respuesta.

# Introducción al análisis literario

## Ambiente narrativo en detalle

En la *Lección 3* de la *Unidad 4* se aclara que una historia ocurre dentro de un ambiente. La descripción de ese ambiente indica el lugar donde actúan los personajes. Este entorno puede ser físico, psicológico o social.

■ **El ambiente físico:** es el medio natural dentro del cual sucede el relato. Tiene un doble aspecto: local y temporal. El local se refiere al sitio en que se desarrolla la obra (*p. ej.,* Bolivia). El temporal es la época en que transcurre la acción (*p. ej.,* la niñez del protagonista).

■ **El ambiente psicológico:** es el clima íntimo que impregna a la obra y que resulta de los problemas psíquicos que se plantean (*p. ej.,* el amor, el odio o el suspenso).

■ **El ambiente social:** se refiere a las condiciones sociales en que se desenvuelve la acción (*p. ej.*, la pobreza, la vida cotidiana o la herencia cultural).

Tanto el ambiente psicológico como el social se desarrolla a través de factores que el narrador expresa indirectamente o que sugiere mediante las acciones de sus personajes en el ambiente físico.

A.  **Ambiente físico, psicológico y social.** La clase debe dividirse en seis grupos de cuatro o cinco personas. Cada grupo examina la manera en que se desarrollan los ambientes que la autora usa en "Chino-japonés". Por ejemplo: Los grupos 1 y 2 analizan el ambiente físico; los grupos 3 y 4, el ambiente psicológico; y los grupos 4 y 5, el ambiente social. Al final, cada grupo hablará del ambiente asignado y mostrará ejemplos específicos de cómo fue presentado en la historia.

B.  **Lugar narrativo.** En la primera parte del relato la autora describe la variedad de cosas que le gustaban a Fernando Hidehito. En grupos de tres, imiten esa sección del relato escribiendo una sección parecida. Describan lo que les gusta de su ciudad y de su vida en ella.

# Cultura ¡*en vivo!*

## La vestimenta andina

Cuando un turista se pasea por las calles de La Paz, Lima o Quito se sentirá inmediatamente atraído por las vestimentas indígenas, ya que en Bolivia, Perú y Ecuador se han conservado los trajes tradicionales con una fidelidad sorprendente. Las mujeres, o *cholas*, llevan ropas especialmente llamativas. Llevan un número de faldas, o *polleras,* de colores diferentes y superpuestas de tal manera que dan la impresión de llevar crinolinas. Complementan las polleras con blusas bordadas, un mantón de lana para uso diario y de seda lujosamente bordada para domingos o días de fiesta.

Sin embargo, es el sombrero el detalle más fascinante. En Bolivia los indígenas tienen pasión por el sombrero. Hasta en las casitas más modestas puede verse una variedad de sombreros colgados de las paredes. Cada región se distingue por el sombrero que usa —en la Paz, los bombines; en

**Cholas bolivianas**

Cochabamba, los sombreros blancos y altos; y en Sucre, los sombreros y gorras de encaje, brocado y terciopelo. Por supuesto, no falta el *chullo*, un gorro muy usado por los hombres en los lugares fríos. Es muy práctico porque cubre las orejas y puede llevarse solo o debajo de otro sombrero.

El sombrero boliviano dice mucho de la mujer en particular. Si un hombre es rico, su esposa ten-drá una gran colección de sombreros. Una joven puede comunicar su afecto si teje el nombre del joven en un chullo y luego se lo da de regalo. Si una mujer recibe flores, las luce en la cinta del sombrero; y si está de novia o si es casada, el sombrero lo indicará. En fin, ¿quién necesita hablar para comunicarse cuando todo lo dice el sombrero boliviano?

**La vestimenta andina.**  Contesta estas preguntas.

1. La vestimenta, por colorida y llamativa que sea, siempre ha tenido un propósito práctico. ¿Cuál será el propósito de estas prendas andinas: polleras sobrepuestas una tras otra, el mantón de lana, el chullo?
2. ¿Qué importancia tiene el sombrero para el indígena andino? Explica.

# Mejoremos la comunicación

## Para hablar de la vestimenta en un almacén

| | | |
|---|---|---|
| 1. la blusa a rayas | 7. el sostén | 13. la blusa bordada |
| 2. la falda con tablas | 8. el calzón | 14. la falda con volantes plegados |
| 3. el camisón | 9. las pantimedias | 15. los lentes |
| 4. la zapatilla | 10. las medias | 16. el abrigo |
| 5. la blusa con lunares | 11. el vestido | 17. la corbata |
| 6. el traje | 12. la enagua | 18. la camisa |

19. los pantalones
20. la bata
21. la bufanda de lana
22. el impermeable
23. los overoles
24. las gafas de sol
25. el suéter de algodón

26. el traje de baño
27. la chaqueta de piel
28. el chaleco
29. los jeans
30. la bota
31. la sandalia
32. los zapatos

33. el calzoncillo
34. el sombrero
35. la camiseta
36. los shorts
37. el calcetín
38. los tenis

## Al buscar en la sección de damas

— ¡Ay, me encanta esta blusa de seda! ¿La tendrán en mi talla?

— No sé. Éstas son todas de tallas pequeñas. Tú llevas una mediana, ¿no?

— ¡Ojalá! Ya hace más de un año que tengo que llevar grande... y no veo ni una sola grande.

— ¿No te gustan estas blusas de satén? Son muy bonitas.

— No. Si no son de seda, no me interesan.

*Oh, I love this silk blouse! I wonder if they have it in my size.*
*I don't know. These are all small sizes. You wear a medium, don't you?*

*I wish! It's been over a year now that I've had to wear a large . . . and I don't see a single large one.*

*Don't you like these satin blouses? They're very pretty.*
*No. If they're not silk, I'm not interested.*

**encaje** *m. lace*
**lino** *linen*
**mezclilla** *denim*

**nilón** *m. nylon*
**terciopelo** *velvet*

— Pero mira estos vestidos. Son lindos. Tengo que probarme uno.
[unos minutos después... ]

— ¿Qué opinas? ¿Estoy hermosa o qué?

— Bueno, si te voy a ser sincera, tengo que decirte que esa moda no va con tu figura. Además, las lentejuelas ya están pasadas de moda.

*But look at these dresses. They're lovely. I have to try one on.*
*[A few minutes later . . . ]*
*What do you think? Am I beautiful or what?*
*Well, to be honest, that style doesn't go with your figure. Besides, sequins are no longer in style.*

## Al buscar en la sección de caballeros

— ¿Buscas algo en particular o sólo andas curioseando?

— Necesito comprar un par de zapatos de vestir.

*Are you looking for something in particular or are you just looking?*
*I need to buy a pair of dress shoes.*

**bota de trabajo** *heavy-duty boot*
**chanclo de goma** *rubber boot*
**mocasín** *m. mocassin*

**pantuflas (zapatillas)** *slippers*
**zapato de calle** *loafer*

— En ese caso, voy a buscar un suéter para Lorenzo en el Departamento de Moda Joven. Mañana es su cumpleaños, sabes.

*In that case I'm going to look for a sweater for Lorenzo in the Teen's Section. His birthday is tomorrow, you know.*

**Departamento de...** . . . *Department*
   **Caballeros** *Men's*
   **Complementos de Moda** *Women's Accessories*

**Deportes**  *m. pl. Sports*
**Hogar**  *m. Housewares*

**Infantil**  *m. Children's*
**Señoras**  *Women's*

— Sí, lo sé. ¿Por qué no me esperas?
Yo quiero comprarle unos vaqueros.

*Yes, I know. Why don't you wait for me? I want to buy him some blue jeans.*

**Algunas variaciones en la vestimenta**

|  | **Español general** | **Español regional** |
|---|---|---|
| *blue jeans* | pantalones | vaqueros (Mex. y Cent. Am.) |
| *bra* | sostén | corpiño (Zona andina) |
| *coat* | abrigo | tapado (Cono Sur) |
| *hat* | sombrero | bombín (Zona andina) |
| *knitted cap* | cachucha | chullo (Zona andina) |
| *shoes* | zapatos | calzado (Zona andina) |
| *skirt* | falda | pollera (Zona andina y Cono Sur) |
| *slip* | enagua | bombacha (Cono Sur) |
| *slippers* | zapatillas | chanclas (Mex. y Cent. Am.) |
| *sweater* | suéter | chompa (Zona andina) |
| *T-shirt* | camiseta | playera (Zona costal) |

# ¡A conversar!

**A. Dramatización.** Estás en el almacén con un(a) amigo(a) porque mañana es la fiesta de cumpleaños de tu mejor amigo(a) y tienes que comprarle algo. Has decidido comprarle una prenda de ropa en serio, y otras prendas de broma. Dramatiza la situación con un(a) compañero(a) de clase.

**B. Desfile de modelos.** Prepárate para participar en un desfile de modelos. Tú serás el locutor y describirás toda la vestimenta de tu compañero(a) cuando él (o ella) pase frente a la clase. Luego tu compañero(a) será el locutor mientras que tú pases frente a la clase. Tal vez quieras llevar un traje especial para esta ocasión.

## Palabras claves: vestir

Con un(a) compañero(a) de clase, decide cual es el significado de las palabras en negrilla.

1. Si tengo que cambiar de traje en el segundo acto, ¿a qué distancia del escenario está el **vestuario**?
2. ¿Cómo es posible que el cura no pueda oficiar sin su **vestidura** sagrada?
3. Me encanta tu **vestido.** ¿Es nuevo?
4. ¿Dónde dices que está? ¿En el **vestíbulo**?
5. Sin duda tiene la mejor **vestimenta** de todas mis amigas. ¿Sabes dónde la consigue?

## ¡Luz! ¡Cámara! ¡Acción!

# La maravillosa geografía musical boliviana

Bolivia tiene una geografía extremadamente variada. Altísimas montañas de picos cubiertos eternamente por la nieve contrastan con selvas subtropicales de clima caluroso y valles donde los extremos de frío y calor están suavizados por un clima benigno. A casi 4.000 metros sobre el nivel del mar encontramos el altiplano, una meseta árida sujeta a las inclemencias de vientos fuertísimos. Allí los indígenas aymaras todavía usan su lengua nativa y conservan celosamente la música y las canciones del pasado.

En este fragmento van a escuchar la música típica del altiplano boliviano. También tendrán la oportunidad de conocer a Micasio Quispe, un artesano que hace instrumentos musicales como tarkas, flautas y quenas. Desde niño él aprendió a fabricar los instrumentos sagrados que acompañan a los aymaras en cada momento de sus vidas. Finalmente, escucharán a Ernesto Cavour, un famoso charanguista quien es autor de muchas canciones especialmente compuestas para este singular instrumento.

## Antes de empezar el video

Contesten estas preguntas en parejas.

1. ¿Cómo te imaginas que será vivir en un altiplano a más de 12.000 pies sobre el nivel del mar? ¿Será difícil o agradable? ¿Por qué? Da algunos ejemplos específicos.
2. ¿Has escuchado alguna vez música andina? ¿Dónde? ¿Qué te pareció? ¿Cómo la describirías: alegre, dramática, triste, melancólica,...?

## ¡A ver si comprendiste!

**A. La maravillosa geografía musical boliviana.** Contesta estas preguntas con un(a) compañero(a) de clase.

1. ¿Cuál es la capital más alta del planeta?
2. ¿Cómo es el altiplano boliviano?
3. ¿Cuál es la lengua indígena más antigua de Sudamérica? ¿Dónde sigue hablándose?
4. ¿Se puede decir que el hacer instrumentos es para Micasio Quispe sólo una manera de ganarse la vida? ¿Tiene para él una importancia más profunda?

**B. A pensar y a interpretar.**   Contesta estas preguntas.

1. ¿Qué impresión tienes de Bolivia después de ver este video? ¿de su geografía? ¿de la música aymara?

2. ¿Por qué crees que Micasio Quispe se refiere a los instrumentos nativos como "sagrados"? Explica por qué dice que los instrumentos nativos están en contacto con la naturaleza. ¿Qué ejemplo da?

3. Bolivia, que lleva el nombre de Simón Bolívar, fue la república preferida del gran libertador. ¿Por qué crees que de los cinco países que liberó, Bolivia fue el preferido?

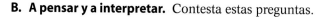

# Exploremos el ciberespacio

Explora distintos aspectos del mundo boliviano en las actividades de la red que corresponden a esta lección. Ve primero a **http://college.hmco.com** y de ahí a la página de *Mundo 21.*

# Argentina, Uruguay, Paraguay y Chile: aspiraciones y contrastes

**Puerto Varas, Chile**

## ¡Bienvenidos a Argentina, Uruguay, Paraguay y Chile.

Estudia el mapa de Latinoamérica de la página xxix. ¿Qué aspectos geográficos tienen en común estos cuatro países? ¿Cómo crees que la geografía afecta las decisiones políticas? ¿Puedes localizar Puerto Varas en el mapa? ¿Crees que es una ciudad principal? ¿Por qué? Aparte del idioma, ¿qué tienen en común estos países con el resto de Latinoamérica?

# Argentina

**Nombre oficial:**
*República Argentina*

**Población:**
*36.265.463 (est.)*

**Principales ciudades:**
*Buenos Aires (capital),
Córdoba, Rosario, La Plata*

**Moneda:**
*Peso ($)*

# Gente
## del Mundo 21

### Astor Piazzolla

(1921–1992), fue posiblemente el mejor bandoneonista del mundo y un gran compositor que unió su conoci-miento de la música clásica con su amor por el tango. De joven estudió piano con Serge Rachmaninov. Entre 1981 y 1990 hizo una gira que lo llevó a tocar en varios países de Latinoamérica, incluyendo México, Europa, Japón y EE.UU. Durante esa gira, recibió en Italia el Primer Premio Absoluto al Mejor Disco de Música Instrumental. Además, fue nominado por los "Grammy Awards" en 1992 por "Oblivion" en la categoría de Mejor Composición Instrumental. En sus últimos diez años escribió más de 300 tangos, unas 50 bandas musicales de películas, así como piezas para obras teatrales y ballets. En 1989, fue nombrado Ciudadano de Honor de Buenos Aires, y en 1990 hizo su última grabación, "Five Tango Sensations", con el cuarteto griego Kronos.

**Gabriela Sabatini,** tenista argentina, nació en Buenos Aires en 1970. Empezó su carrera profesional en 1985, a los catorce años. A la muy temprana edad de veintiséis años se jubiló, habiendo ya ganado más de 9 millones de dólares jugando al tenis y otros 18 millones por prestar su nombre a una serie de productos, tal como una línea de perfumes, y por modelar ropa en revistas de moda. Llegó a ser una de las figuras deportivas más populares de su país y la única capaz de suplantar a los astros del fútbol, el deporte nacional argentino. Entre todo, Sabatini ganó veintisiete títulos simples y doce títulos dobles, inclusive el de Wimbledon en 1988 y tres competiciones en Francia. Está clasificada entre las diez primeras jugadoras de la Asociación Internacional de Jugadoras de Tenis (WITA).

**Jorge Luis Borges** (1899–1986), escritor argentino, nació en Buenos Aires y en 1914 se mudó a Ginebra, Suiza. Allá estudió el bachillerato y aprendió francés y alemán; desde pequeño dominaba el inglés. De vuelta a Buenos Aires en 1921, trabajó de bibliotecario y fundó revistas literarias. Publicó varios libros de poesía y de ensayos literarios a partir de 1923. Su fama mundial se debe a las colecciones de cuentos como *Ficciones* (1944), *El Aleph* (1949) y *El hacedor* (1960), donde el autor cuestiona con ironía y gran inteligencia el concepto habitual de la realidad. Durante la década de los 70 siguió publicando volúmenes de poesía y cuentos. Hacia 1955 una enfermedad lo dejó ciego y lo obligó a dictar sus obras a partir de entonces. En 1985, publicó *Los conjurados*, su último libro de poemas. Sus obras han sido traducidas a muchas lenguas extranjeras y son reconocidas entre las más importantes del siglo XX. Murió en Ginebra, donde reposan sus restos.

## Otros argentinos sobresalientes

**Gabriela Anders:** vocalista, guitarrista y compositora

**Julio Bocca:** bailarín

**Carlos Gardel (1887–1935):** cantante, intérprete máximo del tango

**Alberto Ginastera (1916–1983):** compositor

**Beatriz Guido:** novelista y guionista de cine

**Joaquín Lavado (Quino):** dibujante y caricaturista de "Mafalda"

**Marta Lynch (1925–1985):** novelista

**Silvina Ocampo (1903–1993):** pintora, poeta y cuentista

**Adolfo Pérez Esquivel:** pacifista

**Manuel Puig (1932–1990):** novelista

**Ernesto Sábato:** físico, periodista, ensayista y novelista

**Antonio Seguí:** pintor, dibujante y grabador

## *Personalidades* del Mundo 21

Contesta estas preguntas con un(a) compañero(a) de clase. Luego comparen sus respuestas con el resto de la clase.

1. ¿A qué instrumento se dedicó Astor Piazzolla? ¿Hasta dónde lo llevó ese instrumento? ¿Cómo pasó los últimos diez años antes de morir? Da algunos ejemplos de la fama mundial que alcanzó este músico argentino.
2. ¿A qué edad empezó Gabriela Sabatini su carrera profesional de tenista? ¿A qué edad se jubiló? ¿Qué la habrá motivado a jubilarse a esa edad tan joven? En su posición, ¿crees que te habrías jubilado o hubieras seguido unos años más? ¿Por qué?
3. ¿Qué concepto de la realidad cuestiona Jorge Luis Borges en sus cuentos? ¿Habrá más de una realidad? ¿Cómo cambió la realidad de Borges en 1955?

# Del pasado al presente

# Argentina: gran país con un nuevo comienzo

### Descubrimiento y colonización

En la época del descubrimiento el territorio de la actual Argentina estaba poblado por grupos indígenas de diversos niveles culturales. En las sierras del interior y en los valles de los ríos Paraná y Paraguay se hallaban indígenas que conocían la agricultura. Estas tierras fueron colonizadas a través de reducciones o misiones de jesuitas. La región de la Pampa o gran llanura, la Patagonia en el sur y las zonas costeras estaban habitadas por tribus de cazadores que resistieron a los colonizadores y fueron en su mayoría exterminadas.

En 1516 Juan Díaz de Solís descubrió lo que llamó el mar Dulce. Solís fue atacado y matado por una tribu guaraní. Diez años después, Sebastiano Caboto exploró los ríos Paraná y Paraguay y confirmó entre los indígenas la leyenda de la "ciudad de los césares" y la sierra hecha de plata. Desde entonces el mar Dulce pasó a ser conocido como el río de la Plata.

Ante la perspectiva de obtener grandes riquezas, Carlos V le encargó a Pedro de Mendoza la conquista y colonización del territorio. Mendoza fundó en 1536 el fuerte de Nuestra Señora Santa María del Buen Aire, la futura ciudad de Buenos Aires, el cual fue abandonado cinco años después como consecuencia de los ataques de los indígenas guaraníes. En 1580, el gobernador de Asunción le encargó a Juan de Garay el restablecimiento de la ciudad de Buenos Aires que se edificó siguiendo un diseño cuadricular.

En 1617, la gobernación de Paraguay y del Río de la Plata se dividió en dos provincias cuyas capitales fueron Asunción y Buenos Aires, respectivamente. En 1776 la región quedó con-

**Gaucho tomando mate**

vertida en el Virreinato del Río de la Plata con Buenos Aires como capital. La ganadería fue la actividad principal durante la colonia. El gaucho o vaquero mestizo de las pampas fue la figura predominante de esta época.

### La independencia y el siglo XIX

A principios de 1806, una pequeña fuerza expedicionaria británica ocupó Buenos Aires, que fue reconquistada por sus propios habitantes, sin ayuda de las tropas españolas. En 1807 el virrey Rafael Sobremonte fue reemplazado por el jefe de los militares bonaerenses que habían defendido la ciudad. El 9 de julio de 1816, el congreso de Tucumán proclamó la independencia de las Provincias Unidas del Río de la Plata.

Una guerra con Brasil, que se había anexado la Banda Oriental (Uruguay), concluyó con un acuerdo entre Argentina y Brasil que reconoció la independencia de Uruguay en 1828. En 1865, la Triple Alianza formada por Argentina, Brasil y Uruguay tuvo una sangrienta guerra contra Paraguay. Los aliados vencieron y Argentina adquirió el territorio de Misiones.

Las provincias y Buenos Aires se disputaron durante muchas décadas la supremacía política. El conflicto entre los que pretendían centralizar el poder en Buenos Aires (unitarios) y los que defendían los intereses de las provincias (federalistas) se resolvió en 1880 con la creación del territorio federal de Buenos Aires. La ciudad de la Plata pasó a ser la capital de la provincia de Buenos Aires.

## El "granero del mundo"

A finales del siglo XIX y a comienzos del XX se incrementó notablemente la llegada de inmigrantes europeos, principalmente españoles e italianos, que convirtieron a Buenos Aires en una gran ciudad que

**Estancia en la Patagonia**

recordaba a las capitales europeas. Una extensa red ferroviaria unió las provincias con el gran puerto de Buenos Aires facilitando la exportación de carne congelada y cereales. Argentina pasó a ser el "granero del mundo" y parecía tener asegurada su prosperidad económica.

La crisis económica mundial de 1929 tuvo graves consecuencias sociales en Argentina y puso en evidencia que la prosperidad argentina estaba basada en su dependencia de Inglaterra. En 1930 una rebelión militar derrocó al régimen constitucional que se había mantenido durante casi setenta años. Sin embargo, los conflictos sociales y políticos no fueron resueltos por los varios gobiernos militares y civiles que siguieron.

## La era de Perón

Como ministro de trabajo, el coronel Juan Domingo Perón se hizo muy popular. De hecho, cuando fue encarcelado en 1945, las masas obreras consiguieron que fuera liberado. En 1946, tras una campaña en la que participó muy activamente su segunda esposa María Eva Duarte de Perón (Evita), Perón fue elegido presidente con el cincuenta y cinco por ciento de los votos. Durante los nueve años que estuvo en el poder, desarrolló un programa político denominado "justicialismo", el cual incluía medidas en las que se mezclaba el populismo (política que busca apoyo en las masas con acciones muchas veces demagógicas) y el autoritarismo (imposición de decisiones antidemocráticas).

En 1951 Perón fue reelegido, pero la muerte de su esposa en 1952 lo privó del apoyo de una de las figuras más populares de Argentina. El deterioro progresivo de la economía a partir de 1950 y un enfrentamiento con la Iglesia Católica como consecuencia de la abolición de la enseñanza religiosa obligatoria y la legalización del divorcio, causaron una sublevación militar que obligó la salida de Perón del país en 1955. Esto comenzó un período de inestabilidad política en la que ningún presidente constitucional terminaría su mandato.

En 1972, Perón pudo regresar a su país donde tuvo un gran recibimiento popular. En 1973, fueron elegidos por una gran mayoría Perón y su tercera esposa María Estela Martínez (conocida como Isabel Perón) como presidente y vicepresidenta de la república, respectivamente. Perón murió en 1974 y así su esposa se convirtió en la primera mujer latinoamericana en ascender al cargo de presidente.

**Juan Domingo Perón y su esposa María Eva Duarte**

### Las últimas décadas

Los conflictos sociales, la acentuación de la crisis económica y una ola de terrorismo urbano condujeron a un golpe militar en 1976. Con esto se inició un período de siete años de gobiernos militares en los que la deuda externa aumentó drásticamente, el aparato productivo del país se arruinó y se estima que entre 9.000 y 30.000 personas "desaparecieron".

En 1983, después de la derrota argentina en la guerra por la recuperación de las islas Malvinas (en poder de los británicos), asumió el gobierno Raúl Alfonsín, líder de la Unión Cívica Radical, después de elecciones presidenciales. Durante su gobierno diversos miembros de los regímenes militares acusados de abusos de poder fueron procesados penalmente. Con la inflación sin control, la Unión Cívica Radical fue derrotada por los peronistas en las elecciones de 1989. Carlos Saúl Menem asumió la presidencia ese año y de inmediato promovió una reforma económica con recortes en el gasto público y privatización de empresas estatales. Fue reelegido en 1995. Bajo su di-

**Las madres de la Plaza de Mayo**

rección, la inflación ha sido reducida y la economía se ha reactivado, pero el desempleo ha seguido aumentando. No obstante, Fernando de la Rúa, elegido presidente en octubre de 1999, mira con optimismo el futuro y espera guiar a su nación a una nueva etapa de modernización y desarrollo.

# ¡A ver si comprendiste!

**A. Hechos y acontecimientos.** ¿Recuerdas los datos más importantes de la lectura? Para asegurarte, contesta estas preguntas.

1. ¿Qué sucedió con la mayoría de las tribus de cazadores que habitaban la Pampa, la Patagonia y la costa del Atlántico?
2. ¿Cuál es el origen del nombre "Río de la Plata"?
3. ¿Cuándo se estableció el Virreinato del Río de la Plata? ¿Cuál fue su capital?
4. ¿Cómo adquirió Argentina el territorio de Misiones?
5. ¿Por qué Argentina pasó a ser conocida como el "granero del mundo" a finales del siglo XIX y a comienzos del XX?
6. ¿Quién fue Juan Domingo Perón?
7. ¿Quién fue la primera presidenta latinoamericana?
8. ¿Qué tipo de gobierno tuvo Argentina entre 1976 y 1983?
9. ¿Qué sucedió con la inflación y la economía durante el gobierno de Carlos Saúl Menem?

**B. A pensar y a analizar.** A pesar de ser un gran país con excelentes recursos naturales y un alto nivel de alfabetización, durante la segunda mitad del siglo XX Argentina sufrió gobiernos autoritarios y gobiernos militares que empleaban el terrorismo. ¿Qué permitió tanta corrupción en el gobierno? ¿Puede un gobierno democrático, como el que hoy existe en Argentina, garantizar los derechos humanos para que no se repitan los casos de desaparecidos? Explica.

# Ventana *al Mundo 21*

## ¡Esas formidables mujeres argentinas!

La vida y muerte de Eva Perón fueron tan singulares que es inevitable que se haya convertido en una figura mítica. Su enigmática personalidad continuará interesando al mundo; ella ya es inmortal. Pero "Evita" es tan sólo una de las tantas formidables mujeres argentinas cuyos méritos y talentos son de notar.

Por ejemplo, hay mujeres como **Alfonsina Storni** (1892– 1938), la poeta que se atrevió a decir "Tú me quieres blanca" y que, en más de una ocasión, le pidió al "Hombre pequeñito" que le abriera la jaula para poder volar.

Una mujer igual de poderosa y luchadora para la gente del pueblo es la cantante **Mercedes Sosa,** cuya vibrante voz todavía emociona al mundo.

En el cine, la directora **María Luisa Bemberg** (1917–1995) aprendió ella sola el arte cinematográfico y dirigió su primera película a los cincuenta y seis años; su obra *Camila* le ganó una nominación para el "Óscar".

Los niños latinoamericanos siguen recitando las tiernas e ingeniosas poesías de la adorable **María Elena Walsh.** ¿Quién puede resistir poemas que dicen "La naranja se pasea / de la sala al comedor..."?

Y ¿qué adulto puede resistir los cuentos de **Luisa Valenzuela**? Escritora y periodista, ella sigue atacando a los políticos tiranos con sus cuentos llenos de metáforas y sus alusiones a terribles crímenes cometidos contra el pueblo argentino.

Así, en todas las fases de la vida —en la política, la literatura, el cine y el mundo de los niños— la mujer argentina sigue causando gran impacto en la cultura del país.

**Mercedes Sosa, luchadora por la gente del pueblo**

**¡Esas formidables mujeres argentinas!**  Contesta estas preguntas con un(a) compañero(a) de clase. Luego comparen sus respuestas con las de la clase.

1. ¿En las dos citas de Alfonsina Storni, ¿quién será el "Hombre pequeñito" y a quién se dirigirá cuando dice "Tú me quieres blanca"?
2. ¿Crees que es peligroso para una mujer en Latinoamérica escribir sobre los terribles crímenes cometidos por los políticos? ¿Cómo crees que lo ha podido hacer Luisa Valenzuela?
3. ¿Hay mujeres en la historia de EE.UU. que sean semejantes a las argentinas mencionadas aquí? Nombra una mujer estadounidense que se parezca cada una de las siguientes y explica lo que tienen en común.

| | | |
|---|---|---|
| Evita Perón | Mercedes Sosa | María Elena Walsh |
| Alfonsina Storni | María Luisa Bemberg | Luisa Valenzuela |

# ✺ *Y ahora, ¡a leer!*

## Anticipando la lectura

Contesta estas preguntas.

1. ¿Has tenido la sensación alguna vez, mientras lees un cuento o una novela de misterio, o ves un programa de terror en la televisión, de que tú mismo(a) estás en la escena? ¿Has sentido que el peligro de lo que lees o el terror de lo que ves está presente en el mismo cuarto contigo? Si así es, describe el incidente.

2. ¿Qué causa que a veces nos imaginemos que somos parte de lo que leemos o vemos en la televisión? Explica tu respuesta.

3. ¿En qué tipo de cuento —realista, de horror, de fantasía, de ciencia ficción, de misterio, de amor o algún otro— es más probable cambiar, distorsionar o ignorar la realidad? Da algunos ejemplos y explica cómo se modificó la realidad en cada caso.

## Conozcamos al autor

**Julio Cortázar** (1914–1984) es uno de los escritores argentinos más reconocidos de la segunda mitad del siglo XX. Nació en Bruselas, Bélgica, de padres argentinos, pero se crió en las afueras de Buenos Aires.

En 1951 publicó su primer libro de relatos, *Bestiario,* para poco después trasladarse a París, donde residió desde entonces. En 1963 apareció *Rayuela,* novela experimental ambientada en París y Buenos Aires, y considerada su obra maestra. En este libro el autor invita al lector a tomar parte activa sugiriéndole diferentes alternativas en el orden de la lectura. Cortázar murió en 1984 en París tras haber contribuido decisivamente a la difusión de la literatura latinoamericana en el mundo.

"Continuidad de los parques" está tomado de su segundo libro de cuentos, *Final del juego* (1956). Este cuento, como muchas otras obras de Cortázar, se desarrolla alrededor de una contraposición entre lo real y lo ficticio; cómo el mundo "inventado" de la literatura puede afectar el mundo "real" de los lectores. Es uno de los mejores paradigmas de la corriente literaria conocida como "realismo mágico".

# LECTURA

# Continuidad de los parques

Había empezado a leer la novela unos días antes. La abandonó por negocios urgentes, volvió a abrirla cuando regresaba en tren a la finca; se dejaba interesar lentamente por la trama,° por el dibujo de los personajes. Esa tarde, después de escribir una carta a su apoderado° y discutir
5   con su mayordomo° una cuestión de aparcerías,° volvió al libro en la tranquilidad del estudio que miraba hacia el parque de los robles.°
    Arrellanado° en su sillón favorito, de espaldas a la puerta que lo hubiera molestado como una irritante posibilidad de intrusiones, dejó que su mano izquierda acariciara° una y otra vez el terciopelo verde y se puso a leer los últi-
10  mos capítulos. Su memoria retenía sin esfuerzo los nombres y las imágenes de los protagonistas; la ilusión novelesca lo ganó casi en seguida. Gozaba del placer casi perverso de irse desgajando° línea a línea de lo que lo rodeaba, y sentir a la vez que su cabeza descansaba cómodamente en el terciopelo del alto respaldo,° que los cigarrillos seguían al alcance de la mano, que más allá
15  de los ventanales° danzaba el aire del atardecer bajo los robles. Palabra a palabra, absorbido por la sórdida disyuntiva° de los héroes, dejándose ir hacia las imágenes que se concertaban° y adquirían color y movimiento, fue testigo del último encuentro en la cabaña del monte. Primero entraba la mujer, recelosa,° ahora llegaba el amante, lastimada la cara por el chicotazo° de la

| | |
|---|---|
| *plot* | |
| administrador | |
| *foreman* / contratos laborales | |
| *oak trees* | |
| Extendido cómodamente | |
| *caress* | |
| separando | |
| *back (of chair)* | |
| ventanas grandes | |
| opción | |
| **se...** se ponían de acuerdo | |
| temerosa / *whiplash* | |

20 rama. Admirablemente estañaba ella la sangre° con sus besos, pero él recha-
zaba sus caricias,° no había venido para repetir la ceremonia de una pasión
secreta, protegida por un mundo de hojas secas y senderos° furtivos. El puñal
se entibiaba° contra su pecho y debajo latía° la libertad agazapada.° Un diálogo anhelante° corría por las páginas como un arroyo de serpientes, y se sen-
25 tía que todo estaba decidido desde siempre. Hasta esas caricias que enreda-
ban° el cuerpo del amante como queriendo retenerlo y disuadirlo, dibujaban
abominablemente la figura de otro cuerpo que era necesario destruir. Nada
había sido olvidado: coartadas,° azares,° posibles errores. A partir de esa hora
cada instante tenía su empleo minuciosamente atribuido. El doble repaso
30 despiadado° se interrumpía apenas para que una mano acariciara una mejilla.°
Empezaba a anochecer. Sin mirarse ya, atados° rígidamente a la tarea que los
esperaba, se separaron en la puerta de la cabaña. Ella debía seguir por la
senda que iba al norte. Desde la senda opuesta él se volvió un instante para
verla correr con el pelo suelto.° Corrió a su vez, parapetándose° en los árboles
35 y los setos,° hasta distinguir en la bruma malva° del crepúsculo° la alameda
que llevaba a la casa. Los perros no debían ladrar,° y no ladraron. El mayordomo no estaría a esa hora, y no estaba. Subió los tres peldaños° del porch y
entró. Desde la sangre galopando en sus oídos le llegaban las palabras de la
mujer: primero una sala azul, después una galería, una escalera° alfombrada.
40 En lo alto, dos puertas. Nadie en la primera habitación, nadie en la segunda.
La puerta del salón, y entonces el puñal en la mano, la luz de los ventanales,
el alto respaldo de un sillón de terciopelo verde, la cabeza del hombre en el
sillón leyendo una novela.

**estañaba...** *she stopped the flow of blood* / atenciones

caminitos

**puñal...** cuchillo se calentaba / palpitaba / *hidden* / expectante

*were entangling*

excusas / circunstancias

**doble...** revisión cruel / *cheek*
unidos

libre / protegiéndose
*bushes* / **bruma...** *light fog* /
anochecer / *bark*

*steps*

*stairwell*

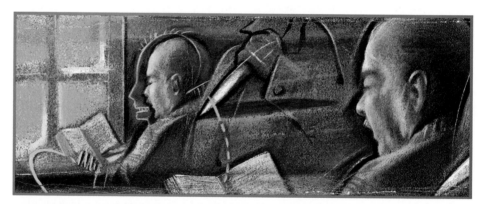

## ¿Comprendiste la lectura?

**A. Hechos y acontecimientos.** Contesten estas preguntas en grupos de tres o cuatro. Luego comparen sus respuestas con las del resto de la clase.

1. ¿Cuándo comenzó el protagonista a leer la novela?
2. ¿Por qué abandonó la lectura de la novela?
3. ¿Qué hizo después de ver a su mayordomo?
4. ¿Qué tipo de novela era la que leía? ¿de misterio? ¿de amor? Explica.
5. ¿Qué relación tenían la mujer y el hombre de la novela?
6. ¿Adónde se dirigió el hombre después de que la pareja se separó?
7. ¿Por qué no estaba el mayordomo a esa hora?
8. ¿A quién encontró el amante al final del cuento?
9. ¿En qué momento del cuento se convierte lo "ficticio" en lo "real"?
10. ¿Qué sugiere el título del cuento "Continuidad de los parques"?

**B. A pensar y a analizar.** Haz estas actividades con un(a) compañero(a) de clase. Luego comparen sus resultados con los de otros grupos.

1. Explica la relación entre los tres personajes del cuento —el señor que leía la novela, el hombre con el puñal y la mujer. ¿Se conocían o eran sólo unos personajes ficticios y el otro verdadero?
2. ¿Es posible que la realidad ficticia literaria se convierta en la realidad verdadera? Explica.
3. ¿Qué opinas de la falta de diálogo en este cuento? ¿Crees que sería mejor si hubiera diálogo? ¿Por qué? ¿Por qué habrá decidido el autor no usar diálogo?

# Introducción al análisis literario

## El realismo mágico

En la *Unidad 7* se introduce el concepto de ambiente: físico, psicológico y social. Este ambiente se desarrolla en el tiempo real; es decir, es realidad. La técnica literaria conocida como **realismo mágico** extiende este concepto y se caracteriza por el uso simultáneo de dos ambientes: el *real* y el *ficticio*. El mezclar los dos ambientes resulta en una segunda realidad, la cual en el realismo mágico es tan válida como la primera. Generalmente, la historia comienza con la descripción de un día "normal" *(primera realidad)* que consigue fascinar al protagonista en cierto momento, como en el cuento de Cortázar: "la ilusión novelesca lo ganó casi en seguida". En ese momento el personaje pasa del *ambiente real* al *ficticio*, y el autor, con la habilidad de un mago, conduce los eventos de tal modo que al final el *ambiente ficticio* toma el lugar del *real*, fusionándose ambos en un círculo en que los dos ambientes se funden y confunden, creando así la segunda realidad.

**A. Evidencia de dos realidades.** Con dos compañeros(as) de clase, busca evidencia en el cuento de Cortázar de las dos realidades y haz lo siguiente.

1. Prepara una lista de dos columnas, una con evidencia del ambiente real, la otra con evidencia del ambiente ficticio.
2. Identifica el momento exacto cuando el ambiente real se une al ficticio para crear la segunda realidad.

**B. La película.** Haz la siguiente actividad con un(a) compañero(a) de clase.

1. Imagina que tú y tres compañeros(as) están en la clase de español. Describan por escrito el ambiente que los rodea con muchos detalles.
2. Imagina que ahora la clase mira una película fascinante que comienza a absorberlos. Describan lo que está pasando en la película y cómo de repente ustedes cuatro terminan siendo parte de la película.

# Cultura ¡en vivo!

## Fútbol, balompié, soccer... ¡Qué deporte!

¿Quién jugó al fútbol por primera vez? Dicen que los chinos y japoneses ya jugaban una versión rudimentaria hace más de 2.000 años. Otros opinan que tanto los mayas como los incas también se entretenían con un juego de pelota similar al fútbol moderno. Lo que es indiscutible es que los ingleses ya lo jugaban en la Edad Media, y en el siglo XIX le dieron la forma y las reglas que lo convirtieron en el deporte más popular del mundo. La Federación Internacional de Fútbol Asociado (FIFA) se fundó en 1904. Uruguay tuvo el honor de patrocinar la primera Copa Mundial en 1930.

**Torneo entre la selección argentina y la inglesa**

El deporte fue llevado a Sudamérica por marineros ingleses e italianos y su popularidad se expandió como un reguero de fuego. Los latinoamericanos adoptaron el fútbol con una pasión que continúa creciendo hasta el punto de haberse convertido en verdadero fanatismo. Es el deporte que une y desune. Hace rezar, gritar, llorar, cantar, bailar y pelear a multitudes que no vacilan en pintarse de pies a cabeza con los colores de su equipo favorito y que pagan precios, a veces exorbitantes, para "hinchar" a su partido favorito.

En el humilde y muy pintoresco barrio de La Boca en Buenos Aires, Argentina, se juega al fútbol con ardor. De ese lugar han surgido estrellas de repercusión mundial, tales como Diego Maradona, considerado uno de los mejores jugadores del mundo. Gracias a su privilegiado pie izquierdo, Maradona consiguió triunfos espectaculares para su país y gran fortuna personal, ya que es millonario y adorado por cientos de miles de fanáticos. Alfredo Stefano Di Stefano es otro destacado futbolista argentino que hizo historia de 1940 a 1960.

Para 1998 ya se habían jugado dieciséis Copas Mundiales. ¿Los ganadores? Europa: ocho veces; América del Sur: ocho también; Argentina: dos veces; Brasil: cuatro; y Uruguay: dos.

**¡Qué deporte!** Contesta estas preguntas con un(a) compañero(a) de clase.

1. ¿Es más probable que los chinos y japoneses hayan originado el fútbol o los mayas y los incas? Explica.
2. ¿Cuándo se fundó la FIFA y dónde se jugó la primera Copa Mundial?
3. En tu opinión, ¿cómo se compara el fanatismo por el fútbol de los latinoamericanos con el de los norteamericanos por el fútbol americano?

¿Quiénes serán más fanáticos? ¿Por qué crees eso? ¿Cuáles son algunos ejemplos del fanatismo?

4. ¿Cuántas veces hubo competencias de la Copa Mundial de fútbol durante el siglo pasado? ¿Cuántas veces han ganado equipos latinoamericanos? ¿europeos? Si la Copa Mundial se juega cada cuatro años, ¿cuándo fue la última? ¿Quién ganó?

# Mejoremos la comunicación

## Para hablar del fútbol

### Al hablar de un partido de fútbol

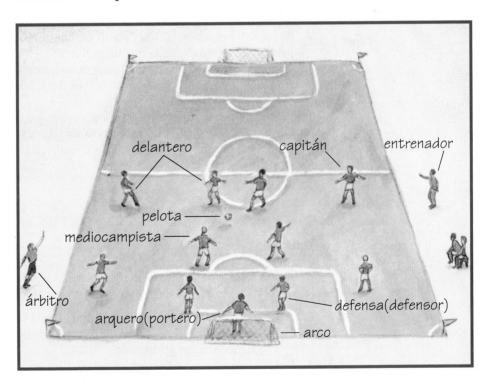

*(Diálogo refleja el* voseo *típico de los porteños)*

—Ya conseguí las entradas, che. A propósito, ¿vos sabés si Batistuta va a jugar esta noche? Se lastimó en el partido con Paraguay. Dicen que se lesionó el pie izquierdo.

*I already got our tickets. By the way, do you know if Batistuta is playing tonight? He hurt himself in the game against Paraguay. They say he injured his left foot.*

—Vale más que juegue; es el mejor jugador que tenemos. Anotó dos goles la semana pasada.

—¿Recordás el gol de tiro libre que hizo contra Chile?

*He'd better play; he's the best player we have. He scored two goals last week.*

*Do you remember the free kick goal he made against Chile?*

**gol de córner** *m. corner goal*
**golpe de cabeza** *m. head kick*

**tiro** *shot (at a goal)*

—¡Es bárbaro! Lo que no comprendo es por qué no le contaron una falta por la patada que le dio a Villarreal. ¡Deberían haber cobrado un penal o expulsarlo!

—Gracias a Dios que no, porque con él en nuestro equipo, ¡no se imagina la selección uruguaya la derrota que les vamos a dar!

*He's cool! What I don't understand is why they didn't penalize him for kicking Villarreal. They should have penalized him or thrown him out of the game!*

*Thank God they didn't because with him on our team, the Uruguayan team has no idea of the beating we're going to give them!*

# ¡A conversar!

**A. ¡El mejor!** Prepara una descripción oral de cómo se juega al fútbol para una persona que no sabe nada del juego. Luego cuéntasela a un(a) compañero(a) de clase. Tu compañero(a) va a hacerte preguntas cuando tu explicación no sea clara y va a explicar lo que tú tal vez no puedas.

**B. ¿Fútbol o fútbol americano?** Tú y un(a) amigo(a) están comparando el fútbol con el fútbol americano. Tú favoreces uno, tu amigo(a) favorece el otro. Dramaticen esa discusión. La clase va a decidir quién presentó los argumentos más convincentes.

## Palabras claves: árbitro

Con un(a) compañero(a) de clase explica el significado de las palabras que aparecen en negrilla. Luego contesten las preguntas.

1. ¿Has **arbitrado** un juego de fútbol alguna vez?
2. ¿Hiciste la decisión de asistir a esta universidad **arbitrariamente**?
3. ¿Tienes amigos **arbitristas**?
4. ¿Quién hace las decisiones **arbitrables** en tu familia?
5. ¿Sientes a veces que tus profesores deciden tus notas **con arbitrariedad**?

## ¡Luz! ¡Cámara! ¡Acción!

# *Buenos Aires: la tumultuosa capital de Argentina*

La gran nación argentina tiene una de las capitales más alegres del continente latinoamericano. Buenos Aires fue fundada en 1536 a orillas del río de la Plata, el río más ancho del mundo. A los porteños les gusta resaltar este hecho, diciendo que el río de la Plata tiene una sola orilla ya que la otra no se ve.

En el siglo XIX llegaron inmigrantes a Buenos Aires de todas partes de Europa. Gracias a esto, la ciudad tiene un ambiente particularmente europeo. La cosmopolita capital tiene anchas avenidas y edificios que recuerdan a París, y elegantes tiendas con vitrinas que muestran la última moda italiana. Es también famosa por sus variados restaurantes, muchos al aire libre, que tientan con su despliegue de deliciosas comidas nacionales e internacionales.

En el campo cultural, Buenos Aires ofrece de todo: de ópera a conciertos de música popular, de ballet a exposiciones de arte y escultura. Por supuesto, la capital ofrece el imprescindible tango. Para los aficionados al deporte hay carreras de caballo en el hipódromo de Palermo, y los "hinchas" del fútbol pueden presenciar emocionantes partidos en la famosa Boca. Siempre hay también la posibilidad de pasearse por los hermosos parques y barrios capitalinos, cada uno con su propia esencia y espíritu. No cabe duda: ¡no hay modo de aburrirse en Buenos Aires!

## Antes de empezar el video

Contesten estas preguntas en parejas.

1. ¿Hay más ventajas o desventajas de vivir en la ciudad más importante del país? Explica tu respuesta.
2. ¿Qué tipo de actividades culturales y deportivas hay en las ciudades principales que con frecuencia no hay en ciudades menores?
3. ¿Dónde preferirías vivir tú, en una gran metrópolis o en una ciudad pequeña? ¿Por qué?

## ¡A ver si comprendiste!

**A. Buenos Aires.** Contesta estas preguntas con un(a) compañero(a) de clase.

1. ¿Cuál fue el nombre original de Buenos Aires?
2. ¿Cómo es posible que sólo se vea una orilla del río de la Plata?
3. ¿En qué consiste el "paseo obligado" de los porteños?
4. ¿Cuál es un hábito británico de cierta parte de la sociedad bonaerense?
5. ¿Cuál es uno de los deportes representativos de los porteños?
6. ¿Qué adjetivo describe mejor la melodía del tango y la manera de ser de los porteños?

**B. A pensar y a interpretar.** Contesta estas preguntas.

1. ¿Por qué crees que tantos europeos emigraron a Buenos Aires? ¿Cuando ocurrió esto?
2. ¿Crees que Buenos Aires sea de veras una ciudad tan europea como París? Explica.
3. ¿Cómo se compara Buenos Aires con otras ciudades principales de Latinoamérica, por ejemplo, la Ciudad de México, San Salvador y Bogotá?
4. ¿Por qué crees que el tango es tan representativo de Buenos Aires en particular y de Argentina en general?

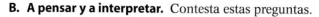

## Exploremos el ciberespacio

Explora distintos aspectos del mundo argentino en las actividades de la red que corresponden a esta lección. Ve primero a **http://college.hmco.com** y de ahí a la página de *Mundo 21*.

## Gente
### del Mundo 21

**Uruguay**

**Nombre oficial:**
*República Oriental del Uruguay*

**Población:**
*3.284.841 (est.)*

**Principales ciudades:**
*Montevideo (capital), Salto, Paysandú, Las Piedras*

**Moneda:**
*Nuevo peso uruguayo (U$)*

**Cristina Peri Rossi,** poeta, novelista, traductora y ensayista uruguaya, nació en Montevideo en 1941. Al completar su licenciatura en letras en la Universidad de Montevideo, ejerció la docencia y el periodismo. Su primera colección de cuentos, *Viviendo* (1963), inició su prolífica obra narrativa que incluye una docena de colecciones de relatos y una novela, *El libro de mis primos* (1969). Entre sus libros de poemas se destaca *Diáspora* (1976), poemario audaz e irónico, con una fuerte dosis de pasión y crítica social. Dentro de sus obras más recientes están tres libros de poesía: *Otra vez Eros* (1994), *Aquella noche* (1996) e *Inmovilidad de los barcos* (1997). Salió exiliada en 1972 para radicarse en Barcelona, donde continúa su carrera literaria.

**Mario Benedetti,** uno de los escritores más importantes de Latinoamérica, nació en Paso de los Toros, en 1920. Es un autor profundamente compenetrado con la realidad política y social de su país. Ha trabajado en diversos empleos; entre otros ha sido contador, taquígrafo, traductor, periodista y director del prestigioso semanario *Marcha*. De 1967 a 1971 residió en Cuba. A su regreso a Uruguay fue exiliado por el gobierno militar en 1973; esta vez se fue a Argentina, Perú y España. Sus extensas publicaciones suman más de sesenta obras, entre las que se incluye novelas, cuentos y colecciones de poesía. Entre sus últimas obras están su novela *Andamios* (1996) y su libro de poesía *La vida ese paréntesis* (1997). Actualmente vive en Montevideo, donde goza del respeto y la admiración de sus coterráneos y del mundo en general.

## Paraguay

**Nombre oficial:**
*República del Paraguay*

**Población:**
*5.291.020 (est.)*

**Principales ciudades:**
*Asunción (capital), San Lorenzo, Ciudad del Este, Concepción*

**Moneda:**
*Guaraní (₲)*

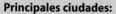

## Otros uruguayos sobresalientes

**Miguel de Águila:** compositor

**Delmira Agustini (1886–1914):** poeta

**Julio Alpuy:** pintor, dibujante y escultor

**Germán Cabrera:** escultor

**José Gamarra:** pintor, dibujante y grabador

**Juana de Ibarbourou (1895–1979):** poeta

**Gabriel Inchauspe:** modista

**Sylvia Lago:** escritora

**Juan Carlos Onetti:** periodista, bibliotecario, cuentista y novelista

**Hermenegildo Sabat:** pintor y caricaturista

**Jorge Páez Vilaró (1922–1994):** pintor, escultor y ceramista

**Augusto Roa Bastos,** escritor paraguayo, es una de las figuras de mayor alcance internacional en la literatura latinoamericana del siglo XX. Nació en Asunción en 1917, hijo de padre brasileño de ascendencia francesa y de madre guaraní. En la década de los 40, él y Josefina Plá, entre otros, formaron parte del grupo que inició la renovación poética en Paraguay. Vivió veinte años de exilio en Buenos Aires donde ejerció diversos oficios. Actualmente, sigue viviendo en el exilio. En 1970 regresó a su país pero fue expulsado por el gobierno paraguayo seis años después. En 1976 se estableció como profesor universitario en Toulouse, Francia. Su producción narrativa se origina en el exilio y tiene como tema principal la historia de violencia política de su país. En 1974 apareció *Yo, el supremo,* la novela paraguaya más traducida del siglo pasado. Entre sus publicaciones más recientes están las novelas *Contravida* (1994), *Madama Sui* (1995) y *La tierra sin mal* (1998). Roa Bastos fue galardonado en Brasil con el Premio de Letras del Memorial de América Latina (1988), en España con el prestigioso Premio Miguel de Cervantes (1989) y en Paraguay con la Condecoración de la Orden Nacional del Mérito (1990).

**Josefina Plá,** poeta, dramaturga, narradora, ensayista, ceramista, crítica de arte y periodista paraguaya, nació en 1909. Fue fundadora de la revista *Proal* en su país y actualmente colabora de manera regular en innumerables publicaciones locales y extranjeras. Ha publicado más de cincuenta libros, entre los cuales se destacan los cuatro poemarios, *Tiempo y tiniebla* (1982), *Cambiar sueños por sombras* (1984), *Los treinta mil ausentes* (1985) y *La llama y la arena* (1987). Su producción narrativa incluye las colecciones de cuentos *El espejo y el canasto* (1981) y *La muralla robada* (1989). Entre su producción ensayística y crítica sobresalen *Voces femeninas en la poesía paraguaya* (1982), *La cultura paraguaya y el libro* (1983), *En la piel de la mujer* (1987) y *Españoles en la cultura del Paraguay* (1985). Ha recibido muchos galardones internacionales: de Brasil la Medalla del Ministerio de Cultura de San Pablo (1979), de Venezuela el Trofeo Ollantay (1983) y de España fue Dama de la Orden de Isabel la Católica (1977) y Miembro Correspondiente de la Real Academia Española de la Historia (1987).

## Otros paraguayos sobresalientes

**Delfina Acosta:** poeta, narradora y periodista

**Edgar Aguilera:** futbolista

**Olga Blinder:** dibujante y grabadora

**Herib Campos Cervera (1905–1953):** poeta

**Carlos Colombino (seudónimo: Esteban Cabañas):** catedrático, arquitecto, pintor y grabador

**Renée Ferrer:** poeta, narradora y ensayista

**Nila López:** periodista, actriz, catedrática y poeta

**Luis Alberto del Paraná (1926–1974):** músico (formó el grupo Los Paraguayos)

**Félix Pérez Cardoso:** arpista

**Aldo Zuccolillo:** periodista

## *Personalidades* del Mundo 21

Contesta estas preguntas con un(a) compañero(a) de clase. Luego, compartan sus respuestas con el resto de la clase.

1. ¿Cuál es la temática principal de la narrativa de Mario Benedetti? ¿Qué lo preparó para escribir sobre esta temática?

2. ¿Cuándo salieron exiliados del Uruguay Mario Benedetti y Cristina Peri Rossi? ¿Cuánto tiempo ha tenido que vivir en el exilio Roa Bastos? ¿Por qué habrán tenido que salir de sus países? ¿Qué peligro para su país pueden presentar escritores como ellos?

3. ¿Cuántos libros ha escrito Josefina Plá? ¿Qué evidencia hay de que su producción literaria es apreciada en el extranjero? ¿Cuáles de las obras de Josefina Plá mencionadas aquí podrían tratar temas feministas? ¿Por qué crees eso?

# Del pasado al presente

# Uruguay: la "Suiza de América" en recuperación

### La Banda Oriental

A la llegada de los europeos, este territorio estaba poblado por diversas tribus, en su mayoría nómadas charrúas, que resistieron la penetración europea. Esto dificultó la colonización española de la región. En 1603 el gobernador de Paraguay, Hernando Arias de Saavedra, exploró el territorio y se dio cuenta de la inmensa riqueza ganadera potencial del país. Ordenó soltar a un centenar de cabezas de ganado vacuno y otro centenar de yeguas y caballos que se multiplicaron prodigiosamente en pocos años. Por otra parte, el gobernador de Buenos Aires, Bruno Mauricio de Zabala, fundó el fuerte de San Felipe de Montevideo para consolidar el dominio español sobre el territorio en 1726. Sin embargo, a excepción de Montevideo y unos pequeños poblados costeros, el territorio continuó prácticamente despoblado durante el período colonial. Se llamó la Banda Oriental ya que se sitúa al este de Buenos Aires, al otro lado del Río de la Plata. En 1777, la Banda Oriental quedó incorporada al Virreinato del Río de la Plata, con capital en Buenos Aires.

### El proceso de la independencia

José Gervasio Artigas dirigió una rebelión en 1811, que puso fin al dominio español cuando éstos les entregaron la ciudad de Montevideo a los rebeldes en 1815. Por su parte, Artigas no reconoció a las autoridades de Buenos Aires que pretendían dominar la Banda Oriental. En 1816, fuerzas venidas desde Buenos Aires derrotaron

LIBERTAD O MUERTE

**La bandera uruguaya de los 33 orientales**

a las de Artigas, pero fueron incapaces de conseguir el control del país. Los portugueses se aprovecharon de esta circunstancia y tomaron Montevideo en 1817. Cuatro años más tarde, en 1821, anexaron la provincia a Brasil.

En 1825 se produjo la expedición de los "33 orientales" procedentes de Buenos Aires, donde estaban exiliados. Estos "uruguayos" iniciaron una rebelión antibrasileña bajo la dirección de Juan Antonio Lavalleja. Por fin, en 1828, Argentina y Brasil firmaron un tratado en que reconocieron la independencia uruguaya. El general Fructuoso Rivera fue elegido presidente ese mismo año y pronto tuvo que enfrentarse a rebeliones dirigidas por Lavalleja.

### Los blancos y los colorados

Las hostilidades entre los riveristas, integrados por las clases medias urbanas, y los lavallejistas, defensores de los intereses de los grandes propietarios, dieron origen a las dos fuerzas políticas que iban a dominar la historia del Uruguay: el Partido Colorado y el Partido Nacional, éste popularmente conocido como el de los blancos.

**Palacio Legislativo en Montevideo**

En 1903 fue elegido presidente el colorado José Batlle y Ordóñez, quien dominó la política uruguaya hasta su muerte en 1929. Impresionado por el consejo ejecutivo de Suiza, Batlle y Ordóñez estableció un consejo nacional modificado y desarrolló un estado de bienestar social que cubría a los ciudadanos desde la cuna a la tumba.

### "Suiza de América"

A finales del siglo XIX y comienzos del XX, el país se benefició con la inmigración de europeos, principalmente italianos y españoles. La población pasó de 450.000 habitantes en 1875 a un millón al finalizar el siglo. Montevideo se convirtió en una gran ciudad. En la década de los 20, el país conoció un período de gran prosperidad económica y estabilidad insti-

**Avenida 18 de julio en Montevideo**

tucional. Uruguay comenzó a ser llamado la "Suiza de América". Pero la crisis económica mundial de 1929 provocó en Uruguay bancarrotas, desempleo y paralización de la actividad productiva.

Un golpe de estado en 1933 inició un período de represión política. Sin embargo, la "Suiza de América" y los ideales optimistas del batllismo resurgieron entre los años 1947 y 1958 con la

presidencia de Luis Batlle Berres, sobrino de Batlle y Ordóñez. Las elecciones de 1958 llevaron al poder, por primera vez en noventa y tres años, al Partido Nacional, o el de los blancos. Sin embargo, dos gobiernos de los blancos no consiguieron contener el malestar económico y social que existía en el país.

### Avances y retrocesos

En 1972, el presidente Juan María Bordaberry declaró un "estado de guerra interna" para contener a la guerrilla urbana conocida como los Tupamaros. En 1973 Bordaberry fue sustituido por una junta de militares y civiles que reprimió toda forma de oposición representada por la prensa, los partidos políticos o los sindicatos. Los once años de gobierno militar devastaron la economía, y más de 300.000 uruguayos salieron del país por razones

**La marina de Punta del Este**

económicas o políticas. La normalidad constitucional retornó en 1984 con la elección de Julio Sanguinetti Cairolo, el candidato propuesto por el Partido Colorado; fue reelegido en 1995.

En noviembre de 1999 la dinastía Batlle volvió al poder cuando el candidato del Partido Colorado, Jorge Batlle, resultó elegido presidente en una segunda vuelta y por un margen estrecho que no incluyó la mayoría de votos en Montevideo.

# ¿A ver si comprendiste?

**A. Hechos y acontecimientos.**    Completa estas oraciones.

1. Montevideo se fundó en...
2. Durante la época colonial el territorio uruguayo fue conocido como...
3. José Gervasio Artigas es conocido por...
4. Los dos países que firmaron el tratado de 1828 que reconoció la independencia uruguaya fueron...
5. Los orígenes e intereses específicos del Partido Colorado y del Partido Blanco son...
6. El efecto que el gobierno militar tuvo en la economía de Uruguay de 1973 a 1984 fue...

7. El candidato elegido a la presidencia en 1984 y otra vez en 1995, que ha traído reformas constitucionales a Uruguay, es...

**B. A pensar y a analizar.** Se puede decir que Uruguay es una ciudad-estado. ¿Qué significa esto? ¿Por qué también se le ha llamado la "Suiza de América"? Desde 1929 Uruguay no ha podido recuperar su imagen de la "Suiza de América". ¿Por qué?

# Ventana *al Mundo* 21

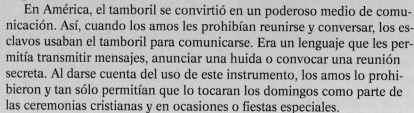

## El tamboril uruguayo

Cuando los esclavos africanos fueron llevados a la América del Sur, muchos acabaron en Uruguay, donde fueron sometidos a un régimen de trabajo intenso y despiadado. De África trajeron el tamboril, un instrumento rudimentario del que arrancaban sonidos que expresaban todo aspecto de sus vidas: desde el nacimiento hasta la iniciación a la adolescencia; del matrimonio y momentos alegres a los ritos fúnebres.

En América, el tamboril se convirtió en un poderoso medio de comunicación. Así, cuando los amos les prohibían reunirse y conversar, los esclavos usaban el tamboril para comunicarse. Era un lenguaje que les permitía transmitir mensajes, anunciar una huida o convocar una reunión secreta. Al darse cuenta del uso de este instrumento, los amos lo prohibieron y tan sólo permitían que lo tocaran los domingos como parte de las ceremonias cristianas y en ocasiones o fiestas especiales.

Hoy, como ayer, el tamboril se usa para ceremonias mágico-religiosas, las danzas y el canto. Es la manifestación musical más original con que cuenta Uruguay. Su influencia alcanza el arte, la literatura, la música sinfónica y la popular y el ritmo de bailes como el tango y la milonga. Leales descendientes de los primeros africanos se dedican a tocar el tamboril y a transmitir su melódico y poderoso mensaje artístico y cultural. Hoy en día, tan pronto como se oye el primer sonido de este maravilloso instrumento, todo Uruguay empieza a moverse y a bailar con un gusto y una soltura contagiosos.

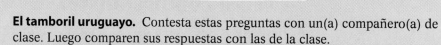

**El tamboril uruguayo.** Contesta estas preguntas con un(a) compañero(a) de clase. Luego comparen sus respuestas con las de la clase.

1. ¿Cómo usaban el tamboril los primeros afro-uruguayos? ¿Hubo algo parecido en la historia de EE.UU.? Explica.
2. ¿Qué papel tiene el tamboril en la cultura uruguaya hoy en día?
3. Carnaval, la celebración máxima del tamboril, se celebra por todas partes. Si has asistido a una celebración de Carnaval, o has observado una en la televisión o en películas, descríbela. ¿Qué papel tuvo el tamboril?

# Paraguay: la nación guaraní se moderniza

**Del pasado al presente**

## El pueblo guaraní y la colonización

Siglos antes de la llegada de los europeos, el territorio situado entre los ríos Paraguay y Paraná estaba habitado por tribus guaraníes seminómadas que vivían en aldeas fortificadas llamadas *tavas*. El nombre de Paraguay proviene de un término guaraní que quiere decir "aguas que corren hacia el mar" y que hace referencia al río Paraguay que, junto con el río Uruguay, forma el Río de la Plata.

Después de una expedición portuguesa dirigida por Aleixo García en 1524, la noticia de un reino donde abundaba la plata llegó a los oídos de exploradores españoles. En 1526, las naves de Sebastiano Caboto exploraron los ríos Paraná y Paraguay. En agosto de 1537, Juan Salazar de Espinosa fundó, en una colina junto al río Paraguay, el fuerte de Nuestra Señora de la Asunción, que en pocos años se convirtió en el núcleo de lo que se conoció como la Provincia Gigante de Indias. En esa región los españoles encontraron una población guaraní amistosa con la que de inmediato comenzó un proceso de mestizaje.

## Las reducciones jesuitas

Desde el siglo XVII, los jesuitas llevaron a cabo una intensa labor de evangelización y colonización. Organizaron un total de treinta y dos reducciones, o misiones, que llegaron a tener más de cien mil indígenas. Las reducciones jesuitas llegaron a constituir un verdadero estado prácticamente independiente. La riqueza de las reducciones se basaba en una próspera producción agrícola y artesanal.

**Reducciones jesuitas**

Varios enfrentamientos ocurrieron entre los terratenientes de Asunción que querían apoderarse de las reducciones y los jesuitas que las administraban. En 1750, España y Portugal decidieron repartirse las reducciones. Esto resultó en una guerra que duró once años y fue apoyada por jesuitas que se oponían a este reparto. Con la intención de apoderarse de la riqueza de las reducciones, el rey Carlos III de España decretó en 1767 la expulsión de los jesuitas de todo el imperio español. Debido a esto, en unas pocas décadas la mayoría de las reducciones perdieron su esplendor y se convirtieron en ruinas.

## La independencia y las dictaduras del siglo XIX

La independencia de Paraguay se declaró formalmente el 12 de octubre de 1813. Fue el primer país latinoamericano en proclamarse como república. El abogado José Gaspar Rodríguez de Francia fue el primero en gobernar Paraguay; fue cónsul junto con el capitán Fulgencio Bautista durante un año. En 1814 Francia fue declarado dictador supremo y en 1816, dictador perpetuo, cargo que ocupó hasta su muerte en 1840.

**Panteón Nacional de los Héroes, Asunción**

El prolongado gobierno de Francia, llamado el Supremo, cerró casi completamente el país a la influencia extranjera y estableció el modelo autoritario que seguiría el gobierno de Paraguay en el siglo XIX. El dictador Carlos Antonio López gobernó como primer cónsul a partir de 1841 y como presidente de la república de 1844 hasta su muerte en 1862. López abrió Paraguay al exterior y favoreció el desarrollo de intercambios comerciales. Su hijo Francisco Solano López gobernó de 1862 hasta su muerte en 1870.

## La Guerra de la Triple Alianza

En 1864, el gobierno de Solano López se enfrentó a Brasil y causó un conflicto conocido como la Guerra de la Triple Alianza en la que Brasil, Argentina y Uruguay unieron sus fuerzas contra Paraguay. La guerra fue un desastre para Paraguay. El propio Solano López murió en una batalla en 1870 y el ejército paraguayo fue destruido. La población, calculada en medio millón a mitad del siglo XIX, fue reducida a menos de 200.000 en la década de 1870. Grandes porciones de territorio paraguayo fueron anexadas por Brasil y por Argentina, y tropas brasileñas ocuparon el país durante seis años.

## Los colorados y los liberales

Después de la salida de las fuerzas brasileñas de ocupación, el país se reconstruyó lentamente. Los grandes partidos políticos se formaron en ese tiempo: el Colorado y el Liberal. Los colorados, que se proclamaban herederos del patriotismo de Solano López, gobernaron desde 1887 hasta 1904. En este año, los liberales tomaron el poder a través de una revuelta y lo conservaron durante tres décadas.

## La Guerra del Chaco

Un conflicto fronterizo entre Bolivia y Paraguay resultó en la Guerra del Chaco entre 1932 y 1935, en la

que murieron más de 100.000 paraguayos. A través de un tratado de paz firmado tres años más tarde, Paraguay quedó en posesión de tres cuartas partes del Chaco.

## Época contemporánea

Una rebelión militar en 1936 seguida por una revuelta de los liberales en 1947 acabaron por establecer un clima político que ayudaría a que el general Alfredo Stroessner fuera nombrado presidente en 1954. Stroessner dominó el país hasta su derrocamiento en 1989. Fue sucedido por el general Andrés Rodríguez, que

**Alfredo Stroessner**

continuó su alianza con el ex-dictador a través del matrimonio de su hija con el hijo de Stroessner. En 1993 se llevó a cabo la primera elección democrática y salió elegido Juan Carlos Wasmosy, que prometió "construir un nuevo Paraguay". En 1996 el gobierno de Wasmosy, con ayuda de EE.UU., logró evitar una

**La presa de Itaipú**

ocupación militar. En 1998 el candidato del Partido Colorado, Raúl Cubas Grau, ganó las elecciones presidenciales, prometiendo mejorar la economía del país y reducir los gastos militares.

En la actualidad el país se moderniza rápidamente gracias a convenios con Brasil, con el que construyó la gigantesca presa hidroeléctrica de Itaipú. Como Paraguay sólo puede utilizar una fracción de la electricidad, le vende el resto al Brasil. En el futuro hará algo similar con el proyecto hidroeléctrico de Yacyretá que comparte con Argentina.

# ¡A ver si comprendiste!

**A. Hechos y acontecimientos.** Completa estas oraciones.

1. Los dos principales ríos de Paraguay son...
2. El primer explorador europeo de Paraguay fue...
3. Las reducciones jesuitas llegaron a ser...
4. José Gaspar Rodríguez de Francia gobernó Paraguay por tanto tiempo que lo llamaban...
5. El resultado de la Guerra de la Triple Alianza para Paraguay fue...
6. En la Guerra del Chaco con Bolivia, Paraguay...
7. Alfredo Stroessner estuvo en el poder desde... hasta...
8. Itaipú es...

**B. A pensar y a analizar.** Paraguay tiene una larga tradición de gobernantes que toman control por largos períodos de tiempo. ¿Por qué será? ¿Qué efecto tiene esto en la economía y en las distintas ramas del gobierno del país? En varias ocasiones Paraguay ha tenido conflictos militares con sus vecinos. ¿Cuál será la causa de tantas dificultades con sus vecinos? ¿Por qué no habrá podido defenderse mejor en estos casos?

**Asunción, Paraguay**

# Ventana *al Mundo 21*

## La problemática literaria de Paraguay (siglo XX)

Paraguay presenta el curioso fenómeno del bilingüismo. El guaraní, su lenguaje ancestral, se combina con el español, heredado de los españoles. Esta mezcla de dos culturas y dos lenguas ha producido una literatura singular que se ve obligada a comunicar en ambas lenguas. Entre los escritores paraguayos, sin duda los más conocidos son el insigne Augusto Roa Bastos (1917) y la muy galardonada y prodigiosa Josefina Plá (1909). Ambos han dominado el ámbito literario paraguayo a lo largo del siglo.

Entre todos los países latinoamericanos, es notable la escasez de producción literaria paraguaya a lo largo del siglo, con excepción, tal vez, del ensayo histórico-político-cultural, en particular durante las primeras cuatro décadas. Más notable es que gran parte de la narrativa y la poesía se escribiera en el exilio. No es sorprendente considerando la tumultuosa escena estatal a lo largo del siglo: la Guerra del Chaco contra Bolivia (1932–1935), la Revolución o guerra civil (1947) y los casi treinta y cinco años de la dictadura de Alfredo Stroessner (1954–1989). La represión dictatorial, las censuras y las autocensuras explican, en gran parte, la falta de una producción literaria dentro del país.

No es hasta fines del siglo que empiezan a publicarse obras que exploran en profundidad las heridas causadas por el cáncer de la dictadura y critican abiertamente el pasado régimen. Entre estas se destacan *Celda 12* (1991) de Moncho Azuaga, *Los nudos del silencio* (1988) de Renée Ferrer, *La isla sin mar* (1987) de Juan Bautista Rivarola Matto y *En busca del hueso perdido: Tratado de paraguayología* (1990) de Helio Vera. En poesía sobresalen *Destierro y atardecer* (1975) y *El poeta y sus encrucijadas* (1991) de Elvio Romero, y *Paloma blanca, paloma negra* (1982) de Jorge Canese.

Desde 1980, un grupo de jóvenes escritores se unieron para fundar la Editorial NAPA, o Narrativa Paraguaya, que trata de publicar un libro de ficción por mes. De esta manera se proporciona gran incentivo y una apertura para nuevos escritores. Los primeros productos de este esfuerzo incluyen *El contador de cuentos* (1980) por Jesús Ruiz Nestosa y *Teatro Breve del Paraguay* (1981) editado por Antonio Pecci. Parte del ambicioso proyecto es publicar además, una obra bilingüe por año.

**La problemática literaria de Paraguay (siglo XX).**  Contesta estas preguntas con un(a) compañero(a) de clase. Luego comparen sus respuestas con las de la clase.

1. ¿Qué fenómeno lingüístico ha producido una literatura singular en Paraguay?

2. ¿Cómo se explica la escasez de producción literaria paraguaya a lo largo del siglo?

3. ¿Qué temas parecen dominar en las obras literarias actuales de escritores paraguayos? ¿Por qué?

4. ¿Qué es la NAPA? ¿Cuáles son sus metas? ¿Qué resultados ha dado?

# Y ahora, ¡a leer!

## Anticipando la lectura

Contesta estas preguntas con dos compañeros(as) de clase. Luego comparen sus respuestas con las de otros grupos.

1. ¿Qué es el milenio? ¿Cuándo ocurrió el último? ¿Cómo se determina cuándo va a ocurrir? ¿Ocurre al mismo tiempo para todas las culturas del mundo? Explica.

2. ¿Te has preguntado alguna vez qué pasaría si todo fuera lo opuesto de lo que es —por ejemplo, si los animales fueran al zoológico a ver a los humanos? ¿O si los pájaros caminaran en la tierra y los hombres volaran en el aire?

3. ¿Has leído un cuento o visto una película en que el mundo parezca ser al revés o en que exista un universo paralelo? ¿Cómo se llamaba? Descríbela brevemente.

## Conozcamos al autor

**Eduardo Galeano** nació en Montevideo en 1940. Fue jefe de redacción del semanario *Marcha* y director del diario *Época*. Estuvo exiliado en Argentina y España de 1973 hasta 1985. En Buenos Aires fundó y dirigió la revista *Crisis*. Es autor de más de una docena de libros y de una gran cantidad de artículos periodísticos. Entre sus libros más conocidos está la trilogía *Memoria del Fuego* (1987) que en 1989 recibió el premio del Ministerio de Cultura de Uruguay y el "American Book Award". Galeano también recibió dos veces el premio Casa de las Américas, en 1975 y 1978, y el premio "Aloa" de los editores daneses, en 1993. Es uno de los maestros más destacados del arte del ensayo en Latinoamérica.

Esta selección viene de uno de sus últimos libros, *Patas arriba* (1998). En esta obra, Galeano insiste que para el segundo milenio el mundo está en proceso de convertirse en un lugar jamás imaginado pero que es el mundo tal cual es: donde la izquierda se convierte en la derecha, el ombligo aparece en la espalda y los pies se transforman en cabeza.

## LECTURA

# El derecho al delirio

Ya está naciendo el nuevo milenio.° No da para tomarse el asunto demasiado en serio: al fin y al cabo,° el año 2001 de los cristianos es el
año 1379 de los musulmanes, el 5114 de los mayas y el 5762 de los
5 judíos. El nuevo milenio nace un primero de enero por obra y gracia de un
capricho° de los senadores del imperio romano, que un buen día decidieron
romper la tradición que mandaba celebrar el año nuevo en el comienzo de la
primavera. Y la cuenta de los años de la era cristiana proviene de otro capricho: un buen día, el papa de Roma decidió poner fecha al nacimiento de
10 Jesús, aunque nadie sabe cuándo nació.

    El tiempo se burla de los límites que le inventamos para creernos el cuento
de que él nos obedece; pero el mundo entero celebra y teme esta frontera.

### Una invitación al vuelo

Milenio va, milenio viene, la ocasión es propicia° para que los oradores de inflamada verba peroren° sobre el destino de la humanidad, y para que los vo-
15 ceros° de la ira de Dios anuncien el fin del mundo y la reventazón° general,
mientras el tiempo continúa, calladito la boca, su caminata a lo largo de la
eternidad y del misterio.

    La verdad sea dicha, no hay quien resista: en una fecha así, por arbitraria
que sea, cualquiera siente la tentación de preguntarse cómo será el tiempo que
20 será. Y vaya uno a saber cómo será. Tenemos una única certeza: en el siglo

*millennium*
**al...** *after all*

*whim*

*favorable*
hablen
profetas / caos

veintiuno, si todavía estamos aquí, todos nosotros seremos gente del siglo
pasado y, peor todavía, seremos gente del pasado milenio.

    Aunque no podemos adivinar el tiempo que será, sí que tenemos, al
menos, el derecho de imaginar el que queremos que sea. En 1948 y en 1976,
las Naciones Unidas proclamaron extensas listas de derechos humanos; pero
25  la inmensa mayoría de la humanidad no tiene más que el derecho de ver, oír y
callar. ¿Qué tal si empezamos a ejercer° el jamás proclamado derecho de     *practicar*
soñar? ¿Qué tal si deliramos,° por un ratito? Vamos a clavar los ojos° más     **si...** *if we became delirious /*
allá de la infamia, para adivinar otro mundo posible:     **clavar...** *to fix our eyes*
    el aire estará limpio de todo veneno° que no venga de los miedos humanos     *poison*
30  y de las humanas pasiones;
    en las calles, los automóviles serán aplastados° por los perros;     *run over*
    la gente no será manejada° por el automóvil, ni será programada por la     *conducida*
computadora, ni será comprada por el supermercado, ni será mirada por el
televisor;
35     el televisor dejará de ser el miembro más importante de la familia, y será
tratado como la plancha° o el lavarropas;     *iron*
    la gente trabajará para vivir, en lugar de vivir para trabajar;
    se incorporará a los códigos penales° el delito° de estupidez, que comenten     *penal code /* crimen
quienes viven por tener o por ganar, en vez de vivir por vivir nomás, como
40  canta el pájaro sin saber que canta y como juega el niño sin saber que juega;
    en ningún país irán presos° los muchachos que se nieguen a cumplir° el     **irán...** *will be arrested /* **se...**
servicio militar, sino los que quieran cumplirlo;     *refuse to fulfill*
    los economistas no llamarán *nivel de vida*° al nivel de consumo, ni llamarán     **nivel...** *standard of living*
*calidad*° *de vida* a la *cantidad*° de cosas;     *quality / quantity*
45     los cocineros no creerán que a las langostas les encanta que las hiervan°     *boil*
vivas;
    los historiadores no creerán que a los países les encanta ser invadidos;°     *atacados*
    los políticos no creerán que a los pobres les encanta comer promesas;
    la solemnidad se dejará de° creer que es una virtud, y nadie tomará en se-     **se...** *will stop*
50  rio a nadie que no sea capaz de tomarse el pelo;°     **tomarse...** *make fun of himself,*
    la muerte y el dinero perderán sus mágicos poderes, y ni por defunción° ni     *loosen up /* muerte
por fortuna se convertirá el canalla° en virtuoso caballero;     *sinvergüenza*
    nadie será considerado héroe ni tonto por hacer lo que cree justo en lugar
de hacer lo que más le conviene;
55     el mundo ya no estará en guerra contra los pobres, sino contra la pobreza,
y la industria militar no tendrá más remedio que declararse en quiebra;°     **en...** *broke*
    la comida no será una mercancía,° ni la comunicación un negocio, porque     *commodity*
la comida y la comunicación son derechos humanos;
    nadie morirá de hambre, porque nadie morirá de indigestión;
60     los niños de la calle no serán tratados como si fueran basura, porque no
habrá niños de la calle;
    los niños ricos no serán tratados como si fueran dinero, porque no habrá
niños ricos;
    la educación no será el privilegio de quienes puedan pagarla;
65     la policía no será la maldición° de quienes no puedan comprarla;     *damnation*
    la justicia y la libertad, hermanas siamesas condenadas a vivir separadas,
volverán a juntarse,° bien pegaditas,° espalda contra espalda;     *unirse / glued*
    una mujer, negra, será presidenta de Brasil y otra mujer, negra, será presi-
denta de los Estados Unidos de América; una mujer india gobernará
70  Guatemala y otra, Perú;

en Argentina, las *locas* de Plaza de Mayo serán un ejemplo de salud mental, porque ellas se negaron a olvidar en los tiempos de la amnesia obligatoria;

la Santa Madre Iglesia corregirá las erratas de las tablas de Moisés, y el sexto mandamiento° ordenará festejar° el cuerpo;

75     la Iglesia también dictará otro mandamiento, que se le había olvidado a° Dios: «Amarás a la naturaleza, de la que formas parte»;

serán reforestados los desiertos del mundo y los desiertos del alma;

los desesperados serán esperados y los perdidos serán encontrados, porque ellos son los que se desesperaron de tanto esperar y los que se perdieron de

80 tanto buscar;

seremos compatriotas y contemporáneos de todos los que tengan voluntad de justicia y voluntad de belleza, hayan nacido donde hayan nacido y hayan vivido cuando hayan vivido, sin que importen ni un poquito las fronteras del mapa o del tiempo;

85     la perfección seguirá siendo el aburrido privilegio de los dioses: pero en este mundo chambón y jodido,° cada noche será vivida como si fuera la última y cada día como si fuera el primero.

*commandment* / celebrar

**se...** *had been forgotten by*

**chambón...** *clumsy and tough*

# ¿Comprendiste la lectura?

**A. Hechos y acontecimientos.** Contesta estas preguntas. Luego compara tus respuestas con las de un(a) compañero(a) de clase.

1. Según el autor, ¿cómo se estableció el calendario cristiano? ¿Está basado en conocimientos científicos?
2. A pesar de los derechos humanos declarados por las Naciones Unidas, ¿qué derechos tienen la gran mayoría de la gente del mundo?
3. ¿Qué visión tiene Eduardo Galeano con respecto a los siguientes elementos?

| | |
|---|---|
| el automóvil | los niños de la calle |
| el televisor | la educación |
| el servicio militar obligatorio | la mujer negra en la política |
| las langostas | la Iglesia Católica |
| los pobres | los desiertos del mundo |

**B. A pensar y a analizar.** Contesta estas preguntas con un(a) compañero(a) de clase. Luego comparen sus respuestas con las de otras parejas.

1. ¿Tuvo el milenio algún significado especial para ti? Si contestas que sí, ¿cuál fue? Si contestas que no, ¿por qué no?
2. ¿Estás de acuerdo con el autor cuando dice que la inmensa mayoría de la humanidad no tiene más que tres derechos humanos? ¿Por qué?
3. ¿Hay algunas visiones del mundo que no compartas con el autor? ¿Cuáles son? ¿Por qué no estás de acuerdo?
4. ¿Con qué propósito comunica el autor esta visión del mundo? Explica.

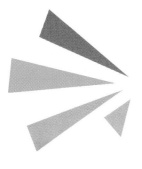

# Introducción al análisis literario

## El ensayo

El ensayo es una obra literaria en prosa que intenta convencer, informar, hacer pensar y también divertir al lector. Normalmente el ensayo es una composición relativamente breve. Su lenguaje puede ser formal; su tono, serio y reflexivo; su intento, comentar un hecho importante y también convencer al público de la opinión del(de la) autor(a).

Hay también otro tipo de ensayo: el humorístico. Éste usa la sátira y el humor para comentar una situación seria.

- **Sátira:** Es el uso de burla, sarcasmo o ironía para ridiculizar, atacar o desmascarar los vicios, malas costumbres, defectos, corrupción y, en general, todo lo negativo que existe en la sociedad.

- **Humor:** Es la habilidad del escritor de hacer reír a su público. Generalmente, el ensayo humorístico disfruta de mucha aceptación y popularidad porque el autor hace reír al mismo tiempo que pone de relieve lo absurdo, lo acertado o lo falso de la situación presentada. Debido a su brevedad y a la importancia social de discutir eventos y situaciones contemporáneas, los ensayos son una parte importantísima dentro del cuerpo de periódicos o revistas.

**A. Ensayo.** ¿Qué tipo de ensayo es "El derecho al delirio"? ¿Usa la sátira o el humor? Si así es, da algunos ejemplos.

**B. La sátira y el humor.** Eduardo Galeano utiliza el sarcasmo y el humor para tratar temas serios como la pobreza, la educación y la Iglesia Católica. Con un(a) compañero(a) de clase, piensen en comentarios sarcásticos o humorísticos que podrían incluir en un ensayo sobre los siguientes temas. Si necesitan ayuda, vuelvan a estudiar los ejemplos que aparecen en la lectura de Galeano.

1. El abuso de las drogas
2. La falta de respeto y consideración por los ancianos
3. La lucha por la igualdad económica entre los sexos

# Cultura
# *¡en vivo!*

## El "hispano guaraní"

Paraguay se distingue de otras naciones latinoamericanas por la persistencia de la cultura
guaraní mezclada con la hispánica. Los guaraníes
son miembros de la familia lingüística tupí-guaraní
que incluye a muchos grupos indígenas que habitaban grandes extensiones de Sudamérica. Tradi-
cionalmente las mujeres se encargaban del cultivo
del maíz, el poroto, la mandioca, la batata y el
maní. Por su parte, los hombres se dedicaban a la
caza y a la pesca. La práctica de la agricultura de
roza (cortar y quemar la selva) requería que los
guaraníes cambiaran de lugar cada cinco o seis
años y llevaran una vida seminómada.

Con la llegada de los españoles se inició un
proceso de rápido mestizaje. Gracias a los mi-
sioneros jesuitas, que orientaron el talento natural
de los guaraníes por la música y las artesanías, se
convirtieron en maestros del arpa, la guitarra y el
violín que ellos mismos hacían con las maderas
preciosas que se encontraban en Paraguay. Los jesuitas también desarrollaron una forma de escritura para la lengua guaraní en el siglo XVI. Esta
lengua se ha mantenido a través de los siglos y
les da un sentido de identidad nacional a los
paraguayos. La mayoría de la población actual de
Paraguay es mestiza y habla tanto guaraní como
español. Mientras que el español se habla en la
vida comercial, el guaraní se emplea como lenguaje familiar.

Actualmente, en la región oriental de Paraguay
existen cuatro grupos de indígenas guaraníes que
permanecieron aislados por muchos años. En las
últimas décadas su modo tradicional de vida ha
cambiado radicalmente. Con la pérdida de sus
tierras se han tenido que convertir en trabajadores
de las plantaciones y de los pueblos que han
surgido con el desarrollo de la región. Es muy
probable que el mundo moderno acabe por
destruir una antigua cultura milenaria de
Sudamérica.

**El "hispano guaraní."** Haz estas actividades con un(a) compañero(a) de clase.
Luego comparen sus resultados con los de otros grupos de la clase.

1. Describe la rutina diaria de los guaraníes antes de la llegada de los españoles. ¿Cómo cambió en las reducciones jesuíticas? ¿Cómo es su vida
   ahora?
2. Compara los recientes cambios en la vida de los guaraníes con los cambios que han sufrido los indígenas en EE.UU.

# *Mejoremos la comunicación*

## Para hablar de culturas indígenas

### Al hablar de culturas precolombinas

— Me fascina mi clase de civilizaciones indígenas. Estoy aprendiendo tanto.
— ¿Ah, sí?

— ¡Fíjate, che, que en Perú había varias y en México y Mesoamérica aún más! Por ejemplo, los mayas habitaban en el área del Yucatán y los aztecas en la meseta central de México.

*My indigenous civilizations class fascinates me. I'm learning so much. Oh, really?*

*Imagine, in Perú alone there were several and in Mexico and Meso-america even more! For example, the Mayans lived in the area of the Yu-catan and the Aztecs in the central valley of Mexico.*

### Al hablar de razas

— ¿No hubo una mezcla de razas?
— Las mezclas más importantes histó-ricamente ocurrieron después de la llegada de los españoles. Fue entonces que surgió la raza más grande actualmente —los mestizos, o sea, hijos de blancos e indígenas. Pero hubo otras mezclas.

*Wasn't there a mix of races? The most historically important mixes occurred after the arrival of the Spaniards. It was then that today's largest race came to be—the mesti-zos, that is, the children of white and indigenous peoples. But there were other mixes.*

**mulatos (hijos de blancos y negros)** *mulatos (children of whites and blacks)*

**zambos (hijos de indígenas y negros)** *zambos (children of indigenous peoples and blacks)*

— Y los criollos también, ¿no?
— Pues, no. Los criollos no eran una raza nueva sino hijos nacidos en las Américas de padres españoles o con sangre europea pura. Histótica-mente, son los criollos los que más poder político y económico han tenido. Los mestizos generalmente forman la clase media, mientras que los indígenas y negros de sangre pura están al margen y componen el grupo más pobre de las Américas.

*And the Criollos as well, right? Actually, no. The Criollos were not a new race, but rather children born in the Americas to Spanish parents or with pure European blood. Histori-cally, the criollos are the ones that have had more political and eco-nomic power. The mestizos generally form the middle class, while the pure-blooded indigenous peoples and blacks are on the fringe and make up the group of poorest people in the Americas.*

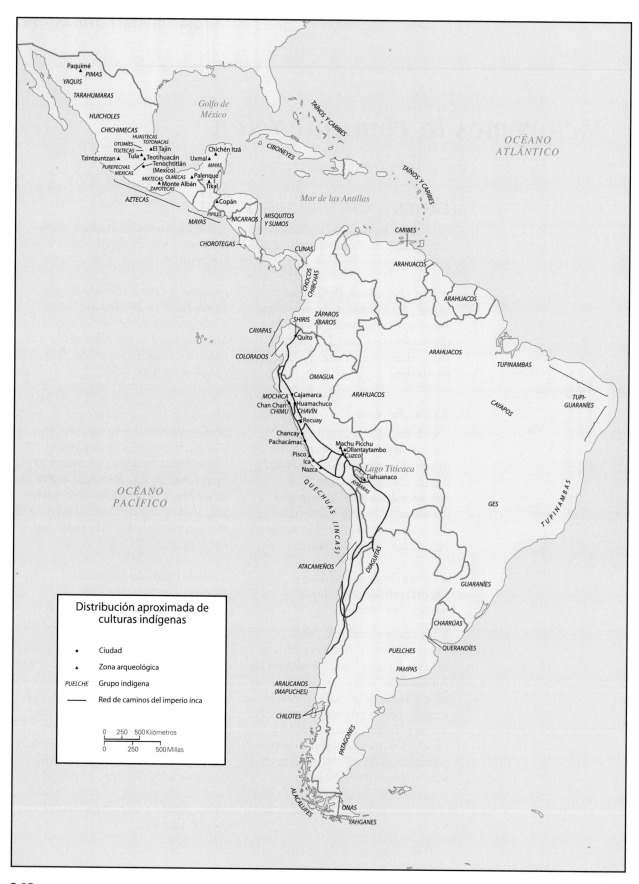

Paquimé ▲ PIMAS
YAQUIS
TARAHUMARAS
HUICHOLES
Golfo de
México
CHICHIMECAS
HUASTECAS
OTOMÍES TOTONACAS
TOLTECAS ▲El Tajín
Tzintzuntzan ▲ Tula ▲Teotihuacán
PUREPECHAS (México)
MEXICAS
MIXTECAS OLMECAS ▲Palenque
▲Monte Albán
ZAPOTECAS ▲Tikal
AZTECAS ●Copán
PIPILES
MAYAS NICARAOS MISQUITOS
Y SUMOS
CHOROTEGAS CUNAS

Chichén Itzá
Uxmal MAYAS

TAÍNOS Y CARIBES
CIBONEYES

Mar de las Antillas
TAÍNOS Y CARIBES

OCÉANO
ATLÁNTICO

CARIBES
ARAHUACOS

CHOCOS
CHIBCHAS

ZÁPAROS
SHIRIS JÍBAROS
CAYAPAS ●Quito
COLORADOS

OMAGUA

MOCHICA ●Cajamarca
Chan Chan ●Huamachuco
CHIMU ●CHAVÍN
●Recuay
Chancay●
Pachacámac● Machu Picchu
Pisco ▲ ●Ollantaytambo
Ica ●Cuzco
Nazca Lago Titicaca
AYMARAS ●Tiahuanaco

ARAHUACOS

ARAHUACOS

ARAHUACOS

TUPINAMBAS

CAYAPOS

TUPI-
GUARANÍES

OCÉANO
PACÍFICO

QUECHUAS (INCAS)

ATACAMEÑOS

DIAGUITAS

GES

TUPINAMBAS

GUARANÍES

CHARRÚAS

PUELCHES QUERANDÍES
PAMPAS

ARAUCANOS
(MAPUCHES)

CHILOTES

PATAGONES

ALACALUFES
ONAS
YAHGANES

Distribución aproximada de
culturas indígenas

● Ciudad

▲ Zona arqueológica

PUELCHE Grupo indígena

——— Red de caminos del imperio inca

0    250   500 Kilómetros
0    250   500 Millas

362

### Al hablar de lenguas indígenas

— Me imagino que han de haber hablado una cantidad de lenguas. ¿Cómo se comunicaban el uno con el otro?

— Bueno, con frecuencia no se comunicaban. Pero en algunas regiones predominaban ciertas lenguas. Por ejemplo, en México los aztecas hablaban náhuatl.

*I suppose they must have spoken a number of languages. How did they communicate with each other?*

*Well, they often didn't communicate with each other. But in some regions certain languages predominated. For example, in Mexico the Aztecs spoke Nahuatl.*

| Lugar | Raza | Lengua |
|---|---|---|
| Caribe | caribes | taíno |
| México | aztecas | náhuatl |
| Mesoamérica | mayas | maya-quiché |
| selva brasilera | tupí-guaraníes | guaraní |
| zona andina | incas | quechua |

— ¿Hubo alguna influencia de las lenguas indígenas en el español?

— ¡Qué va! Una tremenda cantidad de palabras que usamos diariamente vienen directamente de lenguas indígenas. Mira aquí. Acabo de preparar esta breve lista de ejemplos de sólo el taíno, el náhuatl y el quechua. ¡Imagina cuántas más habrá!

*Was there any influence on Spanish from the indigenous languages? Come on! A tremendous amount of words that we use daily come directly from indigenous languages. See here. I've just finished preparing this short list of examples taken only from Taino, Nahuatl, and Quechua. Imagine how many more there must be!*

| taíno | náhuatl | quechua |
|---|---|---|
| canoa | cuate | quinina |
| maíz | chocolate | alpaca |
| hamaca | chicle | guano |
| caníbal | petate | pampa |
| tabaco | coyote | papa |
| huracán | tomate | cóndor |
| cacique | guajolote | jaguar |

# ¡A conversar!

**A. Culturas y lenguas indígenas.** Haz un esquema del mapa de México, Centroamérica y Sudamérica en una hoja de papel. Luego pídele a tu compañero(a) de clase que te diga cuáles fueron los principales grupos de indígenas que ocupaban las Américas a principios del siglo XVI y qué lenguas hablaban. Al hablar tu compañero(a), indica en el mapa los lugares que ocupaba cada grupo y anota las lenguas que hablaba. Deben cerrar sus libros hasta terminar esta actividad.

**B. ¿Taíno? ¿Náhuatl? ¿Quechua?** Con un(a) compañero(a) de clase reorganicen estas palabras en tres columnas diferentes para mostrar cuáles vienen del taíno, del náhuatl y del quechua. Después de terminar esta actividad verifiquen su trabajo en las listas bajo el subtítulo **al hablar de lenguas indígenas.**

| | | |
|---|---|---|
| alpaca | chocolate | maíz |
| guajolote | coyote | pampa |
| cuate | cóndor | papa |
| cacique | guano | quinina |
| caníbal | hamaca | tabaco |
| canoa | huracán | petate |
| chicle | jaguar | tomate |

# Palabras claves: cultura

Explica el significado de las palabras que aparecen en negrilla. Luego contesten las preguntas.

1. En tu opinión, ¿quiénes son las dos personas más **cultas** de Paraguay?
2. ¿Qué recursos **culturales** hay en el Internet?
3. ¿A quiénes les debes tu **culturización**?
4. ¿Qué importancia tiene la **aculturación** de los indígenas en Paraguay ahora?
5. ¿Hasta qué punto **culturizaron** los jesuitas a los guaraníes?

# *Escribamos ahora*

## A generar ideas: La realidad y la imaginación

1. **El realismo mágico.** En la *Lección 1*, página 337, la lectura "Continuidad de los parques" combina la realidad y la imaginación para crear una nueva realidad en la que el lector de una novela en la primera escena se convierte en víctima en la escena final.

   Ahora tú vas a redactar un cuento que combine la realidad y la imaginación. Piensa en algunas experiencias personales y prepara una lista de "realidades". Luego, en una segunda columna, suelta tu imaginación e interpreta las "realidades" de una manera diferente e imaginativa.

| Realidad | Imaginación |
|----------|-------------|
| Estás en casa, cenando con la familia. | Estás en otro planeta. Eres el(la) invitado(a) de honor en un banquete. |
| Estás en tu clase de literatura. | Hay un titiritero (*puppeteer*) que tira las cuerdas y controla a todos en la clase. Todos, profesor(a) y estudiantes, son títeres. |
| ... | ... |

Comparte tus ideas para el cuento con uno(a) o dos compañeros(as) de clase. Explica lo que piensas desarrollar y escucha sus ideas y sugerencias. Haz comentario también acerca del cuento que tus compañeros(as) de clase piensan desarrollar y ofrece ideas para ayudarles a elaborar sus ideas.

2. **Organización antes de escribir.** Ahora selecciona una de las ideas que desarrollaste en la sección anterior y empieza a organizar tu cuento. Empieza por hacer un esquema o diagrama que te ayude a ordenar los elementos principales y los detalles de tu cuento.

**B** **El primer borrador.** Siguiendo el esquema o diagrama que desarrollaste en la sección anterior, prepara un primer borrador de tu cuento. No olvides de incluir suficientes detalles descriptivos y de seleccionar palabras que le den colorido a lo que quieras comunicar.

**C** **Primera revisión.** Intercambia tu redacción con la de un(a) compañero(a), léela cuidadosamente y considera las siguientes preguntas.

1. ¿Es clara y comprensible la primera situación (la real)? ¿Parece estar completa o te gustaría tener más información?
2. ¿Puedes sugerir algunas palabras descriptivas que le den más colorido a la primera situación?
3. ¿Es fácil seguir la transición de la primera situación (la real) a la segunda (la imaginativa)?

**4.** ¿Puedes sugerir más detalles o información para darle más interés a la situación resultante?

Menciona los aspectos del cuento de tu compañero(a) que te gusten tanto como las sugerencias que hagas para mejorarlo.

**D** **Segundo borrador.** Escribe una segunda versión de tu cuento incorporando algunas de las sugerencias que tu compañero(a) te hizo y otras ideas que tengas.

**E** **Segunda revisión.** Prepárate para revisar tu cuento con las siguientes actividades.

**1.** Hojea el cuento de Julio Cortázar e indica cuáles de los siguientes tiempos verbales usa en "Continuidad de los parques."

| | |
|---|---|
| presente de indicativo | pretérito |
| futuro | imperfecto |
| presente de subjuntivo | condicional |
| presente progresivo | presente perfecto |
| mandatos | pluscuamperfecto |

Hay algunas oraciones donde el autor usa varios tiempos verbales en la misma oración. ¿Puedes encontrar unos ejemplos? ¿Qué tiempos verbales tienden a aparecer juntos?

**2.** Ahora indica qué tiempos verbales usa el dramaturgo chileno, Sergio Vodanović, en este trozo del drama "El delantal blanco".

LA SEÑORA: *(Se encoge de hombros con desgano.)* ¡No sé! Ya estamos en marzo, todas mis amigas han regresado y Álvaro me tiene todavía aburriéndome en la playa. Él dice que quiere que el niño aproveche las vacaciones, pero para mí que es él quien está aprovechando. *(Se saca el blusón y se tiende a tomar el sol.)* ¡Sol! ¡Sol! Tres meses tomando sol. Estoy intoxicada de sol. *(Mirando inspectivamente a la EMPLEADA.)* ¿Qué haces tú para no quemarte?

LA EMPLEADA: He salido tan poco de la casa...

LA SEÑORA: ¿Y qué querías? Viniste a trabajar, no a veranear. Estás recibiendo sueldo, ¿no?

LA EMPLEADA: Sí, señora. Yo sólo contestaba su pregunta...

¿Usa sólo tiempos verbales en el presente o usa otros tiempos también? ¿Qué determina el uso de los tiempos verbales?

**3.** Ahora dale una rápida ojeada a tu composición para asegurarte de que no haya errores en el uso de los tiempos verbales. Luego intercambia composiciones con un(a) compañero(a) de clase y revisa su uso de tiempos verbales.

**F** **Versión final.** Considera los comentarios de tu compañero(a) de clase sobre el uso de los tiempos verbales y revisa tu cuento por última vez. Como tarea, escribe la versión final en la computadora. Antes de entregarla, dales un último vistazo a la acentuación, la puntuación y la concordancia.

(G) **Publicación.**  Cuando tu profesor(a) te devuelva la composición corregida, prepara una versión para publicar. Incluye dos ilustraciones, una que representa la situación inicial y la otra, la situación imaginativa. Tal vez encuentres unas fotos o dibujos que puedas usar o quizás quieras dibujar las situaciones.

## Exploremos el ciberespacio

Explora distintos aspectos del mundo uruguayo y del paraguayo en las actividades de la red que corresponden a esta lección. Ve primero a **http://college.hmco.com** y de ahí a la página de *Mundo 21.*

**Nombre oficial:**
*República de Chile*

**Población:**
*14.787.781 (est.)*

**Principales ciudades:**
*Santiago (capital), Concepción, Valparaíso, Viña del Mar*

**Moneda:**
*Peso (Ch$)*

# Gente
## del Mundo 21

**Roberto Matta,** artista chileno de ascendencia vasca, nació en 1911 en Santiago. Finalizó la carrera de arquitectura y de 1934 a 1935 trabajó en Francia con el famoso arquitecto Le Corbusier. Comenzó a pintar en 1938, uniéndose al movimiento surrealista centrado en París. Emigró después, durante la Segunda Guerra Mundial, a Nueva York. Tuvo un gran impacto en el desarrollo del movimiento del expresionismo abstracto en EE.UU. Existe una verdadera explosión de colores en sus pinturas, las cuales sirven para crear una visión de la complejidad del cosmos tal como él lo percibe. Es considerado como el máximo exponente del surrealismo latinoamericano. Actualmente reside en Italia.

**Inti Illimani** es el nombre adoptado por este grupo musical de talento singular que ha tocado música chilena y latinoamericana desde 1967, cuando los integrantes eran todavía universitarios en Santiago, Chile. La belleza de su música y el mensaje social de sus canciones les trajeron enorme popularidad en toda Latinoamérica. A causa de la dictadura de Pinochet, estuvieron en el exilio por más de diez años. Gran parte de ese tiempo residieron en Italia, una experiencia que los ayudó a incorporar elementos aún más interesantes a su hermosa música. Su obra musical, en la cual predominan los ritmos andinos, se destaca por el uso de más de treinta instrumentos de viento, cuerda y percusión. Han dado conciertos en el mundo entero y han grabado más de treinta álbumes. Ahora que la democracia ha regresado a Chile, el grupo ha retornado a su país de origen.

**Isabel Allende,** escritora chilena, nació en 1942. Salió exiliada de Chile en 1973, cuando su tío, Salvador Allende, murió en un golpe militar. No pudo regresar a su país hasta 1988. Está entre la primera generación de escritores latinoamericanos que se crearon leyendo las obras de otros autores latinoamericanos. Comenzó a escribir intensamente en 1981, cuando se encontraba exiliada en Venezuela. Se dio a conocer con su primera novela, *La casa de los espíritus* (1982), que constituye un resumen de la agitación política y económica en Chile durante el siglo XX. Continuó desarrollando estos temas en *De amor y sombras* (1984) y *Eva Luna* (1987). Su novela *El plan infinito* (1991) tiene lugar en EE.UU. En *Paula* (1995), cuenta en detalle las experiencias personales de su familia antes y después de la caída de su tío. Sus últimas obras, *Aphrodite* (1997) y *Fortune's Daughter* (1999), se publicaron en EE.UU., donde también se filmó una película basada en su primera novela.

## Otros chilenos sobresalientes

**Fernando Alegría:** novelista y poeta

**Salvador Allende (1908–1973):** médico, político y ex-presidente

**Claudio Arrau (1903–1991):** pianista

**Tito Beltrán:** cantante de ópera

**María Luisa Bombal (1910–1980):** cuentista y novelista

**José Donoso (1924–1996):** catedrático, periodista y novelista

**Víctor Jara (1932–1973):** cantante y compositor

**Raquel Jodorowsky:** poeta

**Mariano Latorre:** cuentista y novelista

**Violeta Parra (1917–1967):** cantante y compositora

**Sergio Vodanović:** catedrático, periodista y dramaturgo

## *Personalidades* del Mundo 21

Contesta estas preguntas con un(a) compañero(a) de clase. Luego, compartan sus respuestas con el resto de la clase.

1. ¿A qué movimiento se unió Roberto Matta cuando empezó a pintar? Ahora es considerado el máximo exponente del surrealismo latinoamericano. ¿Qué significa esto? ¿Qué es el surrealismo? ¿Qué será el surrealismo latinoamericano? ¿Puedes nombrar a otros artistas surrealistas?

2. ¿Por qué crees que el grupo Inti Illimani estuvo en exilio de Chile por más de diez años? ¿Qué tipo de ritmos predominan en su música? ¿Qué tipo de instrumentos usan?

3. ¿Dónde estaba Isabel Allende cuando comenzó a escribir? ¿Por qué estaba allí? ¿Qué responsabilidad podría haber tenido Isabel Allende durante el gobierno de su tío? ¿Qué le habría pasado si se hubiera quedado en Chile? Explica tu respuesta.

# Del pasado al presente

# Chile: un largo y variado desafío al futuro

## La conquista y la colonia española

A la llegada de los españoles, el territorio chileno estaba habitado por unos 500.000 indígenas. El norte estaba ocupado por pueblos incorporados al Imperio Inca, como los atacameños y diaguitas. En la zona central y al sur del río Bío-Bío vivían los mapuches —llamados araucanos por los españoles— que resistieron durante siglos la colonización.

Fernando de Magallanes fue el primer europeo que vio las tierras chilenas durante su viaje alrededor del mundo. En 1536, Diego de Almagro, un colaborador de Francisco

**Araucanos**

Pizarro, exploró el territorio esperando conquistar "otro Perú", pero regresó decepcionado al no encontrar metales preciosos. En 1540, Pedro de Valdivia inició la colonización de la región y al siguiente año fundó Santiago, colonia que pronto se vio atacada por indígenas. En 1553, el cacique araucano Lautaro logró capturar y matar a Valdivia en la zona sur del país. A pesar de formar parte del Virreinato del Perú, la colonia permaneció muy aislada y pobre en comparación con otras colonias del imperio español. Esto se debió a la falta de metales preciosos y al aislamiento del terreno.

**Bernardo O'Higgins**

## La independencia

En 1810, Bernardo O'Higgins estableció en Santiago la independencia con un gobierno provisional que realizó importantes reformas como la proclamación de la libertad económica y la promoción de la educación. Pero cuatro años más tarde, en 1814, Chile volvió a quedar bajo el dominio español. El general argentino José de San Martín y el chileno Bernardo O'Higgins comandaron un ejército que atravesó los Andes y derrotó a los españoles en 1817. O'Higgins tomó Santiago y pasó a gobernar el país con el título de director supremo. El 12 de febrero de 1818 se proclamó la independencia y Chile se convirtió en una república. En 1822, O'Higgins promulgó la primera constitución, pero ante una creciente oposición abandonó el poder el siguiente año.

### El siglo XIX

Entre 1823 y 1830 existió un caos político; en sólo siete años treinta gobiernos tomaron el poder. La crisis terminó cuando Diego Portales tomó control del país en 1830 y promulgó, tres años más tarde, una nueva constitución con un sistema político centralizado. De 1830 a 1973 la historia política de Chile se distingue de otras naciones latinoamericanas por tener gobiernos constitucionales democráticos y civiles interrumpidos únicamente por dos interludios de gobiernos militares.

La necesidad de equilibrar la balanza de pagos llevó al gobierno chileno a interesarse por las minas de nitrato o salitre de la frontera norte, de la provincia boliviana de Antofagasta, y las provincias peruanas de Arica y Tarapacá. Chile inició la Guerra del Pacífico (1879–1883), y la victoria sobre la coalición peruano-boliviana le permitió la anexión de estos territorios.

### Los gobiernos radicales

Comenzando en 1924 se inició un período de caos político causado por una crisis económica; entre 1924 y 1932 se sucedieron veintiún gabinetes. En 1938, tomó el poder una coalición de izquierda que incluía a los partidos Radical, Socialista y Comunista. Durante los catorce años de gobierno radical se produjo un claro desarrollo industrial y aumentó el porcentaje de población urbana, que alcanzó el sesenta por ciento en 1952.

En 1957, se fundó el partido Demócrata Cristiano, que era un partido reformista de centro. Su candidato, Eduardo Frei Montalva, ganó las elecciones de 1964 e impulsó una reforma agraria que limitaba las propiedades agrícolas a ochenta hectáreas.

### Salvador Allende y Augusto Pinochet

El socialista Salvador Allende triunfó en las elecciones de 1970. Proponía una transición pacífica al socialismo que incluía mejoras sociales para el beneficio de las clases más desfavorecidas. Pero la hiperinflación, la paralización de la producción y el boicoteo del capital extranjero, principalmente estadounidense, aumentaron la oposición al gobierno por parte de las clases medias y altas.

El 11 de septiembre de 1973, las fuerzas armadas tomaron el poder. Allende murió durante el asalto al palacio presidencial de la Moneda. Una junta militar, presidida por Augusto Pinochet, jefe del ejército, revocó las decisiones políticas de Allende. El congreso fue disuelto —acción sin precedente en la historia de Chile como país independiente. Todos los partidos políticos fueron prohibidos y miles de intelectuales y artistas salieron al exilio. Se calcula que cerca de 4.000 personas "desaparecieron".

### El regreso de la democracia

A finales de la década de los 80 el país gozaba de una intensa recuperación económica. En 1988 el gobierno propuso un referéndum que habría mantenido a

**Eduardo Frei Montalva en 1964**

Pinochet en el poder hasta 1997. Perdió el referéndum y así, en 1990 asumió el poder un nuevo presidente elegido democráticamente, el demócrata-cristiano Patricio Aylwin. Mantuvo la exitosa estrategia económica del régimen anterior, pero buscó liberalizar la vida política. En diciembre de 1993, fue elegido presidente con un alto porcentaje de la votación el candidato del partido demócrata Cristiano Eduardo Frei Ruiz-Tagle, hijo del ex-presidente Eduardo Frei Montalva. En enero del año 2000 resultó elegido presidente, en una segunda vuelta y por un margen estrecho, el candidato socialista Ricardo Lagos. Chile se ha constituido en un ejemplo latinoamericano donde florecen el progreso económico y la creciente democratización del país.

**Santiago de Chile con Los Andes en el fondo**

# ¡A ver si comprendiste!

**A. Hechos y acontecimientos.** ¿Recuerdas los datos más importantes de la lectura? Para asegurarte, contesta estas preguntas.

1. ¿Cómo nombraron los españoles a los indígenas mapuches?
2. ¿Quién fundó Santiago? ¿Qué fin tuvo este conquistador español?
3. ¿Quién fue Bernardo O'Higgins?
4. ¿En qué consistió la Guerra del Pacífico? ¿Qué territorios adquirió Chile como resultado de esta guerra?
5. ¿Qué proponía Salvador Allende?
6. ¿Qué ocurrió el 11 de septiembre de 1973? ¿Qué consecuencias tuvo este evento para la historia de Chile?
7. ¿Qué propuso en 1988 el gobierno del general Pinochet para extender su poder hasta 1997?
8. ¿Qué partido político ha estado en poder en Chile a lo largo de la última década del siglo? ¿Qué cambios ha logrado?

**B. A pensar y a analizar.** ¿Por qué crees que Chile ha vacilado entre el socialismo y la democracia a lo largo de su historia? ¿Qué efecto tuvo la falta de apoyo del gobierno de EE.UU. al presidente socialista Salvador Allende? ¿Qué tipo de gobierno fue el de Augusto Pinochet? ¿Quiénes son los 4.000 que "desaparecieron" durante su presidencia?

# Ventana *al Mundo 21*

## El Premio Nobel y los hispanos en el siglo XX

Es impresionante ver el gran número de hispanos que fueron galardonados a lo largo del siglo XX con el Premio Nobel, cuyo propósito es reconocer el valor mundial del trabajo de quienes lo reciben.

**Premio Nobel de Literatura**

| | | |
|---|---|---|
| 1990 | Octavio Paz | mexicano |
| 1989 | Camilo José Cela | español |
| 1982 | Gabriel García Márquez | colombiano |
| 1977 | Vicente Aleixandre | español |
| 1971 | Pablo Neruda | chileno |
| 1967 | Miguel Ángel Asturias | guatemalteco |
| 1956 | Juan Ramón Jiménez | español |
| 1945 | Gabriela Mistral | chilena |
| 1922 | Jacinto Benavente | español |
| 1904 | José Echegaray y Eizaguirre | español |

**Premio Nobel de la Paz**

| | | |
|---|---|---|
| 1992 | Rigoberta Menchú Tum | guatemalteca |
| 1987 | Óscar Arias Sánchez | costarricense |
| 1982 | Alfonso García Robles | mexicano |
| 1980 | Adolfo Pérez Esquivel | argentino |
| 1936 | Carlos Saavedra Lamas | argentino |

**Premio Nobel de Ciencias**

| | | |
|---|---|---|
| 1995 | Mario J. Molina | estadounidense |
| 1970 | Luis F. Leloir | argentino |
| 1968 | Luis Walter Álvarez | estadounidense |

**Premio Nobel de Medicina**

| | | |
|---|---|---|
| 1984 | César Milstein | argentino |
| 1980 | Baruj Benacerraf | estadounidense |
| 1959 | Severo Ochoa | estadounidense |
| 1947 | Bernardo Alberto Houssay | argentino |
| 1906 | Santiago Ramón y Cajal | español |

**Gabriela Mistral**

No se puede ignorar que a lo largo del siglo sólo dos mujeres hispanas fueron seleccionadas para recibir este honor. En Guatemala, el Premio Nobel de la Paz (1992) fue de Rigoberta Menchú Tum, una indígena maya-quiché que a los treinta y tres años se convirtió en símbolo universal del sufrimiento de su pueblo *(véase la página 112)*. En Chile, el Premio Nobel de Literatura (1945) fue otorgado a Gabriela Mistral, no sólo la primera mujer hispana seleccionada para este honor sino también la primera persona de Latinoamérica que recibió este premio tan codiciado. Hasta ese entonces, la literatura latinoamericana se consideraba como una Cenicienta.

¿Y quién era **Gabriela Mistral**? Su verdadero nombre es Lucila Godoy Alcayaga (1889–1957). Era una humilde maestra rural que a los treinta años ya

había alcanzado fama internacional como educadora. En 1922, el famoso reformista de la educación mexicana, José Vasconcelos, la invitó a México para cooperar en la refoma docente del país.

Ese mismo año publicó su primer y, según muchos, su mejor libro de poesía, *Desolación* (1922). En él expresa la tristeza y soledad que siente por la pérdida de su amado, quien se suicidó cuando ella tenía sólo diecisiete años. Su segundo libro, *Ternura* (1924), canta el amor a todos los seres vivos. En su tercer libro, *Tala* (1938), vuelve hacia la humanidad y la naturaleza y en su último libro, *Lagar* (1954), expresa un amor más intenso e íntimo.

**El Premio Nobel y los hispanos.** Haz estas actividades con un(a) compañero(a) de clase. Luego comparen sus respuestas con las de otros grupos.

1. ¿Cuántos hispanos fueron galardonados con el Premio Nobel en el siglo XX? ¿Cuántos países representan? ¿Qué países hispanos han recibido el premio con más frecuencia? ¿Cuáles lo han recibido con más frecuencia durante los últimos veinte años?
2. ¿Por qué se dice que "la literatura latinoamericana se consideraba como una Cenicienta"? ¿Qué significa esto?
3. ¿Qué evidencia hay de que Gabriela Mistral fue no sólo una distinguida poeta sino también una sobresaliente educadora?
4. Explica en tus propias palabras el impacto de que Gabriela Mistral, una mujer, haya sido la primera persona latinoamericana que recibió este honor.

# 🌀 Y ahora, ¡a leer!

## Anticipando la lectura

A veces los poetas enfatizan sus mensajes con el uso de sátira, crítica que ridiculiza a personas o cosas. La sátira aparece a lo largo de "La United Fruit Co." Trata de identificarla al leerlo. Para practicar, lee ahora los primeros nueve versos y contesta estas preguntas.

1. ¿Quién es "Jehová"? ¿Por qué se menciona? ¿Qué poderes se asocian con Jehová? ¿A qué gran libro de las religiones cristianas hacen alusión estos versos?
2. ¿Habla en serio el poeta aquí o se está burlando de algo? Si se está burlando, ¿de qué se burla? ¿A qué grandes empresas menciona? ¿Qué tienen en común?
3. ¿Qué critica? En tu opinión, ¿por qué critica?
4. ¿Te has burlado alguna vez de una empresa o institución? ¿Por qué lo hiciste? ¿Qué lograste?

## Conozcamos al autor

**Pablo Neruda** (1904–1973), cuyo verdadero nombre era Neftalí Ricardo Reyes Basoalto, escribió obras que sorprenden por su gran variedad, la cual refleja los cambios espirituales y políticos del autor. Comenzó con poemarios de forma tradicional y contenido muy lírico: *Crepusculario* (1923) y *Veinte poemas de amor y una canción desesperada* (1924). Continuó con dos tomos, ambos titulados *Residencia en la Tierra* (1945), y caracterizados por su estilo hermético y surrealista. Luego siguió con *España en el corazón* (1937), *Tercera Residencia* (1947) y *Canto General* (1950). En éstos contemplamos el despertar de una conciencia política a favor de los oprimidos y el esfuerzo por alcanzar una expresión que pueda ser comprendida por el pueblo. Esta nueva visión culmina con *Odas elementales* y *Nuevas odas elementales* (ambas de 1956), que son conmovedoras colecciones caracterizadas por un lenguaje llano, sencillo y completamente comprensible. Debido a sus convicciones políticas, no fue hasta 1971 que por fin recibió el Premio Nobel de Literatura. Neruda consiguió convertirse en el poeta del pueblo, amado por los oprimidos mineros de su país y por todos los que sufren y pelean por la justicia social en el mundo. Falleció a los doce días después de que su gran amigo, Salvador Allende, murió a manos del General Pinochet. Póstumamente se publicaron sus memorias, *Confieso que he vivido*, en 1974.

"La United Fruit Co." proviene del *Canto General*. Habla de varios dictadores despóticos y de sus alianzas con compañías internacionales que se dedicaron a explotar al pueblo hispanoamericano y los recursos naturales de cada país.

## LECTURA

# La United Fruit Co.

Cuando sonó la trompeta, estuvo
todo preparado en la tierra
y Jehová repartió° el mundo · distribuyó
a Coca Cola Inc., Anaconda,
5 Ford Motors, y otras entidades:° · corporaciones
la Compañía Frutera Inc.
se reservó lo más jugoso,° · suculento
la costa central de mi tierra,
la dulce cintura de América.
10 Bautizó° de nuevo sus tierras · Nombró
como Repúblicas Bananas,
y sobre los muertos dormidos,
sobre los héroes inquietos
que conquistaron la grandeza,
15 la libertad y las banderas,
estableció la ópera bufa:° · **ópera...** *comic opera*
enajenó los albedríos,° · **enajenó...** *alienated free will*
regaló coronas° de César, · *crowns*
desenvainó la envidia,° atrajo · **desenvainó...** soltó los celos
20 la dictadura de las moscas,° · *flies, pests*
moscas Trujillos, moscas Tachos,
moscas Carías, moscas Martínez,
moscas Ubico,° moscas húmedas · **Trujillos...** dictadores de países
de sangre humilde y mermelada, · latinos
25 moscas borrachas que zumban° · hacen ruido
sobre las tumbas populares,
moscas de circo, sabias moscas
entendidas en tiranía.° · dictadura, opresión

Entre las moscas sanguinarias° · *bloodthirsty*
30 la Frutera desembarca,° · llega
arrasando° el café y las frutas, · *razing*
en sus barcos que deslizaron° · transportaron
como bandejas° el tesoro · platos
de nuestras tierras sumergidas.

35 Mientras tanto, por los abismos° · *abysses, chasms*
azucarados de los puertos,
caían indios sepultados° · enterrados
en el vapor de la mañana:
un cuerpo rueda,° una cosa · **un...** un cadáver se mueve
40 sin nombre, un número caído,
un racimo° de fruta muerta · *branch*
derramada en el pudridero.° · **derramada...** tirada en la
basura

"La United Fruit Co." by Pablo Neruda. © Pablo Neruda, 1950 and Fundación Pablo Neruda. Reprinted by permission of Agencia Literaria Carmen Balcells, S.A.

## ¿Comprendiste la lectura?

**A. Hechos y acontecimientos.** Contesta estas preguntas.

1. Cuando se dividieron las tierras del mundo, ¿quién recibió la tierra preferida del poeta?
2. ¿Qué nombre le dio el nuevo dueño a las repúblicas americanas? ¿Qué opina el poeta de ese nombre?
3. ¿Qué relación hay entre la "ópera bufa" y los muertos, los héroes, la libertad y las banderas?
4. ¿Cuál fue el resultado de haber establecido una "ópera bufa"?
5. ¿A quiénes llama "moscas"?
6. Según el poeta, ¿para qué usó las moscas el nuevo dueño?
7. ¿Qué efecto tuvo el negocio del azúcar y de las frutas en el "indio"?
8. ¿A qué se refiere el poeta cuando habla del "indio" —a los indígenas, a la gente pobre o a ambos?

**B. A pensar y a analizar.** ¿Reconoce el poeta algún aspecto positivo de la United Fruit Co. o sólo ve aspectos negativos? ¿Por qué crees que ha reaccionado así? ¿Estás de acuerdo con el poeta? ¿Por qué? Explica en detalle.

# Introducción al análisis literario

## Lenguaje literario: el sonido

El lenguaje literario requiere el uso de ciertas técnicas para enfatizar un mensaje. Una de éstas es el sonido, que se puede dividir en dos conceptos:

- **Aliteración:** Es la repetición de un sonido o de una serie de sonidos semejantes dentro de una sola palabra. En el siguiente ejemplo se consigue aliteración usando la consonante **l:**  Lola vio llover la lírica luz del limpio lirio.
- **Onomatopeya:** Es el sonido articulado que imita el sonido real designado por la palabra:  Al mismo tiempo **retumbó** un **trueno**.

**A. Onomatopeya.** Con un(a) compañero(a) de clase, encuentren en la segunda columna el sonido imitado por cada palabra de la primera columna.

|  |  |  |  |
|---|---|---|---|
| _____ 1. pato | a. quiquiriqui |
| _____ 2. un choque | b. miau miau |
| _____ 3. gallo | c. buu buu |
| _____ 4. grillo | d. zumba zumba zumba |
| _____ 5. pollito | e. páquete |
| _____ 6. buho | f. chu chu |
| _____ 7. gato | g. pío pío pío |
| _____ 8. mosquito | h. guau guau |
| _____ 9. tren | i. cuac cuac |
| _____ 10. perro | j. cri cri |

**B. Aliteración y onomatopeya.** Con dos compañeros(as), prepara una lista en dos columnas de todos los ejemplos de aliteración y onomatopeya que se encuentran en "La United Fruit Co." Comparen su lista con las otras de la clase.

# Cultura
## *¡en vivo!*

### Potencia económica para el siglo XXI

Latinoamérica, como el león que dormía, ha despertado y el sonido de su rugir llama la atención económica del mundo entero. Con los muchos acuerdos y convenios de comercio libre que surgieron a fines del siglo pasado, el mundo latino se convierte en una potencia económica asombrosa.

El Tratado de Libre Comercio de América del Norte (NAFTA) fue el primer y más significante acuerdo del siglo pasado. Ratificado por EE.UU., Canadá y México, NAFTA estableció el patrón que todos los países latinoamericanos quieren adoptar: liberar la competencia de mercados, ampliar y diversificar las exportaciones, aplicar nuevas técnicas de producción, integrar las políticas financieras, fortalecer las infraestructuras y servicios de producción y mejorar la capacidad negociadora. El efecto en EE.UU. del nuevo comercio, como resultado directo de este tratado, es impresionante.

Situado al otro extremo del hemisferio, el Cono Sur también ha entrado en un convenio y ha formado el Mercado Común del Sur (MERCOSUR). Está compuesto de seis países con dos idiomas, más de 200 millones de habitantes y una variedad de climas y de recursos, con democracia, paz y estabilidad económica. En este ambicioso proyecto de integración económica se encuentran Argentina, Chile, Brasil, Paraguay, Uruguay y Bolivia, países que constituyen una zona de libre comercio sin fronteras internas.

**La bolsa en Santiago de Chile**

De igual manera, Centroamérica y el Caribe siguen el mismo rumbo que sus vecinos del norte y del sur: el Tratado de Libre Comercio Costa Rica-México (1995), el Tratado de Libre Comercio Nicaragua-México (1997) y el Tratado de Libre Comercio Centroamérica (1998). Este último convenio es entre los gobiernos de las repúblicas de Costa Rica, El Salvador, Guatemala, Honduras, Nicaragua y la República Dominicana.

Ya el siglo de dictaduras se acabó y con él todo lo que fueron las mentadas "repúblicas bananeras". El león que es Latinoamérica no sólo levantó su cabeza para rugir sino que con plena fuerza corre tras su debida parte de lo que es la economía mundial.

**Potencia económica para el siglo XXI.** Contesta estas preguntas con un(a) compañero(a) de clase.

1. ¿Cuál fue el primer tratado de libre comercio en las Américas? ¿Entre qué países se hizo este tratado? ¿Cuál fue su importancia para Latinoamérica?

2. ¿Por qué es importante MERCOSUR? ¿A qué países y a cuánta gente afecta?

3. ¿Crees que el gobierno de EE.UU. debería ser parte de todos estos tratados, como trata de ser México? ¿Por qué? ¿Qué efecto pueden tener estos convenios en la economía de EE.UU.?

# Mejoremos la comunicación

## Para hablar del mercado internacional latinoamericano

### Al hablar del libre comercio

— Parece mentira pero con la formación de MERCOSUR el sueño de Simón Bolívar de una sola nación latinoamericana empieza a convertirse en realidad, ¿no crees?

— Bueno, es un comienzo por lo menos.

— ¡Y qué comienzo! Con Bolivia entre los Estados Partes, ya un setenta por ciento de la superficie de Latinoamérica se ha unificado. Eso incluye a más del cincuenta por ciento de la poblacion y más importante aún es que el Producto Interno Bruto (PIB) de los seis miembros se acerca a un billón de dólares. Eso ya es más que los 750 mil millones del PIB de Canadá. Eso también implica un valor de exportaciones de más de 75 mil millones de dólares y otros 70 mil millones de dólares en el valor de importaciones.

Y ten presente que antes de unirse a MERCOSUR, el PIB de Chile era solamente unos 115 mil millones de dólares. Paraguay estaba aún peor, con un PIB de menos de 20 mil millones. Pero todavía falta que toda Latinoamérica se una económicamente para lograr un PIB que se compare con los 9 billones de dólares de EE.UU.

**mil** *thousand (1,000)*
**millón** *million (1,000,000)*
**mil millones** *billion (1,000,000,000)*

— Bueno, todas esas cifras no tienen mucho significado para mí. ¿Puedes decirme en español cotidiano qué beneficios hay para un buen cristiano en todo esto?

*It seems unreal but with the formation of MERCOSUR, Simon Bolivar's dream of a single Latin American nation is beginning to come true, don't you think?*
*Well, at least it's a start.*

*And what a start! With Bolivia now part of the Member States, some seventy percent of the surface of Latin America has already been unified. That includes more than fifty percent of the population and even more important is that the Gross Domestic Product (GDP) of the six members is nearing a trillion dollars. That's already more than the 750 billion Canadian GDP. That also implies a value of more than 75 billion dollars in exports and another 70 billion dollars in imports.*

*And keep in mind that before joining MERCOSUR, the Chilean GDP was only 115 billion dollars. Paraguay was even worse, with a GDP of less than 20 billion. But it is still necessary for all of Latin America to unite economically to achieve a GDP that will compare with the 9 trillion dollars of the U.S.*

**billón** *trillion (1 + 12 zeros)*
**trillón** *quintillion (1 + 18 zeros)*

*Well, all those figures don't have much meaning for me. Can you tell me in plain Spanish what benefits there are for the average person in all of this?*

— Es bastante obvio. Podemos esperar ver una aceleración en los procesos de desarrollo económico a través de esta unión. También vamos a ver una amplificación de los mercados nacionales. Además, como resultado de este tratado veremos un fuerte énfasis en el desarrollo científico y tecnológico de los países integrantes. Pero para mí, lo más importante es ver fortalecerse los lazos culturales entre los Estados Partes.

*It's rather obvious. We can expect to see an acceleration in the processes of economic development by way of this union. We are also going to see a growth in the national markets. And another thing, as a result of this treaty we will see a strong emphasis on scientific and technological development for participating countries. But for me, the most important thing is to see cultural bonds strengthened among Member States.*

### Al hablar del resto de Latinoamérica

— ¿De veras benefician estos tratados a toda Latinoamérica?
— Hasta ahora, casi todos los países hispanohablantes y Brasil son parte de un convenio comercial u otro. Desafortunadamente, Belice y Guayana siempre parecen estar al margen. Cuba y Haití en el Caribe también siempre quedan excluidos. Lo bueno es que la República Dominicana sea parte del Tratado de Libre Comercio Centroamericano.

*Do these treaties really benefit all of Latin America?*
*Until now, almost all the Spanish speaking countries and Brazil are part of one trade agreement or another. Unfortunately, Belice and Guayana always seem to be on the fringe. Cuba and Haiti in the Caribbean are also always excluded. The good thing is that the Dominican Republic is part of the Central American Free Trade Treaty.*

# ¡A conversar!

**A. Tratados de libre comercio.** Fuera de NAFTA y los países latinoamericanos, ¿hay tratados de libre comercio entre otros países? ¿Cuáles serán algunos ejemplos? ¿Qué ventajas hay en estos tratados? ¿Cuales son las desventajas?

**B. MERCOSUR.** En tu opinión, ¿crees que Colombia, Venezuela, Ecuador y Perú deberían unirse a MERCOSUR? Explica.

**C. Debate.** Con tres compañeros(as) de clase, prepara un debate sobre el papel que EE.UU. debe jugar en el mercado latinoamericano. Dos deben argüir que EE.UU. debe participar más activamente y dos que no. Informen a la clase quién ganó el debate.

## Palabras claves: comercio

Explica el significado de las siguientes palabras. Luego usa cada palabra en una oración original.

1. comercial
2. comerciar
3. comerciante
4. comercializar
5. comercialización
6. comerciable

## ¡Luz! ¡Cámara! ¡Acción!

# *Chile: tierra de arena, agua y vino*

Chile es el país más largo y angosto de Sudamérica, y posiblemente del mundo. Comprende desiertos solitarios, cordilleras de picos elevadísimos, regiones cambiantes de especial encanto y valles de clima perfecto para el cultivo de frutas.

En esta selección, viajarán al desierto de Atacama, que tiene fama de ser el más árido del mundo. Allí descansarán en el oasis que se encuentra en San Pedro de Atacama, un pueblecito de menos de 2.000 personas. Luego irán a Antofagasta, ciudad situada en la costa del Pacífico donde se vive de la pesca y de los ingresos de su puerto aduanero internacional. De allí viajarán por el centro de Chile, donde producen y exportan el mejor vino de Sudamérica. Un ejemplo especial son las bodegas de Santa Carolina, fundadas en 1875. Santa Carolina es una exportadora de vinos de primera calidad.

## Antes de empezar el video

Contesten estas preguntas en parejas.

1. ¿Qué significa **desierto** para ti? Explica en detalle.
2. ¿Te gustaría vivir en un pueblo donde no haya tiendas, ni bares, ni avenidas, ni tráfico? ¿Qué hará que la gente quiera vivir en tal lugar? ¿Cómo pasarán el tiempo allí?
3. ¿Qué tipo de terreno y clima es necesario para cultivar la uva de la que se hace el vino? ¿Dónde se produce el vino en EE.UU.? ¿Son lugares atractivos? Explica.

## ¡A ver si comprendiste!

**A. Chile: tierra de arena, agua y vino.** Contesta estas preguntas con un(a) compañero(a) de clase.

1. ¿De qué tiene fama el desierto de Atacama? ¿Cuál es su magia y magnificencia?
2. ¿Qué es el salar de Atacama? ¿Por qué es de interés turístico internacional?
3. Compara el pueblo de San Pedro de Atacama con Antofagasta. ¿En qué se parecen? ¿En qué se diferencian?
4. ¿Adónde exporta Chile su vino? ¿Qué lugar ocupa Chile entre los grandes exportadores de vino en las Américas?

**B. A pensar y a interpretar.** Contesta estas preguntas.

1. Después de ver el video, ¿qué puedes decir de la geografía chilena?
2. ¿Por qué crees que Chile se estableció como país con terreno tan largo y angosto?

3. ¿En qué parte del país crees que vive la mayoría de habitantes de Chile? ¿Por qué?

4. ¿Por qué será que las exportaciones chilenas de vino, fruta y verdura son tan populares en EE.UU.?

# Exploremos el ciberespacio

Explora distintos aspectos del mundo chileno en las actividades de la red que corresponden a esta lección. Ve primero a **http://college.hmco.com** y de ahí a la página de *Mundo 21.*

# Manual de gramática

# Lección 1

## 1.1 NOUNS AND ARTICLES

### Gender of Nouns

Nouns in Spanish are either masculine or feminine. The gender of most nouns is arbitrary, but there are some rules that can help to guide you.

■ The majority of the nouns ending in **-a** are feminine; those ending in **-o** are masculine.

| | |
|---|---|
| la película | el territorio |
| la garantía | el tratado |

The following are common exceptions:

| | |
|---|---|
| la mano | el día |
| la foto (=la fotografía) | el mapa |
| la moto (=la motocicleta) | el drama |

■ Nouns referring to males are masculine and those referring to females are feminine.

| | |
|---|---|
| el hijo | la hija |
| el escritor | la escritora |
| el hombre | la mujer |
| el padre | la madre |

■ Some nouns, such as those ending in **-ista,** have the same form for the masculine and the feminine. The article or the context identifies the gender.

| | |
|---|---|
| el artista | la artista |
| el cantante | la cantante |
| el estudiante | la estudiante |
| el novelista | la novelista |

■ Most nouns ending in **-d, -ión,** and **-umbre** are feminine.

| | | |
|---|---|---|
| la identidad | la condición | la costumbre |
| la oportunidad | la inmigración | la muchedumbre |
| la pared | la tradición | la certidumbre |

Some exceptions to this rule are:

| | |
|---|---|
| el césped   *(the lawn)* | el avión |
| el ataúd   *(the coffin)* | el camión |

■ The nouns **persona** and **víctima** are always feminine, even if they refer to a male.

| | |
|---|---|
| Maltide es una persona muy creativa. | *Matilde is a very creative person.* |
| Pedro es una persona muy imaginativa. | *Pedro is a very imaginative person.* |

■ Nouns of Greek origin ending in **-ma** are masculine.

| | | |
|---|---|---|
| el idioma | el problema | el clima |
| el poema | el programa | el tema |

- Most nouns ending in **-r** or **-l** are masculine.

  | | |
  |---|---|
  | el favor | el papel |
  | el lugar | el control |

  Some exceptions to this rule are:

  | | |
  |---|---|
  | la flor | la catedral |
  | la labor | la sal |

- Nouns referring to months and days of the week are masculine, as are those referring to oceans, rivers, and mountains.

  | | |
  |---|---|
  | el jueves | el Pacífico |
  | el húmedo agosto | el Everest |

  The word **sierra** *(mountain range)* is feminine: **la** sierra Nevada.

- Some nouns have two genders; the gender is determined by the meaning of the noun.

  | | |
  |---|---|
  | el capital   *the capital (money)* | la capital   *the capital (city)* |
  | el corte   *the cut* | la corte   *the court* |
  | el guía   *the (male) guide* | la guía   *the guidebook; the (female) guide* |
  | el modelo   *the model; the (male) model* | la modelo   *the (female) model* |
  | el policía   *the (male) police officer* | la policía   *the police (force); the (female) police officer* |

## Ahora, ¡a practicar!

**A. La tarea.** Ayúdale a Pepito a hacer la tarea. Tiene que identificar el sustantivo de género diferente, según el modelo.

> MODELO   opinión, avión, satisfacción, condición
> **el avión** (los otros usan el artículo **la**)

1. mapa, literatura, ciencia, lengua
2. ciudad, césped, variedad, unidad
3. problema, tema, fama, poema
4. calor, color, clamor, labor
5. metal, catedral, canal, sol
6. moto, voto, boleto, proceso

**B. ¿Qué opinas?** Indica si en tu opinión lo siguiente es fascinante o no.

> MODELO   variedad cultural
> **La variedad cultural es fascinante.** o
> **La variedad cultural no es fascinante.**

1. cuentos de Sandra Cisneros
2. idioma español
3. diversidad cultural de EE.UU.
4. capital de mi estado
5. programas de música latina
6. arquitectura del suroeste
7. vida de César Chávez
8. mural *Im Perfection*

**C. Encuesta.** Entrevista a varios(as) compañeros(as) de clase para saber qué opinan sobre estos temas. Si la persona contesta afirmativamente, escribe su nombre en el cuadro apropiado. No se permite tener el nombre de la misma persona en más de un cuadro.

MODELO   ¿Qué opinas de la diversidad en nuestra universidad?
**Es fascinante.** o **No es muy interesante.**

| diversidad cultural en nuestra universidad | cuento "Adolfo Miller" | problema de drogas |
|---|---|---|
| _____ | _____ | _____ |
| clima hoy día | foto de Sabine Ulibarrí en este libro | mural *Im Perfection* |
| _____ | _____ | _____ |
| cantante Selena | programas universitarios | películas de Edward James Olmos |
| _____ | _____ | _____ |

## Plural of Nouns

To form the plural of nouns, follow these basic rules.

■ Add **-s** to nouns that end in a vowel.

| | |
|---|---|
| territorio | territorios |
| cantante | cantantes |
| película | películas |

■ Add **-es** to nouns that end in a consonant.

| | |
|---|---|
| escritor | escritores |
| origen | orígenes |

■ Nouns that end in an unstressed vowel + **-s** have identical singular and plural forms.

| | |
|---|---|
| el lunes | los lunes |
| la crisis | las crisis |

■ Nouns ending in **-z** change the **z** to **c** in the plural.

| | |
|---|---|
| la voz | las vo**c**es |
| la actriz | las actri**c**es |

■ Nouns ending in an accented vowel + **-n** or **-s** lose their accent mark in the plural.

| | |
|---|---|
| la condición | las condiciones |
| el interés | los intereses |

# Ahora, ¡a practicar!

**A. Contrarios.** Tú y tu mejor amigo(a) son completamente diferentes. ¿Qué dices tú cuando tu amigo(a) hace estos comentarios?

MODELO     Yo no conozco a ese candidato.
                **Yo conozco a todos los candidatos.**

1. Yo no conozco a esa actriz.
2. Yo no sé hablar otra lengua.
3. Mi lección de guitarra es el lunes.
4. Yo no conozco ni una película de Olmos.
5. Yo tengo una crisis al día.
6. Yo no conozco a esa escritora.
7. Yo no reconozco la voz de nadie.
8. Yo visité una misión en el verano.

**B. ¿Cuántos hay?** Pregúntale a un(a) compañero(a) cuántos de los siguientes objetos hay en los lugares indicados.

MODELO     tu mochila: libro, lápiz, bolígrafo, cuaderno
                **¿Cuántos libros hay en tu mochila?**
                **Hay tres libros.**

1. tu cuarto: escritorio, cama, silla, diccionario, computadora
2. tu sala de clase: estudiante, escritorio, silla, pizarra, tiza
3. la casa de tus padres: cuarto, baño, televisor, persona, bicicleta
4. tu cine favorito: pantalla, boletería, acomodador, taquillero, película
5. el cuento "Adolfo Miller": personaje, protagonista, narrador, ciudad, novio de Francisquita

# Definite and Indefinite Articles

## Definite Articles

### Forms

|  | masculine | feminine |
|---|---|---|
| **singular** | el | la |
| **plural** | los | las |

■ The gender and number of a noun determines the form of the article.

| nombre | → | *masculine singular* | → | **el** nombre |
| gente | → | *feminine singular* | → | **la** gente |
| pasaportes | → | *masculine plural* | → | **los** pasaportes |
| labores | → | *feminine plural* | → | **las** labores |

■ Note the following contractions.

a + el = al
de + el = del

| | |
|---|---|
| ¿Conoces **al** autor **del** cuento "Adolfo Miller"? | *Do you know the author of the short story "Adolfo Miller"?* |
| La diversidad es una **de las** cuestiones centrales **del** siglo XXI. | *Diversity is one of the central topics of the twenty-first century.* |

■ The article **el** is used with singular feminine nouns beginning with stressed **a-** or **ha-** when it immediately precedes the noun; otherwise, the form **la** is used. The plural of these nouns always takes the feminine article **las.**

| | |
|---|---|
| **El arma** más poderosa para combatir la pobreza es la educación. | *The most powerful weapon to fight poverty is education.* |
| **El agua** de este lago está contaminada. | *The water of this lake is contaminated.* |
| **Las aguas** de muchos ríos están contaminadas. | *The waters of many rivers are contaminated.* |

Some common feminine nouns beginning with stressed **a-** or **ha-** are:

| | | | |
|---|---|---|---|
| águila | *(eagle)* | área | |
| agua | | aula | *(classroom)* |
| ala | *(wing)* | habla | |
| alba | *(dawn)* | hada | *(fairy)* |
| alma | *(soul)* | hambre | |

## Uses

The definite article is used in the following cases:

■ with nouns conveying a general or abstract sense. Note that English omits the article in these cases.

| | |
|---|---|
| **La** violencia no soluciona **los** problemas. | *Violence does not solve problems.* |
| Debemos continuar mejorando **la** educación. | *We must continue improving education.* |
| Respetamos **la** diversidad cultural. | *We respect cultural diversity.* |

■ with parts of the body and articles of clothing when preceded by a reflexive verb or when it is clear who the possessor is. Note that English uses a possessive adjective in these cases.

| | |
|---|---|
| ¿Puedo sacarme **la** corbata? | *May I take off my tie?* |
| Me duele **el** hombro. | *My shoulder hurts.* |

■ with the names of languages, except when they follow **en, de,** or forms of the verb **hablar.** The article is often omitted after the verbs **aprender, enseñar, entender, escribir, estudiar, saber,** and **leer.**

| | |
|---|---|
| **El** español y **el** quechua son las lenguas oficiales de Perú. | *Spanish and Quechua are Peru's official languages.* |
| Este libro está escrito en portugués. Yo no entiendo (**el**) portugués, pero un amigo mío es profesor de portugués. | *This book is written in Portuguese. I don't understand Portuguese, but a friend of mine is a Portuguese teacher.* |

- with titles, except **San/Santa** and **don/doña,** when speaking *about* someone. It is omitted when speaking directly *to* someone.

| | |
|---|---|
| Necesito hablar con **el** profesor Núñez. | *I need to talk to Professor Núñez.* |
| Doctora Cifuentes, ¿cuáles son sus horas de oficina? | *Doctor Cifuentes, what are your office hours?* |
| ¿Conoces a **don** Eugenio? | *Do you know don Eugenio?* |
| Hoy es el día de **Santa** Teresa. | *Today is Saint Teresa's feast day.* |

- with the days of the week to mean *on.*

| | |
|---|---|
| Te veo **el** martes. | *I'll see you on Tuesday.* |

- with times of day and dates.

| | |
|---|---|
| Son **las** nueve de la mañana. | *It's nine in the morning.* |
| Salimos **el** dos de septiembre. | *We are leaving September second.* |

- in the names of certain cities, regions, and countries such as **Los Ángeles, La Habana, Las Antillas, El Salvador,** and **La República Dominicana.** The definite article is optional with the following countries:

| | | |
|---|---|---|
| (la) Argentina | (el) Ecuador | (el) Perú |
| (el) Brasil | (los) Estados Unidos | (el) Uruguay |
| (el) Canadá | (el) Japón | |
| (la) China | (el) Paraguay | |

- with proper nouns modified by an adjective or a phrase.

| | |
|---|---|
| Quiero leer sobre **el** México colonial. | *I want to read about colonial Mexico.* |
| ¿Dónde está **la** pequeña Lucía? | *Where is little Lucía?* |

- with units of weight or measurement.

| | |
|---|---|
| Las uvas cuestan dos dólares **el kilo.** | *Grapes cost two dollars a kilo.* |

## *Ahora, ¡a practicar!*

**A. Preparativos.** ¿Quién es responsable de enviar las invitaciones? Para saberlo, escribe el artículo definido en los espacios sólo cuando es necesario.

— ___1___ Señora Olga, ¿cuándo es la próxima exposición de ___2___ doña Carmen?
— Es ___3___ viernes próximo.
— ___4___ señor Cabrera se ocupa de las invitaciones, ¿verdad?
— ¿Enrique Cabrera? No, ___5___ pobre Enrique está enfermo. Tú debes enviar ___6___ invitaciones esta vez.

**B. Entrevista.** Tú eres reportero(a) del periódico estudiantil. Hazle las siguientes preguntas a un(a) compañero(a) de clase.

1. ¿Qué lenguas hablas?
2. ¿Qué lenguas lees?
3. ¿Qué lenguas escribes?
4. ¿Qué lenguas consideras difíciles? ¿Por qué?
5. ¿Qué lenguas consideras importantes? ¿Por qué?

**C. Resumen.** Ahora escribe un breve resumen de la información que conseguiste en la entrevista.

## Indefinite Articles

### Forms

|          | masculine | feminine |
|----------|-----------|----------|
| singular | un        | una      |
| plural   | unos      | unas     |

■ The indefinite article, just like the definite article, agrees in gender and number with the noun it modifies.

| Eso es **un** error. | *That is a mistake.* |
|---|---|
| A principios del siglo México pasó por **una** gran crisis económica y política. | *At the beginning of the century, Mexico suffered a big economic and political crisis.* |

■ When immediately preceding singular feminine nouns beginning with stressed **a-** or **ha-,** the form **un** is used.

| Ese joven tiene **un** alma noble. | *That young man has a noble spirit.* |
|---|---|

### Uses

As in English, the indefinite article indicates that a noun is not known to the listener or reader. Once the noun has been introduced, the definite article is used. In general, the indefinite article is used much less frequently in Spanish than in English.

| —Hoy en el periódico aparece **un** artículo sobre Luis Valdez. | *Today in the newspaper there is an article on Luis Valdez.* |
|---|---|
| —¿Y qué dice **el** artículo? | *And what does the article say?* |

### Omission of the Indefinite Article

The indefinite article is not used:

■ after **ser** and **hacerse** when followed by a noun referring to profession, nationality, religion, or political affiliation.

| Sandra Cisneros es escritora. | *Sandra Cisneros is a writer.* |
|---|---|
| Mi primo es profesor, pero quiere hacerse abogado. | *My cousin is a teacher, but he wants to become a lawyer.* |

However, the indefinite article is used when the noun is modified by an adjective or a descriptive phrase.

| César Chávez es **un** líder **sindical.** Es **un** líder **de renombre mundial.** | *Cesar Chavez is a union leader. He is a world-famous leader.* |
|---|---|

■ with **cien(to), cierto, medio, mil, otro,** and **tal** *(such).*

| ¿Quieres que te preste mil dólares? | *Do you want me to lend you a thousand dollars?* |
|---|---|
| ¿De dónde voy a sacar tal cantidad? | *Where am I going to get such an amount?* |

■ after the prepositions **sin** and **con.**

| | |
|---|---|
| Luis Valdez nunca sale **sin sombrero.** | *Luis Valdez never leaves without a hat.* |
| Vickie Carr vive en una casa **con piscina.** | *Vickie Carr lives in a house with a swimming pool.* |

■ in negative sentences and after certain verbs such as **tener, haber,** and **buscar** when the numerical concept of **un(o)** or **una** is not important.

| | |
|---|---|
| No tengo boleto. Necesito boleto para esta noche. | *I don't have a ticket. I need a ticket for tonight.* |
| Busco solución a mi problema ahora. | *I am looking for a solution to my problem now.* |

## Other Uses

■ Before a number, the indefinite articles **unos** and **unas** indicate an approximate amount.

| | |
|---|---|
| **Unas cuatro mil** palabras españolas se derivan del árabe. | *About (approximately) four thousand Spanish words are derived from Arabic.* |

■ The indefinite articles **unos** and **unas** may be omitted before plural nouns, when they are not the subject of a sentence.

| | |
|---|---|
| Necesitamos **(unas)** entradas para este fin de semana. | *We need (some) tickets for this weekend.* |
| ¿Ves **(unos)** errores en la historia de los chicanos? | *Do you see (some) mistakes in the history of the Chicanos?* |

When the idea of *some* needs to be emphasized, **algunos** or **algunas** is used.

| | |
|---|---|
| El náhuatl, el zapoteca y el zoque son **algunas** de las lenguas indígenas de México. | *Nahuatl, Zapotec, and Zoque are some of the indigenous languages of Mexico.* |

## Ahora, ¡a practicar!

**A. ¿Qué ves?** Di lo que ves en este dibujo.

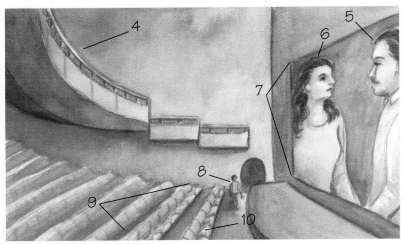

B. **Personalidades.** Di quiénes son las siguientes personas.

MODELO    Edward James Olmos / chicano / actor / actor chicano
**Edward James Olmos es chicano. Es actor. Es un actor chicano.**

1. Sandra Cisneros / chicana / escritora / escritora chicana
2. Gloria Estefan / cubanoamericana / cantante / cantante cubanoamericana
3. Rosie Pérez / puertorriqueña / actriz / actriz puertorriqueña
4. Jorge Luis Borges / argentino / escritor / escritor argentino
5. Frida Kahlo / mexicana / pintora / pintora mexicana
6. Pablo Neruda / chileno / poeta / poeta chileno

C. **Fiesta.** Completa este párrafo con los artículos definidos o indefinidos apropiados, si son necesarios.

Me gusta asistir a  __1__  fiestas y me encanta preparar  __2__  postres.  __3__  sábado próximo voy a asistir a  __4__  fiesta y voy a preparar  __5__  torta. Vienen  __6__  (=aproximadamente) veinticinco personas a  __7__  fiesta. Debo llevar  __8__  cierta torta de frutas que es mi especialidad. Tengo  __9__  mil cosas que hacer, pero  __10__  postre va a estar listo.

---

## 1.2   PRESENT INDICATIVE: REGULAR VERBS

## Forms

|  | **-ar verbs** | **-er verbs** | **-ir verbs** |
|---|---|---|---|
|  | ***comprar*** | ***vender*** | ***decidir*** |
| yo | compr**o** | vend**o** | decid**o** |
| tú | compr**as** | vend**es** | decid**es** |
| Ud., él, ella | compr**a** | vend**e** | decid**e** |
| nosotros(as) | compr**amos** | vend**emos** | decid**imos** |
| vosotros(as) | compr**áis** | vend**éis** | decid**ís** |
| Uds., ellos, ellas | compr**an** | vend**en** | decid**en** |

- To form the present indicative of regular verbs, drop the **-ar, -er,** or **-ir** from the infinitive and add the appropriate endings to the verb stem, as shown in the chart.

- Verbs are made negative by placing **no** directly before the verb.

A veces **leo** periódicos hispanos, pero **no compro** revistas hispanas.

*Sometimes I read Hispanic newspapers, but I do not buy Hispanic magazines.*

■ When the context or endings make clear who the subject is, subject pronouns are normally omitted in Spanish. Subject pronouns are, however, used to emphasize, to clarify, or to establish a contrast.

—¿Son chicanos Rosie Pérez y Luis Valdez?

—No, **él** es chicano, pero **ella** es puertorriqueña.

*Are Rosie Perez and Luis Valdez Chicanos?*

*No, he is a Chicano, but she is a Puerto Rican.*

■ The English subject pronouns *it* and *they*, when referring to objects or concepts, do **not** have an equivalent form in Spanish.

Es necesario consultar con expertos.

Mira esas entradas. ¿Son para la película de mañana?

*It is necessary to consult with experts.*

*Look at those tickets. Are they for tomorrow's movie?*

## Uses

■ To express actions that occur in the present, including actions in progress.

**Soy** estudiante. Me **interesa** la literatura.

—¿Qué **haces** en este momento?

—**Escribo** una composición para la clase de español.

*I am a student. I am interested in literature.*

*What are you doing right now?*

*I am writing a composition for my Spanish class.*

■ To indicate when scheduled activities take place in the near future.

El miércoles próximo nuestra clase de español **visita** el Museo del Barrio.

*Next Wednesday our Spanish class is visiting the Barrio Museum.*

■ To replace the past tenses in narrations, so they come alive.

El novelista Óscar Hijuelos **nace** en 1951 en Nueva York y **recibe** el premio Pulitzer de Ficción en 1990.

*The novelist Oscar Hijuelos is born in 1951 in New York and receives the Pulitzer Prize for Fiction in 1990.*

## Ahora, ¡a practicar!

**A. Planes.** Tú y dos amigos(as) van a pasar una semana en la Playa Juan Dolio, en la costa de la República Dominicana. Di qué planes tienen para esa semana de vacaciones.

MODELO    lunes / salir hacia la República Dominicana
          **El lunes salimos hacia la República Dominicana.**

1. martes / nadar y descansar en la playa
2. miércoles / practicar deportes submarinos
3. jueves / visitar el acuario en el Faro de Colón
4. viernes / comprar regalos para la familia
5. sábado / regresar a casa
6. domingo / descansar todo el día

**B. Información personal.** Estás en una fiesta y hay una persona muy interesante que quieres conocer. Hazle estas preguntas.

1. Soy..., y tú, ¿cómo te llamas?
2. ¿Dónde vives?
3. ¿Con quién vives?
4. ¿Trabajas en algún lugar? ¿Ah, sí? ¿Dónde?
5. ¿Tomas el autobús para ir a clase?
6. ¿Miras mucha o poca televisión?
7. ¿Qué tipos de libros lees?
8. ¿Qué tipos de música escuchas?
9. ... (inventen otras preguntas)

**C. Una cita.** Mira los dibujos y cuenta la historia, usando el presente de indicativo de los verbos indicados.

1. llamar / invitar / aceptar

2. llegar / comprar / comentar

3. entrar / pasar los boletos / pensar

**D. Mi vida actual.** Describe tu situación personal en este momento.

MODELO **Vivo en Los Ángeles. Asisto a clases por la mañana y por la tarde. Una de las materias que más me fascina es la historia...**

## 1.3 DESCRIPTIVE ADJECTIVES

## Forms

■ Adjectives that end in **-o** in the masculine singular have four forms: masculine singular, masculine plural, feminine singular, and feminine plural.

|  | masculine | feminine |
|---|---|---|
| **singular** | hispano | hispana |
| **plural** | hispanos | hispanas |

■ Adjectives that end in any other vowel in the singular have only two forms: singular and plural.

pesimista       pesimistas
impresionante   impresionantes

■ Adjectives of nationality that end in a consonant in the masculine singular have four forms.

español   española   españoles   españolas
francés   francesa   franceses   francesas

■ Adjectives that end in **-án, -ín, -ón,** or **-dor** in the masculine singular also have four forms.

| holgazán | holgazana | holgazanes | holgazanas | *(lazy)* |
| pequeñín | pequeñina | pequeñines | pequeñinas | *(tiny)* |
| juguetón | juguetona | juguetones | juguetonas | *(playful)* |
| conmovedor | conmovedora | conmovedores | conmovedoras | *(moving)* |

■ Other adjectives that end in a consonant in the masculine singular have only two forms.

| cultural | culturales | feliz | felices |
|----------|------------|-------|---------|
| cortés | corteses | común | comunes |

■ A few adjectives have two masculine singular forms: a shortened form is used when the adjective precedes a masculine singular noun. Common adjectives in this group include:

| bueno: | **buen** viaje | hombre **bueno** |
|--------|----------------|------------------|
| malo: | **mal** amigo | individuo **malo** |
| primero: | **primer** hijo | artículo **primero** |
| tercero: | **tercer** capítulo | artículo **tercero** |

The adjective **grande** *(big, large)* also has a shortened form, **gran,** which when used before a singular noun has a different meaning—*great:* **un gran amor, una gran idea, un gran hombre.**

## Agreement of Adjectives

■ Adjectives agree in gender and number with the noun they modify.

| Francisquita y su madre son **bellas** y **atractivas.** | *Francisquita and her mother are beautiful and attractive.* |
|---|---|
| Víctor es **orgulloso** y quizás **vanidoso.** | *Victor is proud and maybe vain.* |

■ If a single adjective follows and modifies two or more nouns, and one of them is masculine, the masculine plural form of the adjective is used.

| En esta calle hay tiendas y negocios hispan**os.** | *On this street there are Hispanic stores and businesses.* |
|---|---|

■ If a single adjective precedes and modifies two or more nouns, it agrees with the first noun.

| Al comienzo, Adolfo hace pequeñ**as** tareas y trabajos para don Anselmo. | *At the beginning, Adolfo does small tasks and jobs for don Anselmo.* |
|---|---|

## Position of Adjectives

■ Descriptive adjectives normally follow the noun they modify; they usually restrict, clarify, or specify the meaning of the noun.

| Nuestra familia es de origen **mexicano.** | *Our family is of Mexican origin.* |
|---|---|
| Vivimos en una casa **amarilla.** | *We live in a yellow house.* |
| La industria **ganadera** es importante todavía en Nuevo México. | *The cattle industry is still important in New Mexico.* |

■ Descriptive adjectives are placed before the noun to stress a characteristic normally associated with that noun.

En ese cuadro se ve un **fiero** león que descansa entre **mansas** ovejas.
Vemos un ramo de **bellas** flores sobre la mesa.

*In that picture one sees a ferocious lion resting among meek sheep.*
*We see a bouquet of beautiful flowers on top of the table.*

■ Some adjectives change their meaning depending on their position. When the adjective follows the noun, it often has a concrete or objective meaning; when the adjective precedes the noun, it often has a figurative or abstract meaning. The following is a list of these kinds of adjectives:

|  | **Before the noun** | **After the noun** |
|---|---|---|
| **antiguo** | former, old | ancient, old |
| **cierto** | some, certain | sure, certain |
| **medio** | half | middle |
| **mismo** | same | the thing itself |
| **nuevo** | another, different | brand new |
| **pobre** | pitiful, poor | destitute, poor |
| **propio** | own | proper |
| **viejo** | former, of old standing | old, aged |

Don Federico no es un hombre **viejo.**
Él y mi tío Miguel son **viejos** amigos.

*Don Federico is not an old (=aged) man. He and my Uncle Miguel are old (=of old standing) friends.*

A veces veo a mi **antiguo** profesor de historia; le gustaba hablar de la Roma **antigua.**

*I sometimes see my former history professor; he liked to talk about ancient Rome.*

■ When several adjectives modify a noun, the same rules used with a single adjective apply. Adjectives follow the noun to restrict, clarify, or specify the meaning of the noun. They precede the noun to stress inherent characteristics, a value judgment, or subjective attitude.

En 1869 terminan de construir la vía **ferroviaria transcontinental.**
Adolfo tiene un **hondo** y **violento** resentimiento contra Víctor.
Sabine Ulibarrí es un **distinguido** escritor **chicano.**

*In 1869 they finish building the transcontinental railroad track.*
*Adolfo has a deep and violent resentment toward Victor.*
*Sabine Ulibarrí is a distinguished Chicano writer.*

# Lo + Masculine Singular Adjectives

■ **Lo,** the neuter form of the definite article, is used with a masculine singular adjective to describe abstract ideas or general qualities. This construction is more common in Spanish than in English.

**Lo bueno** es que el muchacho es trabajador.

**Lo indiscutible** es que los grupos hispanos enriquecen el mosaico cultural de EE.UU.

*The good thing is that the boy is hard-working.*

*The undeniable thing is that the Hispanic groups enrich the cultural mosaic of the U.S.*

## Ahora, ¡a practicar!

**A. Continuación de la historia.** Completa el siguiente texto sobre una posible continuación de la historia de Adolfo Miller. Pon atención a la posición del adjetivo.

Muchos creen que con los $30.000 Adolfo comienza una __1__ (vida; nuevo). Tiene ahora su __2__ (rancho; propio) y cree que es dueño de su __3__ (destino; propio). Ya no es el __4__ (muchacho; pobre) que vive con don Anselmo; pero es un __5__ (hombre; pobre) porque no vive con él Francisquita, su __6__ (amor; gran / grande). Pasan los años y es un __7__ (hombre; viejo) que no vive en el presente; vive de los recuerdos de aquellos bellos tiempos en Tierra Amarilla.

**B. Un escritor nuevomexicano.** Usa la información dada entre paréntesis para hablar de Sabine Ulibarrí, autor del cuento "Adolfo Miller".

MODELO   Sabine Ulibarrí tiene una _____. (carrera / distinguido / literario)
**Sabine Ulibarrí tiene una distinguida carrera literaria.**

1. Sabine Ulibarrí es un _____. (profesor / universitario)
2. Es también un _____. (escritor / excelente / nuevomexicano)
3. Es autor de _____. (ensayos / crítico / importante)
4. Es un _____. (cuentista / chicano / famoso)
5. Muchos de sus cuentos están inspirados en _____. (episodios / familiar)
6. Sus historias reflejan la _____ (tradición / hispano / largo) de Nuevo México.

**C. Este semestre.** Tu compañero(a) te hace unas preguntas porque desea saber cómo te va este semestre. Usa los adjetivos que aparecen a continuación u otros que conozcas para contestar sus preguntas. Luego, cambien papeles: tú preguntas y él(ella) contesta.

MODELO   el horario este semestre
—**¿Cómo es tu horario este semestre?**
—**Es bastante complicado; tengo seis clases.**

| | | | |
|---|---|---|---|
| aburrido | entretenido | estupendo | interminable |
| cansador | espantoso | fácil | pésimo |
| complicado | estimulante | interesante | simpático |

1. la clase de español
2. las otras clases
3. los compañeros de clase
4. las conferencias de los profesores
5. las pruebas y los exámenes
6. los trabajos escritos
7. ...

**D. Impresiones.** Expresa tus impresiones sobre los méxicoamericanos.

MODELO   Pocos saben que los méxicoamericanos tienen una larga historia. (malo)
**Lo malo es que pocos saben que los méxicoamericanos tienen una larga historia.**

1. Los chicanos llevan mucho tiempo en EE.UU. (cierto)
2. La población chicana es joven. (positivo)
3. La edad promedio de los chicanos es de diecinueve años. (sorprendente)
4. La cultura hispana enriquece la vida norteamericana. (bueno)
5. La participación política de las minorías continúa. (importante)

# Lección 2

## 1.4   STEM-CHANGING VERBS

In the present indicative, the last vowel of the stem of certain verbs changes from **e** to **ie,** from **o** to **ue,** or from **e** to **i** when stressed. This change affects all singular forms and the third-person plural form. The first- and second-person plural forms (**nosotros** and **vosotros**) are regular because the stress falls on the ending, not on the stem.

|  | **pensar** | **recordar** | **pedir** |
|---|---|---|---|
|  | *e → ie* | *o → ue* | *e → i* |
| yo | pienso | recuerdo | pido |
| tú | piensas | recuerdas | pides |
| Ud., él, ella | piensa | recuerda | pide |
| nosotros(as) | pensamos | recordamos | pedimos |
| vosotros(as) | pensáis | recordáis | pedís |
| Uds., ellos, ellas | piensan | recuerdan | piden |

Stem-changing verbs are indicated in this text with the specific change written in parentheses after the infinitive: **pensar (ie), recordar (ue), pedir (i).**

■ The following are frequently used stem-changing verbs.

| e → ie | o → ue | e → i (-ir verbs only) |
|---|---|---|
| cerrar | almorzar | conseguir |
| empezar | aprobar | corregir |
| nevar | contar | despedir(se) |
| recomendar | mostrar | elegir |
| | probar | medir |
| atender | sonar | reír |
| defender | volar | repetir |
| entender | | seguir |
| perder | devolver | servir |
| querer | llover | sonreír |
| | mover | vestir(se) |
| convertir | poder | |
| divertir(se) | resolver | |
| mentir | volver | |
| preferir | | |
| sentir(se) | dormir | |
| sugerir | morir | |

■ The verbs **adquirir** *(to acquire)*, **jugar** *(to play)*, and **oler** *(to smell)* are conjugated like stem-changing verbs.

| adquirir (i → ie) | jugar (u → ue) | oler (o → hue) |
|---|---|---|
| adquiero | juego | huelo |
| adquieres | juegas | hueles |
| adquiere | juega | huele |
| adquirimos | jugamos | olemos |
| adquirís | jugáis | oléis |
| adquieren | juegan | huelen |

## Ahora, ¡a practicar!

**A. Un gringo listo.** Completa el texto en el presente para contar la vida de Adolfo Miller cuando llega a Tierra Amarilla.

Adolfo le __1__ (pedir) trabajo a don Anselmo. __2__ (Conseguir) trabajo y __3__ (comenzar) a hacer pequeñas tareas. __4__ (Sentirse) como un miembro de la familia; __5__ (almorzar) con don Anselmo y su hija; __6__ (dormir) en la caballeriza. __7__ (Adquirir) más experiencia y __8__ (atender) los negocios de su patrón.

**B. Obra teatral.** Tu compañero(a) te hace preguntas acerca de la obra de teatro *West Side Story* que acabas de ver por primera vez.

MODELO   ¿Muestra esta obra la realidad de los puertorriqueños en Nueva York? (sí, en la década de los 60)
**Sí, muestra la realidad de los puertorriqueños en Nueva York en la década de los 60.**

1. ¿A qué hora comienza la obra? (las ocho)
2. ¿Se divierte la gente con la obra? (sí, muchísimo)
3. ¿Entienden los angloamericanos la obra? (sí, completamente)
4. ¿Se ríen mucho los espectadores? (no, es trágica la obra)
5. ¿Vuelven algunos espectadores a ver la obra? (sí, varias veces)
6. ¿Recomiendas la obra a todo el mundo? (sí, sin reserva)

**C. Hábitos diarios.** Tu nuevo(a) compañero(a) te hace estas preguntas porque desea conocer algunos aspectos de tu rutina diaria. Una vez que contestes sus preguntas, cambien papeles.

1. ¿A qué hora te despiertas?
2. ¿Te levantas en seguida o duermes otro rato?
3. ¿Te vistes de inmediato o te desayunas primero?
4. ¿A qué hora empieza tu primera clase?
5. ¿Dónde almuerzas, en la universidad, en un restaurante o en casa?
6. ¿Qué haces después de las clases, trabajas o juegas a algún deporte?
7. ¿A qué hora regresas a casa?
8. ¿A qué hora te acuestas? ¿Te duermes sin dificultad?

## 1.5   VERBS WITH SPELLING CHANGES AND IRREGULAR VERBS

## Verbs with Spelling Changes

Some verbs require a spelling change to maintain the pronunciation of the stem.

■ Verbs ending in **-ger** or **-gir** change **g** to **j** in the first-person singular.

dirigir      diri**j**o, diriges, dirige, dirigimos, dirigís, dirigen
proteger    prote**j**o, proteges, protege, protegemos, protegéis, protegen

Other **-ger** or **-gir** verbs:
| | | |
|---|---|---|
| **corregir (i)** | **elegir (i)** | **recoger** *(to gather)* |
| **coger** *(to catch)* | **exigir** | |

■ Verbs ending in **-guir** change **gu** to **g** in the first-person singular.

distinguir    distin**g**o, distingues, distingue, distinguimos, distinguís, distinguen

Other **-guir** verbs:
| | |
|---|---|
| **conseguir (i)** *(to obtain)* | **proseguir (i)** *(to pursue, to proceed)* |
| **extinguir** *(to extinguish)* | **seguir (i)** |

■ Verbs ending in **-cer** or **-cir** preceded by a consonant change **c** to **z** in the first-person singular.

convencer      conven**z**o, convences, convence, convencemos, convencéis, convencen

Other verbs in this category:
**ejercer**  *(to practice, to exert)*      **vencer**  *(to vanquish, to overcome)*
**esparcir**  *(to spread)*

■ Verbs ending in **-uir** change **i** to **y** before **o** and **e.**

construir      constru**y**o, constru**y**es, constru**y**e, construimos, construís, constru**y**en

Other **-uir** verbs:

| | | | | |
|---|---|---|---|---|
| **atribuir** | **contribuir** | **distribuir** | **incluir** | **obstruir** |
| **concluir** | **destruir** | **excluir** | **influir** | **substituir** |

■ Some verbs ending in **-iar** and **-uar** change the **i** to **í** and the **u** to **ú** in all forms except **nosotros** and **vosotros.**

enviar      env**í**o, env**í**as, env**í**a, enviamos, enviáis, env**í**an
acentuar      acent**ú**o, acent**ú**as, acent**ú**a, acentuamos, acentuáis, acent**ú**an

Other verbs in this category:
| | | |
|---|---|---|
| **ampliar** *(to enlarge)* | **enfriar** *(to cool down)* | **guiar** |
| **confiar** *(to trust)* | **graduar(se)** | **situar** |
| **efectuar** *(to carry out, to perform)* | | |

The following **-iar** and **-uar** verbs are regular:

| | | |
|---|---|---|
| **anunciar** | **cambiar** | **estudiar** |
| **apreciar** *(to appreciate)* | **copiar** | **limpiar** |
| **averiguar** *(to find out)* | | |

## Verbs with Irregular Forms

■ The following common verbs have several irregularities in the present indicative.

| decir | estar | ir | oír | ser | tener | venir |
|---|---|---|---|---|---|---|
| digo | estoy | voy | oigo | soy | tengo | vengo |
| dices | estás | vas | oyes | eres | tienes | vienes |
| dice | está | va | oye | es | tiene | viene |
| decimos | estamos | vamos | oímos | somos | tenemos | venimos |
| decís | estáis | vais | oís | sois | tenéis | venís |
| dicen | están | van | oyen | son | tienen | vienen |

Verbs derived from any of these words have the same irregularities:

| | |
|---|---|
| decir | **contradecir** *(to contradict)* |
| tener | **contener, detener, mantener, obtener** |
| venir | **convenir** *(to be convenient)*, **intervenir, prevenir** |

■ The following verbs have an irregular first-person singular form only.

| | | | |
|---|---|---|---|
| caber | **quepo** | saber | **sé** |
| dar | **doy** | traer | **traigo** |
| hacer | **hago** | valer | **valgo** |
| poner | **pongo** | ver | **veo** |
| salir | **salgo** | | |

Derived verbs show the same irregularities:

| | |
|---|---|
| hacer | **deshacer, rehacer, satisfacer** |
| poner | **componer, imponer, oponer, proponer, reponer, suponer** |
| traer | **atraer, contraer, distraer(se)** |

■ Verbs ending in **-cer** or **-cir** preceded by a vowel add **z** before **c** in the first-person singular.

ofrecer        ofre**z**co, ofreces, ofrece, ofrecemos, ofrecéis, ofrecen

Other verbs in this category:

| | | |
|---|---|---|
| **agradecer** | **establecer** | **conducir** |
| **aparecer** | **obedecer** | **deducir** |
| **complacer** *(to please)* | **parecer** | **introducir** |
| **conocer** | **permanecer** *(to stay)* | **producir** |
| **crecer** *(to grow)* | **pertenecer** *(to belong)* | **reducir** |
| **desconocer** | **reconocer** | **traducir** |

## Ahora, ¡a practicar!

**A. Retrato de un puertorriqueño.** Walter nos habla de su vida. Completa lo que dice con la forma apropiada del verbo que aparece entre paréntesis.

Me llamo Walter Martínez. __1__ (Ser) puertorriqueño. Como todo puertorriqueño, yo __2__ (tener) ciudadanía estadounidense. __3__ (Vivir) ahora en Nueva York, pero __4__ (ir) con frecuencia a San Juan, donde __5__ (estar) mi familia. Me __6__ (mantener) en contacto con mis parientes y amigos de la isla. Aquí en Nueva York __7__ (conocer) a muchos amigos de San Juan con quienes __8__ (salir) a menudo. Los fines de semana me __9__ (distraer) escuchando música y bailando salsa en una discoteca.

**B. Somos individualistas.** Cada uno de los miembros de la clase menciona algo especial acerca de sí mismo(a). ¿Qué dicen?

MODELO        pertenecer al Club de Español
             **Pertenezco al Club de Español.**

1. traducir del español al francés
2. saber hablar portugués
3. construir barcos en miniatura
4. dar lecciones de guitarra
5. conseguir dinero para el Museo del Barrio
6. guiar a los turistas a sitios de interés en el barrio
7. mantener correspondencia con puertorriqueños de la isla
8. ofrecer mis servicios como voluntario en un hospital local
9. proteger animales abandonados
10. componer poemas de amor

**C. ¿Preguntas razonables o locas?** Selecciona cuatro verbos de esta lista y escribe una pregunta razonable o loca con cada verbo. Escribe cada pregunta en un pedazo de papel. Luego, tu profesor(a) va a recoger todos los papeles y dejar que cada persona de la clase seleccione uno y conteste la pregunta.

| | | |
|---|---|---|
| averiguar | conseguir | incluir |
| caber | convencer | obedecer |
| concluir | dirigir | oír |
| conducir | graduarse | proponer |

# Lección 3

## 1.6 USES OF THE VERBS SER AND ESTAR

### Uses of ser

■ To identify, describe, or define a subject.

| | |
|---|---|
| Tito Puente **es** un músico hispano. | *Tito Puente is a Hispanic musician.* |
| Aztlán **es** la tierra originaria de los antiguos aztecas. | *Aztlán is the original land of the ancient Aztecs.* |

■ To indicate origin, ownership, or the material of which something is made.

| | |
|---|---|
| Cristina Saralegui **es** de La Habana. | *Cristina Saralegui is from Havana.* |
| Esos muebles antiguos **son** de mi abuelita. **Son** de madera. | *Those old pieces of furniture are my grandma's. They are made of wood.* |

■ To describe inherent qualities or characteristics of people, animals, and objects.

| | |
|---|---|
| Cristina **es** rubia; **es** lista y simpática. **Es** divertida y muy enérgica. | *Cristina is blond; she is smart and nice. She is amusing and very energetic.* |

■ With the past participle to form the passive voice. (See *Unidad 4, p. G67–G68* for the passive voice.)

| | |
|---|---|
| La Florida **fue** colonizada por españoles en el siglo XVI. | *Florida was colonized by the Spaniards in the sixteenth century.* |
| San Agustín, la ciudad más antigua de EE.UU., **fue** fundada en 1565. | *Saint Augustine, the oldest city in the United States, was founded in 1565.* |

■ To indicate time, dates, and seasons.

| | |
|---|---|
| Hoy **es** miércoles. **Son** las diez de la mañana. | *Today is Wednesday. It is ten o'clock in the morning.* |
| **Es** octubre; **es** otoño. | *It is October; it is fall.* |

■ To indicate the time or location of an event.

El próximo concierto de Gloria Estefan **es** el viernes a las ocho de la noche.

*Gloria Estefan's next concert is Friday at eight o'clock at night.*

La fiesta de los estudiantes hispanos **es** en el Centro Cubanoamericano.

*The Hispanic students' party is at the Cuban American Center.*

■ To form certain impersonal expressions.

**Es** importante luchar por los derechos de los grupos minoritarios.

*It is important to fight for the rights of minority groups.*

**Es** fácil olvidar que muchas familias hispanas han vivido en este país por tres siglos.

*It is easy to forget that many Hispanic families have lived in this country for three centuries.*

## Uses of estar

■ To indicate location.

Mis padres son de California, pero ahora **están** en Texas.

*My parents are from California, but they are now in Texas.*

La Florida **está** al norte de Cuba.

*Florida is north of Cuba.*

■ With the present participle (**-ndo** verb ending) to form the progressive tenses.

La población hispana de Miami **está** aumenta**ndo** cada día.

*The Hispanic population of Miami is increasing every day.*

■ With an adjective to describe states and conditions or to describe a change in a characteristic.

La madre **está** furiosa porque a nadie le gusta el cuadro que pintó su hija.

*The mother is furious because no one likes the picture her daughter painted.*

No puedes comerte esa banana porque no **está** madura todavía.

*You can't eat that banana because it is not ripe yet.*

¡Este café **está** frío!

*This coffee is cold!*

■ With a past participle to indicate the condition that results from an action. In this case, the past participle functions as an adjective and agrees in gender and number with the noun to which it refers.

*Action:*
Pedrito rompió la taza.
*Pedrito broke the cup.*
Adolfo terminó sus quehaceres.
*Adolfo finished his chores.*

*Resultant condition:*
La taza **está rota.**
*The cup is broken.*
Sus quehaceres **están terminados.**
*His chores are done (=finished).*

# Ser and estar with adjectives

■ Some adjectives convey different meanings depending on whether they are used with **ser** or **estar.** The most common ones are as follows:

| ser | estar |
|---|---|
| **aburrido**  *(boring)* | **aburrido**  *(bored)* |
| **bueno**  *(good)* | **bueno**  *(healthy, good)* |
| **interesado**  *(selfish)* | **interesado**  *(interested)* |
| **limpio**  *(tidy)* | **limpio**  *(clean—now)* |
| **listo**  *(smart, clever)* | **listo**  *(ready)* |
| **loco**  *(insane)* | **loco**  *(crazy, frantic)* |
| **malo**  *(evil)* | **malo**  *(sick)* |
| **verde**  *(green—color)* | **verde**  *(green—not ripe)* |
| **vivo**  *(alert, lively)* | **vivo**  *(alive)* |

Ese muchacho **es** aburrido. Como no tiene nada que hacer, **está** aburrido.

Ese estudiante **es** listo, pero nunca **está** listo para sus exámenes.

Esas manzanas **son** verdes, pero no **están** verdes.

*That boy is boring. Since he does not have anything to do, he is bored.*

*That student is clever, but he is never ready for his exams.*

*Those apples are green (color), but they are not green (unripe).*

## *Ahora, ¡a practicar!*

**A. Los cubanoamericanos.** Completa la siguiente información acerca de los cubanoamericanos con la forma apropiada de **ser** o **estar.**

Los cubanoamericanos __1__ los hispanos que han alcanzado mayor prosperidad económica. La mayoría de la población cubanoamericana __2__ localizada en el estado de la Florida y, dentro de este estado, Miami __3__ el centro más importante. Muchos consideran que Miami __4__ la ciudad hispanohablante más rica y moderna. Para los negociantes latinoamericanos, el centro financiero de EE.UU. no __5__ en Nueva York sino en Miami.

Los primeros refugiados cubanos, que comienzan a llegar en 1960, __6__ profesionales de clase media. No __7__ de acuerdo con el gobierno de Fidel y emigran. En EE.UU. __8__ ayudados por el gobierno de muchos modos. Por ejemplo, muchos profesionales que __9__ médicos siguen cursos en la Universidad de Miami y revalidan su título.

**B. Celia Cruz.** Completa la información sobre la artista Celia Cruz con la forma apropiada de **ser** o **estar.**

Celia Cruz __1__ la reina de la salsa. __2__ una persona simpática y generosa. No __3__ interesada, pero siempre __4__ interesada en ayudar a sus amigos y __5__ lista también para ayudar a los artistas jóvenes. No __6__ aburrida porque siempre tiene una sonrisa o una risa en la cara. A pesar de su larga carrera, no __7__ aburrida con su arte; al contrario, siempre __8__ pensando en su próxima actuación. Más de una vez los periódicos han anunciado su muerte. Ella los corrige y dice que todavía __9__ viva, que no __10__ muerta. __11__ una persona viva y alegre. ¡Azúcar!

**C. Preguntas personales.** Quieres conocer mejor a un(a) compañero(a) de clase. Primero completa estas preguntas, y luego házselas.

1. ¿Cómo _____ tú hoy?
2. ¿_____ contento(a)?
3. ¿De dónde _____ tu familia?
4. ¿_____ pocos o muchos los miembros de tu familia?
5. ¿Cómo _____ tú generalmente?
6. ¿_____ pesimista u optimista?
7. ¿_____ interesado(a) en la música de Gloria Estefan o de Jon Secada?
8. ¿_____ verdad que _____ amigo(a) personal de Gloria Estefan?

**D. Descripciones.** Escribe el nombre de una persona o cosa que corresponda a cada descripción. Luego compara tu lista con la de un(a) compañero(a).

1. Es muy listo(a).
2. Nunca está listo(a) a tiempo.
3. Está interesado(a) en el dinero, nada más.
4. Es un(a) loco(a).
5. Es la persona más aburrida del mundo.
6. Siempre está aburrido(a).
7. Es simplemente una persona mala.
8. Siempre dice que está malo(a).

## 1.7 DEMONSTRATIVE ADJECTIVES AND PRONOUNS

## Demonstrative Adjectives

| | near | | not too far | | far | |
|---|---|---|---|---|---|---|
| | *this* | *these* | *that* | *those* | *that* | *those* |
| | singular | plural | singular | plural | singular | plural |
| **masculine** | este | estos | ese | esos | aquel | aquellos |
| **feminine** | esta | estas | esa | esas | aquella | aquellas |

■ Demonstrative adjectives are used to point out people, places, and objects. **Este** indicates that something is near the speaker. **Ese** points out persons or objects not too far from the speaker and that often are near the person being addressed. **Aquel** refers to persons and objects far away from both the speaker and the person addressed.

**Este** edificio no tiene tiendas; **ese** edificio que está enfrente sólo tiene apartamentos. Las tiendas que buscamos están en **aquel** edificio, al final de la avenida.

*This building does not have any stores; that building across the street only has apartments. The stores we are looking for are in that building over there, at the end of the avenue.*

Note that demonstrative adjectives precede the noun they modify. They also agree in gender and number with that noun.

# Demonstrative Pronouns

|  | this (one) | these (ones) | that (one) | those (ones) | that (one) | those (ones) |
|---|---|---|---|---|---|---|
|  | singular | plural | singular | plural | singular | plural |
| masculine | éste | éstos | ése | ésos | aquél | aquéllos |
| feminine | ésta | éstas | ésa | ésas | aquélla | aquéllas |
| neuter | esto | — | eso | — | aquello | — |

■ The masculine and feminine demonstrative pronouns have the same forms as the demonstrative adjectives and, with the exception of the neuter forms, they have a written accent mark. They also agree in number and gender with the noun to which they refer.

—¿Vas a comprar este disco compacto?

*Are you going to buy this CD?*

—No, **ése** no; quiero **éste** que está aquí.

*No, not that one. I want this one right here.*

■ The neuter pronouns **esto, eso,** and **aquello** are invariable. They are used to refer to non-specific or unidentified objects, abstract ideas, or actions and situations in a general sense.

—¿Qué es **eso** que llevas en la mano?

*What is that (thing) you are carrying in your hand?*

—¿**Esto**? Es un afiche de mi artista favorito.

*This? It is a poster of my favorite artist.*

Ayer en el show de Cristina hablaron de los matrimonios interculturales. ¡Qué polémico fue **eso**!

*Yesterday on Cristina's show they talked about intercultural marriages. Was that controversial!*

Hace un mes asistí a un concierto de rock. **Aquello** fue muy ruidoso.

*A month ago, I attended a rock concert. That was very noisy.*

# *Ahora, ¡a practicar!*

**A. Decisiones, decisiones.** Estás en una tienda de comestibles junto a Tomás Ibarra, el dueño. Él siempre te pide que decidas qué producto vas a comprar.

**MODELO**

¿Deseas estos aguacates o aquéllos?
**Deseo aquéllos. o Deseo éstos.**

1. ¿Quieres esas tortillas o aquéllas?
2. ¿Te vas a llevar aquellos frijoles o éstos?
3. ¿Vas a comprar estos limones o ésos?
4. ¿Prefieres esos chiles verdes o aquéllos?
5. ¿Te doy estos jitomates o ésos?

**B. Sin opinión.** Tu compañero(a) contesta de modo muy evasivo tus preguntas.

MODELO   ¿Qué opinas de la economía nacional? (complicado; no entender mucho)
**Eso es complicado. No entiendo mucho de eso (acerca de eso).**

1. ¿Crees que Puerto Rico se va a independizar de EE.UU.? (controvertido; no saber mucho)
2. ¿Crees que los chicanos son descendientes de los aztecas? (discutible; no comprender mucho)
3. ¿Qué sabes de los sudamericanos en Nueva York? (complejo; no estar informado[a])
4. ¿Van a controlar la inmigración ilegal? (difícil; no entender)
5. En tu opinión, ¿deben pagar impuestos federales los puertorriqueños? (problemático; no tener opinión)

## 1.8 COMPARATIVES AND SUPERLATIVES

## Comparisons of Inequality

■ The following are the patterns used to express superiority or inferiority.

| más / menos + { adjective / adverb / noun } + que |
| --- |
| verb + más / menos + que |

Pilar es **más** educada **que** su madre. — *Pilar is more educated than her mother.*
Pilar es **menos** optimista **que** su madre. — *Pilar is less optimistic than her mother.*
La madre tiene **más** experiencia en negocios **que** su hija. — *The mother has more experience in business than her daughter.*
La Estatua de la Libertad de Pilar llama la atención **más que** la de Nueva York. — *Pilar's Statue of Liberty attracts more attention than the one in New York.*

■ When making comparisons with **más** or **menos,** the word **de** is used instead of **que** before a number.

Nueva York tiene **más de** doce periódicos en español. — *New York has more than twelve Spanish newspapers.*

## Comparisons of Equality

■ The following constructions are used to express equality.

| tan + { adjective / adverb } + como |
| --- |
| tanto(a/os/as) + noun + como |
| verbo + tanto como |

Soy **tan** alta **como** mi madre. — *I am as tall as my mother.*
Hablo **tan** lentamente **como** mi padre. — *I speak as slowly as my father.*
Tengo **tantos** amigos **como** mi hermano. — *I have as many friends as my brother.*
Camino **tanto como** mi tío Julio. — *I walk as much as my Uncle Julio.*

# Superlatives

■ The superlative expresses the highest or lowest degree of a quality when comparing people or things to many others in the same group or category. Note that **de** is used in this construction.

**el / la / los / las** + noun + **más / menos** + adjective + **de**

| | |
|---|---|
| Tomás es **el estudiante más alto de** la clase. | *Tomás is the tallest student in the class.* |
| Miami es **la ciudad más próspera de** todo el mundo hispanohablante. | *Miami is the most prosperous city in the whole Spanish-speaking world.* |

■ To indicate the highest degree of a quality, adverbs such as **muy, sumamente,** or **extremadamente** can be placed before the adjective, or the suffix **-ísimo/a/os/as** can be attached to the adjective.

The chart that follows shows the most common spelling changes that occur when the suffix **-ísimo** is added to an adjective.

| | | | |
|---|---|---|---|
| final vowel is dropped | alto | → | altísimo |
| written accent is dropped | fácil | → | facilísimo |
| **-ble** becomes **-bil-** | amable | → | amabilísimo |
| **c** becomes **qu** | loco | → | loquísimo |
| **g** becomes **gu** | largo | → | larguísimo |
| **z** becomes **c** | feroz | → | ferocísimo |

| | |
|---|---|
| Miami es una ciudad **sumamente (muy/extremadamente)** atractiva. | *Miami is a highly (very/extremely) attractive city.* |
| Cristina Saralegui siempre está **ocupadísima.** | *Cristina Saralegui is always extremely busy.* |
| Algunos de los invitados de Cristina parecen **loquísimos.** | *Some of Cristina's guests seem to be extremely crazy.* |

# Irregular Comparative and Superlative Forms

A few adjectives have, in addition to their regular forms, irregular comparative and superlative forms. The irregular forms are the most frequently used.

## Comparative and Superlative Forms of **bueno** and **malo**

| Comparative | | Superlative | |
|---|---|---|---|
| **Regular** | **Irregular** | **Regular** | **Irregular** |
| más bueno(a) | mejor | el(la) más bueno(a) | el(la) mejor |
| más buenos(as) | mejores | los(las) más buenos(as) | los(las) mejores |
| más malo(a) | peor | el(la) más malo(a) | el(la) peor |
| más malos(as) | peores | los(las) más malos(as) | los(las) peores |

■ To indicate a degree of excellence, the irregular comparative and superlative forms **mejor(es)** and **peor(es)** are normally used. The regular comparative and superlative forms **más bueno(a/os/as)** and **más malo(a/os/as),** when used, refer to moral qualities.

Según tu opinión, ¿cuál es **el mejor** programa de televisión esta temporada?

*In your opinion, what's the best TV program this season?*

El Desfile Puertorriqueño fue **mejor** este año que el año anterior.

*The Puerto Rican parade was better this year than last year.*

Éste es el **peor** invierno que he pasado en esta ciudad.

*This is the worst winter I have spent in this city.*

Tu padre es el hombre **más bueno** que conozco.

*Your father is the kindest person I know.*

## Comparative and Superlative Forms of **grande** and **pequeño**

| Comparative | | Superlative | |
|---|---|---|---|
| **Regular** | **Irregular** | **Regular** | **Irregular** |
| más grande | mayor | el(la) más grande | el(la) mayor |
| más grandes | mayores | los(las) más grandes | los(las) mayores |
| más pequeño(a) | menor | el(la) más pequeño(a) | el(la)menor |
| más pequeños(as) | menores | los(las) más pequeños(as) | los(las) menores |

■ The irregular comparative and superlative forms **mayor(es)** and **menor(es)** refer to age in the case of people or to degree of importance in the case of things. The regular comparative and superlative forms **más grande(s)** and **más pequeño(a/os/as)** usually refer to size.

Mi hermana es **mayor** que yo.

*My sister is older than I am.*

Mi hermano **menor** es **más grande** que yo.

*My younger brother is taller than I.*

La representación política es una de las **mayores** preocupaciones de las minorías.

*Political representation is one of the biggest concerns of minorities.*

La Habana es una ciudad **más pequeña** que Miami.

*Havana is a smaller city than Miami.*

## *Ahora, ¡a practicar!*

**A. Hispanos en EE.UU.** Lee las estadísticas que aparecen a continuación y contesta las preguntas.

| Minoría hispana | Población (1997) | Edad promedio | Ingreso familiar promedio | Cuatro o más años de educación universitaria |
|---|---|---|---|---|
| Chicanos | 18.700.000 | 24 años | $25.347 | 8% |
| Puertorriqueños | 3.150.000 | 27 años | $23.646 | 11% |
| Cubanos | 1.250.000 | 40 años | $35.616 | 20% |

1. ¿Cuál es el grupo hispano más numeroso?
2. ¿Cuál es el grupo hispano con la menor población?
3. ¿Cuál es el grupo hispano con el más alto ingreso familiar?
4. ¿Ganan las familias puertorriqueñas mucho menos dinero que las familias chicanas o ganan casi tanto como las familias chicanas?
5. ¿Cuál es el grupo hispano que tiene más jóvenes y menos viejos?
6. ¿Qué grupo hispano tiene más personas con educación universitaria?

**B. Familias hispanas en EE.UU.** Lee las estadísticas que aparecen a continuación y contesta las preguntas.

| Minoría hispana | Familia de dos personas | Familia de tres personas | Familia de cuatro personas | Familia de siete o más personas |
|---|---|---|---|---|
| Chicanos | 24% | 26% | 23% | 7% |
| Puertorriqueños | 29% | 27% | 26% | 3% |
| Cubanos | 42% | 27% | 20% | 2% |

1. ¿Cuál es el grupo hispano con el menor número de familias pequeñas?
2. ¿Cuál es el grupo hispano que tiene más familias sin hijos?
3. Entre los chicanos, ¿existen muchas más familias de dos personas que de cuatro personas?
4. Entre los cubanoamericanos, ¿hay más familias de dos miembros o de tres miembros?
5. ¿Hay más familias cubanas de tres personas que familias puertorriqueñas con el mismo número de personas?
6. ¿Cuál es el grupo hispano con el mayor número de familias muy numerosas?
7. ¿Crees que hay una gran diferencia entre las familias chicanas y las puertorriqueñas? ¿Y entre las familias chicanas y las cubanas? Explica.

**C. Opiniones.** En grupos de tres, den sus opiniones acerca de las materias que estudian. Utilicen adjetivos como **aburrido, complicado, entretenido, difícil, fácil, fascinante, instructivo, interesante** u otros que conozcan.

MODELO   matemáticas / física
**Para mí las matemáticas son tan difíciles como la física.** o
**Encuentro que la física es más (menos) interesante que las matemáticas.**

1. antropología / ciencias políticas
2. química / física
3. historia / geografía
4. literatura inglesa / filosofía
5. sicología / sociología
6. español / alemán
7. biología / informática

**D. Programas populares.** En parejas, comparen el show de Cristina con el de Oprah u otro que conozcan. Utilicen las preguntas que siguen como punto de partida.

1. ¿Qué programa llega a más hogares?
2. ¿Cuál trata de promover más armonía entre las personas?
3. ¿Cuál presta más atención a problemas de grupos étnicos?
4. ¿Cuál te parece más sensacionalista? ¿Por qué?
5. ¿Cuál tiene invitados más interesantes? Explica.

# Lección 1

| 2.1 | PRETERITE: REGULAR VERBS |

## Forms

| *-ar* verbs | *-er* verbs | *-ir* verbs |
|---|---|---|
| *preparar* | *comprender* | *recibir* |
| prepar**é** | comprend**í** | recib**í** |
| prepar**aste** | comprend**iste** | recib**iste** |
| prepar**ó** | comprend**ió** | recib**ió** |
| prepar**amos** | comprend**imos** | recib**imos** |
| prepar**asteis** | comprend**isteis** | recib**isteis** |
| prepar**aron** | comprend**ieron** | recib**ieron** |

■ The preterite endings of regular **-er** and **-ir** verbs are identical.

■ The **nosotros** forms of regular **-ar** and **-ir** verbs are identical in the preterite and present indicative. Context usually clarifies the meaning.

| **Gozamos** ahora con el "Cantar de Mío Cid". Y también **gozamos** cuando lo leímos por primera vez. | *We now enjoy the "Poem of the Cid." And we also enjoyed it when we read it for the first time.* |
|---|---|

## Spelling Changes in the Preterite

Some regular verbs require a spelling change to maintain the pronunciation of the stem.

■ Verbs ending in **-car, -gar, -guar,** and **-zar** have a spelling change in the first-person singular.

| **c → qu** | buscar: busqué |
|---|---|
| **g → gu** | llegar: llegué |
| **u → ü** | averiguar *(to find out)*: averigüé |
| **z → c** | alcanzar *(to reach; to obtain)*: alcancé |

Other verbs in these categories:

| | | | |
|---|---|---|---|
| almorzar (ue) | comenzar (ie) | indicar | rogar (ue)   *(to beg)* |
| atacar | empezar (ie) | jugar (ue) | sacar |
| atestiguar   *(to testify)* | entregar | pagar | tocar |

| **Comencé** mi trabajo de investigación sobre los visigodos hace una semana y lo **entregué** ayer. | *I began my paper on the Visigoths a week ago and I handed it in yesterday.* |
|---|---|

UNIDAD 2

■ Certain **-er** and **-ir** verbs with the stem ending in a vowel change **i** to **y** in the third-person singular and plural endings.

leer: leí, leíste, le**yó**, leímos, leísteis, le**yeron**
oír: oí, oíste, o**yó**, oímos, oísteis, o**yeron**

Other verbs in this category:

caer
construir
creer
huir
influir

| | |
|---|---|
| Los estudiantes **leyeron** acerca de la cultura árabe, la cual **influyó** en toda Europa. | *The students read about Arabic culture, which influenced all of Europe.* |

## Use

■ The preterite is used to describe an action, event, or condition seen as completed in the past. It may indicate the beginning or the end of an action.

| | |
|---|---|
| Los árabes **llegaron** a España en el año 711. **Salieron** del territorio español en 1492. Su estadía en el país **duró** casi ocho siglos. | *The Arabs arrived in Spain in 711. They left Spanish territory in 1492. Their stay in the country lasted almost eight centuries.* |

## *Ahora, ¡a practicar!*

**A. Lectura.** Usa el pretérito para completar la siguiente narración acerca de la historia que leyó un estudiante.

Ayer __1__ (llegar [yo]) a casa un poco antes de las seis. Después de cenar, __2__ (buscar) mi libro de español y __3__ (comenzar) a leer. __4__ (Leer) acerca de Rodrigo Díaz de Vivar, más conocido como El Cid. Este personaje __5__ (vivir) durante la Edad Media. Se cree que __6__ (nacer) cerca de Burgos hacia el año 1043. __7__ (Luchar) por varios reyes. __8__ (Casarse) con doña Jimena, parienta del rey Alfonso VI, rey de Castilla y León. Este rey lo __9__ (enviar) al destierro en el año 1081. A partir de ese momento __10__ (luchar) contra moros y cristianos. En el año 1094 __11__ (capturar) Valencia, ciudad en poder de los moros. __12__ (Morir) en esa ciudad en 1099. En el siglo XII las hazañas de este personaje __13__ (empezar) a aparecer por escrito. Se piensa que el "Cantar de Mío Cid" __14__ (escribirse) hacia el año 1140. Yo __15__ (encontrar) muy interesante la historia de este héroe.

**B. Hacer la tarea de nuevo.** Tu profesor(a) te pide que escribas de nuevo la tarea acerca de los primitivos habitantes de la Península Ibérica. Esta vez quiere que emplees el pretérito en vez del presente histórico.

Muchos pueblos pasan (1) por el territorio español. Antes del siglo XI a.C., los fenicios se instalan (2) en el sur del país. Hacia el siglo VII llegan (3) los griegos, quienes fundan (4) varias colonias. En el año 206 a.C. comienza (5) la dominación romana. Los romanos gobiernan (6) el país por más de seis siglos. Le dan (7) al país su lengua; construyen (8) anfiteatros, puentes y acueductos; establecen (9) un sistema legal y contribuyen (10) al florecimiento cultural del país.

**C. Semestre en Sevilla.** Contesta las preguntas que te hace un(a) amigo(a) acerca del semestre que pasaste en Sevilla.

MODELO ¿Cuánto tiempo viviste en Sevilla? (cinco meses)
**Viví allí cinco meses.**

1. ¿Cuándo llegaste a Sevilla? (en septiembre)
2. ¿Con quién viviste? (con una familia)
3. ¿Qué día comenzaste las clases? (el lunes 15 de septiembre)
4. ¿Qué materias estudiaste? (la literatura medieval, la historia de España)
5. ¿Conociste a jóvenes españoles de tu edad? (sí, a varios)
6. ¿Te gustó tu estadía en Sevilla? (sí, muchísimo)
7. ¿Visitaste otras ciudades? (sí; Granada, Córdoba y Madrid)
8. ¿Influyó en tu vida esta experiencia? (sí, bastante)

## 2.2 DIRECT AND INDIRECT OBJECT PRONOUNS AND THE PERSONAL A

# Forms

| Direct | Indirect |
|--------|----------|
| me | me |
| te | te |
| lo* / la | le |
| nos | nos |
| os | os |
| los* / las | les |

*In some regions of Spain, **le** and **les,** and not **lo** and **los,** are used as direct object pronouns when they refer to people.

Los musulmanes atacaron al rey Rodrigo y **le** derrotaron.

*The Muslims attacked King Rodrigo and defeated him.*

■ The direct object of a verb answers the question *what?* or *whom?;* the indirect object, answers the question *to whom?* or *for whom?*

|  | Direct object noun | Direct object pronoun |
|---|---|---|
| I saw ... (what?) | I saw **the movie.** | I saw **it.** |
|  | Vi **la película.** | **La** vi. |
| I saw ... (whom?) | I saw **the actor.** | I saw **him.** |
|  | Vi **al actor.** | **Lo** vi. |
|  | **Indirect object noun** | **Indirect object pronoun** |
| I spoke ... (to whom?) | I spoke **to the actress.** | I spoke **to her.** |
|  | Hablé **a la actriz.** | **Le** hablé. |

■ Direct and indirect object pronoun forms are identical, except for the third-person singular and plural forms.

El profesor **nos** *(direct)* saludó.
  Luego **nos** *(indirect)* habló de la
  aventura de Rodrigo Díaz de Vivar,
  El Cid.
Cuando El Cid vio a Ximena, **la**
  *(direct)* abrazó y **le** *(indirect)*
  preguntó por sus hijas.

*The teacher greeted us. Then he
  spoke to us about the adventure of Rodrigo Díaz de Vivar,
  the Cid.*
*When the Cid saw Ximena, he
  embraced her and asked her
  about his daughters.*

■ Object pronouns immediately precede conjugated verbs and negative commands.

Las catedrales de España **me** fascinan.
Los museos no **nos** han aburrido
  en absoluto.
Por favor, no **me** hables de eso.

*The cathedrals of Spain fascinate me.*
*The museums have not bored us at all.*

*Please, don't talk to me about that.*

■ Objects pronouns are attached to the end of affirmative commands to form a single word. A written accent is needed if the stress falls before the next-to-last syllable.

Cuénta**me** tu visita a Granada.
Di**me** qué lugar te impresionó más.

*Tell me about your visit to Granada.*
*Tell me which place impressed you more.*

■ When an infinitive or a present participle follows a conjugated verb, object pronouns may be attached to the end of the infinitive or present participle, thus forming a single word, or they may precede the conjugated verb as a separate word. When pronouns are attached to the end of an infinitive or present participle, a written accent is needed if the stress falls before the next-to-last syllable.

El profesor va a explicar**nos** el
  "Cantar de Mío Cid". (El profesor
  **nos** va a explicar el "Cantar de
  Mío Cid".)
—¿Terminaste el informe sobre los
  romanos en España?
—No, todavía estoy escribiéndo**lo.**
  (No, todavía **lo** estoy escribiendo.)

*The teacher is going to explain the
  "Poem of the Cid" to us.*



*Did you finish the report about the
  Romans in Spain?*
*No, I'm still writing it.*

■ Indirect object pronouns precede direct object pronouns when the two are used together.

—¿Nos mostró la profesora las diapositivas sobre la Alhambra?
—Sí, **nos las** mostró ayer.

*Did the teacher show us the slides of the Alhambra?*
*Yes, she showed them to us yesterday.*

■ The indirect object pronouns **le** and **les** change to **se** when used with the direct object pronouns **lo, la, los,** and **las.** The meaning of **se** can be clarified by using **a él / ella / usted / ellos / ellas / ustedes.**

—Mi hermano quiere saber dónde está su libro sobre los moros.
—**Se lo** devolví hace una semana.
Mónica y Eduardo quieren ver la cueva de Altamira, pero no pueden ir juntos. **Se la** mostraré **a ella** primero.

*My brother wants to know where his book on the Moors is.*
*I returned it to him a week ago.*
*Monica and Eduardo want to see the cave of Altamira, but they can't go together. I'll show it to her first.*

■ Indirect object pronouns may be emphasized or, if needed, clarified with phrases such as **a mí / ti / él / nosotros,** and so on.

¿**Te** gustó **a ti** la película *El Cid*? **A mí me** pareció fascinante.
Irene dice que no le devolví las fotos de Sevilla, pero yo estoy segura de que **se las** di **a ella** hace una semana.

*Did you like the movie* The Cid? *It seemed fascinating to me.*
*Irene says that I did not return the photos of Sevilla to her, but I am sure that I gave them to her a week ago.*

■ In Spanish, sentences with an indirect object noun also usually include an indirect object pronoun which refers to that noun.

Mis padres **les** dieron **a mis hermanos** el dinero para hacer un viaje a España.
Mi hermana **le** dijo **a mi padre** que ella también quería ir.

*My parents gave my brothers the money to take a trip to Spain.*

*My sister told my father that she also wanted to go.*

## The Personal a

■ The personal **a** is used before a direct object referring to a specific person or persons. It is not translated in English.

Los árabes derrotaron **a Rodrigo,** el último rey visigodo.
Los cristianos conquistaron **a los árabes** en Granada.

*The Arabs defeated Rodrigo, the last Visigoth king.*
*The Christians conquered the Arabs in Granada.*

■ The personal **a** is not used before nouns referring to non-specific, anonymous persons.

Necesito **un voluntario.**
La reina ve **soldados** derrotados por todas partes.

*I need a volunteer.*
*The queen sees defeated soldiers everywhere.*

■ The personal **a** is always used before **alguien, alguno, ninguno, nadie,** and **todos** when they refer to people.

El rey ve **a algunos héroes** en el campo; pero la reina no ve **a nadie;** ella sólo ve llorones.

*The king sees some heroes in the field; but the queen does not see anyone; she only sees crybabies.*

■ The personal **a** is normally not used after the verb **tener.**

Tengo **varios amigos** que se han alojado en Granada.

*I have several friends who have stayed in Granada.*

## Ahora, ¡a practicar!

**A. Ausente.** Como no asististe a la última clase de Historia de España, tus compañeros te cuentan lo que pasó.

MODELO     profesor / hablarnos de la civilización musulmana
**El profesor nos habló de la civilización musulmana.**

1. profesor / entregarnos el último examen
2. dos estudiantes / mostrarnos fotos de Córdoba
3. profesor / explicarnos la importancia de la cultura árabe en España
4. Rubén / contarle a la clase su visita a Granada
5. unos estudiantes / hablarle a la clase de la arquitectura árabe

**B. Estudios.** Usa estas preguntas para entrevistar a un(a) compañero(a) de clase. Luego, él(ella) hace las preguntas mientras tú contestas.

MODELO     ¿Te aburren las clases de historia?
**Sí, (a mí) me aburren esas clases.** o **No, (a mí) no me aburren esas clases. Me fascinan esas clases.**

1. ¿Te interesan las clases de ciencias naturales?
2. ¿Te parecen importantes las clases de idiomas extranjeros?
3. ¿Te entusiasman las clases de arte?
4. ¿Te es difícil memorizar información?
5. ¿Te falta tiempo siempre para completar tus tareas?
6. ¿Te cuesta mucho trabajo obtener buenas notas?

**C. Trabajo de jornada parcial.** Han entrevistado a tu amiga para un trabajo en la oficina de unos abogados. Un amigo quiere saber si ella obtuvo ese trabajo.

MODELO     ¿Cuándo entrevistaron a tu amiga? (el lunes pasado)
**La entrevistaron el lunes pasado.**

1. ¿Le pidieron recomendaciones? (sí)
2. ¿Le sirvieron sus conocimientos de español? (sí, mucho)
3. ¿Le dieron el trabajo? (sí)
4. ¿Cuándo se lo dieron? (el jueves)
5. ¿Cuánto le van a pagar por hora? (ocho dólares)
6. ¿Conoce a su jefe? (no)
7. ¿Por qué quiere trabajar con abogados? (fascinarle las leyes)

**D.** **El edicto de 1492.** Usando el presente histórico, narra un momento de intolerancia religiosa en la historia de España.

MODELOS  un gran número de judíos / habitar / España
**Un gran número de judíos habitan España.**

muchos / admirar / los judíos
**Muchos admiran a los judíos.**

1. Fernando e Isabel, los Reyes Católicos / gobernar / el país
2. en general, la gente / admirar y respetar / los Reyes
3. por razones de intolerancia religiosa, algunos / no querer / los judíos
4. los Reyes / firmar / un edicto el 31 de marzo de 1492
5. el edicto / expulsar de España / todos los judíos
6. los judíos / abandonar / su patria / y / dispersarse por el Mediterráneo

**E.** **Regalos para todos.** En grupos de tres, digan qué regalos recibiste para Navidad u otra celebración familiar el año pasado y quién se los dio. Luego mencionen dos regalos que compraron y digan a quiénes se los dieron. Cada persona debe mencionar por lo menos dos regalos que recibió y dos que regaló.

# Lección 2

## 2.3  PRETERITE: STEM-CHANGING AND IRREGULAR VERBS

## Stem-changing Verbs

■ Stem-changing **-ar** and **-er** verbs in the present tense are completely regular in the preterite. (See *Unidad 1, p. G17–G18* for stem-changing verbs in the present.)

Antes de la batalla, don Quijote **pensó** en Dulcinea; en realidad, a menudo **piensa** en ella.

*Before the battle, Don Quijote thought of Dulcinea; actually, he often thinks about her.*

■ Stem-changing **-ir** verbs are also regular in the preterite, except for the third-person singular and plural. In these two forms, they change **e** to **i** and **o** to **u**.

| sentir | pedir | dormir |
|--------|-------|--------|
| *e → i* | *e → i* | *o → u* |
| sentí | pedí | dormí |
| sentiste | pediste | dormiste |
| sintió | pidió | durmió |
| sentimos | pedimos | dormimos |
| sentisteis | pedisteis | dormisteis |
| sintieron | pidieron | durmieron |

Los moros siempre sintieron mucho
respeto por el Cid.
Cristóbal Colón murió en Valladolid.

*The Moors always felt a lot of respect
for the Cid.*
*Christopher Columbus died in
Valladolid.*

## Irregular Verbs

■ Some common verbs have an irregular stem in the preterite. Note that the **-e** and **-o** endings of these verbs are irregular as they are not accented.

| Verb | *-u-* and *-i-* Stems | Endings | |
|---|---|---|---|
| andar | anduv - | | |
| caber | cup - | | |
| estar | estuv - | | |
| haber | hub - | | |
| poder | pud - | **e** | imos |
| poner | pus - | iste | isteis |
| querer | quis - | **o** | ieron |
| saber | sup - | | |
| tener | tuv - | | |
| venir | vin - | | |

| Verb | *-j-* Stems | Endings | |
|---|---|---|---|
| decir | dij - | **e** | imos |
| producir | produj - | iste | isteis |
| traer | traj - | **o** | **eron** |

Verbs derived from those listed in the chart have the same irregularities, for example:

decir: contradecir, predecir
poner: componer, proponer

tener: detener, mantener, sostener
venir: convenir, intervenir

Si se acepta que Lope de Vega
**compuso** más de 1.500 comedias,
se puede decir que se **mantuvo**
escribiendo toda su vida.
Los piratas turcos **propusieron**
mantener a Cervantes prisionero
en Argel por cinco años.

*If one accepts that Lope de Vega
composed more than 1,500 plays,
one can say that he lived by writing
all his life.*
*Turkish pirates proposed keeping
Cervantes prisoner in Algiers for
five years.*

■ Other irregular verbs:

| dar | | hacer | | ir / ser | |
|-----|------|-------|----------|---------|---------|
| di | dimos | hice | hicimos | fui | fuimos |
| diste | disteis | hiciste | hicisteis | fuiste | fuisteis |
| dio | dieron | hizo | hicieron | fue | fueron |

Note that **ir** and **ser** have the same preterite forms. Context usually clarifies the meaning intended.

Me **dieron** tantas tareas ayer que no las **hice** todas.

*They gave me so much homework yesterday that I didn't do it all.*

Una amiga mía **fue** a Barcelona por unos días. **Fue** una visita muy interesante, me dijo.

*A friend of mine went to Barcelona for a few days. It was a very interesting visit, she told me.*

## Ahora, ¡a practicar!

**A. Fecha clave.** Completa la siguiente información acerca de la importancia del año 1492 en la historia de España usando el pretérito.

El año 1492 es muy importante en la historia de España. Ese año los árabes __1__ (ser) derrotados en la batalla de Granada; así __2__ (terminar) la dominación árabe que __3__ (durar) casi ocho siglos. Ese año el pueblo judío __4__ (ser) expulsado de España; esta comunidad __5__ (repartirse) por el Mediterráneo, pero nunca __6__ (olvidar) sus raíces hispanas y tampoco __7__ (perder) su lengua, el sefardí o judeo-español, idioma de base española. Ese mismo año Cristóbal Colón __8__ (salir) del puerto de Palos y __9__ (llegar) a las Antillas; América __10__ (incorporarse) al reino español, lo cual __11__ (aumentar) las riquezas de España.

**B. Museo interesante.** Una amiga escribe en su diario las impresiones de su visita al Centro de Arte Reina Sofía (CARS) en Madrid. Complete este fragmento usando el pretérito.

Unos amigos me __1__ (decir): "Debes visitar el CARS". Yo me __2__ (proponer) hacer la visita el martes pasado, pero no __3__ (poder), porque __4__ (tener) muchas otras cosas que hacer ese día. Finalmente, el jueves __5__ (ir) al museo. Lo primero que __6__ (hacer) __7__ (ser) ir a la sala central. __8__ (Querer) ver por mí misma el *Guernica* de Picasso. __9__ (Poder) ver esa obra genial y __10__ (saber) por qué le gusta tanto a la gente. Como recuerdo le __11__ (traer) a mi padre un libro sobre la historia de ese cuadro famoso.

**C. La guerra de 1898.** En la siguiente información acerca de la guerra entre España y EE.UU., cambia el presente histórico al pretérito.

El 15 de febrero de 1898 el barco norteamericano *Maine* es (1) destruido a causa de una explosión en la cual mueren (2) 260 estadounidenses. EE.UU. culpa (3) a los españoles por la explosión y declara (4) la guerra a España. Las fuerzas norteamericanas desembarcan (5) en La Habana, un escuadrón bloquea (6) este y otros puertos y finalmente derrota (7) a la flota española en Santiago de Cuba. El primero de mayo la armada norteamericana destruye (8) a la flota española en las Filipinas. El 20 de junio captura (9) el territorio de Guam. Entre el 25 de julio y el 12 de agosto, EE.UU. toma (10) posesión de Puerto Rico. El 10 de diciembre del mismo año se firma (11) la paz. España cede (12) las Filipinas, Puerto Rico y Guam a los EE.UU. y reconoce (13) la independencia de Cuba. Las tropas norteamericanas ocupan (14) la isla hasta el 20 de mayo de 1902 cuando el gobierno de Cuba es (15) entregado a su primer presidente, Tomás Estrada Palma.

**D. Encuesta.** Entrevista a tus compañeros(as) de clase hasta encontrar personas que hacen cada actividad.

MODELO    Durmió mal anoche.
            **—¿Dormiste mal anoche?**
            **—Sí, dormí mal. o No, no dormí mal.**

1. Durmió mal anoche.
2. Tuvo que estudiar para un examen ayer.
3. Anduvo a clase hoy.
4. Vino a clase en autobús.
5. Trajo una computadora a clase.
6. Estuvo enfermo(a) ayer.
7. Fue al cine durante el fin de semana.
8. No hizo su tarea para la clase anoche.

## 2.4   GUSTAR AND SIMILAR CONSTRUCTIONS

## The Verb gustar

■ The verb **gustar** means *to be pleasing (to someone);* it is also equivalent to the English verb *to like.* The word order in sentences with **gustar** is different from English sentences with *to like.* In Spanish, the indirect object is the person or persons who like something. The subject is the person(s) or thing(s) that is(are) liked.*

| Indirect Object | Verb | Subject |
|---|---|---|
| Me | gustan | los cuadros de Picasso. |

| Subject | Verb | Direct Object |
|---|---|---|
| I | like | Picasso's paintings. |

■ When the indirect object is a noun, the sentence also includes the indirect object pronoun.

A **mi hermano** no **le** gustaron las pinturas surrealistas.

*My brother didn't like surrealist paintings.*

---

*To identify the subject and the indirect object of the verb **gustar,** think of the English expression *to be pleasing to:*

Me gustan los cuadros de Picasso.    *Picasso's paintings are pleasing to me.*

■ To clarify or emphasize the indirect object pronoun, the phrase **a** + *prepositional pronoun* is used.

| | |
|---|---|
| Hablaba con los Morales. **A ella le** gusta mucho caminar por las calles, pero **a él** no **le** gustan esas caminatas. | *I was talking with Mr. and Mrs. Morales. She likes to walk along the streets a lot, but he doesn't like those walks.* |
| **A mí me** gustó la exhibición de Goya, pero **a ti** no **te** gustó nada. | *I liked the Goya exhibition, but you didn't like it at all.* |

■ The following verbs function like **gustar:**

| | | |
|---|---|---|
| agradar | fascinar | molestar |
| disgustar | importar | ofender |
| doler (ue) | indignar | preocupar |
| encantar | interesar | sorprender |
| enojar | | |

| | |
|---|---|
| —¿Te **agrada** *El Dos de Mayo* de Goya? | *Do you like Goya's* El Dos de Mayo*?* |
| —Me **gusta** muchísimo. También me **fascinan** las pinturas negras. | *I like it a lot. The black paintings also fascinate me.* |
| A los españoles todavía les **agradan** las comedias de Lope de Vega. | *Lope de Vega's plays still please the Spaniards.* |

■ The verbs **faltar, quedar,** and **parecer** are similar to **gustar** in that they may be used with an indirect object. However, unlike **gustar,** they often appear without an indirect object in impersonalized statements. Note the translation of the sentences that follow.

| | |
|---|---|
| **Nos faltan** recursos para promover las bellas artes. | *We are lacking resources to promote the fine arts.* |
| **Faltan** recursos para promover las bellas artes. | *Resources are lacking to promote the fine arts.* |
| **A mí me parecen** incomprensibles muchas pinturas surrealistas. | *Many surrealist paintings seem incomprehensible to me.* |
| Muchas pinturas surrealistas **parecen** incomprensibles. | *Many surrealist paintings seem incomprehensible.* |

## Ahora, ¡a practicar!

**A. Valencia.** Tú y tus amigos hacen comentarios acerca de su viaje a la histórica ciudad de Valencia, en la cual vivió El Cid por algunos años.

MODELO     a todo el mundo / gustar la paella valenciana
            **A todo el mundo le gustó la paella valenciana.**

1. a algunos / encantar los paseos por el puerto
2. a otros / molestar el ruido del Mercado Central
3. a mí / sorprender ver tanta actividad nocturna
4. a todos nosotros / encantar las playas de la Malvarrosa
5. a ti / no gustar las corridas de toros
6. a casi todos nosotros / parecer fascinante la historia de la ciudad
7. a la mayoría / interesar el Museo de Bellas Artes
8. a todos nosotros / faltar tiempo para conocer mejor la ciudad

**B. Francisco de Goya.** Una amiga tuya entiende mucho de pintura. Tú le haces algunas preguntas.

MODELO ¿Por qué te interesa Goya? (por su gran originalidad)
**Me interesa por su gran originalidad.**

1. ¿Le dolió a Goya la invasión francesa? (sí, mucho)
2. Le indignó también, ¿verdad? (sí, por supuesto, enormemente)
3. ¿Cuánto tiempo le tomó terminar *El Dos de Mayo*? (un poco más de un mes)
4. ¿Le gustó a la gente *El Dos de Mayo*? (sí, y todavía gusta)
5. ¿Qué otros cuadros de Goya te agradan? (los cuadros del período oscuro)

**C. Reacciones.** Expresa tus reacciones a los siguientes hechos y explica por qué piensas así. Usa los verbos que aparecen a continuación.

MODELO la influencia árabe en España
**Me impresionó (Me sorprendió) porque afectó tanto la lengua española.**

| | | | | |
|---|---|---|---|---|
| aburrir | encantar | gustar | indignar | ofender |
| agradar | fascinar | impresionar | interesar | sorprender |

1. las pinturas de la cueva de Altamira
2. la historia del El Cid Campeador
3. la arquitectura del palacio de la Alhambra
4. la expulsión de los judíos en el siglo XV
5. las pinturas de Velázquez
6. las artes durante el Siglo de Oro
7. la novela *Don Quijote de la Mancha*
8. la España de Carlos V
9. los gobiernos de Felipe III y Felipe IV
10. la derrota de la Armada Invencible

**D. Gustos personales.** En grupos de tres, completen estas oraciones para expresar sus opiniones sobre el arte.

MODELO dos artistas / gustar / todos / ser
**Dos artistas que nos gustan a todos son Goya y "El Greco".**

1. un estilo de arte / fascinar / mí / ser
2. un estilo de arte / ofender / todos / ser
3. un color / agradar / mis compañeros(as) / ser
4. un(a) artista / sorprender / todos / ser
5. unos materiales para pintar / importar / artistas / ser

# Lección 3

## 2.5 IMPERFECT

### Forms

| -ar verbs | -er verbs | -ir verbs |
|-----------|-----------|-----------|
| *ayudar* | *aprender* | *escribir* |
| ayud**aba** | aprend**ía** | escrib**ía** |
| ayud**abas** | aprend**ías** | escrib**ías** |
| ayud**aba** | aprend**ía** | escrib**ía** |
| ayud**ábamos** | aprend**íamos** | escrib**íamos** |
| ayud**abais** | aprend**íais** | escrib**íais** |
| ayud**aban** | aprend**ían** | escrib**ían** |

■ Note that the imperfect endings of **-er** and **-ir** verbs are identical.

■ Only three verbs are irregular in the imperfect tense: **ir, ser,** and **ver.**

ir:   iba, ibas, iba, íbamos, ibais, iban
ser:  era, eras, era, éramos, erais, eran
ver:  veía, veías, veía, veíamos, veíais, veían

### Uses

The imperfect is used to:

■ express actions that were in progress in the past.

Ayer, cuando tú viniste a verme, yo **leía** un libro sobre la Guerra Civil Española.

*Yesterday, when you came to see me, I was reading a book on the Spanish Civil War.*

■ relate descriptions in the past. This includes the background or setting of actions as well as mental, emotional, and physical conditions.

Después de pasar tres horas en el museo me **sentía** cansado, pero **estaba** contento porque **tenía** la cabeza llena de bellas imágenes.
**Era** sábado. El cielo **estaba** despejado y **hacía** bastante calor. De pronto,...

*After spending three hours at the museum, I was feeling tired, but I was happy because my head was full of beautiful images.*
*It was Saturday. The sky was clear and it was fairly hot. Suddenly, . . .*

■ relate habitual, customary actions in the past.

| | |
|---|---|
| Cuando yo vivía en Salamanca, **iba** a clases por la mañana. Por la tarde me **juntaba** con mis amigos y **salíamos** a pasear, **íbamos** al cine o **charlábamos** en un café. | *When I was living in Salamanca, I used to go to classes in the morning. In the afternoon I would join my friends and we would go for walks or we would go to the movies or we would chat at a café.* |

■ tell the time of day in the past.

| | |
|---|---|
| **Eran** las nueve de la mañana cuando la encontré. | *It was nine o'clock in the morning when I met her.* |

## *Ahora, ¡a practicar!*

**A. Periodista.** Completa la descripción de un periodista que vio la manifestación de apoyo a los republicanos españoles en París.

El año 1937 yo __1__ (estar) en París. __2__ (Vivir) en el Barrio Latino. El sábado 11 de mayo hubo una manifestación. Durante la manifestación yo __3__ (marchar) junto con obreros, artistas, estudiantes, profesionales y otras personas. __4__ (Ser/nosotros) miles y miles y miles de manifestantes; todos nosotros __5__ (apoyar) la causa de la república española. __6__ (Caminar) hacia la Plaza de la Bastilla. __7__ (Cantar), __8__ (gritar) y en general __9__ (protestar) contra el bombardeo de Guernica cometido __10__ (hacer) cinco días.

**B. Un barrio de Madrid.** Completa la siguiente descripción del barrio madrileño de Argüelles que aparece en el poema "Explico algunas cosas" del chileno Pablo Neruda, quien vivía en España durante la Guerra Civil Española.

Yo __1__ (vivir) en un barrio
de Madrid, con campanas,
con relojes, con árboles.
Desde allí se __2__ (ver)
el rostro° seco de Castilla                                    *face, surface*
como un océano de cuero.°                                     *leather*
Mi casa __3__ (ser) llamada
la casa de las flores, porque por todas partes
__4__ (estallar°) geranios: __5__ (ser)                      *to burst out*
una bella casa
con perros y chiquillos.°                                     *kids*

**C. Al teléfono.** Di lo que hacían los miembros de tu familia y tú cuando recibieron una llamada telefónica.

MODELO **Mi perro miraba la televisión en el cuarto de mi hermano.**

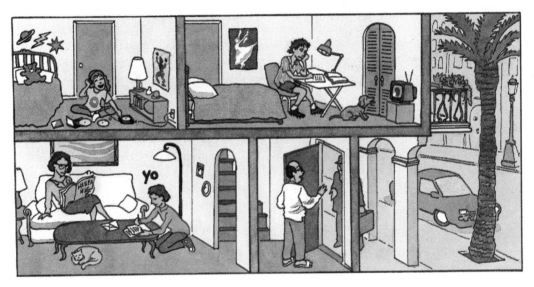

1. hermanita     3. papá     5. yo
2. hermano     4. mamá     6. gato

**D. Un semestre como los otros.** Di lo que acostumbrabas hacer el semestre pasado.

MODELO     estudiar todas las noches
           **Estudiaba todas las noches.**

1. poner mucha atención en la clase de español
2. asistir a muchos partidos de básquetbol
3. ir a dos clases los martes y los jueves
4. leer en la biblioteca
5. no tener tiempo para almozar a veces
6. trabajar los fines de semana
7. estar ocupado(a) todo el tiempo

## 2.6 INDEFINITE AND NEGATIVE EXPRESSIONS

| Indefinite Expressions | Negative Expressions |
|---|---|
| **algo**   *something, anything* | **nada**   *nothing, anything* |
| **alguien**   *someone, somebody, anybody* | **nadie**   *no one, nobody, anybody* |
| **alguno**   *some, any* | **ninguno**   *no, any, none* |
| **alguna vez**   *some time, ever* | **nunca, jamás**   *never, ever* |
| **siempre**   *always* | **nunca, jamás**   *never ever* |
| **o**   *or* | **ni**   *nor* |
| **o... o**   *either ... or* | **ni... ni**   *neither ... nor* |
| **también**   *also, too* | **tampoco**   *neither, not ... either* |
| **cualquiera**   *any, whatever* | |

—¿Sabes **algo** de Antonio Machado?

*Do you know anything about Antonio Machado?*

—Antes no sabía **nada** de él, pero el semestre pasado tomé un curso sobre su poesía.

*Before I didn't know anything about him, but last semester I took a course about his poetry.*

—¿**Alguien** leyó la última novela de Ana María Matute?

*Did anyone read Ana Maria Matute's last novel?*

—No, **nadie** ha leído a esa autora española.

*No, nobody has read that Spanish author.*

—¿Visitaron la Alhambra **o** el Escorial?

*Did you visit the Alhambra or the Escorial?*

—No visitamos **ni** la Alhambra **ni** el Escorial. **Tampoco** visitamos el Alcázar de Segovia.

*We didn't visit the Alhambra or the Escorial. We didn't visit the Alcazar of Segovia either.*

## Alguno and ninguno

■ **Alguno** varies in gender and number: **alguno, alguna, algunos, algunas; ninguno** is used in the singular only: **ninguno, ninguna.** As adjectives, they agree with the noun they modify.

—¿Leíste **algunas** obras de Miguel de Unamuno?

*Did you read some of Miguel de Unamuno's works?*

—Leí **algunos** de sus ensayos, pero no tengo **ninguna** idea de cómo interpretarlos.

*I read some of his essays, but I have no idea how to interpret them.*

■ **Alguno** and **ninguno** lose the final **-o** before a masculine singular noun.

| | |
|---|---|
| **Ningún** presidente ha resuelto el problema de la inflación. | *No president has solved the inflation problem.* |
| ¿Conoces **algún** pueblo de la región de Andalucía? | *Do you know any village from the Andalusian region?* |

■ When **alguien, nadie, alguno/a/os/as** or **ninguno/a** introduce a direct object referring to people, they are preceded by the personal **a.**

| | |
|---|---|
| —¿Conoces **a alguien** de Sevilla? | *Do you know anyone from Sevilla?* |
| —No conozco **a nadie** de allá. | *I don't know anyone from there.* |

## Nunca and jamás

■ **Nunca** and **jamás** both mean *never.* **Nunca** is more frequently used in everyday speech. **Jamás** or **nunca jamás** are used for emphasis.

| | |
|---|---|
| **Nunca** estuve en Asturias. | *I have never been to Asturias.* |
| ¡**Jamás** pensé que España me gustara tanto! | *I never thought I'd like Spain so much!* |
| —¿Has probado la paella valenciana? | *Have you ever tried paella valenciana?* |
| —¡**Nunca jamás!** | *Never ever!* |

■ In questions, either **jamás** or **alguna vez** may be used to mean *ever;* **jamás** is preferred when a negative answer is expected.

| | |
|---|---|
| ¿Estudiaste **alguna vez (jamás)** las películas de Almodóvar? | *Did you ever study Almodovar's movies?* |
| —¿Has visto **jamás** artesanías de Toledo? | *Have you ever seen handicrafts from Toledo?* |
| —**Nunca jamás.** | *Never ever.* |

## No

■ **No** is placed before the verb in a sentence. Object pronouns are placed between **no** and the verb.

| | |
|---|---|
| **No** recibí la tarjeta postal que mandaste desde Barcelona. **No la** enviaste a mi dirección antigua, ¿verdad? | *I didn't receive the postcard you sent from Barcelona. You didn't send it to my old address, did you?* |

■ Negative sentences in Spanish can contain one or more negative words. The word **no** is omitted when another negative expression precedes the verb.

| | |
|---|---|
| —Yo **no** leí **nada** sobre Carmen Laforet. | *I didn't read anything about Carmen Laforet.* |
| —Yo **tampoco** leí nada. | *I didn't read anything either.* |
| Ella **no** toleró **nunca ninguna** injusticia social. | *She never tolerated any social injustice.* |
| Ella **nunca** toleró **ninguna** injusticia social. | |

# Cualquiera

■ **Cualquiera** *(any, whatever)* may be used as an adjective or a pronoun. When used as an adjective before a singular noun, **cualquiera** is shortened to **cualquier.**

| | |
|---|---|
| **Cualquier** persona que visita España queda encantada con el país y su gente. | *Any person who visits Spain is delighted by the country and its people.* |
| Gozamos de libertad de expresión y **cualquiera** puede expresar sus opiniones. | *We enjoy freedom of speech and anyone can express his or her views.* |

## Ahora, ¡a practicar!

**A. Opiniones opuestas.** Tu compañero(a) contradice cada afirmación que tú haces.

MODELO     Siempre se va a encontrar solución a un conflicto.
           **Nunca se va a encontrar resolución a ningún conflicto.**

1. Todos quieren resolver los problemas ecológicos.
2. Un gobernante debe consultar con todos.
3. La economía ha mejorado algo.
4. El gobierno debe conversar con todos los grupos políticos.
5. Ha habido algunos avances en la lucha contra el narcotráfico.

**B. Quejas.** Con un(a) compañero(a), prepara una lista de quejas que los padres tienen de sus hijos y otra lista de quejas que los hijos tienen de los padres.

MODELOS     —**Mis padres nunca me mandan suficiente dinero.**
            —**¡Jamás limpias tu cuarto!**

# Lección 1

## 3.1 PRETERITE AND IMPERFECT: COMPLETED AND BACKGROUND ACTIONS

■ When narrating, the imperfect gives background information and the preterite reports completed actions or states.

| | |
|---|---|
| **Eran** las ocho de la mañana. **Hacía** un sol hermoso. **Cogí** el periódico, me **instalé** en mi sillón favorito y **empecé** a leer. | *It was eight o'clock. It was a beautiful sunny day. I picked up the newspaper, sat in my favorite armchair, and began to read.* |

■ The imperfect is used to describe a physical, mental, or emotional state or condition; the preterite is used to indicate a change in physical, mental, or emotional condition.

| | |
|---|---|
| Ayer, cuando tú me viste, **tenía** un dolor de cabeza terrible y **estaba** muy nervioso. | *Yesterday, when you saw me, I had a terrible headache and I was very nervous.* |
| Ayer, cuando **leí** una noticia desagradable en el periódico, me **sentí** mal y me **puse** muy nervioso. | *Yesterday, when I read an unpleasant bit of news in the newspaper, I felt ill and became very nervous.* |

■ Following is a list of time expressions that tend to signal either the preterite or the imperfect.

| **Usually preterite** | **Usually imperfect** |
|---|---|
| anoche | a menudo *(often)* |
| ayer | cada día |
| durante | frecuentemente |
| el (verano) pasado | generalmente, por lo general |
| la (semana) pasada | mientras *(while)* |
| hace (un mes) | muchas veces |
| hace (media hora) | siempre |
| | todos los (días) |

| | |
|---|---|
| **Hace** dos días me **sentí** mal. **Durante** varias horas **estuve** con mareos. **Ayer noté** una cierta mejoría. | *Two days ago I felt ill. I was dizzy for several hours. Yesterday I noticed a certain improvement.* |
| **Todos los días compraba** el diario local. **Generalmente** lo **leía** por la mañana **mientras tomaba** el desayuno. | *Every day I would buy the local newspaper. Generally, I would read it in the morning while I was having breakfast.* |

## Ahora, ¡a practicar!

**A. De viaje.** Tu amigo(a) te pide que le digas cómo te sentías la mañana de tu viaje a México.

MODELO     sentirse entusiasmado(a)
**Me sentía muy entusiasmado(a).**

1. estar inquieto(a)
2. sentirse un poco nervioso(a)
3. caminar de un lado para otro en el aeropuerto
4. querer estar ya en la Ciudad de México
5. no poder creer que salía hacia México
6. esperar ver las pirámides
7. tener miedo de perder mi cámara
8. no tener hambre

**B. Sumario.** Pregúntale a tu compañero(a) si hizo lo siguiente su primer día en la Ciudad de México.

MODELO     llegar a la Ciudad de México a las cuatro de la tarde
**¿Llegaste a la Ciudad de México a las cuatro de la tarde?**

1. pasar por la aduana
2. llamar un taxi para ir al hotel
3. decidir no deshacer las maletas todavía
4. salir a dar un paseo por la Zona Rosa
5. sentirse muy cansado(a) después de una hora
6. regresar al hotel
7. dormir hasta el día siguiente

**C. Mito.** Completa la siguiente narración para descubrir el mito de cómo fue fundada la Ciudad de México.

Los aztecas __1__ (buscar) un sitio donde establecerse. Un día, en el año 1325, mientras __2__ (pasar) por el lago Texcoco, __3__ (ver) un espectáculo impresionante. Encima de un cactus llamado nopal __4__ (haber) un águila con las alas extendidas. __5__ (Tener) en su pico una serpiente que todavía se __6__ (mover). Los jefes __7__ (decidir) que ése __8__ (ser) el signo anunciado por los profetas antiguos y allí __9__ (fundar) la ciudad de Tenochtitlán.

**D. México colonial.** Completa la siguiente narración sobre la época colonial en México.

La época colonial en México __1__ (durar) tres siglos: __2__ (comenzar) en 1521 y __3__ (terminar) en 1821. En ese tiempo, México __4__ (formar) parte del Virreinato de la Nueva España y __5__ (ser) una de las regiones más ricas del imperio español, pues __6__ (haber) mucho oro y plata que se __7__ (enviar) a España. Hacia el fin del período, las luchas entre los gachupines y los criollos __8__ (terminar) con la victoria de los criollos, quienes __9__ (declarar) la independencia del país en 1821.

## 3.2 POSSESSIVE ADJECTIVES AND PRONOUNS

| Short Form: Adjectives | | Long Form: Adjectives/Pronouns | |
|---|---|---|---|
| *Singular* | *Plural* | *Singular* | *Plural* |
| mi | mis | mío(a) | míos(as) |
| tu | tus | tuyo(a) | tuyos(as) |
| su | sus | suyo(a) | suyos(as) |
| nuestro(a) | nuestros(as) | nuestro(a) | nuestros(as) |
| vuestro(a) | vuestros(as) | vuestro(a) | vuestros(as) |
| su | sus | suyo(a) | suyos(as) |

■ All possessive forms agree in gender and number with the noun they modify—that is, they agree with the object or person that is possessed, not with the possessor.

**Tus** abuelos son de Michoacán. **Los míos** son de Jalisco.
*Your grandparents are from Michoacán. Mine are from Jalisco.*

Luis Miguel escribe la letra de **las canciones suyas.**
*Luis Miguel writes the lyrics for his songs.*

Alejandra Guzmán escribe la letra de **las canciones suyas.**
*Alejandra Guzmán writes the lyrics for her songs.*

## Possessive Adjectives

■ The short forms of the possessive adjectives are used more frequently than the long forms. They precede the noun they modify.

**Mi** verdura favorita es la alcachofa. *My favorite vegetable is the artichoke.*

■ The long forms are often used for emphasis or contrast, or in constructions with the definite or indefinite article: **el/un (amigo) mío.** They follow the noun they modify which is preceded by the article.

**La** región **nuestra** produce arroz y maíz.
*Our region produces rice and corn.*

Según el médico, mi malestar era sólo **una** fantasía **mía.**
*According to the doctor, my malaise was only a fantasy of mine.*

■ The forms **su, sus, suyo(a), suyos(as)** may be ambiguous since they have multiple meanings.

¿Dónde vive **su** hermano? (de él, de ella, de Ud., de Uds., de ellos, de ellas)
*Where does his (her, your, their) brother live?*

In most cases, the context determines which meaning is intended. To clarify the intended meaning of a possessive adjective or pronoun, phrases such as **de él, de ella, de usted,** etc., may be used after the noun. The corresponding definite article precedes the noun.

| | |
|---|---|
| ¿Dónde trabaja **el** hermano **de él**? | *Where does his brother work?* |
| **La** familia **de ella** vive cerca de la capital. | *Her family lives near the capital.* |

■ In Spanish, the definite article is generally used instead of a possessive form when referring to parts of the body and articles of clothing.

| | |
|---|---|
| Me duele **el** brazo. | *My arm aches.* |
| La gente se quita **el** sombrero cuando entra en la iglesia. | *People take off their hats when they enter a church.* |

## Possessive Pronouns

■ The possessive pronouns, which use the long possessive forms, replace a possessive adjective + a noun: **mi casa → la mía.** They are generally used with a definite article.

| | |
|---|---|
| —Mi familia vive en una aldea de Jalisco. ¿Y **la tuya**? | *My family lives in a small village in (the state of) Jalisco. And yours?* |
| —**La mía** vive en la capital, en Guadalajara. | *Mine lives in the capital, in Guadalajara.* |

■ The article is usually omitted when the possessive pronoun immediately follows the verb **ser.**

| | |
|---|---|
| Esas pinturas **son nuestras.** | *Those paintings are ours.* |

### Ahora, ¡a practicar!

**A. ¿El peor?** Compartes un apartamento con un amigo. Los dos son bastante desordenados. ¿Quién es el peor?

> MODELO    libros (de él) / estar por el suelo
> **Sus libros están por el suelo.**

1. sillón (de él) / estar cubierto de manchas
2. calcetines (míos) / estar por todas partes
3. pantalones (de él) / aparecer en la cocina
4. álbum de fotografías (mío) / estar sobre su cama
5. zapatos (de él) / aparecen al lado de los míos

**B. Gustos diferentes.** Tú y tu compañero(a) no tienen las mismas preferencias. ¿Cómo varían?

> MODELO    Su muralista favorito es Rivera. (Siqueiros)
> **El mío es Siqueiros.**

1. Su ciudad favorita es Morelia. (Guadalajara)
2. Mi período histórico favorito es la Revolución. (la Colonia)
3. Su novelista favorito es Juan Rulfo. (Carlos Fuentes)
4. Mi autora favorita es Laura Esquivel. (Elena Poniatowska)
5. Su lugar favorito para vacaciones es Cancún. (Acapulco)

**C. Comparaciones.** Tú hablas con Emilio Bustamante, un estudiante extranjero. ¿Qué diferencias le dices que notas entre su cultura y la tuya?

MODELO   costumbres
         **Nuestras costumbres son diferentes a las tuyas.**

1. lengua
2. gestos
3. modo de caminar
4. manera de escribir el número "7"
5. uso del cuchillo y del tenedor

**D. ¡Nos fascina México!** ¿A quiénes en la clase les fascina México? Para saberlo, pregúntales a tus compañeros(as) si ellos hicieron lo indicado en cada cuadro. Si dicen que sí, pídeles que firmen el cuadro apropiado. Si dicen que no, hazles otra pregunta hasta que te contesten afirmativamente. Recuerda, no se permite que la misma persona firme más de una vez.

MODELO   **¿Es de México tu profesor(a) de español?**
         **No, mi profesor(a) no es de México. o**
         **Sí, mi profesor(a) es de México.**

| | | |
|---|---|---|
| Su profesor(a) de español es de México._____ | La comida mexicana es su favorita._____ | Su artista favorita es Frida Kahlo._____ |
| Sus últimas vacaciones fueron en México._____ | Su madre le prepara comida mexicana._____ | Muchos amigos suyos son mexicanos._____ |
| A su novio(a) le gusta mucho México._____ | Su música favorita es la música mexicana._____ | Su camisa fue hecha en México._____ |

# Lección 2

## 3.3 PRETERITE AND IMPERFECT: SIMULTANEOUS AND RECURRENT ACTIONS

■ When two or more past events or conditions are viewed together, it is common to use the imperfect in one clause to describe the setting, the conditions, or actions that were in progress; the preterite is used in the other clause to tell what happened. The clauses may occur in either order.

Cuando nuestro avión **aterrizó** en el aeropuerto de la Ciudad de Guatemala, **eran** las cuatro de la tarde y **estaba** un poco nublado.
Unos amigos nos **esperaban** cuando **salimos** del avión.

*When our plane landed in the Guatemala City airport, it was four in the afternoon and it was a bit cloudy.*
*Some friends were waiting for us when we got off the plane.*

■ When describing recurrent actions or conditions, the preterite indicates that the actions or conditions have taken place and are viewed as completed in the past; the imperfect emphasizes habitual or repeated past actions or conditions.

El verano pasado **seguimos** un curso intensivo de español en Quetzaltenango. Por las tardes, **asistimos** a muchas conferencias y conciertos.
El verano pasado, **íbamos** a un curso intensivo de español en Quetzaltenango y por las tardes **asistíamos** a conferencias o conciertos.

*Last summer we took an intensive Spanish course in Quetzaltenango. In the afternoons, we attended many lectures and concerts.*
*Last summer we would go to an intensive Spanish course in Quetzaltenango and in the afternoons we used to attend lectures or concerts.*

■ **Conocer, poder, querer,** and **saber** change their meaning when used in the preterite.

| Verb | Imperfect | Preterite |
|---|---|---|
| **conocer** | *to know* | *to meet* (first time) |
| **poder** | *to be able to* | *to manage* |
| **querer** | *to want* | *to try* (affirmative); *to refuse* (negative) |
| **saber** | *to know* | *to find out* |

Yo no **conocía** a ningún guatemalteco, pero anoche **conocí** a una joven de Quetzaltenango.
Esta mañana yo **quería** comprar recuerdos, pero mi compañero de cuarto **no quiso** llevarme al mercado porque hacía mal tiempo. **Quise** ir a pie, pero abandoné la idea porque llovía demasiado.

*I did not know any Guatemalans, but last night I met a young woman from Quetzaltenango.*
*This morning I wanted to buy souvenirs, but my roommate refused to take me to the market because the weather was bad. I tried to walk there, but I abandoned the idea because it was raining too much.*

## Ahora, ¡a practicar!

**A. Último día.** Explica lo que hiciste el último día de tu estadía en Guatemala.

MODELO    salir del hotel después del desayuno
**Salí del hotel después del desayuno.**

1. ir al mercado de artesanías
2. comprar regalos para mi familia y mis amigos
3. tomar mucho tiempo en encontrar algo apropiado
4. pasar tres horas en total haciendo compras
5. regresar al hotel
6. hacer las maletas rápidamente
7. llamar un taxi
8. ir al aeropuerto

**B. Verano guatemalteco.** Pregúntale a un(a) compañero(a) lo que él(ella) y sus amigos hacían el verano pasado cuando estudiaban en Antigua, Guatemala.

MODELO    ir a clases por la mañana
*Tú:*          **¿Iban Uds. a clases por la mañana?**
*Amigo(a):*   **Sí, íbamos a clases a las ocho todos los días.**

1. vivir con una familia guatemalteca
2. regresar a casa a almorzar
3. pasear por la ciudad por las tardes
4. a veces ir de compras
5. cenar en restaurantes típicos de vez en cuando
6. salir de excursión los fines de semana

**C. Cultura maya.** Completa la siguiente narración con la forma del verbo más apropiada para saber de un museo en la Ciudad de Guatemala.

Hasta hace poco yo no __1__ (sabía/supe) nada de la cultura maya. Pero el mes pasado __2__ (aprendía/aprendí) mucho durante una corta visita que __3__ (hacía/hice) al Museo de Arqueología y Etnología en la Ciudad de Guatemala. Cuando alguien me __4__ (decía/dijo) que __5__ (era/fue) el mejor museo del país, de inmediato __6__ (quería/quise) visitarlo. Afortunadamente, durante una tarde libre, __7__ (podía/pude) ir al museo. __8__ (Veía/Vi) murales, artesanías y esculturas que __9__ (contaban/contaron) la historia de los mayas. __10__ (Sabía/Supe) entonces que la cultura maya es tal vez la más importante de Mesoamérica.

**D. Sábado.** Los miembros de la clase dicen lo que hacían el sábado por la tarde.

MODELO    estar en el centro comercial / ver a mi profesor de historia
**Cuando (Mientras) estaba en el centro comercial, vi a mi profesor de historia.**

1. mirar un partido de básquetbol en la televisión / llamar por teléfono mi abuela
2. preparar un informe sobre el Premio Nobel / llegar unos amigos a visitarme
3. escuchar mi grupo favorito de rock / los vecinos pedirme que bajara el volumen
4. andar de compras en el supermercado / encontrarme con unos viejos amigos
5. caminar por la calle / ver un choque entre una motocicleta y un automóvil
6. estar en casa de unos tíos / ver unas fotografías de cuando yo era niño(a)
7. tomar refrescos en un café / presenciar una discusión entre dos novios

**E. Autobiografía.** Cambia todos los verbos en estos párrafos al pasado.

Rigoberta Menchú aprende (1) español a los veinte años. Adquiere (2) popularidad en Latinoamérica y Europa a principios de los años 80, con su libro autobiográfico titulado *Me llamo Rigoberta Menchú y así me nació la conciencia,* traducido actualmente a varios idiomas. Rigoberta es (3) la sexta de nueve hijos. Desde muy temprana edad y junto con su familia, trabaja (4) en los cultivos de café y algodón de las plantaciones costeras. En su autobiografía describe (5) la opresión que sufren (6) los indígenas a manos de los terratenientes. Dos de sus hermanos mueren (7) en las plantaciones: uno a consecuencia de los pesticidas y otro por desnutrición.

A los catorce años Rigoberta se traslada (8) a la Ciudad de Guatemala para trabajar como empleada doméstica en casa de una familia rica. Aquí también sufre (9) maltratos y humillaciones.

Los padres y un hermano de Rigoberta son (10) brutalmente asesinados a finales de la década de los 70, víctimas de la represión militar de su país.

*Adaptado de "Primera Mujer Indígena Premiada con el Nobel de la Paz",* Vida nueva, *por Alicia Morandi.*

## 3.4 THE INFINITIVE

The infinitive may be used:

■ as the subject of a sentence. The definite article **el** may precede the infinitive.

| | |
|---|---|
| **El leer** sobre la civilización maya fascina a todo el mundo. (A todo el mundo le fascina **leer** sobre la civilización maya.) | *Reading about the Mayan civilization fascinates everyone.* |
| Es difícil **reformar** los sistemas políticos. (**Reformar** los sistemas políticos es difícil.) | *It is difficult to reform political systems. (Reforming political systems is difficult.)* |

■ as the object of a verb. In this case, some verbs require a preposition before the infinitive.

| Verb + *a* + Infinitive | Verb + *de* + Infinitive | Verb + *con* + Infinitive | Verb + *en* + Infinitive |
|---|---|---|---|
| aprender a | acabar de *(to have just)* | contar con *(to count on)* | insistir en |
| ayudar a *(to help)* | acordarse de *(to remember)* | soñar con *(to dream about)* | pensar en *(to think about)* |
| comenzar a | dejar de *(to fail; to stop)* | | |
| decidirse a | quejarse de *(to complain)* | | |
| empezar a | tratar de *(to try to, attempt to)* | | |
| enseñar a | tratarse de *(to be about)* | | |
| volver a *(to do [an action] again)* | | | |

| El testimonio de Rigoberta Menchú me **ayudó a entender** mejor la situación de los indígenas en su país. | Rigoberta Menchú's testimony helped me to understand better the situation of indigenous people in her country. |
|---|---|
| Víctor **insiste en volver a organizar** una manifestación contra la segregación racial. | Victor insists on organizing a demonstration against racial segregation. |
| **Sueño con visitar** las ruinas de Tikal. | I dream about visiting the Tikal ruins. |

■ as the object of a preposition. Note that Spanish uses an infinitive after prepositions, whereas English often uses an -ing form of the verb.

| España usó el oro y la plata de América **para financiar** guerras **en vez de desarrollar** la economía. | Spain used the gold and silver from America (in order) to finance wars instead of developing the economy. |
|---|---|
| Ayer, **después de cenar,** mis amigos y yo salimos a dar un paseo. | Yesterday, after having dinner, my friends and I went out to take a walk. |

The construction **al** + infinitive indicates that two actions occur at the same time. It means *at the (moment of), upon, on,* or *when.*

| **Al llegar** al ayuntamiento, descubrí que estaba cerrado. | When I reached (Upon reaching) the town hall, I discovered that it was closed. |
|---|---|

■ as an impersonal command. This construction appears frequently on signs.

| No **fumar.** | No smoking. |
|---|---|
| No **estacionar.** | No parking. |

## Ahora, ¡a practicar!

**A. Valores.** Tú y tus amigos mencionan valores que son importantes.

MODELO    importante / tener objetivos claros
**Es importante tener objetivos claros.**

1. esencial / respetar a los amigos
2. necesario / seguir sus ideas
3. indispensable / tener una profesión
4. fundamental / luchar por sus ideales
5. bueno / saber divertirse
6. ... *(añade otros valores)*

**B. Letreros.** Trabajas en un museo y tu jefe te pide que prepares nuevos letreros *(signs),* esta vez usando mandatos impersonales.

MODELO    No abra esta puerta.
**No abrir esta puerta.**

1. No haga ruido.
2. Guarde silencio.
3. No toque los artefactos.
4. No fume.
5. No saque fotografías en la sala.

**C. Opiniones.** Tú y tus amigos expresan diversas opiniones acerca de la guerra.

MODELO    todos nosotros / tratar / evitar las guerras
**Todos nosotros tratamos de evitar las guerras.**

1. los pueblos / necesitar / entenderse mejor
2. el fanatismo / ayudar / prolongar las guerras
3. todo el mundo / desear / evitar las guerras
4. la gente / soñar / vivir en un mundo sin guerras
5. los diplomáticos / tratar / resolver los conflictos
6. los fanáticos / insistir / imponer un nuevo sistema político
7. la gente / aprender / convivir en situaciones difíciles durante una guerra

**D. Robo.** Hubo un robo en el Banco Guatemala ayer y tú fuiste uno de los testigos. Describe lo que pasó.

# Lección 3

## 3.5    THE PREPOSITIONS PARA AND POR

**Para** is used:

■ to express movement or direction toward a destination or goal.

Salgo **para** San Salvador el viernes próximo.

*I am leaving for San Salvador next Friday.*

■ to indicate a specific time limit or a fixed point in time.

Ese mural ya estará terminado **para** Navidad.

*That mural will already be finished by Christmas.*

■ to express a purpose, goal, use, or destination.

| | |
|---|---|
| Queremos ir a El Salvador **para** participar en una conferencia sobre derechos humanos. | *We want to go to El Salvador to participate in a conference on human rights.* |
| En esta pared hay espacio **para** un mural. | *On this wall there is room for a mural.* |
| Esta tarjeta postal es **para** ti. | *This postcard is for you.* |

■ to express an implied comparison of inequality.

| | |
|---|---|
| El Salvador tiene muchos habitantes **para** un país tan pequeño. | *El Salvador has many inhabitants for such a small country.* |
| **Para** ser tan joven, tú entiendes bastante de política internacional. | *For someone so young, you understand quite a lot about international politics.* |

■ to indicate the person(s) holding an opinion or making a judgment.

| | |
|---|---|
| **Para** los salvadoreños, el arte de Isaías Mata refleja la esencia de su cultura. **Para mí,** expresa un fuerte mensaje social. | *For Salvadorans, Isaías Mata's art reflects the essence of their culture. For me, it expresses a strong social message.* |

**Por** is used:

■ to express movement along or through a place.

| | |
|---|---|
| A muchos salvadoreños les encanta caminar **por** la avenida Cuscatlán. | *Many Salvadorans love to walk along Cuscatlán Avenue.* |

■ to indicate duration of time. **Durante** may also be used in this case, or no preposition at all.

| | |
|---|---|
| El Salvador sufrió un período de violencia **por más de diez años** (**durante** más de diez años). | *El Salvador suffered a period of violence for more than ten years (during more than ten years).* |

■ to indicate the cause, reason, or motive of an action.

| | |
|---|---|
| Rigoberta Menchú recibió el Premio Nobel **por** su infatigable labor en favor de su gente. | *Rigoberta Menchú received the Nobel Prize for her untiring work on behalf of her people.* |
| Muchos turistas visitan el volcán Izalco **por** curiosidad. | *Many tourists visit the Izalco volcano out of curiosity.* |

■ to express *on behalf of, for the sake of,* or *in favor of.*

| | |
|---|---|
| Los indígenas lucharon mucho **por** la paz en El Salvador. | *The indigenous people fought a lot for peace in El Salvador.* |
| Debemos hacer muchos sacrificios **por** el bienestar del país. | *We must make many sacrifices for the well-being of the country.* |
| Según las encuestas, la mayoría va a votar **por** el candidato liberal. | *According to the polls, the majority is going to vote for the liberal candidate.* |

■ to express the exchange or substitution of one thing for another.

| | |
|---|---|
| ¿Cuántos colones dan **por** un dólar? | *How many colons do they give for a dollar?* |

■ to express the agent of an action in a passive sentence. (See *Unidad 4, pp. G67–G68* for a discussion of passive constructions.)

| | |
|---|---|
| En el pasado El Salvador fue gobernado **por** muchos militares. | *In the past, El Salvador was governed by many military men.* |
| Esos poemas fueron escritos **por** Claribel Alegría. | *These poems were written by Claribel Alegría.* |

■ to indicate a means of transportation or communication.

| | |
|---|---|
| Voy a llamar a Carlos **por** teléfono para decirle que vamos a viajar **por** tren, no **por** autobús. | *I'm going to phone Carlos to tell him that we're going to travel by train, not by bus.* |

■ to indicate rate, frequency, or unit of measure.

| | |
|---|---|
| En El Salvador hay un médico **por** cada dos mil habitantes. | *In El Salvador there is one doctor per two thousand people.* |
| Rigoberta Menchú ganaba veinte céntimos **por** día. | *Rigoberta Menchú used to earn twenty cents a day.* |

■ in the following common expressions.

**por ahora**   *for the time being*
**por cierto**   *of course*
**por consiguiente**   *consequently*
**por eso**   *that's why*
**por fin**   *finally*
**por la mañana (tarde, noche)**   *in the morning (afternoon/evening, night)*
**por lo menos**   *at least*
**por lo tanto**   *therefore*
**por más (mucho) que**   *however much*
**por otra parte**   *on the other hand*
**por poco**   *almost*
**por supuesto**   *of course*
**por último**   *finally*

## Ahora, ¡a practicar!

**A. Admiración.**  ¿Por qué los salvadoreños admiran al arzobispo Oscar Arnulfo Romero?

MODELO     infatigable labor
**Lo admiran por su infatigable labor.**

1. obra en favor de los indígenas
2. defensa de los derechos humanos
3. valentía
4. activismo político
5. espíritu de justicia social
6. lucha contra la discriminación

**B. Planes.** Menciona algunos planes generales del gobierno salvadoreño para resolver algunos de los problemas del país.

MODELO planes: controlar la inflación
**El gobierno ha propuesto nuevos planes para controlar la inflación.**

1. programas: mejorar la economía
2. leyes: prevenir los abusos de los derechos humanos
3. resoluciones: combatir el tráfico de drogas
4. regulaciones: proteger el medio ambiente
5. negociaciones: reconciliar a la oposición

**C. Cerro Verde.** Completa la siguiente información acerca del centro turístico salvadoreño Cerro Verde, usando la preposición **para** o **por,** según convenga.

1. Cerro Verde es un centro turístico famoso _____ su belleza natural.
2. _____ llegar hasta Cerro Verde, uno puede ir _____ auto, siguiendo una de dos carreteras.
3. Cerro Verde es visitado tanto _____ salvadoreños como _____ extranjeros.
4. _____ los amantes del ecoturismo, Cerro Verde es el principal atractivo de El Salvador.
5. A los amantes de las flores, Cerro Verde los atrae _____ sus muchas y variadas orquídeas.
6. Muchos animales andan libres _____ este parque nacional.

**D. ¿Cuánto sabes de El Salvador?** Hazle las siguientes preguntas a tu compañero(a) para ver cuánto recuerda de la historia de El Salvador. Selecciona entre **para** y **por** antes de hacer cada pregunta.

1. ¿Fue habitado _____ los mayas el país? ¿ _____ qué otros grupos indígenas fue habitado?
2. ¿En qué año fue conquistado El Salvador? ¿ _____ quién?
3. ¿ _____ qué fenómeno natural fue destruida gran parte de San Salvador en 1986?
4. ¿Llaman al volcán Izalco el "faro (lighthouse) del Pacífico" _____ estar junto al mar o por estar siempre en erupción?
5. _____ un país tan pequeño, ¿vive poca o mucha gente en El Salvador?
6. ¿Sabes cuántos colones te dan _____ un dólar actualmente?
7. ¿ _____ cuándo crees que va a poder regresar la mayoría de salvadoreños que salieron del país durante la guerra civil?
8. _____ ti, ¿cuál es el mayor atractivo de El Salvador?

# Lección 1

## The Past Participle

| -*ar* verbs | -*er* verbs | -*ir* verbs |
|---|---|---|
| *terminar* | *aprender* | *recibir* |
| termin**ado** | aprend**ido** | recib**ido** |

- To form the past participle of regular verbs, add **-ado** to the stem of **-ar** verbs and **-ido** to the stem of **-er** and **-ir** verbs.

- The past participles of verbs ending in **-aer, -eer,** and **-ír** have accent marks.

| | | |
|---|---|---|
| caer: **caído** | creer: **creído** | oír: **oído** |
| traer: **traído** | leer: **leído** | reir (i): **reído** |

- Some verbs have irregular past participles.

| | |
|---|---|
| abrir: **abierto** | poner: **puesto** |
| cubrir: **cubierto** | resolver (ue): **resuelto** |
| decir: **dicho** | romper: **roto** |
| escribir: **escrito** | ver: **visto** |
| hacer: **hecho** | volver (ue): **vuelto** |
| morir (ue): **muerto** | |

- Verbs derived from the words above also have irregular past participles.

cubrir: descubrir → **descubierto**
escribir: describir → **descrito**; inscribir → **inscrito**
hacer: deshacer → **deshecho**; satisfacer → **satisfecho**
poner: componer → **compuesto**; imponer → **impuesto**; suponer → **supuesto**
volver (ue): devolver (ue) → **devuelto**; revolver (ue) → **revuelto**

### Uses

The past participle is used:

- with the auxiliary verb **haber** to form the perfect tenses. In this case, the past participle is invariable. (See *p. G66* in this unit, *p. G108* in *Unidad 7,* and *p. G112* in *Unidad 8* for the perfect tenses.)

| | |
|---|---|
| Muchos cubanoamericanos no **han visitado** Cuba. | *Many Cuban Americans have not visited Cuba.* |

- with the verb **ser** to form the passive voice. Here the past participle agrees in gender and number with the subject of the sentence. (See *p. G67* in this unit for passive voice.)

| | |
|---|---|
| En 1953 Fidel Castro y su hermano Raúl **fueron encarcelados** por Batista. | *In 1953, Fidel Castro and his brother Raul were jailed by Batista.* |

- with the verb **estar** to express a condition or state that results from a previous action. The past participle agrees in gender and number with the subject. (See *Unidad 1, pp. G22–G23* for **ser** and **estar** + past participle.)

| | |
|---|---|
| Abrieron esa tienda a las nueve. La tienda **está abierta** ahora. | *They opened that store at nine o'clock. The store is now open.* |

- as an adjective to modify nouns. In this case, the past participle agrees in gender and number with the noun it modifies.

| | |
|---|---|
| Compré una conga **fabricada** en Cuba. | *I bought a conga drum manufactured in Cuba.* |

## Ahora, ¡a practicar!

**A. Breve historia de Cuba.** Completa la siguiente información acerca de Cuba con el participio pasado del verbo indicado entre paréntesis.

Cuba es __1__ (conocer) como la Perla de las Antillas. Está __2__ (situar) a 180 kilómetros al sur de la Florida y a 77 kilómetros al oeste de Haití. Fue __3__ (descubrir) por Colón durante su primer viaje y a principios del siglo XVI fue __4__ (colonizar) por Diego de Velázquez. Fue __5__ (declarar) república independiente a comienzos del siglo XX. Actualmente las zonas más __6__ (poblar) son las provincias del Este y La Habana. Según la constitución __7__ (promulgar) en 1976, Cuba es una República Democrática y Socialista __8__ (dividir) en catorce provincias.

**B. Trabajo de investigación.** Un(a) compañero(a) te pregunta acerca de un trabajo de investigación sobre Cuba que tienes que presentar en tu clase de español.

MODELOS   ¿Empezaste el trabajo sobre la historia de Cuba? (sí)
**Sí, está empezado.**

¿Terminaste la investigación? (todavía no)
**No, todavía no está terminada.**

1. ¿Hiciste las lecturas preliminares? (sí)
2. ¿Consultaste la bibliografía? (sí)
3. ¿Empezaste el bosquejo de tu trabajo? (no)
4. ¿Transcribiste tus notas? (todavía no)
5. ¿Decidiste cuál va a ser el título? (sí)
6. ¿Escribiste la introducción? (no)
7. ¿Devolviste los libros a la biblioteca? (no)
8. ¿Resolviste las dudas que tenías? (todavía no)

# Present Perfect Indicative

| -*ar* verbs | -*er* verbs | -*ir* verbs |
|---|---|---|
| *progresar* | *aprender* | *vivir* |
| **he** progresado | **he** aprendido | **he** vivido |
| **has** progresado | **has** aprendido | **has** vivido |
| **ha** progresado | **ha** aprendido | **ha** vivido |
| **hemos** progresado | **hemos** aprendido | **hemos** vivido |
| **habéis** progresado | **habéis** aprendido | **habéis** vivido |
| **han** progresado | **han** aprendido | **han** vivido |

■ To form the present perfect indicative combine the auxiliary verb **haber** in the present indicative and the past participle of a verb. When used in this context, the past participle is invariable; it always ends in **-o.**

■ Reflexive and object pronouns must precede the conjugated form of the verb **haber.**

La influencia de la música cubana
**se ha extendido** por todo el mundo.

*The influence of Cuban music has
spread throughout the whole world.*

■ The present perfect indicative is used to refer to actions or events that began in the past and continue or are expected to continue into the present, or that have results bearing upon the present.

En los últimos años, las relaciones
entre Cuba y EE.UU. **han mejorado.**
El número de cubanoamericanos que
**han visitado** la isla **ha aumentado.**
Te **he enviado** un mapa de La Habana.
¿Te **ha llegado** ya?

*In the last few years, relations between
Cuba and the United States have
improved. The number of Cuban
Americans who have visited the island
has increased. I've sent you a map of
Havana. Has it reached you yet?*

## Ahora, ¡a practicar!

**A. Cambios recientes.** Menciona algunos cambios que han ocurrido en Cuba en los últimos tiempos.

MODELO    disminuir / el número de revistas
**Ha disminuido el número de revistas últimamente.**

1. no haber / huracanes serios
2. desaparecer / el analfabetismo
3. celebrar / elecciones para la asamblea nacional
4. diversificarse / la economía
5. aumentar / la producción de petróleo
6. no subir / la producción de azúcar
7. bajar / la mortalidad infantil
8. crecer / la importancia del turismo extranjero

**B. ¿Qué has hecho?** Tú y un(a) compañero(a) toman turnos para hacerse preguntas acerca del arte cubano.

MODELO      ver algunos cuadros de Wifredo Lam
> **¿Has visto algunos cuadros de Wifredo Lam?**
> **No, nunca he visto un cuadro suyo.** o
> **Sí, he visto algunos cuadros de él en un libro de arte.**

1. estudiar la poesía cubana contemporánea
2. comprender los *Versos sencillos* de José Martí
3. leer otros poemas de Martí
4. escribir poemas originales
5. comprar discos compactos de salsa
6. asistir a conciertos de Los Van Van
7. escuchar a algún cantante de la nueva trova
8. ver algunas películas cubanas
9. tocar el bongó
10. hacer una fiesta para tu cumpleaños

**C. Experiencias similares.** Describe cinco cosas que tú y tus padres han hecho juntos recientemente.

**D. Experiencias distintas.** Describe cinco cosas que tú has hecho que tus padres nunca han hecho.

UNIDAD 4

## 4.2   PASSIVE CONSTRUCTIONS

# Passive Voice with ser

■ In both English and Spanish, actions can be expressed in the active or in the passive voice. In active sentences the subject performs the action. In passive sentences the subject receives the action. Note how the direct object of active sentences becomes the subject of passive sentences and how the subject of active sentences is preceded by the preposition **por** in passive sentences.

### Active voice

Wifredo Lam **pintó** *La selva.*          *Wifredo Lam painted* The Jungle.

Subject   +   Verb + Direct Object

### Passive voice

*La selva* **fue pintada por** Wifredo Lam.        The Jungle *was painted by Wifredo Lam.*

Subject + ser + Past Participle + **por** + Agent

■ In the passive voice, **ser** may be used in any tense, and the past participle agrees in gender and number with the subject of the sentence. The agent may be omitted in a passive sentence.

Cuba **fue colonizada** por Diego de Velázquez.

*Cuba was colonized by Diego de Velazquez.*

Cuba **es conocida** como la Perla de las Antillas.

*Cuba is known as the Pearl of the Antilles.*

## Substitutes for the Passive

Unlike English, the passive voice is not frequently used in spoken or written Spanish. Instead, the passive **se** construction or a verb in the third-person plural with no specific subject is preferred.

■ When the human performer of an action is unknown or irrelevant, the passive **se** construction can be used. In this case the verb is always in the third-person singular or plural.

En la cultura cubana, **se mezcla** la tradición hispana con la africana. **Se usan** muchos instrumentos exóticos para producir la música afrocubana.

*In Cuban culture, Hispanic tradition combines with African. Many exotic instruments are used to produce Afro-Cuban music. (They use many exotic instruments to produce Afro-Cuban music.)*

**Se escuchan** ritmos africanos por todo el país.

*African rhythms are heard throughout the country. (One hears African rhythms throughout the country.)*

■ The **se** construction has several equivalents in English. It may mean the passive or it may indicate that the subject of the sentence is unspecified or impersonal (one, they, you, or people in general).

**Se esperan** grandes cambios.

{ *Great changes are expected.*
*One expects great changes.*
*They expect great changes.*
*You expect great changes.*
*People expect great changes.*

■ A verb conjugated in the third-person plural without a subject pronoun can also be used as a substitute for the passive voice with **ser** when no agent is expressed.

**Aprobaron** la nueva constitución.

*They approved the new constitution. (The new constitution was approved.)*

Aquí no **respetan** los derechos individuales.

*The rights of the individual are not respected here. (Here they don't respect the rights of the individual.)*

## Ahora, ¡a practicar!

**A. ¿Qué sabes de Cuba?** Usa la información siguiente para mencionar algunos datos importantes de la historia de Cuba.

MODELO    reconocer / por Colón en 1492
**Fue reconocida por Colón en 1492.**

1. poblar / por taínos y ciboneyes
2. colonizar / por Diego de Velázquez
3. ceder / a EE.UU. por España en 1898
4. declarar / república independiente en 1902
5. transformar / enormemente por la Revolución de 1959

**B. Poeta nacional.** Completa la siguiente información acerca del poeta cubano Nicolás Guillén usando **ser** + *participio pasado* del verbo indicado.

Nicolás Guillén nació en Camagüey en 1902. Sus primeros versos __1__ (publicar) en una revista de Camagüey en 1917. Se hizo famoso con *Motivos de son*, obra que __2__ (publicar) en 1930. __3__ (encarcelar) dos veces por el gobierno de Fulgencio Batista. Salió al exilio y volvió cuando triunfó la revolución de Fidel Castro en 1959. __4__ (aclamar) como el poeta nacional de Cuba y también __5__ (elegir) presidente de la Unión de Escritores y Artistas de Cuba. __6__ (admirado) como un gran poeta tanto dentro como fuera de su país. Murió en 1989.

**C. La economía cubana.** Haz algunas generalizaciones sobre los productos principales y la economía cubana.

MODELO    cultivar la caña de azúcar principalmente
**En Cuba se cultiva la caña de azúcar principalmente.**

1. producir mucha caña en el oeste de la isla
2. explotar maderas preciosas
3. extraer varios minerales
4. cultivar frutas tropicales
5. cosechar tabaco
6. basar la economía en la agricultura

**D. Noticias.** En grupos de tres o cuatro, hablen de las noticias que han leído en el periódico recientemente.

MODELO    **Anuncian una gran tormenta de nieve en Nueva York.**

### Vocabulario útil

| | | | |
|---|---|---|---|
| aconsejar | creer | denunciar | pronosticar |
| anunciar | decir | informar | tener |

# Lección 2

## 4.3 PRESENT SUBJUNCTIVE FORMS AND THE USE OF THE SUBJUNCTIVE IN MAIN CLAUSES

■ The two main verbal moods in Spanish are the *indicative* and the *subjunctive*. The indicative mood relates or describes something considered to be definite, objective, or factual. The subjunctive mood expresses emotions, doubts, judgment, or uncertainty about an action.

| | |
|---|---|
| Santo Domingo **es** la ciudad más antigua de América. *(Indicative)* | *Santo Domingo is America's oldest city.* |
| Quizás Santo Domingo **sea** la capital con más edificios coloniales. *(Subjunctive)* | *Santo Domingo is perhaps the capital with the most colonial buildings.* |

■ The subjunctive is used much more frequently in Spanish than in English. It generally occurs in dependent clauses introduced by **que.**

| | |
|---|---|
| Dudo **que** tus amigos **conozcan** algunas canciones de Juan Luis Guerra. | *I doubt that your friends know some songs by Juan Luis Guerra.* |

## Formas

| *-ar* verbs | *-er* verbs | *-ir* verbs |
|---|---|---|
| *progresar* | *aprender* | *vivir* |
| progres**e** | aprend**a** | viv**a** |
| progres**es** | aprend**as** | viv**as** |
| progres**e** | aprend**a** | viv**a** |
| progres**emos** | aprend**amos** | viv**amos** |
| progres**éis** | aprend**áis** | viv**áis** |
| progres**en** | aprend**an** | viv**an** |

■ To form the present subjunctive of all regular and most irregular verbs, drop the **-o** ending of the first-person singular form of the present indicative and add the appropriate endings. Note that the endings of **-ar** verbs all share the vowel **-e,** whereas the endings of **-er** and **-ir** verbs all share the vowel **-a.**

■ Most verbs that have an irregular stem in the first-person singular form in the present indicative maintain the same irregularity in all forms of the present subjunctive. Following are some examples.

conocer (**conozc**o): conozca, conozcas, conozca, conozcamos, conozcáis, conozcan
decir (**dig**o): diga, digas, diga, digamos, digáis, digan
hacer (**hag**o): haga, hagas, haga, hagamos, hagáis, hagan
influir (**influy**o): influya, influyas, influya, influyamos, influyáis, influyan
proteger (**protej**o): proteja, protejas, proteja, protejamos, protejáis, protejan
tener (**teng**o): tenga, tengas, tenga, tengamos, tengáis, tengan

# Verbs with Spelling Changes

Some verbs require a spelling change to maintain the pronunciation of the stem. Verbs ending in **-car, -gar, -guar,** and **-zar** have a spelling change in all persons.

| | |
|---|---|
| **c → qu** | sacar: saque, saques, saque, saquemos, saquéis, saquen |
| **g → gu** | pagar: pague, pagues, pague, paguemos, paguéis, paguen |
| **u → ü** | averiguar: averigüe, averigües, averigüe, averigüemos, averigüéis, averigüen |
| **z → c** | alcanzar: alcance, alcances, alcance, alcancemos, alcancéis, alcancen |

Other verbs in these categories:

| | | | |
|---|---|---|---|
| atacar | entregar | atestiguar *(to testify)* | comenzar (ie) |
| indicar | jugar (ue) | | empezar (ie) |
| tocar | llegar | | almorzar (ue) |

# Stem-changing Verbs

- Stem-changing **-ar** and **-er** verbs have the same stem changes in the present subjunctive as in the present indicative. Remember that all forms change except **nosotros** and **vosotros.** (See *Unidad 1, p. G18* for a list of stem-changing verbs.)

| **pensar** | **volver** |
|---|---|
| **e → ie** | **o → ue** |
| piense | vuelva |
| pienses | vuelvas |
| piense | vuelva |
| pensemos | volvamos |
| penséis | volváis |
| piensen | vuelvan |

- Stem-changing **-ir** verbs have the same stem changes as in the present indicative, except the **nosotros** and **vosotros** forms have an additional change from **e** to **i** and **o** to **u.**

| **mentir** | **dormir** | **pedir** |
|---|---|---|
| **e → ie, i** | **o → ue, u** | **e → i, i** |
| mienta | duerma | pida |
| mientas | duermas | pidas |
| mienta | duerma | pida |
| mintamos | durmamos | pidamos |
| mintáis | durmáis | pidáis |
| mientan | duerman | pidan |

# Irregular Verbs

- The following six verbs, which do not end in **-o** in the first person singular of the present indicative, are irregular in the present subjunctive. Note the accent marks on some forms of **dar** and **estar**.

| haber | ir | saber | ser | dar | estar |
|---|---|---|---|---|---|
| haya | vaya | sepa | sea | dé | esté |
| hayas | vayas | sepas | seas | des | estés |
| haya* | vaya | sepa | sea | dé | esté |
| hayamos | vayamos | sepamos | seamos | demos | estemos |
| hayáis | vayáis | sepáis | seáis | deis | estéis |
| hayan | vayan | sepan | sean | den | estén |

*Note that **haya** is the present subjunctive form that corresponds to the present indicative form **hay**: Sé que **hay** una tienda en esa esquina. Dudo que **haya** una tienda en esa esquina.

## Ahora, ¡a practicar!

**A. Deseos.** Describe algunos de los deseos del cantante dominicano Juan Luis Guerra.

MODELO    su esposa / escuchar sus canciones
**Quiere que su esposa escuche sus canciones.**

1. su familia / vivir en un lugar tranquilo
2. sus amigos / conversar con él a menudo
3. su música / reflejar la realidad dominicana
4. sus canciones / llevar un mensaje social
5. los artistas / funcionar como embajadores de buena voluntad
6. la gente / conocer a los poetas hispanos
7. los artistas / comprender y aceptar sus responsabilidades sociales
8. los pobres / recibir atención médica

**B. Opiniones contrarias.** Tú y tu compañero(a) expresan opiniones opuestas sobre lo que es bueno para los países del Caribe.

MODELO    probar otros modelos de gobierno
*Tú:*                **Es bueno que prueben otros modelos de gobierno.**
*Compañero(a):* **Es malo que prueben otros modelos de gobierno.**

1. exportar más productos
2. mejorar los sistemas educativos
3. defender su independencia política y económica
4. cerrar sus fronteras
5. tener elecciones libres
6. convertirse en democracia representativa
7. resolver sus problemas internos pronto

UNIDAD 4

**C. Recomendaciones.** Di lo que recomiendas a los jóvenes que quieren ser jugadores de béisbol.

> MODELO practicar todos los días
> **Les recomiendo que practiquen todos los días.**

1. formar parte de un equipo de béisbol
2. escuchar los consejos del (de la) entrenador(a)
3. ver partidos de las grandes ligas
4. jugar con entusiasmo durante los partidos
5. hacer ejercicio todos los días
6. poner atención durante las prácticas
7. tener paciencia
8. ... *(añade otras recomendaciones)*

# The Subjunctive in Main Clauses

■ The subjunctive is always used after **ojalá (que)** because it means *I hope*. The use of **que** after **ojalá** is optional.

| | |
|---|---|
| **Ojalá (que)** nuestro equipo **gane** el próximo partido de béisbol. | *I hope our team wins the next baseball game.* |
| **Ojalá (que)** te **recuerdes** de comprar un bate nuevo. | *I hope you remember to buy a new bat.* |

■ The subjunctive is used after the expressions **probablemente** *(probably)* and **a lo mejor, acaso, quizá(s),** and **tal vez** (all mean *maybe, perhaps*) to imply that something is doubtful or uncertain. The use of the indicative after these expressions indicates that the idea expressed is definite, certain, or very probable.

| | |
|---|---|
| **Probablemente hable** de las obras de Julia Álvarez en la próxima clase. *(less certain)* | *I will probably talk about the works of Julia Alvarez in the next class.* |
| **Probablemente voy a hablar** de las obras de Julia Álvarez en la próxima clase. *(more certain)* | *I will probably talk about the works of Julia Alvarez in the next class.* |
| **Tal vez** mi jefe **viaje** a Santo Domingo pronto. *(less certain)* | *Perhaps my boss will soon travel to Santo Domingo.* |
| **Tal vez** mi jefe **viaja** a Santo Domingo pronto. *(more certain)* | *Perhaps my boss will soon travel to Santo Domingo.* |

## Ahora, ¡a practicar!

**A. Preparativos apresurados.** Eres periodista y tu jefe(a) te ha pedido que hagas un reportaje sobre la República Dominicana. Tienes que salir para allá lo más pronto posible.

> MODELO el pasaporte estar al día
> **Ojalá que el pasaporte esté al día.**

1. (yo) encontrar un vuelo para el sábado próximo
2. (yo) conseguir visa pronto

3. haber cuartos en un hotel de la zona colonial
4. (ellos) dejar pasar mi computadora portátil
5. la computadora portátil funcionar sin problemas
6. (yo) poder entrevistar a muchas figuras políticas importantes
7. el reportaje resultar todo un éxito

**B. Esperanzas.** ¿Qué esperanzas tienen tú y tus amigos para las vacaciones de primavera?

MODELO   Mónica y yo / poder ir a Fort Lauderdale
**Ojalá (que) Mónica y yo podamos ir a Fort Lauderdale.**

1. Jaime, Carlos y Paco / encontrar un apartamento en la playa
2. Andrea / ir a visitar a mis padres en Maine
3. Marcos y su amigo / poder pasar una semana en las montañas
4. Natalia y tú / no tener que estudiar
5. mi novio(a) / ir a Fort Lauderdale también
6. los muchachos / estar participando en el campeonato de béisbol

**C. Indecisión.** Un(a) compañero(a) de clase te pregunta lo que vas a hacer el próximo fin de semana. Como no estás seguro(a), no puedes darle una respuesta definitiva. Por eso, le mencionas cuatro o cinco posibilidades.

MODELO   **Quizás (Tal vez, Probablemente) vaya al cine.**

## 4.4 FORMAL AND FAMILIAR COMMANDS

## Formal **Ud./Uds.** Commands

|  | *-ar* verbs | | *-er* verbs | | *-ir* verbs | |
|---|---|---|---|---|---|---|
|  | **usar** | | **correr** | | **sufrir** | |
| **Ud.** | use | no use | corra | no corra | sufra | no sufra |
| **Uds.** | usen | no usen | corran | no corran | sufran | no sufran |

■ **Usted** and **ustedes** affirmative and negative commands have the same forms as the present subjunctive.

■ In Spanish, the subject pronoun is normally not used with commands. It may be included for emphasis or contrast, or as a matter of courtesy.

**Espere** unos minutos, por favor.
**Quédense Uds.** aquí; **vaya Ud.** sola a la oficina del director. *(contrast)*
**Llene Ud.** este formulario, por favor. *(courtesy)*

*Wait a few minutes, please.*
*Stay here (all of you); (you) go alone to the director's office.*
*Fill out this form, please.*

■ In affirmative commands, reflexive and object pronouns are attached to the end of the verb to form a single word. A written accent is needed if the command is stressed on the third-to-last syllable.

Este parque nacional es suyo. **Úselo, cuídelo, manténgalo** limpio.

*This national park is yours. Use it, take care of it, keep it clean.*

■ In negative commands, reflexive and object pronouns precede the verb.

Guarde ese formulario; no **me lo pase** todavía.

*Keep that form; don't give it to me yet.*

## Ahora, ¡a practicar!

**A. Atracciones turísticas.** Eres agente de viaje y un(a) cliente tuyo(a) te consulta sobre lugares que debe ver durante su próximo viaje a la República Dominicana. ¿Qué recomendaciones le haces?

MODELO    ver la Casa de Diego Colón
**Vea la Casa de Diego Colón.**

1. visitar la Catedral / admirar la arquitectura colonial
2. pasearse por la zona colonial / no tener prisa
3. entrar en el Museo de las Casas Reales
4. asistir a un concierto en el Teatro Nacional / hacer reservaciones con tiempo
5. caminar junto al mar por la Avenida George Washington
6. ir al Parque Los Tres Ojos / admirar el Acuario
7. no dejar de visitar el Faro de Colón

**B. ¡Escúchenme!** Tú eres el(la) profesor(a) de la clase de español por un día. Tienes que decirles a los estudiantes lo que deben hacer o no hacer. ¿Qué les vas a decir?

MODELO    **Abran sus libros en la página G86, por favor.** o
**No hablen en inglés, solamente en español.**

**C. El primer partido.** Tus hijos tienen cinco y seis años y están en un equipo de béisbol. Esta noche es su primer partido. ¿Qué consejos les vas a dar?

MODELO    **Usen su guante.** o
**No lloren si hacen un out.**

## Familiar tú Commands

| -*ar* verbs | | -*er* verbs | | -*ir* verbs | |
|---|---|---|---|---|---|
| *usar* | | *correr* | | *sufrir* | |
| usa | no uses | corre | no corras | sufre | no sufras |

■ Affirmative **tú** commands have the same form as the third-person singular present indicative. Negative **tú** commands have the same form as the present subjunctive.

| | |
|---|---|
| **Conserva** tus tradiciones. **No olvides** tus orígenes. | *Keep your traditions. Don't forget your origins.* |
| **¡Insiste** en tus derechos! ¡No **temas** defenderlos! | *Insist on your rights! Don't be afraid to defend them!* |

■ Only the following verbs have irregular affirmative **tú** commands. Their negative commands are regular.

| | | | |
|---|---|---|---|
| decir | **di** | salir | **sal** |
| hacer | **haz** | ser | **sé** |
| ir | **ve** | tener | **ten** |
| poner | **pon** | venir | **ven** |

| | |
|---|---|
| **Haz**me un favor. **Ven** a pasear por la zona colonial conmigo. Pero **pon**te un suéter porque hace frío. | *Do me a favor. Come stroll with me through the colonial district. But put on a sweater because it is cold.* |

## Ahora, ¡a practicar!

**A. Receta de cocina.** Un(a) amigo(a) te llama por teléfono para pedirte una receta de un plato dominicano que tú tienes. La receta aparece del modo siguiente en tu libro de cocina.

Instrucciones:
1. Cortar las vainitas verdes a lo largo; cocinarlas en un poco de agua.
2. Pelar los plátanos; cortarlos a lo largo; freírlos en aceite hasta que estén tiernos; secarlos en toallas de papel.
3. Mezclar la sopa con las vainitas; tener cuidado: no romper las vainitas.
4. En una cacerola, colocar los plátanos.
5. Sobre los plátanos, poner la mezcla de sopa y vainitas; echar queso rallado encima.
6. Repitir hasta que la cacerola esté llena.
7. Hornear a 350° hasta que todo esté bien cocido.
8. Cortar en cuadritos para servir; poner cuidado; no quemarse.

Ahora dale instrucciones a tu amigo(a) para preparar el plato.

**MODELO**   **Corta las vainitas verdes a lo largo; cocínalas en un poco de agua.**

B. **Consejos contradictorios.** Gloria y Mario acaban de regresar de un viaje a Perú. Como tú piensas visitar Perú algún día, hablas con ellos, pero ellos te dan consejos muy contradictorios. ¿Qué te dicen?

MODELO    dejar propina
          *Gloria:* **Deja propina en los restaurantes.**
          *Mario:* **No dejes propina en los restaurantes.**

1. leer acerca de la historia y las costumbres
2. esforzarse por hablar español
3. pedir información en la oficina de turismo
4. tener al pasaporte siempre contigo
5. no cambiar dinero en los hoteles
6. no comer en los puestos que veas en la calle
7. no salir solo(a) de noche
8. visitar los museos históricos
9. no regatear los precios en las tiendas

C. **Depresión.** Tu compañero(a) de cuarto está muy deprimido(a) porque recibió malas notas en el último examen en dos de sus clases. Piensa abandonar la universidad y buscar trabajo. ¿Qué consejos le das tú?

MODELO    **Habla con los profesores. Ellos te pueden ayudar. No decidas nada hasta después de hablar con ellos.**

# *Lección 3*

## 4.5   SUBJUNCTIVE: NOUN CLAUSES

## Wishes, Recommendations, Suggestions, and Commands

■ The subjunctive is used in a dependent clause when the verb or impersonal expression in the main clause indicates a wish, a recommendation, a suggestion, or a command and there is a change of subject in the dependent clause. If there is no change of subject, the infinitive is used.

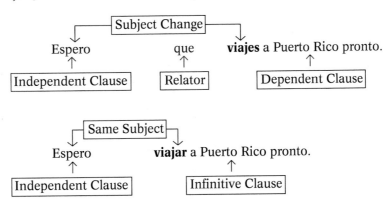

Common verbs and expressions in this category:

| | | |
|---|---|---|
| aconsejar | exigir *(to require)* | prohibir |
| decir (i) | mandar *(to order)* | querer (ie) |
| dejar | pedir (i) | recomendar (ie) |
| desear | permitir | rogar (ue) *(to beg)* |
| esperar | preferir (ie) | sugerir (ie) |

| | | |
|---|---|---|
| ser esencial | ser mejor | ser preciso *(to be necessary)* |
| ser importante | ser necesario | ser urgente |

Prefiero que **pases** dos semanas en Puerto Rico.
*I prefer that you spend two weeks in Puerto Rico.*

Te recomiendo que **vayas** al Viejo San Juan.
*I recommend that you go to Old San Juan.*

Es importante **visitar** el museo de la Casa Blanca.
*It is important to visit the museum in the White House.*

## Doubt, Uncertainty, Disbelief, and Denial

■ The subjunctive is used in a dependent clause after verbs or expressions indicating doubt, uncertainty, disbelief, or denial. When the opposite of these verbs and expressions is used, they are followed by the indicative because they imply certainty.

Common verbs and expressions in this category:

| Subjunctive: Disbelief/doubt | Indicative: Belief/certainty |
|---|---|
| no creer | creer |
| dudar | no dudar |
| no estar seguro(a) (de) | estar seguro(a) (de) |
| negar (ie) | no negar (ie) |
| no pensar (ie) | pensar (ie) |
| no ser cierto | ser cierto |
| ser dudoso | no ser dudoso |
| no ser evidente | ser evidente |
| no ser seguro | ser seguro |
| no ser verdad | ser verdad |

**Es dudoso** que la situación política de Puerto Rico **cambie** en el futuro.
*It is doubtful that Puerto Rico's political situation will change in the future.*

**Estoy seguro** de que el turismo **trae** mucho dinero, pero **no estoy seguro** de que no **traiga** problemas también.
*I am certain that tourism brings lots of money, but I am not certain that it does not bring problems also.*

**No dudo** de que **me graduaré,** pero **dudo** de que **me gradúe** el semestre próximo.
*I don't doubt that I will graduate, but I doubt that I will graduate next semester.*

■ In interrogative sentences, either the subjunctive or the indicative may be used. Use of the subjunctive implies doubt or disbelief on the part of the speaker or writer. Use of the indicative indicates that the person speaking or writing is merely asking for information and does not know the answer.

| | |
|---|---|
| ¿Piensas que la estadidad **es** beneficiosa para el país? *(person is asking for information and does not know the answer)* | *Do you think statehood is beneficial for the country?* |
| ¿Piensas que la estadidad **sea** beneficiosa para el país? *(person doubts that statehood is beneficial)* | *Do you think statehood is beneficial for the country?* |

## Emotions, Opinions, and Judgments

■ The subjunctive is used in a dependent clause after verbs and expressions that convey emotions, opinions, and judgments when there is a change of subject. If there is no change of subject, the infinitive is used.

Common verbs and expressions in this category:

| | | |
|---|---|---|
| alegrarse | lamentar | sorprenderse |
| enojarse | sentir (ie) | temer |
| | | |
| estar contento(a) de | ser extraño | ser raro |
| ser agradable | ser increíble | ser sorprendente |
| ser bueno | ser malo | ser (una) lástima |
| ser curioso | ser natural | ser vergonzoso |
| ser estupendo | ser normal | |

| | |
|---|---|
| Me alegro de que **vayas** al concierto de Chayanne. | *I am glad you will be going to Chayanne's concert.* |
| Es increíble que tanta gente **viva** en una isla tan pequeña. | *It is incredible that so many people live on so small an island.* |
| Es bueno **tener** preocupaciones sociales. | *It is good to have social concerns.* |

### Ahora, ¡a practicar!

**A. Datos sorprendentes.** Tú les cuentas a tus amigos las cosas que te sorprenden de Puerto Rico, lugar que visitas por primera vez.

MODELO    Puerto Rico / tener tantos monumentos coloniales
**Me sorprende (Es sorprendente) que Puerto Rico tenga tantos monumentos coloniales**

1. la isla / ofrecer tantos sitios de interés turístico
2. tantas personas / vivir en una isla relativamente pequeña
3. los puertorriqueños / mantener sus tradiciones hispanas
4. en la montaña de El Yunque / haber una selva tropical fascinante
5. muy pocos puertorriqueños / querer un estado independiente
6. los puertorriqueños / no necesitar visa para entrar en EE.UU.
7. tantos puertorriqueños / practicar el béisbol
8. los hombres puertorriqueños / tener que inscribirse en el servicio militar de EE.UU.

**B. Opiniones.** Tú y tus compañeros dan opiniones acerca de Puerto Rico.

MODELOS ser verdad / Puerto Rico es un territorio rico
**Es verdad que Puerto Rico es un territorio rico.**

no estar seguro(a) / los puertorriqueños quieren la independencia total
**No estoy seguro(a) (de) que los puertorriqueños quieran la independencia total.**

1. ser evidente / Puerto Rico es un país de cultura hispana
2. pensar / la economía de Puerto Rico se basa más en la industria que en la agricultura
3. no creer / Puerto Rico se va a separar de EE.UU.
4. no dudar / el idioma español va a seguir como lengua oficial
5. ser cierto / los puertorriqueños no tienen que pagar impuestos federales
6. negar / todos los puertorriqueños desean emigrar a EE.UU.

**C. Preferencias.** Habla de las preferencias de muchos puertorriqueños.

MODELOS el español / ser lengua oficial
**Prefieren que el español sea lengua oficial.**

(los puertorriqueños) / vivir en la isla
**Prefieren vivir en la isla.**

1. (los puertorriqueños) / no perder sus costumbres hispanas
2. la isla / permanecer autónoma
3. la isla / no tener sus propias fuerzas armadas
4. (los puertorriqueños) / decidir su propio destino
5. las empresas estadounidenses / no pagar impuestos federales
6. (los puertorriqueños) / gozar de los beneficios de un estado libre asociado
7. Puerto Rico / no convertirse en el estado número cincuenta y uno

**D. La situación mundial.** Con un(a) compañero(a), habla de la situación mundial y de cómo se puede mejorar.

MODELO prevenir las guerras
**Es bueno (preferible, importante) que prevengamos las guerras.**

1. vivir en armonía
2. crear un mundo de paz
3. saber leer y escribir
4. pensar en los demás
5. intentar mejorar la vida de todo el mundo
6. resolver el problema del hambre
7. proteger el medio ambiente
8. decirles a los líderes políticos lo que pensamos
9. ofrecer más oportunidades de empleo
10. ... *(añade otros comentarios)*

**E. Consejos para los teleadictos.** ¿Qué consejos puedes darle a un(a) amigo(a) que está en peligro de convertirse en un(a) teleadicto(a) *(couch potato)*? Menciona cinco por lo menos.

MODELO **Te aconsejo que seas más activo(a).**
**Te recomiendo que vayas a un gimnasio.**

UNIDAD 4

# Lección 1

## 5.1 RELATIVE PRONOUNS

Relative pronouns link a dependent clause to a main clause. As pronouns, they refer back to a noun in the main clause called the *antecedent*. They provide a smooth transition from one idea to another and eliminate the repetition of the noun. In contrast to English, the relative pronoun is never omitted in Spanish.

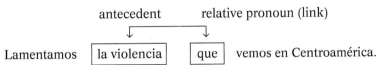

Lamentamos **la violencia** **que** vemos en Centroamérica.

The most common relative pronouns are **que, quien(es), el (la, los, las) cual(es), el (la, los, las) que,** and **cuyo.**

## Uses of que

■ **Que** *(that, which, who, whom)* is the most frequently used relative pronoun. It can refer to people, places, things, or abstract ideas.

| | |
|---|---|
| El grupo indígena **que** dio su nombre al país se llamaba nicarao. | *The indigenous group that gave its name to the country was called Nicarao.* |
| El algodón y el café son algunos de los productos **que** se cultivan en Nicaragua. | *Cotton and coffee are some of the products that are grown in Nicaragua.* |
| Había un mercado muy interesante en el pueblo **que** visitamos. | *There was a very interesting market in the village we visited.* |

■ **Que** is used after the simple prepositions **a, con, de,** and **en** when it refers to places, things, or abstract ideas, not to people.

| | |
|---|---|
| Paraguay fue el país **en que** se asiló el dictador Anastasio Somoza. | *Paraguay was the country in which the dictator Anastasio Somoza sought asylum.* |
| Muchos piensan que la educación es el arma **con que** se debe combatir el subdesarrollo económico. | *Many think that education is the weapon with which one should fight economic underdevelopment.* |

## Uses of quien(es)

■ **Quien(es)** *(who, whom)* is used after simple prepositions like **a, con, de, en,** and **por** to refer to people. Note that it agrees in number with the antecedent.

| | |
|---|---|
| Las personas **a quienes** entrevistaron son miembros de la Asamblea Nacional. | *The persons (whom) they interviewed are members of the National Assembly.* |
| No conozco al poeta nicaragüense **con quien (de quien)** hablas. | *I don't know the Nicaraguan poet with whom (about whom) you are talking.* |

■ **Quien(es)** may also be used in a clause set off by commas when it refers to people.

| | |
|---|---|
| Rubén Darío, **quien (que)** renovó la poesía hispana, nació en un pequeño pueblo nicaragüense en 1867. | *Rubén Darío, who renovated Hispanic poetry, was born in a small Nicaraguan town in 1867.* |
| Los diputados nicaragüenses, **quienes** duran cinco años en su cargo, constituyen el poder legislativo. | *The Nicaraguan deputies, who remain five years in their office, constitute the legislative power.* |

## Ahora, ¡a practicar!

**A. Estilo más complejo.** Estás revisando la composición de un(a) compañero(a), en la cual aparecen demasiadas oraciones simples. Le sugieres que combine dos oraciones en una.

MODELO  Violeta Barrios de Chamorro es una figura política importante en Nicaragua. Gobernó el país entre 1990 y 1997.
**Violeta Barrios de Chamorro, quien (que) gobernó el país entre 1990 y 1997, es una figura política importante en Nicaragua.**

1. José Solano es el primer personaje latino del programa *Baywatch*. Es un actor nicaragüense.
2. José Solano hace el papel de un salvavidas en *Baywatch*. Ha sido atleta desde niño.
3. Ernesto Cardenal es un poeta y sacerdote nicaragüense. Pasó dos años en un monasterio de Kentucky.
4. Cardenal es un humanista comprometido con la justicia social. Fue ministro de cultura durante el gobierno sandinista.
5. Rubén Darío comenzó a componer versos cuando tenía once años de edad. Es considerado el máximo exponente del modernismo.

**B. Conozcamos Nicaragua.** Para aprender más de Nicaragua, identifica los siguientes lugares y cosas usando la información dada entre paréntesis.

MODELO  el béisbol (deporte / practicarse más que el fútbol en Nicaragua)
**El béisbol es el deporte que se practica más que el fútbol en Nicaragua.**

1. Managua (ciudad / ser la capital de Nicaragua)
2. Managua también (nombre de un lago / estar junto a la capital)
3. El córdoba oro (unidad monetaria / usarse en Nicaragua)
4. El lago de Nicaragua (lago de agua dulce / tener peces de agua salada)
5. Nuestra Señora de Solentiname (comunidad religiosa fundada por Ernesto Cardenal / encontrarse en las islas de Solentiname del lago de Nicaragua)
6. Zelaya (zona en la costa del mar Caribe / no poseer caminos ni carreteras)

**C. Identificaciones.** Identifica a las personas que aparecen a continuación.

MODELO  Ernesto Cardenal
**Es un poeta y sacerdote nicaragüense que pasó dos años en un monasterio de Kentucky.** o
**Es un poeta y sacerdote nicaragüense a quien influyeron Ezra Pound y Allen Ginsberg.** o
**Es un poeta y sacerdote nicaragüense que fue Ministro de Cultura.**

1. Anastasio Somoza García
2. César Augusto Sandino
3. Daniel Ortega

4. Pedro Joaquín Chamorro
5. Luis y Anastasio Somoza Debayle

## Uses of **el cual** and **el que**

| *el cual* forms | | *el que* forms | |
|---|---|---|---|
| el cual | los cuales | el que | los que |
| la cual | las cuales | la que | las que |

- These forms are more frequent in formal writing and speech. Both mean *that, which, who,* and *whom.* They are used to refer to people, things, and ideas and agree in number and gender with their antecedent. They are frequently used after prepositions.

La constitución **con la cual (con la que)** se declaró la independencia de Nicaragua se firmó el 12 de noviembre de 1838.

*The constitution with which Nicaragua's independence was declared was signed on November 12, 1838.*

Según ese anciano, los presidentes **bajo los cuales** ha vivido no han mejorado bastante las condiciones de vida.

*According to that old man, the presidents under whom he has lived have not improved the living conditions enough.*

Visité un pueblo **cerca del cual** hay un parque nacional.

*I visited a village near which there is a national park.*

- In adjective clauses that are set off by commas, **el cual** may be used instead of **que** or **quien,** even though the latter two are preferred. **El cual** is favored when there is more than one possible antecedent and it is important to avoid ambiguity.

Rubén Darío, **quien (el cual)** es la figura más representativa del modernismo, publicó su libro *Azul* en Chile en 1888.

*Rubén Darío, who is the most representative figure of modernism, published his book* Azul *in Chile in 1888.*

El producto principal de esta finca, **el cual** (=producto) genera bastante dinero, es el café.

*The main product of this farm, which (=product) generates enough money, is coffee.*

El producto principal de esta finca, **la cual** (=finca) genera bastante dinero, es el café.

*The main product of this farm, which (=farm) generates enough money, is coffee.*

- The forms of **el que** are often used to refer to an unexpressed antecedent when that antecedent has been mentioned previously or when context makes it clear.

—¿Te gustan los poetas nicaragüenses actuales?

*Do you like the current Nicaraguan poets?*

—¿Cuáles? ¿**Los que** tienen preocupaciones sociales?

*Which ones? The ones that have social concerns?*

UNIDAD 5

■ The forms of **el que** and **quien(es)** are used to express *he who, the one(s) who, those who,* and so forth.

**Quien (El que)** adelante no mira, atrás se queda.

*The one (He) who does not look ahead, remains behind.*

**Quienes (Los que)** se esfuerzan triunfarán.

*Those (The ones) who make an effort will succeed.*

## Ahora, ¡a practicar!

**A. Necesito explicaciones.** Tu profesor(a) te ha dicho que el último ensayo que entregaste no es apropiado. Le haces preguntas para saber exactamente por qué no es apropiado.

MODELO   el tema / escribir sobre
**¿El tema sobre el que escribí no es apropiado?**

1. la bibliografía / basarse en
2. el esquema / guiarse por
3. la tesis central / presentar argumentación para
4. ideas / escribir acerca de
5. las opiniones / protestar contra
6. temas / interesarse por

**B. La historia de la princesita.** Para recontar la historia narrada en el poema "A Margarita Debayle", combina las dos oraciones en una, usando la forma apropiada de **el cual.**

MODELO   El rey vivía en un palacio de diamantes. Tenía una hijita muy hermosa.
**El rey, el cual tenía una hijita muy hermosa, vivía en un palacio de diamantes.**

1. Una tarde la princesita quiso coger una estrella que apareció en el cielo. Era una niña traviesa.
2. La estrella iba a ser colocada en un prendedor. Brillaba mucho.
3. La princesita viajó al cielo. No tenía el permiso de su papá.
4. La princesita cogió la estrella. La colocó en su prendedor.
5. El rey se enfadó con la princesita. Creía que no se debía tocar el cielo.
6. Jesús explicó que la estrella era un regalo suyo para la princesita. Apareció ante el rey y la princesita.
7. Cuatrocientos elefantes desfilaron junto al mar. Simbolizaban la riqueza del rey.

**C. Definiciones.** Explica el significado de los siguientes términos que aparecen en la lección.

MODELO   los contras
**Los contras eran las personas que se oponían a los sandinistas.** o
**Los contras eran los que estaban contra los sandinistas.** o
**Los contras eran quienes se oponían al gobierno sandinista.**

1. un símbolo
2. un pasajero
3. un país en vías de desarrollo
4. la carretera panamericana
5. un tren
6. un salvavidas
7. un transbordador

# Uses of **lo cual** and **lo que**

■ The neuter forms **lo cual** and **lo que** are used in adjective clauses, set off by commas, that refer to a situation or a previously stated idea. In this usage they correspond to the English *which*.

Hacia fines de la década de los años 70, los EE.UU. retiró su apoyo a la dictadura de Anastasio Somoza, **lo cual (lo que)** aceleró el fin de ese régimen.

*Toward the end of the '70s, the United States withdrew its support of Anastasio Somoza's dictatorship, which accelerated the end of that regime.*

En 1996 Nicaragua celebró otra vez elecciones libres, **lo cual (lo que)** hace esperar un futuro más estable.

*In 1996 Nicaragua held free elections again, which brings hope for a more stable future.*

■ **Lo que** is also used to mean *what* when it refers to a concept or idea about to be mentioned.

Me gustaría saber **lo que** piensas de los conflictos políticos en Centroamerica.

*I would like to know what you think about the political conflicts in Central America.*

Diversificar la economía es **lo que** intenta hacer el gobierno nicaragüense.

*Diversifying the economy is what the Nicaraguan government intends to do.*

# Use of **cuyo**

**Cuyo(a, os, as),** meaning *whose, of whom, of which,* is a relative pronoun that indicates possession. It precedes the noun it modifies and agrees with that noun in gender and number.

No conozco a ese pintor centroamericano **cuyos** murales me gustan tanto.

*I don't know that Central American painter whose murals I like so much.*

Los pueblos indígenas cultivaban el cacao, **cuya** semilla sirve para hacer chocolate.

*The indigenous populations used to grow the cacao tree, whose seed is used to make chocolate.*

## *Ahora, ¡a practicar!*

**A. ¡Impresionante!** Un grupo de viajeros de regreso de Managua dicen qué es lo que más les impresionó.

MODELO      ver en las calles
            **Me impresionó lo que vi en las calles.**

1. escuchar en la radio
2. leer en los periódicos
3. descubrir en mis paseos
4. aprender en la televisión
5. ver en el Museo Nacional
6. contarme algunos amigos nicaragüenses

**B. Reacciones.** Usa la información dada para indicar tu reacción al leer diversos datos acerca de Nicaragua. Puedes utilizar el verbo que aparece al final de cada oración u otro que conozcas.

MODELO   todas las tiendas de Nicaragua cierran prácticamente durante toda la Semana Santa / sorprender
**Leí que todas las tiendas de Nicaragua cierran prácticamente durante toda la Semana Santa, lo cual (lo que) me sorprendió mucho.**

1. Nicaragua es el país más grande de Centroamérica / asombrar
2. exceptuando a Belice, Nicaragua es el país menos poblado de Centroamérica / impresionar
3. el béisbol es más popular que el fútbol en Nicaragua / extrañar
4. la dictadura de la familia Somoza duró más de cuarenta años / chocar
5. William Walker, un aventurero estadounidense, llegó a ser presidente de Nicaragua / desconcertar
6. más del treinta por ciento de la población no sabe leer ni escribir / deprimir
7. en algunas zonas del país la canoa es el único medio de transporte / sorprender

**C. ¿Cuánto recuerdas?** Hazle preguntas a un(a) compañero(a) a ver si recuerda la información presentada en esta lección acerca de Nicaragua.

MODELO   el país / el nombre proviene de un pueblo indígena
**¿Cuál es el país cuyo nombre proviene de un pueblo indígena?**

1. el presidente / el período comenzó en 1997
2. la planta / la semilla se usa para elaborar chocolate
3. el título de la obra de Ernesto Cardenal / el tema cuenta la creación del universo
4. el grupo político / la inspiración viene de César Augusto Sandino
5. la dirigente política / el esposo fue asesinado en 1978 durante la dictadura de Anastasio Somoza
6. la zona / unas regiones no tienen ni caminos ni carreteras

## 5.2   PRESENT SUBJUNCTIVE: ADJECTIVE CLAUSES

■ Adjective clauses are used to describe a preceding noun or pronoun (referred to as the antecedent) in the main clause of the sentence. In Spanish, the subjunctive is used in the adjective clause when it describes something whose existence is unknown or uncertain.

Quiero visitar **una ciudad nicaragüense**   que **esté** situada junto a un lago.

| unknown antecedent | adjective clause in the subjunctive |

Los nicaragüenses buscan líderes que **resuelvan** los problemas del país.

*Nicaraguans are looking for leaders who will solve the country's problems.* (These leaders may not exist.)

Nicaragua necesita más industrias que **ayuden** a mejorar su economía.

*Nicaragua needs more industries that will help improve its economy.* (These industries may not exist.)

■ When the adjective clause describes a factual situation (someone or something that is known to exist), the indicative is used.

Hace poco visité **una ciudad nicaragüense**    que **está** situada junto a un lago.

$\uparrow$                    $\uparrow$

| known antecedent | | adjective clause in the indicative |

| Managua es una ciudad nicaragüense que **está** situada junto a un lago. | *Managua is a Nicaraguan city that is located near a lake.* (The city of Managua exists.) |
| Nicaragua tiene industrias que **ayudan** a diversificar su economía. | *Nicaragua has industries that help diversify its economy.* (These industries exist.) |

■ When negative words such as **nadie, nada,** and **ninguno** indicate non-existence in an independent clause, the adjective clause that follows is always in the subjunctive.

| Aquí no hay **nadie** que no **conozca** por lo menos un cuento folklórico. | *There is no one here who does not know at least one folk tale.* |
| No hay **ningún** país centroamericano que **tenga** una densidad de población menor que Nicaragua. | *There is no Central American country that has less population density than Nicaragua.* |

■ The personal **a** is omitted before the direct object in the main clause when the person's existence is unknown or uncertain. It is used, however, before **nadie, alguien,** and forms of **alguno** and **ninguno** when they refer to people.

| Busco **una persona** que conozca bien la cultura nicaragüense. | *I'm looking for a person who knows Nicaraguan culture well.* |
| No conozco **a nadie** que viva en Managua. | *I don't know anyone who lives in Managua.* |

## Ahora, ¡a practicar!

**A. Información, por favor.** Para prepararte para un viaje a Nicaragua, escribe algunas de las preguntas que le vas a hacer a tu guía turístico.

MODELO    museos / exhibir la historia precolombina del país
          **¿Hay museos que exhiban la historia precolombina del país?**

1. agencias turísticas / ofrecer excursiones a las plantaciones de café
2. tiendas de artesanía / vender artículos típicos
3. escuela de idiomas / enseñar español
4. Oficina de Turismo / dar mapas de la ciudad
5. libro / describir la flora de la región
6. bancos / cambiar dólares los sábados
7. lugares / alquilar lanchas de motor cerca del lago de Managua
8. autobuses modernos / viajar de la capital al Atlántico

**B. Pueblo ideal.** Te encuentras en Managua y deseas visitar un pueblo interesante. Descríbele a tu compañero(a) el pueblo que te gustaría visitar, usando la información dada.

MODELO    tener edificios coloniales
**Deseo visitar un pueblo que tenga edificios coloniales.**

1. quedar cerca de un parque nacional
2. tener playas tranquilas
3. ser pintoresco
4. no estar en las montañas
5. no encontrarse muy lejos de la capital

**C. Comentarios.** Combina las frases de la primera columna con las de la segunda para saber los diversos comentarios u opiniones que expresaron algunos estudiantes de la clase acerca de Nicaragua.

_____ 1. Es un país que (producir)
_____ 2. Es un país que (tener)
_____ 3. Managua es una ciudad de gran extensión que (no tener)
_____ 4. Honduras y Costa Rica son los países que (tener)
_____ 5. En algunas zonas no hay ningún camino que (permitir)
_____ 6. El gobierno nicaragüense necesita realizar reformas sociales que (beneficiar)
_____ 7. Necesitan establecer leyes que (proteger)
_____ 8. Deben promover medidas que (garantizar)
_____ 9. Deben seguir teniendo elecciones que (ser)
_____ 10. Creo que no hay ningún programa que (ayudar)

a. a los indígenas.
b. a eliminar el analfabetismo.
c. pacíficas y democráticas.
d. la paz.
e. mucho algodón.
f. metro.
g. una escasa densidad de población.
h. fronteras con Nicaragua.
i. los recursos naturales.
j. la comunicación entre los pueblos.

# Lección 2

## 5.3    PRESENT SUBJUNCTIVE IN ADVERBIAL CLAUSES: A FIRST LOOK

## Conjunctions Requiring the Subjunctive

■ Similar to adverbs, adverbial clauses answer the questions "How?", "Why?", "Where?", "When?" and are always introduced by a conjunction. The following conjunctions always introduce adverbial clauses using the subjunctive because they indicate that the principal action depends on the result of another action or an uncertain condition.

**a fin (de) que**   *in order that*
**a menos (de) que**   *unless*
**antes (de) que**   *before*
**con tal (de) que**   *provided that*
**en caso (de) que**   *in case that*
**para que**   *so that*
**sin que**   *without*

| | |
|---|---|
| Salimos para Tegucigalpa el próximo jueves, **a menos que tengamos** inconvenientes de última hora. | *We are leaving for Tegucigalpa next Thursday, unless we have last-minute problems.* |
| Quiero pasar un semestre en Centroamérica **antes de que termine** mis estudios universitarios. | *I want to spend a semester in Central America before I finish my university studies.* |
| Algunos diputados han escrito una petición **para que** el gobierno **aumente** las inversiones extranjeras. | *Some representatives have written a petition for the government to increase foreign investments.* |

## Conjunctions Requiring the Indicative

■ The following conjunctions introduce adverbial clauses using the indicative because they state the reason for a situation or an action or they state a fact.

**como**
**puesto que**   } *since*
**ya que**

**porque**   *because*

| | |
|---|---|
| La gente de Honduras está contenta **porque tiene** un gobierno estable. | *The people of Honduras are happy because they have a stable government.* |
| **Ya que** te **molesta** el calor, viaja a Honduras en diciembre o enero, los meses más frescos. | *Since the heat bothers you, travel to Honduras in December or January, the coolest months.* |

## *Ahora, ¡a practicar!*

**A. Opiniones.** Los miembros de la clase expresan diversas opiniones acerca de Honduras. Usa las conjunciones de la lista siguiente para completar las oraciones.

*a fin (de) que*          *con tal (de) que*
*a menos (de) que*        *porque*
*como*

1. Los hondureños no van a estar contentos _____ mejore la situación económica.
2. Muchos ciudadanos están contentos _____ existe estabilidad política.
3. La agricultura va a prosperar _____ el gobierno solucione el problema de la distribución de las tierras.
4. _____ la inflación ha bajado en los últimos años, muchos piensan que la economía va a mejorar.
5. Se han dictado nuevas leyes _____ los comerciantes creen nuevas industrias.

**B. Propósitos.** Tú eres un(a) negociante que acaba de formar una empresa. Utilizando las sugerencias dadas o tus propias ideas, explica por qué has decidido crear tu propia compañía.

MODELO el talento de nuestro país / poder aprovecharse
**He formado una empresa para que el talento de nuestro país pueda aprovecharse.** o
**He formado una empresa a fin (de) que el talento de nuestro país pueda aprovecharse.**

1. los accionistas / ganar dinero
2. los consumidores / gozar de buenos productos
3. nuestra gente / conseguir mejores empleos
4. nuestro país / competir con las empresas extranjeras
5. el desempleo / disminuir
6. mis empleados / poder tener una vida mejor
7. ... *(añade otras razones)*

**C. Excursión dudosa.** Faltan pocos días para que termine tu corta visita a Tegucigalpa y el recepcionista del hotel te pregunta si tienes intenciones todavía de visitar las ruinas de Copán. Tú le aseguras que quieres ir, pero que hay obstáculos. ¿Bajo qué condiciones irás o no irás?

MODELO no tardar más de dos días el viaje
**Voy a ir con tal que no tarde más de dos días el viaje.**

1. terminar el mal tiempo
2. no tener demasiado que hacer
3. conseguir un vuelo temprano por la mañana
4. planear otra excursión interesante
5. poder adelantar mi salida del país
6. el hotel de Copán confirmar mis reservaciones
7. ... *(añade otros obstáculos)*

**D. Razones.** Indica algunas de las razones que se dan para defender o atacar la presencia de compañías multinacionales en Centroamérica. Puedes utilizar las sugerencias que aparecen a continuación o dar tus propias razones.

MODELO contribuir al mejoramiento de la economía
**Muchos defienden (están por) las compañías multinacionales porque contribuyen al mejoramiento de la economía local.**

impedir el desarrollo económico local
**Muchos atacan (están en contra de) las compañías multinacionales ya que impiden el desarrollo económico local.**

1. no respetar la cultura del país
2. mejorar los servicios públicos
3. monopolizar la producción
4. controlar la red de transporte
5. influir en el gobierno local
6. reducir el desempleo
7. interesarse solamente en sus ganancias
8. ... *(añade otras razones)*

# Lección 3

## Conjunctions of Time

- Either the subjunctive or the indicative can be used with the following conjunctions of time.

  **cuando**   *when*
  **después (de) que**   *after*
  **en cuanto** 〉 *as soon as*
  **tan pronto como**
  **hasta que**   *until*
  **mientras que**   *while; as long as*

- The subjunctive is used in an adverbial time clause if what is said in the adverbial clause implies doubt or uncertainty about an action or if it refers to a future action.

  Cuando **vaya** a San José de Costa Rica, visitaré a unos amigos de la familia.

  *When I go to San José, Costa Rica, I will visit some family friends.*

  Tan pronto como **llegue** a Costa Rica, voy a probar las frutas tropicales.

  *As soon as I get to Costa Rica, I'm going to try the tropical fruit.*

- The indicative is used in an adverbial time clause if what is said in the adverbial clause describes a completed action, a habitual action, or a statement of fact.

  Cuando **fuimos** a San José, visitamos el fascinante mundo de los insectos en el Museo de Entomología.

  *When we went to San José, we visited the fascinating world of insects at the Museum of Entomology.*

  Después de que **visitaba** un museo, siempre compraba algún regalo en la tienda del museo.

  *After I visited a museum, I would always buy a gift in the museum store.*

  Cuando **voy** a San José de Costa Rica, visito a unos amigos de la familia.

  *When (Whenever) I go to San José, Costa Rica, I visit some family friends.*

## Aunque

- When **aunque** *(although, even though, even if)* introduces a clause that expresses a possibility or a conjecture, it is followed by the subjunctive.

  **Aunque llueva** mañana, iremos a un parque nacional.

  *Even if it rains tomorrow, we'll go to a national park.*

  **Aunque** no me **creas,** te digo que vi un quetzal durante mi visita a la Reserva Forestal de Monteverde.

  *Even though you may not believe me, I tell you I saw a quetzal during my visit to the Monteverde Forest Reserve.*

■ When **aunque** introduces a factual statement or situation, it is followed by the indicative.

**Aunque** Costa Rica no **es** un país rico, tampoco es un país con demasiada pobreza.

*Although Costa Rica is not a rich country, neither is it a country with much poverty.*

## Como, donde, and según

■ When the conjunctions **como** *(as, since, in any way)*, **donde** *(where, wherever)*, and **según** *(according to)* refer to an unknown or nonspecific place, thing, or idea, they are followed by the subjunctive. When they refer to a known, specific place, thing, or idea, they are followed by the indicative.

En esta ciudad la gente es más bien conservadora y no puedes vestirte **como quieras.**

*In this city people are rather conservative, and you cannot dress any way you wish.*

Para cambiar dólares por colones, puedes ir **donde** te **indiqué** ayer.

*To change dollars for colones, you can go where I showed you yesterday.*

## Ahora, ¡a practicar!

**A. Flexibilidad.** Tú y un(a) amigo(a) tratan de decidir lo que van a hacer. Tú quieres ser muy flexible y se lo muestras cuando te hace las siguientes preguntas.

MODELO   ¿Vamos al cine hoy por la tarde o el próximo viernes?
(cuando / [tú] querer)
**Pues, cuando tú quieras.**

1. ¿Nos encontramos frente al café o frente al cine? (donde / convenirte)
2. ¿Te llamo por teléfono a las tres o a las cinco? (como / [tú] desear)
3. ¿Te espero en casa o en el parque cercano? (donde / [tú] decir)
4. ¿Te devuelvo el dinero hoy o mañana? (según / convenirte)
5. ¿Te dejo aquí o en la próxima esquina? (como / serte más cómodo/a)
6. ¿Te paso a buscar a las dos o a las tres? (cuando / [tú] poder)

**B. Intenciones.** Di lo que piensas hacer en San José, a pesar de que puedes tener problemas.

MODELO   tardar algunas horas / buscar artículos de artesanía en las tiendas
**Aunque tarde algunas horas, voy a buscar artículos de artesanía en las tiendas.**

1. quedar lejos de mi hotel / visitar el Museo de Entomología
2. tener poco tiempo / admirar las antigüedades precolombinas del Museo Nacional
3. estar cansado(a) / dar un paseo por el Parque Central
4. no interesarme la política / escuchar los debates legislativos en el Palacio Nacional
5. no tener hambre / comprar frutas tropicales en el Mercado Borbón
6. no entender mucho de fútbol / asistir a un partido en el Estadio Nacional

**C. Parques ecológicos.** Completa la siguiente información acerca de los parques nacionales de Costa Rica.

Cuando __1__ (querer/tú) admirar la variedad y riqueza de los diferentes ecosistemas costarricenses, debes visitar uno de los muchos parques nacionales y reservas naturales. Como el gobierno __2__ (gastar) mucho dinero en estos parques, están muy bien mantenidos. Aunque estas reservas __3__ (constituir) un gran atractivo turístico, muchas están situadas en lugares alejados y de difícil acceso. Antes de que __4__ (viajar/tú) a un parque, es buena idea pasar por las oficinas del Servicio de Parques Nacionales en San José para obtener mapas, información y permisos, en caso de que __5__ (ser) necesarios. El número de visitantes ha aumentado de modo dramático: mientras que en 1986 sólo 86.000 personas __6__ (visitar) los parques, en 1998 el total fue más de 900.000. Un dato para que __7__ (apreciar/tú) la variedad de la fauna de los parques: aunque EE.UU. __8__ (ser) muchísimo más grande que Costa Rica, sólo tiene unas 800 especies diferentes de pájaros; en Costa Rica se han registrado más de 850.

**D. Mundo ideal.** Explica lo que la gente tendrá que hacer para que los ecologistas estén satisfechos. Puedes utilizar las sugerencias dadas a continuación o dar tus propias opiniones.

MODELO     haber un medio ambiente limpio en todas partes
**Van a estar más contentos cuando haya un medio ambiente limpio en todas partes.** o
**Se van a sentir más satisfechos en cuanto (tan pronto como) haya un medio ambiente limpio en todas partes.** o
**No van a quedar contentos hasta que haya un medio ambiente limpio en todas partes.**

1. haber menos contaminación del aire
2. eliminarse la destrucción de bosques tropicales
3. establecerse más reservas biológicas protegidas
4. no seguir disminuyendo la capa de ozono
5. los vehículos utilizar menos gasolina
6. los medios de transporte no contaminar la atmósfera
7. haber menos lluvia ácida
8. todo el mundo reciclar más
9. los gobiernos proteger las especies animales en vías de extinción
10. controlarse el tráfico de contaminantes

**UNIDAD 5**

# Lección 1

## 6.1 FUTURE: REGULAR AND IRREGULAR VERBS

### Forms

| *-ar* verbs | *-er* verbs | *-ir* verbs |
|---|---|---|
| *regresar* | *vender* | *recibir* |
| regresar**é** | vender**é** | recibir**é** |
| regresar**ás** | vender**ás** | recibir**ás** |
| regresar**á** | vender**á** | recibir**á** |
| regresar**emos** | vender**emos** | recibir**emos** |
| regresar**éis** | vender**éis** | recibir**éis** |
| regresar**án** | vender**án** | recibir**án** |

■ To form the future of most Spanish verbs, use the infinitive and add the appropriate endings, which are the same for all verbs: **-é, -ás, -á, -emos, -éis,** and **-án.** Only the following verbs have irregular stems, but they use regular endings.

■ The **-e-** of the infinitive ending is dropped:

caber (**cabr-**): **cabré, cabrás, cabrá, cabr**emos, **cabr**éis, **cabr**án
haber (**habr-**): **habré, habrás, habrá, habr**emos, **habr**éis, **habr**án
poder (**podr-**): **podr**é, **podrás, podrá, podr**emos, **podr**éis, **podr**án
querer (**querr-**): **querré, querrás, querrá, querr**emos, **querr**éis, **querr**án
saber (**sabr-**): **sabré, sabrás, sabrá, sabr**emos, **sabr**éis, **sabr**án

■ The vowel of the infinitive ending is replaced by **-d-**:

poner (**pondr-**): **pondré, pondrás, pondrá, pondr**emos, **pondr**éis, **pondr**án
salir (**saldr-**): **saldré, saldrás, saldrá, saldr**emos, **saldr**éis, **saldr**án
tener (**tendr-**): **tendré, tendrás, tendrá, tendr**emos, **tendr**éis, **tendr**án
valer (**valdr-**): **valdré, valdrás, valdrá, valdr**emos, **valdr**éis, **valdr**án
venir (**vendr-**): **vendré, vendrás, vendrá, vendr**emos, **vendr**éis, **vendr**án

■ **Decir** and **hacer** have regular stems:

decir (**dir-**): **diré, dirás, dirá, dir**emos, **dir**éis, **dir**án
hacer (**har-**): **haré, harás, hará, har**emos, **har**éis, **har**án

■ Verbs derived from **hacer, poner, tener,** and **venir** have the same irregularities. **Satisfacer** follows the pattern of **hacer.**

| | | | |
|---|---|---|---|
| deshacer | componer | contener | convenir |
| rehacer | imponer | detener | intervenir |
| satisfacer | proponer | mantener | prevenir |
| | suponer | retener | |

## Uses

■ The future tense, as the name indicates, is used primarily to refer to future actions.

**Llegaremos** a Bogotá el sábado por la noche.

*We'll arrive in Bogotá Saturday night.*

Las próximas elecciones para presidente en Colombia **tendrán** lugar en diciembre.

*The next presidential elections in Colombia will take place in December.*

■ The future tense can express probability in the present.

—¿Sabes? Roberto no está en clase hoy.

*You know? Roberto is not in class today.*

—**Estará** enfermo. No falta a clases casi nunca.

*He must be (He's probably) sick. He almost never misses classes.*

## Substitutes for the Future Tense

■ The construction **ir + a** plus infinitive is also used to refer to future actions. This construction is more common in spoken language than the future tense.

—¿Dónde **vas a pasar** las vacaciones este verano?

*Where are you going to spend your vacation this summer?*

—**Voy a estudiar** español en Cali.

*I'm going to study Spanish in Cali.*

■ The present indicative is commonly used to express actions that will take place in the near future. The English equivalent is the present progressive tense. (See *Unidad 1, p. G11.*)

Un estudiante de Barranquilla **viene** a vernos la próxima semana.

*A student from Barranquilla is coming to see us next week.*

Mañana **hago** una presentación acerca de Fernando Botero en mi clase de español.

*Tomorrow I'm doing a presentation on Fernando Botero in my Spanish class.*

## Ahora, ¡a practicar!

**A. La rutina del dentista.** El dentista de la historia de García Márquez parece ser un hombre muy metódico. Di lo que hará mañana.

MODELO    abrir el gabinete a las seis de la mañana
**Abrirá el gabinete a las seis de la mañana.**

1. sacar una dentadura postiza de la vidriera
2. poner los instrumentos sobre la mesa
3. ordenarlos de mayor a menor
4. rodar la fresa hacia el sillón
5. sentarse
6. pulir la dentadura
7. trabajar con determinación
8. pedalear en la fresa
9. trabajar por unas horas
10. hacer una pausa

**B. ¿Qué harán?** Di lo que harán las personas indicadas el próximo fin de semana.

MODELO **Iremos a una fiesta.**

**1.** tú

**2.** yo

**3.** Catalina y Verónica

**4.** nosotros

**5.** ustedes

**6.** Jaime y sus amigos

**7.** tú

**C. Promesas de una amiga.** Completa con el futuro de los verbos indicados para saber lo que te promete una amiga antes de salir hacia Bogotá.

Cuando te escriba, te __1__ (decir) qué aprendí y también cómo me divertí durante mis estadía en Bogotá. __2__ (Tener) muchas cosas que contarte. No __3__ (poder) salir de Bogotá todos los fines de semana, pero __4__ (salir) de la ciudad varias veces. __5__ (Poder/nosotros) hablar largas horas cuando nos veamos.

**D. Planes para el verano.** En grupos de tres o cuatro, hablen de sus planes para el verano inmediatamente después de su graduación. Hablen hasta encontrar algo que cada individuo en el grupo hará que nadie más en el grupo hará y una actividad que todos harán menos tú.

# Lección 2

## 6.2 CONDITIONAL: REGULAR AND IRREGULAR VERBS

## Forms

| -*ar* verbs | -*er* verbs | -*ir* verbs |
|---|---|---|
| *regresar* | *vender* | *recibir* |
| regresar**ía** | vender**ía** | recibir**ía** |
| regresar**ías** | vender**ías** | recibir**ías** |
| regresar**ía** | vender**ía** | recibir**ía** |
| regresar**íamos** | vender**íamos** | recibir**íamos** |
| regresar**íais** | vender**íais** | recibir**íais** |
| regresar**ían** | vender**ían** | recibir**ían** |

■ To form the conditional, use the infinitive and add the appropriate endings, which are the same for all verbs: **-ía, -ías, -ía -íamos, -íais,** and **-ían.** Note that the conditional endings are the same as the imperfect ones for **-er** and **-ir** verbs

■ Verbs with an irregular future stem have the same irregular stem in the conditional.

| **-e- dropped** | **vowel → d** | **irregular stem** |
|---|---|---|
| caber → **cabr-** | poner → **pondr-** | decir → **dir-** |
| haber → **habr-** | salir → **saldr-** | hacer → **har-** |
| poder → **podr-** | tener → **tendr-** | |
| querer → **querr-** | valer → **valdr-** | |
| saber → **sabr-** | venir → **vendr-** | |

## Uses

■ The conditional is used to express what would be done under certain conditions, which could be hypothetical or highly unlikely. It can also indicate contrary-to-fact situations. The conditional may appear in a sentence by itself or in a sentence that has an explicit **si-** clause. (See *p. G100* of this unit.)

Con más tiempo, yo **visitaría** las islas de San Blas y **aprendería** más acerca de la artesanía de los cunas.

Si el canal de Panamá continuara en posesión de EE.UU., los panameños se **levantarían** en armas.

*With more time, I would visit the San Blas Islands and I would learn more about the Cuna's artisanry.*

*If the Panama Canal continued in possession of the U.S., the Panamanians would rise in arms.*

UNIDAD 6

■ The conditional refers to future actions or conditions when viewed from a standpoint in the past.

El Tratado Hay-Bunau Varilla de 1903 estipuló que EE.UU. **ocuparía** a perpetuidad la Zona del Canal.

*The 1903 Hay-Bunau Varilla Treaty stipulated that the U.S. would occupy the Canal Zone in perpetuity.*

Al iniciar su carrera artística, Shelia Lichacz no sabía que más tarde sus obras **tendrían** tanto éxito.

*At the start of her career, Shelia Lichacz didn't know that her works would be so successful.*

■ The conditional of verbs such as **deber, poder, querer, preferir, desear,** and **gustar** is used to express a polite request or to soften suggestions and statements.

—¿**Podría** decirnos qué piensa del presidente actual de Panamá?
—**Preferiría** no hacer comentarios.

*Could you tell us what you think about Panama's current president?*
*I would prefer not to make any comments.*

■ The conditional can express probability or conjecture about past actions or conditions.

—¿Por qué no fue elegido presidente de Panamá Rubén Blades en 1994?
—No sé; **sería** por su falta de experiencia política.

*Why wasn't Ruben Blades elected president of Panama in 1994?*
*I don't know; it was probably because of his lack of political experience.*

## Ahora, ¡a practicar!

**A. Entrevista.** Eres periodista y la escritora Bertalicia Peralta te ha concedido una entrevista. ¿Qué preguntas le vas a hacer?

MODELO    qué tipo de obra / escribir para la televisión
**¿Qué tipo de obra escribiría Ud. para la televisión?**

1. qué / hacer para una difusión más amplia de la literatura
2. cuánto apoyo / deber dar el gobierno a las artes
3. qué cambios / sugerir para mejorar la educación
4. cómo / darles más estímulos a los artistas jóvenes
5. cuántos nuevos concursos infantiles / organizar

**B. Consejos.** Un(a) amigo(a) y tú hablan con un(a) panameño(a) a quien conocen. Completa el siguiente diálogo para saber qué consejos les da acerca de posibles lugares que podrían visitar.

*Tú:* — ¿Nos __1__ (poder/tú) decir qué lugares deberíamos visitar?
*Panameño(a):* — __2__ (Deber/Uds.) visitar la Zona del Canal, por supuesto. Y no __3__ (querer) dejar de pasear por la Ciudad de Panamá.
*Amigo(a):* — Nos __4__ (gustar) visitar algunas ruinas antiguas.
*Panameño(a):* — Pues, entonces, __5__ (poder/Uds.) ir a Panamá Viejo.
*Tú:* — ¿Está cerca de la Ciudad de Panamá? __6__ (Preferir/nosotros) no viajar demasiado lejos.
*Panameño(a):* — Está muy cerca. Un poco más de cinco kilómetros.

**C. El futuro del Canal.** Completa el siguiente texto para conocer algunas de las estipulaciones del tratado que firmaron Panamá y EE.UU. en 1977.

El Tratado de 1977 estipuló que la Zona del Canal __1__ (llamarse) de ahí en adelante Área del Canal; que esa área __2__ (pasar) a manos panameñas en el año 2000; que los puertos de Cristóbal y Balboa también __3__ (estar) en manos panameñas a partir de esa fecha; que la Comisión del Canal __4__ (administrar) el Canal a partir de la fecha del tratado y hasta el año 2000. Además, según el tratado, EE.UU. __5__ (tener) el derecho de seguir manteniendo algunas bases militares.

**D. ¿Qué pasaría?** Hoy todos los estudiantes hablan de por qué el (la) profesor(a) no vino a clase ayer. En grupos de tres, especulen sobre lo que habrá pasado.

MODELO    **Tendría una emergencia de último momento.**

# Lección 3

## 6.3  IMPERFECT SUBJUNCTIVE: FORMS AND SI-CLAUSES

### Forms

| *-ar* verbs | *-er* verbs | *-ir* verbs |
|---|---|---|
| *tomar* | *prometer* | *insistir* |
| toma**ra** | prometie**ra** | insistie**ra** |
| toma**ras** | prometie**ras** | insistie**ras** |
| toma**ra** | prometie**ra** | insistie**ra** |
| tomá**ramos** | prometié**ramos** | insistié**ramos** |
| toma**rais** | prometie**rais** | insistie**rais** |
| toma**ran** | prometie**ran** | insistie**ran** |

■ To form the stem of the imperfect subjunctive of all verbs, drop **-ron** from the third-person plural form of the preterite and add the appropriate endings, which are the same for all verbs: **-ra, -ras, -ra, ́-ramos, -rais, -ran.** Note that there is a written accent mark on the first-person plural form.

toma~~ron~~ → tomara
prometie~~ron~~ → prometiera
insistie~~ron~~ → insistiera

- All verbs with spelling and stem changes, or with irregular stems in the third-person plural form of the preterite, maintain that same irregularity in the imperfect subjunctive. (See *Unidad 2, p. G39.*)

leer:
leyeron → leyeras, leyera, leyéramos, leyerais, leyeran

dormir:
durmieron → durmiera, durmieras, durmiera, durmiéramos, durmierais, durmieran

estar:
estuvieron → estuviera, estuvieras, estuviera, estuviéramos, estuvierais, estuvieran

Other verbs that follow this pattern:

**Spelling Changes**

creer: creyeron → creyera
oír: oyeron → oyera

**Stem Changes**

mentir: mintieron → mintiera
pedir: pidieron → pidiera

**Irregular Verbs**

decir: dijeron → dijera
haber: hubieron → hubiera
hacer: hicieron → hiciera
ir/ser: fueron → fuera
poder: pudieron → pudiera
poner: pusieron → pusiera
querer: quisieron → quisiera
saber: supieron → supiera
tener: tuvieron → tuviera
venir: vinieron → viniera

- The imperfect subjunctive has two sets of endings. The **-ra** endings, which have been presented, are the most common throughout the Spanish-speaking world. The **-se** endings (**-se, -ses, -se, -semos, -seis, -sen**) are used most often in Spain and infrequently in Latin America.

## Imperfect Subjunctive in si-clauses

- One important use of the imperfect subjunctive is in sentences that express situations that are hypothetical, improbable, or completely contrary-to-fact. In these instances, the **si**-clause with the imperfect subjunctive states the condition, and the main clause with the conditional states the result of the condition. Either the main clause in the conditional or the **si**-clause in the imperfect subjunctive may begin the sentence.

Si el precio del petróleo **subiera,** mejoraría la economía venezolana.
Muchas mujeres comprarían los diseños de Carolina Herrera si no **costaran** tanto dinero.

*If the price of oil were to go up, the Venezuelan economy would improve.*
*Many women would buy Carolina Herrera's designs if they did not cost so much money.*

## *Ahora, ¡a practicar!*

**A. Deseos.** Cuando les preguntas a tus amigos caraqueños si les gusta la ciudad, todos te dicen que sí. Pero todos dicen también que les gustaría más la ciudad si tuviera o no tuviera otras cualidades. ¿Cuáles son algunas de esas cualidades?

MODELO    aumentar las líneas del metro
              **Dicen que les gustaría más si aumentaran las líneas del metro.**

1. controlar mejor el crecimiento de la ciudad
2. solucionar los embotellamientos del tráfico
3. estar más cerca las playas
4. mantener mejor las autopistas
5. no permitir tantos vehículos en las autopistas
6. crear más áreas verdes en la ciudad

**B. Recomendaciones.** Di lo que les recomendarías a tus compañeros que hicieran o no hicieran.

MODELO    **Les recomendaría que estudiaran más.**

**C. Planes remotos.** Di lo que a ti te gustaría hacer si pudieras visitar Venezuela.

MODELO    ir a Venezuela / visitar la zona amazónica
              **Si fuera a Venezuela, visitaría la zona amazónica.**

1. viajar a Venezuela / sobrevolar el Salto del Ángel, la catarata más alta del mundo
2. visitar Maracaibo / ver las torres de perforación petroleras
3. hacer buen tiempo / tomar sol en las playas del Litoral
4. tener tiempo / admirar los llanos venezolanos
5. estar en Mérida / subirme en el teleférico más alto y más largo del mundo
6. poder / pasearme por la ciudad colonial de Coro
7. estar en Caracas / entrar al Museo Bolivariano y a la Casa Natal del Libertador
8. querer comprar algo en Caracas / ir a las tiendas de Sabana Grande

**D. Poniendo condiciones.** Di bajo qué condiciones harías lo siguiente.

MODELO    visitar Sudamérica
              **Visitaría Sudamérica si tuviera dinero.**

1. llamar a mis abuelos
2. comprar un carro nuevo
3. hacer un viaje a Europa
4. sacar una "A" en todas mis clases
5. correr un maratón
6. trabajar durante el verano

# Lección 1

## 7.1 IMPERFECT SUBJUNCTIVE: NOUN AND ADJECTIVE CLAUSES

The imperfect subjunctive is used in noun and adjective clauses when the verb in the main clause is in a past tense or in the conditional and the same circumstances requiring the present subjunctive occur.

## Uses in Noun Clauses

The imperfect subjunctive is used in a noun clause when:

■ the verb or impersonal expression in the main clause indicates a wish, a recommendation, a suggestion, or a command and the subject of the noun clause is different from the subject of the main clause. An infinitive is used in the dependent clause if there is no subject change.

| | |
|---|---|
| El pueblo **quería** que el gobierno **cumpliera** sus promesas. | *The people wanted the government to fulfill its promises.* |
| Me **recomendaron** que **hiciera** ejercicio para perder peso. | *They recommended that I do exercise to lose weight.* |
| **Desearíamos** que **leyeras** ese libro sobre los incas. | *We would like you to read that book on the Incas.* |
| **Desearíamos leer** ese libro sobre los incas. | *We would like to read that book on the Incas.* |

■ the verb or impersonal expression in the main clause indicates doubt, uncertainty, disbelief, or denial. When the opposite of these verbs and expressions are used, the verb in the dependent clause is in the indicative because certainty is implied.

| | |
|---|---|
| Mis amigos **dudaban** que, en tiempos de los incas, un mensaje **pudiera** llegar del Cuzco a Quito en cinco días. | *My friends doubted that in the times of the Incas a message could reach Quito from Cuzco in five days.* |
| A la llegada de los españoles, **parecía imposible** que éstos **dominaran** a los incas. | *Upon the arrival of the Spaniards, it seemed impossible that they could dominate the Incas.* |
| Pizarro **estaba seguro** de que **había** mucho oro en Perú. | *Pizarro was certain that there was a lot of gold in Perú.* |

■ the verb or impersonal expression in the main clause conveys emotions, opinions, and judgments and there is a change of subject. If there is no change of subject, the infinitive is used.

| | |
|---|---|
| A comienzos de la colonia, los peruanos **estaban orgullosos** de que Lima **fuera** una de las principales ciudades del imperio español. | *At the beginning of the colonial period, Peruvians were proud that Lima was one of the main cities of the Spanish empire.* |
| Atahualpa **temía** que Pizarro no **cumpliera** su promesa. | *Atahualpa feared that Pizarro would not fulfill his promise.* |
| Atahualpa **temía morir** a manos de los españoles. | *Atahualpa feared dying at the hands of the Spaniards.* |

## Uses in Adjective Clauses

■ The subjunctive is used in an adjective clause (dependent clause) when it describes someone or something in the main clause whose existence is unknown or uncertain.

Necesitábamos un guía que **conociera** bien la época colonial peruana.

La gente pedía un gobierno que **impulsara** reformas sociales.

*We needed a guide who knew the Peruvian colonial period well.*

*People were asking for a government that would promote social reforms.*

■ When the adjective clause refers to someone or something that is known to exist, the indicative is used.

Encontré un guía que **conocía** muy bien la arquitectura colonial.

A fines del siglo XVIII, Túpac Amaru II dirigió una revuelta que las autoridades españolas **suprimieron** violentamente.

*I found a guide who knew the colonial architecture very well.*

*At the end of the eighteenth century, Túpac Amaru II led a revolt that the Spanish authorities suppressed violently.*

## Ahora, ¡a practicar!

**A. Obligaciones de un chasqui.** Di lo que se esperaba de un chasqui.

MODELO    correr 150 millas
**Se esperaba (deseaba, pedía) que el chasqui corriera 150 millas.**

1. llevar harina de maíz tostado como alimento
2. poner la harina de maíz tostado en una bolsa
3. transportar el quipu en la mano
4. no perder el quipu
5. retener el mensaje oral que tenía que transmitir
6. hacer sonar un cuerno al llegar a su destino
7. transmitir con fidelidad el mensaje
8. ... *(añade otras obligaciones)*

**B. El pasado no siempre fue mejor.** ¿De qué se lamentaban algunos peruanos al recordar tiempos aún más antiguos?

MODELO    las casas / no ser de colores diferentes
**Los peruanos se lamentaban de que las casas no fueran de colores diferentes.**

1. la gente / no usar mucho el poncho
2. las capas / no estar de moda
3. la alfalfa / no transportarse en carretas
4. las campanas / no sonar con mucha frecuencia
5. los vendedores / no escucharse en las plazas
6. los vendedores de frutas / no andar montados en burro
7. los niños / comer menos dulces como turrones y melcochas

**C. Deseos y realidad.** Di primeramente qué tipo de gobernante pedía la gente durante las últimas elecciones presidenciales de Perú. En seguida, di si, en tu opinión, la gente obtuvo o no ese tipo de gobernante.

MODELO   crear empleos
**La gente pedía un gobernante que creara empleos.**
**La gente eligió un gobernante que (no) creó empleos.**

1. reducir la inflación
2. eliminar la violencia
3. continuar el desarrollo de la agricultura
4. atender a la clase trabajadora
5. obedecer la constitución
6. dar más recursos para la educación
7. hacer reformas económicas
8. construir más carreteras

**D. Pasatiempos en la secundaria.** Usa el dibujo que aparece a continuación para decir lo que tú y tus amigos considerabais importante hacer y no hacer cuando estaban en la escuela secundaria.

MODELO   **Era importante (necesario, esencial) que durmiéramos lo suficiente.**
**Era obvio (seguro, verdad) que mi amigo dormía demasiado.**

# Lección 2

## 7.2   IMPERFECT SUBJUNCTIVE: ADVERBIAL CLAUSES

The imperfect subjunctive is used in adverbial clauses when the verb in the main clause is in a past tense or in the conditional and the same circumstances requiring the present subjunctive exist.

■ Adverbial clauses always use the subjunctive when they are introduced by the following conjunctions:

| a fin (de) que | con tal (de) que | para que |
|---|---|---|
| a menos (de) que | en caso (de) que | sin que |
| antes (de) que | | |

Mis padres visitaron las islas Galápagos **antes de que** se **estableciera** un parque nacional.

*My parents visited the Galápagos Islands before a national park was established.*

Una ley de 1971 decretó que no se podía visitar el Parque Nacional de las islas Galápagos **a menos que** un guía capacitado **dirigiera** la visita.

*A 1971 law decreed that one could not visit the Galápagos Islands National Park unless a competent guide conducted the tour.*

■ Adverbial clauses are always in the indicative when they are introduced by conjunctions such as **como, porque, ya que,** and **puesto que.**

A partir de la década de los 70, la economía de Ecuador mejoró mucho **porque** se **comenzó** a explotar el petróleo.

*From the beginning of the 1970s, the economy of Ecuador improved a lot because oil began to be tapped.*

■ Adverbial clauses may be in the subjunctive or the indicative when they are introduced by conjunctions of time: **cuando, después (de) que, en cuanto, hasta que, mientras que,** and **tan pronto como.** The subjunctive is used when the adverbial clause refers to an anticipated event that has not yet taken place. The indicative is used when the adverbial clause refers to a completed or habitual past action or a statement of fact.

Una amiga mía me dijo que visitaría Ecuador tan pronto como **terminara** sus estudios.

*A friend of mine told me that she would visit Ecuador as soon as she finished her studies.*

Mis padres asistieron al festival de la Mama Negra cuando **visitaron** el pueblo de Latacunga.

*My parents attended the Mama Negra festival when they visited the village of Latacunga.*

Antes, cuando **iba** a Quito, siempre me paseaba por la Plaza San Francisco.

*Before, when I went to Quito, I would always stroll through the San Francisco Plaza.*

■ An adverbial clause introduced by **aunque** can also be in the subjunctive or the indicative. The subjunctive is used when the adverbial clause expresses a possibility or a conjecture. If the adverbial clause expresses a fact, the verb is in the indicative.

Aunque **tuviera** tiempo y dinero, no visitaría las islas Galápagos.

*Even if I had time and money, I would not visit the Galapagos Islands.*

Aunque **pasé** varias semanas en Ecuador, nunca pude ir a Barranquilla.

*Even though I spent several weeks in Ecuador, I was never able to go to Barranquilla.*

## Ahora, ¡a practicar!

**A. El petróleo ecuatoriano.** Completa la siguiente narración acerca de la economía ecuatoriana.

Antes de que se __1__ (descubrir) el petróleo, Ecuador tenía una economía predominantemente agrícola basada en el cultivo de bananas, café y cacao. A partir de 1972, cuando la producción petrolera __2__ (alcanzar) cantidades considerables, la importancia de la agricultura empezó a declinar, aunque todavía __3__ (tener) importancia. Todo iba bien, a menos que __4__ (bajar) los precios mundiales del petróleo. Era una economía inestable porque todos __5__ (saber) que, en el futuro, tan pronto como __6__ (bajar) los precios del petróleo, la economía nacional sufriría. Afortunadamente, antes de que se __7__ (producir) el temido colapso económico, la economía comenzó a diversificarse, tendencia que continúa actualmente.

**B. Los planes de tu amigo.** Un amigo te habló de sus planes de pasar un semestre en Quito. ¿Qué te dijo?

MODELO    a menos que / no reunir el dinero necesario
**Me dijo que pasaría el próximo semestre en Quito a menos que no reuniera el dinero necesario.**

1. con tal que / encontrar una buena escuela donde estudiar
2. siempre que / aprobar todos los cursos que tiene este semestre
3. a menos que / tener problemas económicos
4. a fin de que / su español mejorar
5. en caso de que / poder vivir con una familia

**C. Primer día.** Tu amigo imagina cómo sería su primer día en la capital ecuatoriana. ¿Cómo piensa que sería?

MODELO    llegar al aeropuerto / tomar un taxi al hotel
**Tan pronto como (En cuanto) yo llegara al aeropuerto Mariscal Sucre, tomaría un taxi al hotel.**

1. entrar en mi cuarto de hotel / ponerse ropa y zapatos cómodos
2. estar listo / ir a la Plaza de la Independencia y entrar en la Catedral
3. salir de la Catedral / mirar las tiendas de los alrededores
4. cansarse de mirar tiendas / caminar hacia la Plaza San Francisco
5. alcanzar la Plaza San Francisco / buscar la iglesia del mismo nombre
6. terminar de admirar el arte de la iglesia / volver al hotel, seguramente cansadísimo

**D. ¡Qué fastidioso(a)!** Tú eres una persona muy exigente. Pensabas hacer una excursión a las islas Galápagos pero decidiste que no irías a menos que se cumplieran ciertas condiciones. Di cuáles serían esas condiciones.

MODELO    a menos que
**No iría a menos que pudiera quedarme tres semanas completas.**

1. con tal que
2. sin que
3. antes de que
4. para que
5. en caso de que
6. aunque

# Lección 3

## 7.3 PRESENT PERFECT SUBJUNCTIVE

### Forms

| -*ar* verbs | -*er* verbs | -*ir* verbs |
|---|---|---|
| **haya** terminado | **haya** aprendido | **haya** recibido |
| **hayas** terminado | **hayas** aprendido | **hayas** recibido |
| **haya** terminado | **haya** aprendido | **haya** recibido |
| **hayamos** terminado | **hayamos** aprendido | **hayamos** recibido |
| **hayáis** terminado | **hayáis** aprendido | **hayáis** recibido |
| **hayan** terminado | **hayan** aprendido | **hayan** recibido |

■ To form the present perfect subjunctive combine the auxiliary verb **haber** in the present subjunctive and the past participle of a verb.

■ Reflexive and object pronouns must precede the conjugated form of the verb **haber.**

> Para muchos es extraordinario que las vestimentas indígenas tradicionales **se hayan conservado** hasta nuestros días.

> *For many it is extraordinary that traditional indigenous clothing has been preserved until now.*

■ As you learned in *Unidad 4,* the past participle is formed by adding **-ado** to the stem of **-ar** verbs and **-ido** to the stem of **-er** and **-ir** verbs: terminar → **terminado,** aprender → **aprendido,** recibir → **recibido.** The past participle is invariable; it always ends in **-o.**

■ The following is a list of common irregular past participles:

| | | | |
|---|---|---|---|
| **abierto** | **escrito** | **puesto** | **visto** |
| **cubierto** | **hecho** | **resuelto** | **vuelto** |
| **dicho** | **muerto** | **roto** | |

### Use

■ The present perfect subjunctive is used in dependent clauses that require the subjunctive and that refer to past actions or events that began in the past and continue in the present. The verb in the main clause may be in the present or present perfect indicative, in the future, or in a command form.

> Mis padres no han regresado todavía. Es posible que **hayan decidido** pasar más días en Bolivia.

> *My parents have not returned yet. It is possible that they have decided to spend a few more days in Bolivia.*

| | |
|---|---|
| Hasta ahora no he conocido a nadie que **haya estado** en Sucre. | *Up to now I have not met anyone who has been to Sucre.* |
| Espero que mis padres **hayan tenido** la oportunidad de asistir a un concierto de música andina. | *I hope my parents have had the opportunity to attend an Andean music concert.* |
| Preguntaré cómo ir a Tiahuanaco tan pronto como **haya llegado** a mi hotel en La Paz. | *I will ask about how to go to Tiahuanaco as soon as I have reached my hotel in La Paz.* |
| En tu próxima visita, ve a un lugar donde no **hayas estado** antes. | *On your next visit, go to a place where you have not been before.* |

## Ahora, ¡a practicar!

**A. Cambios recientes.** Menciona algunos cambios que probablemente han ocurrido en Bolivia últimamente.

MODELO    introducir reformas agrarias
**Es probable que se hayan introducido reformas agrarias.**

1. nacionalizar algunas empresas
2. repartirles tierras a los campesinos
3. promover el desarrollo de la zona oriental
4. tratar de estabilizar la economía
5. mejorar el nivel de vida de los indígenas
6. controlar la producción de coca

**B. La Puerta del Sol.** Tú y tus compañeros especulan acerca del origen y la función de la Puerta del Sol de Tiahuanaco.

MODELO    formar parte de un templo
**Es posible que la Puerta del Sol haya formado parte de un templo.**

1. ser la puerta de entrada de un palacio
2. constituir el centro religioso de un imperio
3. ser construida hace más de veinticinco siglos
4. tener un significado político y religioso
5. señalar las tumbas de los reyes

**C. Quejas.** Los padres de unos amigos que hicieron una excursión a La Paz lamentan que sus hijos no hayan podido hacer todas las cosas que habían planeado.

MODELO    ir a Tiahuanaco
**Sentimos (Lamentamos, Es triste, Es una lástima) que no hayan podido ir a Tiahuanaco.**

1. visitar el Museo de Instrumentos Nativos
2. poder ver el Festival del Gran Poder
3. comer empanadas en el Mercado Camacho
4. asistir a un festival de música andina
5. subir al Parque Mirador Laykacota
6. ver la colección de objetos de oro en el Museo de Metales Preciosos
7. hacer una excursión al lago Titicaca
8. ... *(añade otros planes que no se realizaron)*

**D.** **¿Buen o mal gusto?** ¿Qué opinas de la ropa que llevaban las personas en las siguientes situaciones?

MODELO
En su entrevista para gerente de una boutique que se especializa en ropa super elegante para mujeres de negocios, Estela Quispe llevaba jeans y una blusa con lunares negros y amarillos.
**Es bueno (interesante, maravilloso, lástima, horroroso) que haya llevado jeans y una blusa con lunares.**

1. El primer día de clases Mario Méndez llevaba shorts y zapatos sin calcetines.
2. La noche de su *senior prom* Marianela Ávalos llevaba un vestido largo de seda negra y un collar de perlas.
3. El acompañante de Marianela llevaba overoles, una camisa roja y botas negras.
4. Para su entrevista para un programa graduado en la Universidad de Stanford, Ernesto Trujillo llevaba un traje azul marino, camisa blanca, corbata roja y un par de tenis blancos.
5. Para la boda de su prima, Maricarmen Rodríguez llevaba una falda negra con volantes blancos y una blusa blanca con rayas negras.
6. El esposo de Maricarmen llevaba pantalones negros, camisa blanca, corbata negra y zapatos blancos.

# Lección 1

The perfect tenses are formed by combining the appropriate tense of the auxiliary verb **haber** with the past participle of a verb. In *Unidad 4,* you learned to combine the present indicative of **haber** with the past participle to form the present perfect indicative. Likewise, in *Unidad 7* you learned to combine the present subjunctive of **haber** with the past participle to form the present perfect subjunctive. In a similar manner, the future perfect and conditional perfect tenses are formed using the future and conditional of **haber** with past participles. The imperfect indicative and imperfect subjunctive of **haber** followed by past participles are used to form the past perfect indicative and past perfect subjunctive.

## Past Perfect Indicative and Past Perfect Subjunctive

| Past Perfect Indicative | Past Perfect Subjunctive |
|---|---|
| **había** aceptado | **hubiera** aceptado |
| **habías** aceptado | **hubieras** aceptado |
| **había** aceptado | **hubiera** aceptado |
| **habíamos** aceptado | **hubiéramos** aceptado |
| **habíais** aceptado | **hubierais** aceptado |
| **habían** aceptado | **hubieran** aceptado |

■ The past perfect indicative is used to show that a past action took place before another past action or before a specific time in the past.

Cuando Perón asumió la presidencia de Argentina en 1973, ya **había sido** presidente dos veces antes.

*When Peron became president of Argentina in 1973, he had already been president twice before.*

Antes de Isabel Perón, ninguna mujer latinoamericana **había ocupado** el cargo de presidenta.

*Before Isabel Perón, no Latin American woman had occupied the office of president.*

■ The past perfect subjunctive is used when conditions for use of the subjunctive are met and a past action takes place before a prior point in time. The main verb of the sentence may be in the past (preterite, imperfect, past perfect), the conditional, or the conditional perfect.

Cuando visitamos Argentina hace unos años, todos se quejaban de que el gobierno no **hubiera podido** controlar la inflación.

*When we visited Argentina a few years ago, everyone was complaining that the government had not been able to curb inflation.*

Antes de que se **hubiera construido** una red de caminos extensa en Argentina, existía una excelente red ferroviaria.

*Before an extensive road network had been built in Argentina, there existed an excellent railway network.*

## Future Perfect and Conditional Perfect

| Future Perfect | Conditional Perfect |
|---|---|
| **habré** comprendido | **habría** comprendido |
| **habrás** comprendido | **habrías** comprendido |
| **habrá** comprendido | **habría** comprendido |
| **habremos** comprendido | **habríamos** comprendido |
| **habréis** comprendido | **habríais** comprendido |
| **habrán** comprendido | **habrían** comprendido |

■ The future perfect is used to show that a future action will have been completed prior to the start of another future action or prior to a specific time in the future.

Cuando tú llegues a la Patagonia, yo ya **habré salido** de Argentina.

La próxima semana ya **habremos terminado** nuestra visita a Buenos Aires.

*When you reach Patagonia, I will have already left Argentina.*

*Next week we will have already finished our visit to Buenos Aires.*

■ The conditional perfect expresses conjecture or what would or could have occurred in the past. It often appears in sentences with a **si**-clause.

No sé qué **habrían hecho** ellos en esa situación.

Si hubieras ido al barrio de La Boca en Buenos Aires, **habrías visto** partidos de fútbol muy reñidos.

*I don't know what they would have done in that situation.*

*If you had gone to the neighborhood of La Boca in Buenos Aires, you would have seen hard-fought soccer matches.*

## Ahora, ¡a practicar!

**A. Investigación.** Los detectives están investigando la muerte del hombre sentado en el sillón de terciopelo verde. Uno de los trabajadores de la finca menciona las preguntas que le hicieron.

MODELO     notar algo especial
           **Me preguntaron si había notado algo especial.**

1. estar en casa todo el día
2. ver a alguien en la casa
3. oír ladrar los perros
4. escuchar ruidos extraños
5. llamar a la policía de inmediato
6. hablar recientemente con la esposa del hombre muerto

**B. Quejas.** En los años 80 los argentinos se quejaban de muchas cosas que habían ocurrido la década anterior. ¿Qué lamentaba la gente?

MODELO    la deuda externa / aumentar drásticamente
**La gente lamentaba que en los años anteriores la deuda externa hubiera aumentado drásticamente.**

1. la productividad del país / disminuir
2. los precios de la ropa y de los comestibles / subir mucho
3. la inflación / no controlarse
4. el estándar de vida / declinar
5. la guerra de las Malvinas / perderse
6. miles de personas / desaparecer

**C. Predicciones.** Los argentinos son muy optimistas. ¿Qué opiniones expresan acerca de lo que creen que habrá ocurrido al entrar el siglo XXI?

MODELO    el país / modernizarse completamente
**Al entrar el siglo XXI, el país ya se habrá modernizado completamente.**

1. el desempleo / bajar
2. la economía / estabilizarse
3. la deuda externa / pagarse
4. el país / convertirse en una potencia ganadera
5. la energía hidroeléctrica / desarrollarse
6. la red caminera / aumentar
7. el país / llegar a ser una nación tecnológicamente avanzada

**D. Vacaciones muy cortas.** Después de una corta estadía en Buenos Aires, les dices a tus amigos lo que habrías hecho en caso de que hubieras podido quedarte más tiempo.

MODELO    caminar por los Bosques de Palermo
**Habría caminado por los Bosques de Palermo.**

1. pasearme por la avenida 9 de Julio
2. visitar las tiendas de la calle Florida
3. admirar a los artistas del barrio de La Boca
4. obtener boletos para ver una ópera en el Teatro Colón
5. ver un partido de fútbol entre Boca Juniors y River Plate
6. volver muchas veces más a la Plaza de Mayo
7. escuchar tangos en una tanguería del barrio San Telmo
8. tomar café en una confitería

# Lección 2

## 8.2 SEQUENCE OF TENSES: INDICATIVE

■ Sequence of tenses refers to the fact that in a sentence with a dependent clause, there must be a correlation between the tense of the main verb and that of the dependent verb. The following tenses can be used when the main and dependent clauses are in the indicative.

| Simple Tenses | | Perfect Tenses | |
|---|---|---|---|
| **Present** | acepto | **Present Perfect** | he aceptado |
| **Future** | aceptaré | **Future Perfect** | habré aceptado |
| **Imperfect** | aceptaba | **Past Perfect** | había aceptado |
| **Preterite** | acepté | **Preterite Perfect** | hube aceptado* |
| **Conditional** | aceptaría | **Conditional Perfect** | habría aceptado |

■ When the verbs of the main and the dependent clauses are in the indicative, there are no restrictions on the way tenses can combine as long as the sentence makes sense.

Los guaraníes de Paraguay **son** miembros de una familia lingüística que **incluye** a muchos grupos indígenas que **habitaban** grandes extensiones de Sudamérica.

*The Guarani from Paraguay are members of a linguistic family that includes many indigenous groups that lived in large stretches of land in South America.*

Unos amigos míos me **contaron** que se **habían divertido** inmensamente cuando **visitaron** Montevideo.

*Some friends of mine told me that they had had a great time when they visited Montevideo.*

Cuando **viajaron** a un pueblecito donde **hacen** arpas, todos **querían** comprar una.

*When they traveled to a small village where they make harps, they all wanted to buy one.*

■ The same rule applies when the main verb is a command form.

**Dime** qué **quieres** hacer hoy; no me **digas** lo que **querías** hacer ayer.

*Tell me what you want to do today; don't tell me what you wanted to do yesterday.*

**Pregúntame** adónde **iré** esta tarde.
**Explíquenme** lo que **habrían hecho** Uds. en esa situación.

*Ask me where I'll go this afternoon.*
*Explain to me what you would have done in that situation.*

*The preterite perfect is not used in spoken language and it is rarely used in written language.

## *Ahora, ¡a practicar!*

**A. Lecturas.** Menciona algunos de los datos que recuerdas de tus lecturas sobre Uruguay y Paraguay.

> MODELO la guerra del Chaco / tener lugar entre 1932 y 1935
> **Leí que la guerra del Chaco tuvo lugar entre 1932 y 1935.**

1. los ríos Paraná y Uruguay / ser explorados por Sebastián Caboto en 1526
2. los charrúas / impedir la penetración europea en Uruguay
3. Juan Salazar de Espinosa / fundar Asunción en 1537
4. los jesuitas / organizar redacciones en Paraguay el siglo XVII
5. Uruguay / ser anexado por Brasil en 1821
6. José Gaspar Rodríguez de Francia / gobernar Paraguay desde 1814 hasta 1840
7. el tamboril / llegar a Uruguay con los esclavos africanos
8. los guaraníes / convertirse en maestros del arpa, la guitarra y el violín
9. una junta militar / gobernar Uruguay entre 1976 y 1984
10. el general Stroessner de Paraguay / ser derrocado en 1989

**B. Recuerdos.** Un señor paraguayo te cuenta cómo era su vida cuando supo de la declaración de guerra entre Paraguay y Bolivia en 1932.

> MODELO tener dieciocho años
> **Cuando comenzó la guerra, yo tenía dieciocho años.**

1. vivir en Misiones con mi familia
2. no estar casado
3. no trabajar
4. estar todavía en la escuela
5. no estar inscrito en el servicio militar
6. creer que no sería un conflicto muy serio

**C. Futuro inmediato.** ¿Cómo ves la situación en Uruguay en los próximos veinte años?

> MODELO haber estabilidad política
> **Opino (Pienso, Imagino) que habrá estabilidad política todavía.** o
> **Opino (Pienso, Imagino) que no habrá estabilidad política.**

1. existir un sistema político democrático
2. aumentar la población de modo significativo
3. desarrollarse proyectos económicos con países vecinos
4. disminuir la importancia de la ganadería
5. desarrollarse aún más la industria del turismo
6. exportarse carne y lana
7. instalarse telecomunicaciones modernas
8. (¿otras predicciones?)

**D. ¿Qué pasará?** ¿Habrá cambios en Paraguay antes del año 2005?

> MODELO la constitución / cambiar
> **Me imagino (Supongo, Sin duda) que antes del año 2005 la constitución (no) habrá cambiado.**

1. la población / alcanzar diez millones
2. el país / participar en una guerra con sus vecinos

3. los paraguayos / poblar el norte del país
4. la gente / destruir la jungla
5. la lengua guaraní / desaparecer
6. el aislamiento del país / ser superado
7. las exportaciones hacia Brasil / aumentar significativamente
8. el analfabetismo / eliminarse totalmente
9. el gobierno paraguayo / completar el proyecto hidroeléctrico de Yacyretá
10. (¿otras predicciones?)

**E.** **¡Ahora sé más!**  Di lo que pensabas acerca de Uruguay y Paraguay antes de leer la lección y después de leerla.

MODELO    el país más pequeño de Sudamérica
**Pensaba que Paraguay era el país más pequeño de Sudamérica, pero ahora sé que Uruguay es el más pequeño.**

1. Uruguay / tener un gobierno militar
2. Paraguay / estar al norte de Bolivia
3. Uruguay / no tener influencia africana
4. Paraguay / tener salida al mar
5. Uruguay / tener varios grupos indígenas
6. Paraguay / no producir energía hidroeléctrica
7. Uruguay / no tener escritores famosos
8. Paraguay / estar al lado de Uruguay
9. (¿otras impresiones?)

# *Lección 3*

## 8.3   SEQUENCE OF TENSES: INDICATIVE AND SUBJUNCTIVE

■ If the main verb of a sentence is in the present, present perfect, future, future perfect, or is a command, and the verb in the dependent clause is subjunctive, it is usually present or present perfect subjunctive.

| Main Verb (Indicative) | Dependent Verb (Subjunctive) |
|---|---|
| Present | |
| Present Perfect | |
| Future | Present |
| Future Perfect | Present Perfect |
| Command | |

UNIDAD 8

| | |
|---|---|
| La gente **espera** que el nuevo presidente les **resuelva** todos sus problemas. | *People expect the new president to solve all their problems for them.* |
| Sé que el profesor me **aconsejará** que **lea** los poemas de Pablo Neruda. | *I know the professor will advise me to read Pablo Neruda's poems.* |
| Queremos conversar con una persona que **haya estado** en Chile recientemente. | *We want to talk with someone who has been to Chile recently.* |

■ The dependent clause may also be in the imperfect or the past perfect subjunctive when the action expressed by the dependent clause occurred prior to that of the main clause.

| | |
|---|---|
| **Siento** que tu viaje a la Patagonia no se **realizara.** | *I'm sorry your trip to Patagonia did not take place.* |
| **No creo** que Chile **hubiera declarado** su independencia antes de 1800. | *I don't think Chile had declared its independence before 1800.* |

■ If the main verb is in any of the past tenses, the conditional, or the conditional perfect, and the verb of the dependent clause is subjunctive, it must be either in the imperfect or the past perfect subjunctive. The past perfect subjunctive signals that the action in the dependent clause is prior to that of the main clause.

| Main Verb (Indicative) | Dependent Verb (Subjunctive) |
|---|---|
| Imperfect | |
| Past Perfect | |
| Preterite | Imperfect |
| Conditional | Past Perfect |
| Conditional Perfect | |

| | |
|---|---|
| **¿Deseabas** visitar un pueblo que **tuviera** un buen mercado de artesanías? | *Did you want to visit a village that had a good handicrafts market?* |
| Al no verte en el aeropuerto, todos **temimos** que **hubieras perdido** el vuelo. | *When we didn't see you at the airport, we all feared you might have missed the flight.* |
| **Sería** bueno que **aumentaran** el presupuesto para la educación. | *It would be good if they would increase the education budget.* |
| Le dije a mi compañera que me **había molestado** que nadie **hubiera querido** acompañarme al Museo de Arte Precolombino. | *I told my friend that it had bothered me that nobody had wanted to accompany me to the Museum of Pre-Columbian Art.* |

## *Ahora, ¡a practicar!*

**A. Cosas sorprendentes.** Les mencionas a tus amigos datos de Chile que te han sorprendido.

> MODELO    ser país largo y estrecho
> **Me ha sorprendido que Chile sea un país tan largo y estrecho.**

1. poseer una parte de la Antártida
2. tener posesiones en el océano Pacífico, como la Isla de Pascua
3. concentrar la población en la parte central de su territorio
4. gozar, en la zona central, de un clima y paisaje semejantes a los de California
5. disponer de canchas de esquí de renombre mundial
6. producir vinos famosos en el mundo entero
7. (¿Otras cosas sorprendentes?)

**B. Posible visita.** Tú y tus amigos dicen cuándo o bajo qué condiciones visitarán Chile.

> MODELO    antes de que / terminar el año escolar
> **Visitaré Chile antes de que termine el año escolar.**

1. tan pronto como / reunir dinero
2. con tal (de) que / poder quedarme allí tres meses por lo menos
3. después (de) que / graduarme
4. cuando / estar en mi tercer año de la universidad
5. en cuanto / aprobar mi curso superior de español

**C. Cosas buenas.** Éstas son algunas de las respuestas que te dan tus amigos chilenos cuando les preguntas qué cambios desean en el país.

> MODELO    la economía / no depender de los precios del cobre
> **Preferiría (Me gustaría, Sería bueno) que la economía no dependiera de los precios del cobre.**

1. el país / tener otros centros económicos importantes, además de Santiago
2. el gobierno / proteger la industria nacional
3. la carretera panamericana / estar mejor mantenida
4. el gobierno / preocuparse más de la preservación de las riquezas naturales
5. nosotros / explotar más los recursos minerales del desierto de Atacama
6. el presidente / (no) poder ser reelegido

**D. Recuerdos de años difíciles.** Algunos amigos chilenos te hablan de lo que le gustaba y no le gustaba a la gente durante la década de los 80.

> MODELO    las libertades individuales / desaparecer
> **A la gente no le gustaba que las libertades individuales hubieran desaparecido.**

1. la exportación de fruta / aumentar
2. el orden público / restablecerse
3. la economía / mejorar un poco
4. los latifundios / no eliminarse
5. el costo de la educación / subir mucho
6. muchos profesionales / abandonar el país
7. (¿otras preferencias?)

# Si-clauses

The sequence of tenses in conditional **si**-clauses does not totally comply with the rules given in the preceding section. The following are the most frequently used structures.

■ For actions likely to take place in the present or future, the **si**-clause is in the present indicative and the result clause is in the present indicative or the future, or is a command form. The present subjunctive is never used in **si**-clauses.

| *si*-clause | Result Clause |
|---|---|
| **si** + present indicative | present indicative<br>future<br>command |

Si **podemos, queremos** ver el nuevo edificio del Congreso Nacional en Valparaíso.

*If we can, we want to see the new building of the National Congress in Valparaíso.*

Si **voy** a Viña del Mar, **tomaré** sol en una de las playas.

*If I go to Viña del Mar, I will sunbathe on one of the beaches.*

Si **estás** en Valparaíso, no **dejes** de subir a uno de los cerros en ascensor.

*If you are in Valparaíso, don't fail to go up one of the hills by elevator (cable car).*

■ For unlikely or contrary-to-fact actions or situations in the present or in the future, the **si**-clause is in the imperfect subjunctive and the result clause in the conditional.

| *si*-clause | Result Clause |
|---|---|
| **si** + imperfect subjunctive | conditional |

**Si** mis padres **fueran** a la Isla de Pascua, **sacarían** muchas fotografías de los *moais.*

*If my parents were to go to Easter Island, they would take many pictures of the* moais *(giant sculptures).*

■ For contrary-to-fact actions in the past, the **si**-clause is in the past perfect subjunctive and the result clause in the conditional perfect.

| *si*-clause | Result Clause |
|---|---|
| **si** + past perfect subjunctive | conditional perfect |

**Si hubiera ido** a Chillán, **habría visto** los murales del artista mexicano Siqueiros en la Escuela México.

*If I had gone to Chillán, I would have seen the murals by the Mexican artist Siqueiros at the Mexico School.*

## *Ahora, ¡a practicar!*

**A. En el sur.** Si pudieras ir, ¿qué harías en el sur de Chile?

MODELO    visitar el mercado de artesanías de Angelmó
**Si pudiera ir al sur de Chile, visitaría el mercado de artesanías de Angelmó.**

1. navegar en el río Bío-Bío
2. recorrer algunos pueblos mapuches cerca de Temuco
3. ver los fuertes españoles del siglo XVII cerca de Valdivia
4. pasearme por los densos bosques del Parque Nacional Puyehue cerca de Osorno
5. alquilar un bote en el lago Llanquihue

**B. Planes.** ¿Qué planes tienes para los días que vas a pasar en Santiago?

MODELO    tener tiempo / ir al parque de atracciones de Fantasilandia
**Si tengo tiempo, iré al parque de atracciones Fantasilandia.**

1. alguien acompañarme / subir al cerro San Cristóbal
2. estar abierta / entrar en La Chascona, una de las casas de Pablo Neruda en Santiago
3. no hace demasiado frío / esquiar en Farellones
4. despertarme temprano / salir para el pueblo de Pomaire para ver trabajar a los artesanos
5. no haber neblina / ver el glaciar del Parque Nacional El Morado
6. todavía tener dinero / ir a los nuevos centros comerciales
7. darme hambre / comprar fruta en el mercado central

**C. ¡Qué lástima!** Chile es un país tan largo que no pudiste visitar todo lo que querías. Di lo que habrías hecho si hubieras tenido tiempo.

MODELO    visitar el desierto de Atacama
**Si hubiera tenido tiempo, habría visitado el desierto de Atacama.**

1. pasar unos días en Arica, cerca de la frontera con Perú
2. ver los edificios coloniales de La Serena
3. entrar en iglesias del siglo XVIII en la isla de Chiloé
4. volar a Punta Arenas, la ciudad más austral del mundo
5. hacer una visita a la Isla de Pascua.

## 8.4    IMPERFECT SUBJUNCTIVE IN MAIN CLAUSES

■ The past subjunctive and the conditional of the verbs **poder, querer,** and **deber** are used to make polite recommendations or statements. With other verbs, the conditional is more commonly used for this purpose.

—**Debieras (Deberías)** visitar Chile en febrero, cuando hace calor.

*You should visit Chile in February, when it's hot.*

—No me gusta el calor. **Quisiera (Querría)** ir en octubre.

*I don't like hot weather. I'd like to go in October.*

■ The imperfect subjunctive is used after **ojalá** to express wishes that are unlikely to be fulfilled or that cannot be fulfilled.

¡Ojalá que me **sacara** la lotería y **pudiera** viajar por toda Sudamérica!

¡Ojalá **estuviera** esquiando en Chile en este momento!

*I wish I could win the lottery and travel throughout South America!*

*I wish I were skiing in Chile right now!*

## Ahora, ¡a practicar!

**A. Recomendaciones.** Un amigo te hace amables recomendaciones acerca de tu próximo viaje a Chile.

MODELO      consultar a un agente de viajes
         **Pudieras (Podrías) consultar a un agente de viajes.**

1. viajar durante los meses calurosos de verano
2. llevar dólares en vez de pesos chilenos
3. leer una guía turística
4. comprar tu billete de avión con anticipación
5. pasar más de cinco días en Santiago
6. ver la región de los lagos

**B. Soñando.** Tú y tus compañeros expresan deseos que seguramente no se cumplirán.

MODELO      no tener que estudiar para el examen de mañana
         **Ojalá no tuviera que estudiar para el examen de mañana.**

1. estar tomando el sol en una playa en estos momentos
2. andar de viaje por el cono Sur
3. ganar un viaje a Chile
4. aprobar todos mis cursos sin asistir a clase
5. tener un empleo interesante
6. poder jugar al tenis más a menudo

## Materias de consulta

# Tabla cronológica del Mundo 21*

| Países hispanohablantes | a.C. | El mundo |
|---|---|---|
| **México:** Cultivo del maíz. | 5000 | Cultivo del arroz en China. |
| | 4236 | Primera fecha del antiguo calendario egipcio. |
| Primera fecha del calendario **maya.** | 3372 | |
| **España:** Pinturas en la cueva de Altamira | 2500 | |
| **México:** Empieza la civilización olmeca. Los **mayas** tienen un pueblo bien desarrollado en Cuello, Belice. | 1200 | Destrucción de Troya, en Turquía, por los griegos. |
| **España:** Llegada de los fenicios y fundación de Cádiz | 1100 | |
| **Perú:** La civilización chavín florece hasta 200 a.C.. | 900 | |
| | 800 | Homero escribe *La Ilíada* y *La Odisea.* |
| | 776 | Primeros Juegos Olímpicos en Grecia. |
| | 753 | Fundación de Roma en Italia. |
| Varias ciudades **mayas** con pirámides en Centroamérica. | 600 | |
| | 509 | Fundación de la República Romana. |
| **Perú:** Florecen las culturas Gallinazo y Salinar. | 500 | **EE.UU.:** Civilización **adena** florece en Ohio. |
| **México:** Teotihuacán domina el Valle Central entre 300–100. | 300 | |
| **Perú:** Empieza la civilización mochica en una zona reducida de la costa norte del país; construyen dos grandes pirámides de adobe, Huaca del Sol y Huaca de la Luna. | | |
| **España:** Pasa a ser parte del Imperio Romano; pero no es hasta 206 que se apoderan de ella. | 218 | |
| **Perú:** Los nazca construyen acueductos y reservas; dibujan en el desierto los "diseños de nazca", dibujos geométricos y en forma de animales. | 200 | **EE.UU.:** Período Hopewell en el noreste. |
| | 4 | Nace Jesús. |

| | d.C. | |
|---|---|---|
| **Perú:** Construcción de pirámides mochicas. | 1 | |
| Período Clásico de los **mayas** en que florece su cultura. | 250–900 | |
| **España:** Invasión visigoda; permanecen hasta 711. | 414 | |
| **México:** Los aztecas son activos en el país. | 500 | **EE.UU.:** El pueblo thule llega a Alaska. |
| | 541–544 | La primera peste elimina a la mitad de la población europea. (Entre 557 y 767 habría 14 pestes más.) |
| **España:** El rey visigodo Recaredo se convierte al catolicismo romano, logrando así la unión religiosa del país. | 587 | |
| | 593 | Se inventa la imprenta, en China. |
| | 598 | Fundación de la primera escuela en Inglaterra, en Canterbury. |
| **Perú:** Decadencia de las civilizaciones nazca y mochica. | 700 | |
| **España:** Los musulmanes del norte de África invaden y en cinco años conquistan la mayor parte de la península. | 711 | |
| | 771 | Carlomagno es coronado emperador del Sacro Imperio Romano, uniendo así a Europa. |
| | 800 | Se construyen los primeros castillos europeos. |
| **España:** Córdoba se convierte en la sede de cultura y civilización árabe. | 930 | |
| | 1050 | **EE.UU.:** Cahokia, en Illinois, se convierte en el pueblo más grande de Norteamérica. |

*Algunas fechas en esta tabla son aproximadas ya que faltan datos exactos.

| Países hispanohablantes | d.C. | El mundo |
|---|---|---|
| **España:** El Cid Campeador (1043?–1099) se apodera de Valencia. | **1094** | |
| | **1146–1148** | Segunda cruzada. |
| **México:** Se acaba el imperio tolteca. | **1151** | |
| **Perú:** Fundación de Cuzco, por Manco Capac. | **1200** | |
| | **1210** | San Francisco de Asís crea su orden religiosa. |
| | **1215** | *Magna Carta*, en Inglaterra. |
| **España:** El rey de Castilla y de León, Alfonso X "el Sabio" (1221–1284) sube al trono. | **1252** | |
| | **1271** | El veneciano Marco Polo, de tan sólo 17 años, viaja a Beijing con su padre y tío, donde se queda 17 años en la corte de Kublai Khan. |
| **Chile:** Construcción de monolitos (*moais*) en Isla de Pascua. | **1300** | |
| **México:** Fundación de México-Tenochtitlán | **1325** | |
| | **1339** | Empieza la construcción del Kremlin, en Rusia. |
| | **1347–1352** | Segunda gran peste. (Entre 1347 y 1771 recurre varias veces en Europa. Aprox. 50 millones mueren en total.) |
| **Perú:** El imperio inca entra en un período de expansión. | **1400** | Geoffrey Chaucer, poeta inglés, muere. |
| **México:** El imperio azteca entra en un período de expansión. | | |
| | **1403** | En China, se compila una enciclopedia de 22.937 tomos; sólo se hacen 3 copias. |
| | **1444–1460** | Se construye el Palazzo Medici, en Florencia, Italia. |
| **Perú:** Construcción de Machu Picchu por los incas. | **1450** | Construcción florece en la Gran Zimbabwe, en el sur de África. |
| **Ecuador:** A mediados del siglo XV los shiris conquistan Quito y establecen un reino que se extiende hacia el sur de la sierra. | | Comienza el renacimiento en Florencia, Italia. |
| **España:** Fernando de Aragón (1452–1516) se casa con Isabel de Castilla (1451–1504), uniéndose así el país. | **1469** | |
| **Ecuador:** Los incas conquistan el reino de los shiris y anexan a los pueblos del norte y sur del Ecuador. | **1480** | |
| **México:** Reino del azteca Ahuizotl y período de máximo esplendor. | **1486–1502** | |
| | **1488** | El portugués Bartolomé Díaz le da vuelta a la punta de África, confirmando así que era continente. |
| **Perú:** Fin de la cultura chimú; a fines del siglo XV los incas conquistan Chan Chan, capital del reino chimú. | **1490** | |
| **España:** Reconquista de Granada. Cristóbal Colón llega a las Américas el 12 de octubre. | **1492** | La peste devasta a Cairo, Egipto; se dice que 12,000 personas murieron en un día. |
| **República Dominicana:** Bartolomé Colón, hijo del Almirante, funda Santo Domingo, la ciudad colonial más antigua de las Américas. | **1496** | |
| | **1497** | Entre 1497 y 1503 el italiano Amerigo Vespucci explora las costas americanas y sugiere que posiblemente estén separadas de Asia. Se llamó este nuevo territorio "América" en su honor. |

| | **Siglo XVI** | |
|---|---|---|
| Introducción de esclavos africanos a las Américas. | **1500** | |
| **Panamá:** Rodrigo de Bastidas es el primer explorador del istmo. | **1501** | |
| | **1501–1505** | Miguel Ángel hace la escultura "David" en Florencia, Italia. |
| En su cuarto viaje (1502–1504), Cristóbal Colón llega a **Honduras, Nicaragua, Costa Rica, Panamá y Colombia.** | **1502** | |
| **España:** Colón muere en España en 1506, en la pobreza, convencido de que había encontrado las Indias. | **1506–1612** | Construcción de la Basílica de San Pedro, en Roma. |
| | **1509** | Enrique VIII sube al trono de Inglaterra; reina hasta 1547. |
| **México:** Muere Moctezuma II. | **1520** | El chocolate se introduce en Europa. |
| **México:** Caída de México-Tenochtitlán. | **1521** | |
| **El Salvador:** Pedro de Alvarado funda la ciudad de San Salvador. | **1525** | |
| **Perú:** Francisco Pizarro se apodera del imperio inca (Perú, Ecuador, Bolivia, y el norte de Argentina y de Chile). | **1533** | Iván el Terrible, nombrado rey de Rusia; en el poder hasta 1584. Enrique VIII se casa con Anne Boleyn y es excomulgado por el papa. Un año más tarde se declara jefe de la Iglesia de Inglaterra. |

| Países hispanohablantes | Siglo XVI | El mundo |
|---|---|---|
| **Chile:** Pedro de Valdivia inicia la colonización y al siguiente año funda Santiago. | **1540** | **EE.UU.:** Hernando de Soto navega el río Misisipí. Los españoles llegan hasta California. |
| **Perú:** Se establece el Virreinato de Perú, con sede en Lima. | **1543** | Nicolás Copérnico, astrónomo y sacerdote polaco, declara que la Tierra gira alrededor del sol. |
| **Bolivia:** Se descubren los grandes depósitos de plata en el cerro de Potosí; al siguiente año se funda la ciudad al pie del cerro con el mismo nombre; ésta llegará a rivalizar con Lima. | **1545** | |
| | **1547** | El francés, no el latín, es declarado idioma oficial de Francia. |
| **Guatemala:** Entre 1550 y 1555 el *Popol Vuh* se transcribe en alfabeto latino. | **1550** | |
| **España:** Siglo de Oro de la cultura española. | **1550–1650** | |
| **Perú:** Apertura de la Universidad de Lima | **1551** | |
| **México:** Apertura de la Real y Pontificia Universidad de México. | **1553** | |
| | **1554** | Fundación de São Paulo, Brasil. |
| | **1558** | Elizabeth I, declarada reina de Inglaterra. |
| | **1565** | **EE.UU.:** Fundación de San Agustín, la primera ciudad en EE.UU., en la Florida. |
| | **1584** | La papa se introduce en Europa, procedente de Perú. |
| **República Dominicana:** El bucanero inglés Francis Drake saquea la ciudad de Santo Domingo. | **1586** | |
| | **1587** | Mary, Reina de los Escoceses (*Queen of Scots*), es ejecutada. |
| **España:** Los ingleses derrotan a la Armada Española cerca de la costa sureña de Inglaterra. | **1588** | |
| | **Siglo XVII** | |
| **Paraguay:** En el siglo XVII los jesuitas llevan a cabo una intensa labor de evangelización y colonización. | **1600** | |
| **España:** Miguel de Cervantes Saavedra (1547–1616) publica la primera parte de *El ingenioso hidalgo don Quixote de la Mancha*; es un éxito inmediato; la segunda parte se publica en 1615. | **1605** | |
| **España:** Declara bancarrota. | **1607** | **EE.UU.:** El capitán John Smith funda Jamestown, en Virginia, primer pueblo inglés con permanencia en las Américas. |
| | **1614** | **EE.UU.:** La princesa indígena Pocahontas se casa con el inglés John Rolfe. |
| | **1620** | **EE.UU.:** En noviembre, un grupo de 102 puritanos ingleses llegan a Plymouth, Massachusetts. |
| **España:** Diego Rodríguez de Silva y Velázquez (1599–1660) es llamado a Madrid y poco después se convierte en el pintor de la Corte de Felipe IV. | **1623** | |
| **Bolivia:** A mediados del siglo XVII, Potosí es la mayor ciudad de América. | **1650** | |
| | **1666** | El *Great Fire* de Londres; acaba con la peste que llegó a matar unos 68.000 habitantes el año anterior. El inglés Sir Isaac Newton crea el cálculo y empieza a formular las leyes de la gravedad. |
| **Panamá:** La Ciudad de Panamá es saqueada y quemada por el pirata inglés Henry Morgan; 2 años después una nueva ciudad es fundada a 8 kilómetros al oeste de las ruinas de la antigua ciudad. | **1671** | |
| | **Siglo XVIII** | |
| | **1704** | **EE.UU.:** El *Boston News Letter* es el primer periódico de EE.UU. |
| **Paraguay:** España y Portugal deciden repartir entre ambos las reducciones jesuíticas; resulta en una guerra que dura 11 años y es apoyada por jesuitas que se oponen al reparto. | **1750** | |
| | **1763** | **EE.UU.:** La población de las 13 colonias es aproximadamente 1,5 millones. |
| | **1775** | **EE.UU.:** Las 13 colonias declaran la guerra contra Inglaterra, ganando así su independencia. |

| Países hispanohablantes | Siglo XVIII | El mundo |
|---|---|---|
| **Argentina y Perú:** Se establece el Virreinato del Río de la Plata que controla territorios que antes formaban parte del Virreinato del Perú. | **1776** | **EE.UU.:** El 4 de julio se ratifica la Declaración de Independencia, escrita por Thomas Jefferson de Virginia y corregida por Benjamin Franklin y John Adams. |
| **Perú:** Túpac Amaru II es líder de una fuerte sublevación indígena en la cual muere; la revuelta es suprimida violentamente por las autoridades españolas. | **1780–1783** | |
| | **1787** | **EE.UU.:** Se firma la Constitución. |
| | **1790** | **EE.UU.:** Filadelfia es nombrada la capital federal. |
| **República Dominicana:** La totalidad de La Española es cedida a Francia por España y la isla pasa a ser llamada Haití. | **1795** | |

| | Siglo XIX | |
|---|---|---|
| | **1803** | **EE.UU.:** Napoleón firma el *Louisiana Purchase*, en que le vende a EE.UU. el territorio que comprende entre el río Misisipí y las Montañas Rocosas (más de 700.000 millas cuadradas), por $15 millones. |
| **República Dominicana:** En la isla de Haití (antes La Española), el ex-esclavo Toussaint L'Ouverture logra la independencia después de una guerra sangrienta. | **1804** | **EE.UU.:** Lewis y Clark empiezan a explorar el noroeste del país. |
| Fuerte período de **movimientos independentistas** en que la mayoría de los países hispanohablantes logran separarse de España. | **1808–1838** | |
| **España:** El ejército de Napoleón es expulsado del país. | **1814** | |
| | **1815** | Las fuerzas del Duke de Wellington derrotan a Napoleón en Waterloo (Países Bajos). <br> **EE.UU.:** Andrew Jackson vence al ejército británico en New Orleans. |
| **Ecuador:** Charles Darwin visita las islas Galapagos. | **1835** | |
| | **1837** | Victoria es coronada reina de la Gran Bretaña. |
| **República Dominicana:** El 27 de febrero se logra la independencia de la parte oriental de la isla, formándose así la República Dominicana. | **1844** | |
| | **1845–1846** | Una enfermedad destruye la cosecha de papas en Irlanda, causando una fuerte hambruna y un millón de muertos de hambre. Esto causa la emigración de otro millón de irlandeses, principalmente a EE.UU. |
| **México:** Al perder la Guerra Mexicano-Estadounidense México, le cede a EE.UU. parte de California, Arizona, Utah, Nevada, Texas y Nuevo México, junto con los 175.000 mexicanos que habitaban en esas tierras. | **1848** | Karl Marx publica *El manifiesto comunista*. <br> En Francia, se crea la Segunda República; Louis Napoleón es su presidente. |
| **Panamá:** Se completa con capital de EE.UU. el *Panama Railroad Company*, ferrocarril interoceánico por el istmo; en la costa del mar Caribe el ferrocarril crea la nueva ciudad de Colón. | **1855** | Florence Nightingale reforma los hospitales del ejército británico durante la Guerra de Crimea. |
| **México:** Benito Juárez (el Abraham Lincoln mexicano), es elegido presidente. | **1858** | |
| | **1860** | **EE.UU.:** Abraham Lincoln se hace presidente. <br> Se crea *Pony Express* para cargar el correo desde St. Joseph, Missouri hasta la costa pacífica; existió tan sólo 18 meses; fue reemplazado por el telégrafo. |
| **México:** En Puebla, toma lugar la Batalla del 5 de Mayo de 1862 donde los franceses son derrotados por el ejército mexicano; al año siguiente los franceses toman la Ciudad de México; en 1864, el francés Maximiliano de Habsburgo es nombrado emperador del país. | **1862–1864** | |
| **Argentina, Uruguay y Paraguay:** Guerra de la Triple Alianza: la Triple Alianza (Argentina, Brasil y Uruguay) hace una sangrienta guerra contra Paraguay. | **1864–1870** | |
| | **1865** | **EE.UU.:** En abril, el General Lee se da por vencido al General Grant, acabando así la Guerra Civil. |
| **México:** Maximiliano es tomado prisionero y fusilado. Se restaura la República con Benito Juárez como presidente. | **1867** | **EE.UU.:** Paga $7,2 millones para comprar Alaska de Rusia. |
| | **1877** | **EE.UU.:** El cacique sioux Crazy Horse y sus hombres se entregan al ejército de EE.UU., abandonando sus intereses en Nebraska. |
| **México:** El general Porfirio Díaz domina al país. | **1877–1910** | |
| **Costa Rica:** Fundación de la *United Fruit Company*. | **1878** | |
| **España, Cuba, Puerto Rico:** Estalla la Guerra Hispano-Estadounidense y España pierde. Le cede a EE.UU. Puerto Rico, Guam, las Filipinas y renuncia a su control sobre Cuba. | **1898** | **EE.UU.:** A fines del siglo XIX, el teléfono se convierte en aparato de uso personal como de uso comercial. |

| Países hispanohablantes | Siglo XX | El mundo |
|---|---|---|
| | **1901** | Muere la reina Victoria de Inglaterra; su hijo Edward VII se convierte en rey. |
| **Panamá:** Auxiliados por la marina de EE.UU., el país gana su independencia de Colombia el 3 de noviembre. | **1903** | **EE.UU.:** Los hermanos Wright hacen su primer viaje en un avión con motor el 17 de diciembre; dura 12 segundos.<br>Henry Ford crea la *Ford Motor Company*. |
| **México:** Estalla la Revolución Mexicana; por lo mismo, entre 1910–1930, más de 1 millón de mexicanos emigran a EE.UU. | **1910** | |
| **Perú:** Se descubren las ruinas de Machu Picchu. | **1911** | Se crea la República China después de la derrota de la dinastía Manchú; Sun Yat-sen es nombrado presidente. |
| | **1912** | El *R.M.S. Titanic* se hunde durante su primer viaje; unas 1.500 personas mueren. |
| **Panamá:** Abre el canal el 15 de agosto. | **1914** | |
| | **1914–1918** | Primera Guerra Mundial. |
| **Nicaragua:** Muere el poeta Rubén Darío, creador del *modernismo*. | **1916** | **EE.UU.:** Albert Einstein publica su Teoria de la Relatividad. |
| **Puerto Rico:** Como resultado de la Ley Jones, los puertorriqueños reciben la ciudadanía estadounidense. | **1917** | Revolución rusa; ganan los bolcheviques bajo el mando de Vladimir Lenin; la familia real Romanov es ejecutada. |
| **México:** Diego Rivera y Frida Kahlo se casan en Coyoacán; son los dos artistas mexicanos más importantes del siglo XX. | **1929** | **EE.UU.:** Cae la bolsa en Nueva York y empieza la Gran Depresión que llega a afectar a todo el mundo. |
| **República Dominicana:** El militar Rafael Leónidas Trujillo toma el poder tras un golpe de estado.<br>**Honduras:** Se convierte en el principal productor de plátanos del mundo. | **1930** | |
| **Bolivia y Paraguay:** Guerra del Chaco: Bolivia pierde grandes territorios y muchas vidas. | **1932–1935** | |
| **España:** Guerra Civil Española. | **1936–1939** | Se descubre petróleo en Arabia Saudita. |
| **Nicaragua:** Anastasio Somoza García toma el poder. | **1937** | |
| | **1939–1945** | Segunda Guerra Mundial. |
| **Chile:** Gabriela Mistral recibe el Premio Nobel de Literatura; es la primera mujer y persona de Latinoamérica en lograrlo. | **1945** | |
| **Argentina:** Juan Perón es elegido presidente con el 55% de los votos. | **1946** | Se crean las Naciones Unidas, con sede en Nueva York, EE.UU. |
| **Paraguay:** Guerra civil. | **1947** | Se publica el *Diary of Anne Frank*. |
| **Cuba:** El militar Fulgencio Batista toma el poder.<br>**Puerto Rico:** Se declara Estado Libre Asociado; su primer gobernador es Luis Muñoz Marín. | **1952** | En Inglaterra, Elizabeth II sube al trono tras la muerte de su padre George VI. |
| **Paraguay:** Alfredo Stroessner es nombrado presidente; domina el país hasta su derrocamiento en 1989. | **1954** | |
| **Argentina:** Una enfermedad deja ciego al escritor Jorge Luis Borges; a partir de entonces, dicta sus obras. | **1955** | **EE.UU.:** Rosa Parks es arrestada en Montgomery, Alabama y así llama atención al movimiento de derechos civiles de Martin Luther King, Jr. |
| **Cuba:** Fidel Castro y sus hombres derrocan al dictador Fulgencio Batista en diciembre de 1958 y toman el poder. | **1959** | **EE.UU.:** Alaska y Hawai se convierten en los estados 49 y 50 del país. |
| | **1959–1961** | En la China, una fuerte hambruna hace que unos 30 millones mueran de hambre. |
| | **1960** | **EE.UU.:** Llega el primer grupo de refugiados cubanos; entre 1959 y 1962 más de 150.000 se exilan en EE.UU.; el gobierno EE.UU. declara un embargo de Cuba.<br>En la década de los años 60, los méxicoamericanos, motivados por los logros de Martin Luther King, Jr., empiezan a organizarse y autonombrarse "chicanos" o miembros de la "Raza". |
| | **1961–1975** | **EE.UU.:** Guerra de Vietnám. |
| **Cuba:** Crisis con EE.UU. por los sitios de misiles nucleares en este país. | **1962** | |
| | **1963** | **EE.UU.:** El presidente Kennedy es asesinado. |
| | **1965** | **EE.UU.:** Martin Luther King, Jr. gana el Premio Nobel de la Paz.<br>Malcom X es asesinado. |
| | **1965–1973** | **EE.UU.:** Los refugiados de Cuba suman unos 260.000. |
| **México:** El 2 de octubre, unos días antes de los Juegos Olímpicos, tropas militares masacran a unos 300 estudiantes en la Plaza de Tlatelolco. | **1968** | **EE.UU.:** Robert F. Kennedy y Martin Luther King, Jr. son asesinados. |
| **Chile:** El 11 de septiembre estalla un golpe de estado y Salvador Allende muere. El dictador Augusto Pinochet toma el poder hasta 1990. | **1973** | |
| **Argentina:** Muere Juan Perón; su esposa Isabel Perón se convierte en la primera mujer latinoamericana en acceder al cargo de presidente. | **1974** | **EE.UU.:** El presidente Richard Nixon se ve obligado a renunciar después de Watergate. |

| Países hispanohablantes | Siglo XX | El mundo |
|---|---|---|
| **España:** Muere el general Francisco Franco el 20 de noviembre; Juan Carlos I de Borbón sube al trono 2 días después. | **1975** | En Inglaterra, Margaret Thatcher se convierte en la primera mujer elegida líder del Partido Conservador. |
| | **1976** | **EE.UU.:** Celebra sus 200 años de independencia. |
| **Nicaragua:** El FSLN derroca al dictador Somoza. | **1979** | |
| | **1980** | **EE.UU.:** Llegan los "marielitos" a Miami, refugiados cubanos sumando unas 125.000 personas. |
| | **1983** | **EE.UU.:** Sally Ride se convierte en la primera mujer astronauta que viaja al espacio. |
| **España:** Se une a la Comunidad Económica Europea. | **1986** | |
| **Costa Rica:** El presidente Óscar Arias Sánchez recibe el Premio Nobel de la Paz. | **1987** | |
| **España:** Camilo José Cela recibe el Premio Nobel de Literatura. | **1989** | En Alemania, se desmantela el Muro Berlín, erigido en 1961. |
| **Nicaragua:** Violeta Barrios de Chamorro es elegida presidenta, derrotando al sandinista Daniel Ortega; su gobierno logra la reconciliación de los "contras". | **1990** | |
| **Guatemala:** La joven indígena quiché Rigoberta Menchú recibe el Premio Nobel de la Paz. | **1992** | |
| **El Salvador:** El gobierno firma un acuerdo de paz con el FMLN, acabando con la guerra civil. | | |
| | **1993** | **EE.UU.:** NAFTA es ratificado por EE.UU., Canadá y México. |
| **México:** Población de la Ciudad de México, la más grande del mundo, es 8.489.007 en el Distrito Federal, con otros 11 millones (aprox.) en los alrededores. | **1995** | |
| | **1998** | **EE.UU.:** Más de 100.000 personas marchan en el Desfile Puertorriqueño de Nueva York, con unos 3 millones de espectadores. |
| **Panamá:** El canal se vuelve en posesión nacional el 31 de diciembre. | **1999** | |

# Tablas verbales

## Verb Conjugations

| REGULAR VERBS | -ar verbs | -er verbs | -ir verbs |
|---|---|---|---|
| **Infinitive** | **hablar** *to speak* | **comer** *to eat* | **vivir** *to live* |
| **Present Participle** | **hablando** *speaking* | **comiendo** *eating* | **viviendo** *living* |
| **Past Participle** | **hablado** *spoken* | **comido** *eaten* | **vivido** *lived* |
| **SIMPLE TENSES** | | | |
| **Present Indicative** *I speak, do speak, am speaking* | hablo<br>hablas<br>habla<br>hablamos<br>habláis<br>hablan | como<br>comes<br>come<br>comemos<br>coméis<br>comen | vivo<br>vives<br>vive<br>vivimos<br>vivís<br>viven |
| **Imperfect Indicative** *I was speaking, used to speak, spoke* | hablaba<br>hablabas<br>hablaba<br>hablábamos<br>hablabais<br>hablaban | comía<br>comías<br>comía<br>comíamos<br>comíais<br>comían | vivía<br>vivías<br>vivía<br>vivíamos<br>vivíais<br>vivían |
| **Preterite** *I spoke, did speak* | hablé<br>hablaste<br>habló<br>hablamos<br>hablasteis<br>hablaron | comí<br>comiste<br>comió<br>comimos<br>comisteis<br>comieron | viví<br>viviste<br>vivió<br>vivimos<br>vivisteis<br>vivieron |
| **Future** *I will speak, shall speak* | hablaré<br>hablarás<br>hablará<br>hablaremos<br>hablaréis<br>hablarán | comeré<br>comerás<br>comerá<br>comeremos<br>comeréis<br>comerán | viviré<br>vivirás<br>vivirá<br>viviremos<br>viviréis<br>vivirán |
| **Conditional** *I would speak* | hablaría<br>hablarías<br>hablaría<br>hablaríamos<br>hablaríais<br>hablarían | comería<br>comerías<br>comería<br>comeríamos<br>comeríais<br>comerían | viviría<br>vivirías<br>viviría<br>viviríamos<br>viviríais<br>vivirían |

| | | | |
|---|---|---|---|
| ***Present Subjunctive***<br>*(that) I speak* | hable<br>hables<br>hable<br>hablemos<br>habléis<br>hablen | coma<br>comas<br>coma<br>comamos<br>comáis<br>coman | viva<br>vivas<br>viva<br>vivamos<br>viváis<br>vivan |
| ***Imperfect Subjunctive***<br>***(-ra)***<br>*(that) I speak, might speak* | hablara<br>hablaras<br>hablara<br>habláramos<br>hablarais<br>hablaran | comiera<br>comieras<br>comiera<br>comiéramos<br>comierais<br>comieran | viviera<br>vivieras<br>viviera<br>viviéramos<br>vivierais<br>vivieran |
| ***Commands***      **(tú)**<br>*speak*      **(vosotros)**<br>      **(Ud.)**<br>      **(Uds.)** | habla, no hables<br>hablad, no habléis<br>hable, no hable<br>hablen, no hablen | come, no comas<br>comed, no comáis<br>coma, no coma<br>coman, no coman | vive, no vivas<br>vivid, no viváis<br>viva, no viva<br>vivan, no vivan |

**PERFECT TENSES**

| | | | |
|---|---|---|---|
| ***Present Perfect Indicative***<br>*I have spoken* | he hablado<br>has hablado<br>ha hablado<br>hemos hablado<br>habéis hablado<br>han hablado | he comido<br>has comido<br>ha comido<br>hemos comido<br>habéis comido<br>han comido | he vivido<br>has vivido<br>ha vivido<br>hemos vivido<br>habéis vivido<br>han vivido |
| ***Past Perfect Indicative***<br>*I had spoken* | había hablado<br>habías hablado<br>había hablado<br>habíamos hablado<br>habíais hablado<br>habían hablado | había comido<br>habías comido<br>había comido<br>habíamos comido<br>habíais comido<br>habían comido | había vivido<br>habías vivido<br>había vivido<br>habíamos vivido<br>habíais vivido<br>habían vivido |
| ***Future Perfect***<br>*I will have spoken* | habré hablado<br>habrás hablado<br>habrá hablado<br>habremos hablado<br>habréis hablado<br>habrán hablado | habré comido<br>habrás comido<br>habrá comido<br>habremos comido<br>habréis comido<br>habrán comido | habré vivido<br>habrás vivido<br>habrá vivido<br>habremos vivido<br>habréis vivido<br>habrán vivido |
| ***Conditional Perfect***<br>*I would have spoken* | habría hablado<br>habrías hablado<br>habría hablado<br>habríamos hablado<br>habríais hablado<br>habrían hablado | habría comido<br>habrías comido<br>habría comido<br>habríamos comido<br>habríais comido<br>habrían comido | habría vivido<br>habrías vivido<br>habría vivido<br>habríamos vivido<br>habríais vivido<br>habrían vivido |
| ***Present Perfect Subjunctive***<br>*(that) I might have spoken* | haya hablado<br>hayas hablado<br>haya hablado<br>hayamos hablado<br>hayáis hablado<br>hayan hablado | haya comido<br>hayas comido<br>haya comido<br>hayamos comido<br>hayáis comido<br>hayan comido | haya vivido<br>hayas vivido<br>haya vivido<br>hayamos vivido<br>hayáis vivido<br>hayan vivido |

|  | *-ar* verbs | *-er* verbs | *-ir* verbs |
|---|---|---|---|
| ***Past Perfect Subjunctive***<br>*(that) I had spoken* | hubiera hablado<br>hubieras hablado<br>hubiera hablado<br>hubiéramos hablado<br>hubierais hablado<br>hubieran hablado | hubiera comido<br>hubieras comido<br>hubiera comido<br>hubiéramos comido<br>hubierais comido<br>hubieran comido | hubiera vivido<br>hubieras vivido<br>hubiera vivido<br>hubiéramos vivido<br>hubierais vivido<br>hubieran vivido |

# Stem-changing Verbs

## 1 Stem-changing Verbs Ending in *-ar* and *-er*

### e → ie:  pensar *(to think)*

| | | |
|---|---|---|
| ***Present Indicative*** | pienso, piensas, piensa, pensamos, pensáis, piensan | |
| ***Present Subjunctive*** | piense, pienses, piense, pensemos, penséis, piensen | |
| ***Commands*** | piensa, no pienses (tú) | pensad, no penséis (vosotros) |
| | piense, no piense (Ud.) | piensen, no piensen (Uds.) |

| *Other Verbs* | cerrar | empezar | perder |
|---|---|---|---|
| | comenzar | entender | sentarse |

### o → ue:  volver *(to return, come back)*

| | | |
|---|---|---|
| ***Present Indicative*** | vuelvo, vuelves, vuelve, volvemos, volvéis, vuelven | |
| ***Present Subjunctive*** | vuelva, vuelvas, vuelva, volvamos, volváis, vuelvan | |
| ***Commands*** | vuelve, no vuelvas (tú) | volved, no volváis (vosotros) |
| | vuelva, no vuelva (Ud.) | vuelvan, no vuelvan (Uds.) |

| *Other Verbs* | acordarse | demostrar | llover |
|---|---|---|---|
| | acostarse | encontrar | oler (**o → hue**) |
| | colgar | jugar (**u → ue**) | mover |
| | costar | | |

## 2 Stem-changing Verbs Ending in *-ir*

### e → ie, i:  sentir *(to feel)*

| | |
|---|---|
| ***Present Participle*** | sintiendo |
| ***Present Indicative*** | siento, sientes, siente, sentimos, sentís, sienten |
| ***Present Subjunctive*** | sienta, sientas, sienta, sintamos, sintáis, sientan |
| ***Preterite*** | sentí, sentiste, sintió, sentimos, sentisteis, sintieron |
| ***Imperfect Subjunctive*** | sintiera, sintieras, sintiera, sintiéramos, sintierais, sintieran |
| ***Commands*** | siente, no sientas (tú)    sentid, no sintáis (vosotros) |
| | sienta, no sienta (Ud.)    sientan, no sientan (Uds.) |

| *Other Verbs* | adquirir (**i → ie, i**) | convertir | herir | preferir |
|---|---|---|---|---|
| | consentir | divertir(se) | mentir | sugerir |

| e → i, i:   **servir** (to serve) | | | | |
|---|---|---|---|---|
| **Present Participle** | sirviendo | | | |
| **Present Indicative** | sirvo, sirves, sirve, servimos, servís, sirven | | | |
| **Present Subjunctive** | sirva, sirvas, sirva, sirvamos, sirváis, sirvan | | | |
| **Preterite** | serví, serviste, sirvió, servimos, servisteis, sirvieron | | | |
| **Imperfect Subjunctive** | sirviera, sirvieras, sirviera, sirviéramos, sirvierais, sirvieran | | | |
| **Commands** | sirve, no sirvas (tú) | | servid, no sirváis (vosotros) | |
| | sirva, no sirva (Ud.) | | sirvan, no sirvan (Uds.) | |
| *Other Verbs* | concebir | elegir | reír | seguir |
| | despedir(se) | pedir | repetir | vestir(se) |

| o → ue, u:   **dormir** (to sleep) | | |
|---|---|---|
| **Present Participle** | durmiendo | |
| **Present Indicative** | duermo, duermes, duerme, dormimos, dormís, duermen | |
| **Present Subjunctive** | duerma, duermas, duerma, durmamos, durmáis, duerman | |
| **Preterite** | dormí, dormiste, durmió, dormimos, dormisteis, durmieron | |
| **Imperfect Subjunctive** | durmiera, durmieras, durmiera, durmiéramos, durmierais, durmieran | |
| **Commands** | duerme, no duermas (tú) | dormid, no dúrmáis (vosotros) |
| | duerma, no duerma (Ud.) | duerman, no duerman (Uds.) |
| *Other Verbs* | morir(se) | |

# Verbs with Spelling Changes

| **1**   Verbs ending in *-ger* or *-gir* | | | | |
|---|---|---|---|---|
| g → j before **o, a:**   **escoger** (to choose) | | | | |
| **Present Indicative** | escojo, escoges, escoge, escogemos, escogéis, escogen | | | |
| **Present Subjunctive** | escoja, escojas, escoja, escojamos, escojáis, escojan | | | |
| **Commands** | escoge, no escojas (tú) | | escoged, no escojáis (vosotros) | |
| | escoja, no escoja (Ud.) | | escojan, no escojan (Uds.) | |
| *Other Verbs* | coger | dirigir | escoger | proteger |
| | corregir (i) | elegir (i) | exigir | recoger |

| **2**   Verbs ending in *-gar* | | | |
|---|---|---|---|
| g → gu before **e:**   **pagar** (to pay) | | | |
| **Preterite** | pagué, pagaste, pagó, pagamos, pagasteis, pagaron | | |
| **Present Subjunctive** | pague, pagues, pague, paguemos, paguéis paguen | | |
| **Commands** | paga, no pagues (tú) | pagad, no paguéis (vosotros) | |
| | pague, no pague (Ud.) | paguen, no paguen (Uds.) | |
| *Other Verbs* | entregar | jugar (ue) | llegar | obligar |

### 3    Verbs ending in -*car*

**c → qu** before **e:**    **buscar** *(to look for)*

| | |
|---|---|
| *Preterite* | bus**qu**é, buscaste, buscó, buscamos, buscasteis, buscaron |
| *Present Subjunctive* | bus**qu**e, bus**qu**es, bus**qu**e, bus**qu**emos, bus**qu**éis, bus**qu**en |
| *Commands* | busca, no bus**qu**es (tú)      buscad, no bus**qu**éis (vosotros) |
| | bus**qu**e, no bus**qu**e (Ud.)      bus**qu**en, no bus**qu**en (Uds.) |

| *Other Verbs* | | | |
|---|---|---|---|
| | acercar | indicar | tocar |
| | explicar | sacar | |

### 4    Verbs ending in -*zar*

**z → c** before **e:**    **empezar (ie)** *(to begin)*

| | |
|---|---|
| *Preterite* | empe**c**é, empezaste, empezó, empezamos, empezasteis, empezaron |
| *Present Subjunctive* | empie**c**e, empie**c**es, empie**c**e, empe**c**emos, empe**c**éis, empie**c**en |
| *Commands* | empieza, no empie**c**es (tú)      empezad, no empe**c**éis (vosotros) |
| | empie**c**e, no empie**c**e (Ud.)      empie**c**en, no empie**c**en (Uds.) |

| *Other Verbs* | | | |
|---|---|---|---|
| | almorzar (ue) | comenzar (ie) | cruzar | organizar |

### 5    Verbs ending in a consonant + -*cer* or -*cir*

**c → z** before **o, a:**    **convencer** *(to convince)*

| | |
|---|---|
| *Present Indicative* | conven**z**o, convences, convence, convencemos, convencéis, convencen |
| *Present Subjunctive* | conven**z**a, conven**z**as, conven**z**a, conven**z**amos, conven**z**áis, conven**z**an |
| *Commands* | convence, no conven**z**as (tú)    convenced, no conven**z**áis (vosotros) |
| | conven**z**a, no conven**z**a (Ud.)    conven**z**an, no conven**z**an (Uds.) |

| *Other Verbs* | | | |
|---|---|---|---|
| | ejercer | esparcir | vencer |

### 6    Verbs ending in a vowel + -*cer* or -*cir*

**c → zc** before **o, a:**    **conocer** *(to know, be acquainted with)*

| | |
|---|---|
| *Present Indicative* | cono**zc**o, conoces, conoce, conocemos, conocéis, conocen |
| *Present Subjunctive* | cono**zc**a, cono**zc**as, cono**zc**a, cono**zc**amos, cono**zc**áis, cono**zc**an |
| *Commands* | conoce, no cono**zc**as (tú)      conoced, no cono**zc**áis (vosotros) |
| | cono**zc**a, no cono**zc**a (Ud.)      cono**zc**an, no cono**zc**an (Uds.) |

| *Other Verbs* | | | |
|---|---|---|---|
| | agradecer | obedecer | pertenecer |
| | conducir[1] | ofrecer | producir |
| | desconocer | parecer | reducir |
| | establecer | permanecer | traducir |

[1]See **conducir** in the section on irregular verbs for further irregularities of verbs ending in **-ducir.**

## 7  Verbs ending in -guir

**gu → g** before **o, a:**  **seguir (i)** *(to follow)*

| | |
|---|---|
| *Present Indicative* | si**g**o, sigues, sigue, seguimos, seguís, siguen |
| *Present Subjunctive* | si**g**a, si**g**as, si**g**a, si**g**amos, si**g**áis, si**g**an |
| *Commands* | sigue, no si**g**as (tú)   seguid, no si**g**áis (vosotros) |
| | si**g**a, no si**g**a (Ud.)   si**g**an, no si**g**an (Uds.) |
| *Other Verbs* | conseguir   distinguir   perseguir   proseguir |

## 8  Verbs ending in -guar

**gu → gü** before **e:**  **averiguar** *(to find out)*

| | |
|---|---|
| *Preterite* | averi**gü**é, averiguaste, averiguó, averiguamos, averiguasteis, averiguaron |
| *Present Subjunctive* | averi**gü**e, averi**gü**es, averi**gü**e, averi**gü**emos, averi**gü**éis, averi**gü**en |
| *Commands* | averigua, no averi**gü**es (tú)   averiguad, no averi**gü**éis (vosotros) |
| | averi**gü**e, no averi**gü**e (Ud.)   averi**gü**en, no averi**gü**en (Uds.) |
| *Other Verbs* | apaciguar   atestiguar |

## 9  Verbs ending in -uir

unstressed **i → y** between vowels:  **construir** *(to build)*

| | |
|---|---|
| *Present Participle* | constru**y**endo |
| *Present Indicative* | constru**y**o, constru**y**es, constru**y**e, construimos, construís, constru**y**en |
| *Preterite* | construí, construiste, constru**y**ó, construimos, construisteis, constru**y**eron |
| *Present Subjunctive* | constru**y**a, constru**y**as, constru**y**a, constru**y**amos, constru**y**áis, constru**y**an |
| *Imperfect Subjunctive* | constru**y**era, constru**y**eras, constru**y**era, constru**y**éramos, constru**y**erais, constru**y**eran |
| *Commands* | constru**y**e, no constru**y**as (tú)  construid, no constru**y**áis (vosotros) |
| | constru**y**a, no constru**y**a (Ud.)  constru**y**an, no constru**y**an (Uds.) |
| *Other Verbs* | concluir   destruir   instruir |
| | contribuir   huir   sustituir |

## 10  Verbs ending in -eer

unstressed **i → y** between vowels:  **creer** *(to believe)*

| | |
|---|---|
| *Present Participle* | cre**y**endo |
| *Preterite* | creí, creíste, cre**y**ó, creímos, creisteis, cre**y**eron |
| *Imperfect Subjunctive* | cre**y**era, cre**y**eras, cre**y**era, cre**y**éramos, cre**y**erais, cre**y**eran |
| *Other Verbs* | leer   poseer |

| **11** | **Some verbs ending in *-iar* and *-uar*** |
|---|---|

**i → í when stressed: enviar** *(to send)*

| | |
|---|---|
| ***Present Indicative*** | envío, envías, envía, enviamos, enviáis, envían |
| ***Present Subjunctive*** | envíe, envíes, envíe, enviemos, enviéis, envíen |
| ***Commands*** | envía, no envíes (tú)     enviad, no enviéis (vosotros) |
| | envíe, no envíe (Ud.)     envíen, no envíen (Uds.) |
| *Other Verbs* | ampliar          enfriar          variar |
| | confiar          guiar |

**u → ú when stressed: continuar** *(to continue)*

| | |
|---|---|
| ***Present Indicative*** | continúo, continúas, continúa, continuamos, continuáis, continúan |
| ***Present Subjunctive*** | continúe, continúes, continúe, continuemos, continuéis, continúen |
| ***Commands*** | continúa, no continúes (tú)     continuad, no continuéis (vosotros) |
| | continúe, no continúe (Ud.)     continúen, no continúen (Uds.) |
| *Other Verbs* | acentuar          efectuar          graduar(se)          situar |

# Irregular Verbs

| **1** | **abrir** *(to open)* |
|---|---|

| | |
|---|---|
| ***Past Participle*** | abierto |
| *Other Verbs* | cubrir          descubrir |

| **2** | **andar** *(to walk, to go)* |
|---|---|

| | |
|---|---|
| ***Preterite*** | anduve, anduviste, anduvo, anduvimos, anduvisteis, anduvieron |
| ***Imperfect Subjunctive*** | anduviera, anduvieras, anduviera, anduviéramos, anduvierais, anduvieran |

| **3** | **caer** *(to fall)* |
|---|---|

| | |
|---|---|
| ***Present Participle*** | cayendo |
| ***Past Participle*** | caído |
| ***Present Indicative*** | caigo, caes, cae, caemos, caéis, caen |
| ***Preterite*** | caí, caíste, cayó, caímos, caísteis, cayeron |
| ***Present Subjunctive*** | caiga, caigas, caiga, caigamos, caigáis, caigan |
| ***Imperfect Subjunctive*** | cayera, cayeras, cayera, cayéramos, cayerais, cayeran |

| **4** | **conducir** *(to lead, drive)*[1] |
|---|---|

| | |
|---|---|
| ***Present Indicative*** | conduzco, conduces, conduce, conducimos, conducís, conducen |
| ***Preterite*** | conduje, condujiste, condujo, condujimos, condujisteis, condujeron |
| ***Present Subjunctive*** | conduzca, conduzcas, conduzca, conduzcamos, conduzcáis, conduzcan |
| ***Imperfect Subjunctive*** | condujera, condujeras, condujera, condujéramos, condujerais, condujeran |
| *Other Verbs* | introducir          producir          reducir          traducir |

[1]All **-ducir** verbs follow this pattern.

### 5    dar *(to give)*

| | |
|---|---|
| *Present Indicative* | doy, das, da, damos, dais, dan |
| *Preterite* | di, diste, dio, dimos, disteis, dieron |
| *Present Subjunctive* | dé, des, dé, demos, deis, den |
| *Imperfect Subjunctive* | diera, dieras, diera, diéramos, dierais, dieran |

### 6    decir *(to say, tell)*

| | |
|---|---|
| *Present Participle* | diciendo |
| *Past Participle* | dicho |
| *Present Indicative* | digo, dices, dice, decimos, decís, dicen |
| *Preterite* | dije, dijiste, dijo, dijimos, dijisteis, dijeron |
| *Future* | diré, dirás, dirá, diremos, diréis, dirán |
| *Conditional* | diría, dirías, diría, diríamos, diríais, dirían |
| *Present Subjunctive* | diga, digas, diga, digamos, digáis, digan |
| *Imperfect Subjunctive* | dijera, dijeras, dijera, dijéramos, dijerais, dijeran |
| *Affirm. tú Command*[2] | di |
| *Other Verbs* | desdecir        predecir |

### 7    escribir *(to write)*

| | | | |
|---|---|---|---|
| *Past Participle* | escrito | | |
| *Other Verbs* | inscribir | proscribir | transcribir |
| | prescribir | subscribir | |

### 8    estar *(to be)*

| | |
|---|---|
| *Present Indicative* | estoy, estás, está, estamos, estáis, están |
| *Preterite* | estuve, estuviste, estuvo, estuvimos, estuvisteis, estuvieron |
| *Present Subjunctive* | esté, estés, esté, estemos, estéis, estén |
| *Imperfect Subjunctive* | estuviera, estuvieras, estuviera, estuviéramos, estuvierais, estuvieran |

### 9    haber *(to have)*

| | |
|---|---|
| *Present Indicative* | he, has, ha, hemos, habéis, han |
| *Preterite* | hube, hubiste, hubo, hubimos, hubisteis, hubieron |
| *Future* | habré, habrás, habrá, habremos, habréis, habrán |
| *Conditional* | habría, habrías, habría, habríamos, habríais, habrían |
| *Present Subjunctive* | haya, hayas, haya, hayamos, hayáis, hayan |
| *Imperfect Subjunctive* | hubiera, hubieras, hubiera, hubiéramos, hubierais, hubieran |

[2]The other command forms are identical to the present subjunctive forms.

## 10   hacer *(to do, to make)*

| | |
|---|---|
| *Past Participle* | hecho |
| *Present Indicative* | hago, haces, hace, hacemos, hacéis, hacen |
| *Preterite* | hice, hiciste, hizo, hicimos, hicisteis, hicieron |
| *Future* | haré, harás, hará, haremos, haréis, harán |
| *Conditional* | haría, harías, haría, haríamos, haríais, harían |
| *Present Subjunctive* | haga, hagas, haga, hagamos, hagáis, hagan |
| *Imperfect Subjunctive* | hiciera, hicieras, hiciera, hiciéramos, hicierais, hicieran |
| *Affirm. tú Command* | haz |

| *Other Verbs* | deshacer | rehacer | satisfacer |
|---|---|---|---|

## 11   ir *(to go)*

| | |
|---|---|
| *Present Participle* | yendo |
| *Present Indicative* | voy, vas, va, vamos, vais, van |
| *Imperfect Indicative* | iba, ibas, iba, íbamos, ibais, iban |
| *Preterite* | fui, fuiste, fue, fuimos, fuisteis, fueron |
| *Present Subjunctive* | vaya, vayas, vaya, vayamos, vayáis, vayan |
| *Imperfect Subjunctive* | fuera, fueras, fuera, fuéramos, fuerais, fueran |
| *Affirm. tú Command* | ve |

## 12   morir (ue) *(to die)*

| | |
|---|---|
| *Past Participle* | muerto |

## 13   oír *(to hear)*

| | |
|---|---|
| *Present Participle* | oyendo |
| *Past Participle* | oído |
| *Present Indicative* | oigo, oyes, oye, oímos, oís, oyen |
| *Preterite* | oí, oíste, oyó, oímos, oísteis, oyeron |
| *Present Subjunctive* | oiga, oigas, oiga, oigamos, oigáis, oigan |
| *Imperfect Subjunctive* | oyera, oyeras, oyera, oyéramos, oyerais, oyeran |

## 14   poder *(to be able)*

| | |
|---|---|
| *Present Participle* | pudiendo |
| *Present Indicative* | puedo, puedes, puede, podemos, podéis, pueden |
| *Preterite* | pude, pudiste, pudo, pudimos, pudisteis, pudieron |
| *Future* | podré, podrás, podrá, podremos, podréis, podrán |
| *Conditional* | podría, podrías, podría, podríamos, podríais, podrían |
| *Present Subjunctive* | pueda, puedas, pueda, podamos, podáis, puedan |
| *Imperfect Subjunctive* | pudiera, pudieras, pudiera, pudiéramos, pudierais, pudieran |

## 15 | poner *(to put, to place)*

| | |
|---|---|
| *Past Participle* | puesto |
| *Present Indicative* | pongo, pones, pone, ponemos, ponéis, ponen |
| *Preterite* | puse, pusiste, puso, pusimos, pusisteis, pusieron |
| *Future* | pondré, pondrás, pondrá, pondremos, pondréis, pondrán |
| *Conditional* | pondría, pondrías, pondría, pondríamos, pondríais, pondrían |
| *Present Subjunctive* | ponga, pongas, ponga, pongamos, pongáis, pongan |
| *Imperfect Subjunctive* | pusiera, pusieras, pusiera, pusiéramos, pusierais, pusieran |
| *Affirm. tú Command* | pon |

| *Other Verbs* | componer | proponer | sobreponer |
|---|---|---|---|
| | descomponer | reponer | suponer |
| | oponer | | |

## 16 | querer *(to want, wish)*

| | |
|---|---|
| *Present Indicative* | quiero, quieres, quiere, queremos, queréis, quieren |
| *Preterite* | quise, quisiste, quiso, quisimos, quisisteis, quisieron |
| *Future* | querré, querrás, querrá, querremos, querréis, querrán |
| *Conditional* | querría, querrías, querría, querríamos, querríais, querrían |
| *Present Subjunctive* | quiera, quieras, quiera, queramos, queráis, quieran |
| *Imperfect Subjunctive* | quisiera, quisieras, quisiera, quisiéramos, quisierais, quisieran |

## 17 | reír (i) *(to laugh)*

| | |
|---|---|
| *Past Participle* | riendo |
| *Preterite* | reí, reíste, rió, reímos, reisteis, rieron |
| *Imperfect Subjunctive* | riera, rieras, riera, riéramos, rierais, rieran |

| *Other Verbs* | freír | reírse | sonreír(se) |
|---|---|---|---|

## 18 | romper *(to break)*

| | |
|---|---|
| *Past Participle* | roto |

## 19 | saber *(to know)*

| | |
|---|---|
| *Present Indicative* | sé, sabes, sabe, sabemos, sabéis, saben |
| *Preterite* | supe, supiste, supo, supimos, supisteis, supieron |
| *Future* | sabré, sabrás, sabrá, sabremos, sabréis, sabrán |
| *Conditional* | sabría, sabrías, sabría, sabríamos, sabríais, sabrían |
| *Present Subjunctive* | sepa, sepas, sepa, sepamos, sepáis, sepan |
| *Imperfect Subjunctive* | supiera, supieras, supiera, supiéramos, supierais, supieran |

## 20 salir *(to go out, to leave)*

| | |
|---|---|
| ***Present Indicative*** | salgo, sales, sale, salimos, salís, salen |
| ***Future*** | saldré, saldrás, saldrá, saldremos, saldréis, saldrán |
| ***Conditional*** | saldría, saldrías, saldría, saldríamos, saldríais, saldrían |
| ***Present Subjunctive*** | salga, salgas, salga, salgamos, salgáis, salgan |
| ***Affirm. tú Command*** | sal |

## 21 ser *(to be)*

| | |
|---|---|
| ***Present Indicative*** | soy, eres, es, somos, sois, son |
| ***Imperfect Indicative*** | era, eras, era, éramos, erais, eran |
| ***Preterite*** | fui, fuiste, fue, fuimos, fuisteis, fueron |
| ***Present Subjunctive*** | sea, seas, sea, seamos, seais, sean |
| ***Imperfect Subjunctive*** | fuera, fueras, fuera, fuéramos, fuerais, fueran |
| ***Affirm. tú Command*** | sé |

## 22 tener *(to have)*

| | | | |
|---|---|---|---|
| ***Present Indicative*** | tengo, tienes, tiene, tenemos, tenéis, tienen | | |
| ***Preterite*** | tuve, tuviste, tuvo, tuvimos, tuvisteis, tuvieron | | |
| ***Future*** | tendré, tendrás, tendrá, tendremos, tendréis, tendrán | | |
| ***Conditional*** | tendría, tendrías, tendría, tendríamos, tendríais, tendrían | | |
| ***Present Subjunctive*** | tenga, tengas, tenga, tengamos, tengáis, tengan | | |
| ***Imperfect Subjunctive*** | tuviera, tuvieras, tuviera, tuviéramos, tuvierais, tuvieran | | |
| ***Affirm. tú Command*** | ten | | |
| *Other Verbs* | contener | detener | retener |

## 23 traer *(to bring)*

| | | |
|---|---|---|
| ***Present Participle*** | trayendo | |
| ***Past Participle*** | traído | |
| ***Present Indicative*** | traigo, traes, trae, traemos, traéis, traen | |
| ***Preterite*** | traje, trajiste, trajo, trajimos, trajisteis, trajeron | |
| ***Present Subjunctive*** | traiga, traigas, traiga, traigamos, traigáis, traigan | |
| ***Imperfect Subjunctive*** | trajera, trajeras, trajera, trajéramos, trajerais, trajeran | |
| *Other Verbs* | contraer | distraer |

## 24 valer *(to be worth)*

| | |
|---|---|
| ***Present Indicative*** | valgo, vales, vale, valemos, valéis, va'en |
| ***Future*** | valdré, valdrás, valdrá, valdremos, valdréis, valdrán |
| ***Conditional*** | valdría, valdrías, valdría, valdríamos, valdríais, valdrían |
| ***Present Subjunctive*** | valga, valgas, valga, valgamos, valgáis, valgan |
| ***Affirm. tú Command*** | val |

## 25   **venir** *(to come)*

| | |
|---|---|
| *Present Participle* | viniendo |
| *Present Indicative* | vengo, vienes, viene, venimos, venís, vienen |
| *Preterite* | vine, viniste, vino, vinimos, vinisteis, vinieron |
| *Future* | vendré, vendrás, vendrá, vendremos, vendréis, vendrán |
| *Conditional* | vendría, vendrías, vendría, vendríamos, vendríais, vendrían |
| *Present Subjunctive* | venga, vengas, venga, vengamos, vengáis, vengan |
| *Imperfect Subjunctive* | viniera, vinieras, viniera, viniéramos, vinierais, vinieran |
| *Affirm. tú Command* | ven |
| *Other Verbs* | convenir          intervenir |

## 26   **ver** *(to see)*

| | |
|---|---|
| *Past Participle* | visto |
| *Present Indicative* | veo, ves, ve, vemos, veis, ven |
| *Imperfect Indicative* | veía, veías, veía, veíamos, veíais, veían |
| *Preterite* | vi, viste, vio, vimos, visteis, vieron |
| *Present Subjunctive* | vea, veas, vea, veamos, veáis, vean |

## 27   **volver (ue)** *(to come back, to return)*

| | |
|---|---|
| **Past Participle** | vuelto |
| *Other Verbs* | devolver      envolver      resolver |

# Vocabulario español–inglés

This **Vocabulario** includes all active and most passive words and expressions in *Mundo 21* (conjugated verb forms and proper names used in passive vocabulary are generally omitted). A number in parentheses follows all active vocabulary. This number refers to the unit and lesson where the word or phrase is introduced. The number **(3.1)**, for example, refers to *Unidad 3, Lección 1*. The gender of nouns is indicated as masculine *(m.)* or feminine *(f.)*. When the noun designates a person, both the masculine and feminine forms are given if the English equivalents are different, for example, **abuelo** (grandfather), **abuela** (grandmother). Adjectives ending in **-o** are given in the masculine singular with the feminine ending **-a** given in parentheses, for example, **acomodado(a)**. Verbs are listed in the infinitive form **(-ar, -er, -ir)**. The following abbreviations are used:

| | | | |
|---|---|---|---|
| *adj.* | adjective | *pl.* | plural |
| *adv.* | adverb | *v.* | verb |
| *f.* | feminine | *Arg.* | Argentina |
| *fig.* | figurative | *Carib.* | Caribbean |
| *inf.* | infinitive | *Mex.* | Mexico |
| *int.* | interjection | *Parag.* | Paraguay |
| *m.* | masculine | *Sp.* | Spain |
| *n.* | noun | *Urug.* | Uruguay |

## A

a:
**a cámara lenta** in slow motion
**a cambio de** in exchange for
**a finales de** at the end of
**a juego** matching
**a la orden** at your command
**a la vez** at the same time (5.3)
**a lo largo de** throughout
**a lo largo y ancho** everywhere
**a mediados de** at the middle of
**a medida que** as, at the same time as
**a menudo** frequently
**a orillas de** by, beside
**a partir de** starting from, as of
**a paso acelerado** at a fast rate
**a pesar de** in spite of, despite
**a pie** on foot (2.1)
**a poco** supposedly (6.1)
**a posta** on purpose
**a principios de** at the beginning of
**a propósito** by the way
**a rayas** striped (7.3)
**a solas** alone (7.1)
**a su vez** in turn
**a toda plana** full page

**a través de** through
**a ver** let's see (6.3)
**abad** *m.* abbot
**abajo** *adv.* below
**abandonado(a)** abandoned
**abanicarse** to fan oneself
**abanico** *m.* fan
**abdicar** to abdicate; to renounce, to give up
**abdomen** *m.* abdomen (7.1)
**abdominales** *m. pl.* abdominal stretching (7.1)
**abedul** *m.* birch (6.3)
**abismo** *m.* abyss
**abogado(a)** *m./f.* lawyer
**aborigen** aboriginal, indigenous
**abrazar** to embrace
**abrigo** *m.* overcoat (7.3)
**absceso** *m.* abscess
**absorber** to absorb, soak up
**abuela** *f.* grandmother (2.3)
**abuelo** *m.* grandfather (2.3)
**abundar** to be plentiful, to abound
**aburridísimo(a)** extremely boring (1.2)
**aburrido(a)** bored; boring
**abuso** *m.* abuse
**acabar** to finish, to end
**academia** *f.* academy

**acaparar** to monopolize; to stockpile
**acariciar** to caress
**acarrear** to carry, to transport
**acaso** *adv.* perhaps, maybe
**acceder** to agree, to consent
**acción** *f.* action, adventure
  **Día de Acción de Gracias** *m.* Thanksgiving Day (7.2)
  **película de acción** *f.* adventure movie (1.1)
**accionista** *m./f.* shareholder, stockholder (5.2)
**aceite poliinsaturado** *m.* polyunsaturated oil (3.1)
**aceleración** *f.* acceleration (8.3)
**acelerado(a)** fast, accelerated (4.1)
  **a paso acelerado** at a fast rate
**acelga** *f.* chard
**acercarse** to approach, to draw near
**acero** *m.* steel
**ácida** acid
  **lluvia ácida** *f.* acid rain (5.3)
**ácido [lisérgico] (LSD)** *m.* lysergic acid (LSD) (6.1)
**aclamar** to applaud, to acclaim
**aclarar** to clarify
**acolchar** to quilt (6.2)
**acomodado(a)** well-to-do, well-off
  **clase acomodada** *f.* upper class

**clase menos acomodada** *f.* lower class

**acomodador(a)** *m./f.* usher (1.1)

**acomodarse** to get comfortable

**acompañar** to accompany

    **Lo acompaño en su pesar.** I'm with you in your sorrow. (2.3)

    **¿Me acompañas?** Will you accompany me? (4.1)

**acontecimiento** *m.* event, happening

**acordar (ue)** to agree

    **acordarse (ue)** to remember

**acordeonista** *m./f.* accordion player

**acostumbrar** to be accustomed

    **acostumbrarse a** to become accustomed to, to get used to

**acreedor(a)** *m./f.* creditor

**actitud** *f.* attitude, position

**actor** *m.* actor (1.1)

**actriz** *f.* actress (1.1)

**actuación** *f.* performance

**actual** *adj.* current, present

**actualidad** *f.* present (time)

    **en la actualidad** at the present time, currently

**actualmente** at the moment, nowadays

**actuar** to act

**acuarela** *f.* watercolor (2.2)

**acueducto** *m.* aquaduct

**acuerdo** *m.* agreement, understanding (8.3)

    **de acuerdo con** according to

    **estar de acuerdo** to agree (5.2)

**acuitar** to grieve, to be grieved

**acusado(a)** *m./f.* accused, defendant

**acusar** to accuse (6.1)

**adaptarse** to adapt oneself, to become accustomed

**adecuado(a)** adequate

**adelante** *adv.* in front of; beyond

    **desde hoy en adelante** from now on

    **sacar adelante** to make prosper

**además de** besides, in addition to

**adivinar** to guess

**adolescencia** *f.* adolescence

**adolorido(a)** sore

**adorado(a)** adored

**adquirir (ie, i)** to acquire

**aduana** *f.* customs (4.3)

**advertir (ie, i)** to warn; to advise; to draw someone's attention

**aeronave** *f.* airplane

**aeropuerto** *m.* airport (5.1)

**afecto** *m.* affection, fondness

**afiliación** *f.* affiliation (3.3)

**afirmar** to confirm, to state; to secure, to make firm

**afonía** *f.* hoarseness

**afortunado(a)** fortunate

**afrontar** to face (up to), confront

**agarrada** *f. (Guat.)* forced military roundup

**agarrar** to catch, to grab (4.2)

**ágil** agile

**agitación** *f.* agitation

**agitado(a)** agitated

**agitar** to shake; to excite

**agobiar** to burden, to overwhelm

**agonía** *f.* agony

**agotador(a)** tiring (5.1)

**agradar** to please, to like

**agradecido(a)** appreciative

**agrario(a)** agrarian, agricultural

**agravio** *m.* offense, insult

**agresivo(a)** agressive

**agriamente** bitterly

**agrícola** agricultural

**agricultura** *f.* agriculture

**agruparse** to form a group, to cluster together

**agua** *f.* water

    **agua mineral con gas** *f.* carbonated water

    **agua mineral sin gas** *f.* mineral water

    **salto de agua** *m.* waterfall

**aguado(a)** watered down

**aguantar** to endure, to tolerate

    **aguantarse** to keep quiet; to resign oneself

**aguardar** to wait for, to await

**águila** *f.* eagle

**aguja** *f.* needle (6.1)

**agujero** *m.* hole (5.3)

**ahí** *adv.* there, over there

**ahijado(a)** *m./f.* godchild (2.3)

**ahora: por ahora** for the time being

**ahorrar** to save

**airado(a)** angry, irate

**aire** *m.* air (5.3)

    **bomba de aire** *f.* tire pump (5.1)

**aislado(a)** isolated

**aislamiento** *m.* isolation

**aislar** to isolate

**ajeno(a)** another's, someone else's; detached, foreign

**ajíes** *m. pl. (Cono Sur)* hot peppers (3.1); *see also* **chiles**

**ajo** *m.* garlic (3.1)

**al:**

    **al borde de** on the edge of

    **al contrario** on the contrary (4.1)

    **al día** up to date

    **al fin** at last

    **al fin y al cabo** after all

    **al fondo** at the rear/back (3.1)

    **al mando de** under the command of

    **al margen** on the fringe (8.2)

    **al pie de** at the bottom of

    **al ratito** in a little while

**ala** *f.* wing

**alambrada** *f.* wire fence; barbed wire barrier

**alambre** *m.* wire

    **alambre de púas** *m.* barbed wire

**alarde** *m.* show, display

**alargado(a)** elongated

**alarido** *m.* howl, shriek

**albergue juvenil** *m.* youth hostel (2.1)

**alborotado(a)** excited, agitated

**alcachofa** *f.* artichoke (3.1)

**alcalde** *m.* **alcaldesa** *f.* mayor (3.3)

**alcance** *m.* reach

**alcanzado(a)** reached, achieved, obtained

**alcanzar** to reach, to attain

    **alcanzarse** to be attainable

**alcapurria** *f.* Puerto Rican meat turnover

**alcázar** *m.* castle, fortress

**alce** *m.* elk, moose (6.3)

**alcohol** *m.* alcohol (6.1)

**alcohólico(a)** alcoholic (6.1)

**aldea** *f.* village

**alegrarse** to be happy

**alegre** happy

**alegría** *f.* cheerfulness, joy (7.2)

    **¡Qué alegría!** What joy! (2.3)

**alejado(a)** distanced

**alejar** to estrange, to alienate

**alfiler** *m.* straight pin

    **alfiler imperdible** *m.* safety pin (6.2)

**alfombra** *f.* carpet

**alfombrado(a)** carpeted

**algodón** *m.* cotton (7.3)

**aliado(a)** *m./f.* ally; *adj.* allied

**alianza** *f.* alliance

**aliento** *m.* breath

**alimentar** to feed

    **alimentarse** to live on

**alimenticio(a)** nourishing

**alimento** *m.* food, nourishment

**alistarse** to enlist, to sign up

**aliviado(a)** lessened, alleviated

**allá tú** that's your business

**alma** *f.* soul

**almacén** *m.* department store

**almendrado** *m.* candy made of almond paste

**almohada** *f.* pillow

**alojamiento** *m.* housing

**alojarse** to stay, to lodge (2.1)

**alondra** *f.* lark

**alpaca** *f.* alpaca, animal similar to the llama

**alpargata** *f.* sandal

**alquilar** to rent

**alrededor de** around

**alrededores** *m. pl.* surrounding area

**alterar** to alter, to change

**alternar** to alternate

**altibajos** *m. pl.* ups and downs

**altiplano** *m.* high plateau, high plain

**alto(a)** high

    **en voz alta** out loud (1.2)

**altura** *f.* height

**alucinógeno** *m.* hallucinogen (6.1)

**aluminio** *m.* aluminum

**alzar** to gather up

**amabilidad** *f.* amiability, affability

**amable** nice, pleasant, kind

**amado(a)** *adj.* loved

**amanecer** *m.* to dawn, to be at dawn

**amante** *n. m./f.* lover; *adj.* fond

**amar** to love
**amargado(a)** bitter, embittered
**amargo(a)** bitter
**ambicioso(a)** ambitious
**ambientado(a)** accustomed to the ambience
**ambiente** *m.* ambience; atmosphere (7.2)
   **medio ambiente** *m.* environment (3.2)
**ámbito** *m.* field (8.2)
**ambos(as)** *adj. pl.* both
**amenaza** *f.* threat
**amenazar** to threaten
**americano(a)** *n. m./f.* United States citizen; *adj.* of or pertaining to the Americas
   **fútbol americano** *m.* football (4.2)
**amistad** *f.* friendship
**amistoso(a)** friendly
**amo(a)** *m./f.* master
**amor** *m.* love
**amparo** *m.* shelter; protection
**ampliado(a)** enlarged, made bigger
**amplificación** *f.* growth (8.3)
**ampliar** to enlarge
**amplio(a)** ample
**amplitud** *f.* amplitude, fullness
**analfabetismo** *m.* illiteracy
**analogía** *f.* analogy
**ancho(a)** wide
   **a lo largo y ancho** everywhere
**anchura** *f.* width
**anciano(a)** *m./f.* elderly person (2.3)
**andar** to walk (2.1); to go
**andino(a)** *adj.* Andean
**anexión** *f.* annexation
**anfetamina** *f.* amphetamine (6.1)
**anfiteatro** *m.* amphitheater
**anglosajón** *m.* **anglosajona** *f.* Anglo-Saxon
**angustia** *f.* anguish
**anhelo** *m.* yearning, longing, desire
**anillo** *m.* ring (6.2)
**ánimo: estado de ánimo** *m.* state of mind
**animado(a)** lively (4.1)
   **película de dibujos animados** *f.* animated film (1.1)
**animador(a)** *m./f.* entertainer
**animar** to stimulate, to animate
**aniquilado(a)** annihilated
**aniversario** *m.* anniversary (2.3)
   **¡Feliz aniversario!** Happy anniversary! (2.3)
**anónimo(a)** anonymous
**anotar** to jot down
   **anotar puntos** to score (8.1)
**antaño** *adv.* long ago, in days gone by
**ante todo** above all
**anteojos** *m. pl.* eyeglasses
**antepasado(a)** *m./f.* ancestor
**antidepresivo** *m.* antidepressant (6.1)

**antiguamente** formerly, once
**Antillas** *f. pl.* Antilles, islands in the Caribbean
**antorcha** *f.* torch
**anular** to annul, to nullify
**anunciar** to announce (8.2)
**añadir** to add
**añil** *m.* indigo
**añorar** to long for (4.3)
**apacible** calm, gentle
**aparecer** to appear
**apariencia** *f.* appearance
**apartar** to separate
**apasionado(a)** intense, exciting (4.1)
**apearse** to dismount
**apellido** *m.* last name (4.3)
**apenas** *adv.* barely, hardly
**apeñuzcado(a)** crammed together
**apertura** *f.* opening
**apio** *m.* celery (3.1)
**aplastado(a)** flattened
**aplastante** *adj.* crushing
**aplastar** to crush, to squash
**aplicar** to apply, to wipe on
**apoderarse** to seize, to take possession
**apogeo** *m.* apogee, height
**apolítico(a)** apolitical, nonpolitical
**aporrear** to hit, to thump
**aportar** to bring in (5.2)
**apoyar** to support (3.3)
**apoyo** *m.* support, help (5.2)
   **sistema de apoyo** *m.* support system (2.3)
**apreciado(a)** appreciated
**apreciar** to appreciate
**aprendiz(a)** apprentice
**apresurarse** to hurry
**apretón de manos** *m.* handshake
**aprobar(ue)** to approve of, to agree with
   **aprobarse(ue)** to be approved
**aprovechar** to take advantage
   **aprovecharse (de)** to take advantage (of) (5.2)
**aproximar** to approximate, to bring near
**árabe** *m./f.* Arab
**arado** *m.* plow
**araña** *f.* spider
**arbitrario(a)** arbitrary
**árbitro** *m.* umpire, referee (4.2)
**árbol** *m.* tree (6.3)
   **capa de árboles** *f.* tree canopy (5.3)
**arce** *m.* maple (6.3)
**arco** *m.* goal (8.1); arch; bow
**arder** to burn
**ardiente** *adj.* burning
**ardilla** *f.* squirrel (6.3)
**ardor** *m.* zeal, eagerness
**arena** *f.* sand (8.2)
**Argelia** Algeria
**argumento** *m.* plot (1.2)
**arma** *f.* arm, weapon
   **control de armas de fuego** *m.* gun control (3.3)

**armada** *f.* navy, fleet
**armado(a)** armed
   **fuerzas armadas** *f. pl.* armed forces
**armoniosamente** harmoniously
**armonioso(a)** harmonious
**aromatizado(a)** flavored
**arpa** *f.* harp
**arquero(a)** *m./f.* goalie (8.1)
**arquitectónico(a)** architectonic, architectural
**arrancar** to pull away, to snatch (8.2)
**arreglar** to arrange
**arreglista** *m./f.* arranger
**arremeter** to charge, to attack
**arrestar** to arrest (6.1)
**arriba: hacia arriba** upward
**arribo** *m.* arrival
**arroz** *m.* rice (3.1)
**arruinarse** to be ruined
**artesanal** *adj.* artisan, pertaining to craftsmen
**artesanía** *f.* handicrafts; craftsmanship (6.2)
**artesano(a)** *m./f.* artisan
**artista** *m./f.* artist (2.2)
   **artista de retratos** *m./f.* portrait artist (2.2)
**arveja** *f.* (*Cono Sur*) peas (3.1); *see also* **chícharo** *and* **guisante**
**arzobispo** *m.* archbishop
**asado** *m.* barbecue, cookout (7.2)
**asalto** *m.* attack, assault
**ascendencia** *f.* ancestry (8.2), origin
**asco** *m.* disgust, repulsion
**asegurar** to secure; to insure, to assure
   **asegurarse** to make sure
**asentado(a)** set, written
**asesinado(a)** murdered
**asesinato** *m.* murder, assassination
**asesino(a)** *m./f.* killer, murderer, assassin
**asiento** *m.* seat (1.1)
**asistencia** *f.* assistance
**asistir a** to attend (2.1)
**asno** *m.* ass, donkey
**asociación** *f.* association
**asoleado(a)** sunny
**asomar** to appear; to come out
**asombrado(a)** amazed, astonished
**aspa** *f.* arm of a windmill
**asqueroso(a)** revolting, sickening, vile
**astro** *m.* star
**astronauta** *m./f.* astronaut
**asumir el poder** to take control
**asunto** *m.* matter, topic
**asustado(a)** scared, alarmed
**atacar** to attack
**ataque de nervios** *m.* nervous breakdown
**atardecer** *m.* late afternoon, dusk
**atención:** *f.* attention
   **prestar atención** to pay attention
**atentamente** attentively
**aterrizado(a)** landed
**aterrizar** to land (5.1)

**atletismo** *m.* track (4.2)
**atmósfera** *f.* atmosphere (5.3)
**atracción** *f.* amusement
  **parque de atracciones** *m.* amusement park (2.1)
**atraer** to attract
**atraído(a)** attracted
**atrás** *adv.* behind
**atravesando** crossing
**atravesar (ie)** to cross, to go across
**atreverse a** to dare to
**atrevidamente** daringly, boldly
**atrevido(a)** daring, bold
**atribuir** attribute
**atributo** *m.* attribute
**audaz** audacious, bold (8.2)
**audiencia** *f.* audience
  **Real Audiencia** *f.* high court
**auge** *m.* boom, peak
**aula** *f.* schoolroom
**aumentado(a)** increased
**aumentar** to augment, to increase (5.2)
**ausente** absent
**austero(a)** austere
**auto** *m.* auto, car (5.1)
**autobús** *m.* bus (2.1); *see also* **bus** *and* **guagua**
**autocensura** *f.* self-censure
**autóctono(a)** native, indigenous
**autonomía** *f.* autonomy, self-government
**autónomo(a)** autonomous
**autor(a)** author (1.2)
**autoridad** *f.* authority
**autoritario(a)** authoritarian
**autorretrato** *m.* self-portrait
**avalado(a)** endorsed, guaranteed
**avance** *m.* advance
**ave** *f.* bird
**aventura** *f.* adventure
  **película de aventuras** *f.* adventure movie (1.1)
**avergonzar (güe)** to embarrass
**avión** *m.* airplane (2.1)
  **avión sin motor** *m.* glider (5.1)
**avioneta** *f.* light airplane (5.1)
**¡ay de mí!** woe is me!
**ayuda** *f.* help, aid
**ayudar** to help
**azadón** *m.* large hoe
**azahar** *m.* orange blossom
**azúcar: caña de azúcar** *f.* sugar cane
**azucarado(a)** sweetened; of or pertaining to sugar

## B

**bahía** *f.* bay
**bailable** danceable (1.3)
**bailar** to dance (4.1)
  **¿Bailamos?** Shall we dance? (4.1)
  **Lo siento pero no bailo...** I'm sorry, but I don't dance . . . (4.1)

  **¿Quieres bailar?** Do you want to dance? (4.1)
  **¿Te gustaría bailar conmigo?** Would you like to dance with me? (4.1)
  **¿Vamos a bailar?** Shall we go dance? (4.1)
**baile** *m.* dance (7.2)
  **baile de disfraces** *m.* costume ball (7.2)
  **¿Me permites este baile?** Would you allow me this dance? (4.1)
**bajar** to lower
**bajo** under
  **Países Bajos** *m. pl.* Netherlands
**bajo(a): en voz baja** quietly, in a whisper (1.2)
**baladista** *m./f.* singer of ballads
**balanza de pagos** *f.* balance of payments
**balcón** *m.* balcony
**ballenero(a)** *m./f.* whale hunter
**balneario** *m.* seaside resort; spa (2.1)
**baloncesto** *m.* basketball (4.2); *see also* **básquetbol**
**bancarrota** bankrupt
**banco(a)** bench; bank
**banda** *f.* band (1.3)
**bandera** *f.* flag (7.2)
**bando** *m.* faction, party
**banquero(a)** *m./f.* banker
**baño** *m.* bath; bathing
  **traje de baño** *m.* bathing suit (7.3)
**bar** *m.* bar (1.3)
**barba** *f.* beard
**barbacoa** *f.* barbecue (7.2)
**bárbaro** *int.* cool (8.1)
**bárbaro(a)** *adj.* barbaric, barbarian
**barbitúrico** *m.* barbituate (6.1)
**barco** *m.* ship (2.1)
  **barco de recreo** *m.* pleasure ship (5.1)
  **barco de vela** *m.* sailboat (5.1); *see also* **bote de vela**
  **barco transbordador** *m.* ferry boat (5.1)
**barítono** *m.* baritone (1.3)
**barra** *f.* bar
**barrer** to sweep
**barrera** *f.* barrier
**barrio** *m.* neighborhood
**barro** *m.* clay, earthenware (6.2)
**barroco(a)** baroque (2.1)
**base** *f.* base (4.2)
  **primera base** *f.* first base (4.2)
  **segunda base** *f.* second base (4.2)
  **tercera base** *f.* third base (4.2)
**básquetbol** *m.* basketball (4.2); *see also* **baloncesto**
**basta** (it's) enough
**bastante** *adv.* enough
**basura** *f.* garbage, trash
**bata** *f.* robe (7.3)
**batalla** *f.* battle
**batata** *f.* (*Sp. y Cono Sur*) sweet potato (3.1); *see also* **camote**

**bate** *m.* bat (4.2)
**bateador(a)** *m./f.* batter (4.2)
**batear** to bat (4.2)
**batería** *f.* drums (1.3)
**batir** beat
**baúl** *m.* trunk (4.3)
**bautismo** *m.* baptism (2.3)
**beca** *f.* scholarship
**becario(a)** *m./f.* scholarship recipient
**becerro** *m.* bull calf
**béisbol: campo de béisbol** *m.* baseball field (4.2)
**belleza** *f.* beauty
**bello(a)** beautiful
**beneficiar** to benefit (8.3)
**beneficio** *m.* profit, gain (5.2); benefit (8.3)
**beneficioso(a)** beneficial, advantageous
**berenjena** *f.* eggplant (3.1)
**berro** *m.* watercress
**betabel** *m.* beet (3.1); *see also* **remolacha**
**bibliotecario(a)** librarian
**bicicleta** *f.* bicycle (2.1)
**bien** *adv.* good; well
  **pasarlo bien** to have a good time
  **portarse bien** to behave (2.3)
**bienestar** *m.* well-being
**bienvenido(a)** welcome
**bilingüe** bilingual
**bilingüismo** *m.* bilingualism
**billetera** *f.* billfold, wallet (6.2)
**billón** *m.* trillion (8.3)
**bisabuela** *f.* great-grandmother (2.3)
**bisabuelo** *m.* great-grandfather (2.3)
**bizcochito** *m.* little cookie, little sponge cake
**blanqueador** *m.* bleach, whitener
**bloqueado(a)** blocked
**bloqueo** *m.* blockade
**blusa** *f.* blouse (7.3)
  **blusa bordada** *f.* embroidered blouse (7.3)
  **blusa con lunares** *f.* polka dot blouse (7.3)
**boca** *f.* mouth (7.1)
**bocarriba** *adv.* face up
**boda** *f.* wedding (2.3)
**bodegón** *m.* tavern, bar
**bohío** *m.* hut
**boicoteo** *m.* boycott
**bolero** *m.* bolero (dance rhythm)
**boletería** *f.* box office (1.1)
**boleto** *m.* ticket (1.1)
**bolsa** *f.* stock market
**bolsillo** *m.* pocket
**bolso** *m.* handbag, purse, shoulder bag (6.2)
**bomba de aire** *f.* tire pump (5.1)
**bombachas** *f. pl.* (*Cono Sur*) panties (7.3); *see also* **calzones** *and* **pantis**
**bombardeo** *m.* bombardment, shelling, bombing
**bombín** *m.* hat (7.3)

**bombón** *m.* candy (7.2)
**bonaerense** *m./f.* person from Buenos Aires
**bondadoso(a)** good, kind
**bongó** *m.* Cuban drum (4.1)
**bordado** *m.* embroidery (6.2)
**bordar** to embroider (6.2)
   **blusa bordada** *f.* embroidered blouse (7.3)
**borde** *m.* border; edge
   **al borde de** on the edge of
**boricua** *m./f.* Puerto Rican
**borracho(a)** *adj.* drunk
**borrador** *m.* draft
**borroso(a)** blurred, fuzzy (2.2)
**bosque** *m.* forest (5.3)
   **bosque lluvioso** *m.* rain forest (5.3)
**bota** *f.* boot (7.3)
**botánico(a)** *adj.* botanical
   **jardín botánico** *m.* botanical garden (2.1)
**bote** *m.* boat (2.1)
   **bote de remo** *m.* rowboat (5.1)
   **bote de vela** *m.* sailboat (5.1); *see also* **barco de vela**
**botón** *m.* button
**brazo** *m.* arm (6.2)
   **mover los brazos con soltura** to move one's arms loosely (7.1)
**brecha** *f.* opening, gap
**breve** *adj.* brief
**brillante** brilliant, bright (2.2)
**brillar** to shine; to blaze
**brincar** to jump
**británico(a)** *adj.* British
**brocado** *m.* brocade
**broche de oro** *m.* crowning glory
**brocolí** *m.* broccoli (3.1)
**broma** *f.* joke
   **hacer broma** to play a joke (7.2)
**bromeliácea** *f.* bromeliad
**bronce** *m.* bronze
**brote** *m.* bud, shoot
**brusco(a)** brusque, abrupt, sudden
**Bruselas: col de Bruselas** *m.* Brussels sprouts (3.1)
**bruto** *m.* brute
   **Producto Interno Bruto (PIB)** Gross Domestic Product (GDP) (8.3)
**buceo** *m.* diving
   **buceo con tubo de respirar** *m.* snorkeling
**bufanda** *f.* scarf (7.3)
**bulto** *m.* bulk, package, bundle
**buque** *m.* ship
   **buque de carga** *m.* cargo boat (5.1)
   **buque de guerra** *m.* warship
**burla** *f.* joke, jest
**bus** *m.* bus (2.1); *see also* **autobús** and **guagua**
**buscador(a) de talento** *m./f.* talent scout
**buscar** to look for
**búsqueda** *f.* search, quest
**butaca** *f.* orchestra or box seat (1.1)

## C

**cabalgando** riding horseback
**cabalgar** to ride horseback
**caballeriza** *f.* horse stable
**caballero** *m.* gentleman; knight
**caballete** *m.* roof
**caballo** *m.* horse
**cabaña** *f.* cabin; shack, hut
**cabellera** *f.* hair, head of hair
**cabello** *m.* hair
**caber** to fit
   **no cabe duda** there is no doubt
**cabeza** *f.* head (7.1)
   **golpe de cabeza** *m.* head kick (8.1)
**cabezal** *m.* headrest
**cable** *m.* cable
   **cable del freno** *m.* brake cable (5.1)
**cabo** *m.* cape
**cacahuate** *m.* peanut (3.1); *also written* **cacahuete;** *see also* **maní**
**cacao** *m.* cacao (tree and bean)
**cacerola** *f.* basin
**cachucha** *f.* knitted cap (7.3)
**cacique** *m.* Indian chief
**cadejo** *m. (El Salv.)* mythical dog
**cadena** *f.* chain
   **cadena de transmisión** *f.* drive chain (5.1)
**cadencia** *f.* cadence (4.1)
**cadera** *f.* hip (7.1)
**caducar** to lapse, to expire (4.3)
**caer** to fall
   **caerse** to fall down
**café** *m.* cafe (2.1)
**cafetería** *f.* cafeteria (2.1)
**caída** *f.* fall, downfall, collapse
**calabacita** *f.* zucchini (3.1)
**calabaza** *f.* pumpkin (3.1); *see also* **zapallo**
**calcetines** *m. pl.* socks (7.3)
**caldero** *m.* cauldron
**calidad** *f.* quality
**cálido(a)** hot
**calificación** *f.* qualification
**callado(a)** silent, quiet
**callarse** to keep quiet, to shut up
**calle** *f.* street (5.1)
   **niños de la calle** *m. pl.* street children
**callejón sin salida** *m.* dead-end ally
**calmante de nervios** *m.* tranquilizer (6.1)
**calzoncillos** *m. pl.* men's underwear (7.3)
**calzones** *m. pl.* panties (7.3); *see also* **bombachas** and **pantis**
**cámara** *f.* chamber
   **a cámara lenta** in slow motion
   **Cámara de Representantes** *f.* House of Representatives
**camarón** *m.* shrimp
**cambiar** to change; to exchange
**cambio** *m.* change
   **a cambio de** in exchange for
   **en cambio** on the other hand

**palanca del cambio de velocidades** *f.* gear lever (5.1)
**caminar** to walk (2.1)
**caminata** *f.* long walk
**camino** *m.* road (5.1)
**camión** *m.* truck; *(Mex.)* bus (5.1)
**camioneta** *f.* van, light truck (5.1)
**camisa** *f.* shirt (7.3)
**camiseta** *f.* undershirt (7.3)
**camisón** *m.* nightgown (7.3)
**camote** *m.* sweet potato (3.1); *see also* **batata**
**campamento** *m.* camp
**campana** *f.* bell
**campanario** *m.* bell tower
**campanita** *f.* little bell
**campánula** *f.* morning glory
**campaña** *f.* campaign
   **hacer campaña** to campaign (3.3)
   **tienda de campaña** *f.* tent
**campesino(a)** *m./f.* peasant, country person
**campiña** *f.* large field
**campo** *m.* countryside; field
   **campo de béisbol** *m.* baseball field (4.2)
**canal** *m.* channel
**canario(a)** *m./f.* canary
**canasto** *m.* basket
**cancel** *m.* screen partition
**candidato(a)** *m./f.* candidate (3.3)
**caníbal** *m./f.* cannibal
**canoa** *f.* canoe (5.1)
**cansado(a)** tired (4.1)
**cansarse** to get tired
**cantante** *m./f.* singer (1.3)
**cantarín** *m.* **cantarina** *f.* singer; singsong
**cantidad** *f.* quantity, large number (7.2)
**cantimplora** *f.* canteen
**cantina** *f.* tavern, saloon
**cantinela** *f.* same old song
**canto** *m.* song, chant (8.2)
**cantor(a)** *m./f.* singer (1.3)
**caña** *f.* cane
   **caña de azúcar** *f.* sugar cane
**cañón** *m.* cannon
**capa** *f.* coat (of paint); cape, cloak
   **capa de árboles** *f.* tree canopy (5.3)
   **capa de ozonosfera** *f.* ozone cover (5.3)
**capacidad** *f.* capacity, ability
**capaz** capable
**capital** *m.* capital, money (5.2)
**capitalino(a)** of the capital
**capitán** *m.* **capitana** *f.* captain (8.1)
**capitolio** *m.* capital building
**capricho** *m.* caprice, whim
**capturado(a)** captured, seized
**cara** *f.* face (7.1)
**característica** *f.* characteristic
**carbón** *m.* coal (6.3)
**carbonizado(a)** burned
**carcajada** *m.* loud laughter

**cárcel** *f.* jail
**carcomido(a)** eaten away
**cardamomo** *m.* cardamom *(East Indian plant)*
**carey** *m.* tortoise shell
**carga** *f.* cargo
**cargadores** *m. pl.* suspenders
**cargar** to carry
   **cargarse** to charge
**cargo** *m.* post, position
**Caribe** Caribbean
**caricia** *f.* caress
**carmín** *m.* carmine, crimson
**carne** *f.* meat, flesh
**carnicería** *f.* butcher shop
**carrera** *f.* career; race (7.1)
   **carreras y saltos** *f. pl.* track and field (7.1)
**carreta** *f.* carriage (5.1)
**carretera** *f.* highway, road (5.1)
**carro** *m.* car; cart (2.1)
**carruaje** *m.* carriage
**cartón** *m.* cardboard (2.2)
**casado(a)** *m./f.* married person
   **recién casado(a)** *m./f.* newlywed (2.3)
**casarse con** to get married to
**cascada** *f.* cascade; waterfall
**casco** *m.* helmet (5.1)
**casi** almost
**caso** case, event; occasion
   **vamos al caso** let's get to the point
**casona** *f.* large house, mansion
**cáspita** *int.* holy cow, wow
**casquivano(a)** lively; impetuous
**castaño(a)** chestnut, brown
**castellano** *m.* Spanish language
**castigo** *m.* punishment
**castillo** *m.* castle
**catástrofe** *f.* catastrophe, disaster
**catedral** *f.* cathedral (2.1)
**catedrático(a)** *m./f.* university professor
**catolicismo** *m.* Catholicism
**caucho** *m.* rubber
**caudillo** *m.* boss; chief, leader, commander
**causado(a)** caused
**cautelosamente** cautiously
**cauteloso(a)** cautious, wary
**cautivante** captivating (4.1)
**cautiverio** *m.* captivity
**caza** *f.* hunt
**cazador(a)** *m./f.* hunter
**cazar** to hunt
**cebolla** *f.* onion (3.1)
**ceder** to give up, to hand over
**celebrar** to celebrate (7.2)
**célebre** famous, celebrated
**celeste** *adj.* sky blue
**celta** *m./f.* Celt
**cencerro** *m.* small bell (4.1)
**Cenicienta** *f.* Cinderella
**ceniza** *f.* ash
   **Miércoles de Ceniza** *m.* Ash Wednesday (7.2)

**censura** *f.* censorship
   **autocensura** *f.* self-censure
**centelleante** *adj.* sparkling, flashing
**centenar** *m.* one hundred
**centrado(a)** centered; balanced
**centralizado(a)** centralized
**centro** *m.* center (1.1)
   **centro comercial** *m.* shopping center (2.1)
**cerámica** *f.* ceramics (6.2)
**ceramista** *m./f.* ceramics maker
**cercanía** *f.* nearness, proximity; *pl.* outskirts
**cercano(a)** *adj.* nearby, close
**cercar** to fence in, to enclose
**cerciorarse** to make sure
**cerebro** *m.* brain
**cerro** *m.* hill
**certeza** *f.* certainty
**certidumbre** *f.* certainty
**cervecería** *f.* brewery, bar, pub
**cerveza** *f.* beer
**cesar** to cease, to stop
**César** *m.* Caesar
**cesión** *f.* cession, transfer
**cestería** *f.* basket making (6.2)
**cha-cha-chá** *m.* Cuban dance (4.1)
**chal** *m.* shawl
**chala** *f.* corn husk
**chaleco** *m.* vest (7.3)
**champiñón** *m.* mushroom (3.1); *see also* **hongo** *and* **seta**
**chaqueta** *f.* jacket (7.3)
**charco** *m.* puddle of water
   **cruzar el charco** to cross the water
**charla** *f.* talk (5.3)
**charretera** *f.* epaulet, military ornament worn on the shoulder
**chequere** *m.* goard covered with beads that rattle (4.1)
**chícharo** *m.* *(Mex.)* peas (3.1); *see also* **guisante** *and* **arveja**
**chicle** *m.* gum
**chiles** *m. pl.* *(Mex.)* hot peppers (3.1); *see also* **ajíes**
**chillar** to scream, to shriek
**chillón** *m.* **chillona** *f.* crybaby; *adj.* loud, gaudy
**chiquita** *f.* little girl
**chiquito** *m.* little boy
**chirivía** *f.* parsnip
**chirriar** to sizzle
**chiste** *m.* joke
**choclo** *m.* *(Cono Sur)* corn (3.1); *see also* **maíz**
**cholo(a)** half-breed
**chullo** *m.* knitted cap (7.3)
**chuño** *m.* type of dehydrated potato
**cicatriz** *f.* scar
**ciclismo** *m.* bicycling (4.2)
**ciego(a)** blind
**cielo** *m.* sky
**ciencia ficción** *f.* science fiction
   **película de ciencia ficción** *f.* science fiction movie (1.1)

**científico(a)** *adj.* scientific (8.3)
**ciento: por ciento** percent
**cierto(a): por cierto** of course
**ciervo** *m.* deer
**cifra** *f.* figure (8.3)
**cima** *f.* top (of a mountain)
**cinc** *m.* zinc (6.3)
**cine** *m.* movie theater (2.1)
   **estrella de cine** *f.* movie star
**cineasta** *m./f.* director
**cinematográfico(a)** *adj.* film
**cintura** *f.* waist (7.1)
**cinturón** *m.* belt (6.2)
**cipote** *m./f.* *(El Salv.)* youngster, child
**circo** *m.* circus
**cirujano(a)** *m./f.* surgeon
**ciudad** *f.* city
**ciudadanía** *f.* citizenship (3.2)
**ciudadano(a)** *m./f.* citizen (3.2)
**civil** civil
   **estado civil** *m.* marital status (4.3)
**civilización** *f.* civilization (8.2)
**clamar** to cry out
**clarinete** *m.* clarinet (1.3)
**clarinetista** *m./f.* clarinet player (1.3)
**claro(a)** clear
**clase** *f.* class
   **clase acomodada** *f.* upper class
   **clase media** *f.* middle class
   **clase menos acomodada** *f.* lower class
**clásico(a)** classic (2.1)
**clave** *f.* key; *pl.* two wooden sticks tapped together to set the beat (4.1)
**clientela** *f.* customers, clientele
**club (nocturno)** *m.* (night)club (1.3)
**coalición** *f.* coalition
**cobarde** *m./f.* coward
**cobrar** to collect; to charge
   **cobrar un penal** to penalize (8.1)
**cobre** *m.* copper (6.3)
**cocaína** *f.* cocaine (6.1)
**coche** *m.* car (2.1); coach
**cochino** *m.* pig
**cociente de inteligencia** *m.* intelligence quotient (IQ)
**cocinero(a)** *m./f.* cook
**cocotazo** *m.* knuckle blow to the head
**codiciado(a)** coveted, desired
**código** *m.* code
**codo** *m.* elbow (7.1)
**coger** to catch, to get hold of (4.2)
**cohete** *m.* rocket
**cohitre** *f.* Puerto Rican plant with blue-and-white flowers
**coincidir** to coincide
**cojeo** *m.* limping
**col** *m.* cabbage
   **col de Bruselas** *m.* Brussels sprouts (3.1)
   **col morada** *m.* red cabbage (3.1)
**cola** *f.* tail
   **hacer cola** to stand in line (1.1)
**colaborar** to collaborate
**colapso** *m.* collapse

**colectivo(a)** *adj.* collective
    **transporte colectivo** *m.* public transportation (5.1)
**colega** *m./f.* colleague
**colegio** *m.* school
**cólera** *f.* anger, fury
**colesterol** *m.* cholesterol (3.1)
**colgado(a)** *adj.* hanging
**colgar (ue)** to hang (up)
**coliflor** *f.* cauliflower (3.1)
**colina** *f.* hill
**colla** *m./f.* inhabitant of Andean plateau
**collar** *m.* necklace (6.2)
**colonia** *f.* colony
**colonizador(a)** colonizing
**colono** *m.* colonist, settler
**color** *m.* color
    **lápices de colores** *m. pl.* color pencils (2.2)
**colorado(a)** red
**comandante** *m./f.* commander
**combatiente** *m./f.* combatant
**combatir** to combat, fight
**comedia** *f.* play, comedy (1.2)
**comentado(a)** commented, talked about
**comercial** commercial
    **centro comercial** *m.* shopping center (2.1)
**comerciante** *m./f.* merchant
**comercio** *m.* commerce
**cometer** to make
**cómico(a)** comical, funny (1.1)
    **película cómica** *f.* comedy movie (1.1)
**comienzo** *f.* beginning, start (8.3)
**comisionado(a)** committee or board member
**como si** as if
**comodidad** *f.* convenience
**cómodo(a)** comfortable
**compañía** *f.* company (5.2)
**comparación** *f.* comparison
**comparsa** *f.* chorus; costumed group
**compartir** to share
**compás** *m.* compass, rhythm (4.1)
**compasión** *f.* compassion, pity
**compenetrado(a)** with mutual understanding
**competencia** *f.* competition
**competir (i, i)** to compete (7.1)
**complejidad** *f.* complexity
**componer** to fix; to compose, to make up (8.2)
**compositor(a)** *m./f.* composer
**compras** purchase
    **ir de compras** to go shopping (2.1)
**comprender** to comprehend, to understand
**comprensible** comprehensible, understandable
**comprobar (ue)** to prove
**comprometido(a)** committed
**compromiso** *m.* obligation, commitment
**compuerta** *f.* floodgate
**compuesto (de)** composed, made up (of)

**computadora** *f.* computer
**común** *adj.* common
**comunicar** to communicate (8.2)
**comunidad** *f.* community
**comunista** *m./f.* communist (3.3)
**con:**
    **con lo cual** with which
    **Con mucho gusto, gracias.** Gladly, thank you. (4.1)
    **con tal que** as long as, provided
**conceder** to concede; to admit
**concentrarse** to be concentrated
**concertar (ie)** to arrange, to agree on
**concha** *f.* shell
**conciencia** *f.* conscience; awareness
    **conciencia social** *f.* social conscience (3.2)
**concierto** *m.* concert (1.3)
    **dar un concierto** to give a concert (1.3)
    **hacer una gira musical (de concierto)** to do a musical (concert) tour (1.3)
**concilio** *m.* council
**concordar (ue)** to agree
**concretar** to specify, to state explicitly
**concurso** *m.* contest
**condado** *m.* county
**condecoración** *f.* award
**condecorar** to decorate, to award
**condenado(a)** condemned
**conducir** to guide, to lead
**conejo(a)** *m./f.* rabbit (6.3)
**confeccionado(a)** made, put together
**conferencia** *f.* conference
**conferencista** *m./f.* lecturer, speaker
**confianza** *f.* confidence
**confiar** to be confident of, to trust
**confundir** to confuse, to mistake
    **confundirse** to blend; to mingle
**conga** *f.* tall barrel-like drum (4.1); Brazilian dance (4.1)
**congelado(a)** frozen
**congojoso(a)** distressed, sad
**conjunto** *m.* group, musical group, ensemble (1.3); suit; outfit
**conjuro** *m.* incantation, spell
**conmemorar** to commemorate
**conmocionar** to shock
**conmovedor(a)** moving, touching (1.1)
**Cono Sur** *m.* Southern Cone (Argentina, Chile, Uruguay)
**conocido(a)** *adj.* known
**conocimiento** *m.* knowledge
**conquista** *f.* conquest
**conquistar** to conquer
**consagración** *f.* consecration
**consagrar** to consecrate
**consciente** conscious; aware
**conseguir (i, i)** to obtain, to get
**consejo ejecutivo** *m.* executive council
**consenso** *m.* consensus
**conserje** *m./f.* superintendent; receptionist
**conservador(a)** conservative

**conservar** to conserve
**consiguiente** *adj.* consequent; resulting
    **por consiguiente** consequently
**consigna** *f.* slogan
**consigo** with himself/herself/itself
**consolidar** to consolidate
**consonancia** *f.* harmony
**constitución** *f.* constitution
**constituir** to constitute
**construir** to construct
**cónsul** *m./f.* consul (4.3)
**consulado** *m.* consulate (4.3)
**consumado(a)** consummate, perfect
**consumidor(a)** *m./f.* consumer
**consumir** to consume (6.1)
**consumo** *m.* consumption
    **consumo de drogas** *m.* drug abuse (6.1)
**contador(a)** *m./f.* counter; accountant
**contagioso(a)** contagious
**contaminación** *f.* pollution (5.3)
**contaminado(a)** contaminated, polluted
**contaminante** *m.* contaminant (5.3)
**contar (ue)** to tell, to talk about
    **contar con** to count on, to rely on
    **Mis días estaban contados.** My days were numbered.
**contemplar** to contemplate
**contemporáneo(a)** contemporaneous
**contener** to contain
**contenido** *m.* content
**contigo** with you
**continuamente** continuously (6.1)
**contra** against (3.2)
    **en contra** against
**contrario(a)** contrary, opposing
    **al contrario** on the contrary (4.1)
**contrabando** *m.* contraband (4.3)
**contradecir** to contradict
**contraído(a)** tightened (7.1)
**contraste** *m.* contrast
**control:**
    **control de armas de fuego** *m.* gun control (3.3)
    **control de la natalidad** *m.* birth control (3.3)
    **en control** in charge
**controlar** to control
**convencer** to convince
**convencido(a)** convinced (6.1)
**convenio** *m.* agreement (8.3)
**convenir** to agree, to concur
**convento** *m.* convent
**convertirse (ie, i) (en)** to change (into), to become (a) (8.3)
**convocado(a)** convoked, convened
**convocar** to convoke, to convene
**cooperar** to cooperate
**Copa Mundial** *f.* World Cup (soccer)
**copiar** to copy
**coqueto(a)** *m./f.* flirt
**coraje** *m.* courage, bravery

**corazón** *m.* heart
  **encomendarse de todo corazón** to entrust oneself completely
**corbata** *f.* tie (7.3)
**cordón** *m.* shoelace (7.3)
**Corea** *f.* Korea
**coreógrafo(a)** *m./f.* choreographer
**córner: gol de córner** *m.* corner goal (8.1)
**corona** *f.* crown
**coronado(a)** crowned
**corporal** *adj.* corporal, bodily
**correctamente** correctly (7.1)
**corredor(a)** *m./f.* runner (7.1)
**corregir (i, i)** to correct
**correr** to run; to jog (7.1); *see also* footing
**corresponsal** *m./f.* correspondent, agent
**corretear** to run about
**corriente** common; current, present; running
**corrupción** *f.* corruption (3.2)
**cortar** to cut
**corte** *m.* cut, cutting
**cortés** courteous
**corto(a)** short (1.2)
  **jardinero corto** *m.* shortstop (4.2)
**cortometraje** *m.* short-length movie
**coser** to sew (6.2)
  **máquina de coser** *f.* sewing machine (6.2)
**cosido(a)** sewing (6.2)
**cosmopolita** cosmopolitan
**costa** *f.* coast, coastal land
**costar (ue)** to cost (2.1); to find it difficult
**costeño(a)** coastal, from the coast
**costero(a)** coastal
**costoso(a)** costly, expensive
**costumbre** *f.* custom
**costumbrista** folkloric
**costura** *f.* sewing (6.2)
**coterráneo(a)** of the same country or region
**cotidiano(a)** *adj.* everyday (8.3)
**crac** *m.* crac (6.1)
**cráneo** *m.* cranium, skull
**creación** *f.* creation
**crear** to create
**crecer** to grow
**crecido(a)** grown
**creciente** *adj.* growing
**crecimiento** *m.* growth
**creencia** *f.* belief
**criado(a)** raised
**criarse** to be raised
**criatura** *f.* creature
**crinolina** *f.* hoop skirt (7.3)
**criollo(a)** *m./f.* Creole (*Spaniard born in the Americas*)
**crisis** *f.* crisis
**crisol** *m.* melting pot
**cristalería** *f.* glassware (6.2)
**cristianismo** *m.* Christianity
**crítico(a)** critical

**crónica** *f.* chronicle
**crucero: hacer un crucero** to take a cruise (2.1)
**cruz** *f.* cross
**cruzar** to cross
  **cruzar el charco** to cross the water
**cuadricular** *m.* to divide into squares
**cuadro** *m.* painting; drawing (2.2)
**cuadruplicar** to quadruple
**cual** which
  **con lo cual** with which
  **tal cual** such as
**cualquier(a)** any
**cuanto:**
  **¿Cuánto duró?** How long did it last? (1.2)
  **¡Cuánto lo siento!** I'm so sorry! (2.3)
  **¿Cuánto tardaste en...?** How long did you take to . . . ? (1.2)
  **¡Cuánto te lo mereces!** You truly deserve it! (2.3)
**Cuaresma** *f.* Lent (7.2)
**cuartel** *m.* barracks
**cuate** *m.* twin; buddy
**cubierta** *f.* cover
**cubo** *m.* pail, bucket
**cubrir** to cover
  **cubrirse** to cover up
**cueca** *f.* Andean dance (4.1)
**cuello** *m.* collar (6.1); neck (7.1)
**cuenta** *f.* bead (6.2); bill
  **darse cuenta de** to realize; to become aware of
  **de su propia cuenta** on his/her own
  **llevar cuenta** to keep count
  **tomar en cuenta** to take into account
**cuento** *m.* short story, tale, story
**cuerda** *f.* string
**cuerno** *m.* horn
**cuero** *m.* leather (6.2)
**cuerpo** *m.* body (7.1)
  **Cuerpo de Paz** *m.* Peace Corps
**cuervo** *m.* crow
**cuestionado(a)** questioned
**cuestionar** to question
**cueva** *f.* cave
  **cueva de Altamira** *f.* Altamira cave (*prehistoric site*)
**cuidado** *int.* careful, watch out
**cuidadosamente** carefully
**culebra** *f.* snake
**culminar** to culminate
**culpa** *m.* fault
**culpable** guilty
**cultivo** *m.* crop; cultivation, farming
**culto(a)** learned, educated; cultured
**cumbia** *f.* Colombian dance and type of music (4.1)
**cumpleaños** *m.* birthday (2.3)
  **¡Feliz cumpleaños!** Happy birthday! (2.3)
**cumplimiento** *m.* fulfillment
**cumplir** to carry out, to do; to fulfill
**cuna** *f.* birthplace

**cuñada** *f.* sister-in-law (2.3)
**cuñado** *m.* brother-in-law (2.3)
**cuota** *f.* quota
**cúpula** *f.* dome, cupula
**curar** to cure
**curiosear** to snoop, to pry
**cursar** to study, to take a course
**cuyo(a)** whose

**da:**
  **¡Qué gusto me da!** I'm so happy! (2.3)
**danés** *m.* **danesa** *f.* Danish
**danzante** *m./f.* dancer (7.2)
**danzón** *m.* Cuban dance derived from the habanera (4.1)
**dañado(a)** damaged
**dañar** to harm, to damage (5.3)
**dañino(a)** harmful, damaging
**daño** *m.* harm, damage (5.3)
  **hacer daño** to hurt, to harm
**dar** to give
  **dar un concierto** to give a concert (1.3)
  **dar una película** to show a film
  **dar vuelta** to turn
  **darse cuenta de** to realize, to become aware of
  **darse por vencido(a)** to give up, to admit defeat
  **¡Qué gusto me da!** I'm so happy! (2.3)
**dardo** *m.* dart, arrow
**de:**
  **de acuerdo con** according to
  **de antemano** beforehand
  **de hecho** as a matter of fact, actually
  **de igual manera** in a similar manner
  **de lujo** deluxe
  **de nuevo** once again
  **de pie** standing up
  **de pronto** suddenly
  **de su propia cuenta** on his/her own
  **de todos modos** anyway
**debate** *m.* debate (3.3)
**deber** *m.* obligation
**debido(a)** *adj.* due, owed
**débil** weak
**debilidad** *f.* weakness (2.3)
**debutar** to make a debut, to begin
**década** *f.* decade, ten-year period
**decadencia** *f.* decline; decadence
**decaer** to decline, to fall off
**decir** to say, to speak
  **¿Podría decirme dónde están las...?** Can you tell me where the . . . are? (3.1)
  **según se dice** according to what they say
**declamación** *f.* recitation

**declaración** *f.* declaration, statement (4.3)
**declarar** to declare, to make a statement (4.3)
**decorar** to decorate
**decretado(a)** decreed
**dedicarse** to dedicate oneself, to devote oneself
**dedo** *m.* finger (7.1)
**defensa** *m./f.* guard (8.1)
**defensor(a)** *m./f.* guard (8.1)
**deforestación** *f.* deforestation, cutting down forests (5.3)
**deforme** deformed
**dejar de** to stop, to quit
   **dejarse** to allow oneself
**delante: hacia delante** forward
**delantero(a)** *adj.* forward (8.1)
   **luz delantera** *f.* headlamp (5.1)
**delgado(a)** thin
**delirio** *m.* delirium, mania, frenzy
**demanda** *f.* lawsuit
**demasiado(a)** *adj.* too much
**demócrata** *m./f.* democrat (3.3)
**demostrar (ue)** to demonstrate, to show
**denominación** *f.* denomination, name
**denominado(a)** named, called
**denominar** to name
**dentadura postiza** *f.* false teeth, dentures
**dentro de** within
**denuncia** *f.* accusation, denunciation
**denunciar** to denounce
**dependiente (de)** dependent (on)
**deponer** to depose
**deporte** *m.* sport
   **hacer deportes** to play sports (7.1)
**depósito** *m.* deposit
   **hacer un depósito** to deposit
**depositorio** *m.* depository
**depresión** *f.* depression
**deprimente** depressing
**derechista** *m./f.* rightist, right-winger (3.3)
**derecho** *m.* right; law
   **derechos humanos** *m. pl.* human rights
   **hecho y derecho** complete, perfect
**derivar** to derive
**derramamiento** *m.* spilling, overflowing
**derramar** to spill
   **derramar lágrimas** to shed tears
**derrame** *m.* spill
   **derrame de petróleo** *m.* oil spill (5.3)
   **derrame de sangre** *m.* bloodshed
**derretir (i, i)** to melt
**derrocado(a)** ousted, overthrown
**derrocamiento** *m.* overthrow
**derrocar** to overthrow
**derrota** *f.* beating (8.1); defeat
**derrotado(a)** defeated
**derrotar** to destroy, to defeat
**desabotonar** to unbutton, to undo
**desacuerdo** *m.* disagreement
**desafío** *m.* challenge

**desamparado(a)** underprivileged
**desaparecer** to disappear
**desaparecido(a)** disappeared (3.2)
**desaprender** to forget, to unlearn
**desarrollado(a)** developed
**desarrollo** *m.* development
**desastre** *m.* disaster (1.2)
**desastroso(a)** disastrous
**desbancado(a)** replaced
**descalzo(a)** barefoot
**descanso** *m.* rest
**descargar** to discharge
**descomunal** enormous, huge, colossal
**desconocido(a)** *m./f.* stranger, unknown person (2.3)
**descontento(a)** discontent
**descubrimiento** *m.* discovery
**desde** from
   **desde hoy en adelante** from now on
   **desde un principio** from the beginning
**desembarcar** to disembark, to go ashore
**desembocadura** *f.* mouth, outlet (of a river)
**desempeñar** to fullfill, to carry out
**desempleo** *m.* unemployment (5.2)
**desenlace** *m.* ending; result, outcome
**desenvolver (ue)** to unravel, to disentangle
   **desenvolverse** to manage, to cope
**deseo** *m.* desire, wish
**desequilibrado(a)** unbalanced, lopsided
**desértico(a)** desert-like, barren
**desesperado(a)** desperate
**desfavorecido(a)** disfavored
**desfilar** to parade, to march
**desfile** *m.* parade (7.2)
**desflorar** to tarnish, to spoil
**desgracia** *f.* misfortune
**desgraciadamente** unfortunately
**deshacer** to destroy, to damage
   **deshacerse** to do away with
**desheredado(a)** disinherited
**deshidratación** *f.* dehydration
**desierto** *m.* desert
**designar** to designate
**desigual** unequal
**desigualdad** *f.* inequality, disparity
**desilusión** *f.* disappointment, disillusionment
**desintegración** *f.* disintegration
**deslumbrar** to dazzle
**desmán** *m.* outrage; misfortune
**desmayado(a)** unconscious
**desnutrición** *f.* malnutrition, undernourishment
**desorden** *m.* disorder
**desparramarse** to scatter, to spread
**despedir (i, i)** to fire; to dismiss (5.2)
   **despedirse (i, i)** to take leave, to say good-bye
**despejar** to take off (5.1)
**despertado(a)** awakened
**despertar (ie)** to wake up

**despiadado(a)** pitiless, merciless
**desplomar** to crash
**despoblado(a)** uninhabited
**despoblar (ue)** depopulate
**despojar** to deprive, to dispossess
**despótico(a)** despotic, tyrannical
**desprecio** *m.* disdain, scorn
**despreocupadamente** without concern or worry
**desprevenido(a)** unprepared, off guard
**destacado(a)** outstanding (1.1)
**destacarse** to stand out (2.2)
**destartalado(a)** dilapidated
**destemplado(a)** harsh; dissonant
**destierro** *m.* exile, banishment
**destino** *m.* destiny, fate; destination
**destituido(a)** dismissed, removed from office
**destripador(a)** *m./f.* disembowler, ripper
**destrozar** to destroy
**destruir** to destroy
**desunir** to disunite, to separate
**desventaja** *f.* disadvantage
**desventura** *f.* misfortune, bad luck
**desviar** to divert, to deflect
**detallado(a)** detailed
**detalle** *m.* detail
**detención** *f.* detention (3.2)
**detener** to detain, to hold back
**deterioro** *m.* deterioration
**detestar** to detest
**deuda** *f.* debt
**deudor(a)** *m./f.* debtor
**devastar** to devastate
**develación** *f.* unveiling
**devolver (ue)** to return
**devorar** to devour
**día** *m.* day
   **al día** up-to-date
   **Día de Acción de Gracias** *m.* Thanksgiving Day (7.2)
   **Día de Independencia** *m.* Independence Day (7.2)
   **Día de la Bandera** *m.* Flag Day (7.2)
   **Día de la Madre** *m.* Mother's Day (7.2)
   **Día de los Enamorados** *m.* Valentine's Day (7.2)
   **Día de los Inocentes** *m.* April Fool's Day (7.2)
   **Día de los Muertos** *m.* All Souls' Day (7.2)
   **Día de los Reyes Magos** *m.* Epiphany (7.2)
   **Día del Padre** *m.* Father's Day (7.2)
   **Día del Santo** *m.* Saint's Day (7.2)
   **Día del Trabajador** *m.* Labor Day (7.2)
**diablo** *m.* devil
**diamante** *m.* diamond (6.3)
**diario** *m.* newspaper; *adj.* daily
**dibujante** *m./f.* drawer, sketcher (2.2)
**dibujar** to draw

**dibujo** *m.* drawing (2.2)
  **película de dibujos animados** *f.* animated film (1.1)
**dicho** *m.* saying
**dictadura** *f.* dictatorship (3.2)
**dictar** to dictate
**dificilísimo(a)** extremely difficult (1.2)
**digno(a)** worthy, deserving
**dilema** *m.* dilemma
**diminuto(a)** diminutive, little
**dios** *m.* god
**diosa** *f.* goddess
**diputado(a)** *m./f.* representative (3.3)
**director(a)** *m./f.* director (1.1)
**dirigente** *m./f.* leader, manager
**dirigir** to direct
**disco** *m.* (playing) record
  **grabar un disco** to record a record (1.3)
  **sacar un disco** to release a record (1.3)
**discoteca** *f.* discotheque, disco (1.3)
**discriminación** *f.* discrimination (3.2)
**diseño** *m.* design (6.2)
**disfraz** *m.* costume; disguise (7.2)
  **baile de disfraces** *m.* costume ball (7.2)
**disfrazado(a)** disguised, wearing a mask (7.2)
**disfrazar** to disguise; to mask, to cloak
**disfrutar de** to enjoy (something) (2.1)
**disgusto** *m.* annoyance, displeasure
**disidente** *m./f.* dissident
**disminuir** to diminish, to decrease, to reduce
**disolver (ue)** to dissolve
**disparar** to fire (a gun)
**disparate** *m.* absurd or nonsensical thing
**displicente** indifferent
**dispuesto(a)** prepared, ready
**disputa** *f.* dispute
**disputar** to dispute
**distinguirse** to distinguish oneself
**distinto(a)** distinct, different (6.3)
**distraído(a)** distracted
**distribución** *f.* distribution
**distribuir** to distribute
**disuadir** to dissuade, to discourage
**disuelto(a)** dissolved
**diversidad** *f.* diversity
**diversificar** diversify
**diversión** *f.* diversion, amusement
**diverso(a)** diverse
**divertido(a)** entertaining, enjoyable (1.2)
**divertir (ie, i)** to entertain
  **divertirse** to have a good time, to enjoy oneself (7.2)
**divino(a)** divine
**divisar** to discern, to make out
**doblado(a)** bent, folded
**doblar** to bend; to turn; to dub
**dobles** *m. pl.* doubles
**docena** *f.* dozen
**docencia** *f.* teaching, instruction

**docente** *adj.* teaching; educational
**documentación** *f.* documentation (4.3)
  **película documental** *f.* feature-length documentary (1.1)
**doler (ue)** to hurt
**dolor** *m.* pain; ache
**dolorido(a)** pained, grief-stricken; sorrowful
**doloroso(a)** painful, distressful
**domicilio** *m.* home address (4.3)
**dominar** to dominate
**dominio** *m.* dominance, supremacy
**donaire** *m.* elegance, grace
**doncella** *f.* virgin, maiden
**dondequiera** anywhere; everywhere
**dorado(a)** gold color, golden
**drama** *m.* drama (1.2)
**dramático(a)** dramatic (1.1)
**dramaturgo** *m./f.* playwright (1.2)
**droga** *f.* drug (6.1)
  **consumo de drogas** *m.* drug abuse (6.1)
  **traficante en drogas** *m./f.* drug dealer (4.3)
**drogadicción** *f.* drug addiction (6.1)
**drogadicto(a)** *m./f.* drug addict (6.1)
**drogodependencia** *f.* drug dependence (6.1)
**ducado** *m.* dukedom
**ducharse** to shower (7.1)
**duda** *f.* doubt
  **no cabe duda** there is no doubt
  **sin duda** without a doubt
**dueño(a)** *m./f.* owner (2.3); master
  **dueño(a) de negocios** *m./f.* proprietor (2.3)
**dulce** *m.* sweet (1.2)
**dulzura** *f.* sweetness
**duradero(a)** durable, lasting
**durar** to last, to remain
**duro(a)** hard; strong; tough
  **madera dura** *f.* hardwood (6.3)

**echar** to throw
  **echar de menos** to miss (4.3)
  **echar versos** to recite poetry
  **echarse a perder** to spoil *(food)*
**ecología** *f.* ecology (5.3)
**ecologista** *m./f.* ecologist (5.3); *also called* **ecólogo(a)**
**economía** *f.* economy (5.2)
**económico(a)** economic (8.3)
**economista** *m./f.* economist (5.2)
**ecoturismo** *m.* ecotourism
**Edad Media** *f.* Middle Ages
**edificación** *f.* building, construction
**edificarse** to edify
**edificio** *m.* edifice, building
**editorial** *f.* publishing house
**educador(a)** *m./f.* educator

**efecto invernadero** *m.* greenhouse effect (5.3)
**efectuarse** to be carried out, to take effect
**eficaz** efficient
**efímero(a)** ephemeral, short-lived
**egipcio(a)** *adj.* Egyptian
**eje** *m.* hub (5.1)
**ejecución** *f.* execution, realization (6.2)
**ejecutado(a)** executed
**ejecutar** to execute, to carry out
**ejecutivo(a)** executive
  **consejo ejecutivo** *m.* executive council
**ejercer** to practice (a profession)
**ejercicio** *m.* exercise
  **hacer ejercicio** to do exercise (7.1)
**ejercido(a)** practiced, exercised
**ejército** *m.* army
**elaborado(a)** manufactured, produced
**elección** *f.* election
**elegir (i, i)** to elect
**elevar** to elevate, to raise
  **elevarse** to stand; to rise
**eliminarse** to be eliminated
**elogio** *m.* praise
**embajada** *f.* embassy (4.3)
**embajador(a)** *m./f.* ambassador (4.3)
**embarazo** *m.* pregnancy
**embarazoso(a)** embarrassing, awkward
**embarcarse** to embark, to go aboard
**embargo** *m.* embargo
  **sin embargo** nevertheless, however
**embarque** *m.* shipment
**embellecido(a)** beautified
**emborracharse** to get drunk
**embrujar** to bewitch, to cast a spell on (4.1)
**emigrante** *m./f.* emigrant (4.3)
**emigrar** to emigrate
**emitir** to broadcast, to transmit
**emocionante** exciting (1.1)
**empanada** *f.* turnover
**empeorando** getting worse (6.1)
**emperador** *m.* emperor
**empezar (ie)** to begin *(7.1)*
**empinado(a)** steep
**empleado(a)** *m./f.* employee
**emplear** to employ
**empleo** *m.* employment (2.3)
**emplumado(a)** feathered
**emprender** to begin
**empresa** *f.* company
  **libre empresa** *f.* free enterprise
**empresario(a)** *m./f.* manager
**en:**
  **en cambio** on the other hand
  **en contra** against
  **en control** in charge
  **en fin** in short, well
  **en gran parte** for the most part
  **en la actualidad** at the present time, currently
  **en medio de** in the middle of
  **en peligro** endangered (5.3)

**en seguida** right away
**en serio** seriously (7.1)
**en silencio** silently (1.2)
**en su mayoría** in the majority
**en vez de** instead of
**en vías de** in the process of
**en voz alta** out loud (1.2)
**en voz baja** quietly, in a whisper (1.2)
**enagua** *f.* slip (7.3)
**enamorarse (de)** to fall in love (with)
**encajar** to fit
**encaje** *m.* lace (7.3)
**encantado(a)** enchanted
**encantador(a)** enchanting, delightful (1.2)
**encantar** to captivate, to enchant; to delight, to charm (2.2)
  **Gracias. Me encantaría.** Thanks. I'd love to. (4.1)
**encarcelado(a)** jailed
**encargado(a)** in charge of
**encargar** to order, to ask; to entrust with
  **encargarse de** to be in charge of
**encender (ie)** to light
**encendido(a)** fiery
**encima** *adv.* on top
**enclavado(a)** located, situated
**encomendarse (ie)** to entrust oneself
  **encomendarse de todo corazón** to entrust oneself completely
**encontrado(a)** found
**encontrar (ue)** to find (6.1)
  **encontrarse (ue)** to find oneself
**encrucijada** *f.* crossroads
**encuentro** *m.* encounter
**encumbrado(a)** high, lofty
**endiablar** to bedevil, to possess with the devil
**endibia** *f.* endive (a plant used in salads) (3.1)
**endrogado(a)** under the influence of narcotics (6.1)
**enemigo(a)** *m./f.* enemy
**enemistad** *f.* enmity, antagonism
**enfatizar** to emphasize
**enfermedad** *f.* illness, sickness
**enfermo(a)** sick
  **sentirse enfermo(a)** to feel sick
**enfocar** to focus
**enfoque** *m.* way of considering or treating a matter
**enfrentamiento** *m.* confrontation
**enfrentar** to confront, to face; to bring face to face
**engaño** *m.* deception, trick
**englobar** to include
**¡Enhorabuena!** Congratulations! (2.3)
**enjambre** *m.* crowd, throng; great number or quantity
**enjuto(a)** skinny, lean
**enlazar** to link
**enloquecer** to drive crazy
**enmantado(a)** blanketed
**enmarcar** to frame

**enojado(a)** angry
**enojar** to get angry
**enriquecer** to enrich
  **enriquecerse** to get rich
**enriquecimiento** *m.* enrichment
**ensayo** *m.* essay (1.2)
**enseñar** to show; to teach
**ensoñación** *f.* dream
**ensordecedor(a)** deafening
**ensuciarse** to get dirty
**entendido(a)** *adj.* understood
**enterarse de** to learn about, to find out
**entero(a)** entire
**enterrado(a)** buried
**entierro** *m.* burial (2.3)
**entrada** *f.* admission ticket (1.1); entrance (4.3)
**entrañas** *f. pl.* entrails, bowels
**entre sí** among themselves
**entrega** *f.* delivery
  **hacer entrega** to deliver
**entregar** to hand over, to deliver
**entrelazarse** to interweave, to intertwine
**entrenado(a)** trained
**entrenador(a)** *m./f.* coach (4.2)
**entrenamiento** *m.* training
**entretener** to entertain
**entretenido(a)** entertaining (1.1)
**entretenimiento** *m.* entertainment (5.2)
**entrevistar** to interview
**entusiasmo** *m.* enthusiasm
**envejecido(a)** old, aged
**envenenado(a)** poisoned (5.3)
**enviado(a)** sent
**enviar** to send
**envidia** *f.* envy
**envidiar** to envy
**envuelto(a)** wrapped
**epicentro** *m.* epicenter
**época** *f.* epoch, period of time
**equilibrar** to balance, to equilibrate
**equilibrio** *m.* equilibrium, balance (5.3)
**equipo** *m.* team (4.2)
**equivocarse** to be mistaken
**erguido(a)** erect (7.1); puffed up with pride
**erigir** *f.* to erect
**errata** *f.* error
**esbelto(a)** slender, svelte
**escala** *f.* stopover
**escalera** *f.* stairs, stairway
**escalón** *m.* stair
**escaloncillo** *m.* small stepladder
**escarola** *f.* endive (a plant used in salads) (3.1)
**escasez** *f.* scarcity
**escaso(a)** scarce
**escena** *f.* scene (1.2)
**escenario** *m.* scenario (1.2)
**escéptico(a)** skeptical
**esclavitud** *f.* slavery
**esclavo(a)** *m./f.* slave
**esclusa** *f.* lock
**escoger** to select
**escogido(a)** selected

**escolar** *m./f.* pupil, student; *adj.* of or relating to school
  **guagua escolar** *f.* (*Carib.*) school bus
**esconderse** to hide
**escoplo** *m.* chisel (6.2)
**escotilla** *f.* hatch, hatchway
**escritor(a)** *m./f.* writer (1.2)
**escritura** *f.* writing
**escudero** *m.* squire, shield bearer
**escudo** *m.* shield
**esculpir** to sculpt
**escultor(a)** *m./f.* sculptor (2.2)
**escultura** *f.* sculpture (2.2)
**escupiendo** spitting
**escurrirse** to drain
**esencia** *f.* essence
**esfera** *f.* sphere
**esforzarse (ue)** to strive, to exert much effort
**esfuerzo** *m.* effort
**esmeralda** *f.* emerald (6.3)
**espacial** *adj.* spatial, space
**espada** *f.* sword
**espalda** *f.* back (7.1)
**espantoso(a)** frightening, terrifying
**espárragos** *m. pl.* asparagus (3.1)
**espasmo** *m.* spasm
**especializarse** to specialize
**especie** *f.* type; *pl.* species (5.3)
**espectáculo** *m.* show
**espectador(a)** *m./f.* spectator, audience (7.2)
**espejo** *m.* mirror
**esperanza** *f.* hope
**espiando** spying
**espinacas** *f. pl.* spinach (3.1)
**espinoso(a)** thorny
**espíritu** *m.* spirit, soul
**esplendor** *m.* splendor
**espuela** *f.* spur
**espuma** *f.* foam
**esquina** *f.* corner
  **tiro de esquina** *m.* corner kick
**estabilidad** *f.* stability
**establecer** to establish
  **establecerse** to settle
**estadía** *f.* stay
**estadidad** *f.* statehood
**estadio** *m.* stadium (2.1)
**estadística** *f.* statistics
**estado** *m.* state (4.3)
  **estado civil** *m.* marital status (4.3)
  **estado de ánimo** *m.* state of mind
  **Estados Partes** *m. pl.* Member States (8.3)
  **golpe de estado** *m.* coup d'etat
  **jefe(a) de estado** *m./f.* Chief of State
**estallar** to break out; to explode
**estallido** *m.* explosion
**estancia** *f.* stay; ranch, large farm
**estañar** to plate with tin
**estaño** *m.* tin (6.3)
**estar** to be
  **estar de acuerdo** to agree (5.2)
  **estar en forma** to be in shape (7.1)

**estar harto(a)** to be fed up
**estar muerto(a)** to be dead (5.1)
**¿Podría decirme dónde están las...?**
Can you tell me where the . . . are?
(3.1)
**estatua** *f.* statue (2.2)
**estatura** *f.* stature, height (of a person)
(4.3)
**estereotipo** *m.* stereotype
**esterilización** *f.* sterilization
**estilística** *f.* stylistics, style
**estilo** *m.* style
**estimado(a)** loved, appreciated
**estimulante** *m.* stimulant (6.1)
**estimular** to stimulate
**estiramiento** *m.* stretching (7.1)
**estirar** to stretch (7.1)
**estómago** *m.* stomach (7.1)
**estrategia** *f.* strategy
**estratégico(a)** strategic
**estrechez** *f.* narrowness
**estrella** *f.* star
**estrella de cine** *f.* movie star
**estrella de televisión** *f.* TV star
**estremeciéndose** trembling, shaking
**estrenar** to show for the first time
**estrepitosamente** noisily
**estriado(a)** striped; striated
**estribo** *m.* toe clip (5.1); stirrup
**estricto(a)** strict
**estupendo(a)** stupendous (1.1)
**estupidez** *f.* stupidity, idiocy
**etapa** *f.* phase, stage
**eternidad** *f.* eternity
**étnico(a)** ethnic
**etnología** *f.* ethnology
**euforia** *f.* euphoria
**Europa Oriental** *f.* Eastern Europe
**evaluar** to evaluate
**evitar** to avoid (5.3)
**exagerar** to exaggerate
**excelente** excellent (1.2)
**excitante** stimulating (4.1)
**excluido(a)** excluded (8.3)
**excursión** *f.* trip
**hacer una excursión** to go on a
trip/tour/excursion (2.1)
**exhalar** to exhale (7.1)
**exhausto(a)** exhausted
**exhibición** *f.* exhibition (2.2)
**exigencia** *f.* requirement, demand
**exigir** to demand
**exiliado(a)** exiled, in exile
**exiliarse** to go into exile
**exilio** *m.* exile
**salir al exilio** to leave in exile
**éxito** *m.* success
**tener éxito** to be successful (1.2)
**exitoso(a)** successful
**éxodo** *m.* exodus
**expedición** *f.* expedition
**expedicionario(a)** *adj.* expeditionary
**experimentar** to experiment
**experto(a)** *m./f.* expert (7.1)
**explosión** *f.* explosion

**explotación** *f.* exploitation
**explotar** to explode; to exploit
**exportación** *f.* exports, exportation; *pl.*
exports (8.3)
**exposición** *f.* exposition (2.2)
**expresión** *f.* expression
**libertad de expresión** *f.* freedom of
speech
**expulsar** to expel, to drive out, to throw
out (of a game) (8.1)
**extender (ie)** to extend, to spread out
**extenso(a)** extensive
**exterminado(a)** exterminated; killed
**exterminio** *m.* extermination
**extinción** *f.* extinction (5.3)
**extranjero(a)** *m./f.* foreigner (4.3); *adj.*
foreign (5.2)
**extraño(a)** strange; foreign

**fábrica** *f.* factory, shop (2.3)
**fachada** *f.* facade, front
**factura** *f.* invoice, bill (4.3)
**facultad** *f.* school, college
**falda** *f.* skirt (7.3)
**falda con tablas** *f.* pleated skirt (7.3)
**falda con volantes plegados** *f.* ruffled
skirt (7.3)
**fallecer** to die
**fallecimiento** *m.* death
**fallido(a)** unsuccessful
**falta** lack; fault, foul (8.1)
**hacer falta** to be lacking, to need
**faltar** to lack, to be lacking
**fama** *f.* fame
**familiar** *m.* family member; *adj.* pertaining to the family
**familiarizándose** familiarizing oneself
**fiesta familiar** *f.* family get-together
(7.2)
**lealtad familiar** *f.* family loyalty (2.3)
**miembro de la familia** *m.* family
member (2.3)
**fanatismo** *m.* fanaticism
**fangoso(a)** muddy
**fantástico(a)** fantastic (1.2)
**¡Fantástico!** Fantastic! (2.3)
**farmacéutico(a)** *adj.* pharmaceutical
**faro** *m.* lighthouse
**fascinar** to fascinate (2.2)
**fase** *f.* phase
**fauna** *f.* wildlife (6.3)
**favorecido(a)** favored
**faz** *f.* face, surface
**fe** *f.* faith
**fecha** *f.* date *(calendar)*
**fecha de nacimiento** *f.* date of birth
(4.3)
**federación** *f.* federation
**felicidad** *f.* happiness
**¡Felicidades!** *f. pl.* Congratulations!
(2.3)

**feliz** happy
**¡Feliz cumpleaños (aniversario)!**
Happy birthday (anniversary)! (2.3)
**¡Qué sean muy felices!** May you be
very happy! (2.3)
**Te felicito.** I congratulate you. (2.3)
**fenicio(a)** *m./f.* Phoenician
**fenomenal** terrific
**fenómeno** *m.* phenomenon
**feroz** ferocious
**ferrocarril** *m.* railroad
**ferroviario(a)** *adj.* railroad
**fertilizante** *m.* fertilizer
**fervientemente** fervently, earnestly
**festival** *m.* festival (7.2)
**festivo(a)** festive (7.2)
**fibra** *f.* fiber
**ficción** *f.* fiction
**ciencia ficción** *f.* science fiction
**fidelidad** *f.* fidelity
**fiebre** *f.* fever
**fiel** faithful, true
**fiero(a)** fierce, ferocious
**fiesta** *f.* party
**fiesta familiar** *f.* family get-together
(7.2)
**figura** *f.* figure
**fila** *f.* row, tier (1.1)
**filmar** to film
**filo** *m.* cutting edge of a knife
**filosofía** *f.* philosophy
**filósofo(a)** *m./f.* philosopher
**fin** *m.* end
**al fin** at last
**al fin y al cabo** after all
**en fin** in short, well
**por fin** finally
**final: a finales de** at the end of
**finalizar** to finalize
**financiero(a)** financial
**institución financiera** *f.* financial institution (5.2)
**finca** *f.* farm
**fino(a)** fine; of high quality (6.2)
**firmado(a)** signed
**firmar** to sign
**fiscal** *m./f.* district attorney
**flaquear** to weaken; to give way
**flauta** *f.* flute (1.3)
**flautista** *m./f.* flautist (1.3)
**flexionar** to stretch (7.1)
**hacer flexiones** to stretch (7.1)
**flora** *f.* plant life (6.3)
**florecer** to flourish
**floreciente** prosperous, flourishing
**florecimiento** *m.* flowering, flourishing
**florido(a): Pascua Florida** *f.* Easter
(7.2)
**flota** *f.* fleet
**flotar** to float
**foco** *m.* focus
**fomentar** to foment, to stir up
**fonda** *f.* inn; boardinghouse (2.1)
**fondo** *m.* background
**al fondo** at the rear, back (3.1)

**footing: hacer footing** to go jogging, to go running (7.1); *see also* **correr**
**forastero(a)** *m./f.* foreigner, stranger (4.3)
**forjado(a)** forged
**forma** *f.* form (6.3)
   **estar en forma** to be in shape (7.1)
**formar** to form (6.3)
**formidable** formidable, terrific (1.1)
**fortalecer** to fortify, to strengthen (8.3)
**fortalecimiento** *m.* fortifying, strengthening
**fortaleza** *f.* fortress, stronghold
**fortificado(a)** fortified
**forzado(a)** forced
**forzar (ue)** to force
**fracasar** to fail
**fracaso** *m.* failure, ruin
**fragua** *f.* forge
**fraile** *m.* friar, monk
**franja** *f.* fringe; border; strip (of land)
**freno** *m.* brake
   **cable del freno** *m.* brake cable (5.1)
   **freno trasero** *m.* rear brake (5.1)
   **palanca de freno** *f.* brake lever (5.1)
**frente** *f.* forehead, brow; front
   **frente a** facing, opposite
**fresa** *f.* drill *(dentist's office)*; strawberry
**fresco(a)** fresh (2.2)
**frescura** *f.* coolness; calmness; luxurious foliage
**frijol** *m.* bean (3.1); *see also* **habichuela** *and* **poroto**
**fritanga** *f.* fried snack
**frontera** *f.* frontier, border (4.3)
**fronterizo(a)** along the border
**frotar** to rub
**fruición** *f.* enjoyment
**fuego** *m.* fire
   **control de armas de fuego** *m.* gun control (3.3)
   **fuegos artificiales** *m. pl.* fireworks (7.2)
**fuente** *f.* fountain
   **fuente de trabajo** *f.* employment source
**fuera de** outside
**fuerte** *m.* fort; *adj.* loud (1.3)
   **punto fuerte** *m.* strength, strong points (2.3)
**fuerza** *f.* strength; force
   **fuerza laboral** *f.* work force
   **fuerzas armadas** *f. pl.* armed forces
   **fuerzas de seguridad** *f. pl.* security forces
**fugaz** *adj.* fleeting, brief
**fumarola** *f.* hole emitting hot gases and vapor
**funcionamiento** *m.* functioning
**fundado(a)** founded; established
**fundador(a)** *m./f.* founder
**fundar** to found, to establish
**fundir** to melt, to fuse
**fúnebre** funereal; mournful, gloomy
**funeral** *m.* funeral (2.3)

**furia** *f.* fury, rage
**furibundo(a)** furious
**furtivo(a)** furtive
**fusil** *m.* rifle
**fusilado(a)** shot
**fusilamiento** *m.* shooting, execution
**fútbol** *m.* soccer (8.1)
   **fútbol americano** *m.* football (4.2)

## G

**gabinete** *m.* consulting room; cabinet
**gachupín** *m./f. (Mex.)* Spaniard born in Spain
**gafas** *f. pl.* eyeglasses (7.3)
   **gafas de sol** *f. pl.* sunglasses (7.3)
**galardón** *m.* award
**galardonado(a)** awarded (a prize)
**gallinazo** *m.* buzzard
**gallo** *m.* rooster
   **misa de gallo** *f.* midnight mass (7.2)
**galopar** to gallop
**ganadero(a)** *m./f.* cattle rancher
**ganado** *m.* cattle; livestock
**ganador(a)** *m./f.* winner
**ganancia** *f.* profit, gain (5.2)
**ganar** to earn; to win
**ganchillo** *m.* crochet hook
   **hacer a ganchillo** to crochet (6.2)
**garantía** *f.* guarantee
**garantizar** to guarantee
**garbanzo** *m.* chick pea (3.1)
**garza** *f.* heron
**gas** *m.* gas
   **agua mineral con gas** *f.* carbonated water
   **agua mineral sin gas** *f.* mineral water
**gaveta** *f.* drawer
**gelatina** *f.* gelatin
**gemelos(as)** *m./f. pl.* twins (2.3)
**generoso(a)** generous
**genial** brilliant (5.3)
**genio(a)** *m./f.* genius
**gente** *f.* people (3.2)
**gentil** genteel, polite
**geranio** *m.* geranium
**germánico(a)** Germanic
**gesto** *m.* gesture
**gigante** *m.* giant
**gimnasia** *f.* gymnastics (4.2)
**Ginebra** *f.* Geneva
**gira** *f.* tour
   **hacer una gira** to do a tour (1.3)
**girar** to rotate, to revolve
**girasol** *m.* sunflower
**gitano(a)** *m./f.* gypsy
**glacial** glacial; icy
**glosario** *m.* glossary
**gobernador(a)** *m./f.* governor (3.3)
**gobierno** *m.* government
**gol** *m.* goal (8.1)
   **gol de córner** *m.* corner goal (8.1)

**gol de tiro libre** *m.* free kick goal (8.1)
   **meter un gol** to score a goal (8.1)
**golf** *m.* golf (4.2)
**golpe** *m.* blow, hit
   **golpe de cabeza** *m.* head kick (8.1)
   **golpe de estado** *m.* coup d'etat
   **golpe ilegal** *m.* foul (4.2)
   **golpe militar** *m.* military coup, military takeover
**gorra** *f.* cap
**gótico(a)** Gothic (2.2)
**gozar de** to enjoy (something) (2.1)
**grabación** *f.* recording
**grabado** *m.* engraving, illustration (2.2)
**grabador(a)** *m./f.* engraver
**grabar** to engrave; to record
   **grabar un disco** to record a record (1.3)
**gracias:**
   **Gracias, no. Necesito descansar.** No, thank you. I need to rest. (4.1)
   **Gracias, pero estoy muy cansado(a).** Thank you, but I'm very tired. (4.1)
   **Gracias. Me encantaría.** Thanks. I'd love to. (4.1)
**graduación** *f.* graduation (2.3)
**gran** *adj.* big, large
   **en gran parte** for the most part
**granero** *m.* granary
**grano** *m.* grain
**grasa** *f.* fat; grease
**grave** grave, solemn; serious
**gravedad** *f.* seriousness
**griego(a)** Greek
**gringuito(a)** *m./f.* little Yankee (gringo)
**gritar** to shout, to yell, to scream
**grito** *m.* cry
**grotesco(a)** grotesque; bizarre
**grulla** *f.* construction crane
**grupo** *m.* group (1.3)
   **grupo minoritario** *m.* minority group
**guadaña** *f.* scythe
**guagua** *f. (Carib.)* bus; *see also* **autobús** *and* **bus**
   **guagua escolar** *f. (Carib.)* school bus
**guajolote** *m.* turkey; *see also* **pavo**
**guano** *m.* fertilizer derived from bird droppings
**guante** *m.* glove (4.2)
**guaracha** *f.* Cuban dance
**guaraní** *m.* language of the Tupi-Guarani Indians (8.2)
**guardabarros** *m.* fender (5.1)
**guardabosque** *m./f.* fielder (4.2)
**guardar** to keep, to tend
**guatemalteco(a)** *adj.* Guatemalan
**guerra** *f.* war
   **buque de guerra** *m.* warship
   **guerra de guerrillas** *f.* guerrilla warfare
   **película de guerra** *f.* war movie (1.1)
   **Segunda Guerra Mundial** *f.* Second World War

**guerrera** *f.* type of military jacket
**guerrero(a)** *m./f.* warrior
**guerrillero(a)** *m./f.* guerrilla (fighter)
**guiando** guiding
**guiñar el ojo** to wink
**guión** *m.* script
**güiro** *m.* elongated gourd rasped with a stick (4.1)
**guisante** *m.* (*Sp.*) pea (3.1); *see also* **chícharo** *and* **arveja**
**guitarra** *f.* guitar (1.3)
**guitarrista** *m./f.* guitarist (1.3)
**gusto** *m.* taste
  **¡Qué gusto me da!** I'm so happy! (2.3)

**haba** *f.* fava bean (3.1)
**habanera** *f.* Cuban dance
**habichuela** *f.* (*Sp.*) bean (3.1); *see also* **frijol** and **poroto**
**habitación** *f.* room
**habitado(a)** inhabited
**habitante** *m./f.* inhabitant
**habitar** to inhabit
**hábito** *m.* habit
**hacendado(a)** *m./f.* landowner; *adj.* landed
**hacer:**
  **hacer a ganchillo** to crochet (6.2)
  **hacer broma** to play a joke (7.2)
  **hacer campaña** to campaign (3.3)
  **hacer cola** to stand in line (1.1)
  **hacer daño** to hurt, to harm
  **hacer deportes** to play sports (7.1)
  **hacer ejercicio** to do exercise (7.1)
  **hacer el papel** to play the role (of) (5.2)
  **hacer entrega** to deliver
  **hacer falta** to be lacking, to need
  **hacer flexiones** to stretch (7.1)
  **hacer footing** to go jogging, to go running (7.1)
  **hacer mohínes** to make faces
  **hacer resbalar** to make something slide (4.2)
  **hacer un crucero** to take a cruise (2.1)
  **hacer un depósito** to deposit
  **hacer un juicio** to sue
  **hacer un mandado** to run an errand
  **hacer una excursión** to go on a trip/tour/excursion (2.1)
  **hacer una gira musical (de concierto)** to do a musical (concert) tour (1.3)
  **hacer una reservación** to make a reservation (2.1)
  **hacerse** to become
**hacia** toward
  **hacia arriba** upward
  **hacia delante** forward

**hada madrina** *f.* fairy godmother
**hallar** to find
**hamaca** *f.* hammock
**hambre** *f.* hunger
**harina** *f.* flour
**harmonía** *f.* harmony
**harto(a)** tired, fed up
  **estar harto(a)** to be fed up
**hawaiano(a): tabla hawaiana** *f.* surfboard
**hechizador(a)** enchanting, captivating
**hechizar** to bewitch, to put a spell on; to enchant
**hecho** *m.* fact
  **de hecho** as a matter of fact, actually
  **hecho y derecho** complete, perfect
**hectárea** *f.* hectare (approx. 2.5 acres)
**helado(a)** *adj.* cold
**heredar** to inherit
**heredero(a)** *m./f.* crown prince/princess; heir
**herencia** *f.* inheritance; heritage
**herida** *f.* wound
**herido(a)** *adj.* wounded
**herir (ie, i)** to wound, to hurt
**hermana** *f.* sister (2.3)
  **media hermana** *f.* half sister (2.3)
**hermanastra** *f.* stepsister (2.3)
**hermanastro** *m.* stepbrother (2.3); *pl.* stepbrothers and stepsisters (2.3)
**hermano** *m.* brother (2.3)
**hermético(a)** hermetic, airtight
**heroína** *f.* heroine (6.1)
**herrumbroso(a)** rusty
**hervido(a)** boiled
**hervir (ie, i)** to boil
**híbrido(a)** *adj.* hybrid
**hidroeléctrico(a)** hydroelectric
**hielo** *m.* ice
**hierro** *m.* iron (6.3)
**hija** *f.* daughter (2.3)
**hijastra** *f.* stepdaughter (2.3)
**hijastro** *m.* stepson (2.3)
**hijo** *m.* son (2.3)
**hilar** to string together (ideas)
**hilo** *m.* thread (6.2)
**himno nacional** *m.* national anthem (7.2)
**hinchado(a)** swollen
**hinchar** to swell up
**hiperinflación** *f.* hyperinflation
**Hispania** Romans' name for Spain
**historia** *f.* history; story
**histórico(a)** historic (5.3)
**hojear** to leaf or glance through
**hombre de negocios** *m.* businessman
**hombro** *m.* shoulder (7.1)
**homenaje** *m.* homage
**hondo(a)** deep, intense
**hongo** *m.* mushroom (3.1); *see also* **champiñón** *and* **seta**
**honrado(a)** honorable (2.3)
**horcajada: a horcajadas** astride, straddling

**horizonte** *m.* horizon
**hormiga** *f.* ant
**horno** *m.* kiln (6.2)
**hospedaje** *m.* rooming house
**hospedarse** to lodge, to stay (2.1)
**hostal** *m.* hostel (2.1)
**hotel** *m.* hotel (2.1)
**hoy** today, now
  **desde hoy en adelante** from now on
**hoz** *f.* sickle, scythe
**huelga** *f.* strike
**huella** *f.* footprint
**huérfano(a)** *m./f.* orphan
**hueso** *m.* bone
**huida** *f.* escape
**huir** to run away, to flee
**humano(a)** *adj.* of or pertaining to humans
  **derechos humanos** *m. pl.* human rights
  **recurso humano** *m.* human resource (5.2)
**humanidad** *f.* humanity
**humilde** humble
**humillado(a)** humiliated
**humillante** humiliating
**humo** *m.* smoke
**huracán** *m.* hurricane

**íbero(a)** *m./f.* Iberian, original occupant of the peninsula
  **Península Ibérica** *f.* Iberian Peninsula
**ida** *f.* departure; outward journey
  **vuelo de ida y vuelta** *m.* round-trip flight (5.1)
**idealista** *m./f.* idealistic (2.2)
**identidad** *f.* identity
**idioma** *m.* language
**ídolo(a)** *m./f.* idol
**iglesia** *f.* church (2.1)
**igual** equal, same
  **de igual manera** in a similar manner
**igualdad** *f.* equality (3.2)
**ilegal** illegal (4.3)
  **golpe ilegal** *m.* foul ball (4.2)
**ilustre** illustrious
**imitar** to imitate
**impar** *adj.* odd (not even)
**impedir (i, i)** to stop, to prevent
**imperdible** *m.* safety pin
  **alfiler imperdible** *m.* safety pin (6.2)
**imperio** *m.* empire
  **Sacro Imperio Romano** *m.* Holy Roman Empire
**impermeable** *m.* raincoat (7.3)
**imponente** imposing, impressive
**imponer** to impose
**importación** *f.* import (8.3), importation
**importar** to be important, to matter; to import

**importe** *m.* amount, price, cost
**impresión** *f.* printing (6.2)
**impresionado(a)** impressed
**impresionante** impressive (1.1)
**impresionista** *adj.* impressionistic (2.2)
**impreso(a)** printed
**imprimir** to print; to publish; to stamp
**impuesto** *m.* tax
**impulsar** to impel, to drive; to promote
**incansable** untiring
**incapaz** incapable
**incendio** *m.* fires, burning (5.3)
**incentivo** *m.* incentive
**incluso** *adv.* including, even
**incómodo(a)** uncomfortable
**incomprensible** incomprehensible (1.2)
**inconcluso(a)** inconclusive
**inconsciente** unconscious
**incontable** innumerable
**incrementar** to increase, to augment; to intensify
**independiente** independent (3.3)
**independizarse** to become independent
**índice** *m.* index; rate
   **índice de mortalidad** *m.* death rate
**indígena** *adj.* indigenous, native (8.2)
**indigestarse** to get indigestion
**indigestión** *f.* indigestion
**indignado(a)** infuriated, angered
**indignar** to anger, to infuriate
**indiscutible** indisputable, unquestionable
**indocumentado(a)** without identity papers
**industria** *f.* industry
**inepto(a)** inept, incapable
**inesperado(a)** unexpected
**inestabilidad** *f.* instability
**inexplicable** unexplainable
**infamia** *f.* infamy
**infantil** infantile
**inferior** inferior, lower
**infinito(a)** infinite
**inflación** *f.* inflation
**influyente** influential
**infrahumano(a)** *adj.* subhuman
**ingenioso(a)** ingenious, resourceful
**ingresar** to join; to come in, to enter
**ingreso** *m.* income
   **ingreso nacional per cápita** *m.* national average salary
**iniciación** *f.* initiation
**iniciar** to initiate, to start, to begin
   **iniciarse** to begin, to initiate
**iniciativa** *f.* initiative
**inicio** *m.* beginning
**injusticia** *f.* injustice
**injusto(a)** unjust (3.2)
**inmigrante** *m./f.* immigrant
**inmortalizar** to immortalize
**inmóvil** motionless, immobile
**inmune** immune, free, exempt
**inmutable** immutable
**innegable** undeniable

**inning** *m.* inning (4.2)
**inquieto(a)** restless, fidgety, uneasy
**inquietud** *f.* uneasiness
**insano(a)** insane
**inscrito(a)** inscribed
**insectívoro(a)** insectivorous
**insigne** famous, illustrious
**insospechado(a)** unexpected
**instalarse** to establish oneself
**institución financiera** *f.* financial institution (5.2)
**insurrección** *f.* insurrection; uprising
**integrado(a)** integrated
**integrante** integral; participating (8.3)
**integrar** to integrate
**intelectual** *adj.* intellectual
**inteligencia** *f.* intelligence
   **cociente de inteligencia** *m.* intelligence quotient (IQ)
**intentar** to try, to attempt
**intercambiar** to exchange
**intercambio** *m.* exchange; interchange
**interés** *m.* interest
   **tasa de interés** *f.* interest rate
**interesante** interesting (1.1)
**interín** *m.* interim
**intermedio(a)** intermediary
**interno(a)** internal
   **Producto Interno Bruto (PIB)** Gross Domestic Product (GDP) (8.3)
**intervenir** to intervene
**íntimo(a)** intimate
**inundación** *f.* flood
**inútil** useless
**invadir** to invade
**invasor(a)** *m./f.* invader; *adj.* invading
   **pueblo invasor** *m.* invading tribe
**inversión** *f.* investment (5.2)
**invertir (ie, i)** to invest; to invert, to reverse
**investigación** *f.* investigation; research
**invisible** invisible (6.2)
**inyectar** to inject (6.1)
**ir de compras** to go shopping (2.1)
**iridescente** iridescent
**irlandés** *m.* **irlandesa** *f.* Irish
**ironía** *f.* irony
**irreparable** irreparable
**isla** *f.* island
**istmo** *m.* isthmus
**izquierdista** *m./f.* leftist, left-winger (3.3)

**jaca** *f.* pony, small horse
**jade** *m.* jade (6.3)
**jamás** never, ever
**jardín** *m.* garden
   **jardín botánico** *m.* botanical garden (2.1)
**jardinero** *m.* fielder (4.2)
   **jardinero corto** *m.* shortstop (4.2)

**jaspe** *m.* jasper, veined marble
**jaula** *f.* cage
**jazz** *m.* jazz (1.3)
**jeans** *m. pl.* blue jeans (7.3)
**jefe(a)** *m./f.* boss, chief
   **jefe(a) de estado** *m./f.* Chief of State
**jerez** *m.* sherry
**jeringa** *f.* syringe (6.1)
**jeroglífico** *m.* hieroglyphic
**jesuita** *m.* Jesuit
**jíbaro(a)** *m./f.* Puerto Rican peasant
**jitomate** *m. (Mex.)* tomato
**jonrón** *m.* home run, homer (4.2)
**joven** *m./f.* youngster (2.3); *adj.* young
**joya** *f.* jewel
**joyería** *f.* jewelry store
**jubilarse** to retire
**judío(a)** *m./f.* Jew
**juego** *m.* game
**juez(a)** *m./f.* judge
**juicio** *m.* lawsuit
   **hacer un juicio** to sue
**jugada** *f.* play (4.2)
**jugador(a)** *m./f.* player
**jugar (ue)** to play (4.2)
   **jugar un papel** to play a role
**juntar** to unite, to join
   **juntarse** to get together
**junto(a)** together
**jurado** *m.* jury
**jurar** to swear, to take an oath
**jurisdicción** *f.* jurisdiction
**justicia** *f.* justice (3.2)
   **justicia social** *f.* social justice
**justo(a)** just, fair, right
**juventud** *f.* youth, early life
**juzgar** to judge, to pass judgment on

**kinético(a)** kinetic

## L

**laberinto** *m.* labyrinth
**labio** *m.* lip (7.1)
**labor** *f.* work
**laboral** *adj.* working
   **fuerza laboral** *f.* work force
**labrado** *m.* tooled (leather) (6.2)
**labrar** to work; to carve
**lacio(a)** limp
**ladino(a)** *m./f.* native assimilated to a dominant culture
**lado** *m.* side (1.1)
**lago** *m.* lake (5.3)
**lágrima** *f.* tear
   **derramar lágrimas** to shed tears
**lana** *f.* wool (7.3)

**lancha de motor** *f.* motorboat (5.1)
**langosta** *f.* lobster
**lanza** *f.* lance
**lanzada** *f.* lance thrust
**lanzador** *m.* pitcher (4.2)
**lanzar** to pitch (4.2); to launch
   **lanzarse** to throw oneself, to hurl oneself
**lápices de colores** *m. pl.* color pencils (2.2)
**largo(a)** long (1.2)
   **a lo largo de** throughout
   **a lo largo y ancho** everywhere
**largometraje** *m.* feature film
**lastimar** to hurt
   **lastimarse** to hurt oneself (8.1)
   **¡Qué lástima!** What a shame! (6.1)
**lavarropas** *m.* clothes washer
**lazo** *m.* bond (8.3)
**leal** loyal
**lealtad familiar** *f.* family loyalty (2.3)
**lechuga** *f.* lettuce (3.1)
**lector(a)** *m./f.* reader
**legislador(a)** *m./f.* legislator (3.3)
**legislatura** *f.* legislature
**legua** *f.* league (approx. 3 miles)
**lejano(a)** distant, remote
**lengua** *f.* language (8.2); tongue
   **sacar la lengua** to stick one's tongue out
   **trabarse la lengua** to get tongue-tied
**lenguaje** *m.* language, speech
**lentamente** slowly
**lenteja** *f.* lentil
**lentejuela** *f.* sequin, spangle (7.3)
**lentes** *m. pl.* eyeglasses (7.3)
**lento(a)** slow
   **a cámara lenta** in slow motion
**leña** *f.* firewood, kindling
**león** *m.* lion
   **león marino** *m.* sea lion
**lesionarse** to get hurt, to get injured (8.1)
**letra** *f.* letter, character; *pl.* learning; humanities
**levantamiento** *m.* uprising
**levantar** to erect, to construct; to raise
   **levantarse** to raise up; to go up against
**ley** *f.* law
**leyenda** *f.* legend
**liberal** *adj.* liberal
**liberarse** to liberate oneself
**libertad** *f.* liberty (3.2)
   **libertad de expresión** *f.* freedom of speech
**libre:**
   **gol de tiro libre** *m.* free kick goal (8.1)
   **libre empresa** *f.* free enterprise
   **lucha libre** *f.* wrestling (4.2)
   **tiro libre** *m.* free kick
**librería** *f.* bookstore (2.1)

**licenciarse** to graduate, to receive a degree
**licenciatura** *f.* degree
**liceo** *m.* high school; prep school
**líder** *m./f.* leader
**lienzo** *m.* canvas (for painting) (2.2)
**liga** *f.* league
**ligero(a)** *adj.* light
**lima** *f.* rasp (6.2)
**limpio(a)** clean
**lino** *m.* linen canopy (7.3)
**lírico(a)** lyrical
**lirio** *m.* iris
**lirismo** *m.* lyricism
**lista** *f.* stripe, band
**listo(a)** bright, intelligent
**litografía** *f.* lithography (6.2)
**llamada** *f.* call
**llamarada** *f.* outburst; blaze
**llamativo(a)** loud, flashy, showy (2.2)
**llanera** plainswoman
**llanero** plainsman
**llano(a)** flat; simple, plain
**llanta** *f.* rim (5.1)
**llanto** *m.* crying, weeping
**llanura** *f.* flatness, evenness; plain
**llavero** *m.* key case (6.2)
**llegada** *f.* arrival (4.3)
**llegar a ser** to become
**llenar** to fill
**lleno(a)** full
**llevar:**
   **llevar a cabo** to carry out, to see through
   **llevar cuenta** to keep count
**llorar** to cry
**llover (ue)** to rain
**lluvia** *f.* rain
   **lluvia ácida** *f.* acid rain (5.3)
**lo:**
   **Lo acompaño en su pesar.** I'm with you in your sorrow. (2.3)
   **Lo siento pero no bailo...** I'm sorry, but I don't dance . . . (4.1)
   **Lo siento.** I'm sorry. (4.1)
   **Lo siento mucho.** I'm very sorry. (2.3)
**lobo** *m.* wolf
**localización** *f.* localization
**localizado(a)** located
**locutor(a)** *m./f.* announcer (radio)
**lodo** *m.* mud
**lograr** to get; to achieve; to manage to (8.3)
**logro** *m.* success, achievement
**lonchería** *f.* luncheonette (2.1)
**lucha** *f.* struggle, fight, conflict
   **lucha libre** *f.* wrestling (4.2)
**luchar** to fight, to struggle
**lucir** to shine; to distinguish oneself
**lugar** *m.* place
   **lugar de nacimiento** *m.* birthplace (4.3)
   **tener lugar** to take place

**lujo** *m.* luxury
   **de lujo** deluxe
**lumbre** *f.* fire
**luminoso(a)** luminous, bright, brilliant
**luna** *f.* moon
**lunar** *m.* polka dot (7.3)
   **blusa con lunares** *f.* polka dot blouse (7.3)
**luz** *f.* light; lamp
   **luz delantera** *f.* head lamp (5.1)
   **luz trasera** *f.* rear light (5.1)

**macho(a)** manly; brave
**madera** *f.* wood (6.2)
   **madera dura** *f.* hardwood (6.3)
   **tallado en madera** *m.* wood carving (craft) (6.2)
**madrastra** *f.* stepmother (2.3)
**madre** *f.* mother (2.3)
**madrina** *f.* godmother (2.3)
   **hada madrina** *f.* fairy godmother
**madrugada** *f.* dawn
**madrugador(a)** *m./f.* early riser
**madrugar** to get up early (5.1)
**maduro(a)** mature; ripe
**maestría** *f.* Masters degree
**magia** *f.* magic
**mágico(a)** *adj.* magic
**mago(a)** *m./f.* magician
   **Día de los Reyes Magos** *m.* Epiphany (7.2)
   **Reyes Magos** *m. pl.* Three Wise Men, Three Kings
**magulladura** *f.* bruise
**maíz** *m.* corn (3.1); *see also* **choclo**
**majestuoso(a)** majestic
**mal** badly; poorly
   **pasarlo mal** to have a bad time
**malaquita** *f.* malachite (a green stone)
**maldición** *f.* curse
**malestar** *m.* malaise; uneasiness
**maleta** *f.* suitcase (4.3)
**maletín** *m.* briefcase (6.2)
**malévolo(a)** malevolent, evil, bad
**malgastar** to misspend
**maltratar** to mistreat
**maltrato** *m.* ill treatment
**maltrecho(a)** battered, damaged
**Malvinas** *f. pl.* Falkland Islands
**mambo** *m.* Cuban dance (4.1)
**mancha** *f.* stain, spot
**mancharse** to dirty or soil one's hands or clothing
**mandado: hacer un mandado** to run an errand
**mandamiento** *m.* commandment
**mandar** to send
**mandato** *m.* command; mandate; term of office
**mandíbula** *f.* jawbone, mandible

**mandioca** *f.* tapioca
**mando** *m.* command
  **al mando** in command
**maneo** *m.* shaking
**manera** *f.* manner, way
  **de igual manera** in a similar manner
**mango** *m.* handle
**maní** *m.* peanut (3.1); *see also*
  **cacahuate**
**manifestación** *f.* demonstration
**manifestarse** to reveal oneself
**mano** *f.* hand (7.1)
  **apretón de manos** *m.* handshake
**manso(a)** tame
**mantener** to maintain, to keep
**manto** *m.* cloak, mantle
**mantón** *m.* shawl, mantle, cloak
**manubrio** *m.* handlebars (5.1)
**máquina de coser** *f.* sewing machine
  (6.2)
**mar** *m./f.* sea
**maraca** *f.* gourd-shaped rattle (4.1)
**maravilla** *f.* miracle
  **¡Qué maravilla!** Marvelous! (2.3)
**maravilloso(a)** marvelous (1.1)
**marcar** to mark
**marchar** to march
**marchito(a)** faded
**marciano(a)** *m./f.* Martian
**mareo** *m.* dizziness
**margen** *m.* border, edge
  **al margen** on the fringe (8.2)
**marido** *m.* husband, spouse
**mariguana** *f.* marijuana (6.1); *también*
  *escrito* **marihuana, marijuana**
**marinero** *m.* sailor
**marino(a)** of or pertaining to the sea
  **león marino** *m.* sea lion
  **marina mercante** *f.* merchant marine
**mariposa** *f.* butterfly
**mariscal** *m./f.* marshal
**marítimo(a)** *adj.* maritime, sea
**mármol** *m.* marble
**martillo** *m.* hammer
**martirio** *m.* martyrdom
**marxista** *m./f.* marxist (3.3)
**más** more
  **más allá** further on, beyond
  **nada más** nothing else; that's all
    (7.1)
  **por más (mucho) que** however
    much
**masacre** *f.* massacre
**máscara** *f.* mask (5.3)
**mascarada** *f.* masquerade (7.2)
**masivo(a)** massive
**matar** to kill
**mate** *m.* (*Arg., Urug., Parag.*) a kind of
  tea
**materia** *f.* (school) subject
**maternidad** *f.* maternity, motherhood
**materno(a)** maternal
**matiz** *m.* shade, nuance (of meaning)
**matricularse** to enroll, to register

**matrimonio** *f.* marriage; married couple
**maya-quiché** *m.* language of the Mayas
  (8.2)
**mayor** *m./f.* older person (2.3); *adj.*
  larger; greater
**mayordomo** *m.* steward
**mayoría** *f.* majority
  **en su mayoría** in the majority
**mazo** *m.* mallet (6.2)
**mazorca** *f.* pod
**me:**
  **Me encantaría, gracias.** I'd love to,
    thank you. (4.1)
  **¿Me permites este baile?** Would you
    allow me this dance? (4.1)
  **¿Me acompañas?** Will you accom-
    pany me? (4.1)
**medalla** *f.* medal
**media** *f.* stocking (7.3)
**mediación** *f.* mediation
**mediado(a)** halfway
  **a mediados de** at the middle of
**mediano(a)** *adj.* medium
**mediante** *adv.* through, by means of
**médico(a)** médical (3.2)
**medida** *f.* measure
  **a medida que** as, at the same time as
**medio(a)** middle
  **clase media** *f.* middle class
  **Edad Media** *f.* Middle Ages
  **en medio de** in the middle of
  **media hermana** *f.* half sister (2.3)
  **media pensión** *f.* includes room,
    breakfast, and one other meal (2.1)
  **medio ambiente** *m.* environment
    (3.2)
  **medio hermano** *m.* half brother (1.3)
  **por medio de** by means of
**mediocampista** *m.* midfielder (8.1)
**medios** *m. pl.* means
**medir (i, i)** to measure
**mediterráneo** *m.* Mediterranean
**mejilla** *f.* cheek
**mejorar** to improve, to make better
**melcocha** *f.* taffy
**melodioso(a)** melodic
**memoria** *f.* memory
**menjunje** *m.* mixture; brew
**menos** *adv.* less
  **clase menos acomodada** *f.* lower
    class
  **echar de menos** to miss (4.3)
  **por lo menos** at least (6.1)
**mensaje** *m.* message
**mentado(a)** aforementioned
**mente** *f.* mind, intellect
**mentir (ie, i)** to tell a lie
**mentira** *f.* lie
**mentón** *m.* chin (7.1)
**menudo(a)** small, trifle
  **a menudo** frequently
**mercado** *m.* market (8.3)
**mercancía** *f.* merchandise, goods
**mercante** *m./f.* merchant

**merecedor(a)** deserving, worthy
**merecer** to deserve, to merit
**merengue** *m.* Dominican Republic
  dance (4.1)
**meseta** *f.* plateau
**mesoamericano(a)** of or pertaining to
  Middle America
**mesón** *m.* inn, tavern (2.1)
**mestizaje** *m.* cross-breeding, mixture of
  races
**mestizo(a)** *m./f.* Mestizo (mixed white
  and Indian parentage) (8.2)
**meta** *f.* goal, aim, objective
**meter** to put, to place
  **meter un gol** to make a goal (8.1)
  **meterse** to get into, to enter
**metro** *m.* subway (5.1)
**metrópoli** *f.* metropolis; mother country
**mezcla** *f.* mixture, mix (8.2)
**mezclar** to mix, to blend; to combine
**mezclilla** *f.* denim (7.3)
**mezquita** *f.* mosque
**mi** *adj.* my
  **mí** *pron.* me
  **mí mismo(a)** myself
  **Mi sentido pésame.** Receive my
    sympathy. (2.3)
**miedo** *m.* fear
**miembro** *m.* member (3.3)
  **miembro de la familia** *m.* family
    member (2.3)
**mientras** while
  **mientras tanto** meanwhile
**Miércoles de Ceniza** *m.* Ash Wednesday
  (7.2)
**mierda** *f.* shit
**mil** thousand (8.3)
  **mil millones** billion (8.3)
**milagro** *m.* miracle
**milagroso(a)** miraculous
**milenio** *m.* millennium
**militar** *adj.* military (3.2)
  **golpe militar** *m.* military coup, mili-
    tary takeover
**millón** million (8.3)
  **mil millones** billion (8.3)
**milonga** *f.* popular song and dance
**milpa** *f.* corn field, corn harvest
**mina** *f.* mine
**mineral** *m.* minerals (6.3)
  **agua mineral con gas** *f.* carbonated
    water
  **agua mineral sin gas** *f.* mineral water
**minero(a)** *m./f.* miner
**ministro** *m.* minister
  **primer ministro** *m./f.* Prime Minister
**minoría** *f.* minority
**minoritario(a)** *adj.* minority
  **grupo minoritario** *m.* minority group
**minuciosamente** thoroughly, minutely
**mirada** *f.* look, expression
**misa** *f.* mass (7.2)
  **misa de gallo** *f.* midnight mass (7.2)
**misil** *m.* missile

**misterio** *m.* mystery
   **película de misterio** *f.* suspense thriller movie (1.1)
**misteriosamente** mysteriously
**místico(a)** *adj.* mystic
**mistificar** to mystify
**mitad** *f.* half
**mítico(a)** mythical
**mito** *m.* myth
**moda** *f.* style
**modelar** to model
**modernizador(a)** *adj.* modernizing
**moderno(a)** modern (2.2)
**modificado(a)** modified
**modo** *m.* manner, way
   **de todos modos** anyway
   **modo de vida** *m.* way of life
**modorra** *f.* drowsiness
**mohín** *m.* grimace, gesture
   **hacer mohínes** to make faces
**mojado(a)** wet
**molde** *m.* cast
**molestado(a)** bothered
**molestar** to bother, to annoy
**molesto(a)** bothered, upset, annoyed
**molino** *m.* mill
   **molino de viento** *m.* windmill
   **piedra del molino** *f.* millstone
**monarca** *m./f.* monarch
**monarquía** *f.* monarchy
**monasterio** *m.* monastery
**monolito** *m.* monolith
**monopolio** *m.* monopoly
**montado(a)** mounted
**monte** *m.* mount; mountain
**montón** *m.* lot, bunch
**monumento** *m.* monument (2.1)
**morado(a)** purple; violet
   **col morada** *m.* red cabbage (3.1)
**moraleja** *f.* moral
**mordedura** *f.* bite
**morder (ue)** to bite
**morfina** *f.* morphine (6.1)
**morir (ue, u)** to die
**moro(a)** *m./f.* Moor; *adj.* Moorish
**morrón** *m.* red pepper (3.1); *see also* **pimiento**
**mortalidad: índice de mortalidad** *m.* death rate
**mosquita** *f.* fly
**mostrado(a)** shown
**mostrar** to show, to display; to manifest
**motor** *m.* motor, engine
   **avión sin motor** *m.* glider (5.1)
   **lancha de motor** *f.* motorboat (5.1)
   **vehículo de motor** *m.* motor vehicle (5.1)
**movedizo(a)** moving, changeable
**mover (ue)** to move (7.1)
   **mover los brazos con soltura** to move one's arms loosely (7.1)
**movimiento** *m.* movement (4.1)
**muchachón** *m.* big boy

**mucho** *adv.* much, plenty, a lot
   **Con mucho gusto, gracias.** Gladly, thank you. (4.1)
   **Lo siento mucho.** I'm very sorry. (2.3)
   **por mucho (más) que** however much
**muchedumbre** *f.* crowd
**mudarse** to move, to relocate
**mueble** *m.* piece of furniture
**muela** *f.* molar; tooth
**muerte** *f.* death
   **pena de muerte** *f.* death sentence (3.3)
**muerto(a)** *m./f.* dead person; *adj.* dead
   **Día de los Muertos** *m.* All Souls' Day (7.2)
   **estar muerto(a)** to be dead (5.1)
**muestra** *f.* proof
**mujer de negocios** *f.* businesswoman
**mula** *f.* mule (5.1)
**mulato(a)** *m./f.* mulatto, person with mixed blood (white and black) (8.2)
**multinacional** multinational (5.2)
**mundial** *adj.* world, pertaining to the world
   **Copa Mundial** *f.* World Cup *(soccer)*
   **Segunda Guerra Mundial** *f.* Second World War
**muñeca** *f.* doll; wrist (7.1)
**mural** *m.* mural (2.2)
**muralista** *m./f.* muralist
**muralla** *f.* wall
**murmullo** *m.* murmer, whisper
**muro** *m.* wall
**músculo** *m.* muscle (7.1)
**museo** *m.* museum (2.1)
**música** *f.* music
   **música de protesta** *f.* protest music (1.3)
   **música pop** *f.* pop music (1.3)
   **música romántica (de amor)** romantic (love) music (1.3)
   **película musical** *f.* musical (1.1)
   **tienda de música** *f.* music shop
**músico** *m.* musician (1.3)
**muslo** *m.* thigh (7.1)
**musulmán** *m.* **musulmana** *f.* Moslem
**mutuo(a)** mutual, joint

## N

**nabo** *m.* turnip
**nacarado(a)** pearly
**nacido(a)** born (8.2)
**naciente: País del Sol Naciente** *m.* Land of the Rising Sun
**nacimiento** *m.* birth
   **fecha de nacimiento** *f.* date of birth (4.3)
   **lugar de nacimiento** *m.* birthplace (4.3)
**nacional** national
   **himno nacional** *m.* national anthem (7.2)

   **ingreso nacional per cápita** *m.* national average salary
**nacionalidad** *f.* nationality (4.3)
**nacionalizar** to nationalize
**Naciones Unidas** *f. pl.* United Nations
**nada** nothing
   **nada más** that's all (7.1)
   **para nada** not at all
**nadar** to swim (7.1)
**nadie** no one, nobody
**náhuatl** *m.* language of the Aztecs (8.2)
**narcótico** *m.* narcotic (6.1)
**narcotraficante** *m./f.* drug trafficker (6.1)
**narcotráfico** *m.* drug traffic (6.1)
**nariz** *f.* nose (6.2)
**natal** natal; native
**natalidad** *f.* birthrate
   **control de la natalidad** *m.* birth control (3.3)
**natural** natural
   **recurso natural** *m.* natural resource (5.2)
**naturaleza** *f.* nature
**naturalización** *f.* naturalization (4.3)
**navaja** *f.* penknife
**nave** *f.* ship; vessel
**Navidad** *f.* Christmas (7.2)
**neblina** *f.* fog (6.3)
**nebuloso(a)** misty, foggy (2.2)
**necio(a)** *m./f.* fool, idiot
**néctar** *m.* nectar
**negarse (ie)** to refuse
**negociación** *f.* negotiation
**negociador(a)** *m./f.* negotiator
**negociar** to negotiate
**negocio** *m.* business
   **dueño(a) de negocios** *m./f.* proprietor (2.3)
   **hombre (mujer) de negocios** businessman(-woman)
**neoclásico(a)** neoclassic, neoclassical (2.2)
**nervios** *m. pl.* nerves
   **ataque de nervios** *m.* nervous breakdown
   **calmante de nervios** *m.* tranquilizer (6.1)
**neumático** *m.* tire (5.1)
**ni pensar** don't even think about it
**nieta** *f.* granddaughter (2.3)
**nieto** *m.* grandson (2.3); *pl.* grandchildren (2.3)
**nilón** *m.* nylon (7.3)
**niñez** *f.* childhood
**niños de la calle** *m. pl.* street children
**nítido(a)** clear, neat
**nitrato** *m.* nitrate
**nivel** *m.* level
   **nivel de vida** *m.* standard of living
**níveo(a)** snow white
**no:**
   **no cabe duda** there is no doubt
   **no del todo** not at all

**no obstante** nevertheless
**no tener más remedio** to have no alternative or choice
**Nochebuena** *f.* Christmas Eve (7.2)
**Noche Vieja** *f.* New Year's Eve (7.2)
**nómada** *f.* nomad
**nomás** just, only
**nombramiento** *m.* appointment, nomination
**nombre** *m.* name (4.3)
**nominar** to nominate (3.3)
**nopal** *m.* prickly pear cactus
**noreste** *m.* northeast
**norte** *m.* north
**Noruega** *f.* Norway
**nostalgia** *f.* nostalgia, homesickness (4.3)
**nostálgico(a)** nostalgic, homesick (4.3)
**noticias** *f. pl.* news
**novedoso(a)** innovative
**novela** *f.* novel (1.2)
**novelesco(a)** novelesque
**novelista** *m./f.* novelist (1.2)
**novia** *f.* girlfriend
**novio** *m.* boyfriend
**nube** *f.* cloud
**núcleo** *m.* center, nucleus
**nudo** *m.* knot
**nuera** *f.* daughter-in-law (2.3)
**nuevo(a)** new
  **de nuevo** once again
**numeración** *f.* numbering, numerals
**nunca** never
**nunca se ponía el sol** the sun never set
**nutritivo(a)** nutritious

**obedecer** to obey
**obligar** to oblige, to force, to compel
**obra** *f.* work (1.2)
  **obra de teatro** *f.* play (1.2)
**obrero(a)** *m./f.* worker (5.2)
**obsequio** *m.* gift
**obsesionado(a)** obsessed
**obstante: no obstante** nevertheless
**obtener** to obtain, to receive
**ocasión** *f.* occasion (6.1)
**ocasionar** to cause
**occidental** occidental, western
**oculto(a)** hidden
**ocupar** to occupy
**odiar** to hate
**odio** *m.* hate, hatred
**odioso(a)** odious, hateful
**oficio** *m.* job, occupation, profession
**oído** *m.* (inner) ear (7.1); hearing
**ojal** *m.* buttonhole
**ojeada** *f.* glance, glimpse
**ojo** *m.* eye (4.3)
  **guiñar el ojo** to wink
**ola** *f.* wave *(sea)*
**olfato** *m.* smell
**óleo** *m.* oil paint
  **tubo de óleo** *m.* tube of oil paint (2.2)

**oligarquía** *f.* oligarchy
**oligárquico(a)** oligarchic
**olla** *f.* pot
**olor** *m.* odor, smell
**olvidar** to forget
**ombligo** *m.* bellybutton
**ondear** to wave, to flutter
**ondulado(a)** wavy
**onírico(a)** pertaining to dreams
**opaco(a)** opaque, gloomy (2.2)
**ópalo** *m.* opal (6.3)
**ópera** *f.* opera (1.3)
**opio** *m.* opium (6.1)
**opinar** to think; to give one's opinion
  **¿Qué opinas de...?** What do you think of . . . ? (1.2)
**oponer** to oppose
  **oponerse** to be opposed
**oportunidad** *f.* opportunity (3.2)
**oposición** *f.* opposition
**opresión** *f.* oppression
**oprimido(a)** oppressed
**opuesto(a)** opposite
**opulento(a)** opulent
**oración** *f.* prayer; sentence
**orador(a)** *m./f.* orator, speaker
**orden: a la orden** at your command
**ordenado(a)** ordered
**ordeñar** to milk
**oreja** *f.* ear (6.2)
**orgullo** *m.* pride
**orgulloso(a)** proud
**oriental** *m./f.* oriental, eastern
  **Europa Oriental** *f.* Eastern Europe
**oriente** *m.* east
**originario(a) de** originating from, coming from
**originarse** to originate
**orilla** *f.* edge
  **a orillas de** by, beside
**oro** *m.* gold (6.2)
  **broche de oro** *m.* crowning glory
  **Siglo de Oro** *m.* Golden Age
**orquesta** *f.* orquestra (4.3)
**orquídea** *f.* orchid
**osar** to dare
**oscilar** to swing
**oscuro(a)** dark (2.2)
**oso(a)** bear (6.3)
**otorgar** to grant, to give; to award
**otro(a)** another
  **por otra parte** on the other hand
  **por otro lado** on the other hand
**ovalado(a)** oval
**overoles** *m. pl.* overalls (7.3)
**oxígeno** *m.* oxygen (5.3)
**oyente** *m./f.* listener
**ozonosfera** *f.* ozone layer (5.3)
  **capa de ozonosfera** *f.* ozone cover

**pacificación** *f.* pacification; peace, quiet
**pacífico(a)** peaceful, pacific

**pactar** to come to an agreement
**padrastro** *m.* stepfather (2.3); *pl.* stepparents (2.3)
**padre** *m.* father 2.3; *pl.* parents (2.3)
**padrino** *m.* godfather (2.3); *pl.* godparents (2.3)
**pago** *m.* payment
  **balanza de pagos** *f.* balance of payments
**país** *m.* country (5.2)
  **País del Sol Naciente** *m.* Land of the Rising Sun
  **Países Bajos** *m. pl.* Netherlands
**paisaje** *m.* landscape (2.2)
**paja** *f.* straw
**palabra** *f.* word
**palanca** *f.* lever; influence *(fig.)*
  **palanca de freno** *f.* brake lever (5.1)
  **palanca del cambio de velocidades** *f.* gear lever (5.1)
**palacio** *m.* palace
**paleta** *f.* palette (2.2)
**palidez** *f.* paleness
**palito** *m.* little stick
**palma** *f.* palm (of a hand); palm tree
**palpitando** palpitating, beating
**palpitante** palpitating, throbbing (4.1)
**panadería** *f.* bakery
**panel** *m.* panel (6.2)
**panfletista** *m./f.* satirist
**panorama** *m.* panorama (2.2)
**pantalla** *f.* screen (1.1)
**pantalón** *m.* pants (7.3)
**pantimedia** *m.* pantyhose
**pantis** *m. pl.* panties; pantyhose (7.3); *see also* **bombachas** *and* **calzones**
**pantorrilla** *f.* calf (leg) (7.1)
**pañuelo** *m.* handkerchief
**papa** *f.* potato *(see* **patata***)*; *m.* pope
**papel** *m.* role (1.1); paper (2.2)
  **hacer el papel** to play the role (of) (5.2)
  **jugar un papel** to play a role
**papelería** *f.* stationery store
**par** *m.* pair; *adj.* even
**para** for
  **para nada** not at all
**parada** *f.* stop
**parado(a)** stopped
**paradójicamente** paradoxically
**parador** *m.* inn, state-owned hotel (2.1)
**paraíso** *m.* paradise
**paralización** *f.* paralization
**paralizar** to paralize, to stop
**paramilitar** *m./f.* paramilitary
**parar** to stop
**parecer** to seem, to appear (4.1)
  **parecerse** to resemble, to seem like
**pared** *f.* wall
**pareja** *f.* couple
**pariente** *m./f.* relative (2.3)
**parpadeo** *m.* blinking
**parque** *m.* park (2.1)
  **parque de atracciones** *m.* amusement park (2.1)
  **(parque) zoológico** *m.* zoo (2.1)

**parrillada** *f.* barbecue, cookout (7.2)
**parroquial** parochial, parish
**parte** *f.* part
  **en gran parte** for the most part
  **Estados Partes** *m. pl.* Member States (8.3)
  **por otra parte** on the other hand
**particular** peculiar
**partido** *m.* game (4.2); *adj.* parted, having left
  **partido político** *m.* political party (3.3)
**partir** to leave
  **a partir de** starting from, as of
**pasajero(a)** *m./f.* passenger (5.1); *adj.* passing
**pasaporte** *m.* passport (4.3)
**pasar:**
  **pasar una película** to show a film
  **pasarlo bien/mal** to have a good/bad time
  **pasó a ser** it became
**pasatiempo** *m.* pastime, amusement
**Pascua Florida** *f.* Easter (7.2)
**pasearse** to take a walk; to ride
**paseo** *m.* walk, stroll
**pasmar** to astound, to amaze
**paso** *m.* step (4.1)
  **a paso acelerado** at a fast rate
  **paso doble** *m.* march step dance (4.1)
**pastelería** *f.* pastry shop
**pastilla** *f.* tablet (6.1)
**pastoreando** shepherding, tending flock
**pata** *f.* foot (of an animal)
**patada** *f.* kick (8.1)
**patata** *f. (Sp. and Cono Sur)* potato (3.1); *see also* **papa**
**patear** to kick (8.1)
**patio** *m.* orchestra seat (1.1)
**patizambo(a)** knock-kneed, deformed
**patria** *f.* homeland, native land (4.3)
**patriarca** *m.* patriarch
**patrimonio** *m.* patrimony, heritage
**patrocinar** to sponsor
**patrón** *m.* **patrona** *f.* boss (2.3); *m.* pattern
  **santo patrón** *m.* patron saint (7.2)
**pausa** *f.* pause, break
**pavimentado(a)** paved (5.1)
**pavimento** *m.* pavement (5.1)
**pavo(a)** *m./f.* turkey (6.3); *see also* **guajolote**
**paz** *f.* peace (3.2)
  **Cuerpo de Paz** *m.* Peace Corps
**pecho** *m.* breast; chest (7.1)
**pedagogía** *f.* pedagogy, methodology
**pedal** *m.* pedal (5.1)
**pedalear** to pedal
**pedazo** *m.* piece
**pegar:**
  **pegar un tiro** to shoot
  **pegarse** to stick
**peleando** fighting
**pelear** to fight
**película** *f.* movie, film (1.1)
  **dar una película** to show a film

**pasar una película** to show a film
**película cómica** *f.* comedy movie (1.1)
**película de acción** *f.* adventure movie (1.1)
**película de ciencia ficción** *f.* science fiction movie (1.1)
**película de dibujos animados** *f.* animated film (1.1)
**película de guerra** *f.* war movie (1.1)
**película de misterio** *f.* suspense thriller movie (1.1)
**película de terror** (**horror**) *f.* horror movie (1.1)
**película de vaqueros** *f.* western movie (1.1)
**película documental** *f.* feature-length documentary (1.1)
**película musical** *f.* musical (1.1)
**película policíaca** *f.* detective movie (1.1)
**película romántica** *f.* romance movie (1.1)
**peligro** *m.* danger (5.3)
  **en peligro** endangered (5.3)
**peligroso(a)** dangerous
**pelo** *m.* hair (4.3)
  **tomar el pelo** to pull (someone's) leg, to tease or make fun (of someone)
**pelota** *f.* ball (4.2)
**pelotón** *m.* firing squad
**pena** *f.* pain, suffering; sadness
  **pena de muerte** *f.* death sentence (3.3)
  **valer la pena** to be worthwhile
**penal** *m.* penalty (8.1)
  **cobrar un penal** to penalize (8.1)
**pendenciero(a)** quarrelsome
**pendón** *m.* banner, standard
**penetrante** penetrating
**Península Ibérica** *f.* Iberian Peninsula
**pensador(a)** *m./f.* thinker
**pensamiento** *m.* thought (3.2)
**pensar (ie)** to think; to plan
  **ni pensar** don't even think about it
**pensión** *f.* boardinghouse
  **media pensión** *f.* includes room, breakfast, and one other meal (2.1)
  **pensión completa** *f.* includes room and three meals a day (2.1)
**penúltimo(a)** next-to-last
**peón** *m.* laborer, worker
**peor** worse
**pepino** *m.* cucumber (3.1)
**percala** *f.* percale, fine cotton cloth
**percibir** to perceive
**perder (ie)** to lose
  **echarse a perder** to spoil
**pérdida** *f.* loss
**perezoso(a)** lazy
**perfil** *m.* profile
**periodista** *m./f.* newspaper reporter
**perla** *f.* pearl
**permanecer** to remain

**perpetuidad** *f.* perpetuity
**perpetuo(a)** perpetual
**personaje** *m./f.* character
**perspectiva** *f.* perspective
**perspicacia** *f.* perspicacity, sagacity
**pertenecer** to belong (3.3)
**perteneciente** belonging
**perverso(a)** perverse
**pesadilla** *f.* nightmare
**pesado(a)** heavy
**pesar: a pesar de** in spite of, despite
**pesca** *f.* fishing
**pésimo(a)** very bad, terrible (1.1)
**peso** *m.* weight (4.3)
**pestaña** *f.* eyelash
**pesticida** *m.* pesticide
**petate** *m.* sleeping mat
**petróleo** *m.* oil (6.3)
  **derrame de petróleo** *m.* oil spill (5.3)
**petrolero(a)** *adj.* oil
**petroquímica** *f.* petrochemistry
**pez** *m.* fish
**piadoso(a)** pious, devout
**pianista** *m./f.* pianist (1.3)
**piano** *m.* piano (1.3)
**PIB (Producto Interno Bruto)** GDP (Gross Domestic Product) (8.3)
**picante** hot, spicy
**picardía** *f.* prank, mischief
**picazón** *f.* itch, itching
**pico** *m.* beak
**pie** *m.* foot (7.1)
  **a pie** on foot (2.1)
  **al pie de** at the bottom of
  **de pie** standing up
**piedra** *f.* stone
  **piedra del molino** *f.* millstone
  **piedra preciosa** *f.* gem (6.3)
**piel** *f.* leather (6.2); skin, fur (7.3)
**pierna** *f.* leg (6.2)
**pieza** *f.* piece; part
**píldora** *f.* pill (6.1)
**pilote** *m.* pile; stake
**pimiento** *m.* bell pepper (3.1); *see also* **morrón**
**pincel** *m.* brush (2.2)
**pino** *m.* pine (6.3)
**pintar** to paint
  **pintarse** to paint oneself
**pintor(a)** *m./f.* painter, artist (2.2)
**pintoresco(a)** picturesque, colorful
**pintórico(a)** pertaining to painting
**pintura** *f.* painting (2.2)
**piolín** *f.* string, cord
**pionero(a)** *m./f.* pioneer
**pirámide** *f.* pyramid
**pisar** to step on
**piscina** *f.* swimming pool
**piso** *m.* floor (6.1)
**pisotear** to trample, to stamp on
**pista** *f.* hint; field track (7.1)
**placentero(a)** pleasant
**placer** *m.* pleasure
**plancha** *f.* iron; metal plate
**plástico** *m.* plastic (7.3)

**plata** *f.* silver (6.3)
**plataforma** *f.* platform (3.3)
**plátano** *m.* banana
**plateado(a)** silvery, silver
**plana: a toda plana** full page
**plaza** *f.* plaza, square (2.1)
   **plaza de toros** *f.* bullring (2.1)
**plazo** *m.* term, period
**plegado(a)** pleated
**plegaria** *f.* prayer
**pleno(a)** full
**plomo** *m.* lead (6.3)
**pluma** *f.* feather; pen
**plumafuente** *f.* fountain pen
**población** *f.* population
**poblado(a)** inhabited
**poblar (ue)** to inhabit; to settle; to populate
**pobre** *m./f.* poor person (3.2); *adj.* poor
**pobreza** *f.* poverty
**poco** *m.* small quantity
   **a poco** supposedly (6.1)
   **poco a poco** little by little
   **por poco** almost
**poder** *m.* power; *v.* to be able
   **asumir el poder** to take control
   **¿Podría decirme dónde están las...?** Can you tell me where the . . . are? (3.1)
**poderío** *m.* power
**poderoso(a)** powerful (1.3)
**poema** *m.* poem (1.2)
**poemario** *m.* book of poems, collection of poems
**poesía** *f.* poetry (1.2)
**poeta** *m./f.* poet (1.2)
**polaco(a)** *m./f.* Pole; *adj.* Polish
**polarizar** to polarize
**policía** *f.* police (force) (6.1); *m./f.* policeman (-woman)
**policíaco(a)** *adj.* police, detective (1.1)
   **película policíaca** *f.* detective movie (1.1)
**político(a)** political (3.2)
   **partido político** *m.* political party (3.3)
**pollera** *f.* skirt (7.3)
**polvoriento(a)** dusty
**pómez** *m.* pumice
**poner** to put
   **nunca se ponía el sol** the sun never set
   **ponerse a** to start
   **ponerse a régimen** to go on a diet
**poniente** *m.* west
**popular** popular (1.3)
**populista** *m./f.* populist
**por:**
   **por ahora** for the time being
   **por ciento** percent
   **por cierto** of course
   **por consiguiente** consequently
   **por ejemplo** for example
   **por eso** that's why

   **por fin** finally
   **por la mañana (tarde, noche)** in the morning (afternoon, night)
   **por lo menos** at least (6.1)
   **por lo tanto** therefore
   **por más (mucho) que** however much
   **por medio de** by means of
   **por otra parte** on the other hand
   **por otro lado** on the other hand
   **por poco** almost
   **por supuesto** of course, naturally
   **por último** finally
**porción** *f.* portion
**pormenor** *m.* detail
**poroto** *m.* (*Cono Sur*) bean (3.1); *see also* **frijol** *and* **habichuela**
**porquería** *f.* garbage
**portabotellas** *m.* water bottle clip (5.1)
**portarse bien** to behave (2.3)
**portavoz** *m./f.* spokesperson
**porteño(a)** *m./f.* person from Buenos Aires (8.1)
**portero(a)** goalie (8.1)
**portón** *m.* gate
**posada** *f.* inn; boardinghouse (2.1)
   **las Posadas** *f. pl.* pre-Christmas celebrations (7.2)
**posarse** to perch, to settle
**poseer** to possess, to have
**posta: a posta** on purpose
**posterior** later; subsequent
**postizo(a)** false
**postular** to be a candidate for (3.3)
**póstumamente** posthumously, after death
**potencia** *f.* power
**precedido(a)** preceded
**precioso(a)** precious
   **piedra preciosa** *f.* gem (6.3)
**precipicio** *m.* precipice, cliff
**precisar** to explain, to state clearly
**precolombino(a)** pre-Columbian (8.2)
**predecir** to predict
**predominar** to predominate (8.2)
**pregón** *m.* Cuban dance; public announcement; street vendor's cry or shout
**premio** *m.* prize, award
**prendedor** *m.* brooch
**prensa** *f.* press
**preocupación** *f.* preoccupation, concern (5.2)
**preocuparse** to worry
**presentación** *f.* presentation (2.2)
**presente** *m.* present (7.2)
**presidente** *m.* **presidenta** *f.* president
   **vicepresidente** *m.* **vicepresidenta** *f.* vice president
**presión** *f.* pressure
**prestado(a)** lent, loaned
**prestar** to lend
   **prestar atención** to pay attention
**prestigio** *m.* prestige
**presupuesto** *m.* budget (5.2)

**pretexto** *m.* pretext, excuse
**prevalecer** to prevail, to triumph
**previsto(a)** anticipated, provided
**primer ministro** *m./f.* Prime Minister
**primo(a)** *m./f.* cousin (2.3)
**primor** *m.* exquisiteness
**primoroso(a)** beautiful, exquisite
**príncipe** *m.* prince
**principio** *m.* beginning
   **a principios de** at the beginning of
   **desde un principio** from the beginning
**prioridad** *f.* priority
**privación** *f.* deprivation
**privar** to deprive, to take away
**privilegiado(a)** privileged
**privilegio** *m.* privilege
**probar (ue)** to try
**problema** *m.* problem (6.1)
**problemático(a)** problematic
**procedente** (coming) from
**prócer** *m.* national hero
**procesión** *f.* procession (7.2)
**proceso** *m.* process (8.3)
**proclamar** to proclaim, to declare
**prodigioso(a)** prodigious, wondrous
**producción** *f.* production
**producto** *m.* product
   **Producto Interno Bruto (PIB)** Gross Domestic Product (GDP) (8.3)
**productor(a)** *m./f.* manufacturer
**profano(a)** irreverent; indecent
**proferir (ie, i)** to utter, to speak
**profeta** *m./f.* prophet
**profundidad** *f.* profoundness
**progresista** *m./f.* progressive
**prohibir** to prohibit
**promesa** *f.* promise
**prometedor(a)** promising
**prometer** to promise
**promocionar** to promote
**promover (ue)** to promote; to foster
**promovido(a)** promoted, encouraged
**promulgar** to enact, to promulgate
**pronto** *adv.* soon, fast
   **de pronto** suddenly
**propenso(a)** inclined, prone
**propiamente** properly
**propiciado(a)** sponsored, supported
**propiedad** *f.* property (3.2)
**propietario(a)** *m./f.* landowner
**propio(a)** *adj.* own, one's own
   **de su propia cuenta** on his (her) own
**proponer** to propose, to suggest (3.3)
**proporcionar** to furnish, to provide
**propósito** *m.* purpose
   **a propósito** by the way
**propugnar** to defend, to advocate (3.3)
**prosperar** to prosper, to be successful
**prosperidad** *f.* prosperity
**protagonista** *m./f.* protagonist, main character
**protectorado** *m.* protectorate
**proteger** to protect (5.3)

**protegido(a)** protected
**protesta** *f.* protest
  **música de protesta** *f.* protest music
  (1.3)
**protestantismo** *m.* Protestantism
**prototipo** *m.* prototype, model
**proveer** to provide (5.2)
**provenir** to come from, to originate in
**provincia** *f.* province (4.3)
**provocar** to provoke, to incite
**proyecto** *m.* project
**púa: alambre de púas** *m.* barbed
  wire
**publicado(a)** published
**público** *m.* public, audience
  **servicio público** *m.* public service
  (5.2)
**pudridero** *m.* garbage dump
**pueblo** *m.* town, village; people
  **pueblo invasor** *m.* invading tribe
**puente** *m.* bridge
**puerro** *m.* leek
**puerto** *m.* port
  **puerto de salida** *m.* port of departure
**puesto** *m.* position
**pujante** strong, vigorous
**pulido(a)** polished
**pulir** to polish
**puma** *m.* mountain lion (6.3)
**punta** *f.* tip; point
**puntada** *f.* stitch (6.2)
**punto** *m.* point (8.1)
  **anotar puntos** to score (8.1)
  **punto fuerte** *m.* strength, strong point
  (2.3)
  **tejer a punto** to knit (6.2)
  **tejido de punto** *m.* knitting (6.2); *see*
    *also* **trabajo de punto**
**punzante** sharp, biting
**puñado** *m.* handful
**puro(a)** pure (8.2)

**que:**
  **¡Que sean muy felices!** May you be
    very happy! (2.3)
**qué:**
  **¡Qué alegría!** What joy! (2.3)
  **¡Qué gusto me da!** I'm so happy!
    (2.3)
  **¡Qué lástima!** What a shame! (6.1)
  **¡Qué maravilla!** Marvelous! (2.3)
  **¿Qué opinas de...?** What do you
    think of . . . ? (1.2)
  **¡Qué va!** Nonsense!, Come on!
**quechua** *m.* language of the Incas (8.2)
**quedar** to remain, to stay
  **quedarse** to stay, to remain (2.1)
**quehacer** *m.* task, chore, duty
**quemado(a)** burned
**quemando** burning

**quemar** to burn
  **quemar y talar** to burn and cut down
  (5.3)
**querer** to love; to want
  **¿Quieres bailar?** Do you want to
    dance? (4.1)
**quiché** *ver* **maya-quiché**
**químico(a)** chemical (6.1)
**quinina** *f.* quinine
**quiosco** *m.* kiosk
**quitar** to remove, to take away
  **quitar la vida** to kill
  **quitarse** to take off, to remove
**quizás** perhaps

**rábano** *m.* radish (3.1)
**rabia** *f.* fury, rage
**rabioso(a)** furious
**racial** racial
  **segregación racial** *f.* racial segregation
  (3.2)
**racismo** *m.* racism
**radicalizar** to become radical
**radicar** to live in; to take root
  **radicarse** to be located, to live
**ráfaga** *f.* gust (of wind)
**raíces** *f. pl.* roots
**rama** *f.* branch
**rana** *f.* frog
**ranchera** *f.* country western (1.3)
**raras veces** rarely, seldom
**rasgado(a)** almond shaped
**rasgadura** *f.* tear, slit
**ratificar** to ratify
**rato** *m.* a while
  **al ratito** in a little while
**ratón** *m.* mouse
**raya** *f.* stripe
  **a rayas** striped (7.3)
**rayo** *m.* spoke (5.1); *pl.* rays (6.3)
**raza** *f.* race (8.2)
**real** royal
  **Real Audiencia** *f.* high court
**realidad** *f.* reality (8.3)
**realista** realistic (2.2)
**realizar** to do, to carry out, to accom-
  plish
  **realizarse** to come true
**reanudarse** to start again
**rebaja** *f.* lowering
**rebaño** *m.* herd
**rebelde** *m./f.* rebel
**recapacitar** to think over, to reconsider
**recaudación** *f.* collection (of taxes), tax
  levy
**recaudar** to collect, to raise (funds)
**receptor** *m.* catcher (4.2)
**recesión** *f.* recession
**rechazado(a)** rejected
**rechazar** to reject

**recibimiento** *m.* receiving, reception
**reciclar** to recycle (5.3)
**recién** recently, newly
  **recién casado(a)** *m./f.* newlywed
  (2.3)
**reciente** recent
**recio(a)** swift, vigorous, strong
**recitando** reciting
**reclamar** to protest, to complain
**reclutado(a)** recruited
**reclutar** to recruit, to draft
**recoger** to collect, to gather
**reconciliado(a)** reconciled
**reconocer** to recognize (5.2)
**reconocido(a)** recognized, known
**reconocimiento** recognition
**reconquista** *f.* reconquest
**reconstruir** to reconstruct
**recontar (ue)** to retell
**recopilar** to compile
**recorrido** *m.* journey
**recorte** *m.* newspaper clipping
**recrear** to recreate
**recreo** *m.* recess
  **barco de recreo** *m.* pleasure ship
  (5.1)
**recuento** recount
**recurrir a** to turn to, to appeal to
**recurso** *m.* resource (5.2)
  **recurso humano** *m.* human resource
  (5.2)
  **recurso natural** *m.* natural resource
  (5.2)
**red** *f.* network, Internet; trick, trap
**redacción** *f.* writing, composition
**redactar** to write
**redondo(a)** round, rounded
**reducción** *f.* mission
**reducir** to reduce (5.2)
**reemplazar** to replace
**refinado(a)** refined, polished
**reflejar** to reflect
**reflejo** *m.* reflection
**reforma** *f.* reform
**reformador(a)** reforming
**refrán** *m.* refrain, saying
**refresco** *m.* soft drink
**refrigerio** *m.* snack, refreshment
**refugiado(a)** refugee
**refugiar** to take refuge
**regalar** to give away
**regalo** *m.* gift (7.2)
**régimen** *m.* regime, system; diet
  **ponerse a régimen** to go on a diet
**registrar** to examine, to inspect (4.3)
**regla** *f.* rule
**regocijado(a)** delighted
**reguero** *m.* trickle; stream
**rehén** *m.* hostage
**rehusar** to refuse
**reina** *f.* queen
**reinado** *m.* reign
**reino** *m.* kingdom
**relajarse** to relax (2.1)

**relatar** to narrate, to tell
**relato** *m.* account; story, narrative
**relevista** *m.* relief player (4.2)
**religioso(a)** religious (2.2)
**relojería** *f.* watchmaker's shop, jeweler's shop
**reluciente** shining, glittering
**remedio** *m.* remedy, cure; solution
   **no tener más remedio** to have no alternative or choice
**remo** *m.* oar
   **bote de remo** *m.* rowboat (5.1)
**remojar** to soak
**remolacha** *f.* beet (3.1); *see also* **betabel**
**remunerado(a)** paid
**renacentista** *m./f.* of or pertaining to the Renaissance (2.2)
**renacimiento** *m.* Renaissance; rebirth
**rencor** *m.* rancor, resentment
**rendirse (i, i)** to surrender
**renombre** *m.* fame, renown
**renovado(a)** renovated
**renovarse (ue)** to renew
**renuncia** *f.* resignation
**renunciar** to give up, to renounce
**repartición** *f.* division, distribution
**repartir** to divide
**reparto** *m.* division
**repatriado(a)** returned to one's country, repatriated
**repetidamente** repeatedly
**repicar** to ring
**repleto(a)** full
**reposar** to rest, to relax
**representante** *m./f.* representative (3.3)
**represión** *f.* repression, control (3.2)
**reprimido(a)** repressed, suppressed
**reprimir** to repress, to supress
**reprobación** *f.* censure, reproval
**republicano(a)** republican (3.3)
**repulsivo(a)** repulsive
**requebrar (ie)** to flirt with
**requisito** *m.* requirement
**resbalar** to slide
   **hacer resbalar** to make (something) slide (4.2)
**resbaloso(a)** slippery
**rescate** *m.* ransom
**resentimiento** *m.* resentment; grudge
**reserva** *f.* reserve (5.3)
**reservación** *f.* reservation
   **hacer una reservación** to make a reservation (2.1)
**reservar** to reserve (2.1)
**residencia** *f.* dorm (6.1)
**residir** to reside, to live
**resistir** to resist
**resolver (ue)** to solve; to resolve
**resonante** resounding
**resorte** *m.* spring
   **sillón de resortes** *m.* dental chair
**respaldo** *m.* back of a chair
**respetar** to respect

**respeto** *m.* respect
**respirar** to breathe (5.3)
   **buceo con tubo de respirar** *m.* snorkeling
**resplandor** *f.* light, radiance
**restaurante** *m.* restaurant (2.1)
**restaurar** to restore
**restos** *m. pl.* remains
**restringir** to restrict, to limit
**resucitar** to resuscitate, to bring back to life
**resumen** *m.* summary
**resurgir** to resurge
**retener** to hold, to keep
**retirar** to remove, to move away; to withdraw
   **retirarse** to withdraw, to leave
**retornar** to return
**retorno** *m.* return
**retratando** painting a portrait
**retrato** *m.* portrait (2.2)
   **artista de retratos** *m./f.* portrait artist (2.2)
**reunión** *f.* assembly (3.2)
**reunir** to reunite
**revalorización** *f.* revaluation
**revisar** to revise, to check
**revista** *f.* magazine
**revocar** to revoke, to repeal
**revolucionario(a)** revolutionary
**revólver** *m.* revolver
**revolver (ue)** to stir, to mix
**revuelta** *f.* revolt, rebellion
**rey** *m.* king
   **Día de los Reyes Magos** *m.* Epiphany (7.2)
   **Reyes Magos** *m. pl.* Three Wise Men, Three Kings
**rezar** to pray
**rico(a)** rich (4.1)
**riesgo** *m.* risk, danger
**rincón** *m.* corner
**riñón** *m.* kidney
**río** *m.* river (6.3)
**riqueza** richness; wealth
**risa** *f.* laugh; laughter
**rítmico(a)** rhythmic (1.3)
**ritmo** *m.* rhythm (7.1)
**rito** *m.* rite
**rivalizar** to rival, to compete
**robar** to steal, to rob
**roble** *m.* oak (6.3)
**roce** *m.* friction
**rock** *m.* rock (music) (1.3)
**rodado(a)** smooth, flowing
**rodando** tumbling
**rodar (ue)** to roll
**rodeado(a) de** surrounded by
**rodear** to surround
**rodilla** *f.* knee (7.1)
**rol** *m.* role (1.1)
**romano(a)** *adj.* Roman
   **Sacro Imperio Romano** *m.* Holy Roman Empire

**romántico(a)** romantic (1.1)
   **música romántica (de amor)** *f.* romantic (love) music (1.3)
   **película romántica** *f.* romance movie
**romper** to break
   **romper la ley** to break the law
**rompimiento** *m.* breaking off
**ropa interior** *f.* underclothes (7.3)
**ropaje** *m.* clothes
**rosario** *m.* rosary
**rostro** *m.* face
**roto(a)** broken
**rotulador** *m.* felt tip pen (2.2)
**rotundo(a)** emphatic; categorical
**rubí** *m.* ruby (6.3)
**rudamente** roughly
**rudimentario(a)** rudimentary
**rueda** *f.* tire
   **tracción a cuatro ruedas** *f.* four-wheel drive
**ruego** *m.* request; plea
**rugir** *m.* to roar
**ruina** *f.* ruin (2.1)
**rumba** *f.* Cuban dance (4.1)
**rumbo a** in the direction of
**ruptura** *f.* rupture, break
**rutinario(a)** *adj.* routine

## S

**sabana** *f.* savanna, grassland
**sábana** *f.* sheet
**sabio(a)** *m./f.* learned person, scholar
**sabroso(a)** delightful, pleasant (4.1)
**sacar:**
   **sacar adelante** to make prosper
   **sacar la lengua** to stick one's tongue out
   **sacar un disco** to release a record (1.3)
**sacarino(a)** saccharine
**sacerdote** *m.* priest
**Sacro Imperio Romano** *m.* Holy Roman Empire
**sacudirse** to shake oneself
**sala** *f.* living room
**salado(a)** vivacious (4.1)
**salario** *m.* salary (5.2)
**salida** *f.* departure (4.3), exit
   **puerto de salida** *m.* port of departure
**salir** to leave, to depart
   **salir al exilio** to leave in exile
**salitre** *m.* saltpeter
**salón** *m.* salon (2.2)
   **salón de baile** *m.* dance hall
**salpicar** to sprinkle; to splash
**salsa** *f.* Caribbean dance (4.1)
**salsero(a)** salsa musician or singer
**saltar** to jump, to leap
**salto** *m.* leap
   **carreras y saltos** *f. pl.* track and field (7.1)
   **salto de agua** *m.* waterfall
**salud** *f.* health (3.2)

**saludar** to greet
**saludo** *m.* salute
**salvajemente** savagely
**salvar** to save, to rescue
**salvavidas** *m.* lifesaver
**samba** *f.* Brazilian dance (4.1)
**sandalia** *f.* sandal
**sangrante** bloody, bleeding
**sangre** *f.* blood (8.2)
   **derrame de sangre** *m.* bloodshed
**sangriento(a)** bleeding, bloody
**sanguinario(a)** bloodthirsty, cruel
**santo patrón** *m.* patron saint (7.2)
**sapo** *m.* toad
**saquear** to sack, to plunder
**sartén** *f.* frying pan
**satén** *m.* satin (7.3)
**sátira** *f.* satire
**satisfecho(a)** satisfied (3.3)
**saxofón** *m.* saxophone (1.3)
**saxofonista** *m./f.* saxophonist (1.3)
**saya** *f.* skirt
**sean: ¡Que sean muy felices!** May you
   be very happy! (2.3)
**secarse** to dry, to dry oneself
**seco(a)** dry
**secuestrar** to kidnap
**secuestro** *m.* kidnapping
**sed** *f.* thirst
**seda** *f.* silk (7.3)
**sedativo** *m.* sedative (6.1)
**sede** *f.* seat (of government)
**sefardita** *m./f.* Sefardic
**segregación** *f.* segregation (3.2)
   **segregación racial** *f.* racial segregation
**seguida: en seguida** right away
**seguidor(a)** *m./f.* follower
**seguir (i, i)** to follow; to continue
   **seguir en uso** to be still in use
**según** according to
   **según se dice** according to what they
   say
**Segunda Guerra Mundial** *f.* Second
   World War
**segundo(a)** second
**seguramente** surely, certainly
**seguridad** *f.* security
   **fuerzas de seguridad** *f. pl.* security
   forces
   **tener la seguridad de** to be certain of
**selección** *f.* selection; team (soccer)
   (8.1)
**seleccionado(a)** selected
**selva** *f.* jungle (5.3)
   **selva tropical** *f.* tropical rain forest
   (5.3)
**semanario(a)** employed by the week
**sembrar (ie)** to sow, to seed; to spread
**semejante** similar
**semejanza** *f.* similarity
**semilla** *f.* seed
**senado** *m.* senate
**senador(a)** *m./f.* senator (3.3)
**sencillo(a)** simple, easy (1.2)

**senda** *f.* path, trail
**seno** *m.* bosom, breast
**sensorial** pertaining to the senses
**sensual** sensual (1.3)
**sentido** *m.* sense, meaning
**sentimiento** *m.* sentiment
**sentir (ie, i)** to feel
   **Lo siento.** I'm sorry. (4.1)
   **Lo siento mucho.** I'm very sorry. (2.3)
   **Lo siento pero no bailo...** I'm sorry,
   but I don't dance . . . (4.1)
   **sentirse enfermo** to feel sick
**señal** *f.* sign, signal
**señalar** to signal; to point to
**sepultar** to bury
**sequía** *f.* drought (5.3)
**ser** *m.* being (creature)
**ser** to be
   **llegar a ser** to become
   **pasó a ser** it became
   **¡Que sean muy felices!** May you be
   very happy! (2.3)
   **ser testigo** to testify
**sereno(a)** serene, calm
**serie** *f.* series
**serio(a)** serious
   **en serio** seriously (7.1)
**serpentina** *f.* paper streamer
**serpiente** *f.* serpent
**servicio público** *m.* public service (5.2)
**sesión** *f.* showing (1.1)
**seta** *f. (Sp.)* mushroom (3.1); *see also*
   **hongo** *and* **champiñón**
**sexenio** period of six years
**sexo** *m.* sex (3.2)
**sexto(a)** sixth
**shorts** *m. pl.* shorts (7.3)
**si** if
   **como si** as if
**sí**
   **entre sí** among themselves
   **sí mismos** themselves
**sí** yes
   **Sí, gracias.** Yes, thank you. (4.1)
**sierra** *f.* mountain
**siglo** *m.* century
   **Siglo de Oro** *m.* Golden Age
**significado** *m.* meaning
**significar** to signify, to mean
**signo** *m.* sign, signal
**siguiente** next, following
**silbido** *m.* whistle
**silencio** *m.* silence
   **en silencio** silently (1.2)
**sillón** *m.* armchair
   **sillón de resortes** *m.* dental chair
**silvestre** rustic, wild
**simbolizar** to symbolize
**símbolo** *m.* symbol
**simples** *m. pl.* singles (tennis)
**sin:**
   **sin duda** without a doubt
   **sin embargo** nevertheless, however
**sincopado(a)** sincopated (4.1)

**sindicato** *m.* union
**sinfín** *m.* endless number
**sinnúmero** innumerable (7.2)
**sino** but rather
**sirvienta** *f.* servant, maid
**sistema** *m.* system (3.2)
   **sistema de apoyo** *m.* support system
   (2.3)
**sitio** *m.* place, location; siege
**soberano(a)** sovereign
**sobrar** to have left over
**sobredosis** *f.* overdose (6.1)
**sobresaliente** outstanding
**sobresalir** to excel, to stand out
**sobrevivir** to survive
**sobrina** *f.* niece (2.3)
**sobrino** *m.* nephew (2.3)
**social:**
   **conciencia social** *f.* social conscience
   (3.2)
   **justicia social** *f.* social justice
**socialista** *m./f.* socialist (3.3)
**socio** *m./f.* member
**sofocado(a)** suppressed, put down
**sol** *m.* sun
   **gafas de sol** *f. pl.* sunglasses (7.3)
   **nunca se ponía el sol** the sun never
   set
   **País del Sol Naciente** *m.* Land of the
   Rising Sun
**solo(a)** alone; lonely
   **a solas** alone (7.1)
**solar** *m.* lot, plot
**soldado** *m.* soldier
**soledad** *f.* loneliness; solitude
**solemnidad** *f.* solemnity
**soler (ue)** to be used to, to be accustomed to
**solista** *m./f.* soloist (1.3)
**soltar (ue)** to release
**soltero(a)** single; bachelor
**soltura** *f.* looseness
   **mover los brazos con soltura** to move
   one's arms loosely (7.1)
**solvente** *adj.* solvent, debt-free
**sombra** *f.* shade
**sombreado(a)** overshadowed
**sombrero** *m.* hat (7.3)
**sombrío(a)** somber (2.2)
**sometido(a)** subjected
**son** *m.* sound
**sonar (ue)** to sound; to ring
**sondeo** *m.* probe
**sonido** *m.* sound
**sonreír (i, i)** to smile
**sonriendo** smiling
**sonrisa** *f.* smile
**sonrosado(a)** pink
**soñar (ue)** to dream
**soplado de vidrio** *m.* glassblowing (6.2)
**soplar** to blow
**soplo de viento** *m.* gust of wind
**soprano** *m./f.* soprano (1.3)
**sordo(a)** *m./f.* deaf person

**sorprendente** surprising (1.1)
**sorprenderse** to be surprised, to be amazed
**sorprendido(a)** surprised
**sorpresa** *f.* surprise
**sortear** to dodge
**soso(a)** boring, uninteresting
**sostén** *m.* brassiere (7.3)
**sostener** to support, to maintain, to provide for; to hold up
**sostenido(a)** supported, held up
**soviético(a)** *adj.* Soviet
**suave** gentle, mild, soft (1.3)
**suavemente** softly, smoothly
**suavidad** *f.* gentleness, mildness; softness, smoothness
**subestimar** to underestimate
**subir** to raise
**súbitamente** suddenly
**subrayar** to underline
**subterráneo(a)** subterranean, underground
　**tren subterráneo** *m.* subway train (2.1)
**suburbio** *m.* suburb
**suceder** to happen, to occur; to succeed, to follow
**sucedido** *adj.* happened, occurred
**sucesión** *f.* succession
**sucio(a)** dirty
**sucumbir** to succumb
**sudar** to perspire (7.1)
**Suecia** *f.* Sweden
**suegra** *f.* mother-in-law (2.3)
**suegro** *m.* father-in-law (2.3)
**sueldo** *m.* salary
**suelo** *m.* floor; ground; soil; land
**suelto(a)** loose
**sueño** *m.* dream
**suéter** *m.* sweater (7.3)
**sufrimiento** *m.* suffering
**sugerencia** *f.* suggestion
**suicidio** *m.* suicide (3.3)
　**suicidio voluntario** *m.* assisted suicide (3.3)
**sujeto(a)** *adj.* subject to
**sumergido(a)** submerged
**sumergirse** to become immersed
**sumisión** *f.* submission; submissiveness
**superación** *f.* surmounting, overcoming
**superar** to surpass, to exceed; to overcome
**superficie** *f.* surface (8.3)
**supermercado** *m.* supermarket
**superpuesto(a)** superimposed
**suplantar** to supplant, to take the place of
**suponer** to suppose, to assume
**supremacía** *f.* supremacy
**suprimido(a)** suppressed; put down
**suprimir** to suppress
**supuesto: por supuesto** of course, naturally
**Sur: Cono Sur** *m.* Southern Cone (Argentina, Chile, Uruguay)

**surgir** to arise, to spring up
**surrealista** surrealistic (2.2)
**suspirar** to sigh
**suspiro** *m.* sigh
**sustentar** to sustain
**sustituir** to substitute
**susurrar** to murmur

**tabaco** *m.* tobacco
**tabaquería** *f.* tobacco shop
**taberna** *f.* tavern
**tabla** *f.* table; tablet (2.2); pleat (7.3)
　**tabla hawaiana** *f.* surfboard
**tablavela** *f.* windsurfing board
**tacón** *m.* heel
**tacto** *m.* touch
**taíno** *m.* native Indian of the Caribbean; language of the Caribbean Indians (8.2)
**tal cual** such as
**tala** *f.* cutting down of trees (5.3)
　**quemar y talar** to burn and cut down (5.3)
**talento** *m.* talent, ability
　**buscador(a) de talento** *m./f.* talent scout
**talentoso(a)** talented
**tallado** *m.* carving (6.2)
　**tallado en madera** *m.* wood carving (craft) (6.2)
**tallar** *(Mex.)* to rub oneself; to scrub oneself
**taller** *m.* workshop
**tallo** *m.* stalk
**talón** *m.* heel
**tamaño** *m.* size
**tambor** *m.* drum (1.3)
**tamboril** *m.* African drum; corps of African drums
**tamborilero** *m.* drummer (7.2)
**tamborista** *m./f.* drummer (1.3)
**tango** *m.* Argentine dance (4.1)
**tanto** *adv.* so long, so much, so often
　**mientras tanto** meanwhile
　**por lo tanto** therefore
**tapiz** *m.* tapestry
**taquígrafo** *m./f.* stenographer
**taquilla** *f.* box office, ticket window (1.1)
**taquillero(a)** ticket seller (1.1)
**tardar** to delay
**tarea** *f.* homework
**tarjeta** *f.* card
　**tarjeta de identificación** *f.* ID card
**tarjetero** *m.* credit card wallet (6.2)
**tartaleta** *f.* tart, pie
**tasa** *f.* rate
　**tasa de interés** *f.* interest rate
**tataranieto(a)** great-great-grandchild
**taxi** *m.* taxi (2.1)

**te:**
　**Te deseo lo mejor.** I wish you the best. (2.3)
　**Te felicito.** I congratulate you. (2.3)
　**¿Te gustaría bailar conmigo?** Would you like to dance with me? (4.1)
**teatro** *m.* theater (2.1)
　**obra de teatro** *f.* play (1.2)
**teclear** to type
**técnico(a)** technical (5.2)
**tecnología** *f.* technology (5.2)
**tecnológico(a)** technological (8.3)
**tejano(a)** *adj.* Texan (1.3)
**tejeduría** *f.* weaving (6.2)
**tejer** to weave (6.2)
　**tejer a punto** to knit (6.2)
**tejido** *m.* weaving (6.2)
　**tejido de punto** *m.* knitting (6.2); *see also* **trabajo de punto**
**tela** *f.* material (6.2)
**telaraña** *f.* cobweb
**televidente** *m./f.* TV viewer
**televisión** *f.* television
　**estrella de televisión** *f.* TV star
**tema** *m.* theme, topic
**temática** *f.* subject, theme
**temblar (ie)** to shake, to tremble
**temblor de tierra** *m.* earth tremor; earthquake
**temer** to fear
**temor** *m.* fear
**templo** *m.* temple
**temporada** *f.* season (4.2)
**temporal** *adj.* temporary
**temprano(a)** early
**tener** to have
　**no tener más remedio** to have no alternative or choice
　**tener éxito** to be successful (1.2)
　**tener la seguridad de** to be certain of
　**tener lugar** to take place
**teniente** *m./f.* lieutenant
**tenis** *m.* tennis (4.2); sneaker (7.3)
**tenista** *m./f.* tennis player
**tenor** *m.* tenor (1.3)
**tentación** *f.* temptation
**teología** *f.* theology
**tercer, tercero(a)** third
**tercio(a)** third
**terciopelo** *m.* velvet (7.3)
**ternura** *f.* tenderness
**terrateniente** *m./f.* landowner, landholder
**terremoto** *m.* earthquake
**terreno** *m.* terrain, ground, land
**terrible** terrible (1.2)
**tesoro** *m.* treasure
**testigo** *m./f.* witness
　**ser testigo** to testify
**testimonio** *m.* testimony
**tía** *f.* aunt (2.3)
**tibio(a)** tepid, lukewarm
**tienda** *f.* store (2.3)
　**tienda de campaña** *f.* tent
　**tienda de música** *f.* music shop

**tierno(a)** tender; loving, affectionate
**tierra** *f.* earth, land, ground (5.3)
**tieso(a)** stiff
**tijeras** *f. pl.* scissors (6.2)
**tiniebla** *f.* darkness, obscurity
**tinta** *f.* china ink (2.2)
**tío** *m.* uncle (2.3)
**tirado(a)** *m./f.* lying down
**tirando** pulling
**tirano(a)** *m./f.* tyrant
**tirar** to draw (4.2); to throw, to toss
**tiro** *m.* shot (at a goal) (8.1)
   **gol de tiro libre** *m.* free kick goal (8.1)
   **pegar un tiro** to shoot
   **tiro de esquina** *m.* corner shot
   **tiro libre** *m.* free kick
**tisú** *m.* gold or silver lamé
**titularse** to be titled
**tiza** *f.* chalk (2.2)
**tiznado(a)** dirty
**tobillo** *m.* ankle
**tocar** to play (a musical instrument) (1.3); to touch, to come in contact with
   **tocarle** to be one's turn
**todo:**
   **ante todo** above all
   **de todos modos** anyway
   **encomendarse de todo corazón** to entrust oneself completely
   **no del todo** not at all
**todo(a): a toda plana** full page
**tolerancia** *f.* tolerance
**tomar** to take; to drink
   **tomar el pelo** to pull (someone's) leg, to tease or make fun (of someone)
   **tomar en cuenta** to take into account
   **tomar preso** to arrest (6.1)
**tonificar** to tone, to strengthen (7.1)
**tontería** *f.* foolishness
**tópico** *m.* topic
**tormentoso(a)** turbulent
**tornar a** to begin again
**tornasolado(a)** iridescent
**torno** *m.* turning wheel (6.2)
**toro** *m.* bull
   **plaza de toros** *f.* bullring (2.1)
**torpe** awkward, clumsy
**torpedeado(a)** damaged (as if by a torpedo)
**torre** *f.* tower; spire
**tortuga** *f.* turtle
**tortuoso(a)** winding
**tortura** *f.* torment; torture
**tos** *f.* cough
**totalmente** totally (6.1)
**toxicómano(a)** *m./f.* drug addict (6.1)
**trabajador(a)** *m./f.* worker (2.3)
**trabajo** *m.* job (3.2)
   **fuente de trabajo** *f.* employment resource
   **trabajo de punto** *m.* knitting (6.2); *see also* **tejido de punto**
**trabarse** to get stuck
   **trabarse la lengua** to get tongue-tied

**tracción** *f.* traction
   **tracción a cuatro ruedas** *f.* four-wheel drive
**traductor(a)** *m./f.* translator
**traficante** *m./f.* trader, trafficker
   **traficante en drogas** *m./f.* drug dealer (4.3)
**tragando** swallowing
**trágico(a)** tragic (1.1)
**traje** *m.* suit (7.3)
   **traje de baño** *m.* bathing suit (7.3)
**trampa** *f.* trap
**transmisión: cadena de transmisión** *f.* drive chain (5.1)
**tranquilidad** *f.* tranquility
**tranquilizante** *m.* tranquilizer (6.1)
**tranquilizar** to tranquilize, to calm down
**transbordador(a):**
   **barco transbordador** *m.* ferry boat (5.1)
   **transbordador espacial** *m.* spaceship
**transcurrir** to pass, to elapse
**transcurso** *m.* course (of time)
**transferir (ie, i)** to transfer
**transformar** to transform
**transitar** to pass, to travel
**transmitir** to transmit
**transporte colectivo** *m.* public transportation (5.1)
**trapo** *m.* piece of cloth
**tras** after
**trasero** *m.* bottom, buttocks
**trasero(a)** *adj.* rear; behind
   **freno trasero** *m.* rear brake (5.1)
   **luz trasera** *f.* rear light (5.1)
**trasladar** to move, to transfer
**tratado** *m.* treaty (8.3)
**tratar** to treat
   **tratarse de** to be about (1.2)
**trato** *m.* agreement, deal
**través: a través de** through
**travieso(a)** mischievous
**trayectoria** *f.* trajectory
**trémulo(a)** trembling, quivering
**tren** *m.* train (2.1)
   **tren subterráneo** *m.* subway train (2.1)
**tribunal** *m.* court
   **Tribunal Supremo** *m.* Supreme Court
**trillón** *m.* quintillion (8.3)
**trilogía** *f.* trilogy
**tristeza** *f.* sadness
**triunfo** *m.* triumph
**trompeta** *f.* trumpet (1.3)
**trompetista** *m./f.* trumpet player (1.3)
**trono** *m.* throne
**tropa** *f.* troop
**tropezar (ie)** to bump into, to run into
**tropical** tropical (1.3)
   **selva tropical** *f.* tropical rain forest (5.3)
**trópico** *m.* tropics
**trotar** to jog (7.1)
**truncado(a)** truncated

**tubo** *m.* tube
   **buceo con tubo de respirar** *m.* snorkeling
   **tubo de óleo** *m.* tube of oil paint (2.2)
**tumba** *f.* tomb
**túmulo** *m.* burial mound; tomb
**tumultuoso(a)** tumultuous
**turco(a)** *m./f.* Turk; *adj.* Turkish
**turquesa** *f.* turquoise (6.3)
**turrón** *m.* nougat

**ubicar** to be located, to be situated
**último(a)** last, final
   **por último** finally
**ultravioleta** ultraviolet (5.3)
**umbral** *m.* threshold
**únicamente** *adv.* only
**único(a)** *adj.* only, sole; unique
**unidad** *f.* unity
**unificado(a)** unified (8.3)
**unificante** unifying
**uniparental** *adj.* one-parent
**unir** to unite
   **unirse** to join (8.3)
**universidad** *f.* university (2.1)
**uranio** *m.* uranium (6.3)
**urbanismo** *m.* urbanism, city planning
**uso: seguir en uso** to be still in use
**usuario(a)** *m./f.* user
**utilizar** to utilize, to use
**uva** *f.* grape

**va: ¡Qué va!** Nonsense!, Come on!
**vaca** *f.* cow
**vacilar** to hesitate, to waver
**vacío(a)** empty
**vacuno(a)** *adj.* bovine, cattle
**vaina** *f.* thing
**vale** *int.* okay, fine
**valer** to be worth
   **valer la pena** to be worthwhile
**¡Válgame Dios!** Oh my God!
**valiente** brave, valiant
**valioso(a)** valuable
**valle** *m.* valley
**valor** *m.* value (8.3)
**vals** *m.* waltz (4.1)
**válvula** *f.* tire valve (5.1)
**vamos** let's; let's go
   **¿Vamos a bailar?** Shall we go dance? (4.1)
   **vamos al caso** let's get to the point
**vándalo(a)** *m./f.* Vandal
**vanguardia** *f.* vanguard; to be in the forefront
**vanidoso(a)** vain, conceited
**vapor** *m.* steam (6.3)

**várice** *f.* varicose vein
**varita** *f.* little wand
**vaya** *int.* mockery, banter
**vecino(a)** neighbor
**vegetal** *m.* vegetable
**vehemencia** *f.* vehemence, passion
**vehículo de motor** *m.* motor vehicle (5.1)
**vela:**
    **barco de vela** *m.* sailboat (5.1); *see also* **bote de vela**
**velocidad: palanca del cambio de velocidades** *f.* gear lever (5.1)
**velozmente** rapidly
**venado** *m.* deer (6.3)
**vencedor(a)** *m./f.* conqueror, victor, winner
**vencer** to defeat, to conquer
**vencido(a)** beaten, defeated
    **darse por vencido(a)** to give up, to admit defeat
**vencimiento** *m.* defeat; victory
**venenoso(a)** poisonous, venomous
**venidero(a)** coming, future
**venta** *f.* sale, selling
**ventaja** *f.* advantage (5.2)
**ventura** *f.* luck, good fortune
**ver** to see (2.1)
    **a ver** let's see (6.3)
**verdadero(a)** true; real
**verdugo** *m.* executioner
**veredicto** *m.* verdict
**vergonzoso(a)** shameful; shy, bashful
**vergüenza** *f.* embarrassment; shame
**vertiente** angled, sloped
**vestido** *m.* dress (7.3)
**vestimenta** *f.* clothes
**vez:**
    **a la vez** at the same time (5.3)
    **a su vez** in turn
    **de vez en cuando** from time to time
    **en vez de** instead of
**vía** *f.* roadway; route
    **en vías de** in the process of
**viaje** *m.* trip
**vibración** *f.* vibration

**vibrar** to vibrate
**vicepresidente(a)** *m./f.* vice president
**víctima** *m./f.* victim
**victoria** *f.* victory (8.1)
**vida** *f.* life
    **modo de vida** *m.* way of life
    **nivel de vida** *m.* standard of living
    **quitar la vida** to kill
**vidriera** *f.* display case
**vidriería** *f.* glassmaking; glassworks (6.2)
**vidrio** *m.* glass
    **soplado de vidrio** *m.* glassblowing (6.2)
**viejo(a): Nochevieja** *f.* New Year's Eve (7.2)
**viento** *m.* wind
    **molino de viento** *m.* windmill
    **soplo de viento** *m.* gust of wind
**vigencia** *f.* use
    **en vigencia** in effect
**vinculación** *f.* bond, link
**violencia** *f.* violence
**viraje** *m.* turning, veering
**virreinato** *m.* viceroyalty, viceroyship
**virrey** *m.* viceroy
**virtud** *f.* virtue
**visa** *f.* visa (4.3)
**visigodo(a)** *m./f.* Visigoth
**visitar** to visit (2.1)
**vistazo** *m.* glance
**vitalicio(a)** for life
**vitamina** *f.* vitamin
**vívido(a)** vivid
**vivienda** *f.* house, dwelling; housing
**viviente** living
**vivo(a)** vivid, bright (2.2)
**volante** *m.* ruffle (7.3)
**volar (ue)** to fly
**volibol** *m.* volleyball (4.2)
**volteado(a)** turned around
**volumen** *m.* volume
**voluntad** *f.* will, will power
**voluntario** *m.* volunteer; *adj.* voluntary
    **suicidio voluntario** *m.* assisted suicide (3.3)

**vomitar** to vomit
**votar** to vote (3.3)
**voz** *f.* voice
    **en voz alta** out loud (1.2)
    **en voz baja** quietly, in a whisper (1.2)
**vuelo** flight
    **vuelo de ida y vuelta** *m.* round-trip flight (5.1)
**vuelta** *f.* return
    **dar vuelta** to turn
    **vuelo de ida y vuelta** *m.* return-trip flight (5.1)
**vuestra merced** Your Grace

**¡Ya está!** It's settled!
**yegua** *f.* mare
**yerba** *f.* grass; wild plant
**yerno** *m.* son-in-law (2.3)
**yunque** *m.* anvil

**zacate** *m.* scrubber
**zafiro** *m.* sapphire (6.3)
**zambo** *m.* person of mixed blood (indian and black) (8.2)
**zanahoria** *f.* carrot (3.1)
**zapallo** *m.* *(Cono Sur)* pumpkin (3.1); *see also* **calabaza**
**zapatilla** *f.* slipper (7.3)
**zapato** *m.* shoe (7.3)
**zapoteca** *m./f.* Zapotec (indigenous group from Oaxaca, Mex.)
**zarandear** to shake
**zoológico** *m.* zoo (2.1); see also **parque zoológico**
**zorro(a)** *m./f.* fox (6.3)

# Índice

# Credits

## Text Credits

### Unidad 1

"Adolfo Miller" by Sabine Ulibarrí from *Primeros Encuentros/First Encounters,* pp. 31–37, 1982, is reprinted with the permission of Bilingual Press/Editorial Bilingue, Arizona State University, Tempe, AZ

From *Cuando era puertorriqueña* by Esmeralda Santiago. Introducción y traducción copyright © 1994 by Random House, Inc. Reprinted by permission of Vintage Books, a Division of Random House, Inc.

From *Soñar en cubano* by Cristina García. Spanish translation copyright © 1993 by Espasa-Calpe, S.A., Madrid. Reprinted by permission of Ballantine Books, a Division of Random House, Inc.

### Unidad 2

"Don Quijote de la Mancha: aventura de los molinos de viento" is adapted from *El ingenioso hidalgo don Quijote de la Mancha,* Parte primera, Capítulo VIII.

"Los avances de las españolas" is adapted by permission from "Estrategias de mujer" by Enrique Gil Calvo, *El País,* Madrid, Spain.

"El crimen fue en Granada" by Antonio Machado from *Collected Works,* Espasa-Calpe, Madrid.

"España: nuevo modelo de familia" reprinted by permission of Sí Spain.

### Unidad 2/Manual de gramática

"Explico algunas cosas" by Pablo Neruda. © Pablo Neruda, 1950 and Fundación Pablo Neruda. Reprinted by permission of Agencia Literaria Carmen Balcells, S.A.

### Unidad 3

"Tiempo libre" from *El muro y la intemperie* by Guillermo Samperio, Ediciones del Norte, Hanover N.H.

Extract from *Me llamo Rigoberta Menchú y así me nació la conciencia,* Elizabeth Burgos. © Elizabeth Burgos, 1985. Reprinted by permission of Agencia Literaria Carmen Balcells, S.A.

Spanish text of *Los perros mágicos de los volcanes* is reprinted with permission of the publisher, Children's Book Press, San Francisco, CA. Story copyright © 1990 by Manlio Argueta and Stacey Ross.

### Unidad 4

"El diario inconcluso" by Virgilio Díaz Grullón. Reprinted from *Américas,* a bimonthly magazine published by the General Secretariat of the Organization of American States in English and Spanish.

Source: *Cuentos Puertorriqueños,* pp. 71–83. From *Raquelo tiene un mensaje* by Jaime Carrero García, National Textbook Co. Reprinted by permission of National Textbook Company.

### Unidad 5

"Paz del solvente" and "Al principio" by José Adán Castelar from *Poesía Contemporánea de la América Central,* edited by Francisco Albizurez Palma, Editorial Costa Rica, 1995. Reprinted by permission.

"Himno a la abolición de ejército" by Viriato Camacho Vargas, *Historia General de Costa Rica,* volumen V, Vladimir de la Cruz de Lemos, Euroamericana de Ediciones, San José, Costa Rica.

"La paz no tiene fronteras," speech by Óscar Arias Sánchez. Source: *Óscar Arias: en busca de la paz* by Hans Janitschek, Editorial Diana, 1989. Reprinted by permission of Editorial Diana.

### Unidad 6

"Un día de estos" from *Los funerales de la Mamá Grande* by Gabriel García Márquez. © Gabriel García Márquez, 1962. Reprinted by permission of Agencia Literaria Carmen Balcells, S.A.

"Pena tan grande" and "La única mujer" by Bertalicia Peralta. Source: *The Defiant Muse: Hispanic Feminist Poems from the Middle Ages to the Present,* Angel Flores and Kate Flores, Editors, p. 108.

Joaquín S. Lavado, Quino, *Toda Mafalda,* Editorial de la Flor, 1997.

A legend: "La cascada de Salto de Angel" by Maricarmen Ohara from *Leyendas y cuentos latinoamericanos.* Alegría Hispana Publications, 1992. Reprinted by permission.

### Unidad 7

"Visión de antaño" by Hernán Velarde from *Recreo 5: Juegos para aprender español,* by María Paz Berruecos, Elisa María Gonzales Mendoza and Graciela Gonzales de Tapia, 1987. Reprinted by permission of Editorial Trillas, México.

José Antonio Campos, "Los tres cuervos" from El Cuento Hispánico, Edward J. Mullen and John F. Garganigo (eds.), Cuarta Edición.
A short story: "Chino-japonés" by Maricarmen Ohara. Copyright by Maricarmen Ohara. Reprinted by permission.

**Unidad 8**

"Continuidad de los parques" from *Final del juego* by Julio Cortázar. © Julio Cortázar, 1956, and Heirs of Julio Cortázar. Reprinted by permission of Agencia Literaria Carmen Balcells, S.A.

"El derecho al delirio" by Eduardo Galeano from *Patas arriba. La escuela del mundo al revés.* Siglo Veintiuno Editores, México/España, 1998.
"La United Fruit Co." by Pablo Neruda. ©Pablo Neruda, 1950 and Fundación Pablo Neruda. Reprinted by permission of Agencia Literaria Carmen Balcells, S.A.

# Photo Credits

**Unidad 1**

**1:** Alex Sunheart Galindo. **2:** *l* AP/Wide World Photos; *r* AP/Wide World Photos. **3:** Frederic De LaFosse/Sygma. **4:** *t* Robert Frerck/Odyssey/Chicago. **5:** *t* Corbis-UPI/Bettmann; *b* Robert Frerck/Odyssey/Chicago. **7:** *t* Jim Prigoff; *b* Courtesy of Sabine Ulibarrí. **12:** John Davenport/Liaison Agency. **16:** *l* Jim Britt/LGI/Corbis; *r* AP/Wide World Photos. **17:** M. Gerber/LGI/Corbis. **18:** *t* Bill Wassman/The Stock Market; *b* UPI-Corbis. **19:** *t* Springer/Corbis; *b* AP/Wide World Photos. **20:** Richard Levine. **21:** Rudi Weislein. **25:** Beryl Goldberg. **30:** *l* AP/Wide World Photos; *r* Rose Hartman/LGI/Corbis. **31:** Susan Greenwood/Liaison Agency. **32:** *t* David Forman/ Corbis/Eye Ubiquitous; *b* Larry Mulvehill/Ray Hillstrom. **33:** *t* AP/Wide World Photos; *b* Robert Frerck/Odyssey/Chicago. **35:** Steven Whitsitt/Corbis. **36:** AP/Wide World Photos. **41:** Busacca/N.A.R.A.S./Retna.

**Unidad 2**

**45:** Robert Frerck/Odyssey/Chicago. **46:** *l* Stock Montage; *r* Giraudon/Art Resource, NY **47:** Giraudon/Art Resource, NY. **48:** *t* Robert Frerck/Odyssey/Chicago; *m* Robert Frerck/Odyssey/Chicago; *b* Robert Frerck/Odyssey/Chicago. **49:** Scala/Art Resource, NY. **51:** Robert Frerck/Odyssey/Chicago. **56:** Robert Frerck/Odyssey/Chicago. **60:** *l* Stock Montage; *r* *Las Meninas* or *The Family of Philip IV*, 1656 by Diego Rodríguez de Silva y Velázquez (1599–1660). Prado, Madrid, Spain/Bridgeman Art Library. **61:** Corbis-Bettmann. **62:** *t* Michael J. Howell/Liaison Agency, Inc.; *b* Scala/Art Resource, NY. **63:** *l* Robert Frerck/Odyssey/Chicago; *r* Scala/Art Resource, NY. **70:** Robert Frerck/Odyssey/Chicago. **76:** *l* Reuters/Corbis-Bettmann; *r* Corbis/Colita. **77:** Brad Rickerby/Sipa Press. **78:** Giraudon/Art Resource, NY. **79:** *t* AP/Wide World Photos; *bl* Chamussy/Sipa Press; *br* Lucas/The Image Works. **81:** Robert Frerck/Odyssey/Chicago. **82:** Godo-Foto. **86:** David Wells/The Image Works.

**Unidad 3**

**91:** Robert Frerck/Odyssey/Chicago. **92:** *l* Gigi Kaesar; *r* AP/Wide World Photos. **93:** Mary Powell/LGI/Corbis. **94:** Robert Frerck/Odyssey/Chicago. **95:** *l* D. Donne Bryant/DDB; *t* Robert Frerck/Odyssey/Chicago; *b* Robert Frerck/Odyssey/Chicago. **97:** *Frida y Diego Rivera (cuadro de Frida Kahlo, 1931).* San Francisco Museum of Art, Albert M. Bender Collection, Gift of Albert M. Bender. **98:** Russell M. Cluff. **101:** Hulton Getty/Liaison Agency. **106:** AP/Wide World Photos. **107:** M. Algaze/The Image Works. **108:** *t* Robert Frerck/Odyssey/Chicago; *b* Daemmrich/Tony Stone Images. **109:** *l* D. Donne Bryant/DDB; *r* Sherlyn Bjorkgren/DDB. **111:** The Newberry Library. **112:** Sipa Press. **113:** Robert Fried. **117:** Diego Goldberg/Sygma. **122:** *l* Corbis-Bettmann; *r* Layle Silbert. **124:** Michael Everett/DDB.

**125:** *tl* Luis Villota/The Stock Market; *r* Bigwood/Liaison Agency; *br* Doug Bryant/DDB. **127:** Robert Fried. **128:** Layle Silbert. **133:** Reuters/Rutillio Enamorado/Archive Photos.

**Unidad 4**

**138:** *l* Osvaldo Sales/Center for Cuban Studies; *r* Layle Silbert. **139:** AP/Wide World Photos. **140:** *t* Northwind Picture Archives; *b* Bettmann-Corbis. **141:** *t* Bettmann-Corbis; *b* AP/Wide World Photos. **142:** Steve Cagan/Impact Visuals. **144:** Corbis-Bettmann. **147:** Frank Driggs Collection/Archive Photos. **152:** *l* Gerardo Somoza/Outline Press; *r* Jerry Bauer. **153:** Matthew Stockman/Allsport. **154:** *t* D. Greco/The Image Works; *b* Giraudon/Art Resource, NY. **155:** *t* Corbis-Bettmann; *b* Max & Bea Hann/DDB. **157:** Al Tielemans/Duomo. **161:** M. Algaze/The Image Works. **166:** *l* LGI/Corbis; *r* Courtesy of Rosario Ferré. **167:** Archive Photos. **168:** *t* Max & Bea Hann/DDB; *b* Robert Frerck/Odyssey/Chicago. **169:** Robert Frerck/Odyssey/Chicago. **170:** Robert Frerck/Odyssey/Chicago. **171:** AP/Wide World Photos. **172:** Courtesy of Arte Publico Press. **178:** AP/Wide World Photos.

**Unidad 5**

**183:** Byron Augustin/DDB. **184:** *l* Brad Markel/Liaison Agency; *r* Ken Bank/Retna. **185:** Peter Keely/Impact Visuals. **186:** *t* Byron Augustin/DDB; *b* Brenda J. Latavala/DDB. **187:** *l* Corbis; *r* Corbis. **189:** Corbis. **190:** Archive Photos. **194:** Peter Chartrand/DDB. **200:** *r* Janet Gold. **201:** Layle Silbert. **202:** *t* Wesley Bocxe/Photo Researchers, Inc.; *b* D. Donne Bryant/DDB. **203:** *l* Brenda J. Latavala/DDB; *b* Max & Bea Hann/DDB. **205:** SHIA Photo/Impact Visuals. **209:** Robert Francis/South American Pictures. **216:** *l* *Ixok AmarGo, Central American Women's Poetry For Peace*, © 1987, edited by Zoe Anglesey, Granite Press; *r* NASA. **217:** Courtesy of Carmen Naranjo. **218:** *t* Robert Fried; *b* James Rowan/Tony Stone Images. **219:** *t* Doug Bryant/DDB; *b* Larry Hamill. **221:** Ulrike Welsch. **222:** B. Leibtreu/Sygma. **223:** Pressens Bild/Liaison Agency. **226:** Kevin O. Mooney/Odyssey/Chicago.

**Unidad 6**

**231:** Robert Frerck/Odyssey/Chicago. **232:** *l* Courtesy Galeria Garces Velasquez; *r* Les Stone/Sygma. **233:** Courtesy of BMG. **234:** *b* AP/Wide World Photos. **235:** *t* Les Stone/Sygma; *b* C. Duncan/DDB. **237:** Corbis. **238:** *t* Ledru/Sygma. **242:** Les Stone/Sygma. **248:** Laurence Agron/Archive Photos. **249:** Trapper/Sygma. **250:** Robert Frerck/Odyssey/Chicago. **251:** *t* Northwind Picture Archives; *b* Stock Montage. **252:** Dirk Halstead/Sygma. **254:** Inga Spence/DDB. **255:** *t* Photo by Zoe Anglesey, *Ixok AmarGo, Central American Women's Poetry for Peace*, ©1987, Granite Press. **258:** Suzanne Murphy/DDB. **264:** *l* Pierre Boulat/LIFE Magazine ©Time, Inc.;

# Video Credits

The video to accompany *Mundo 21* was produced by PICS (the Project for International Communication Studies) at The University of Iowa Video Center.

PICS Director: Sue K. Otto, PICS/The University of Iowa
Producer: Anny A. Ewing, AltamirA Educational Solutions
Editor: Brian Gilbert, The University of Iowa Video Center
Graphics: Rich Tack, The University of Iowa Video Center

**1.1** "La joven poesía," excerpted from *El Show de Cristina*, © 1994 The Univisión Network Limited Partnership/The Cristina Show

**1.3** "¡Hoy es posible!: Jon Secada," excerpted from *¡Hoy es posible!*, © Televisión Española, S.A. 1997

**2.1** "El Cantar de Mío Cid: realidad y fantasía," excerpted from *Los libros: El poema de Mío Cid*, © Televisión Española, S.A. ~1980

**2.3** "Juan Carlos I: un rey para el siglo XX," excerpted from *Juan Carlos I: 60 años de historia*, © Televisión Española, S.A. 1998

**3.1** "Carlos Fuentes y la vitalidad cultural," excerpted from *El espejo enterrado, programa V: Las tres humanidades*, © 1991 Sogepaq, S.A.

**3.3** "En el Valle de las Hamacas: San Salvador," excerpted from *América Total: Los hijos del volcán*, © Televisión Española, S.A. 1996

**4.1** "Cuba: cuatro puntos de vista," excerpted from *Informe semanal: Miami: Pequeña Habana*, © Televisión Española, S.A. ~1997

"*Azúcar amarga*: la realidad de la Revolución Cubana," trailer from the film *Azúcar amarga*, © 1996 First Look Pictures/Overseas FilmGroup, excerpted from *Cartelera TVE*, © Televisión Española, S.A. 1998, with permission from Overseas FilmGroup

**4.3** "Puerto Rico: un encuentro con la historia," excerpted from *América Total: Borinquen*, © Televisión Española, S.A. 1996

**5.1** "Nicaragua: bajo las cenizas del volcán," excerpted from *América Total: El mar dulce*, © Televisión Española, S.A. 1996

**5.3** "La exuberancia ecológica de Costa Rica," excerpted from *América Total: Declaración de paz*, © Televisión Española, S.A. 1997

"A correr los rápidos de Costa Rica," excerpted from *De paseo: Río Pacuare*, una producción de CANAL 13 © 1997

**6.1** "Medellín: el paraíso colombiano recuperado," excerpted from *América Total: La casa de Juan Valdés*, © Televisión Española, S.A. 1996

**6.3** "La abundante naturaleza venezolana," excerpted from *América Total: El lugar más viejo del planeta*, © Televisión Española, S.A. 1997

**7.1** "Cuzco y Pisac: formidables legados incas," excerpted from *América Total: Urubamba*, © Televisión Española, S.A. 1996

**7.3** "La maravillosa geografía musical boliviana," excerpted from *América Total: Altiplano*, © Televisión Española, S.A. 1996

**8.1** "Buenos Aires: la tumultuosa capital de Argentina," excerpted from *América Total: El tango... todavía*, © Televisión Española, S.A. 1996

**8.3** "Chile: tierra de arena, agua y vino," excerpted from *América Total: Por los caminos del cobre*, © Televisión Española, S.A. 1995